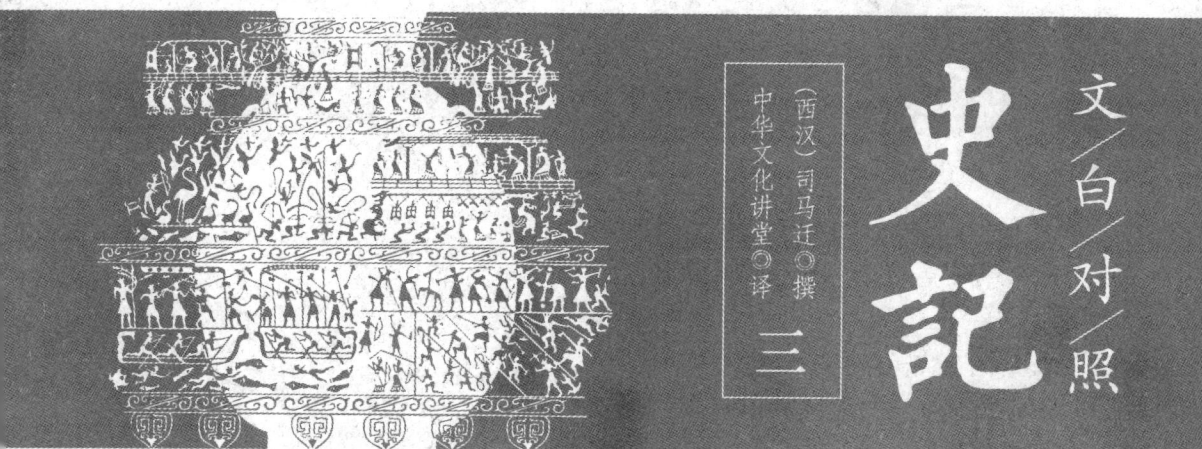

史記

文/白/对/照

（西汉）司马迁 ◎ 撰
中华文化讲堂 ◎ 译

三

中国华侨出版社

列传（一）

伯夷列传第一

　　夫学者载籍极博，犹考信于六艺。《诗》《书》虽缺，然虞夏之文可知也。尧将逊位，让于虞舜，舜禹之间，岳牧咸荐，乃试之于位，典职数十年，功用既兴，然后授政。示天下重器，王者大统，传天下若斯之难也。而说者曰尧让天下于许由，许由不受，耻之，逃隐。及夏之时，有卞随、务光者。此何以称焉？

　　太史公曰：余登箕山，其上盖有许由冢云。孔子序列古之仁圣贤人，如吴太伯、伯夷之伦详矣。余以所闻由、光义至高，其文辞不少概见，何哉？

　　孔子曰："伯夷、叔齐，不念旧恶，怨是用希。""求仁得仁，又何怨乎？"余悲伯夷之意，睹轶诗可异焉。其传曰：伯夷、叔齐，孤竹君之二子也。父欲立叔齐，及父卒，叔齐让伯夷。伯夷曰："父命也。"遂逃去。叔齐亦不肯立而逃之。国人立其中子。于是伯夷、叔齐闻西伯昌善养老，盍往归焉。及至，西伯卒，武王载木主，号为文王，东伐纣。伯夷、叔齐叩马而谏曰："父死不葬，爰及干戈，可谓孝乎？以臣弑君，可谓仁乎？"

　　左右欲兵之。太公曰："此义人也。"扶而去之。武王已平殷乱，天下宗周，而伯夷、叔齐耻之，义不食周粟，隐于首阳山，采薇而食之。及饿且死，作歌。其辞曰："登彼西山兮，采其薇矣。以暴易暴兮，不知其非矣。神农、虞、夏忽焉没兮，我安适归矣？于嗟徂兮，命之衰矣！"遂饿死于首阳山。由此观之，怨邪非邪？

学者们涉猎的书籍虽然极为广博，但还是得从"六经"中查考可信的依据。《诗经》《尚书》虽然残缺不全，然而有关虞、夏史事的记载还是可以看到的。唐尧将要退位时，把帝位让给虞舜；而虞舜以及后来的夏禹，都是四方诸侯和州牧一致推荐，才试任官职管理政事几十年，待到他们建立功绩后，才把帝位传给他们。这表明，政权是最重要的宝器，帝王是政权的继统，所以传交帝位才如此地郑重审慎啊！但是，诸子杂记里却记载说，唐尧想把天下传给许由，许由不仅不接受，并以此为耻而逃走隐居起来。到了夏朝，又有卞随、务光两个人不肯接受帝位，双双投水而死。这些，又要如何说呢？

　　太史公说：我曾经登上箕山，那上面居然有许由的墓呢。孔子依次论列古代的仁人、圣人、贤人，如吴太伯、伯夷这些人，记载十分详尽。我所听说的许由、务光，他们的德义是极高的，但是经书里连一点大略的文字记载也见不到，这是为什么呢？

　　孔子说："伯夷、叔齐不记旧仇，因而很少怨言。"又说："他们追求仁德，就得到了仁德，又为什么要怨恨呢？"我悲怜伯夷的心意，看到他们未被经书载录的遗诗，又感到很诧异。他们的传记里写道：伯夷、叔齐，是孤竹君的两个儿子。父亲想要立叔齐为君，等到父亲死后，叔齐要把君位让给伯夷。伯夷说："这是父亲的意愿！"于是逃走了。而叔齐也不肯继承君位逃走了。国人只好拥立孤竹君的另一个儿子。这时，正好伯夷、叔齐听说西伯姬昌敬养老人，就商量说何不去投奔他呢？可是到那里时，西伯姬昌已经死了。他的儿子武王追尊西伯姬昌为文王，并把他的木制灵牌载在兵车上，正向东进兵讨伐纣王。伯夷、叔齐拉住武王的马缰劝阻说："父亲死了尚未安葬，就发动战争，能说得上是孝吗？作为臣子去杀害君王，能说得上是仁吗？"

　　武王身边的随从要杀死他们，太公姜尚说："这是两位义士啊。"于是扶起他们，送走了。等到武王平定了殷乱以后，天下都归顺了周朝。而伯夷、叔齐却以此为耻，他们坚守大义不吃周朝的粮食，并隐居于首阳山，靠采摘野菜来充饥。待到饿得快要死的时候，作了一首歌，歌词说："登上首阳山，采薇来就餐，残暴代残暴，不知错无边。神农虞夏死，我欲归附难！可叹死期近，生命已衰残！"于是就这样饿死在了首阳山。从这首诗看来，伯夷、叔齐他们是怨恨呢，还是不怨呢？

或曰:"天道无亲,常与善人。"若伯夷、叔齐,可谓善人者非邪?积仁絜行如此而饿死!且七十子之徒,仲尼独荐颜渊为好学。然回也屡空,糟糠不厌,而卒蚤夭。天之报施善人,其何如哉?盗跖日杀不辜,肝人之肉,暴戾恣睢,聚党数千人横行天下,竟以寿终。是遵何德哉?此其尤大彰明较著者也。若至近世,操行不轨,专犯忌讳,而终身逸乐,富厚累世不绝。或择地而蹈之,时然后出言,行不由径,非公正不发愤,而遇祸灾者,不可胜数也。余甚惑焉,傥所谓天道,是邪非邪?

子曰,"道不同不相为谋。"亦各从其志也。故曰:"富贵如可求,虽执鞭之士,吾亦为之。如不可求,从吾所好。""岁寒,然后知松柏之后凋。"举世混浊,清士乃见。岂以其重若彼,其轻若此哉?

"君子疾没世而名不称焉。"贾子曰:"贪夫徇财,烈士徇名,夸者死权,众庶冯生。""同明相照,同类相求。""云从龙,风从虎,圣人作而万物睹。"伯夷、叔齐虽贤,得夫子而名益彰。颜渊虽笃学,附骥尾而行益显。岩穴之士,趣舍有时若此,类名堙灭而不称,悲夫!闾巷之人,欲砥行立名者,非附青云之士,恶能施于后世哉?

有人说:"上天待人是没有偏私的,它总是向着好人。"那么,像伯夷、叔齐他们难道不是好人吗?他们聚积仁德,保持高洁的品行,却终致饿死!再说,在孔子的七十名得意学生里,只有颜渊被他称为好学之人,而颜渊却穷困潦倒,连粗劣之食都难得饱足,最后过早地死亡了。那些认为上天会善待好人的说法又如何呢?盗跖成天杀害无辜的人,吃人的心肝,凶横残暴,聚集了党徒几千人,横行天下,竟然长寿而终。这遵循的是什么道德呢?这都是些重大而又显著的例子啊。如果说到近世,那些不走正路、专门违法犯禁的人,却能终生安逸享乐,过着富足的生活,世世代代都保有丰厚的产业。而有些人选好了道路才举步,看准了时机才说话,从不走邪道,不是公正的事决不发愤去做。像这样小心审慎而遭祸灾的人,多得没法数。对此我深感困惑不解,如果说这便是天道,那这天道究竟合理呢,还是不合理呢?

孔子说:"思想见解不一致的人,不能共同谋划事情。"也只能各自按照自己的意志行事。所以他说:"假如富贵是可以寻求得到的话,那么即使做个卑贱的马夫,我也愿意去干;如果寻求不到,那还是按照我所喜好的去做吧。""岁月到了寒冷的季节,才知道松柏是最后凋谢的。"整个世道混乱污浊的时候,品行高洁的人才会显露出来。这难道是因为他们把道德看得太重,或将富贵看得太轻吗?

孔子说:"君子最担心的是死后名声不被传扬。"贾谊说:"贪财的人为财而丧命,重义轻生的人为名而献身;自命不凡而贪图权势的人为争权而死,平民百姓则爱惜性命而厌恶死亡。"《易经·乾卦》上说:"同样明亮的东西就会相互映照,同样种类的事物则会互相应求。""云跟从龙而生,风伴随虎而起,圣人出现,才使万事万物的本来面目得以显露。"伯夷、叔齐虽然有贤德,不过因为孔子的赞扬而声名更为昭著。颜渊虽然专心好学,也不过只是因为追随孔子,他的德行才更加显著。那些隐居山林岩穴的隐士,或名声晓达,或湮没无闻,这些人名声淹没而不被称道,这实在是可悲的事情!那些穷乡僻壤的士人,想要磨砺德行、树立名声,如果不能依附那名望、地位极高的人,哪能扬名于后世呢?

管晏列传第二

　　管仲夷吾者，颍上人也。少时常与鲍叔牙游，鲍叔知其贤。管仲贫困，常欺鲍叔，鲍叔终善遇之，不以为言。已而鲍叔事齐公子小白，管仲事公子纠。及小白立为桓公，公子纠死，管仲囚焉。鲍叔遂进管仲。管仲既用，任政于齐，齐桓公以霸，九合诸侯，一匡天下，管仲之谋也。

　　管仲曰："吾始困时，尝与鲍叔贾，分财利多自与，鲍叔不以我为贪，知我贫也。吾尝为鲍叔谋事而更穷困，鲍叔不以我为愚，知时有利不利也。吾尝三仕三见逐于君，鲍叔不以我为不肖，知我不遭时也。吾尝三战三走，鲍叔不以我怯，知我有老母也。公子纠败，召忽死之，吾幽囚受辱，鲍叔不以我为无耻，知我不羞小节而耻功名不显于天下也。生我者父母，知我者鲍子也。"

　　鲍叔既进管仲，以身下之。子孙世禄于齐，有封邑者十余世，常为名大夫。天下不多管仲之贤而多鲍叔能知人也。

　　管仲既任政相齐，以区区之齐在海滨，通货积财，富国强兵，与俗同好恶。故其称曰："仓廪实而知礼节，衣食足而知荣辱，上服度则六亲固。四维不张，国乃灭亡。下令如流水之原，令顺民心。"故论卑而易行。俗之所欲，因而予之；俗之所否，因而去之。

　　其为政也，善因祸而为福，转败而为功。贵轻重，慎权衡。桓公实怒少姬，南袭蔡，管仲因而伐楚，责包茅不入贡于周室。桓公实北

管仲，名夷吾，是颍上人。年轻时经常和鲍叔牙交往，鲍叔牙知道他贤明、有才干。管仲家境贫困，经常占鲍叔牙的便宜，但鲍叔牙始终待他很好，不因为这些事而介意。后来，鲍叔牙侍奉齐国公子小白，管仲侍奉公子纠。等到小白立为齐桓公的时候，公子纠被杀死，管仲被囚禁。于是鲍叔牙就向齐桓公推荐管仲。管仲被任用以后，在齐国掌管政事，齐桓公因此而称霸，并以霸主的身份，多次会盟诸侯，稳定天下，这都是采用了管仲的智谋。

管仲说："当初我贫困时，曾经和鲍叔牙一起做买卖，分财利时自己总是多要一些，鲍叔牙并没有将我当作贪财奴，他知道我家里贫穷。我曾经替鲍叔牙谋划事情，结果反而使他更加困窘。鲍叔牙没有认为我愚笨，他知道时运有时顺利，有时不顺利。我曾经多次做官又多次被国君驱逐，鲍叔牙没有认为我无能，他知道我没遇上好时机。我曾经多次打仗却多次逃跑，鲍叔牙没有认为我胆小，他知道我家中还有老母需要赡养。公子纠争王位失败后，我的同僚召忽为之自杀殉难，我被关在深牢中忍辱苟活，鲍叔牙没有认为我不知廉耻，他知道我不会为小的过失而羞愧，却会为功名不显扬于天下而感到羞耻。生养我的是父母，真正了解我的是鲍叔牙啊。"

鲍叔牙荐举了管仲之后，甘心位居管仲之下。他的子孙世世代代享受齐国的俸禄，有封地的就有十几代人，多数是著名的大夫。因此，天下人更多的不是称赞管仲的贤能，而是赞美鲍叔牙善于识别人才。

管仲出任齐相执政以后，凭着小小的齐国滨临大海的地理条件，流通货物，积累财富，使得齐国国富兵强，并与百姓同好恶。所以他在《管子》一书中称述说："粮仓充实了，百姓才懂得礼节；衣食丰足了，百姓才懂得荣辱；国君的作为合乎法度，六亲才会紧紧依附。不提倡礼义廉耻，国家就会灭亡。国家颁布政令就像流水的源头，要能顺乎民心。"所以他的政令浅显而易于推行。百姓想要得到的，就因势给予他们；百姓所反对的，就顺应他们而废除。

管仲执政的时候，善于因势利导，转祸为福，转败为功。他十分重视事情的轻重缓急，谨慎地权衡事情的利弊得失。齐桓公本来是恼恨蔡姬，因而向南袭击蔡国的，管仲就劝齐桓公趁机讨伐楚国，责备它没有向周王室进贡包茅。桓公实际上是向北征伐山戎进行扩张，而管仲却趁机让桓公督促燕国实行召公的善政。

征山戎，而管仲因而令燕修召公之政。于柯之会，桓公欲背曹沫之约，管仲因而信之，诸侯由是归齐。故曰："知与之为取，政之宝也。"

管仲富拟于公室，有三归、反坫，齐人不以为侈。管仲卒，齐国遵其政，常强于诸侯。后百余年而有晏子焉。

晏平仲婴者，莱之夷维人也。事齐灵公、庄公、景公，以节俭力行重于齐。既相齐，食不重肉，妾不衣帛。其在朝，君语及之，即危言；语不及之，即危行。国有道，即顺命；无道，即衡命。以此三世显名于诸侯。

越石父贤，在缧绁中。晏子出，遭之涂，解左骖赎之，载归。弗谢，入闺。久之，越石父请绝。晏子戄然，摄衣冠谢曰："婴虽不仁，免子于厄，何子求绝之速也？"石父曰："不然。吾闻君子诎于不知己而信于知己者。方吾在缧绁中，彼不知我也。夫子既已感寤而赎我，是知己；知己而无礼，固不如在缧绁之中。"晏子于是延入为上客。

晏子为齐相，出，其御之妻从门间而窥其夫。其夫为相御，拥大盖，策驷马，意气扬扬甚自得也。既而归，其妻请去。夫问其故。妻曰："晏子长不满六尺，身相齐国，名显诸侯。今者妾观其出，志念深矣，常有以自下者。今子长八尺，乃为人仆御，然子之意自以为足，妾是以求去也。"其后夫自抑损。晏子怪而问之，御以实对。晏子荐以为大夫。

太史公曰：吾读管氏《牧民》《山高》《乘马》《轻重》《九府》，及《晏子春秋》，详哉其言之也。既见其著书，欲观其行事，故次其传。至其书，世多有之，是以不论，论其轶事。

齐、鲁两国在柯地会盟时，桓公想背弃曹沫逼迫他订立的归还鲁地的盟约，管仲就顺应形势劝他信守盟约，诸侯们因此而归顺了齐国。所以他说："懂得给予正是为了有所获取，这是治理国事的法宝。"

管仲的富足可以跟国君相比，拥有华丽的三归台和国君的宴饮设备，齐国人并不因此而认为他奢侈。管仲逝世后，齐国仍遵循他的政教，在相当长的一段时间里仍旧称霸于诸侯。此后过了一百多年，齐国又出了一个晏婴。

晏子，字平仲，名婴，是齐国莱地夷维人。他侍奉过齐灵公、齐庄公、齐景公三代国君，由于节约俭朴、亲躬理事，而受到齐国人的敬重。他做了齐国宰相后，饭桌上没有第二种肉菜，妻妾不穿丝绸衣服。在朝廷上，国君赞许他，他就谨慎自己的言语；国君没有赞许他，他就注意端正自己的行为。国君能行正道，他就顺着国君的命令去做；不能行正道时，他就权衡利害后斟酌着去办。因此，他在齐灵公、庄公、景公三代时，名声在各诸侯国中显赫一时。

越石父是个十分贤能的人，却陷于监牢之中。晏子外出，在路上遇到他，便让人解下车驾左边的马，将他赎了出来，载着他回到府里。晏子没有向越石父告别一声，便走进了内室，过了好久没出来。越石父对晏子说要绝交。晏子大吃一惊，匆忙整理好衣帽连连道歉说："我晏婴虽然说不上有仁德，但也总算帮助您从困境中解脱出来，为什么您这么快就要求与我绝交呢？"越石父说："话不能这么说。我听说君子只在不了解自己的人那里受委屈，而在知己面前意志却是自由伸展的。当我被囚禁在牢中的时候，那些人是不了解我。你既然已经知道我的为人而受到感动，把我赎了出来，这就是了解我；既然了解我却不按礼节待我，那还不如让我囚禁在监牢之中。"于是晏子就请他进屋，待他为贵宾。

晏子做齐国宰相时，有一次坐车出门，车夫的妻子从门缝里窥视丈夫。她丈夫替宰相驾车，头上遮着大伞，扬鞭驱马，神气十足，很是自我得意。不久回到家里，他的妻子就要求离婚。车夫问她离婚的原因，妻子说："晏子身高不过六尺，却做了齐国的宰相，名声显扬于各国。今天我看他外出，见他思虑非常深远，总是态度谦和。现在你身高八尺，才不过做了人家的车夫，看你的神态却自我满足。因此我要求和你离婚。"从此以后，车夫便自觉地控制自己，谦虚恭谨起来。晏子发现了他的变化，觉得很奇怪，就问他，车夫如实相告。晏子就推荐他做了大夫。

太史公说：我读了管仲的《牧民》《山高》《乘马》《轻重》《九府》和《晏子春秋》，这些书上说得都很详细！读了他们的著作，就想考察他们的事迹，所以就依次编写了他们的传记。至于他们的书，世上大都能见到，因此不再论述，只记载他们的一些轶事。

管仲，世所谓贤臣，然孔子小之。岂以为周道衰微，桓公既贤，而不勉之至王，乃称霸哉？语曰"将顺其美，匡救其恶，故上下能相亲也"。岂管仲之谓乎？

方晏子伏庄公尸哭之，成礼然后去，岂所谓"见义不为无勇"者邪？至其谏说，犯君之颜，此所谓"进思尽忠，退思补过"者哉！假令晏子而在，余虽为之执鞭，所忻慕焉。

管仲是世人所说的贤臣，孔子却小看他。难道是认为周朝的统治已经衰微，桓公既然贤明，而管仲便不勉励他实行王道却辅佐他称霸吗？有句话说："顺应并推广美德，匡正并补救恶行，所以君臣百姓之间能够亲密无间。"这难道不是说的管仲吗？

当初晏子伏在庄公尸体上痛哭他，行完臣子的礼节后才离开，这难道就是人们所说的"见义不为就没有勇气"的表现吗？至于晏子直言进谏，触犯君主的面子，这就是所谓的"在政就想到竭尽忠心，在野就想到弥补过失"的人啊！假使晏子现在还活着，即使让我替他执鞭赶车，那也是我非常高兴和向往的事啊！

老子韩非列传第三

老子者，楚苦县厉乡曲仁里人也，姓李氏，名耳，字聃，周守藏室之史也。

孔子适周，将问礼于老子。老子曰："子所言者，其人与骨皆已朽矣，独其言在耳。且君子得其时则驾，不得其时则蓬累而行。吾闻之，良贾深藏若虚，君子盛德，容貌若愚。去子之骄气与多欲，态色与淫志，是皆无益于子之身。吾所以告子，若是而已。"孔子去，谓弟子曰："鸟，吾知其能飞；鱼，吾知其能游；兽，吾知其能走。走者可以为罔，游者可以为纶，飞者可以为矰。至于龙，吾不能知其乘风云而上天。吾今日见老子，其犹龙邪！"

老子修道德，其学以自隐无名为务。居周久之，见周之衰，乃遂去。至关，关令尹喜曰："子将隐矣，强为我著书。"于是老子乃著书上下篇，言道德之意五千余言而去，莫知其所终。

或曰：老莱子亦楚人也，著书十五篇，言道家之用，与孔子同时云。

盖老子百有六十余岁，或言二百余岁，以其修道而养寿也。

自孔子死之后百二十九年，而史记周太史儋见秦献公曰："始秦与周合，合五百岁而离，离七十岁而霸王者出焉。"或曰儋即老子，或曰非也，世莫知其然否。老子，隐君子也。

老子之子名宗，宗为魏将，封于段干。宗子注，注子宫，宫玄孙假，假仕于汉孝文帝。而假之子解为胶西王卬太傅，因家于齐焉。

世之学老子者则绌儒学，儒学亦绌老子。"道不同不相为谋"，

老子是楚国苦县厉乡曲仁里人。姓李，名耳，字聃，在周朝做掌管藏书室的史官。

孔子到周朝国都去，打算向老子请教礼的学问。老子说："你所说的礼，倡导它的人和骨头都已经腐朽了，只有他的言论还在。况且君子遭遇好运时，就驾着车出去做官；不逢其时，就像蓬草一样随风飘转。我听说，善于经商的人把货物囤集起来，外表上好像什么东西也没有。君子具有高尚的品德，但他的容貌谦恭得像愚钝的人。去掉您的骄气和过多的欲望，抛弃您故意做作的姿态和过大不切实际的志向，这些对于您自身都是没有好处的。我能告诉您的，就这些而已。"孔子回去以后，对弟子们说："鸟儿，我知道它能飞；鱼儿，我知道它能游；走兽，我知道它能跑。会跑的可以织网来捕获它，会游的可以使用丝线去钓住它，会飞的可以用弓箭去射击它。至于龙，我就不知道该怎么办了，它能驾着风云而飞腾升天。我今天见到了老子，他大概就像一条龙吧！"

老子研究道德学问，他的学说以深自韬隐、不求闻达为宗旨。他在周都住了很久，见周朝衰微了，于是就离开了。经过函谷关，关令尹喜对他说："您就要隐居了，请勉力为我写本书吧。"于是老子就著述了《道德经》，分上下两篇，论述了道德的本意，共五千多字，然后离去，再没有人知道他的下落。

有的人说：老莱子也是楚国人，著书十五篇，讲述的是道家的作用，和孔子生活在同一时代。

老子大概活了一百六十多岁，也有人说他活了二百多岁，是因为他能修养道德因而长寿啊。

孔子去世后一百二十九年，史书记载周太史儋会见秦献公时曾预言："当初秦国与周朝是合在一起的，大概五百年后又分开了，而分开七十年之后，称王称霸的人就出现了。"有的人说太史儋就是老子，也有的人说不是，世上没有人知道哪种说法是对的。老子，就是一位隐居的君子。

老子的儿子叫李宗，是魏国的将军，他被分封于段干。李宗的儿子叫李注，李注的儿子叫李宫，李宫的玄孙叫李假。李假曾在汉孝文帝时做过官。而李假的儿子李解做过胶西王刘卬的太傅，因此就定居在齐地。

世上学习老子学说的人，往往贬斥儒学；信奉儒家学说的人，往往也贬斥老子的学说。"道不同不相为谋"，难道说的就是这种情况吗？老子认为，无为而

岂谓是邪？李耳无为自化，清静自正。

庄子者，蒙人也，名周。周尝为蒙漆园吏，与梁惠王、齐宣王同时。其学无所不窥，然其要本归于老子之言。故其著书十余万言，大抵率寓言也。作《渔父》《盗跖》《胠箧》，以诋訾孔子之徒，以明老子之术。畏累虚、亢桑子之属，皆空语无事实。然善属书离辞，指事类情，用剽剥儒、墨，虽当世宿学不能自解免也。其言洸洋自恣以适己，故自王公大人不能器之。

楚威王闻庄周贤，使使厚币迎之，许以为相。庄周笑谓楚使者曰："千金，重利；卿相，尊位也。子独不见郊祭之牺牛乎？养食之数岁，衣以文绣，以入大庙。当是之时，虽欲为孤豚，岂可得乎？子亟去，无污我。我宁游戏污渎之中自快，无为有国者所羁，终身不仕，以快吾志焉。"

申不害者，京人也，故郑之贱臣。学术以干韩昭侯，昭侯用为相。内修政教，外应诸侯，十五年。终申子之身，国治兵强，无侵韩者。

申子之学本于黄老而主刑名。著书二篇，号曰申子。

韩非者，韩之诸公子也。喜刑名法术之学，而其归本于黄老。非为人口吃，不能道说，而善著书。与李斯俱事荀卿，斯自以为不如非。

非见韩之削弱，数以书谏韩王，韩王不能用。于是韩非疾治国不务修明其法制，执势以御其臣下，富国强兵而以求人任贤，反举浮淫之蠹而加之于功实之上。以为儒者用文乱法，而侠者以武犯禁。宽则宠名誉之人，急则用介胄之士。今者所养非所用，所用非所养。悲廉直不容于邪枉之臣，观往者得失之变，故作《孤愤》《五蠹》《内外储》《说林》《说难》十余万言。

然韩非知说之难，为《说难》书甚具，终死于秦，不能自脱。

治，听任自然的变化；清静不挠，自然能得事理之正。

庄子，是蒙地人，名字叫周。他曾做过蒙地漆园的官吏，与梁惠王、齐宣王是同一时代的人。他学识渊博，学说无所不及，他的中心思想却源于老子的学说。他所写的十余万字的著作，大多是托词寄意的寓言。他的《渔父》《盗跖》《胠箧》，是用来诋毁孔子学派的人，而表明老子学说的。畏累虚、亢桑子之类的，都是没有实事的杜撰。但是庄子善于行文措辞，描摹事物的情状，用来攻击儒家和墨家的学说，即便是当世的博学之士，也都难免遭受到攻击。他的文章汪洋恣肆，任意发挥，所以王公大人对他也毫无办法。

楚威王听说庄周贤能，派人带着丰厚的礼物去聘请他，答应让他做卿相。庄子笑着对楚使说："千金，的确是厚礼；卿相，的确是尊位。您难道没见过天子祭祀天地时用的牛吗？喂养它们好几年，然后给它披上带有花纹的彩色绸缎，送进太庙去作祭品。这时，它即便是想做一头自由的小猪，难道还能办得到吗？您赶快走吧，不要玷污了我的人格。我宁愿在污浊的小水沟里自由自在地游戏，也不愿被国君所约束。我终身不会做官，使自己的心志愉快。"

申不害，是京邑人，原先是郑国的一个小官。后来他学了刑名之术来求见韩昭侯，韩昭侯任命他为宰相。他对内整饬政教，对外应对诸侯，前后达十五年之久。一直到申不害去世之时，国治兵强，没有哪个国家敢侵犯韩国。

申不害的学说本源于黄帝和老子，而主张循名责实。他的著作有两篇，叫作《申子》。

韩非，是韩国的贵族子弟。他爱好刑名法术的学说。这种学说的理论基础来源于黄帝和老子。韩非生来口吃，不善于讲话，却擅长于著书立说。他和李斯都是荀卿的学生，李斯自认为才能不如韩非。

韩非看到韩国国势渐渐衰弱，屡次上书规谏韩王，但韩王都没有采纳他的意见。韩非痛心当时国君治国不致力于修明法制，不能用权势来驾驭臣子，不能使国家富强、兵力强大，不求任用贤能之士，反而任用一些文学游说之士，使他们的地位高于专务功利实效的人。他认为儒生搬弄文辞扰乱了国家法度，而游侠凭借着武力干犯禁忌。国家太平时，君主就恩宠那些有浮名虚誉的文人；形势危急时，又去使用那些披甲带胄的武士。现在国家培养的人并不是国家所需要的，而所需要的人又不是平时培养的。他悲叹廉洁正直的人不被邪曲奸枉之臣所容，考察了历史上治国得失的变化，所以写了《孤愤》《五蠹》《内外储》《说林》《说难》等十余万字的著作。

然而韩非尽管深知游说之道的艰难，撰写的《说难》一文特别详备，但最终还是被害死在秦国，不能逃脱祸难。

《说难》曰：凡说之难，非吾知之有以说之难也；又非吾辩之难能明吾意之难也；又非吾敢横失能尽之难也。凡说之难，在知所说之心，可以吾说当之。

所说出于为名高者也，而说之以厚利，则见下节而遇卑贱，必弃远矣。所说出于厚利者也。而说之以名高，则见无心而远事情，必不收矣。所说实为厚利而显为名高者也，而说之以名高，则阳收其身而实疏之；若说之以厚利，则阴用其言而显弃其身。此之不可不知也。

夫事以密成，语以泄败。未必其身泄之也，而语及其所匿之事，如是者身危。贵人有过端，而说者明言善议以推其恶者，则身危。周泽未渥也而语极知，说行而有功则德亡，说不行而有败则见疑，如是者身危。夫贵人得计而欲自以为功，说者与知焉，则身危。彼显有所出事，乃自以为也故，说者与知焉，则身危。强之以其所必不为，止之以其所不能已者，身危。故曰：与之论大人，则以为间己；与之论细人，则以为鬻权。论其所爱，则以为借资；论其所憎，则以为尝己。径省其辞，则不知而屈之；泛滥博文，则多而久之。顺事陈意，则曰怯懦而不尽；虑事广肆，则曰草野而倨侮。此说之难，不可不知也。

凡说之务，在知饰所说之所敬，而灭其所丑。彼自知其计，则毋以其失穷之；自勇其断，则毋以其敌怒之；自多其力，则毋以其难概

《说难》里写道：大凡游说君主的难处，不是难在我的才智不足以说服君主，也不是难在我的口才不足以明确地表达我的思想，也不是难在我不敢毫无顾虑地表达全部的意见和观点。大凡游说的困难，难在如何了解游说对象的心理，然后用我的言论去适应他。

游说的对象如果想博取高名，而你却用如何获得重利去劝说他，那么他就会认为你品德低下而以卑贱的待遇对待你，你一定会被遗弃和疏远。游说的对象如果志在贪图重利，而你却用如何博取高名去劝说他，那么他就会认为你是一个没有头脑而脱离实际的人，一定不会录用你。游说的对象实际上意在重利而表面上却装作喜好高名，而你用如何博取高名去劝说他，那么他表面上会录用你而实际上却疏远你；假如你用获得重利的言论去劝说他，那么他会暗中采纳你的意见，却在表面上抛弃你。这些都是游说的人不能不知道的。

行事因为保密而成功，言谈因为泄密而失败。不一定是游说者本人泄的密，而只是游说者在言谈之中无意说到了君主内心隐藏的秘密，这样游说者就会有生命危险。君主有过失，而游说的人却公开用一些大道理去推测他的不良行为，那么游说的人就会有生命危险。君主对游说者的恩宠还没有达到亲密的程度，而游说者就把知心的话全都说出来，如果意见被采纳了而且有了功效，那么，你的功劳就会被君主遗忘；如果主张行不通而且遭到失败，那么游说者就会被君主怀疑，这样游说者就会有生命危险。君主计划了一件事情，感到很得意，想自己表功，但游说者也曾参与，知道这件事，那么他也会有生命危险。君主表面上做着一件事，而实际上是为了成就另一件事情，如果游说者参与并知其计，那么他也会有生命危险。如果游说者勉强让君主去做他坚决不愿做的事，或勉强去阻止君主所不愿意罢手的事情，那么游说的人就会有生命危险。所以说，游说者如果与君主议论在任的大臣，就会被认为是离间君臣彼此的关系；如果和君主议论地位低下的人，就会被认为是卖弄权势。议论君主所喜爱的人，那么君主就会认为游说者是在利用他；谈论君主所憎恶的，那么游说者就会被认为是在试探君主的看法。如果游说者文辞简略，那么就会被认为是缺少才智而得不到重用；如果游说者铺陈辞藻，夸夸其谈，那么就会被认为是语言放纵而浪费时间。如果游说者顺应君主的主张陈述大意，那么就会被说是胆小而不敢大胆尽言。如果游说者毫无顾忌地把考虑的事情尽情说出来，那么就会被说成是鄙陋粗俗、倨傲侮慢。这些都是游说的难处，不可以不知道。

大凡游说者应注意的重要问题，就在于懂得美化君主所推崇的事情，而掩盖他认为自惭形秽之处。他自认为高明的计策，就不要拿他过去的失败来衡量而让他受窘；他自认为是勇敢的决断，就不要用他由于考虑不周造成的过错去激怒

之。规异事与同计，誉异人与同行者，则以饰之无伤也。有与同失者，则明饰其无失也。大忠无所拂悟，辞言无所击排，乃后申其辩知焉。此所以亲近不疑，知尽之难也。得旷日弥久，而周泽既渥，深计而不疑，交争而不罪，乃明计利害以致其功，直指是非以饰其身，以此相持，此说之成也。

伊尹为庖，百里奚为虏，皆所由干其上也。故此二子者，皆圣人也，犹不能无役身而涉世如此其污也，则非能仕之所设也。

宋有富人，天雨墙坏。其子曰："不筑且有盗。"其邻人之父亦云，暮而果大亡其财，其家甚知其子而疑邻人之父。昔者郑武公欲伐胡，乃以其子妻之。因问群臣曰："吾欲用兵，谁可伐者？"关其思曰："胡可伐。"乃戮关其思，曰："胡，兄弟之国也。子言伐之，何也？"胡君闻之，以郑为亲己而不备郑。郑人袭胡，取之。此二说者，其知皆当矣，然而甚者为戮，薄者见疑。非知之难也，处知则难矣。

昔者弥子瑕见爱于卫君。卫国之法，窃驾君车者罪至刖。既而弥子之母病，人闻，往夜告之，弥子矫驾君车而出。君闻之而贤之曰："孝哉，为母之故而犯刖罪！"与君游果园，弥子食桃而甘，不尽而奉君。君曰："爱我哉，忘其口而念我！"及弥子色衰而爱弛，得罪于君，君曰："是尝矫驾吾车，又尝食我以其余桃。"故弥子之行未变于初也，前见贤而后获罪者，爱憎之至变也。故有爱于主，则知当而加亲；见憎于主，则罪当而加疏。故谏说之士不可不察爱憎之主而

他;他夸耀自己的力量强大,就不要拿他感到棘手的问题非难他。谋划另一件与君主相同的事,赞誉另一个与君主同样品行的人,游说者就要注意文饰自己的观点,不要刺伤他们。有人与君主做了同样失败的事,游说者就应表面上粉饰说他没有过失。忠心耿耿,不拂逆君主之意,言辞谨慎,不相抵触,然后游说者就可以择机施展自己的口才和智慧了。这就是与君主亲近不被怀疑,可以说尽心里话的办法啊!等到长期与君主共事之后,君主对游说者的恩泽已经很深厚了,游说者为君主的深谋远虑不被怀疑了,互相争议也不被加罪了,遇事便可以公开地论断利害,使他获得成功,可以直接指出君主的是非以正其身。用这样的办法扶持君主,便可以说是游说成功了。

伊尹做过厨师,百里奚做过俘虏,他们都从自己从事工作的角度请求君主采用他们的主张。所以,这两个人都是圣人。他们尚不得不做低贱的事而经历如此的卑污世事,那么智能之士就不会把卑躬屈节看作是耻辱了。

宋国有个富人,因为下大雨冲毁了他家的墙壁。他儿子说:"如果不快修好被冲毁的墙壁,就会有盗贼来。"他邻居的父亲也这么说。晚上果然丢了不少钱财,他的家人都认为他儿子特别聪明却怀疑邻居的父亲。从前郑武公想去讨伐胡国,却把自己的女儿嫁给胡国君主做妻子。因此他就问大臣们说:"我想用兵,可以攻打谁呢?"大夫关其思回答说:"可以攻打胡国。"郑武公就把关其思杀了,并且说:"胡国,是我们的兄弟之国。你说攻打它,你是什么居心?"胡国君主听到这件事,认为郑君与自己关系密切便不防备郑国了。郑国乘机偷袭胡国,并吞并了它。邻居的父亲与大夫关其思的看法都是对的,然而言重的被杀死,言轻的被怀疑。这并不是对某些事情有自己的认识难,而是如何妥善地处理已知的事情难啊。

从前弥子瑕很受卫国君主宠爱。按照卫国的法律,凡是私自驾用君车的人要受断足的刑罚。不久弥子瑕的母亲病了,有人闻讯,便连夜通知了他,弥子瑕就假称君主的命令驾着君主的车子出去了。卫君听到这件事后反而赞美他说:"真是一个孝子啊,为了母亲的病竟甘愿受断足的惩罚!"弥子瑕和卫君到果园游玩,弥子瑕吃到一个甜桃子,没吃完就献给卫君吃了。卫君说:"真爱我啊,自己不吃却想着我!"等到弥子瑕老态龙钟,卫君对他的宠爱也消减了。后来弥子瑕得罪了卫君,卫君说:"这个人曾经假称我的命令私自驾用我的车,还曾经给我吃他吃剩的桃子。"弥子瑕的德行和当初一样没有改变,可当初为卫君所赞许的,后来却变成了罪过,是由于卫君对他的爱憎起了变化。所以说,被君主宠爱时,他的智谋合乎君主的口味,君主就对他更加亲近;当他被君主厌恶的时候,他的过失与君主的厌恶心理相应,君主就对他更加疏远。因此,劝谏游说的人,

后说之矣。

夫龙之为虫也，可扰狎而骑也。然其喉下有逆鳞径尺，人有婴之，则必杀人。人主亦有逆鳞，说之者能无婴人主之逆鳞，则几矣。

人或传其书至秦。秦王见《孤愤》《五蠹》之书，曰："嗟乎，寡人得见此人与之游，死不恨矣！"李斯曰："此韩非之所著书也。"秦因急攻韩。韩王始不用非，及急，乃遣非使秦。秦王悦之，未信用。李斯、姚贾害之，毁之曰："韩非，韩之诸公子也。今王欲并诸侯，非终为韩不为秦，此人之情也。今王不用，久留而归之，此自遗患也，不如以过法诛之。"秦王以为然，下吏治非。李斯使人遗非药，使自杀。韩非欲自陈，不得见。秦王后悔之，使人赦之，非已死矣。

申子、韩子皆著书，传于后世，学者多有。余独悲韩子为说难而不能自脱耳。

太史公曰：老子所贵道，虚无，因应变化于无为，故著书辞称微妙难识。庄子散道德，放论，要亦归之自然。申子卑卑，施之于名实。韩子引绳墨，切事情，明是非，其极惨礉少恩。皆原于道德之意，而老子深远矣。

不能不调查清楚君主的爱憎态度之后再进言。

龙属于虫类，可以亲近它，骑它。然而它喉咙下长有一尺长的逆鳞，人要触动它的逆鳞，一定会丧命。君主也有逆鳞，游说的人能不触犯君主的逆鳞，就差不多成功了。

有人把韩非的书传到秦国。秦王看了《孤愤》《五蠹》等书，慨叹说："唉呀，我要是能见到这个人并和他交往，就是死也不遗憾了。"李斯说："这些书是韩非撰写的。"秦王因此立即攻打韩国。韩王最初没有重用韩非，等到情势危急，便派遣韩非出使秦国。秦王很喜欢他，尚未任用他时，李斯、姚贾因嫉妒他，就在秦王面前诋毁他说："韩非是韩国贵族子弟。现在大王要吞并各国，韩非最终还是会帮助韩国而不会帮助秦国，这是人之常情啊。如今大王不任用他，久留于秦国，将来再放他回去，这是给自己埋下祸患啊。不如给他加个罪名，并依法处死他。"秦王认为有道理，就下令将韩非关押起来。李斯派人给韩非送去毒药，让他自杀。韩非想要向秦王申诉，却未能见到。后来秦王后悔了，派人去赦免韩非，可惜韩非已经死了。

申子、韩子都有著作流传到后世，学者大多有他们的书。我唯独悲叹韩非写了《说难》一文，而自己却未能逃脱死路。

太史公说：老子看重道，虚无，顺应自然，以无为来适应各种变化，因此他写的书人们认为语义微妙难于理解。庄子推演老子关于道德的学说，放言高论，其学说的要点也归本于自然无为的道理。申子常常勤奋自勉，推行循名责实的理论。韩非子依据法律作为规范行为的准绳，决断事情，明辨是非，用法严酷苛刻，残酷无情。以上这几人虽发展方向不同，但都源于老子的道德学说，可见老子的学说理论影响多么深远。

司马穰苴列传第四

司马穰苴者，田完之苗裔也。齐景公时，晋伐阿、甄，而燕侵河上，齐师败绩。景公患之。晏婴乃荐田穰苴曰："穰苴虽田氏庶孽，然其人文能附众，武能威敌，愿君试之。"景公召穰苴，与语兵事，大说之，以为将军，将兵扞燕晋之师。穰苴曰："臣素卑贱，君擢之闾伍之中，加之大夫之上，士卒未附，百姓不信，人微权轻，愿得君之宠臣，国之所尊，以监军，乃可。"于是景公许之，使庄贾往。

穰苴既辞，与庄贾约曰："旦日日中会于军门。"穰苴先驰至军，立表下漏待贾。贾素骄贵，以为将己之军而己为监，不甚急；亲戚左右送之，留饮。日中而贾不至。穰苴则仆表决漏，入，行军勒兵，申明约束。约束既定，夕时，庄贾乃至。穰苴曰："何后期为？"贾谢曰："不佞大夫亲戚送之，故留。"穰苴曰："将受命之日则忘其家，临军约束则忘其亲，援枹鼓之急则忘其身。今敌国深侵，邦内骚动，士卒暴露于境，君寝不安席，食不甘味，百姓之命皆悬于君，何谓相送乎！"召军正问曰："军法期而后至者云何？"对曰："当斩。"庄贾惧，使人驰报景公，请救。既往，未及反，于是遂斩庄贾以徇三军。三军之士皆振慄。久之，景公遣使者持节赦贾，驰入军中。穰苴曰："将在军，君令有所不受。"问军正曰："驰三军法何？"正曰："当斩。"使者大惧。穰苴曰："君之使不可杀之。"乃斩其仆，车之左驸，马之左骖，以徇三军。遣使者还报，然后行。

司马穰苴，是田完的后世子孙。齐景公时，晋国进犯齐国的东阿和甄城，燕国也入侵齐国黄河南岸的领土。齐军被打得大败，齐景公为此非常忧虑。晏婴因而向齐景公推荐田穰苴，说："穰苴虽说是田家的庶出子孙，可是他这个人，文德可使部下亲附，武略可使敌人畏惧。希望君王您能试试他。"于是齐景公召见了穰苴，跟他议论军国大事，齐景公对他大加赞赏，立即任命他为将军，率兵去抵御燕、晋两国的军队。穰苴说："臣下出身卑贱，君王把我从平民中提拔起来，置于大夫之上，士兵们不会服从，百姓也不会信任，资望既浅，缺乏权威，希望能派一位君王宠信、国家尊重的大臣，来监察军队才行。"于是齐景公就答应了他的要求，派庄贾前去做了监军。

穰苴向景公辞行后，便与庄贾约定说："明天正午在军门外相会。"第二天，穰苴率先驰车赶到军门，立起了计时的木表和漏壶，等待庄贾。庄贾一向傲慢自大，喜欢摆架子，认为率领的是自己的军队，自己又做监军，就不大着急。亲戚朋友为他饯行，挽留他喝酒。直到正午，庄贾还没有来。穰苴就放倒木表，摔破漏壶，进入军营，整顿军队，反复说明各项规定。等他布署完毕，到了傍晚，庄贾才到。穰苴说："为什么迟到？"庄贾道歉说："朋友亲戚们给我送行，所以耽搁了。"穰苴说："身为将领，从接受命令的那一刻起，就应当忘掉自己的家庭，从亲临军营申明号令后，就应忘掉私人的交情，从拿起鼓槌指挥作战那一刻起，就应不顾个人安危。如今敌人入侵已深入国境，国内骚乱不安，士兵暴露于境内，国君睡不安稳，吃不香甜，全国百姓的生命都维系于你一身，还谈得上什么送行呢！"于是把军法官叫来，问道："按照军法，对约定时刻迟到的人应如何处置？"回答说："应当斩首。"庄贾害怕了，派人飞马报告齐景公，请求救命。报信的人走了，还没来得及返回，庄贾就已被斩首示众于三军。全军将士都震惊战栗。过了好一会儿，齐景公派的使者才拿着符节来赦免庄贾。车马飞奔直入军营，穰苴说："将在军中，国君的命令可以不必完全照办。"又问军法官说："驾着车马在军营里奔驰，按军法当如何处置？"军法官说："应当斩首。"使者大惊失色。穰苴说："国君的使者不可以杀。"便斩了使者的仆从，砍断了车子左边的夹车木，杀死了左边驾车的马，示众于三军。让使者回去向齐景公报告，然后就出发了。

士卒次舍井竈饮食，问疾医药，身自拊循之。悉取将军之资粮享士卒，身与士卒平分粮食。最比其羸弱者，三日而后勒兵。病者皆求行，争奋出为之赴战。晋师闻之，为罢去。燕师闻之，度水而解。于是追击之，遂取所亡封内故境而引兵归。未至国，释兵旅，解约束，誓盟而后入邑。景公与诸大夫郊迎，劳师成礼，然后反归寝。既见穰苴，尊为大司马。田氏日以益尊于齐。

已而大夫鲍氏、高、国之属害之，谮于景公。景公退穰苴，苴发疾而死。田乞、田豹之徒由此怨高、国等。其后及田常杀简公，尽灭高子、国子之族。至常曾孙和，因自立为齐威王，用兵行威，大放穰苴之法，而诸侯朝齐。

齐威王使大夫追论古者《司马兵法》而附穰苴于其中，因号曰《司马穰苴兵法》。

太史公曰：余读《司马兵法》，闳廓深远，虽三代征伐，未能竟其义，如其文也，亦少褒矣。若夫穰苴，区区为小国行师，何暇及司马兵法之揖让乎？世既多司马兵法，以故不论，著穰苴之列传焉。

士兵们安营扎寨，打井砌灶，饮水吃饭，看病抓药，田穰苴都亲自过问以示关怀。还把自己作为将军专用的物资粮食全部拿出来与士兵共享，自己和士兵一样平分粮食。把体弱有病的统计出来，三天后重新整训军队，准备出战。病弱的士兵也要求前往，争先奋勇地为他战斗。晋国军队听说了这种情况，就撤军回去了。燕国军队知道了这种情况，也渡黄河向北撤退而溃散。于是齐国的军队趁势追击，收复了境内所有沦陷的领土，率师凯旋而归。还没到国都，就解除了战备，取消了战时规定号令，盟誓之后才进入国都。齐景公率领文武百官到城外迎接，依礼慰劳军队完毕后，才回到寝宫。齐景公接见了田穰苴，敬重地晋升他为大司马。从此，田氏在齐国的地位日益显贵。

后来，大夫鲍氏、高氏、国氏一班人忌妒他，便向齐景公进谗言中伤、诬陷他。齐景公就解除了他的官职，穰苴发病而死。田乞、田豹一伙从此怨恨高氏、国氏家族的人。后来田常杀死齐简公，把高氏、国氏家族全部诛灭了。到田常的曾孙田和时，他自立为君，号为齐威王。他用兵作战施使权威，都极力模仿穰苴的做法，当时各国诸侯都来朝拜齐国。

齐威王命大夫们追论古代的《司马兵法》，而把大司马田穰苴的兵法也附在里边，因此定名为《司马穰苴兵法》。

太史公说：我读《司马兵法》，感到宏大深远，不可测度，即使是夏、商、周三代的战争也未能穷尽其义，像现在把《司马穰苴兵法》的文字附在里边，也未免推许过分了。至于说到田穰苴，仅仅是为小国行师用兵，怎么能和《司马兵法》相提并论呢？世上流传的《司马兵法》既然很多，因此就不再评论了，只为穰苴写了传记。

孙子吴起列传第五

孙子武者，齐人也。以兵法见于吴王阖闾。阖闾曰："子之十三篇，吾尽观之矣，可以小试勒兵乎？"对曰："可。"阖闾曰："可试以妇人乎？"曰："可。"于是许之，出宫中美女，得百八十人。孙子分为二队，以王之宠姬二人各为队长，皆令持戟。令之曰："汝知而心与左右手背乎？"妇人曰："知之。"孙子曰："前，则视心；左，视左手；右，视右手；后，即视背。"妇人曰："诺。"约束既布，乃设鈇钺，即三令五申之。于是鼓之右，妇人大笑。孙子曰："约束不明，申令不熟，将之罪也。"复三令五申而鼓之左，妇人复大笑。孙子曰："约束不明，申令不熟，将之罪也；既已明而不如法者，吏士之罪也。"乃欲斩左右队长。吴王从台上观，见且斩爱姬，大骇。趣使使下令曰："寡人已知将军能用兵矣。寡人非此二姬，食不甘味，愿勿斩也。"孙子曰："臣既已受命为将，将在军，君命有所不受。"遂斩队长二人以徇。用其次为队长，于是复鼓之。妇人左右前后跪起皆中规矩绳墨，无敢出声。于是孙子使使报王曰："兵既整齐，王可试下观之，唯王所欲用之，虽赴水火犹可也。"吴王曰："将军罢休就舍，寡人不愿下观。"孙子曰："王徒好其言，不能用其实。"于是阖闾知孙子能用兵，卒以为将。西破强楚，入郢，北威齐晋，显名诸侯，孙子与有力焉。

孙武既死，后百余岁有孙膑。膑生阿鄄之间，膑亦孙武之后世子孙也。孙膑尝与庞涓俱学兵法。庞涓既事魏，得为惠王将军，而自以为能不及孙膑，乃阴使召孙膑。膑至，庞涓恐其贤于己，疾之，则以

孙子名武，齐国人。因为精通兵法而受到吴王阖闾的接见。阖闾说："您写的十三篇兵书我都看过了，可以小规模地试着为我操演一番吗？"孙子回答说："可以。"阖闾说："可以用妇女来操演吗？"回答说："可以。"于是答应孙子，选出宫中美女，共计一百八十人。孙子将她们分成两队，让阖闾最宠爱的两位侍妾担任两队队长。让所有的美女全部持戟，然后命令她们说："你们知道自己的心、左右手和背的方向吗？"妇人们回答说："知道。"孙子说："我说向前，你们就向心口所对的方向前进；我说向左，你们就向左手所对的方向前进；我说向右，你们就向右手所对的方向行进；我说向后，你们就向背所对的方向前进。"妇人们答道："是。"规定宣布清楚后，便陈设斧钺等刑具，当场重复了多遍。然后用鼓声指挥她们向右，妇女们大笑。孙子说："纪律还不清楚，号令不熟悉，这是将领的过错。"然后又重复多次交待清楚了，用鼓声指挥她们向左，妇人们又都哈哈大笑。孙子说："纪律弄不清楚，号令不熟悉，这是将领的过错；现在既然已经讲得清清楚楚，却不遵照号令行事，那就是军官和士兵的过错了。"说着就要将左、右两队的队长斩首。吴王正在台上观看，见孙子要杀自己的爱妾，大惊失色，急忙派使臣传达命令说："我已经知道将军善于用兵了。我要是失去了这两个侍妾，吃饭也不香甜，请你不要杀她们。"孙子回答说："我已经接受命令为将，将在军中，国君的命令可以不必完全照办。"于是杀了两个队长示众，然后依序任命两队的第二个人为队长，再次用鼓声指挥她们操练。妇人们向左向右、向前向后、跪倒、站起都符合要求，没有人敢再出声。于是孙子让人向吴王报告说："队伍已经操练整齐，大王可以下台来验察她们的演习，任凭大王想让她们干什么，哪怕是赴汤蹈火也可以。"吴王回答说："请将军停止演练，回宾馆休息。我不愿下去察看了。"孙子感叹地说："大王只是欣赏我书上的军事理论，却不能将其付诸实践。"从此，吴王阖闾知道孙子果真善于用兵，终于任他为将。后来吴国向西击破强楚，攻克郢都，向北威震齐国和晋国，扬名于诸侯。这其间，孙子不仅参与，而且出力不小。

孙子死后，过了一百多年又出了一个孙膑。孙膑出生在阿城和鄄城之间，也是孙武的后代子孙。他曾经和庞涓一起学习兵法。庞涓为魏国做事，当上了魏惠王的将军。但他知道自己的才能比不上孙膑，就秘密让人把孙膑找来。孙膑到了

法刑断其两足而黥之，欲隐勿见。

齐使者如梁，孙膑以刑徒阴见，说齐使。齐使以为奇，窃载与之齐。齐将田忌善而客待之。忌数与齐诸公子驰逐重射。孙子见其马足不甚相远，马有上、中、下辈。于是孙子谓田忌曰："君弟重射，臣能令君胜。"田忌信然之，与王及诸公子逐射千金。及临质，孙子曰："今以君之下驷与彼上驷，取君上驷与彼中驷，取君中驷与彼下驷。"既驰三辈毕，而田忌一不胜而再胜，卒得王千金。于是忌进孙子于威王。威王问兵法，遂以为师。

其后魏伐赵，赵急，请救于齐。齐威王欲将孙膑，膑辞谢曰："刑余之人不可。"于是乃以田忌为将，而孙子为师，居辎车中，坐为计谋。田忌欲引兵之赵，孙子曰："夫解杂乱纷纠者不控捲，救斗者不搏撠，批亢捣虚，形格势禁，则自为解耳。今梁赵相攻，轻兵锐卒必竭于外，老弱罢于内。君不若引兵疾走大梁，据其街路，冲其方虚，彼必释赵而自救。是我一举解赵之围而收弊于魏也。"田忌从之，魏果去邯郸，与齐战于桂陵，大破梁军。

后十三岁，魏与赵攻韩，韩告急于齐。齐使田忌将而往，直走大梁。魏将庞涓闻之，去韩而归，齐军既已过而西矣。孙子谓田忌曰："彼三晋之兵素悍勇而轻齐，齐号为怯，善战者因其势而利导之。兵法，百里而趣利者蹶上将，五十里而趣利者军半至。使齐军入魏地为十万灶，明日为五万灶，又明日为三万灶。"庞涓行三日，大喜，曰："我固知齐军怯，入吾地三日，士卒亡者过半矣。"乃弃其步军，与其轻锐倍日并行逐之。孙子度其行，暮当至马陵。马陵道陕，而旁多阻隘，可伏兵，乃斫大树白而书之曰："庞涓死于此树之下"。于是令齐军善射者万弩，夹道而伏，期曰："暮见火举而俱发"。庞涓果夜至斫木下，见白书，乃钻火烛之。读其书未毕，齐军

魏国后，庞涓害怕他超过自己，因此忌恨他，就假借罪名砍掉了他的双脚，并且在他脸上刺了字，想使他埋没于世不为人知。

　　齐国的使者到大梁来，孙膑以犯人的身份秘密地求见了齐使，用言辞打动齐国使者。齐国的使者认为他很有才能，就偷偷地用车把他载到齐国。齐国将军田忌赏识他并且像对待客人一样礼待他。田忌多次与齐国的贵族子弟赛马，下重金赌胜。孙膑发现他们的马奔跑能力都差不多，并且都分上、中、下三等。于是孙膑对田忌说："你尽管下大注，我能让你取胜。"田忌相信并答应了他，与齐王和贵族子弟们比赛时下了千金的赌注。到临比赛时，孙膑对田忌说："请用您的下等马迎战他们的上等马，用您的上等马对付他们的中等马，用您的中等马对付他们的下等马。"三场比赛结束，田忌败了一场，胜了两场，终于赢得了齐王的千金赌注。因此田忌把孙膑推荐给了齐威王。齐威王向他请教兵法后，就拜他做老师。

　　后来魏国攻打赵国，赵国危急，向齐国求援。齐威王准备任用孙膑为主将，孙膑辞谢说："受过酷刑的人不可以担任主将。"于是任命田忌为主将，孙膑为军师，让他坐在篷帐车里，暗中谋划。田忌想要率军直奔赵国，孙膑说："想要解开乱丝，不能紧握双拳生拉硬扯；平息争斗不能亲自上手。要避实击虚，利用形势来牵制敌人，那么危难自可解除。如今魏赵两国正在交战，魏国的精锐部队必定都在国外战斗得精疲力竭，留在国内疲于应付的都是老弱病残。你不如率军火速前往大梁，占据要道，冲击它空虚的地方，魏军必定会放弃赵国而回兵自救。这样，我们一举就能既解救赵国之围，又使魏国遭受打击。"田忌听从了孙膑的意见。魏军果然放弃邯郸回师，与齐军战于桂陵，结果魏军被打得大败。

　　十三年后，魏国和赵国联合攻打韩国，韩国向齐国告急求救。齐王派田忌率军前去救援，直奔大梁。魏将庞涓听到这个消息，率师撤离韩国回了魏国，但齐军已经越过边界向西挺进。孙膑对田忌说："那魏军素来凶悍勇猛而又看不起齐军，齐军有怯懦的名声，善于指挥作战的人要因势利导。兵法上说，急速行军百里与敌人争利会折损上将军，急速行军五十里与敌争利只有一半的士兵能赶到。我们应命令军队进入魏境后先砌能做十万人饭的灶，第二天砌能做五万人饭的灶，第三天砌做三万人饭的灶。"庞涓行军三天，察看齐军所留灶迹，特别高兴地说："我本来就知道齐军胆小怯懦，入我境内三天，士兵已经逃跑了一大半啊。"于是他丢下步兵，只率轻装精锐部队，日夜兼程加速追击齐军。孙膑估计他的行程，当晚应当可以赶到马陵。马陵的道路狭窄，旁多险阻，适合埋伏军队。孙膑让人把一棵大树割去树皮，露出白木，在上面写上："庞涓死于此树之下。"于是命令上万名善于射箭的齐兵，埋伏在马陵道两边，约定说："天黑见到树下火光亮起，就万箭齐发。"庞涓当晚果然赶到了割去树皮的树下，见到白

万弩俱发，魏军大乱相失。庞涓自知智穷兵败，乃自刭，曰："遂成竖子之名！"齐因乘胜尽破其军，虏魏太子申以归。孙膑以此名显天下，世传其兵法。

吴起者，卫人也，好用兵。尝学于曾子，事鲁君。齐人攻鲁，鲁欲将吴起，吴起取齐女为妻，而鲁疑之。吴起于是欲就名，遂杀其妻，以明不与齐也。鲁卒以为将。将而攻齐，大破之。

鲁人或恶吴起曰："起之为人，猜忍人也。其少时，家累千金，游仕不遂，遂破其家，乡党笑之，吴起杀其谤己者三十余人，而东出卫郭门。与其母诀，啮臂而盟曰：'起不为卿相，不复入卫。'遂事曾子。居顷之，其母死，起终不归。曾子薄之，而与起绝。起乃之鲁，学兵法以事鲁君。鲁君疑之，起杀妻以求将。夫鲁小国，而有战胜之名，则诸侯图鲁矣。且鲁卫兄弟之国也，而君用起，则是弃卫。"鲁君疑之，谢吴起。

吴起于是闻魏文侯贤，欲事之。文侯问李克曰："吴起何如人哉？"李克曰："起贪而好色，然用兵司马穰苴不能过也。"于是魏文侯以为将，击秦，拔五城。

起之为将，与士卒最下者同衣食。卧不设席，行不骑乘，亲裹赢粮，与士卒分劳苦。卒有病疽者，起为吮之。卒母闻而哭之。人曰："子卒也，而将军自吮其疽，何哭为？"母曰："非然也。往年吴公吮其父，其父战不旋踵，遂死于敌。吴公今又吮其子，妾不知其死所矣。是以哭之。"

文侯以吴起善用兵，廉平，尽能得士心，乃以为西河守，以拒秦、韩。

魏文侯既卒，起事其子武侯。武侯浮西河而下，中流，顾而谓吴起曰："美哉乎山河之固，此魏国之宝也！"起对曰："在德不在险。昔三苗氏左洞庭，右彭蠡，德义不修，禹灭之。夏桀之居，

木上写有字，便钻木点火来照明，白木上边的字还没读完，齐军伏兵就万箭齐发。魏军大乱，失去了队形。庞涓自知无计可施，败局已定，只好自刎。临死时说："终究还是成就了这小子的名声啊！"齐军就乘胜追击，彻底击溃了魏军，并俘虏了魏国太子申回国。孙膑因此而名扬天下，后世流传着他的兵法。

吴起是卫国人，善于用兵打仗。曾经师从曾子，侍奉鲁国国君。当齐军攻打鲁国时，鲁君打算任用吴起为将军，而吴起娶的妻子却是齐国人，因而鲁君不敢完全信任他。当时，吴起一心只想成名，就杀了自己的妻子，来表明他不亲附齐国的心意。鲁君最后终于任命他做了将军。吴起率军攻打齐军，齐军大败。

鲁国有的人诋毁吴起说："吴起为人，喜猜忌、残忍。他年轻时，家中积财足有千金，游历求官不成，反而把家产都耗尽了。同乡中有人嘲笑他，他便把讥笑自己的三十多人都杀掉了，然后离开卫国，从东门逃跑了。他和母亲诀别时，咬着自己的胳膊发誓说：'我吴起不做卿相，就绝不再回卫国。'于是就拜曾子为师。过了不久，他的母亲逝世了，吴起最终没有回去奔丧。曾子瞧不起他并与他断绝了师徒关系。吴起于是到了鲁国，学习兵法为鲁君做事。鲁君怀疑他，吴起杀掉妻子表明心迹，以谋求将军之职。鲁国虽然是个小国，却有着战胜国的名声，那么诸侯各国就要打鲁国的主意了。况且鲁国、卫国是兄弟国家，鲁君如果重用吴起，就等于抛弃了卫国。"鲁君怀疑吴起，不久就把他辞退了。

吴起适时听说魏国文侯贤明，想去侍奉他。魏文侯问李克说："吴起这个人如何？"李克回答说："吴起贪婪而好色，但是要论带兵打仗，就是司马穰苴也不会超过他。"于是魏文侯任用他为主将，攻打秦国，连续夺取了五座城池。

吴起为将领，跟最下等的士兵穿一样的衣服、吃一样的伙食，睡觉不铺垫褥，行军不骑马不乘车，亲自背着军粮，替士兵分担劳苦。有个士兵生了恶性毒疮，吴起替他吸吮脓液。这个士兵的母亲听说后放声大哭。有人说："你儿子是士兵，而将军亲自为他吸毒疮，您还哭什么？"那位母亲回答说："不是这样啊。往年吴将军替他父亲吸吮毒疮，他父亲作战时勇往直前，于是死在了敌人手里。如今吴将军又给我儿子吸吮毒疮，我不知道他又会在什么时候死在什么地方。所以才为他哭啊。"

魏文侯因为吴起善于用兵打仗、廉洁公正，能得所有将士的欢心，就任命他为西河太守，来抗拒秦国、韩国。

魏文侯死后，吴起侍奉他的儿子魏武侯。魏武侯泛舟沿黄河顺流而下，船到中途，回头对吴起说："太美了，山河环绕，险要牢固，这是魏国的国宝啊！"吴起回答说："国家的强盛在于仁德而不在于形势险要。从前三苗氏左临洞庭湖，右濒彭蠡泽，但它不修德行，不讲信义，所以被夏禹灭掉了；夏桀的领土，

左河济，右泰华，伊阙在其南，羊肠在其北，修政不仁，汤放之。殷纣之国，左孟门，右太行，常山在其北，大河经其南，修政不德，武王杀之。由此观之，在德不在险。若君不修德，舟中之人尽为敌国也。"武侯曰："善。"

吴起为西河守，甚有声名。魏置相，相田文。吴起不悦，谓田文曰："请与子论功，可乎？"田文曰："可。"起曰："将三军，使士卒乐死，敌国不敢谋，子孰与起？"文曰："不如子。"起曰："治百官，亲万民，实府库，子孰与起？"文曰："不如子。"起曰："守西河而秦兵不敢东乡，韩赵宾从，子孰与起？"文曰："不如子。"起曰："此三者，子皆出吾下，而位加吾上，何也？"文曰："主少国疑，大臣未附，百姓不信，方是之时，属之于子乎？属之于我乎？"起默然良久，曰："属之子矣。"文曰："此乃吾所以居子之上也。"吴起乃自知弗如田文。

田文既死，公叔为相，尚魏公主，而害吴起。公叔之仆曰："起易去也。"公叔曰："奈何？"其仆曰："吴起为人节廉而自喜名也。君因先与武侯言曰：'夫吴起，贤人也，而侯之国小，又与强秦壤界，臣窃恐起之无留心也。'武侯即曰：'奈何？'君因谓武侯曰：'试延以公主，起有留心则必受之。无留心则必辞矣。以此卜之。'君因召吴起而与归，即令公主怒而轻君。吴起见公主之贱君也，则必辞。"于是吴起见公主之贱魏相，果辞魏武侯。武侯疑之而弗信也。吴起惧得罪，遂去，即之楚。

楚悼王素闻起贤，至则相楚。明法审令，捐不急之官，废公族疏远者，以抚养战斗之士。要在强兵，破驰说之言从横者。于是南平百越；北并陈蔡，却三晋；西伐秦。诸侯患楚之强。故楚之贵戚尽欲害吴起。及悼王死，宗室大臣作乱而攻吴起，吴起走之王尸而伏之。击起之徒因射刺吴起，并中悼王。悼王既葬，太子立，乃使令尹尽诛射

左临黄河、济水，右靠泰山、华山，伊阙山在它的南面，羊肠坂在它的北面，但因不施仁政，所以商汤放逐了他；殷纣的国都，左有孟门山，右有太行山，常山在它北面，黄河流经它的南面，因为他施政不仁，所以武王把他杀了。由此看来，政权稳固在于仁德，不在于地理形势的险要。如果您不修德政，即便是同船之人也会变成您的仇敌啊！"武侯回答说："说得好。"

吴起做西河太守，很有声誉。魏国设置了相国，任命田文为相。吴起很不高兴，对田文说："请让我与您比比功劳，怎么样？"田文说："可以。"吴起说："统率三军，使士兵愿意为国死战，敌国不敢打魏国主意，你和我比，谁强？"田文说："我不如您。"吴起说："管理文武百官，让百姓亲附，使府库的储备充实，你和我比，谁强？"田文说："我不如您。"吴起说："据守西河而使秦军不敢向东进犯，使韩国、赵国归顺，你和我比，谁强？"田文说："我不如您。"吴起说："这几方面你都在我之下，可是你的职位却在我之上，为什么？"田文说："国君还年轻，国家不安定，大臣不顺服，百姓不信任，正处这种时候，是把政事交给您呢，还是交给我呢？"吴起沉默了很久，然后说："应该交给您啊。"田文说："这就是我的职位比您高的原因啊。"吴起这才知道自己不如田文。

田文死后，公叔出任相国，娶了魏国公主，却忌恨吴起。公叔的仆人说："吴起容易除掉。"公叔问："怎么办呢？"那个仆人说："吴起为人严正不贪却喜好虚名。您可以找机会先对武侯说：'吴起是个贤能的人，而您的国土太小了，又和强大的秦国接壤，我私下担心吴起没有久留之心啊。'武侯就会问：'那要怎么办呢？'您就趁机对武侯说：'请用把公主嫁给他的办法试探他。如果吴起有长留魏国之心，就一定会答应娶公主；如果没有长留魏国之心，就一定会推辞。以此可以探测其心意。'您找个机会请吴起一道回家，故意让公主发怒而当面鄙视您，吴起看到公主这样轻视您，那么他一定不会答应娶公主的。"果然，吴起见到公主如此地轻视相国，便婉言谢绝了魏武侯。武侯怀疑吴起，不再信任他。吴起害怕招来灾祸，于是离开魏国，去了楚国。

楚悼王素来就听说吴起贤能，一到楚国就任命他为相。他申明法令，裁减不必要的官员，停止疏远王族的供给来供养战士；重点在于加强军事力量，斥退那些纵横游说之人。于是向南平定了百越；向北吞并了陈国和蔡国，击退了韩、赵、魏三国军队；向西讨伐秦国。诸侯各国都对楚国的强盛感到忧虑。先前被吴起停止供给的疏远王族都想谋害吴起。等到悼王去世，王室大臣暴乱，攻击吴起，吴起逃到楚王停尸的地方，伏在悼王的尸体上。攻打吴起的那帮人趁机用箭射吴起，同时也射中了悼王的尸体。悼王下葬后，太子即位，于是命令尹把射吴

吴起而并中王尸者。坐射起而夷宗死者七十余家。

太史公曰：世俗所称师旅，皆道孙子十三篇、吴起兵法，世多有，故弗论，论其行事所施设者。语曰："能行之者未必能言，能言之者未必能行。"孙子筹策庞涓明矣，然不能蚤救患于被刑。吴起说武侯以形势不如德，然行之于楚，以刻暴少恩亡其躯。悲夫！

起时射中悼王尸体的人全部杀掉。因射杀吴起而被灭族的有七十多家。

　　太史公说：社会上称道军旅战法的人，都会讲到《孙子》十三篇和吴起《兵法》，这两部书世上多有流传，所以我不加论述，只评论他们生平行事所涉及到的情况。俗话说："能做事的人不一定能讲清楚道理，能讲清道理的人未必能做事。"孙膑算计庞涓的军事行动是英明的，但是他自己不能预先避免刖足的酷刑。吴起对武侯讲形势险要不如实行德政的道理，在楚国执政时却因苛刻少恩而丢了性命。可叹啊！

伍子胥列传第六

伍子胥者，楚人也，名员。员父曰伍奢。员兄曰伍尚。其先曰伍举，以直谏事楚庄王，有显，故其后世有名于楚。

楚平王有太子名曰建，使伍奢为太傅，费无忌为少傅。无忌不忠于太子建。平王使无忌为太子取妇于秦，秦女好，无忌驰归报平王曰："秦女绝美，王可自取，而更为太子取妇。"平王遂自取秦女而绝爱幸之，生子轸。更为太子取妇。

无忌既以秦女自媚于平王，因去太子而事平王。恐一旦平王卒而太子立，杀己，乃因谗太子建。建母，蔡女也，无宠于平王。平王稍益疏建，使建守城父，备边兵。

顷之，无忌又日夜言太子短于王曰："太子以秦女之故，不能无怨望，愿王少自备也。自太子居城父，将兵，外交诸侯，且欲入为乱矣。"平王乃召其太傅伍奢考问之。伍奢知无忌谗太子于平王，因曰："王独奈何以谗贼小臣疏骨肉之亲乎？"无忌曰："王今不制，其事成矣。王且见禽。"于是平王怒，囚伍奢，而使城父司马奋扬往杀太子。行未至，奋扬使人先告太子："太子急去，不然将诛。"太子建亡奔宋。

无忌言于平王曰："伍奢有二子，皆贤，不诛，且为楚忧。可以其父质而召之，不然，且为楚患。"王使使谓伍奢曰："能致汝二子则生，不能则死。"伍奢曰："尚为人仁，呼必来。员为人刚戾忍訽，能成大事，彼见来之并禽，其势必不来。"王不听，使人召二子曰："来，吾生汝父；不来，今杀奢也。"伍尚欲往，员曰："楚之召我兄弟，非欲以生我父也，恐有脱者后生患，故以父为质，诈召二子。二子到，则父子俱死。何益父之死？往而令仇不得报耳。不如奔他国，借力以雪父之耻，俱灭，无为也。"伍尚曰："我知往终不能

伍子胥,是楚国人,名员。他的父亲叫伍奢,伍员的哥哥叫伍尚。他的祖先叫伍举,凭借直言进谏侍奉楚庄王,颇有声望,所以他的后人在楚国很有名气。

楚平王有个太子叫建,楚平王派伍奢做他的太傅、费无忌做他的少傅。费无忌对太子建不忠。平王派费无忌给太子到秦国娶亲,秦国女子长得很漂亮,费无忌就跑回去报告平王道:"这是个绝代美女,大王可以自己娶了她,再给太子另娶个媳妇。"平王于是自娶了这个秦国女子,并且十分宠爱她,后生子名轸。另给太子建娶了媳妇。

费无忌凭借秦女得宠于楚平王后,便离开太子而侍奉楚平王。又担心有一天楚平王死了,太子建继位会杀自己,竟因此诋毁太子建。太子建的母亲是蔡人,不得平王宠爱。于是楚平王渐渐地疏远了太子,他派太子建驻守城父,防守边疆。

不久,费无忌又不停地在楚平王面前讲太子建的坏话,他说:"太子因那个秦国女子的缘故,不会不生怨望之心,希望大王自己提防一下。自从太子驻守城父以后,统率着军队,对外和诸侯交往,恐怕想要回来作乱了。"楚平王就把他的太傅伍奢召回来审问。伍奢知道费无忌在平王面前说了太子的坏话,因此说:"大王怎么能因谗贼小臣疏远父子的骨肉关系呢?"费无忌说:"大王现在不制止,他们的阴谋就要得逞,大王将要被逮捕了!"于是楚平王发怒,把伍奢囚禁了起来,同时命令城父司马奋扬去杀太子建。半路上,奋扬派人先去通知太子:"太子赶快离开,要不然,将被杀死。"于是太子建逃到了宋国。

费无忌对平王说:"伍奢有两个儿子,都很贤能,不杀掉他们,恐怕将成为楚国的祸害。可用他们的父亲做人质将其召来,不这样将成为楚国的后患。"楚平王就派使臣对伍奢说:"能把你两个儿子叫来,就能活命,否则就只有死。"伍奢说:"伍尚为人宽厚仁慈,叫他,一定能来;伍员为人桀骜不驯,坚忍卓绝,能成大事业,他知道来了一块儿被擒,势必不来。"楚平王不听,派人召伍奢两个儿子,说:"来,我可让你们父亲活命;否则我现在就杀死伍奢。"伍尚打算前往,伍员说:"楚王叫我们兄弟去,并不是想保全我们父亲的性命,是担心我们逃跑,产生后患,所以用父亲做人质,欺骗我们。我们一到,就要和父亲一起被处死。对于父亲的命运,有什么好处?去了,仇就报不成了!不如逃到别国,借他人之力来洗雪这个耻辱。一块儿去死,没有意义呀。"伍尚说:"我知

全父命。然恨父召我以求生而不往，后不能雪耻，终为天下笑耳。"谓员："可去矣！汝能报杀父之仇，我将归死。"尚既就执，使者捕伍胥。伍胥贯弓执矢乡使者，使者不敢进，伍胥遂亡。闻太子建之在宋，往从之。奢闻子胥之亡也，曰："楚国君臣且苦兵矣。"伍尚至楚，楚并杀奢与尚也。

伍胥既至宋，宋有华氏之乱，乃与太子建俱奔于郑。郑人甚善之。太子建又适晋，晋顷公曰："太子既善郑，郑信太子。太子能为我内应，而我攻其外，灭郑必矣。灭郑而封太子。"太子乃还郑。事未会，会自私欲杀其从者，从者知其谋，乃告之于郑。郑定公与子产诛杀太子建。建有子名胜。伍胥惧，乃与胜俱奔吴。到昭关，昭关欲执之。伍胥遂与胜独身步走，几不得脱。追者在后。至江，江上有一渔父乘船，知伍胥之急，乃渡伍胥。伍胥既渡，解其剑曰："此剑直百金，以与父。"父曰："楚国之法，得伍胥者赐粟五万石，爵执圭，岂徒百金剑邪！"不受。伍胥未至吴而疾，止中道，乞食。至于吴，吴王僚方用事，公子光为将。伍胥乃因公子光以求见吴王。

久之，楚平王以其边邑钟离与吴边邑卑梁氏俱蚕，两女子争桑相攻，乃大怒，至于两国举兵相伐。吴使公子光伐楚，拔其钟离、居巢而归。伍子胥说吴王僚曰："楚可破也。愿复遣公子光。"公子光谓吴王曰："彼伍胥父兄为戮于楚，而劝王伐楚者，欲以自报其仇耳。伐楚未可破也。"伍胥知公子光有内志，欲杀王而自立，未可说以外事，乃进专诸于公子光，退而与太子建之子胜耕于野。

五年而楚平王卒。初，平王所夺太子建秦女生子轸，及平王卒，轸竟立为后，是为昭王。吴王僚因楚丧，使二公子将兵往袭楚。楚发兵绝吴兵之后，不得归。吴国内空，而公子光乃令专诸袭刺吴王僚而自立，是为吴王阖闾。阖闾既立，得志，乃召伍员以为行人，而与谋国事。

楚诛其大臣郤宛、伯州犁，伯州犁之孙伯嚭亡奔吴，吴亦以嚭为

道去了最后也不能保全父亲的性命。但是心中懊恼父亲召我们是为了求得生存，如果不去，将来又不能洗雪耻辱，最后只会被天下人耻笑。"因此对伍员说："你走吧，你可以报杀父之仇，我要投身赴死。"伍尚就擒后，使臣又要逮捕伍子胥，伍子胥拉弓搭箭对准使者，使者不敢上前，伍子胥就逃掉了。他听说太子建在宋国，便前去投奔。伍奢听说伍子胥逃跑了，便说："楚国君臣恐怕要为战事所苦了。"伍尚到了楚都，楚平王就把伍尚和伍奢一块儿杀害了。

伍子胥到了宋国，正好遇上宋国发生华氏之乱，就和太子建一同逃到了郑国。郑国君臣对他们很友好。太子建又前往晋国，晋顷公说："太子既然跟郑国的关系友好，他们信任太子，太子要能给我们做内应，我们从外面进攻，一定能灭掉郑国。灭掉郑国，就把它分封给太子。"太子于是回到郑国。事情还没准备妥当，恰巧太子因私事要杀掉一个跟随他的人。这个人知道太子的计划，就把事情告诉了郑国。郑定公和子产杀死了太子建。太子建有个儿子名字叫胜。伍子胥怕丧命，便和胜一起逃奔去吴国。到昭关时，昭关的守卫要捉拿他们，于是，伍子胥就和胜二人徒步逃亡，差一点儿不能脱身。追赶的人穷追不舍。伍子胥逃到了江边，江上有一个渔翁驾着船，知道了伍子胥情况危急，就渡他过江。过江后，伍子胥解下随身带的宝剑说："这把剑价值百金，就送给老人家您吧。"渔翁说："按照楚国的法令，抓到伍子胥的人，赏给粮食五万石，封给执圭之爵，难道仅仅是值百金的宝剑吗？"不肯接受。伍子胥还没逃到吴国京城，就病倒了，滞于中途，讨饭苟活。到达吴都时，吴王僚正当权执政，公子光是将军。伍子胥就通过公子光求见吴王。

过了一段时间，楚平王因为楚国边邑钟离和吴国边邑卑梁氏都养蚕，两地的女子为争采桑叶相互撕打，于是大怒，以致两国兴兵相互讨伐。吴国派公子光攻打楚国，占领了钟离、居巢后就回国了。伍子胥劝说吴王僚说："楚国是可以打败的，希望再派公子光去。"公子光对吴王说："那伍子胥的父兄被楚国杀死，劝大王攻打楚国，不过是想报私仇罢了。攻打楚国未必可以打败它呀。"伍子胥知道公子光对内有野心，想杀死吴王僚而自立为君，所以不能用外事来游说他，就向公子光推荐了专诸，自己归隐，和太子建的儿子胜到乡下种田去了。

五年后，楚平王死了。当初，平王从太子建那儿夺来的秦国美女生了个儿子叫轸。等楚平王一死，轸被继立为昭王。吴王僚趁着楚国办丧事，派烛庸、盖余二公子领兵袭击楚国。楚人发兵断了吴军的后路，使吴军不能回国。吴国国内空虚，于是公子光就让专诸暗杀了吴王僚，自立为王，这就是吴王阖闾。阖闾当了王，志得意满，于是召回伍员，任为行人，让他参与策划国家大事。

楚国杀了大臣郤宛、伯州犁，伯州犁的孙子伯嚭逃到了吴国，吴国也用伯嚭

大夫。前王僚所遣二公子将兵伐楚者，道绝不得归。后闻阖闾弑王僚自立，遂以其兵降楚，楚封之于舒。阖闾立三年，乃兴师与伍胥、伯嚭伐楚，拔舒，遂禽故吴反二将军。因欲至郢，将军孙武曰："民劳，未可，且待之。"乃归。

四年，吴伐楚，取六与灊。五年，伐越，败之。六年，楚昭王使公子囊瓦将兵伐吴。吴使伍员迎击，大破楚军于豫章，取楚之居巢。

九年，吴王阖闾谓子胥、孙武曰："始子言郢未可入，今果何如？"二子对曰："楚将囊瓦贪，而唐、蔡皆怨之。王必欲大伐之，必先得唐、蔡乃可。"阖闾听之，悉兴师与唐、蔡伐楚，与楚夹汉水而陈。吴王之弟夫概将兵请从，王不听，遂以其属五千人击楚将子常。子常败走，奔郑。于是吴乘胜而前，五战，遂至郢。己卯，楚昭王出奔。庚辰，吴王入郢。

昭王出亡，入云梦；盗击王，王走郧。郧公弟怀曰："平王杀我父，我杀其子，不亦可乎！"郧公恐其弟杀王，与王奔随。吴兵围随，谓随人曰："周之子孙在汉川者，楚尽灭之。"随人欲杀王，王子綦匿王，己自为王以当之。随人卜与王于吴，不吉，乃谢吴不与王。

始伍员与申包胥为交，员之亡也，谓包胥曰："我必覆楚。"包胥曰："我必存之。"及吴兵入郢，伍子胥求昭王。既不得，乃掘楚平王墓，出其尸，鞭之三百，然后已。申包胥亡于山中，使人谓子胥曰："子之报仇，其以甚乎！吾闻之，人众者胜天，天定亦能破人。今子故平王之臣，亲北面而事之，今至于僇死人，此岂其无天道之极乎！"伍子胥曰："为我谢申包胥曰，吾日莫途远，吾故倒行而逆施之。"于是申包胥走秦告急，求救于秦。秦不许。包胥立于秦廷，昼夜哭，七日七夜不绝其声。秦哀公怜之，曰："楚虽无道，有臣若是，可无存乎！"乃遣车五百乘救楚击吴。六月，败吴兵于稷。会吴王久留楚求昭王，而阖闾弟夫概乃亡归，自立为王。阖闾闻之，乃释

做了大夫。先前吴王僚派遣攻打楚国的两位公子，被切断了后路不能回国，后来听说阖闾杀死吴王僚自立，于是便带领着军队投降了楚国，楚国把舒地封给了他们。阖闾自立为王的第三年，就兴兵与伍子胥、伯嚭攻打楚国，占领了舒地，擒获了原来吴国的两个叛将。于是阖闾想乘胜攻打郢都，将军孙武说："百姓太疲惫了，还不能进攻，暂且等待吧。"于是就收兵回国了。

阖闾四年，吴国兴兵攻打楚国，夺取了六地和灊地。阖闾五年，攻越，并大败越国。阖闾六年，楚昭王派公子囊瓦率军攻吴。吴国派伍子胥迎战，在豫章战败了楚军，夺取楚国居巢。

阖闾九年，吴王阖闾对伍子胥、孙武说："当初你们说郢都不可攻，那现在如何呢？"伍子胥、孙武回答说："楚国将军囊瓦贪财，唐国和蔡国都怨恨他。大王一定要大规模地进攻楚国，必须先要得到唐国和蔡国的支持才行。"阖闾听从了他们的意见，出动全部军队和唐国、蔡国一起进攻楚国，列兵与楚军对阵于汉水两岸。吴王的弟弟夫概率军请求相随出征，吴王不答应，夫概便带其所属五千人攻打楚将子常。子常战败逃奔宋国。于是，吴军乘胜前进，经过五次战役打到了郢都。己卯日，楚昭王出逃。庚辰日，吴王进入郢都。

楚昭王出逃后，进入云楚大泽，遭到了强盗的袭击，又逃到了鄙地。鄙公的弟弟怀说："楚平王杀了我们的父亲，我们杀死他的儿子，不也很公道吗？"鄙公担心他的弟弟杀死楚昭王，就和昭王一块儿逃往随地。吴军包围了随地，并对随地的人说："在汉水流域的周室子孙，都被楚国灭掉了。"随人要杀昭王，王子綦把他藏了起来，自己冒充昭王来搪塞他们。随人算了一卦，显示把楚王送给吴国不吉，于是婉言谢绝把楚昭王交给吴国。

当初，伍子胥和申包胥是很好的朋友，伍子胥逃亡时，对申包胥说："我一定要颠覆楚国。"申包胥说："我一定能保全楚国。"等到吴兵攻下郢都后，伍子胥搜寻昭王，没有找到，于是就把楚平王的坟挖开，拖出他的尸体，鞭打了三百下。申包胥逃到山里，派人对伍子胥说："您这样报仇，太过分了！我听说，'人多可以胜天，天定也能毁灭人'。您原来是楚平王的臣子，亲自称臣侍奉过他，如今到了侮辱死人的地步，这难道不是伤天害理到极点了吗？"伍子胥对来人说："请你替我向申包胥道歉吧。我的处境好比日暮途远，所以只能倒行逆施了。"于是申包胥跑到秦国去告急，向秦国求救，秦国不答应。申包胥站在秦国的朝堂上，七天七夜，日夜不停地痛哭。秦哀公同情他，说："楚王虽然是无道昏君，但能有这样的臣子，能不保存楚国吗？"于是派遣了五百辆战车击吴救楚。六月间，在稷地打败了吴军。当时正赶上吴王长时间留在楚地追寻楚昭王，阖闾的弟弟夫概逃回国内，自立为王。阖闾听到这个消息，就放弃楚国，回

楚而归，击其弟夫概。夫概败走，遂奔楚。楚昭王见吴有内乱，乃复入郢。封夫概于堂溪，为堂溪氏。楚复与吴战，败吴，吴王乃归。

后二岁，阖闾使太子夫差将兵伐楚，取番。楚惧吴复大来，乃去郢，徙于鄀。当是时，吴以伍子胥、孙武之谋，西破强楚，北威齐晋，南服越人。

其后四年，孔子相鲁。

后五年，伐越。越王句践迎击，败吴于姑苏，伤阖闾指，军却。阖闾病创将死，谓太子夫差曰："尔忘句践杀尔父乎？"夫差对曰："不敢忘。"是夕，阖闾死。夫差既立为王，以伯嚭为太宰，习战射。二年后伐越，败越于夫湫。越王句践乃以余兵五千人栖于会稽之上，使大夫种厚币遗吴太宰嚭以请和，求委国为臣妾。吴王将许之。伍子胥谏曰："越王为人能辛苦。今王不灭，后必悔之。"吴王不听，用太宰嚭计，与越平。

其后五年，而吴王闻齐景公死而大臣争宠，新君弱，乃兴师北伐齐。伍子胥谏曰："句践食不重味，吊死问疾，且欲有所用之也。此人不死，必为吴患。今吴之有越，犹人之有腹心疾也。而王不先越而乃务齐，不亦谬乎！"吴王不听，伐齐，大败齐师于艾陵，遂威邹鲁之君以归。益疏子胥之谋。

其后四年，吴王将北伐齐，越王句践用子贡之谋，乃率其众以助吴，而重宝以献遗太宰嚭。太宰嚭既数受越赂，其爱信越殊甚，日夜为言于吴王。吴王信用嚭之计。伍子胥谏曰："夫越，腹心之病，今信其浮辞诈伪而贪齐。破齐，譬犹石田，无所用之。且盘庚之诰曰：'有颠越不恭，劓殄灭之，俾无遗育，无使易种于兹邑。'此商之所以兴。愿王释齐而先越；若不然，后将悔之无及。"而吴王不听，使子胥于齐。子胥临行，谓其子曰："吾数谏王，王不用，吾今见吴之亡矣。汝与吴俱亡，无益也。"乃属其子于齐鲍牧，而还报吴。

去攻打他的弟弟夫概。夫概兵败，逃到楚国。楚昭王见吴国发生内乱，又打回了郢都，把堂溪封给了夫概，叫作堂溪氏。楚国再与吴军作战，打败了吴军，吴王就回国了。

又过了两年，阖闾派太子夫差率军攻楚，夺取番地。楚国害怕吴军再次大规模进攻，就撤离郢城，迁都鄀邑。此时，吴国采用伍子胥、孙武的战略，西败强楚，北镇齐晋，南降越国。

夫差攻楚取番后四年，孔子在鲁国担任相。

又过了五年，吴军攻打越国。越王勾践率军迎战，于姑苏打败了吴军，击伤了阖闾的脚趾，吴军退却。阖闾创伤发作，很严重，临死之时对太子夫差说："你会忘记勾践杀了你父亲吗？"夫差回答说："不敢忘记。"当天晚上，阖闾就死了。夫差继位后，任用伯嚭为太宰，加紧练兵。两年后攻打越国，在夫湫大败越军。越王勾践就率残军驻扎在会稽山上，派大夫文种用重礼赠送给太宰伯嚭以求和，请求让越国以臣妾身份隶属并侍奉吴国，甘心做吴国的奴仆。吴王想要答应越国请求，伍子胥规劝说："越王勾践很能吃苦，如今大王如果不一举歼灭他，今后一定会后悔。"吴王不听，采纳了太宰伯嚭的计策，和越国讲和。

与越国议和后五年，吴王听说齐景公死后，大臣们争权夺利，新立国君软弱，就兴兵向北攻打齐国。伍子胥劝谏说："勾践每餐不吃两个荤菜，哀悼死去的、慰问有病的，打算将来有所作为。这人不死，一定会成为吴国的祸患。现在吴国有越国在身边，就像一个人得了心腹疾病。大王不先铲除越国却一心攻打齐国，不是很荒谬吗？"吴王不听伍子胥的规劝，出兵齐国。在艾陵大败齐军，于是威逼邹国、鲁国的国君臣服而后回国，从此更加不相信伍子胥的计谋了。

此后过了四年，吴王要北进攻打齐国，越王勾践采用了子贡的计谋，于是率领他的人马帮助吴国作战，又把贵重的珍宝献给太宰伯嚭。太宰伯嚭多次接受了越国的贿赂，就更加喜欢并信任越国，整天在吴王面前替越国说好话。吴王总是相信并采纳太宰伯嚭的计策。伍子胥劝谏道："越国，是我们的心腹大患，现在却听信那些花言巧语去攻打齐国。即使攻克了齐国，也就好比占领了一块石田，没有丝毫用处。况且《盘庚之诰》上说：'有破坏礼法不恭王命的，就要彻底清除灭绝他们，使他们不能传宗接代，不要让他们影响这个城邑里的好人。'这就是商朝兴盛的原因。希望大王放弃齐国先攻越国。如果不这样，今后将会后悔不及的。"吴王没有听从伍子胥的劝告，却派他出使齐国。伍子胥临行时，对他儿子说："我屡次规劝大王，大王不听，我现在眼看着吴国灭亡的日子就要到了。你与吴国一起毁灭，没有好处。"就把儿子托付给了齐国的鲍牧，而自己返回吴国向吴王报告。

吴太宰嚭既与子胥有隙，因谗曰："子胥为人刚暴，少恩，猜贼，其怨望恐为深祸也。前日王欲伐齐，子胥以为不可，王卒伐之而有大功。子胥耻其计谋不用，乃反怨望。而今王又复伐齐，子胥专愎强谏，沮毁用事，徒幸吴之败以自胜其计谋耳。今王自行，悉国中武力以伐齐，而子胥谏不用，因辍谢，详病不行。王不可不备，此起祸不难。且嚭使人微伺之，其使于齐也，乃属其子于齐之鲍氏。夫为人臣，内不得意，外倚诸侯，自以为先王之谋臣，今不见用，常鞅鞅怨望。愿王早图之。"吴王曰："微子之言，吾亦疑之。"乃使使赐伍子胥属镂之剑，曰："子以此死。"伍子胥仰天叹曰："嗟乎！谗臣嚭为乱矣，王乃反诛我。我令若父霸。自若未立时，诸公子争立，我以死争之于先王，几不得立。若既得立，欲分吴国予我，我顾不敢望也。然今若听谀臣言以杀长者。"乃告其舍人曰："必树吾墓上以梓，令可以为器；而抉吾眼县吴东门之上，以观越寇之入灭吴也。"乃自刭死。吴王闻之大怒，乃取子胥尸盛以鸱夷革，浮之江中。吴人怜之，为立祠于江上，因命曰胥山。

吴王既诛伍子胥，遂伐齐。齐鲍氏杀其君悼公而立阳生。吴王欲讨其贼，不胜而去。其后二年，吴王召鲁卫之君会之橐皋。其明年，因北大会诸侯于黄池，以令周室。越王句践袭杀吴太子，破吴兵。吴王闻之，乃归，使使厚币与越平。后九年，越王句践遂灭吴，杀王夫差；而诛太宰嚭，以不忠于其君，而外受重赂，与己比周也。

伍子胥初所与俱亡故楚太子建之子胜者，在于吴。吴王夫差之时，楚惠王欲召胜归楚。叶公谏曰："胜好勇而阴求死士，殆有私乎！"惠王不听。遂召胜，使居楚之边邑鄢，号为白公。白公归楚三年而吴诛子胥。

白公胜既归楚，怨郑之杀其父，乃阴养死士求报郑。归楚五年，请伐郑，楚令尹子西许之。兵未发而晋伐郑，郑请救于楚。楚使

吴国的太宰伯嚭与伍子胥之间的矛盾越来越深，于是在吴王面前诋毁伍子胥说："伍子胥为人强硬凶暴，猜忌少恩，他的怨恨之心恐怕会酿成大祸。前次大王攻打齐国，伍子胥认为不可以，大王最后发兵并取得了大胜，伍子胥因自己的计谋未被采纳而感到羞耻，心怀不满。如今大王又要攻打齐国，伍子胥执拗强谏，毁谤败坏大王的伟业，只希望吴国战败，从而证明自己的计谋高明。现在大王亲自出征，发动全国的军力攻打齐国，而伍子胥因谏言不被采纳，所以没有上朝，假装有病不随大王出征。大王不可不防备，这引起祸端是很容易的。况且我暗中派人探查，他出使齐国时就把儿子托付给了齐国的鲍氏。身为人臣，在国内不如意，就在外靠诸侯，自认为是先王的谋臣，现在不被信用，时常郁郁不乐，产生怨恨情绪。希望大王早作打算。"吴王说："没有你这话，我也怀疑他了。"就派人把属镂宝剑赐给伍子胥，说："你用这剑自杀吧。"伍子胥仰天叹息说："唉！谗臣伯嚭要作乱，大王反来杀我。我曾令你父亲称霸。你还没被确定为王位继承人时，众公子相争，要不是我在先王面前冒死力争，你几乎不能得到太子之位。你被立为太子后，想分一部分吴国土地给我，我却不敢奢望。现在你竟然听信谄媚小人之言来杀害长辈。"于是对亲近的门客说："你们一定要在我的坟墓上种植梓树，让它长大能够做棺材。挖出我的眼珠悬挂在吴国都城的东门楼上，我要看着越寇怎样进入都城，灭掉吴国。"于是自刎而死。吴王听到这番话，大发雷霆，就把伍子胥的尸体装在皮革袋子里，沉入江中。吴国人同情他，在江边给他修建了祠堂，并因此把这个地方命名为胥山。

吴王杀了伍子胥后，便攻打齐国。齐国的鲍氏杀了他的国君齐悼公，拥立阳生做了国君。吴王想讨伐鲍氏，可是未能取胜，只好撤兵回去了。此后二年，吴王召集鲁、卫两国国君会盟于橐皋。第二年，北上大会诸侯于黄池，号令周王室。这时越王勾践袭击吴国，杀死了吴太子，打败了吴军。吴王听到这个消息，就回国了，派出使者用丰厚的礼物与越国讲和。此后九年，越王勾践终于灭掉了吴国，杀了吴王夫差，又杀了太宰伯嚭，因为他不忠于他的国君，外受巨贿，私下勾结越国。

当初与伍子胥一块儿逃亡的楚国原太子建的儿子胜，在吴国。吴王夫差在位时，楚惠王想召胜回楚国。叶公劝谏说："胜喜欢勇士并暗中寻访死士，大概私下有野心吧！"惠王没有听从他的谏言，终于召回了胜，让他住在楚国的边邑鄢这个地方，称为白公。白公回楚国三年后，吴王杀了伍子胥。

白公胜回楚国后，怨恨郑国杀了他父亲，于是暗地里收养死士准备报复郑国。回到楚国五年后，白公胜请求楚王攻打郑国，楚国令尹子西答应了他的要求。可是，还未出兵而晋国已经出兵攻打郑国了，郑国向楚国请求救援。楚王派

子西往救，与盟而还。白公胜怒曰："非郑之仇，乃子西也。"胜自砺剑，人问曰："何以为？"胜曰："欲以杀子西。"子西闻之，笑曰："胜如卵耳，何能为也。"

其后四岁，白公胜与石乞袭杀楚令尹子西、司马子綦于朝。石乞曰："不杀王，不可。"乃劫王如高府。石乞从者屈固负楚惠王亡走昭夫人之宫。叶公闻白公为乱，率其国人攻白公。白公之徒败，亡走山中，自杀。而虏石乞，而问白公尸处，不言将烹。石乞曰："事成为卿，不成而烹，固其职也。"终不肯告其尸处。遂烹石乞，而求惠王复立之。

太史公曰：怨毒之于人甚矣哉！王者尚不能行之于臣下，况同列乎！向令伍子胥从奢俱死，何异蝼蚁。弃小义，雪大耻，名垂于后世，悲夫！方子胥窘于江上，道乞食，志岂尝须臾忘郢邪？故隐忍就功名，非烈丈夫孰能致此哉？白公如不自立为君者，其功谋亦不可胜道者哉！

子西前往救郑,和郑国订立了盟约才回国。白公胜发怒说:"我的仇敌不是郑国,而是子西!"白公胜亲自磨砺宝剑,有人问他:"准备用它干什么?"白公胜回答说:"用它来杀子西。"子西听到了这件事,笑着说:"白公胜就如同鸡蛋,能有什么作为呢?"

此后的第四年,白公胜与石乞在朝廷上刺杀了令尹子西及司马子綦。石乞说:"不杀掉楚惠王,恐怕不行。"于是把楚惠王劫持到了高府。石乞的随从屈固背着楚惠王逃到了昭夫人的宫室。叶公听说白公胜作乱,率领着他封地的人攻打白公胜。白公胜等人战败逃到了山里自杀了,而石乞被俘了,问他白公胜的尸首在哪里,不说出来就要把他烹杀了。石乞说:"事情成功了便是卿相,不成功就被烹杀,本来就是应当的。"最终没有告诉白公胜尸首所在地。于是烹杀了石乞,并找回楚惠王后又立他为国君。

太史公说:怨毒对于人类来说太可怕了!王者尚且不能与臣下结下怨毒,何况是同辈呢!假设伍子胥跟伍奢一块儿死了,那和蝼蚁又有什么分别?放弃小义,洗雪大耻,而让名声流传后世,悲壮啊!当初伍子胥因窘于江边,一路乞讨,他的心里何尝有片刻忘记郢都之仇呢?所以隐忍以成就功名,如果不是刚正有血性的男子,谁又能做得到呢?白公如果不自立为王,他的功业和谋略可能不可尽言啊!

仲尼弟子列传第七

孔子曰"受业身通者七十有七人",皆异能之士也。德行:颜渊,闵子骞,冉伯牛,仲弓。政事:冉有,季路。言语:宰我,子贡。文学:子游,子夏。师也辟,参也鲁,柴也愚,由也喭,回也屡空。赐不受命而货殖焉,亿则屡中。

孔子之所严事:于周则老子;于卫,蘧伯玉;于齐,晏平仲;于楚,老莱子;于郑,子产;于鲁,孟公绰。数称臧文仲、柳下惠、铜鞮伯华、介山子然,孔子皆后之,不并世。

颜回者,鲁人也,字子渊。少孔子三十岁。

颜渊问仁,孔子曰:"克己复礼,天下归仁焉。"

孔子曰:"贤哉回也!一箪食,一瓢饮,在陋巷,人不堪其忧,回也不改其乐。""回也如愚;退而省其私,亦足以发,回也不愚。""用之则行,舍之则藏,唯我与尔有是夫!"

回年二十九,发尽白,蚤死。孔子哭之恸,曰:"自吾有回,门人益亲。"鲁哀公问:"弟子孰为好学?"孔子对曰:"有颜回者好学,不迁怒,不贰过。不幸短命死矣,今也则亡。"

闵损,字子骞。少孔子十五岁。

孔子曰:"孝哉闵子骞!人不间于其父母昆弟之言。"不仕大夫,不食污君之禄。"如有复我者,必在汶上矣。"

冉耕,字伯牛。孔子以为有德行。

伯牛有恶疾,孔子往问之,自牖执其手,曰:"命也夫!斯人也而有斯疾,命也夫!"

冉雍,字仲弓。

仲弓问政,孔子曰:"出门如见大宾,使民如承大祭。在邦无

孔子说"跟着我学习而精通六艺的弟子有七十七人"，他们都具有奇才异能。德行突出的有颜渊、闵子骞、冉伯牛、仲弓；擅长政事的有冉有、季路；有语言天赋的有宰我、子贡；擅文献学的有子游、子夏。颛孙师偏激，曾参迟钝，高柴愚笨，仲由粗鲁，颜回经常穷困潦倒。端木赐不接收天命而经商，推测行情，常常准确无误。

孔子所尊敬的人，在周朝有老子；在卫国有蘧伯玉；在齐国有晏平仲；在楚国有老莱子；在郑国有子产；在鲁国有孟公绰。他也经常称赞臧文仲、柳下惠、铜鞮伯华、介山子然，孔子出生的时间比他们都晚，不是同一个时代的人。

颜回，是鲁国人，字子渊。比孔子小三十岁。

颜渊问什么是仁，孔子说："克制自己，使你的言行符合于礼，天下的人就会称赞你是有仁德的人了。"

孔子说："颜回，是多么贤德的人啊！用竹子做的器皿吃饭，用瓢喝水，住在简陋的小巷里，别人受不了这种苦，他却自得其乐。""颜回听讲时像个蠢笨的人，回去后考察他私下的言行，却也能够发挥，颜回实在不笨。""用你时，就去做；不用你时，就藏起来。只有我和你才有这样的处世态度吧！"

颜回才二十九岁，头发就全白了，过早去世了。孔子哭得很伤心，说："自从我有了颜回后，学生们更加亲近我了。"鲁哀公问："你的弟子中谁最好学啊？"孔子回答说："有个叫颜回的最好学。他从不迁怒于人，不犯同样的过错。不幸的是短命死了，现在没有这样的人了。"

闵损，字子骞，比孔子小十五岁。

孔子说："闵子骞真孝顺啊！他孝敬父母、友悌兄弟，别人对他的父母兄弟夸赞他都没有非议的闲话。"他不做大夫的官，不吃昏君的俸禄。所以他说："如果再有人来召我做官，我一定逃到汶水北面去。"

冉耕，字伯牛。孔子认为他有德行。

伯牛得了难治的病，孔子前去看望他，从窗户里握住他的手，说："这是命啊！这样的人竟然得了这样的病，这真是命啊！"

冉雍，字仲弓。

仲弓问如何处理政事，孔子说："出门做事如同接待贵宾一样谦恭有礼，役使百姓如同承担大祭一样虔诚谨慎。无论是在朝廷里做事、与诸侯交往，还是在

怨,在家无怨。"

孔子以仲弓为有德行,曰:"雍也可使南面。"

仲弓父,贱人。孔子曰:"犁牛之子骍且角,虽欲勿用,山川其舍诸?"

冉求,字子有,少孔子二十九岁。为季氏宰。

季康子问孔子曰:"冉求仁乎?"曰:"千室之邑,百乘之家,求也可使治其赋。仁则吾不知也。"复问:"子路仁乎?"孔子对曰:"如求。"

求问曰:"闻斯行诸?"子曰:"行之。"子路问:"闻斯行诸?"子曰:"有父兄在,如之何其闻斯行之!"子华怪之:"敢问问同而答异?"孔子曰:"求也退,故进之。由也兼人,故退之。"

仲由,字子路,卞人也。少孔子九岁。

子路性鄙,好勇力,志伉直,冠雄鸡,佩豭豚,陵暴孔子。孔子设礼稍诱子路,子路后儒服委质,因门人请为弟子。

子路问政,孔子曰:"先之,劳之。"请益。曰:"无倦。"

子路问:"君子尚勇乎?"孔子曰:"义之为上。君子好勇而无义则乱,小人好勇而无义则盗。"

子路有闻,未之能行,唯恐有闻。

孔子曰:"片言可以折狱者,其由也与!""由也好勇过我,无所取材。""若由也,不得其死然。""衣敝缊袍与衣狐貉者立而不耻者,其由也与!""由也升堂矣,未入于室也。"

季康子问:"仲由仁乎?"孔子曰:"千乘之国可使治其赋,不知其仁。"

子路喜从游,遇长沮、桀溺、荷蓧丈人。

子路为季氏宰,季孙问曰:"子路可谓大臣与?"孔子曰:"可谓具臣矣。"

子路为蒲大夫,辞孔子。孔子曰:"蒲多壮士,又难治。然吾语

卿大夫家邑里任职，都不要与人结怨。"

孔子认为仲弓有德行，说："冉雍啊，可以做卿大夫一样的大官了。"

仲弓的父亲，是个地位卑微的人。孔子便说："杂色牛生出的纯红色小牛，两角周正，虽然不想用它作祭品，但山川的神灵难道会舍弃它吗？"

冉求，字子有，小孔子二十九岁。是季氏家的管家。

季康子问孔子说："冉求有仁德吗？"孔子说："有千户人口的城邑，有百辆兵车的国邑，冉求可以将那里的军政管理好。至于他是否仁德，我就不知道了。"季康子又问："子路有仁德吗？"孔子回答说："像冉求一样。"

冉求问孔子说："听到应做的事情就立刻行动吗？"孔子回答说："马上做。"子路问孔子说："应做的事要听了就去做吗？"孔子回答说："父亲、兄长在，怎么能听到就行动呢？"子华觉得奇怪，就问："请问为什么问同样的问题而回答却不一样呢？"孔子回答说："冉求做事畏缩多虑，所以要激励他。仲由做事胆量过人，所以要抑制他。"

仲由，字子路，是卞地人。比孔子小九岁。

子路性情粗野，喜欢逞强斗狠，志刚性直，戴着雄鸡式样的帽子，佩着公猪皮饰的宝剑，曾经欺辱孔子。孔子用礼乐慢慢地诱导他。后来，子路便穿着儒服，带着礼物，通过门人请求成为孔子的弟子。

子路问如何处理政事，孔子说："先做出表率，让百姓辛勤地工作。"子路请求进一步细讲。孔子说："持久不懈。"

子路问："君子崇尚勇敢吗？"孔子说："义是最可贵的。君子有勇而不崇尚义，就会叛乱。小人有勇而不崇尚义，就会为盗。"

子路听到了教诲，还没有去做，只担心又听到别的道理。

孔子说："只听片言只语就可以断案的，恐怕只有仲由了！""子路好勇超过了我，其他就无所用了。""像子路这种性情，会不得善终啊。""穿着破丝棉袍与穿裘皮大衣的人站在一起，而不觉得羞愧的，恐怕只有仲由了！""仲由的学问已登堂了，却还未能入室啊。"

季康子问道："仲由有仁德吗？"孔子答说："他的天赋可以管理拥有千辆兵车的国家的军务，但不知他有没有仁德。"

子路喜欢跟随孔子出游，曾遇到过长沮、桀溺和荷蓧丈人。

子路出任季氏的管家，季孙问孔子说："子路可以说是大臣吗？"孔子回答说："可以说具备为臣的资格了。"

子路出任蒲邑大夫，辞别孔子。孔子说："蒲邑勇士很多，又难治理。然而

汝：恭以敬，可以执勇；宽以正，可以比众；恭正以静，可以报上。"

初，卫灵公有宠姬曰南子。灵公太子蒉聩得过南子，惧诛出奔。及灵公卒而夫人欲立公子郢。郢不肯，曰："亡人太子之子辄在。"于是卫立辄为君，是为出公。出公立十二年，其父蒉聩居外，不得入。子路为卫大夫孔悝之邑宰。蒉聩乃与孔悝作乱，谋入孔悝家，遂与其徒袭攻出公。出公奔鲁，而蒉聩入立，是为庄公。方孔悝作乱，子路在外，闻之而驰往。遇子羔出卫城门，谓子路曰："出公去矣，而门已闭，子可还矣，毋空受其祸。"子路曰："食其食者不避其难。"子羔卒去。有使者入城，城门开，子路随而入。造蒉聩，蒉聩与孔悝登台。子路曰："君焉用孔悝？请得而杀之。"蒉聩弗听。于是子路欲燔台，蒉聩惧，乃下石乞、壶黡攻子路，击断子路之缨。子路曰："君子死而冠不免。"遂结缨而死。

孔子闻卫乱，曰："嗟乎，由死矣！"已而果死。故孔子曰："自吾得由，恶言不闻于耳。"是时子贡为鲁使于齐。

宰予，字子我。利口辩辞。既受业，问："三年之丧不已久乎？君子三年不为礼，礼必坏；三年不为乐，乐必崩。旧谷既没，新谷既升，钻燧改火，期可已矣。"子曰："于汝安乎？"曰："安。""汝安则为之。君子居丧，食旨不甘，闻乐不乐，故弗为也。"宰我出，子曰："予之不仁也！子生三年然后免于父母之怀。夫三年之丧，天下之通义也。"

宰予昼寝。子曰："朽木不可雕也，粪土之墙不可圬也。"
宰我问五帝之德，子曰："予非其人也。"
宰我为临菑大夫，与田常作乱，以夷其族，孔子耻之。
端木赐，卫人，字子贡。少孔子三十一岁。
子贡利口巧辞，孔子常黜其辩。问曰："汝与回也孰愈？"对

我告诉你，恭谨谦敬就可以驾驭勇武之人；宽宏公正就可以使大家亲近；为官恭正，地方安静，就可以因此报答上司了。"

当初，卫灵公有位宠姬叫作南子。灵公的太子蒉聩得罪了她，担心被杀而逃到了国外。等到灵公去世后，夫人南子想立公子郢为王。公子郢不肯，说："太子虽然逃亡了，但太子的儿子辄还在。"于是卫国立辄为君，这就是卫出公。卫出公继位十二年，他的父亲蒉聩一直住在国外，不能够回来。这时子路担任卫国大夫孔悝的邑宰。蒉聩就和孔悝一同作乱，用计潜入孔悝家，就和他的党羽袭击卫出公。出公逃往鲁国，蒉聩进宫继位，这就是卫庄公。当孔悝作乱时，子路有事在外，听说了这个消息马上就赶了回来，正好遇上子羔从卫国城门出来。他对子路说："卫出公逃走了，城门已经关闭，您可以回去了，不要白白为他遭受灾祸。"子路说："吃了人家的饭，不能有难就避开。"子羔最终还是离开了。这时正好有使者要进城，城门开了，子路就跟着进去了。他来到蒉聩的宫室，蒉聩正好与孔悝在台上。子路说："大王怎么能任用孔悝呢？请让我捉住他把他杀了。"蒉聩没有听从他的话。于是子路要放火烧台，蒉聩害怕了，于是叫石乞、壶黡到台下去攻击子路，砍断了子路的帽带。子路说："君子可以死，帽子不能摘。"于是系好帽子就被杀死了。

孔子听到卫国发生暴乱的消息，说："唉呀，仲由死了！"不久，果真传来了子路的死讯。所以孔子说："自从我有了子路，就再也没听到过恶言恶语了。"这时，子贡正为鲁国出使齐国。

宰予，字子我。他口齿伶俐，擅长辩论。拜孔子为师后，问道："一个人为父母守孝三年，不是太长了吗？君子三年不习礼义，礼义必定会败坏；三年不演奏礼乐，礼乐一定会荒疏。旧谷吃完了，新谷又成熟了；取火的木材换了一遍，守丧一年也就可以了。"孔子说："这样你心里安宁吗？"宰我回答说："安宁。"孔子说："你既然觉得心里安宁，那么你就这样做吧。君子守丧时，即使吃美味的食品，也不会觉得甜美，听到动听的音乐也不会感得高兴，所以君子不会这样做。"宰我退了出去，孔子说："宰予不仁义啊！儿女生下三年然后才离开父母的怀抱。为父母守孝三年，这是天下通行的礼仪啊。"

宰予白天睡觉。孔子说："腐朽的木头不能雕刻，腐秽的墙壁无法粉刷。"

宰我询问五帝的德行，孔子说："你不是问这种问题的人。"

宰我做了齐国临淄的大夫，和田常一起作乱，因而被灭族，孔子以此为耻。

端木赐，是卫国人，字子贡，比孔子小三十一岁。

子贡能言善辩，巧于辞令，孔子常常驳斥他的言辞。孔子问子贡："你和颜回比谁更出色？"子贡回答说："我怎么敢跟颜回相比呢？颜回听了一个道理就

曰:"赐也何敢望回!回也闻一以知十,赐也闻一以知二。"

子贡既已受业,问曰:"赐何人也?"孔子曰:"汝器也。"曰:"何器也?"曰:"瑚琏也。"

陈子禽问子贡曰:"仲尼焉学?"子贡曰:"文武之道未坠于地,在人,贤者识其大者,不贤者识其小者,莫不有文武之道。夫子焉不学,而亦何常师之有!"又问曰:"孔子适是国必闻其政。求之与?抑与之与?"子贡曰:"夫子温良恭俭让以得之。夫子之求之也,其诸异乎人之求之也。"

子贡问曰:"富而无骄,贫而无谄,何如?"孔子曰:"可也;不如贫而乐道,富而好礼。"

田常欲作乱于齐,惮高、国、鲍、晏,故移其兵欲以伐鲁。孔子闻之,谓门弟子曰:"夫鲁,坟墓所处,父母之国,国危如此,二三子何为莫出?"子路请出,孔子止之。子张、子石请行,孔子弗许。子贡请行,孔子许之。

遂行,至齐,说田常曰:"君之伐鲁过矣。夫鲁,难伐之国,其城薄以卑,其地狭以泄,其君愚而不仁,大臣伪而无用,其士民又恶甲兵之事,此不可与战。君不如伐吴。夫吴,城高以厚,地广以深,甲坚以新,士选以饱,重器精兵尽在其中,又使明大夫守之,此易伐也。"田常忿然作色曰:"子之所难,人之所易;子之所易,人之所难:而以教常,何也?"子贡曰:"臣闻之,忧在内者攻强,忧在外者攻弱。今君忧在内。吾闻君三封而三不成者,大臣有不听者也。今君破鲁以广齐,战胜以骄主,破国以尊臣,而君之功不与焉,则交日疏于主。是君上骄主心,下恣群臣,求以成大事,难矣。夫上骄则恣,臣骄则争,是君上与主有却,下与大臣交争也。如此,则君之立于齐危矣。故曰不如伐吴。伐吴不胜,民人外死,大臣内空,是君上无强臣之敌,下无民人之过,孤主制齐者唯君也。"田常曰:"善。

能够推知十个道理,我听说一个道理,只能推出两个道理。"

子贡已经跟随孔子学习,他问孔子:"你觉得我是什么样的人呢?"孔子说:"你好比一个器皿。"子贡说:"什么样的器皿呀?"孔子说:"宗庙里的瑚琏啊。"

陈子禽问子贡说:"仲尼的学问是从哪里得来的?"子贡说:"文王、武王的治国思想没有灭绝,还在人间流传,贤人抓住根本,不贤的人得到末节,无处不有文王、武王的思想存在着。先生在哪里不能学习,又何必要有固定的老师呢?"陈子禽又问道:"孔子每到一个国家,都能了解到这个国家的政事。这是请求人家告诉他的呢,还是人家主动告诉他的呢?"子贡说:"先生凭借着温和、善良、恭谨、俭朴、谦让的美德而得到。这或许是先生不同于别人的求取方法吧。"

子贡问孔子说:"富有而不骄纵,贫穷而不谄媚,这样的人怎么样?"孔子说:"可以了。但是不如贫穷而乐道、富有而谦恭守礼之人。"

田常想在齐国叛乱,却害怕高昭子、国惠子、鲍牧、晏圉四家的势力,所以想调他们的兵力去攻打鲁国。孔子听说了此事,对门下弟子说:"鲁国是祖宗坟墓所在,是我们出生的国家,我们祖国危险如此,你们为何不挺身而出呢?"子路请求前去,孔子制止了他。子张、子石请求前去,孔子也没答应。子贡请求前去,孔子答应了他。

子贡于是出发了,到了齐国,游说田常说:"您攻打鲁国是不对的。鲁国是难以攻取的国家。它的城墙又薄又矮,它的护城河又窄又浅,它的国君愚昧不仁,大臣们虚伪没用,它的士兵百姓又厌恶战争,这样的国家不可以和它交战。您不如去攻打吴国。吴国,它的城墙又高又厚,护城河又宽又深,铠甲坚固而新,士卒精悍数量也多,难得的人才、精锐的部队都在那里,又派贤明的大臣守卫,这样的国家是容易攻打的。"田常顿时大怒,愤然变色说:"你所认为难的,别人认为容易;你认为容易的,别人认为难。你拿这些来教我,是什么意思?"子贡说:"我听说,国内有忧患的应当攻打强国;国外有忧患的应当攻打弱国。如今您有内忧。我听说您多次被封而又多次失败,是因为朝中的大臣有反对您的呀。现在,您想攻占鲁国来扩充齐国的疆域,若是胜了,你的国君会更骄纵,占领了鲁国则大臣们就会更尊贵,而您的功劳却不在其中。这样,您和国君的关系就会一天天疏远。您这是上使国君骄纵,下使大臣们恣肆,要想因此成就大业,难啊。国君骄纵就会无所顾忌,大臣骄纵就会争权夺利,这样,您上与国君产生矛盾,下与大臣们互相争夺。这样,您在齐国的处境就危险了。所以说不如攻打吴国。如果攻打吴国不能获胜,那样百姓死在国外,大臣在国内势力减

虽然，吾兵业已加鲁矣，去而之吴，大臣疑我，奈何？"子贡曰："君按兵无伐，臣请往使吴王，令之救鲁而伐齐，君因以兵迎之。"田常许之，使子贡南见吴王。

说曰："臣闻之，王者不绝世，霸者无强敌，千钧之重加铢两而移。今以万乘之齐而私千乘之鲁，与吴争强，窃为王危之。且夫救鲁，显名也；伐齐，大利也。以抚泗上诸侯，诛暴齐以服强晋，利莫大焉。名存亡鲁，实困强齐。智者不疑也。"吴王曰："善。虽然，吾尝与越战，栖之会稽。越王苦身养士，有报我心。子待我伐越而听子。"子贡曰："越之劲不过鲁，吴之强不过齐，王置齐而伐越，则齐已平鲁矣。且王方以存亡继绝为名，夫伐小越而畏强齐，非勇也。夫勇者不避难，仁者不穷约，智者不失时，王者不绝世，以立其义。今存越示诸侯以仁，救鲁伐齐，威加晋国，诸侯必相率而朝吴，霸业成矣。且王必恶越，臣请东见越王，令出兵以从，此实空越，名从诸侯以伐也。"吴王大说，乃使子贡之越。

越王除道郊迎，身御至舍而问曰："此蛮夷之国，大夫何以俨然辱而临之？"子贡曰："今者吾说吴王以救鲁伐齐，其志欲之而畏越，曰'待我伐越乃可'。如此，破越必矣。且夫无报人之志而令人疑之，拙也；有报人之志，使人知之，殆也；事未发而先闻，危也。三者举事之大患。"句践顿首再拜曰："孤尝不料力，乃与吴战，困于会稽，痛入于骨髓，日夜焦唇干舌，徒欲与吴王接踵而死，孤之愿也。"遂问子贡。子贡曰："吴王为人猛暴，群臣不堪；国家敝以数战，士卒弗忍；百姓怨上，大臣内变；子胥以谏死，太宰嚭用事，顺君之过以安其私，是残国之治也。今王诚发士卒佐之徼其志，重宝以

弱。这样,您在上没有强臣对抗,在下没有百姓的非难,孤立国君、控制齐国的就只有您了。"田常说:"好。即使这样,但是我军已开赴鲁国了,现在从鲁国撤军转攻吴国,大臣们怀疑我,怎么办?"子贡说:"您先按兵不动,让我为您去见吴王,让他出兵援助鲁国而攻打齐国,您就趁机出兵攻打它。"田常答应了子贡,就派他南下去见吴王。

子贡游说吴王说:"我听说,施行王道的不会让诸侯属国灭绝,施行霸道的不会让强敌出现,在千钧的重物上,再加上一铢一两的分量也会使之移动。如今拥有万辆战车的齐国如果再占有千辆战车的鲁国,与吴国争强,我私下为大王感到危险。况且援救鲁国,可以显扬名声;攻打齐国,能获大利。安抚泗水以北的各国诸侯,讨伐强暴的齐国,来征服强大的晋国,没有比这更大的利了。名义上是保全危亡的鲁国,实际上阻止了强齐的扩张,凡是聪明的人都不会怀疑。"吴王说:"好。虽然这样,但是我曾经和越国作战,越王退守在会稽山上。越王刻苦自励,优待士兵,有报复我的决心。您等我攻下越国后再按您的话做吧。"子贡说:"越国的力量超不过鲁,吴国的强大超不过齐,大王现在弃齐而攻越,那么齐国早就平定鲁国了,况且大王您正打着'存亡继绝'的旗号,却去攻打弱小的越国而害怕强大的齐国,这是不勇啊。勇敢的人不畏艰难,仁慈的人不陷人于困境。聪明的人不会错失时机,行王道的人不会灭绝一个国家,借此来树立他们的道义。现在,保存越国可向各诸侯显示您的仁德,援助鲁国而攻齐,向晋国施加威力,各诸侯国定会竞相来朝见吴国,这样您称霸天下的大业就成功了。如果大王真畏忌越国,我请求东去会见越王,让他派军跟从您,这实际上是使越国空虚,名义上则是跟从诸侯讨伐齐国。"吴王听了非常高兴,于是派子贡前往越国。

越王清扫道路,到郊外迎接子贡,亲自驾车到子贡住的馆舍致问说:"这是个蛮夷之邦,大夫怎么会屈身光临这里呢?"子贡回答说:"我现在已劝说吴王去救援鲁国攻打齐国,他想这么做但害怕越国,他说:'等我攻下越国后才可以。'如果这样,攻破越国是肯定的了。况且要没有报复之心而令人怀疑,太拙劣了;要有报复之心却让人知道了,就危险了;事情尚未发动却先传开了,就太危险了。这三种情况都是办事的大患。"勾践叩首再拜说:"我曾不自量力,才与吴国交战,被围困在会稽,痛入骨髓,日夜唇焦舌燥,只想和吴王一起拼死,这就是我的愿望。"于是请教子贡。子贡说:"吴王为人凶猛残暴,大臣们不能忍受;国家因战事频繁而疲敝,士兵不能忍耐;百姓怨恨国君,大臣内部发生变乱;伍子胥因谏诤被杀,太宰伯嚭当政,顺随国君的过失来保全自己的私利,这是残害国家的行为啊。现在大王真能发兵随征以投合他的意愿,用重金宝物来获取他的欢心,用谦卑的言辞来表示对他的尊敬,他必定会攻打齐国。如果他不能

说其心，卑辞以尊其礼，其伐齐必也。彼战不胜，王之福矣。战胜，必以兵临晋，臣请北见晋君，令共攻之，弱吴必矣。其锐兵尽于齐，重甲困于晋，而王制其敝，此灭吴必矣。"越王大说，许诺。送子贡金百镒，剑一，良矛二。子贡不受，遂行。

报吴王曰："臣敬以大王之言告越王，越王大恐，曰：'孤不幸，少失先人，内不自量，抵罪于吴，军败身辱，栖于会稽，国为虚莽，赖大王之赐，使得奉俎豆而修祭祀，死不敢忘，何谋之敢虑！'"后五日，越使大夫种顿首言于吴王曰："东海役臣孤句践使者臣种，敢修下吏问于左右。今窃闻大王将兴大义，诛强救弱，困暴齐而抚周室，请悉起境内士卒三千人，孤请自被坚执锐，以先受矢石。因越贱臣种奉先人藏器，甲二十领，铁屈卢之矛，步光之剑，以贺军吏。"吴王大说，以告子贡曰："越王欲身从寡人伐齐，可乎？"子贡曰："不可。夫空人之国，悉人之众，又从其君，不义。君受其币，许其师，而辞其君。"吴王许诺，乃谢越王。于是吴王乃遂发九郡兵伐齐。

子贡因去之晋，谓晋君曰："臣闻之，虑不先定不可以应卒，兵不先辨不可以胜敌。今夫齐与吴将战，彼战而不胜，越乱之必矣；与齐战而胜，必以其兵临晋。"晋君大恐，曰："为之奈何？"子贡曰："修兵休卒以待之。"晋君许诺。

子贡去而之鲁。吴王果与齐人战于艾陵，大破齐师，获七将军之兵而不归，果以兵临晋，与晋人相遇黄池之上。吴晋争强。晋人击之，大败吴师。越王闻之，涉江袭吴，去城七里而军。吴王闻之，去晋而归，与越战于五湖。三战不胜，城门不守，越遂围王宫，杀夫差而戮其相。破吴三年，东向而霸。

故子贡一出，存鲁，乱齐，破吴，强晋而霸越。子贡一使，使势相破，十年之中，五国各有变。

取胜，就是大王您的福气了。如果他打胜了，他一定会带兵逼近晋国，到时请让我北上去见晋国国君，让他一同进攻，一定可以削弱吴国势力。等他们的精锐全部耗在齐国，重兵被困在晋国时，大王趁它疲惫之机进攻，这样一定能消灭吴国。"越王非常高兴，答应依计而行。送给子贡黄金百镒，宝剑一把，良矛二支。子贡没有接受就走了。

子贡报告吴王说："我郑重地把大王的话告诉了越王，越王非常恐慌，说：'我很不幸，小时候就失去了父亲，又不自量力，得罪了吴王，兵败而自身受辱，栖居在会稽山上，国家成了废墟荒地，仰赖大王的恩赐，使我还能够捧着祭品来祭祀祖宗，我至死也不敢忘恩，怎么还敢想别的呢？'"过了五天，越国派大夫文种跪着对吴王说："东海奴仆勾践谨派使者文种，冒昧进言。如今我私下听说大王将要发动正义之师，讨伐强暴，扶持弱小，围困暴齐以安抚周王室。因此我们请求出动越国所有军队三千人，越王请求亲自披甲执器上阵，来先冒险抵挡箭石。因此派越国贱臣文种进献先祖珍藏的宝甲二十领、斧头、屈卢矛、步光剑作为给军吏的贺礼。"吴王非常高兴，把文种的话告诉子贡说："越王想亲自跟随我攻打齐国，可以吗？"子贡回答说："不可以。使越国国内空虚，调动它所有的士兵，又使其国君随军出征，这是不道义的。大王可接受他的礼物，允许他派出军队，辞谢他的国君随行。"吴王同意了，就辞谢了越王。于是吴王就调动了九个郡的兵力攻打齐国。

子贡因而离开吴国前往晋国，对晋国国君说："我听说，事情不预先准备就不能应付最终的变化，军队不预先准备就不能战胜敌人。现在齐国和吴国即将开战，如果吴国不能取得胜利，越国肯定会趁机作乱；如果和齐国之战获得了胜利，吴王必定会率军逼临晋国。"晋国君很恐慌，说："那要怎么办？"子贡说："修理好武器，休养士卒，等待吴军的到来。"晋君依言而行。

子贡离开晋国前往鲁国。吴王果然在艾陵与齐国发生了战争，大败齐军，俘虏了齐军七个将军的士兵并没有撤军回国，果然带兵逼近晋国，与晋军在黄池相遇。吴晋两国争雄，晋军攻击吴军，大败吴军。越王听到这个消息，就渡过江去袭击吴国，直打到离吴都城七里的地方才安营扎寨。吴王听到这个消息，就离开晋国返回国内，与越军大战于五湖一带。多次战斗都失败了，连城门都失守了，于是越军包围了王宫，杀死了吴王夫差和他的国相。灭吴国后三年，越国称霸东方。

所以子贡这一出行，保全了鲁国，使齐国混乱，吴国灭亡，晋国强盛而越国称霸。子贡一次出使，使各国势力均衡相继被打破，十年当中，齐、鲁、吴、晋、越五国局势各自变化。

子贡好废举，与时转货赀。喜扬人之美，不能匿人之过。常相鲁卫，家累千金，卒终于齐。

言偃，吴人，字子游。少孔子四十五岁。

子游既已受业，为武城宰。孔子过，闻弦歌之声。孔子莞尔而笑曰："割鸡焉用牛刀？"子游曰："昔者偃闻诸夫子曰，君子学道则爱人，小人学道则易使。"孔子曰："二三子，偃之言是也。前言戏之耳。"孔子以为子游习于文学。

卜商字子夏。少孔子四十四岁。

子夏问："'巧笑倩兮，美目盼兮，素以为绚兮'，何谓也？"子曰："绘事后素。"曰："礼后乎？"孔子曰："商始可与言《诗》已矣。"

子贡问："师与商孰贤？"子曰："师也过，商也不及。""然则师愈与？"曰："过犹不及。"

子谓子夏曰："汝为君子儒，无为小人儒。"

孔子既没，子夏居西河教授，为魏文侯师。其子死，哭之失明。

颛孙师，陈人，字子张。少孔子四十八岁。

子张问干禄，孔子曰："多闻阙疑，慎言其余，则寡尤；多见阙殆，慎行其余，则寡悔。言寡尤，行寡悔，禄在其中矣。"

他日，从在陈蔡间，困，问行。孔子曰："言忠信，行笃敬，虽蛮貊之国行也；言不忠信，行不笃敬，虽州里行乎哉！立则见其参于前也，在舆则见其倚于衡，夫然后行。"子张书诸绅。

子张问："士何如斯可谓之达矣？"孔子曰："何哉，尔所谓达者？"子张对曰："在国必闻，在家必闻。"孔子曰："是闻也，非达也。夫达者，质直而好义，察言而观色，虑以下人，在国及家必达。夫闻也者，色取仁而行违，居之不疑，在国及家必闻。"

子贡喜欢经商，随着供需情况转手牟取利润。他喜欢宣扬别人的好处，也不隐瞒别人的过失。他曾任鲁国、卫国的国相，家产积累千金，最终死在齐国。

　　言偃，是吴国人，字子游。比孔子小四十五岁。

　　子游学成以后，曾任武城的长官。孔子经过武城，听到弹琴唱歌的声音。孔子微笑道："杀鸡何必用宰牛刀呢？"子游说："从前我曾听先生说过，君子学道就能爱护别人，小人学道就容易受人驱使。"孔子说："弟子们，言偃的话是对的。我前面所说的那句话不过是玩笑而已。"孔子认为子游熟悉古代文献。

　　卜商，字子夏。比孔子小四十四岁。

　　子夏问道："'巧笑倩兮，美目盼兮，素以为绚兮'，这三句诗是什么意思呀？"孔子回答说："绘画要先打上洁白的底子。"子夏又问："礼在仁义之后吗？"孔子说："子夏啊，现在可以和你讨论《诗经》了。"

　　子贡问道："颛孙师和卜商谁更贤些？"孔子说："颛孙师有些过了，而卜商则有些不够。"子贡说："那么是颛孙师强一些吗？"孔子说："过分和不够没什么两样啊。"

　　孔子对子夏说："你要做个有才德的读书人，而不要做个小人一样的读书人。"

　　孔子逝世后，子夏定居在河西教授学生，是魏文侯的老师。他的儿子死后，他把眼睛哭瞎了。

　　颛孙师，是陈国人，字子张。比孔子小四十八岁。

　　子张向孔子询问为官求禄之道。孔子说："多听慎言，就能少犯错误；多看慎行，就能减少后悔。说话的错误少、行动的懊悔少，你要求取的官职俸禄就在这里面了。"

　　有一次，子张跟随孔子被围困在陈国和蔡国之间，子张问如何才能让自己行得通。孔子说："说话忠诚信实，行为真诚恭敬，即使在南蛮北狄也行得通；如果说话没有诚信，行为不恭敬，即使是在乡邻，能行得通吗？站立时如同'忠信笃敬'就在面前；坐在车上，如同看到这几个字就挂在车轭上，这样才能到处行得通。"子张就把这些话写在束腰的大带子上。

　　子张问："读书人要怎样才能算得上通达呢？"孔子说："指什么呢，你所说的通达？"子张回答说："指在诸侯国中有声望，在卿大夫的采邑有声誉。"孔子说："这是名声，不是通达。所谓通达，应当是品质正直，爱好礼义，察言观色，谦让待人，这样，在诸侯国和卿大夫封地就一定能够通达了。所说的名声，表面上像是追求仁德，实际行动上却有违仁德，自己却以仁自居而丝毫不疑，这样的人在诸侯国及卿大夫的封地都能骗到名望。"

曾参，南武城人，字子舆。少孔子四十六岁。

孔子以为能通孝道，故授之业。作孝经。死于鲁。

澹台灭明，武城人，字子羽。少孔子三十九岁。

状貌甚恶。欲事孔子，孔子以为材薄。既已受业，退而修行，行不由径，非公事不见卿大夫。

南游至江，从弟子三百人，设取予去就，名施乎诸侯。孔子闻之，曰："吾以言取人，失之宰予；以貌取人，失之子羽。"

宓不齐，字子贱。少孔子三十岁。

孔子谓："子贱君子哉！鲁无君子，斯焉取斯？"

子贱为单父宰，反命于孔子，曰："此国有贤不齐者五人，教不齐所以治者。"孔子曰："惜哉不齐，所治者小，所治者大，则庶几矣。"

原宪，字子思。

子思问耻。孔子曰："国有道，谷。国无道，谷，耻也。"

子思曰："克伐怨欲不行焉，可以为仁乎？"孔子曰："可以为难矣，仁则吾弗知也。"

孔子卒，原宪遂亡在草泽中。子贡相卫，而结驷连骑，排藜藿入穷阎，过谢原宪。宪摄敝衣冠见子贡。子贡耻之，曰："夫子岂病乎？"原宪曰："吾闻之，无财者谓之贫，学道而不能行者谓之病。若宪，贫也，非病也。"子贡惭，不怿而去，终身耻其言之过也。

公冶长，齐人，字子长。

孔子曰："长，可妻也，虽在累绁之中，非其罪也。"以其子妻之。

南宫括，字子容。

问孔子曰："羿善射，奡荡舟，俱不得其死然；禹稷躬稼而有天下？"孔子弗答。容出，孔子曰："君子哉若人！上德哉若人！""国有道，不废；国无道，免于刑戮。"三复"白圭之玷"，以其兄之子妻之。

曾参，是南武城人，字子舆，比孔子小四十六岁。

孔子认为他能通达孝道，所以授他学业。他写了《孝经》一书，死在鲁国。

澹台灭明，是武城人，字子羽，比孔子小三十九岁。

他的体态相貌很丑陋，想要侍奉孔子，孔子认为他资质低下。受业后，他回去努力提高，不走旁门左道，不是为了公事，从来不去会见公卿大夫。

他南游到长江，追随他的学生有三百人，他行为无缺，声誉传遍了四方诸侯。孔子听说后，说："我凭言辞判断人，错看了宰予；以貌取人，对子羽的判断就错了。"

宓不齐，字子贱。比孔子小三十岁。

孔子谈论宓子贱，说："子贱真是个君子啊！如果鲁国没有君子，那么他又从哪儿学到这种好品德呢？"

子贱担任单父地方长官，回来报告孔子，说："这个地方比我贤能的有五个人，他们教给我施政治民的方法。"孔子说："可惜呀！你治理的地方太小了，要是治理的地方大点就接近于道了。"

原宪，字子思。

子思问什么是耻辱。孔子说："国家有道，可做官取俸。国家无道，做官取俸，是耻辱。"

子思说："不好胜，不自夸，不怨恨，不贪心，可以算是仁吗？"孔子说："可以算是难能可贵了，但是否算是仁，我就不知道了。"

孔子逝世以后，子思就隐居荒野。子贡做了卫国的国相，车马成群，他排开丛生的野草，来到简陋破败的小屋看望子思。子思整了整破旧的衣帽会见子贡。子贡见状替他感到羞耻，说："你难道很困窘吗？"子思回答说："我听说，没有财产叫作贫穷，学了道而不能施行的叫作困窘。像我，是贫穷，而不是困窘啊。"子贡感到很惭愧，不高兴地离去了，一生都为这次失言感到羞耻。

公冶长，是齐国人，字子长。

孔子说："公冶长，可以把女儿嫁给他为妻，虽然他被关在囚牢中，但不是他的罪过。"于是把自己的女儿嫁给了他。

南宫括，字子容。

南宫括问孔子："后羿擅长射箭，奡擅长行舟，他们都没能善终；禹、稷亲自耕种为什么却能得到天下呢？"孔子没有回答。子容退出后，孔子说："这个人真是个君子啊！这个人崇尚道德啊！"孔子评论他说："国家政治清明，他不会被废；国家政治黑暗，他也不会遭受刑罚。"他反复吟诵"白圭之玷"一诗，孔子就把哥哥的女儿嫁给了他。

公皙哀,字季次。

孔子曰:"天下无行,多为家臣,仕于都,唯季次未尝仕。"

曾蒧,字皙。

侍孔子,孔子曰:"言尔志。"蒧曰:"春服既成,冠者五六人,童子六七人,浴乎沂,风乎舞雩,咏而归。"孔子喟尔叹曰:"吾与蒧也!"

颜无繇,字路。路者,颜回父,父子尝各异时事孔子。

颜回死,颜路贫,请孔子车以葬。孔子曰:"材不材,亦各言其子也。鲤也死,有棺而无椁,吾不徒行以为之椁,以吾从大夫之后,不可以徒行。"

商瞿,鲁人,字子木。少孔子二十九岁。

孔子传《易》于瞿,瞿传楚人馯臂子弘,弘传江东人矫子庸疵,疵传燕人周子家竖,竖传淳于人光子乘羽,羽传齐人田子庄何,何传东武人王子中同,同传菑川人杨何。何元朔中以治《易》为汉中大夫。

高柴,字子羔。少孔子三十岁。

子羔长不盈五尺,受业孔子,孔子以为愚。

子路使子羔为费郈宰,孔子曰:"贼夫人之子!"子路曰:"有民人焉,有社稷焉,何必读书然后为学!"孔子曰:"是故恶夫佞者。"

漆雕开,字子开。

孔子使开仕,对曰:"吾斯之未能信。"孔子说。

公伯缭,字子周。

周愬子路于季孙,子服景伯以告孔子,曰:"夫子固有惑志,缭也,吾力犹能肆诸市朝。"孔子曰:"道之将行,命也;道之将废,命也。公伯缭其如命何!"

司马耕,字子牛。

牛多言而躁。问仁于孔子,孔子曰:"仁者其言也讱。"曰:"其言也讱,斯可谓之仁乎?"子曰:"为之难,言之得无讱乎!"

公皙哀,字季次。

孔子说:"天下士人大多没有德行,做了卿大夫们的家臣,在都邑为官,只有季次不曾做官。"

曾蒧,字皙。

他侍奉孔子,孔子说:"谈谈你的志向吧。"曾蒧说:"穿上春天的衣服,和五六个成年人、六七个小孩子,在沂水里洗个澡,在祈雨台上吹吹风,然后唱着歌回家。"孔子听后长叹说:"我和你一样啊!"

颜无繇,字路。颜路,是颜回的父亲,父子俩曾先后师从孔子。

颜回死了,颜路贫穷,请求孔子卖掉车来安葬颜回。孔子说:"不论是有才能或没有才能,但各自来说都是自己的儿子。孔鲤死了,只有内棺没有外椁,我不能卖掉车步行给他买椁,因为我曾经位居大夫行列,不可以步行的呀。"

商瞿,是鲁国人。字子木,比孔子小二十九岁。

孔子把《易经》传给商瞿,商瞿又传给楚国人馯臂子弘,弘再传给江东人矫子庸疵,疵又传给燕国人周子家竖,竖传给淳于人光子乘羽,羽传给齐国人田子庄何,何传给东武人王子中同,同传给淄川人杨何。杨何在汉武帝元朔年间,因为研究《易经》担任汉中大夫。

高柴,字子羔,比孔子小三十岁。

子羔的身高不到五尺,师从孔子,孔子认为他愚笨。

子路派子羔担任费邑长官。孔子说:"这是害人子弟啊!"子路说:"那里有百姓,有祭祀的土神和谷神,何必一定要读书才叫作学问呢?"孔子说:"因此我厌恶花言巧语的人。"

漆雕开,字子开。

孔子叫子开去做官,子开回答说:"我对做官还没有信心。"孔子听了很高兴。

公伯缭,字子周。

子周向季孙氏毁谤子路,子服景伯把这事告诉了孔子,并说:"夫子本来就有了疑心,公伯缭,我还是能够杀了他让他陈尸街头。"孔子说:"道的兴,全是由命,道即将废弃,也是天意。公伯缭又能拿命怎么样呢?"

司马耕,字子牛。

子牛话多而性情急躁。他向孔子问仁,孔子说:"仁义的人,说话很谨慎。"子牛又问:"言语谨慎,这就可以称为仁吗?"孔子说:"做起来难,说起来能不谨慎吗?"

问君子,子曰:"君子不忧不惧。"曰:"不忧不惧,斯可谓之君子乎?"子曰:"内省不疚,夫何忧何惧!"

樊须,字子迟。少孔子三十六岁。

樊迟请学稼,孔子曰:"吾不如老农。"请学圃,曰:"吾不如老圃。"樊迟出,孔子曰:"小人哉樊须也!上好礼,则民莫敢不敬;上好义,则民莫敢不服;上好信,则民莫敢不用情。夫如是,则四方之民襁负其子而至矣,焉用稼!"

樊迟问仁,子曰:"爱人。"问智,曰:"知人。"

有若少孔子四十三岁。

有若曰:"礼之用,和为贵,先王之道斯为美。小大由之,有所不行;知和而和,不以礼节之,亦不可行也。""信近于义,言可复也;恭近于礼,远耻辱也;因不失其亲,亦可宗也。"

孔子既没,弟子思慕,有若状似孔子,弟子相与共立为师,师之如夫子时也。他日,弟子进问曰:"昔夫子当行,使弟子持雨具,已而果雨。弟子问曰:'夫子何以知之?'夫子曰:'《诗》不云乎?"月离于毕,俾滂沱矣。"昨暮月不宿毕乎?'他日,月宿毕,竟不雨。商瞿年长无子,其母为取室。孔子使之齐,瞿母请之。孔子曰:'无忧,瞿年四十后当有五丈夫子。'已而果然。敢问夫子何以知此?"有若默然无以应。弟子起曰:"有子避之,此非子之座也!"

公西赤,字子华。少孔子四十二岁。

子华使于齐,冉有为其母请粟。孔子曰:"与之釜。"请益,曰:"与之庾。"冉子与之粟五秉。孔子曰:"赤之适齐也,乘肥马,衣轻裘。吾闻君子周急不继富。"

巫马施,字子旗。少孔子三十岁。

陈司败问孔子曰:"鲁昭公知礼乎?"孔子曰:"知礼。"退而揖

子牛问什么是君子，孔子说："君子不会忧愁，也不会畏惧。"子牛又问："不忧愁，不畏惧，这就可以算是君子吗？"孔子说："能自我反省而内心无愧，那有什么可忧愁和可畏惧的呢？"

樊须，字子迟。比孔子小三十六岁。

樊迟向孔子请教种庄稼，孔子说："我不如老农民。"又请教种蔬菜，孔子说："我不如老菜农。"樊迟退出后，孔子说："樊迟，是个浅薄小人啊！统治者提倡礼义，那么百姓就没有敢不服从的；统治者讲求诚信，那么百姓就没有敢不说实话的。这样，那么四方的百姓就会背着孩子前来投奔，哪里用得着自己种庄稼呢。"

樊迟问什么是仁，孔子说："爱护别人。"又问什么是智慧，孔子说："了解别人。"

有若，比孔子小四十三岁。

有若说："礼的应用，以恰到好处为贵。古代圣贤君王的治国办法，好就好在这里；小事大事都按照这条原则去做，有时会行不通；但是只为了恰到好处而一味地追求恰到好处，不用礼来节制它，也是不可行的。"有若又说："诚信符合于义，就能经得起实际检验；恭敬符合于礼，就能远离耻辱；依傍那些不失为亲近的人，也就可靠了。"

孔子逝世后，弟子们都很怀念他。有若长得像孔子，弟子们共同拥戴他为师，对待他就像当初侍奉孔子一样。一天，学生进来问他说："从前先生要出行，让弟子带上雨具，不久果真下雨了。弟子就请教说：'先生怎么知道要下雨呢？'有若说：'《诗经》里不是说了吗？月亮靠近毕宿星，就会有滂沱大雨了。'有一天，月亮又停在了毕星的位上，却没有下雨。商瞿年纪大了还没有儿子，他的母亲要为他另娶妻室。孔子派他到齐国去，商母请求不要派他。孔子说：'不要担心，商瞿四十岁以后应该会有五个男孩子。'后来果真如此。请问夫子凭什么能预先知道结果呢？"有若沉默无以回答。弟子们站起来说："有先生您离开吧，这个座位不是您能坐的啊！"

公西赤，字子华，比孔子小四十二岁。

子华出使去齐国，冉有为子华的母亲向孔子请求粮食。孔子说："给她一釜。"冉有请求增加一些，孔子说："给她一庾。"冉有给了她五秉粮食。孔子说："公西赤去齐国，坐的是肥马拉的车子，穿的是又轻又暖的裘衣。我听说，君子救济急需的穷人而不是增加他的财富。"

巫马施，字子旗，比孔子小三十岁。

陈司败问孔子说："鲁昭公懂得礼吗？"孔子说："懂礼。"孔子出去后，

巫马旗曰："吾闻君子不党，君子亦党乎？鲁君娶吴女为夫人，命之为孟子。孟子姓姬，讳称同姓，故谓之孟子。鲁君而知礼，孰不知礼？"施以告孔子，孔子曰："丘也幸，苟有过，人必知之。臣不可言君亲之恶，为讳者，礼也。"

梁鳣，字叔鱼，少孔子二十九岁；颜幸，字子柳，少孔子四十六岁；冉孺，字子鲁，少孔子五十岁；曹恤，字子循，少孔子五十岁；伯虔，字子析，少孔子五十岁；公孙龙，字子石，少孔子五十三岁。

自子石已右三十五人，显有年名及受业见于书传。其四十有二人，无年及不见书传者纪于左：

冉季，字子产；公祖句兹，字子之；秦祖，字子南；漆雕哆，字子敛；颜高，字子骄；漆雕徒父，字子文；壤驷赤，字子徒；商泽，字子秀；石作蜀，字子明；任不齐，字选；公良孺，字子正；后处，字子里；秦冉，字开；公夏首，字乘；奚容箴，字子晳；公肩定，字子中；颜祖，字子襄；鄡单，字子家；句井疆；罕父黑，字子索；秦商，字子丕；申党，字周；颜之仆，字叔；荣旂，字子祈；县成，字子祺；左人郢，字行；燕伋，字思；郑国，字子徒；秦非，字子之；施之常，字子恒；颜哙，字子声；步叔乘，字子车；原亢籍，字籍；乐欬，字子声；廉絜，字庸；叔仲会，字子期；颜何，字冉；狄黑，字晳；邦巽，字子敛；孔忠；公西舆如，字子上；公西葳，字子上。

太史公曰：学者多称七十子之徒，誉者或过其实，毁者或损其真，钧之未睹厥容貌，则论言《弟子籍》，出孔氏古文，近是。余以弟子名姓文字悉取《论语》弟子问，并次为篇，疑者阙焉。

陈司败向巫马旗作了个揖说:"我听说君子不会偏私包庇,难道君子也会偏私包庇吗?鲁昭公娶了吴女为夫人,给她起名叫她孟子。孟子本姓姬,避忌称呼同姓,所以称她吴孟子。鲁君如果懂得礼,那还有谁不懂得礼呢?"巫马施把这些话告诉了孔子,孔子说:"我真幸运,如果有了过失,人家一定会知道。做臣子的不可说国君的过错,替他隐讳,就是懂礼啊。"

梁鳣,字叔鱼,比孔子小二十九岁;颜幸,字子柳,比孔子小四十六岁;冉儒,字子鲁,比孔子小五十岁;曹恤,字子循,比孔子小五十岁;伯虔,字子析,比孔子小五十岁;公孙龙,字子石,比孔子小五十三岁。

从子石以上三十五人,他们的年龄、姓名和受业情况都可见到明显的文字记载。其余的四十二人,没有年龄可考,也没有文字记载,记在下面:

冉季,字子产;公祖句兹,字子之;秦祖,字子南;漆雕哆,字子敛;颜高,字子骄;漆雕徒父,字子文;壤驷赤,字子徒;商泽,字子秀;石作蜀,字子明;任不齐,字选;公良孺,字子正;后处,字子里;秦冉,字开;公夏首,字乘;奚容箴,字子皙;公肩定,字子中;颜祖,字子襄;鄡单,字子家;句井疆;罕父黑,字子索;秦商,字子丕;申党,字周;颜之仆,字叔;荣旂,字子祈;县成,字子祺;左人郢,字行;燕伋,字思;郑国,字子徒;秦非,字子之;施之常,字子恒;颜哙,字子声;步叔乘,字子车;原亢籍,字子籍;乐欬,字子声;廉絜,字庸;叔仲会,字子期;颜何,字冉;狄黑,字皙;邦巽,字子敛;孔忠;公西舆如,字子上;公西葳,字子上。

太史公说:后世学者们多数讲述孔子门下七十位门徒时,赞誉者或许言过其实;诋毁他们的人,也许损害了他们的真实形象。总之,谁都没有看到他们的真实相貌而加以评论,比较起来,《论语》所记弟子们的事迹,更接近真实。关于孔子弟子们的名字、姓氏、言行等情况,我全部取自《论语》中的弟子问答,把它们合编成一篇,有疑问的地方就空着。

商君列传第八

商君者，卫之诸庶孽公子也，名鞅，姓公孙氏，其祖本姬姓也。鞅少好刑名之学，事魏相公叔痤为中庶子。公叔痤知其贤，未及进。会痤病，魏惠王亲往问病，曰："公叔病有如不可讳，将奈社稷何？"公叔曰："痤之中庶子公孙鞅，年虽少，有奇才，愿王举国而听之。"王嘿然。王且去，痤屏人言曰："王即不听用鞅，必杀之，无令出境。"王许诺而去。公叔痤召鞅谢曰："今者王问可以为相者，我言若，王色不许我。我方先君后臣，因谓王即弗用鞅，当杀之。王许我。汝可疾去矣，且见禽。"鞅曰："彼王不能用君之言任臣，又安能用君之言杀臣乎？"卒不去。惠王既去，而谓左右曰："公叔病甚，悲乎，欲令寡人以国听公孙鞅也，岂不悖哉！"

公叔既死，公孙鞅闻秦孝公下令国中求贤者，将修缪公之业，东复侵地，乃遂西入秦，因孝公宠臣景监以求见孝公。孝公既见卫鞅，语事良久，孝公时时睡，弗听。罢而孝公怒景监曰："子之客妄人耳，安足用邪！"景监以让卫鞅。卫鞅曰："吾说公以帝道，其志不开悟矣。"后五日，复求见鞅。鞅复见孝公，益愈，然而未中旨。罢而孝公复让景监，景监亦让鞅。鞅曰："吾说公以王道而未入也。请复见鞅。"鞅复见孝公，孝公善之而未用也。罢而去。孝公谓景监曰："汝客善，可与语矣。"鞅曰："吾说公以霸道，其意欲用之矣。诚复见我，我知之矣。"卫鞅复见孝公。公与语，不自知膝之前于席也。语数日不厌。景监曰："子何以中吾君？吾君之欢甚也。"鞅曰："吾说君以帝王之道比三代，而君曰：'久远，吾不能待。且贤君者，各及其身显名天下，安能邑邑待数十百年以成帝王乎？'故

商君是卫君姬妾生的儿子,名鞅,姓公孙,他的祖先本来姓姬。公孙鞅年轻时喜好刑名之学,侍奉魏国国相公叔痤,做了侍从。公叔痤知道他贤能,还没来得及向魏王推荐。正赶上公叔痤得了病,魏惠王亲自去看望他,说:"万一你的病有个好歹,国家将怎么办呢?"公叔痤回答说:"我的侍从公孙鞅,年纪虽轻,却有奇才,大王可以把国家大事全都托付给他,让他去治理。"魏惠王听后没有说话。当魏惠王即将离开时,公叔痤屏退左右,说:"大王假如不能用公孙鞅,就一定要杀掉他,不能让他走出国境。"魏王答应了他就离开了。公叔痤叫来公孙鞅,道歉说:"刚才大王询问能够担任国相的人,我推荐了你。看大王的神情应该不会同意。我当先忠于君而后考虑臣的立场,因而劝大王,如果不用你,就该杀掉你。大王答应了我的请求。你赶快离开吧,否则就要被抓了。"公孙鞅说:"大王既然不能听您的话任用我,又怎么能听您的话来杀我呢?"终于没有离开魏国。惠王离开后,对随侍人员说:"公叔痤病得很重,真让人伤心啊。他想要我把国政交给公孙鞅,这不是糊涂了吗?"

公叔痤死后,公孙鞅听说秦孝公下令全国求贤,想要重整秦缪公时的霸业,向东收复失地,于是他就西行到了秦国,通过秦孝公的宠臣景监求见秦孝公。秦孝公就召见了卫鞅,谈了很久,孝公一边听一边打瞌睡,没有听进去。事后孝公迁怒于景监说:"你的客人是个无知妄言之徒,这种人怎么能任用呢?"景监责备卫鞅。卫鞅说:"我用尧、舜治国的方法劝说大王,他的心智不能领会啊。"过了五天,景监再请秦孝公见卫鞅。卫鞅再见孝公时,谈得更多,可是还是不合秦孝公的心意。事后秦孝公又责备景监,景监也责备卫鞅。卫鞅说:"我用王道的治国方法劝说大王而他听不进去。请求他再召见我一次。"卫鞅再次见到孝公,孝公对他很友好可是没任用他。会见退出后,孝公对景监说:"你的客人不错,我可以和他谈谈了。"景监告诉卫鞅,卫鞅说:"我用春秋五霸的治国方法去说服大王,看他的心思是准备采纳了。真能再召见我一次,我就知道该怎么说啦。"于是卫鞅又见到了孝公,孝公跟他谈得非常投机,不知不觉移动膝盖到垫席前头靠近了卫鞅,谈了几天仍不知疲倦。景监说:"您用什么法子打动了大王的心呢?我们国君高兴极了。"卫鞅回答说:"我劝大王采用帝王治国的办法,建立夏、商、周那样的盛世,可是大王说:'时间太长了,我不能等,何况贤能之君,都希望当世名扬天下,怎能无声无息地等几十上百年才成就帝王大业

吾以强国之术说君，君大说之耳。然亦难以比德于殷周矣。"

孝公既用卫鞅，鞅欲变法，恐天下议己。卫鞅曰："疑行无名，疑事无功。且夫有高人之行者，固见非于世；有独知之虑者，必见敖于民。愚者暗于成事，知者见于未萌。民不可与虑始而可与乐成。论至德者不和于俗，成大功者不谋于众。是以圣人苟可以强国，不法其故；苟可以利民，不循其礼。"孝公曰："善。"甘龙曰："不然。圣人不易民而教，知者不变法而治。因民而教，不劳而成功；缘法而治者，吏习而民安之。"卫鞅曰："龙之所言，世俗之言也。常人安于故俗，学者溺于所闻。以此两者居官守法可也，非所与论于法之外也。三代不同礼而王，五伯不同法而霸。智者作法，愚者制焉；贤者更礼，不肖者拘焉。"杜挚曰："利不百，不变法；功不十，不易器。法古无过，循礼无邪。"卫鞅曰："治世不一道，便国不法古。故汤武不循古而王，夏殷不易礼而亡。反古者不可非，而循礼者不足多。"孝公曰："善。"以卫鞅为左庶长，卒定变法之令。

令民为什伍，而相牧司连坐。不告奸者腰斩，告奸者与斩敌首同赏，匿奸者与降敌同罚。民有二男以上不分异者，倍其赋。有军功者，各以率受上爵；为私斗者，各以轻重被刑大小。僇力本业，耕织致粟帛多者复其身。事末利及怠而贫者，举以为收孥。宗室非有军功论，不得为属籍。明尊卑爵秩等级，各以差次名田宅，臣妾衣服以家次。有功者显荣，无功者虽富无所芬华。

令既具，未布，恐民之不信，已乃立三丈之木于国都市南门，募民有能徙置北门者予十金。民怪之，莫敢徙。复曰"能徙者予五十金"。有一人徙之，辄予五十金，以明不欺。卒下令。

呢？'所以，我用富国强兵的办法劝说他，他才特别高兴。可是这样就不能与殷、周的德行相媲美了。"

孝公任用卫鞅后不久，卫鞅打算变法，可又担心天下人议论自己。卫鞅说："行动犹豫就搞不出名堂，办事犹豫就不会成功。况且超出常人行为的人，本来就常被世人非议；有独到见解的人，必定会受到一般人的诋毁。愚人对既成事实还弄不明白，聪明的人事先就能预见即将发生的事情。不能和百姓谋划大事而可以和他们共享成功的欢乐。谈论高深道理的人不会与世俗合流，成就大业的人不与一般人共谋。因此，圣人只要能够使国家强盛，就不必效法陈规；只要能够利于百姓，就不必遵循旧制。"孝公说："说得好。"甘龙说："不是这样。圣人不改变民俗而施教化，聪明的人不改成法而治理国家。顺应民风民俗而施教化，不费力就能成功；沿袭成法而治理国家，官吏习惯而百姓安定。"卫鞅说："甘龙所说的，是世俗的说法啊。一般人安于旧有的习俗，而读书人拘泥于自己所闻。这两种人奉公守法还可以，但不能和他们谈论常法以外的变革。三代礼制不同却各成王业，五伯法制不一却各成霸业。聪明的人制定法度，愚蠢的人被法度制约；贤能的人变更礼制，寻常的人为礼制所束。"杜挚说："没有百倍的利益，就不能改变常法；没有十倍的效用，就不能更换旧器。仿效常法不会有过失，遵循旧礼不会出偏差。"卫鞅说："治理国家没有固定的办法，有利于国家就不必仿效旧法。所以汤武不依旧法而能王天下，夏殷不更变旧礼而灭亡。反对旧法的人不能非难，而遵循旧礼的人不值得赞扬。"孝公说："说得好。"于是任命卫鞅为左庶长，最终制定了变法的命令。

法令规定，百姓十家为"什"，五家为"伍"，互相监视检举，一家犯法，十家连带治罪。不告发坏人的腰斩，告发坏人的跟斩杀敌人一样受赏，隐藏奸恶的人与投降敌人同罪。一家有两个以上壮丁不分居的，赋税加倍。立了军功的，按功劳大小升爵受赏；为私事斗殴的，按情节轻重处以刑罚。致力于农业生产，让粮食丰收、布帛增产的免除自身的劳役或赋税。因从事工商业及因懒惰而贫穷的，其妻子全都没入官府为奴。国君亲属宗族没有军功的，不能列入家族的名册。明确尊卑爵位等级，各按等级差别占有土地、房产，家臣奴婢数量、衣裳、服饰按各家爵位等级决定。有军功的享受荣耀，没有军功的即使很富有也不能显荣。

新法准备就绪，还没公布，卫鞅担心百姓不相信，就在国都市场南门竖起一根三丈长的木杆，招募百姓中能把木杆搬到北门的人赏给十金。百姓们觉得这件事很奇怪，没人敢动。卫鞅又宣布"能把木杆搬到北门的人赏五十金"。于是有一个人搬走了木杆，卫鞅当下就赏了他五十金，以此表明令出必行，绝不欺骗。接着就颁布了新法。

令行于民期年，秦民之国都言初令之不便者以千数。于是太子犯法。卫鞅曰："法之不行，自上犯之。"将法太子。太子，君嗣也，不可施刑，刑其傅公子虔，黥其师公孙贾。明日，秦人皆趋令。行之十年，秦民大说，道不拾遗，山无盗贼，家给人足。民勇于公战，怯于私斗，乡邑大治。秦民初言令不便者有来言令便者，卫鞅曰"此皆乱化之民也"，尽迁之于边城。其后民莫敢议令。

于是以鞅为大良造。将兵围魏安邑，降之。居三年，作为筑冀阙宫庭于咸阳，秦自雍徙都之。而令民父子兄弟同室内息者为禁。而集小乡邑聚为县，置令、丞，凡三十一县。为田开阡陌封疆，而赋税平。平斗桶权衡丈尺。行之四年，公子虔复犯约，劓之。居五年，秦人富强，天子致胙于孝公，诸侯毕贺。

其明年，齐败魏兵于马陵，虏其太子申，杀将军庞涓。其明年，卫鞅说孝公曰："秦之与魏，譬若人之有腹心疾，非魏并秦，秦即并魏。何者？魏居领阨之西，都安邑，与秦界河而独擅山东之利。利则西侵秦，病则东收地。今以君之贤圣，国赖以盛。而魏往年大破于齐，诸侯畔之，可因此时伐魏。魏不支秦，必东徙。东徙，秦据河山之固，东乡以制诸侯，此帝王之业也。"孝公以为然，使卫鞅将而伐魏。魏使公子卬将而击之。军既相距，卫鞅遗魏将公子卬书曰："吾始与公子欢，今俱为两国将，不忍相攻，可与公子面相见，盟，乐饮而罢兵，以安秦魏。"魏公子卬以为然。会盟已，饮，而卫鞅伏甲士而袭虏魏公子卬，因攻其军，尽破之以归秦。魏惠王兵数破于齐秦，国内空，日以削，恐，乃使使割河西之地献于秦以和。而魏遂去安邑，徙都大梁。梁惠王曰："寡人恨不用公叔痤之言也。"卫鞅既破魏还，秦封之于、商十五邑，号为商君。

商君相秦十年，宗室贵戚多怨望者。赵良见商君。商君曰："鞅之得见也，从孟兰皋，今鞅请得交，可乎？"赵良曰："仆弗敢愿

新法在全国施行了一年，秦国老百姓到国都投诉新法不便的人数以千计。正当这时，太子触犯了新法。卫鞅说："新法行不通，是因为上层的人先犯法。"将依新法处罚太子。太子，是国君的继承人，不能施以刑罚，于是就处罚了监督他行为的太傅公子虔，太师公孙贾被处以墨刑。第二天，秦国人便都依照新法执行了。新法推行了十年，秦国的老百姓都非常高兴，路不拾遗，山林里也没了盗贼，家家富裕，人人饱暖。人民勇于为国作战，不敢为私争斗，乡村、城镇社会秩序安定。当初说新法不便的百姓又有来说新法好处的，卫鞅说"这都是扰乱教化的人"，于是把他们全部迁到边疆去了。从此，老百姓再也没人敢议论新法了。

于是卫鞅被任命为大良造，率兵围攻魏国安邑，使他们屈服投降。过了三年，秦国在咸阳建筑宫廷城阙，把国都从雍地迁到此地，下令禁止百姓父子兄弟同居一室，把小城镇村落合并为县，设置了县令、县丞，共计三十一个县。废除原有田塍的界线，鼓励百姓开垦荒地，而使赋税平衡。统一全国度量衡。施行了四年，公子虔又犯法了，被判处劓刑。过了五年，秦国富强，周天子把祭肉赐给秦孝公，各国诸侯都来祝贺。

第二年，齐国在马陵打败魏军，俘虏了魏国的太子申，射杀魏将军庞涓。一年后，卫鞅劝孝公说："秦和魏，好像一个人患有心腹疾病，不是魏国兼并秦国，就是秦国吞并魏国。为什么呢？因为魏国地处山岭险要的西部，建都安邑，与秦国以黄河为界而独占崤山以东的地利。形势有利就可以向西进犯秦国，不利就可以向东扩展领地。如今凭借大王圣明，秦国才繁荣昌盛。而魏国去年被齐国打得大败，诸侯们都背叛了他，可以趁此时攻打魏国。魏国抵挡不住，必然要向东撤退。一向东撤退，秦国就占有了黄河和崤山险要地势，向东就可以控制各国诸侯，这是统一天下的帝王大业啊！"孝公认为说得对。就派卫鞅率领军队攻打魏国。魏国派公子卬领兵迎击。两军相拒对峙，卫鞅派人给公子卬送去一封信，说："我当初与公子相处得很快乐，如今你我成了敌对两军的将领，不忍心相互攻击，可以与公子会面结盟，畅饮几杯然后各自撤兵，让秦魏两国相安无事。"魏公子卬认为卫鞅说得对。会盟结束后，双方一起喝酒，而卫鞅埋伏下的士兵突然袭击并俘虏了魏公子卬，并乘势攻打魏军，大胜回国。魏惠王的军队多次被齐、秦击溃，国内空虚，势力渐衰，恐慌起来，就派使者说割河西地区给秦以求和。魏王于是离开安邑，迁都大梁。魏惠王后悔地说："我真后悔当初没采纳公叔痤的意见啊。"卫鞅打败魏军回来后，秦孝公把于、商十五个邑封给了他，称商君。

商君出任秦相十年，很多宗室贵戚怨恨他。赵良去见商君。商君说："我能见到你，是因孟兰皋的介绍，现在我们交个朋友，可以吗？"赵良回答说："我

也。孔丘有言曰：'推贤而戴者进，聚不肖而王者退。'仆不肖，故不敢受命。仆闻之曰：'非其位而居之曰贪位，非其名而有之曰贪名。'仆听君之义，则恐仆贪位贪名也。故不敢闻命。"商君曰："子不说吾治秦与？"赵良曰："反听之谓聪，内视之谓明，自胜之谓强。虞舜有言曰：'自卑也尚矣。'君不若道虞舜之道，无为问仆矣。"商君曰："始秦戎翟之教，父子无别，同室而居。今我更制其教，而为其男女之别，大筑冀阙，营如鲁卫矣。子观我治秦也，孰与五羖大夫贤？"赵良曰："千羊之皮，不如一狐之掖；千人之诺诺，不如一士之谔谔。武王谔谔以昌，殷纣墨墨以亡。君若不非武王乎，则仆请终日正言而无诛，可乎？"商君曰："语有之矣，貌言华也，至言实也，苦言药也，甘言疾也。夫子果肯终日正言，鞅之药也。鞅将事子，子又何辞焉！"赵良曰："夫五羖大夫，荆之鄙人也。闻秦缪公之贤而愿望见，行而无资，自粥于秦客，被褐食牛。期年，缪公知之，举之牛口之下，而加之百姓之上，秦国莫敢望焉。相秦六七年，而东伐郑，三置晋国之君，一救荆国之祸。发教封内，而巴人致贡；施德诸侯，而八戎来服。由余闻之，款关请见。五羖大夫之相秦也，劳不坐乘，暑不张盖，行于国中，不从车乘，不操干戈，功名藏于府库，德行施于后世。五羖大夫死，秦国男女流涕，童子不歌谣，舂者不相杵。此五羖大夫之德也。今君之见秦王也，因嬖人景监以为主，非所以为名也。相秦不以百姓为事，而大筑冀阙，非所以为功也。刑黥太子之师傅，残伤民以骏刑，是积怨畜祸也。教之化民也深于命，民之效上也捷于令。今君又左建外易，非所以为教也。君又南面而称寡人，日绳秦之贵公子。《诗》曰：'相鼠有体，人而无礼，人而无礼，何不遄死。'以诗观之，非所以为寿也。公子虔杜门不出已八年矣，君又杀祝欢而黥公孙贾。《诗》曰：'得人者兴，失人者崩。'此数事者，非所以得人也。君之出也，后车十数，从车载甲，多力而骈胁者为骖乘，持矛而操闟戟者旁车而趋。此一物不具，君固不出。《书》曰：'恃德者昌，恃力者亡。'君之危若朝露，尚将欲

不敢奢望。孔子说过：'推荐贤能，受到人民拥戴的人才会前来；招揽不贤，讲王道的人就会引退。'我不才，所以不敢从命。我听到过这样的说法：'不该占有的职位而占有它叫作贪位，不该享有的名声而享有它叫作贪名。'我要是接受了您的情谊，恐怕那就是既贪位又贪名了。所以不敢从命。"商鞅说："您不满我对秦国的治理吗？"赵良说："能够听从别人的意见叫作聪，能够自我省察叫作明，能够自制叫作强。虞舜曾说过：'自我谦虚的人被人尊重。'您不如遵循虞舜的主张去做，不必问我了。"商鞅说："当初，秦国的习俗和戎狄一样，父子无分别，男女老少同居一室。如今我改变了这种风俗，使他们男女有别，分居而住，大造宫廷城阙，把秦国营建得像鲁国、卫国一样。您看我治理秦国，与五羖大夫比，谁更好呢？"赵良说："一千张羊皮比不上一领狐腋贵重，一千人附和抵不上一人直言。武王因左右多直言而国家就昌盛，纣王因群臣不敢吭声而灭亡。您如果不反对武王的做法，那么请允许我整天直言而不受责备，可以吗？"商君说："俗话说，表面动听的话好比是花朵，真实至诚的话如同果实，苦口危言是药石，甜言蜜语是病因。您果真能终日正义直言，那就是我治病的良药了。我将拜先生为师，先生又何必推辞呢？"赵良说："那五羖大夫，是楚国偏僻的乡下人。听说秦缪公贤明，想去拜见，却没有路费，于是把自己卖给秦国人，穿着粗布短衣给人家喂牛。过了一年，秦缪公知道了这件事，把他从牛口之下提拔起来，凌驾于百官之上，秦国没有人不满意。他出任秦相六七年，东伐郑国，三立晋君，一次出兵救楚。在境内施行教化，巴人前来纳贡；教化影响到诸侯，四境的夷族前来归附。由余听到这种情形，前来敲门投奔。五羖大夫出任秦相，累不坐车，热不打伞，走遍国中，不用随从的车辆，不带武装防卫，他的功名载于史册、藏于府库，他的德行流传于后代。五羖大夫死时，秦国不论男女都痛哭流涕，小孩不唱歌谣，连舂米的人也不喊号子了。这就是五羖大夫的德行啊。现在您得见秦王，靠的是秦王宠臣景监推荐介绍，这就说不上什么名声了。身为秦相不以百姓利益为重，却大筑宫阙，这就说不上为国家建立功业了。惩治太子的师傅，用严刑酷法残害百姓，这是积怨聚祸啊。您的政令影响百姓比国君命令百姓更深入人心，百姓响应您的号召比国君的命令更为迅速。如今您却违情背理建立权威，自作主张改变君令，这不是对百姓施行教化啊。您又面向南称君，天天用新法约束秦国贵族子弟。《诗经》上说：'看老鼠都还有肢体，人却没有礼仪；人没有礼仪，为什么不早点死呢？'从诗句来看，实在是不能恭维您呀。公子虔闭门不出已经八年了，您又杀了祝欢，用墨刑惩处公孙贾。《诗经》上说：'得到人心的昌盛，失去人心的灭亡。'这几件事，都是不得人心的呀。您出门，随从的车辆数以十计，车上载着武士，用身强力壮的人作随从，拿长矛战戟的卫队

延年益寿乎？则何不归十五都，灌园于鄙，劝秦王显岩穴之士，养老存孤，敬父兄，序有功，尊有德，可以少安。君尚将贪商于之富，宠秦国之教，畜百姓之怨，秦王一旦捐宾客而不立朝，秦国之所以收君者，岂其微哉？亡可翘足而待。"商君弗从。

后五月而秦孝公卒，太子立。公子虔之徒告商君欲反，发吏捕商君。商君亡至关下，欲舍客舍。客人不知其是商君也，曰："商君之法，舍人无验者坐之。"商君喟然叹曰："嗟乎，为法之敝一至此哉！"去之魏。魏人怨其欺公子卬而破魏师，弗受。商君欲之他国。魏人曰："商君，秦之贼。秦强而贼入魏，弗归，不可。"遂内秦。商君既复入秦，走商邑，与其徒属发邑兵北出击郑。秦发兵攻商君，杀之于郑黾池。秦惠王车裂商君以徇，曰："莫如商鞅反者！"遂灭商君之家。

太史公曰：商君，其天资刻薄人也。迹其欲干孝公以帝王术，挟持浮说，非其质矣。且所因由嬖臣，及得用，刑公子虔，欺魏将卬，不师赵良之言，亦足发明商君之少恩矣。余尝读商君《开塞》《耕战》书，与其人行事相类。卒受恶名于秦，有以也夫！

夹护着您的车子奔驰前进。这些防卫缺少一样，您必定不敢出门。《尚书》上说：'依靠施德的昌盛，依靠武力的灭亡。'您的生命就好像早晨的露水，很快就会消亡一样危险，您还想要延年益寿吗？那为什么不把商于十五邑封地交还秦国，到偏僻荒远的地方浇园自耕，劝秦王重用那些隐居山林的贤才，赡养老人，抚育小孩，使父兄相互敬重，用有功的人，尊敬有德的人，这样您才稍得安全。如果您还想贪图商于的富有，以独揽秦国的政教而自得，结怨百姓，一旦哪天秦王逝世，秦国想要拘捕您的人难道能少吗？您丧身的日子很快就会到来了。"商鞅没有听从赵良的劝告。

五个月后，秦孝公去世，太子登位。公子虔一伙人告商鞅谋反，派人逮捕他。商鞅逃到边关，想住旅店，旅店的主人不知他是商鞅，说："商鞅有令，住店的人没有证件店主要连带判罪。"商鞅长长地叹息说："唉呀！新法的遗害竟然到了这样的地步！"离开秦国潜逃到魏国。魏国人怨恨他欺骗公子卬而打败魏军，不肯收留他。商鞅打算去别的国家。魏国人说："商鞅是秦国的逃犯，秦国强大，逃犯跑到魏国来，不送回去不行。"于是把商鞅送回了秦国。商鞅再回到秦国后，就潜逃到商邑，和他的部属发动邑中的士兵，向北攻击郑国。秦国发兵攻打商鞅，在郑国黾池杀死了他。秦惠王将商鞅五马分尸示众，说："不要像商鞅这样造反！"于是诛灭了商鞅全家。

太史公说：商鞅，他的天性就是个刻薄的人。看他当初用帝王之道游说孝公，只是虚饰浮夸，并非他的内心想法。况且是凭借着国君宠幸的太监推荐，等到被重用后，就施刑于公子虔，欺骗魏将公子卬，不听从赵良的话，也足以说明商鞅残忍刻薄了。我曾经读过商鞅《开塞》《耕战》的书籍，内容与他的行事类似。最终在秦国落得个谋反的恶名，这是有缘故的呀！

苏秦列传第九

苏秦者,东周洛阳人也。东事师于齐,而习之于鬼谷先生。

出游数岁,大困而归。兄弟嫂妹妻妾窃皆笑之,曰:"周人之俗,治产业,力工商,逐什二以为务。今子释本而事口舌,困,不亦宜乎!"苏秦闻之而惭,自伤,乃闭室不出,出其书遍观之。曰:"夫士业已屈首受书,而不能以取尊荣,虽多亦奚以为!"于是得周书《阴符》,伏而读之。期年,以出揣摩,曰:"此可以说当世之君矣。"求说周显王。显王左右素习知苏秦,皆少之。弗信。

乃西至秦。秦孝公卒。说惠王曰:"秦四塞之国,被山带渭,东有关河,西有汉中,南有巴蜀,北有代马,此天府也。以秦士民之众,兵法之教,可以吞天下,称帝而治。"秦王曰:"毛羽未成,不可以高蜚;文理未明,不可以并兼。"方诛商鞅,疾辩士,弗用。

乃东之赵。赵肃侯令其弟成为相,号奉阳君。奉阳君弗说之。去游燕,岁余而后得见。说燕文侯曰:"燕东有朝鲜、辽东,北有林胡、楼烦,西有云中、九原,南有嘑沱、易水,地方二千余里,带甲数十万,车六百乘,骑六千匹,粟支数年。南有碣石、雁门之饶,北有枣栗之利,民虽不佃作而足于枣栗矣。此所谓天府者也。

"夫安乐无事,不见覆军杀将,无过燕者。大王知其所以然乎?夫燕之所以不犯寇被甲兵者,以赵之为蔽其南也。秦赵五战,秦再胜而赵三胜。秦赵相毙,而王以全燕制其后,此燕之所以不犯寇也。且夫秦之攻燕也,逾云中、九原,过代、上谷,弥地数千里,虽得燕城,秦计固不能守也。秦之不能害燕亦明矣。今赵之攻燕也,发号出

苏秦是东周洛阳人，他曾向东到齐国拜师求学，师从鬼谷子先生。

他在外游历多年，弄得穷困潦倒，狼狈地回到家里。兄嫂、弟妹、妻妾都私下讥笑他，说："按照周人的习惯，大家都经营自己的产业，努力从事工商，追求那十分之二的盈利为事业。如今你丢掉本行却以搬弄口舌为职业，穷困潦倒，不也应该吗？"苏秦听了这些话，感到很惭愧，暗自伤心，就闭门不出，把自己的藏书又都读了一遍，说："一个读书人本来已经接受了书本知识，可又不能凭借它获得荣华富贵，即使读书再多，又有什么用呢？"这时他得到一本周书《阴符》，伏案攻读，用了一整年的工夫，从中悟出了许多揣摩人心理的诀窍。他激动地说："凭这些就足以游说当代的国君了。"他求见并游说周显王。可是显王周围的臣子一向熟悉苏秦，都瞧不起他，而周显王也不相信他。

于是他向西到了秦国。正值秦孝公去世，他游说惠王说："秦是个四面山关险固的国家，有华山倚靠，有渭水流贯，东有关河，西有汉中，南有巴蜀，北有代马，这真是个天府之国啊。凭着秦国众多的百姓和士兵，严格的军事训练，足以用来吞并天下，建立帝王的事业来统治全国。"秦惠王说："就像鸟儿的羽毛还没长丰满，不可能凌空飞翔一样，我的国家还没走上正轨，谈不上兼并天下。"秦国刚处死商鞅，痛恨游说的人，因而没有任用苏秦。

于是，他向东去了赵国。赵肃侯让自己的弟弟出任国相，称奉阳君。奉阳君不喜欢苏秦。苏秦又离开到了燕国游说，等了一年多才被燕王召见。他对燕文侯说："燕国东有朝鲜、辽东，北有林胡、楼烦，西有云中、九原，南有嘑沱、易水，国土纵横两千多里，军队几十万人，战车六百辆，战马六千匹，储存的粮食足够用好几年。南有碣石、雁门的肥沃土地，北有红枣和板栗的收益，百姓即使不耕作，光靠枣和栗子也能过活了。这就是所说的天然府库啊！

"能够安居乐业没有战事，看不到军队覆灭、将领被杀的情景，没有哪个国家比得上燕国。大王知道出现这种局面的原因吗？燕国不被敌人侵犯，没有卷入战争的旋涡，是因为赵国在燕国的南面遮蔽着。秦国和赵国发动五次战争，秦国胜了两次而赵国胜了三次。两国相互攻杀而彼此困顿，而大王可以凭借完整无损的燕国，在后边牵制着他们。这就是燕国不受敌人侵犯的原因。况且秦国攻打燕国，要越过云中、九原，穿过代郡和上谷，跋涉几千里，即使攻克了燕国的城池，估计秦国也根本无法长期守护。秦国不能侵害燕的道理很明显了。如今赵

令,不至十日而数十万之军军于东垣矣。渡嘑沱,涉易水,不至四五日而距国都矣。故曰秦之攻燕也,战于千里之外;赵之攻燕也,战于百里之内。夫不忧百里之患而重千里之外,计无过于此者。是故愿大王与赵从亲,天下为一,则燕国必无患矣。"

文侯曰:"子言则可,然吾国小,西迫强赵,南近齐,齐、赵强国也。子必欲合从以安燕,寡人请以国从。"

于是资苏秦车马金帛以至赵。而奉阳君已死,即因说赵肃侯曰:"天下卿相人臣及布衣之士,皆高贤君之行义,皆原奉教陈忠于前之日久矣。虽然,奉阳君妒而君不任事,是以宾客游士莫敢自尽于前者。今奉阳君捐馆舍,君乃今复与士民相亲也,臣故敢进其愚虑。

"窃为君计者,莫若安民无事,且无庸有事于民也。安民之本,在于择交,择交而得则民安,择交而不得则民终身不安。请言外患:齐秦为两敌而民不得安,倚秦攻齐而民不得安,倚齐攻秦而民不得安。故夫谋人之主,伐人之国,常苦出辞断绝人之交也。愿君慎勿出于口。请别白黑,所以异阴阳而已矣。君诚能听臣,燕必致旃裘狗马之地,齐必致鱼盐之海,楚必致橘柚之园,韩、魏、中山皆可使致汤沐之奉,而贵戚父兄皆可以受封侯。夫割地包利,五伯之所以覆军禽将而求也;封侯贵戚,汤武之所以放弑而争也。今君高拱而两有之,此臣之所以为君愿也。

"今大王与秦,则秦必弱韩、魏;与齐,则齐必弱楚、魏。魏弱则割河外,韩弱则效宜阳,宜阳效则上郡绝,河外割则道不通,楚弱则无援。此三策者,不可不孰计也。

要攻打燕国,发出号令,不到十天,几十万大军就可以挺进东垣,再渡过嘑沱河,涉过易水,用不了四五天的时间,就可以到达燕国的都城。所以说秦国攻打燕国,是在千里以外作战;赵国攻打燕国,是在百里以内作战。不担心百里以内的祸患,而注重千里之外的战事,再没有比这更错误的策略了。因此希望大王与赵国合纵亲善,把各国联成一体,那么燕国一定不会有什么可忧虑的了。"

文侯说:"您说得虽然不错,可是我的国家弱小,西边紧邻强大的赵国,南边接近齐国,齐、赵都是强国啊。您一定要合纵亲善来保证燕国的安全,我愿意率领全国百姓听从您的安排。"

于是提供给苏秦车马钱财,让他到赵国去。当时奉阳君已经死了,就趁机劝赵肃侯说:"天下的卿相臣子一直到老百姓,都仰慕您这样贤明的国君能施行仁义,希望能听到您的教诲、当面向您陈述忠言已很久了。虽然如此,然而奉阳君嫉贤妒能,而您又不大理事,因此宾客和游说之士没有谁敢在您面前畅所欲言。如今奉阳君去世了,您又可以和士民百姓亲近了,所以我才敢向您陈述我的某些不成熟的意见。

"我私下为您考虑,没有比让百姓安宁、国家太平,并且无须让人民卷入战争更重要的了。使人民安定的根本之策在于选择邦交,邦交选择得当那么人民就安定;邦交选择不得当那么人民就终身不安定。请允许我谈谈赵国的外患,如果与齐、秦两国为敌,那么人民生活就无法安宁;如果依靠秦国攻打齐国,人民生活也不会安宁;假如依靠齐国攻打秦国,人民生活还是无法安宁。所以谋害别国的君主,进攻别的国家,常常苦于公开声言断绝同别国的外交关系,请您小心谨慎,不要轻易把这话说出来。请允许我以辨别白色和黑色作比喻,这是为了区别阴阳罢了。如果您真能听我的忠告,燕国一定会献出盛产毡裘狗马的土地,齐国一定会献出盛产鱼盐的海湾,楚国一定会献出盛产橘柚的园林,韩、卫、中山等国,可以让他们献上供您收取赋税的私邑,而您的亲戚和父兄都可以裂土封侯了。获得割地、享受权利,这是春秋五霸通过消灭别国军队,俘虏对方将领才能得到的;使贵戚封侯,正是商汤、武王所以要起兵并采用流放甚至冒着弑君的罪名才能争取到的。如今您高高拱起手就可以轻易地获得这两种好处,这就是我为您考虑的。

"大王如果支持秦国,那么秦国一定会削弱韩国和魏国;如果和齐国结盟,那么齐国一定会利用这种优势去削弱楚国、魏国。魏国被削弱就会割让河外,韩国衰弱了就会献出宜阳。宜阳一旦献给秦国,那么上郡就会陷入绝境,割让了河外,往来的道路就会被阻塞。楚国衰弱了,您就会孤立无援。这三个方面您不能不深思熟虑啊。

"夫秦下轵道，则南阳危；劫韩包周，则赵氏自操兵；据卫取卷，则齐必入朝秦。秦欲已得乎山东，则必举兵而乡赵矣。秦甲渡河逾漳，据番吾，则兵必战于邯郸之下矣。此臣之所为君患也。

"当今之时，山东之建国莫强于赵。赵地方二千余里，带甲数十万，车千乘，骑万匹，粟支数年。西有常山，南有河漳，东有清河，北有燕国。燕固弱国，不足畏也。秦之所害于天下者莫如赵，然而秦不敢举兵伐赵者，何也？畏韩、魏之议其后也。然则韩、魏，赵之南蔽也。秦之攻韩、魏也，无有名山大川之限，稍蚕食之，傅国都而止。韩、魏不能支秦，必入臣于秦。秦无韩、魏之规，则祸必中于赵矣。此臣之所为君患也。

"臣闻尧无三夫之分，舜无咫尺之地，以有天下；禹无百人之聚，以王诸侯；汤武之士不过三千，车不过三百乘，卒不过三万，立为天子。诚得其道也。是故明主外料其敌之强弱，内度其士卒贤不肖，不待两军相当而胜败存亡之机固已形于胸中矣，岂掩于众人之言而以冥冥决事哉！

"臣窃以天下之地图案之，诸侯之地五倍于秦，料度诸侯之卒十倍于秦，六国为一，并力西乡而攻秦，秦必破矣。今西面而事之，见臣于秦。夫破人之与破于人也，臣人之与臣于人也，岂可同日而论哉！

"夫衡人者，皆欲割诸侯之地以予秦。秦成，则高台榭，美宫室，听竽瑟之音，前有楼阙轩辕，后有长姣美人，国被秦患而不与其忧。是故夫衡人日夜务以秦权恐愒诸侯以求割地，故愿大王孰计之也。

"臣闻明主绝疑去谗，屏流言之迹，塞朋党之门，故尊主广地强兵之计臣得陈忠于前矣。故窃为大王计，莫如一韩、魏、齐、楚、燕、赵以从亲，以畔秦。令天下之将相会于洹水之上，通质，刳白马而盟。要约曰：'秦攻楚，齐、魏各出锐师以佐之，韩绝其粮道，赵

"秦国攻下轵道，那么韩国的南阳就危险了。秦国要强夺南阳，包围周都，那么赵国就要拿起武器自卫；假如秦国占据卫国，取得卷城，那么齐国一定会向秦国俯首称臣。秦国的贪欲既然在崤山以东已经得到满足，那么一定会发兵进犯赵国。如果秦军渡过黄河，越过漳水，占据番吾，那么秦、赵两国的军队一定会在邯郸城下展开激战。这就是我为您忧虑的原因。

"现在，崤山以东所建立的国家没有比赵国更强大的了。赵国领土纵横两千多里，军队几十万人，战车千辆，战马万匹，粮食可支用好几年。西有常山、南有漳水、东有清河、北有燕国。燕国，本来就是个弱国，不可怕。天下间，秦国最忌恨的莫过于赵国，但是秦国为什么不敢发兵攻打赵国呢？是害怕韩、魏在后边暗算它。既然如此，那么韩、魏可算是赵国南边的屏障了。秦国要是攻打韩、魏，就没有什么名山大川的阻碍，可以像蚕吃桑叶一样逐步蚕食，直到逼近两国国都。韩、魏不能抵挡秦国，必然会臣服于秦国。秦国没有了韩、魏的顾虑，那么战祸必将到达赵国。这也是我为您感到忧虑的原因啊。

"愚臣听说尧帝没有得到过三百亩的赏赐，虞舜也没有得到过一尺的封地，却能拥有整个天下；夏禹聚集的民众不到百人，却能在诸侯中称王；商汤、武王的卿士不足三千，战车不到三百辆，士兵不到三万，却能成为天子。这是因为他们确实掌握了谋取天下的策略。所以，贤明的君主对外要能预料对手的强弱，对内要能估计士兵素质的优劣，这样用不着等到两军开战，胜败存亡的关键就已成竹于胸了。怎么会被众人的议论所蒙蔽，而糊涂地决断国家大事呢？

"我私下考察过天下的地图，各诸侯国的土地面积是秦国的五倍，估计各诸侯国的士兵十倍于秦国，假如六国结成一个整体，合力向西攻打秦国，一定可以打败秦国。如今您却向西侍奉秦国，向它称臣。打败别人和被别人打败，使人臣服和向别人臣服，难道可以同日而语吗？

"主张连横的人，都想把各诸侯国的土地割让给秦国。秦国成就了霸业，就会把楼台亭榭建得更高大，把宫室建得更华美，欣赏着竽瑟演奏的音乐，前有楼台宫阙，后有苗条艳丽的美女；至于各国遭受秦国的祸害，他们却不去分担忧愁了。所以这些主张连横的人，凭借秦国的权势时刻威胁诸侯各国，要求割让土地。因此，请大王仔细考虑啊。

"我听说贤君决断疑虑，排斥谗言，摒除流言的来源，堵塞结党营私的途径，所以我才有机会在您面前陈述使国君尊崇、土地扩展、军队强大的计策。我私下为大王考虑，不如合纵，联合韩、魏、齐、楚、燕、赵，共同对抗秦国。让诸国的将军和卿相在洹水边上会盟，相互沟通消除故有的嫌隙，宰杀白马举行盟誓，共同订立盟约：'假如秦国攻打楚国，那么齐、魏就分别派出精锐部队帮助

涉河漳，燕守常山之北。秦攻韩魏，则楚绝其后，齐出锐师而佐之，赵涉河漳，燕守云中。秦攻齐，则楚绝其后，韩守城皋，魏塞其道，赵涉河漳、博关，燕出锐师以佐之。秦攻燕，则赵守常山，楚军武关，齐涉勃海，韩、魏皆出锐师以佐之。秦攻赵，则韩军宜阳，楚军武关，魏军河外，齐涉清河，燕出锐师以佐之。诸侯有不如约者，以五国之兵共伐之。'六国从亲以宾秦，则秦甲必不敢出于函谷以害山东矣。如此，则霸王之业成矣。"

赵王曰："寡人年少，立国日浅，未尝得闻社稷之长计也。今上客有意存天下，安诸侯，寡人敬以国从。"乃饰车百乘，黄金千溢，白璧百双，锦绣千纯，以约诸侯。

是时周天子致文武之胙于秦惠王。惠王使犀首攻魏，禽将龙贾，取魏之雕阴，且欲东兵。苏秦恐秦兵之至赵也，乃激怒张仪，入之于秦。

于是说韩宣王曰："韩北有巩、成皋之固，西有宜阳、商阪之塞，东有宛、穰、洧水，南有陉山，地方九百余里，带甲数十万，天下之强弓劲弩皆从韩出。溪子、少府时力、距来者，皆射六百步之外。韩卒超足而射，百发不暇止，远者括蔽洞胸，近者镝弇心。韩卒之剑戟皆出于冥山、棠溪、墨阳、合赙、邓师、宛冯、龙渊、太阿，皆陆断牛马，水截鹄雁，当敌则斩坚甲铁幕，革抉簠芮，无不毕具。以韩卒之勇，被坚甲，蹠劲弩，带利剑，一人当百，不足言也。夫以韩之劲与大王之贤，乃西面事秦，交臂而服，羞社稷而为天下笑，无大于此者矣。是故愿大王孰计之。

"大王事秦，秦必求宜阳、成皋。今兹效之，明年又复求割地。与则无地以给之，不与则弃前功而受后祸。且大王之地有尽而秦之求无已，以有尽之地而逆无已之求，此所谓市怨结祸者也，不战而地已

楚国，韩军断绝秦军的运粮要道，赵军南渡河漳支援，燕军则守卫常山北面地带。假如秦国攻打韩国、魏国，那么楚军就截断秦军的后路，齐国就派出精锐部队帮助韩、魏，赵军渡过河漳支援，燕国就固守云中地带。如果秦国攻打齐国，那么楚军就切断秦军的后援，韩国固守城皋，魏国堵塞秦国的要道，赵军渡过黄河、漳河、博关支援，燕国派精锐部队协同作战。如果秦国攻打燕国，那么赵国固守常山，楚军驻守武关，齐军渡过渤海，韩、魏同时派出精锐部队协同作战。如果秦国攻打赵国，那么韩军驻扎宜阳，楚军驻扎武关，魏军驻扎河外，齐军渡过清河，燕国派出精锐部队协同作战。假如各国中有不按盟约行事的，便用其他五国的军队共同讨伐他。'如果六国合纵共同对抗秦国，那么秦国一定不敢从函谷关出兵侵犯山东诸国了。这样，您霸主的事业就成功了。"

赵王说："我年纪轻，治理国家的时间不长，不曾听到过使国家长治久安的策略。如今您有意保全天下，安定各国，我愿诚恳地倾国相从。"于是将一百辆车子装饰一新，载上黄金一千镒、白璧一百双、绸缎一千匹，让苏秦去游说各国加盟。

这时，周天子把祭祀文王、武王的祭肉赐给秦惠王。惠王派犀首攻打魏国，生擒了魏将龙贾，攻占了魏国的雕阴，并准备挥师东进。苏秦恐怕秦军打到赵国来，就用计激怒了张仪，迫使他投奔到了秦国。

于是苏秦游说韩宣王说："韩国北有巩、成皋这样的坚固城池，西部有宜阳、商阪的要塞，东有宛、穰、洧水，南有陉山，区域纵横九百多里，部队有几十万，天下的强弓硬弩都是韩国制造出来的。像溪子弩，以及少府制造的时力、距来，射程都在六百步以外。韩国士兵脚踏连弩而射，能连续发射百来次，中间不需要歇息，远的可以射穿敌军胸甲，穿透胸膛，近的可以射穿他们的心脏。韩国士兵使用的剑、戟都是产于冥山、棠溪、墨阳、合赙、邓师、宛冯、龙渊、太阿等地，这些锋利的武器在陆地上都能斩杀牛马，在水里能劈天鹅、大雁，临阵对敌能斩杀对方将士，从坚韧的臂套铁衣，到皮革制成的射具盾牌，没有一样不齐备的。凭着韩国士兵的勇敢，披着坚固的铠甲，拿着强劲的硬弩，佩戴着锋利的宝剑，即使以一当百，也不在话下。凭着韩国的强大及您的贤明，却面向西方侍奉秦国，拱手臣服，使国家蒙羞，被天下人耻笑，没有比这更严重的了。因此请大王仔细地考虑啊。

"大王如果向秦国屈服，它一定会向您索取宜阳、成皋。今年把土地献给他，明年又会要求割地。给吧，却没那么多土地可给；不给吧，那么就会断送以前的外交努力而遭受后患。况且大王的土地是有限的，而秦国的贪求是没有止境的，拿有限的土地，去换取无止境的索取，这正是平常所说的买下怨恨、结下祸

削矣。臣闻鄙谚曰：'宁为鸡口，无为牛后。'今西面交臂而臣事秦，何异于牛后乎？夫以大王之贤，挟强韩之兵，而有牛后之名，臣窃为大王羞之。"

于是韩王勃然作色，攘臂瞋目，按剑仰天太息曰："寡人虽不肖，必不能事秦。今主君诏以赵王之教，敬奉社稷以从。"

又说魏襄王曰："大王之地，南有鸿沟、陈、汝南、许、郾、昆阳、召陵、舞阳、新都、新郪，东有淮、颍、煮枣、无胥，西有长城之界，北有河外、卷、衍、酸枣，地方千里。地名虽小，然而田舍庐庑之数，曾无所刍牧。人民之众，车马之多，日夜行不绝，輷輷殷殷，若有三军之众。臣窃量大王之国不下楚。然衡人怵王交强虎狼之秦以侵天下，卒有秦患，不顾其祸。夫挟强秦之势以内劫其主，罪无过此者。魏，天下之强国也；王，天下之贤王也。今乃有意西面而事秦，称东藩，筑帝宫，受冠带，祠春秋，臣窃为大王耻之。

"臣闻越王句践战敝卒三千人，禽夫差于干遂；武王卒三千人，革车三百乘，制纣于牧野：岂其士卒众哉，诚能奋其威也。今窃闻大王之卒，武士二十万，苍头二十万，奋击二十万，厮徒十万，车六百乘，骑五千匹。此其过越王句践、武王远矣，今乃听于群臣之说而欲臣事秦。夫事秦必割地以效实，故兵未用而国已亏矣。凡群臣之言事秦者，皆奸人，非忠臣也。夫为人臣，割其主之地以求外交，偷取一时之功而不顾其后，破公家而成私门，外挟强秦之势以内劫其主，以求割地，愿大王孰察之。

"周书曰：'绵绵不绝，蔓蔓奈何？毫毛不伐，将用斧柯。'前虑不定，后有大患，将奈之何？大王诚能听臣，六国从亲，专心并力壹意，则必无强秦之患。故敝邑赵王使臣效愚计，奉明约，在大王之

根。没有经过战争，而土地就被割去了。我听说过一句俗话：'宁可做鸡的嘴，也不做牛的肛。'现在，如果向西拱手称臣侍奉秦国，与做牛的肛有什么区别呢？凭着大王的贤明，又拥有强大的军队，却有着牛肛的丑名，我私下为大王感到羞耻啊。"

这时韩宣王一下子变了脸色，挥起手臂，愤怒地瞪大眼睛，手按宝剑，仰望天空长长地叹息说："虽然我没出息，但一定不能向秦国屈服。现在您既然转告了赵王的教导，我诚心把韩国托付给您，听从您的安排。"

苏秦又游说魏襄王说："大王的国土，南边有鸿沟、陈地、汝南、许地、郾地、昆阳、召陵、舞阳、新都、新郪，东边有淮河、颍河、煮枣、无胥，西边有长城为界，北边有河外、卷地、衍地、酸枣，国土纵横千里。地方名义上虽然狭小，但是耕地、房屋很密集，连放牧牲畜的地方都没有了。人口稠密，车马成群，日夜奔驰，络绎不绝，轰轰隆隆，那声势好像是三军士兵发出来的。我私下估量大王的国势和楚国不相上下。可是那些主张连横的人，却想引诱您伙同虎狼一样凶恶的秦国来侵占整个天下，一旦魏国遭受秦国的危害，谁都不会顾及您的忧患。倚仗着秦国强大的势力，来暗算别国的君主，一切罪恶没有比这更严重的了。魏国是天下的强国；大王是天下贤明的国君。现在您却有意向西侍奉秦国，自称为秦国东方的属国，为它修筑帝王的行宫，接受它的分封，采用它的冠服式样，春秋季节给秦国献礼助祭，我私下为大王感到羞耻。

"我听说越王勾践只用三千疲惫的士兵作战，就在干遂活捉了吴王夫差；周武王仅率领三千士兵，用蒙着皮革的三百乘战车，就在牧野制服了商纣。难道他们是靠着兵多将广吗？只是因为充分发挥了他们自己的威力而已。现在，我私下听说大王的军事实力，有常备精兵二十万，苍头部队二十万，冲锋部队二十万，勤杂兵十万，战车六百辆，战马五千匹。这些实力超过越王勾践和周武王太多了，可是，现在您却听信臣子的建议，想以臣子的身份服侍秦国。如果侍奉秦国，必然要割让土地来表忠诚，因此，还没开战，国家就已亏损了。凡是群臣中妄言服侍秦国的，都是奸人，不是忠臣。他们作为君主的臣子，却想割让自己国君的土地，以求得与秦国的友谊，以求得一时成功而不顾后果，破坏国家的利益而成就私人的好处，在外凭借强大的秦国的势力，在内算计自己的君主，以达到割让土地的目的，希望大王能认清这一点。

"《周书》上说：'草木滋长像丝线的时候不及时砍掉它，等到蔓延开了怎么办呢？细微嫩枝不及时砍掉它，等到长粗壮了，就得用斧头了。'事前的考虑不成熟，事后将会灾祸临头，那时怎么办呢？大王果真能听从我的建议，六国联合相亲，专心合力，统一意志，就一定没有强秦侵害的祸患了。所以敝国赵王派

诏诏之。"

魏王曰："寡人不肖，未尝得闻明教。今主君以赵王之诏诏之，敬以国从。"

因东说齐宣王曰："齐南有泰山，东有琅邪，西有清河，北有勃海，北所谓四塞之国也。齐地方二千余里，带甲数十万，粟如丘山。三军之良，五家之兵，进如锋矢，战如雷霆，解如风雨。即有军役，未尝倍泰山，绝清河，涉勃海也。临淄之中七万户，臣窃度之，不下户三男子，三七二十一万，不待发于远县，而临淄之卒固已二十一万矣。临淄甚富而实，其民无不吹竽鼓瑟，弹琴击筑，斗鸡走狗，六博蹋鞠者。临淄之涂，车毂击，人肩摩，连衽成帷，举袂成幕，挥汗成雨，家殷人足，志高气扬。夫以大王之贤与齐之强，天下莫能当。今乃西面而事秦，臣窃为大王羞之。

"且夫韩、魏之所以重畏秦者，为与秦接境壤界也。兵出而相当，不出十日而战胜存亡之机决矣。韩、魏战而胜秦，则兵半折，四境不守；战而不胜，则国已危亡随其后。是故韩、魏之所以重与秦战，而轻为之臣也。今秦之攻齐则不然。倍韩、魏之地，过卫阳晋之道，径乎亢父之险，车不得方轨，骑不得比行，百人守险，千人不敢过也。秦虽欲深入，则狼顾，恐韩、魏之议其后也。是故恫疑虚喝，骄矜而不敢进，则秦之不能害齐亦明矣。

"夫不深料秦之无奈齐何，而欲西面而事之，是群臣之计过也。今无臣事秦之名而有强国之实，臣是故愿大王少留意计之。"

齐王曰："寡人不敏，僻远守海，穷道东境之国也，未尝得闻余教。今足下以赵王诏诏之，敬以国从。"

乃西南说楚威王曰："楚，天下之强国也；王，天下之贤王也。西有黔中、巫郡，东有夏州、海阳，南有洞庭、苍梧，北有陉塞、郁

我来提出我们的策略，奉上清楚的公约，全赖大王的指示号召大家了。"

魏王说："我没有什么出息，以前没听过您高明的指教，如今您奉赵王的使命来教导我，我愿意谨慎地率全国的百姓听从您的安排。"

因此苏秦又向东游说齐宣王，说："齐国南有泰山，东有琅邪山，西有清河，北有渤海，这称得上是一个四面都有天险的国家了。齐国土地纵横两千余里，军队几十万人，粮食堆积得像山丘一样。三军的精锐抵得上联合起来的五家兵卒，进攻时如同刀锋、箭头一样势不可挡，战斗时像雷霆一样力量万钧，撤退时如风雨一样快地消散。即使有战事，也从没有离开过泰山，越过清河，渡过渤海。临淄有七万户居民，我私下估计，每户不少于三个男子，三七就是二十一万人，不需要从远处县邑征集兵源，仅临淄的士兵本来就够二十一万了。临淄富有而殷实，这里的居民没有不吹竽鼓瑟、弹琴击筑、斗鸡走狗、下棋踢球的。临淄的街道上拥挤得车辆轮轴互相撞击，人多得肩挨着肩；把衣襟连接起来，可以形成围幔，举起衣袖，可以成为遮幕；众人挥手抹汗，就像下雨一样；家家殷实，人人富足，志存高远，意气飞扬。凭着大王的贤明和齐国的强大，天下没有哪个国家能够比得上。现在您却向西侍奉秦国，我私下替您感到羞耻。

"况且韩、魏之所以十分畏惧秦国，是因为他们和秦国边界相接，假如双方派军交战，不出十天，胜败存亡的局势就定了。如果韩、魏战胜了秦国，那么自己的兵力也要耗损大半，四面国境就无法保卫；如果战争不能取胜，那么国家的危亡就会随之而来。这就是韩、魏慎重地对待和秦国作战，而轻易想要向秦国臣服的原因。现在，秦国攻打齐国就不是这样了，秦国背靠着韩、魏的土地，要穿过卫国阳晋的要道，经过齐国亢父的险塞，战车不能并驶、战马不能并行，一百人守在此处，就是一千人也不敢通过。即使秦军想要深入，就得像狼一样，时时回顾后路，不敢径直前进，生怕韩、魏在后面暗算它。所以秦军只能虚张声势，恐吓威胁别人。虽然秦国狂妄自大，却不敢贸然前进，那么秦国无法危害齐国的道理也就显而易见了。

"不能充分估计到秦国根本对齐国无可奈何这种情况，却想西向去侍奉秦国，这是群臣们策略上的失误。现在，要想没有臣服秦国的丑名而能体现强大的国家实力，为此我希望大王稍微留心考虑一下，以便决定对策。"

齐王说："我是个愚笨的人，居住在偏僻遥远、紧靠大海、道路艰险、地处东境的国家，没有聆听到您高明的教诲。现在您用赵王的指示晓谕我，我将谨慎地率领全国民众听从您的安排。"

于是苏秦又向西南去游说楚威王，说："楚国，是天下的强国；大王，是天下的贤君。楚国西有黔中、巫郡，东有夏州、海阳，南有洞庭、苍梧，北有径

阳，地方五千余里，带甲百万，车千乘，骑万匹，粟支十年。此霸王之资也。夫以楚之强与王之贤，天下莫能当也。今乃欲西面而事秦，则诸侯莫不西面而朝于章台之下矣。

"秦之所害莫如楚，楚强则秦弱，秦强则楚弱，其势不两立。故为大王计，莫如从亲以孤秦。大王不从，秦必起两军，一军出武关，一军下黔中，则鄢郢动矣。臣闻治之其未乱也，为之其未有也。患至而后忧之，则无及已。故愿大王蚤孰计之。

"大王诚能听臣，臣请令山东之国奉四时之献，以承大王之明诏，委社稷，奉宗庙，练士厉兵，在大王之所用之。大王诚能用臣之愚计，则韩、魏、齐、燕、赵、卫之妙音美人必充后宫，燕、代橐驼良马必实外厩。故从合则楚王，衡成则秦帝。今释霸王之业，而有事人之名，臣窃为大王不取也。

"夫秦，虎狼之国也，有吞天下之心。秦，天下之仇雠也。衡人皆欲割诸侯之地以事秦，此所谓养仇而奉仇者也。夫为人臣，割其主之地以外交强虎狼之秦，以侵天下，卒有秦患，不顾其祸。夫外挟强秦之威以内劫其主，以求割地，大逆不忠，无过此者。故从亲则诸侯割地以事楚，衡合则楚割地以事秦，此两策者相去远矣，二者大王何居焉？故敝邑赵王使臣效愚计，奉明约，在大王诏之。"

楚王曰："寡人之国西与秦接境，秦有举巴蜀并汉中之心。秦，虎狼之国，不可亲也。而韩、魏迫于秦患，不可与深谋，与深谋恐反人以入于秦，故谋未发而国已危矣。寡人自料以楚当秦，不见胜也；内与群臣谋，不足恃也。寡人卧不安席，食不甘味，心摇摇然如县旌而无所终薄。今主君欲一天下，收诸侯，存危国，寡人谨奉社稷以从。"

塞、郇阳，土地纵横五千多里，军队一百万，战车千辆，战马万匹，存粮足够食用十年。这是建立霸业的资本。凭着楚国的强大和大王的贤明，天下没有哪个国家能比得上。如今您却想西向侍奉秦国，那么天下将再没有哪个诸侯不向西臣服在秦国的章台宫下了。

"秦国最大的忧患莫过于楚国，楚国强大那么秦国就会弱小，这种情势下，不允许两国同时并存。所以替大王考虑，不如合纵联盟来孤立秦国。如果大王不采纳合纵政策，秦国一定会出动两支军队，一支从武关出击，一支直下黔中，那么鄢、郢一带的局势就会动摇了。我听说处理事情应着手于事情发生之前，在祸患降临之前，就要采取行动。等到祸患来临再去忧虑它，那就来不及了。所以希望大王能及早考虑这个问题。

"大王果真能听从我的建议，我愿号召崤山以东各国向您贡献四季的产品，接受您的诏令，把国家委托给您，奉献宗庙请您保护，训练士兵，铸造武器，听从大王的指挥。大王如果真能采纳我这不成熟的计谋，那么韩、魏、齐、燕、赵、卫等国动听的音乐和美女，一定会充满您的后宫。燕国、代地所产的骆驼、良马一定会充满您的畜圈。所以，合纵成功，楚国就能称王；连横成功，秦国就能称帝。现在您要放弃霸王的伟业，蒙受侍奉别人的丑名，我认为这种做法不可取。

"秦国，是虎狼一样凶恶的国家，有吞并天下的野心。秦国，也是天下各诸侯共同的仇敌。主张连横的人都想分割各诸侯的土地来献给秦国，这就叫作供养仇人和敬奉仇敌啊。作为臣子，却想分割自己国君的土地来结交如狼似虎的强秦，侵扰天下，使自己的国家最终遭受秦国的侵害，他们却没有顾及这些灾祸。这些对外倚仗强秦的威势，在内来劫持自己的君主、索取割地的行为，是最大的叛逆与最大的不忠，没有比这更严重的了。所以，合纵联盟，各国就会割让土地来服侍楚国，连横成功，楚国就要割让土地侍奉秦国，这两种策略的效果相差太远了，这二者大王选择哪一种呢？所以敝国赵王派我来奉献这不成熟的策略，奉上明确公约，全靠大王诏告众人了。"

楚王说："我国西边与秦国接壤，秦国有夺取巴、蜀并吞汉中的野心。秦是虎狼一样的国家，是不能亲近的。韩、魏经常遭受秦国侵害的威胁，不值得共同谋划大事。如果和他们谋划大事，恐怕有叛逆的人会泄露给秦国，以至于计划尚未实行，而国家就面临危险了。我自己估计，以楚国去抵挡秦国，不一定取得胜利；在朝廷上与众臣谋划，他们又不可信赖。我睡觉睡不安稳，吃饭也不香甜，心神恍恍惚惚，就如悬在空中的旗子，没有依靠。现在您想统一天下，团结各诸侯，保全那些处于危亡境地的国家，我愿意把国家托付给您，听从您的安排。"

于是六国从合而并力焉。苏秦为从约长，并相六国。

北报赵王，乃行过雒阳，车骑辎重，诸侯各发使送之甚众，疑于王者。周显王闻之恐惧，除道，使人郊劳。苏秦之昆弟妻嫂侧目不敢仰视，俯伏侍取食。苏秦笑谓其嫂曰："何前倨而后恭也？"嫂委蛇蒲服，以面掩地而谢曰："见季子位高金多也。"苏秦喟然叹曰："此一人之身，富贵则亲戚畏惧之，贫贱则轻易之，况众人乎！且使我有雒阳负郭田二顷，吾岂能佩六国相印乎！"于是散千金以赐宗族朋友。初，苏秦之燕，贷人百钱为资，乃得富贵，以百金偿之。遍报诸所尝见德者。其从者有一人独未得报，乃前自言。苏秦曰："我非忘子。子之与我至燕，再三欲去我易水之上，方是时，我困，故望子深，是以后子。子今亦得矣。"

苏秦既约六国从亲，归赵，赵肃侯封为武安君。乃投从约书于秦。秦兵不敢窥函谷关十五年。其后秦使犀首欺齐、魏，与共伐赵，欲败从约。齐、魏伐赵，赵王让苏秦。苏秦恐，请使燕，必报齐。苏秦去赵而从约皆解。

秦惠王以其女为燕太子妇。是岁，文侯卒，太子立，是为燕易王。易王初立，齐宣王因燕丧伐燕，取十城。易王谓苏秦曰："往日先生至燕，而先王资先生见赵，遂约六国从。今齐先伐赵，次至燕，以先生之故为天下笑，先生能为燕得侵地乎？"苏秦大惭，曰："请为王取之。"

苏秦见齐王，再拜，俯而庆，仰而吊。齐王曰："是何庆吊相随之速也？"苏秦曰："臣闻饥人所以饥而不食乌喙者，为其愈充腹而与饿死同患也。今燕虽弱小，即秦王之少婿也。大王利其十城而长与强秦为仇。今使弱燕为雁行而强秦敝其后，以招天下之精兵，是食乌喙之类也。"齐王愀然变色曰："然则奈何？"苏秦曰："臣闻古之

于是，六国终于合纵成功，大家同心共力。苏秦做了合纵联盟的盟主，并且担任了六国的国相。

苏秦北上向赵王汇报，中途经过洛阳，随行的车辆马匹满载着行装，各国都派很多使者护送，气派比得上周王。周显王听到这个消息感到很吃惊，派人为他清扫道路，并派使臣到郊外迎接慰劳。苏秦的兄弟、妻子、嫂子都伏在地上，不敢抬头看他，侍候他用饭。苏秦笑着对嫂子说："你以前对我那么傲慢，为什么现在却对我这么恭顺呢？"他的嫂子赶紧伏俯在地上，弯曲着身子，匍匐到他面前，脸贴着地面请罪说："因为我看到小叔您现在地位尊贵，财物很多。"苏秦感慨地叹息说："同样是我这个人，富贵了亲戚就敬畏我，贫贱时就怠慢我。何况一般人呢！假如当初我在洛阳近郊有二顷良田，现在我还能佩带得上六个国家的相印吗？"当时便把许多财物馈赠给亲戚朋友。当初，苏秦要去燕国，向别人借了一百钱做路费，现在富贵了，就用一百金偿还了那个人，并且报答了所有曾经有恩德于他的人。他的随从中，唯独有一个人没得到报偿，就上前去自己申诉。苏秦说："我并不是忘了你，当初你跟我到燕国去，在易水边上，你再三要离开我，那时我处境困窘，所以心里对你很不满意。所以才把你放在最后，现在你也可以得到赏赐了。"

苏秦约定六国合纵联盟以后，回到赵国，赵肃侯封他为武安君。苏秦就把合纵盟约送给了秦国，从此秦国不敢窥伺函谷关以外的国家达十五年之久。后来秦国派使臣犀首欺骗齐国和魏国，与它们一起攻打赵国，想要破坏合纵联盟。齐、魏攻打赵国，赵王便责难苏秦。苏秦害怕，就请求出使燕国，发誓要报复齐国。苏秦离开赵国之后，合纵联盟便瓦解了。

秦惠王把他的女儿嫁给燕国太子为妻。这一年，燕文侯去世，太子即位，这便是燕易王。燕易王刚刚登位，齐宣王趁着燕国发丧之机，攻打燕国，夺取了十座城。燕易王对苏秦说："从前先生到燕国来，先王资助先生去赵国，于是才约定六国合纵。现在齐国先是进攻赵国，接着又进攻燕国，因为先生的缘故我国被天下人耻笑，先生能替燕国收复被侵占的国土吗？"苏秦感到非常惭愧，说："请让我替您把失地收回来。"

苏秦见到齐王，拜了两拜，弯下腰去向齐王表示庆贺，又仰起头来向齐王表示哀悼。齐王说："为什么庆贺和哀悼连得这么快呢？"苏秦说："我听说饥饿的人之所以不吃乌喙这种植物，是因为用毒草填肚子和饿死是一样的结果。现在，燕国虽然弱小，但燕王是秦王的小女婿。大王贪图十座城池的利益，却因此长期与强秦成为了敌人。现在如果以弱小的燕国做先锋，强大的秦国紧随其后，招引天下的精兵来攻击您，这和吃乌喙是一样的啊。"齐王听了，紧张得脸色都

善制事者，转祸为福，因败为功。大王诚能听臣计，即归燕之十城。燕无故而得十城，必喜；秦王知以己之故而归燕之十城，亦必喜。此所谓弃仇雠而得石交者也。夫燕、秦俱事齐，则大王号令天下，莫敢不听。是王以虚辞附秦，以十城取天下。此霸王之业也。"王曰："善。"于是乃归燕之十城。

人有毁苏秦者曰："左右卖国反覆之臣也，将作乱。"苏秦恐得罪归，而燕王不复官也。苏秦见燕王曰："臣，东周之鄙人也，无有分寸之功，而王亲拜之于庙而礼之于廷。今臣为王却齐之兵而得十城，宜以益亲。今来而王不官臣者，人必有以不信伤臣于王者。臣之不信，王之福也。臣闻忠信者，所以自为也；进取者，所以为人也。且臣之说齐王，曾非欺之也。臣弃老母于东周，固去自为而行进取也。今有孝如曾参，廉如伯夷，信如尾生。得此三人者以事大王，何若？"王曰："足矣。"苏秦曰："孝如曾参，义不离其亲一宿于外，王又安能使之步行千里而事弱燕之危王哉？廉如伯夷，义不为孤竹君之嗣，不肯为武王臣，不受封侯而饿死首阳山下。有廉如此，王又安能使之步行千里而行进取于齐哉？信如尾生，与女子期于梁下，女子不来，水至不去，抱柱而死。有信如此，王又安能使之步行千里却齐之强兵哉？臣所谓以忠信得罪于上者也。"燕王曰："若不忠信耳，岂有以忠信而得罪者乎？"苏秦曰："不然。臣闻客有远为吏而其妻私于人者，其夫将来，其私者忧之，妻曰'勿忧，吾已作药酒待之矣'。居三日，其夫果至，妻使妾举药酒进之。妾欲言酒之有药，则恐其逐主母也，欲勿言乎，则恐其杀主父也。于是乎详僵而弃酒。主父大怒，笞之五十。故妾一僵而覆酒，上存主父，下存主母，然而不免于笞，恶在乎忠信之无罪也夫？臣之过，不幸而类是乎！"燕王曰："先生复就故官。"益厚遇之。

变了，说："既然如此，那该怎么办呢？"苏秦说："我听说古代善于处理事情的人，能够转祸为福，把失败变为成功。大王果能听从我的计策，就立即归还燕国的十座城池。燕国白白地收回十城，一定很高兴。秦王知道您因为他的原因而归还了燕国的十城，也一定会很高兴。这就是化敌为友的方法。燕国、秦国都和齐国交好，那么大王发出的号令，天下没有敢不听的。这样大王就只是口头上依附了秦国，实际上却以这十城的代价就取得了天下，这是称霸天下的大业啊。"齐王说："说得好。"于是就归还了燕国的十座城池。

有谤诋苏秦的人说："苏秦是个左右摇摆、出卖国家、反复无常的小人，肯定会引起乱子。"苏秦生怕获罪，就回到了燕国，燕王却没有让他做官。苏秦求见燕王说："当初，我是东周的一个鄙陋之人，没有半点功劳，而大王却在宗庙里授予我官职，在朝廷上以礼相待。如今，我为大王说退了齐军，又收回了十座城池，对我应该更加亲近。现在我回来了而大王不给我授官，一定有人以不诚实的罪名在您面前中伤我。其实我的'不诚实'，正是大王的福气啊。我听说诚信的人，一切都为自己打算；奋发进取的人，一切都为别人努力。况且我游说齐王，也没有欺骗他啊。我把年迈的母亲丢在东周，本来就是抛弃为个人谋利益的打算，而决心帮助别人求得进取。假如现在有像曾参一样孝顺、像伯夷一样廉洁、像尾生一样信实的三个人，让他们去侍奉大王，您认为怎样？"燕王回答说："足够了。"苏秦说："像曾参一样孝顺，一定会坚守孝道，不肯离开父母在外住宿一晚。像这样您又怎么能让他步行千里，来服侍弱小燕国的困窘国君呢？像伯夷一样的廉洁、坚守节义，不愿做孤竹君的继承者，不肯做周武王的臣子，不接受封侯的赏赐，而饿死在首阳山下。像他这样廉洁，大王又怎能让他步行千里到齐国去取回十座城池呢？像尾生那样诚信，和女子相约桥下，女子没来，洪水来了也不肯离开，紧抱桥柱被水淹死。像这样的诚信，大王又怎能让他步行千里退去强大的齐军呢？我正是以所谓的诚信在国君面前获罪的呀。"燕王说："你自己不诚信罢了，难道还有因为诚信而获罪的吗？"苏秦说："并非如此。我听说有一个人在很远的地方做官，他的妻子与人私通，丈夫快要回来了，与她私通的人很忧虑。妻子说：'不要担心，我已经做好毒酒等着他了。'过了三天，她丈夫果然回来了，妻子让侍妾端着毒酒给他。侍妾想告诉他酒中有毒，又担心他把主母赶走，可是不告诉他吧，又怕毒死了主父。于是她假装跌倒，把酒泼在了地上。主父大发雷霆，打了她五十竹板。所以侍妾假装跌倒泼了毒酒，在上保存了主父，在下保存了主母，可是自己却免不掉挨竹板子，怎么能说诚信就不能获罪呢？不幸的是我的罪过跟侍妾的遭遇相类似啊！"燕王说："先生恢复原来的官职吧。"从此燕王更加优待苏秦。

易王母，文侯夫人也，与苏秦私通。燕王知之，而事之加厚。苏秦恐诛，乃说燕王曰："臣居燕不能使燕重，而在齐则燕必重。"燕王曰："唯先生之所为。"于是苏秦佯为得罪于燕而亡走齐，齐宣王以为客卿。

齐宣王卒，湣王即位，说湣王厚葬以明孝，高宫室大苑囿以明得意，欲破敝齐而为燕。燕易王卒，燕哙立为王。其后齐大夫多与苏秦争宠者，而使人刺苏秦，不死，殊而走。齐王使人求贼，不得。苏秦且死，乃谓齐王曰："臣即死，车裂臣以徇于市，曰'苏秦为燕作乱于齐'，如此则臣之贼必得矣。"于是如其言，而杀苏秦者果自出，齐王因而诛之。燕闻之曰："甚矣，齐之为苏生报仇也！"

苏秦既死，其事大泄。齐后闻之，乃恨怒燕。燕甚恐。苏秦之弟曰代，代弟苏厉，见兄遂，亦皆学。及苏秦死，代乃求见燕王，欲袭故事。曰："臣，东周之鄙人也。窃闻大王义甚高，鄙人不敏，释锄耨而干大王。至于邯郸，所见者绌于所闻于东周，臣窃负其志。及至燕廷，观王之群臣下吏，王，天下之明王也。"燕王曰："子所谓明王者何如也？"对曰："臣闻明王务闻其过，不欲闻其善，臣请谒王之过。夫齐、赵者，燕之仇仇也；楚、魏者，燕之援国也。今王奉仇仇以伐援国，非所以利燕也。王自虑之，此则计过，无以闻者，非忠臣也。"王曰："夫齐者固寡人之仇，所欲伐也，直患国敝力不足也。子能以燕伐齐，则寡人举国委子。"对曰："凡天下战国七，燕处弱焉。独战则不能，有所附则无不重。南附楚，楚重；西附秦，秦重；中附韩、魏，韩、魏重。且苟所附之国重，此必使王重矣。今夫齐，长主而自用也。南攻楚五年，畜聚竭；西困秦三年，士卒罢敝；

燕易王的母亲，是燕文侯的夫人，与苏秦私通。燕易王知道了这事，却对苏秦更加优待。苏秦害怕被杀，就劝告燕易王说："我留在燕国，不能使燕国的地位提高，如果我在齐国，一定能使燕国的地位提高。"燕王说："一切随先生的便吧。"于是，苏秦假装得罪了燕王而逃跑到齐国。齐宣王便任用他为客卿。

齐宣王去世，湣王继位，苏秦就劝说湣王隆重安排葬礼来表明自己的孝道，高筑宫室、大辟园林，来表明自己得志，其实是为了燕国而想要使齐国破败。燕易王去世，燕哙登基为王。此后，齐国大夫中有许多人在国君面前与苏秦争夺宠信，因而派人刺杀苏秦，苏秦侥幸没死，带着重伤逃跑了。齐湣王派人捉拿凶手，然而没有抓到。苏秦快要死时，便对齐湣王说："我就快死了，请您在街市上把我五马分尸示众，就说'苏秦为了燕国在齐国谋乱'，这样做，那么刺杀我的凶手一定可以抓到。"于是齐湣王就按照他的话做了，而刺杀苏秦的那个凶手果然自动出来了，齐湣王因此就把他杀了。燕王听到这个消息说："齐国为苏先生报仇，手段也太残忍了。"

苏秦死后不久，他的许多秘密都泄露了。后来，齐国听到这些秘密后，十分恼恨燕国。燕王很害怕。苏秦的弟弟叫苏代，苏代的弟弟叫苏厉，他们看到哥哥取得的成就，也都发奋学习纵横之术。等到苏秦死了，苏代就去求见燕王，打算承袭苏秦的旧业。他对燕王说："臣，是东周鄙陋的人。听说大王的义气很高，鄙人愚笨，放弃农具来求见大王。到了赵国邯郸，看到的情况和我在东周听到的相差很远，我私下决定担负起为您做一番事业的志向。等到了燕国朝廷，看了大王的群臣和下属官吏，才知道大王是天下最贤明的国君啊。"燕王说："您所说的贤明的国君是什么样的呢？"苏代回答说："我听说贤明的君王一定要听别人议论自己的过失，而不希望只听到别人称赞他的优点，请允许让我说明大王的过失。齐国和赵国，是燕国的仇敌；楚国和魏国，是燕国的盟国。现在，大王却帮着仇敌而攻打自己的盟国，这不利于燕国的行动。请大王自己想一想，就会发现这是策略上的失误。不把这些失误讲给您听的人，就不是忠臣。"燕王说："齐国本来就是我的仇敌，是想要讨伐的国家，只是担心自己的国势弱小，力量不足。假如您能以燕国现有的力量讨伐齐国，那么我愿把整个国家托付给您。"苏代回答说："天下能够互相征战的国家共有七个，而燕国处于弱势地位，单独作战不能取得胜利。如果有所依附，那么不管依附谁，它都会因此而地位提高。向南依附楚国，楚国的地位提高；向西依附秦国，秦国的地位提高；中部依附韩国、魏国，韩国、魏国的地位提高。假如所依附的国家地位提高了，这样也就一定能使您的地位提高啊。如今齐国的国君年事已高而又一意孤行，听不进别人的意见。他向南攻打楚国长达五年之久，积蓄的财富耗费尽了；西边被秦国困扰了

北与燕人战，覆三军，得二将。然而以其余兵南面举五千乘之大宋，而包十二诸侯。此其君欲得，其民力竭，恶足取乎？且臣闻之，数战则民劳，久师则兵敝矣。"燕王曰："吾闻齐有清济、浊河可以为固，长城、钜防足以为塞，诚有之乎？"对曰："天时不与，虽有清济、浊河，恶足以为固！民力罢敝，虽有长城、钜防，恶足以为塞！且异日济西不师，所以备赵也；河北不师，所以备燕也。今济西河北尽已役矣，封内敝矣。夫骄君必好利，而亡国之臣必贪于财。王诚能无羞从子母弟以为质，宝珠玉帛以事左右，彼将有德燕而轻亡宋，则齐可亡已。"燕王曰："吾终以子受命于天矣。"燕乃使一子质于齐。而苏厉因燕质子而求见齐王。齐王怨苏秦，欲囚苏厉。燕质子为谢，已遂委质为齐臣。

燕相子之与苏代婚，而欲得燕权，乃使苏代侍质子于齐。齐使代报燕，燕王哙问曰："齐王其霸乎？"曰："不能。"曰："何也？"曰："不信其臣。"于是燕王专任子之，已而让位，燕大乱。齐伐燕，杀王哙、子之。燕立昭王，而苏代、苏厉遂不敢入燕，皆终归齐，齐善待之。

苏代过魏，魏为燕执代。齐使人谓魏王曰："齐请以宋地封泾阳君，秦必不受。秦非不利有齐而得宋地也，不信齐王与苏子也。今齐魏不和如此其甚，则齐不欺秦。秦信齐，齐秦合，泾阳君有宋地，非魏之利也。故王不如东苏子，秦必疑齐而不信苏子矣。齐秦不合，天下无变，伐齐之形成矣。"于是出苏代。代之宋，宋善待之。

齐伐宋，宋急，苏代乃遗燕昭王书曰：

"夫列在万乘而寄质于齐，名卑而权轻；奉万乘助齐伐宋，民劳而实费；夫破宋，残楚淮北，肥大齐，仇强而国害：此三者皆国之大

多年，士兵们个个疲惫不堪；向北和燕国人作战，损失了全部军队，仅仅俘虏了两名将领。然而，又以剩余的兵力向南攻破了拥有五千辆战车的宋国，并慑服了十二个小国。这满足了他们国君的欲望，可是他们的民力已经枯竭了，又有什么可取的呢？况且我听说过，连续征战，人民就会劳累；长期用兵，士兵就会疲惫。"燕王说："我听说齐国据有清济、浊河可以用来固守，又有长城和钜防作为要塞，果真是这样吗？"苏代回答说："如果天时不给他有利的机会，即使拥有清济、浊河，又哪能固守呢？百姓已经疲困劳乏，即使有长城、钜防，又怎么能够成为要塞呢？况且，以前济西地区不征发兵役，是为了防备赵国的入侵，不征发漯河以北的兵力，是为了防备燕国的入侵。如今，济西、河北的兵力都被征发参战了，全国都疲惫不堪了。骄横的国君一定好利，亡国的臣子一定贪财。大王如果不以用爱子、胞弟做人质感到羞愧，用珍珠、宝玉、绸缎去贿赂齐王的亲信，那么齐王就会友好地对待燕国，并轻易地灭亡宋国。如此，齐国就可以灭掉了。"燕王说："我终于可以凭借您而承受天命了。"燕王就派了一位公子到齐国充当人质。苏厉也借着燕国派人质的机会拜见齐王。齐王怨恨苏秦，想要拘捕苏厉。燕国公子替他在齐王面前请罪，随后苏厉就委身做了齐国的臣子。

燕国的相国子之和苏代结为姻亲，子之想夺取燕国的政权，就派苏代到齐国去侍奉做人质的那位公子。齐王让苏代回报燕王，燕王哙问道："齐王大概要称霸了吧？"苏代回答说："不可能。"燕王说："为什么呢？"苏代回答说："齐王不信任他的臣子。"于是，燕王专一重用子之，不久便让位给他，燕国因此大乱。齐国趁机进攻燕国，杀了燕王哙和子之。燕国拥立昭王即位，而苏代、苏厉就再不敢回燕国，最后都投奔到了齐国，齐王以优厚的条件款待他们。

苏代经过魏国，魏国替燕国拘捕了苏代。齐国派人去对魏王说："齐国如果要把宋国的土地封给秦王的弟弟泾阳君，秦王一定不肯接受。秦王不是不愿在齐国的协助下获得宋国的土地，而是他不相信齐王和苏代。如今齐国与魏国的矛盾已经如此严重，因此齐国就不会欺骗秦国。秦国也会相信齐国，齐、秦联手，泾阳君将得到宋国的土地，这不是有利于魏国的事。所以大王不如让苏先生东归齐国，秦王一定会怀疑齐王而又不相信苏代。齐、秦不能联合，天下大局就不会变化，讨伐齐国的时机就成熟了。"于是魏国释放了苏代，苏代去了宋国，宋王待他友好。

齐国讨伐宋国，宋国危急，苏代于是写了一封信对燕昭王说：

"燕国是一个万乘大国，却向齐国派了人质，名声卑下而权力低微；您派出大军帮助齐国攻打宋国，使得百姓疲劳、财力耗尽；即便打败宋国，侵略楚国的淮北，也只能壮大齐国，帮助仇敌日益强大而自己的国家却遭受祸害。这三方面

败也。然且王行之者，将以取信于齐也。齐加不信于王，而忌燕愈甚，是王之计过矣。夫以宋加之淮北，强万乘之国也，而齐并之，是益一齐也。北夷方七百里，加之以鲁、卫，强万乘之国也，而齐并之，是益二齐也。夫一齐之强，燕犹狼顾而不能支，今以三齐临燕，其祸必大矣。虽然，智者举事，因祸为福，转败为功。齐紫，败素也，而贾十倍；越王句践栖于会稽，复残强吴而霸天下。此皆因祸为福，转败为功者也。

"今王若欲因祸为福，转败为功，则莫若挑霸齐而尊之，使使盟于周室，焚秦符，曰'其大上计，破秦；其次，必长宾之'。秦挟宾以待破，秦王必患之。秦五世伐诸侯，今为齐下，秦王之志苟得穷齐，不惮以国为功。然则王何不使辩士以此言说秦王曰：'燕、赵破宋肥齐，尊之为之下者，燕、赵非利之也。燕、赵不利而势为之者，以不信秦王也。然则王何不使可信者接收燕、赵，令泾阳君、高陵君先于燕、赵？秦有变，因以为质，则燕、赵信秦。秦为西帝，燕为北帝，赵为中帝，立三帝以令于天下。韩、魏不听则秦伐之，齐不听则燕、赵伐之，天下孰敢不听？天下服听，因驱韩、魏以伐齐，曰"必反宋地，归楚淮北"。反宋地，归楚淮北，燕、赵之所利也；并立三帝，燕、赵之所愿也。夫实得所利，尊得所愿，燕、赵弃齐如脱躧矣。今不收燕、赵，齐霸必成。诸侯赞齐而王不从，是国伐也；诸侯赞齐而王从之，是名卑也。今收燕、赵，国安而名尊；不收燕、赵，国危而名卑。夫去尊安而取危卑，智者不为也。'秦王闻若说，必若刺心然。则王何不使辩士以此若言说秦？秦必取，齐必伐矣。夫取

都是对燕国很不利的事。虽然如此,可是大王您还在继续这样,以为了取得齐国的信任。可是齐国把不守信的罪名加到您头上,而且对燕国的忌恨也越来越深,这就说明大王的策略错了。把宋国和楚国淮北加在一起,抵得上一个强大的万乘大国,而齐国吞并了它,就等于又增加了一个齐国。北夷纵横才七百里,加上鲁国和卫国,又抵得上一个强大的万乘大国。齐国吞并了它们,这就等于增加了两个齐国。一个强大的齐国,燕国就惊疑恐惧而无法抵挡,如今把三个齐国的强大力量压到燕国身上,其灾祸必然很严重。尽管如此,明智的人办事,能够利用灾祸变为吉祥,把失败转化为成功。齐国的紫色绸绢,本来是破旧的白缯染成的,价格却提高了十倍;越王勾践被困栖身于会稽山,却击败了强大的吴国而称霸天下。这都是利用灾祸变为吉祥,把失败转化为成功的事例啊。

"现在大王如果想变灾祸为福,把失败转化为成功,不如愿愿各国尊奉齐国为霸主,派使臣到周王室去订立盟约,烧毁秦国的信符,宣称'最高明的策略就是攻破秦国;其次是一定要永远排斥它'。秦国遭到各国排斥,面临被攻破的威胁,秦王一定会为此而忧虑。秦国近五代以来,都主动攻打各诸侯国,如今却屈居齐国之下,按照秦王的意志,如果能迫使齐国走投无路,就会不惜倾注全国的力量。既然如此,那么大王何不派遣说客用这些话去劝说秦王:'燕国和赵国打败宋国,壮大齐国,推崇它、甘心屈从它的原因,并不是想从中得到什么好处。燕、赵得不到好处而又一定这么做的原因,就在于不相信秦王。既然如此,那么大王何不派可信赖的人去争取燕、赵,让泾阳君、高陵君先到燕国、赵国去呢?如果秦国背信弃义,可以把他们作为人质,这样燕国和赵国就会相信。这样一来,秦国在西方称帝,燕国在北方称帝,赵国在中部称帝,树立起三帝对天下发号施令。假如韩、魏不服从,那么秦国就出兵攻打它们;齐国不服从,那么燕、赵就出兵攻打它。如此,天下还有谁敢不服从呢?天下都服从了,就趁势驱使韩、魏攻打齐国,威胁它"必须交出宋国的失地,归还楚国的淮北"。交出宋国的失地,归还楚国的淮北,对燕、赵是有利的事;三帝并立,也是燕、赵乐意的事。实际上它们都得到了好处,名分上也如愿以偿,那么燕、赵要抛弃齐国,就好像甩掉拖鞋一样容易。现在如果您不去争取燕、赵,那么齐国的霸业一定会成功。诸侯们都拥护齐国而唯独您不服从,就会招来各国的攻伐;各国都拥护齐国而您也服从它,这样您的声望就会降低。如今,您争取燕、赵,可使国家安定又可使声望尊崇;不争取燕、赵,国家就会危险而声望也会降低。舍弃尊荣和安定,却选择危险和卑下,明智的人是不会这样干的。'秦王听了这些话,一定会感觉好像匕首刺进心脏一样痛。那么大王为什么不派说客用这样的话去游说秦王呢?秦王听到了一定会采纳,齐国一定会被讨伐。结交秦国,是有利的外交;讨

秦，厚交也；伐齐，正利也。尊厚交，务正利，圣王之事也。"

燕昭王善其书，曰："先人尝有德苏氏，子之之乱而苏氏去燕。燕欲报仇于齐，非苏氏莫可。"乃召苏代，复善待之，与谋伐齐。竟破齐，湣王出走。

久之，秦召燕王，燕王欲往，苏代约燕王曰："楚得枳而国亡，齐得宋而国亡，齐、楚不得以有枳、宋而事秦者，何也？则有功者，秦之深仇也。秦取天下，非行义也，暴也。秦之行暴，正告天下。

"告楚曰：'蜀地之甲，乘船浮于汶，乘夏水而下江，五日而至郢。汉中之甲，乘船出于巴，乘夏水而下汉，四日而至五渚。寡人积甲宛东下随，智者不及谋，勇士不及怒，寡人如射隼矣。王乃欲待天下之攻函谷，不亦远乎！'楚王为是故，十七年事秦。

"秦正告韩曰：'我起乎少曲，一日而断大行。我起乎宜阳而触平阳，二日而莫不尽摇。我离两周而触郑，五日而国举。'韩氏以为然，故事秦。

"秦正告魏曰：'我举安邑，塞女戟，韩氏太原卷。我下轵，道南阳，封冀，包两周。乘夏水，浮轻舟，强弩在前，铩戈在后，决荥口，魏无大梁；决白马之口，魏无外黄、济阳；决宿胥之口，魏无虚、顿丘。陆攻则击河内，水攻则灭大梁。'魏氏以为然，故事秦。

"秦欲攻安邑，恐齐救之，则以宋委于齐。曰：'宋王无道，为木人以寡人，射其面。寡人地绝兵远，不能攻也。王苟能破宋有之，寡人如自得之。'已得安邑，塞女戟，因以破宋为齐罪。

"秦欲攻韩，恐天下救之，则以齐委于天下。曰：'齐王四与寡

伐齐国，是正当的利益。奉行有利的外交政策，追求正当的利益，这是圣王所做的事。"

燕昭王觉得这封信写得太好了，就说："先王曾有恩于苏家，后来因为子之的祸乱，苏氏才离开了燕国。燕国要向齐国报仇，没有苏氏不行。"于是就召回苏代，重新优待他，和他一起商议攻打齐国的事情，最终打败了齐国，迫使齐湣王出逃。

过了很久，秦国邀请燕王，燕王准备前往，苏代阻止燕王说："楚国取得了枳地导致国家危亡，齐国夺取了宋地而导致国家破败。齐、楚不能因为拥有了枳地、宋地，还臣服于秦国，为什么呢？那是因为凡是成功的国家，都是秦国最忌恨的大敌。秦国夺取天下，不是靠推行正义，而是靠使用暴力。秦国使用暴力，已经公开宣告于天下了。

"秦国曾警告楚国说：'蜀地的军队，坐着船漂浮在汶水之上，趁着夏季的水势沿江直下，五天就能抵达郢都。汉中的军队，坐着船从巴江出发，趁着夏季的水势直下汉江，四天就能抵达五渚。我亲自在宛东集结军队，直下随邑，聪明的人还来不及谋划，勇武的人还来不及发怒，我的攻击就像射杀鹰隼一样迅速到来。而楚王你竟还想等天下的军队攻打函谷关，那不是太遥远了吗？'楚王就是因为这个缘故，前后十七年臣服秦国。

"秦国曾严正警告韩国说：'我的军队从少曲出发，一天之内就能切断太行山的通道。我的军队从宜阳出发攻击平阳，两天之内韩国各地的局势就会动摇。我的军队经过东西两周攻击新郑，五天之内就可以攻克整个韩国。'韩国认为确实如此，所以臣服于秦国。

"秦国还曾严正警告魏国说：'我国攻克安邑，围困女戟，韩国的太原就保不住。我的军队直下轵道，通过南阳，封锁冀邑，包抄东西两周，趁着夏季的水势，驾着轻便的战船，强弓硬弩摆在前面，锋利的戈矛跟在后面，掘开荥泽水口，魏国的大梁就会被洪水吞没了；掘开白马河的水口，魏国的外黄、济阳也会被冲毁；掘开宿胥河的水口，魏国的虚地、顿丘就会消失。从陆地上进攻可攻取河内，利用水攻就可毁灭大梁。'魏国认为确实如此，所以侍奉秦国。

"秦国想要攻打安邑，担心齐国救援它，就把宋地许给齐国。说：'宋王无道，做了个木头人象征我，射它的面部，我的国家和宋国领土隔绝，军队距宋太远，不能直接攻打它。齐王您如果能打败宋国占有它，我将像自己占有它一样高兴。'后来，秦国占领了魏国的安邑，围困了女戟，因而又把攻破宋国说成是齐国的罪过。

"秦国想要攻打韩国，恐怕天下诸国救援它，便把齐国许给了各国，说：

人约,四欺寡人,必率天下以攻寡人者三。有齐无秦,有秦无齐,必伐之,必亡之。'已得宜阳、少曲,致蔺、石,因以破齐为天下罪。

"秦欲攻魏重楚,则以南阳委于楚。曰:'寡人固与韩且绝矣。残均陵,塞鄳厄,苟利于楚,寡人如自有之。'魏弃与国而合于秦,因以塞鄳厄为楚罪。

"兵困于林中,重燕、赵,以胶东委于燕,以济西委于赵。已得讲于魏,至公子延,因犀首属行而攻赵。

"兵伤于谯石,而遇败于阳马,而重魏,则以叶、蔡委于魏。已得讲于赵,则劫魏,魏不为割。困则使太后弟穰侯为和,嬴则兼欺舅与母。

"适燕者曰'以胶东',适赵者曰'以济西',适魏者曰'以叶、蔡',适楚者曰'以塞鄳厄',适齐者曰'以宋',此必令言如循环,用兵如刺蜚,母不能制,舅不能约。龙贾之战,岸门之战,封陵之战,高商之战,赵庄之战,秦之所杀三晋之民数百万,今其生者皆死秦之孤也。西河之外,上雒之地,三川晋国之祸,三晋之半,秦祸如此其大也。而燕、赵之秦者,皆以争事秦说其主,此臣之所大患也。"

燕昭王不行。苏代复重于燕。

燕使约诸侯从亲如苏秦时,或从或不,而天下由此宗苏氏之从约。代、厉皆以寿死,名显诸侯。

太史公曰:苏秦兄弟三人,皆游说诸侯以显名,其术长于权变。而苏秦被反间以死,天下共笑之,讳学其术。然世言苏秦多异,异时事有类之者皆附之苏秦。夫苏秦起闾阎,连六国从亲,此其智有过人者。吾故列其行事,次其时序,毋令独蒙恶声焉。

'齐王四次与我订立盟约，四次欺骗我，并多次率领天下的军队进攻我国。这世上只要有齐国，就没有秦国；只要有秦国，就没有齐国，我一定要攻打它，一定要灭了它。'等到秦国占领了韩国的宜阳、少曲，攻克了蔺邑、离石，却又把打败齐国作为各国的罪名。

"秦国想要进攻魏国，就把南阳许给楚国。说：'我本来就和韩国绝交了。摧毁均陵，围困鄢郢，假如对楚国有利，我就会像自己占有它一样高兴。'等到魏国抛弃了盟国而与秦国联合，秦国却以围困鄢郢作为楚国的罪名。

"秦军被围困在林中，就尊崇燕国和赵国，把胶东许给燕国，把济西许给赵国。等到秦国和魏国和解了，就把公子延作为人质，派魏将犀首组织军队进攻赵国。

"秦军在谯石被重创，而在阳马又被打败，因而尊崇魏国，便把叶地和蔡地许给魏国。等到和赵国和解后，就威胁魏国而不肯依照约定分割土地。随后秦军陷入了困境，就派太后的弟弟穰侯前去讲和，一取得胜利便背弃诺言，连自己的舅舅和母亲也都受到欺骗。

"秦王指责燕国时说是'因为胶东'，指责赵国时说是'因为济西'，指责魏国时说是'因为叶、蔡'，指责楚国时说是'因为鄢郢'，指责齐国时说是'因为宋地'。这样，他的外交辞令循环往复，军事手段毒辣凶狠，即使他母亲也不能制止，舅舅更无法约束。龙贾之战，岸门之战，封陵之战，高商之战，赵庄之战，秦国所杀韩、赵、魏三国百姓达几百万，现在生存下来的人都是被秦国杀死的人留下的孤儿寡母。西河以外，上洛地区，三川一带经常遭受秦国的攻打，这是晋国的灾难！秦国侵占了韩、赵、魏的一半土地，秦国制造的灾祸竟是这样严重！而燕、赵等国到秦国去游说的人，都用向秦国效劳来游说自己的国君，这是我最担心的事。"

燕昭王于是没有去秦国，苏代又被燕王所重用。

像苏秦在世时一样，燕国派苏代联络各国合纵联盟，诸侯们有的加入了，有的没加入，而各国人士从此都尊崇苏秦所倡导的合纵联盟。苏代、苏厉得以终养天年，名声显扬于各国。

太史公说：苏秦兄弟三人，都因游说各国而扬名，他们的本领是擅长权谋机变。而苏秦承担着施行反间计的罪名被杀死，天下人都嘲笑他，不肯学习他的学说。然而社会上流传的苏秦事迹有许多出入，凡和他的事迹相似的其他不同时期的事实都附会到苏秦身上。苏秦出身于民间，却能联合六国合纵相亲，这正说明他的才智有超过一般人的地方，所以我特地按时间顺序编列了他的事迹，以便不让他只蒙受丑恶的名声。

张仪列传第十

张仪者,魏人也。始尝与苏秦俱事鬼谷先生,学术,苏秦自以不及张仪。

张仪已学游说诸侯。尝从楚相饮,已而楚相亡璧,门下意张仪,曰:"仪贫无行,必此盗相君之璧。"共执张仪,掠笞数百,不服,释之。其妻曰:"嘻!子毋读书游说,安得此辱乎?"张仪谓其妻曰:"视吾舌尚在不?"其妻笑曰:"舌在也。"仪曰:"足矣。"

苏秦已说赵王而得相约从亲,然恐秦之攻诸侯,败约后负,念莫可使用于秦者,乃使人微感张仪曰:"子始与苏秦善,今秦已当路,子何不往游,以求通子之原?"张仪于是之赵,上谒求见苏秦。苏秦乃诫门下人不为通,又使不得去者数日。已而见之,坐之堂下,赐仆妾之食。因而数让之曰:"以子之材能,乃自令困辱至此。吾宁不能言而富贵子?子不足收也。"谢去之。张仪之来也,自以为故人,求益,反见辱,怒,念诸侯莫可事,独秦能苦赵,乃遂入秦。

苏秦已而告其舍人曰:"张仪,天下贤士,吾殆弗如也。今吾幸先用,而能用秦柄者,独张仪可耳。然贫,无因以进。吾恐其乐小利而不遂,故召辱之,以激其意。子为我阴奉之。"乃言赵王,发金币车马,使人微随张仪,与同宿舍,稍稍近就之,奉以车马金钱,所欲用,为取给,而弗告。张仪遂得以见秦惠王。惠王以为客卿,与谋伐诸侯。

苏秦之舍人乃辞去。张仪曰:"赖子得显,方且报德,何故去也?"舍人曰:"臣非知君,知君乃苏君。苏君忧秦伐赵败从约,以为非君莫能得秦柄,故感怒君,使臣阴奉给君资,尽苏

张仪是魏国人。当初曾经和苏秦一起侍奉鬼谷子先生学习游说之术，苏秦自认为才学比不上张仪。

张仪学业完成后便去游说诸侯。他曾陪着楚相喝酒，席间，楚相丢失了一块玉璧，门客们怀疑张仪，说："张仪家里穷，又没有好的品德，一定是他偷了相国的玉璧。"于是，众人一起抓住张仪，打了他几百竹板。张仪不承认，只好释放了他。他的妻子又悲又恨地说："唉！你如果不读书不游说，又怎么能受到这样的屈辱呢？"张仪对妻子说："你看看我的舌头还在吗？"妻子笑着说："舌头还在呀。"张仪说："这就够了。"

那时苏秦已经说服了赵王，可以去与各国缔结合纵盟约，但他又害怕秦国趁机攻打各诸侯国，使合盟还没缔结就遭到破坏。考虑到没有合适的人可以派到秦国，苏秦于是派人去悄悄劝说张仪："您当初和苏秦感情很好，现在他已经当权，你何不到他那里去，以求实现你的理想呢？"于是张仪前往赵国，呈上名帖求见苏秦。苏秦就告诫门下的人不替张仪通报，又设法让他几天不能离开。这时苏秦才接见了他。让他坐在堂下，拿仆人、侍女所吃的饭食给他吃，还多次责备他说："凭着你的才能，竟弄得受困受辱到这种地步。难道我不能推荐你让你富贵吗？只是你不值得收留啊。"苏秦拒绝了张仪并打发他离开了。张仪来投奔苏秦，自己认为都是老朋友了，想求得帮助，反而受到侮辱，十分生气，又考虑到诸侯中没有谁值得侍奉，只有秦国能侵扰赵国，于是到了秦国。

苏秦在张仪离去后告诉门客说："张仪是天下最有才能的人，我恐怕比不上他呀。如今，幸亏我比他先受重用，而能够掌握秦国大权的，只有张仪。但是他贫穷，没有进身的资本。我担心他满足于小的利益而不能成就大的功业，所以把他召来羞辱他，来激发他的意志，你替我暗中帮助他。"苏秦禀明赵王，发给他金钱、财物和车马，派人暗中跟随着张仪，与张仪同住一个客栈，逐渐地接近他，还以车马金钱奉送他，凡是他需要的，都供给他，却不说明谁给的。于是张仪得以见到秦惠王。秦惠王用张仪为客卿，和他策划攻打诸侯的计划。

苏秦的门客于是向张仪告辞，张仪说："依靠您鼎力相助，我才得以显贵，正要报答您的恩德，为什么要走呢？"门客说："我并不了解您，真正了解您的是苏先生。苏先生担心秦国攻打赵国，破坏合纵联盟，认为非您不能掌握秦国大

君之计谋。今君已用，请归报。"张仪曰："嗟乎，此在吾术中而不悟，吾不及苏君明矣！吾又新用，安能谋赵乎？为吾谢苏君，苏君之时，仪何敢言。且苏君在，仪宁渠能乎！"张仪既相秦，为文檄告楚相曰："始吾从若饮，我不盗而璧，若笞我。若善守汝国，我顾且盗而城！"

苴蜀相攻击，各来告急于秦。秦惠王欲发兵以伐蜀，以为道险狭难至，而韩又来侵秦，秦惠王欲先伐韩，后伐蜀，恐不利，欲先伐蜀，恐韩袭秦之敝。犹豫未能决。司马错与张仪争论于惠王之前，司马错欲伐蜀，张仪曰："不如伐韩。"王曰："请闻其说。"

仪曰："亲魏善楚，下兵三川，塞什谷之口，当屯留之道，魏绝南阳，楚临南郑，秦攻新城、宜阳，以临二周之郊，诛周王之罪，侵楚、魏之地。周自知不能救，九鼎宝器必出。据九鼎，案图籍，挟天子以令于天下，天下莫敢不听，此王业也。今夫蜀，西僻之国而戎翟之伦也，敝兵劳众不足以成名，得其地不足以为利。臣闻争名者于朝，争利者于市。今三川、周室，天下之朝市也，而王不争焉，顾争于戎翟，去王业远矣。"

司马错曰："不然。臣闻之，欲富国者务广其地，欲强兵者务富其民，欲王者务博其德，三资者备而王随之矣。今王地小民贫，故臣愿先从事于易。夫蜀，西僻之国也，而戎翟之长也，有桀纣之乱。以秦攻之，譬如使豺狼逐群羊。得其地足以广国，取其财足以富民缮兵，不伤众而彼已服焉。拔一国而天下不以为暴，利尽西海而天下不以为贪，是我一举而名实附也，而又有禁暴止乱之名。今攻韩，劫天子，恶名也，而未必利也，又有不义之名，而攻天下所不欲，危矣。臣请谒其故：周，天下之宗室也；齐，韩之与国也。周自知失九鼎，

权,所以激怒先生,派我暗中供您钱财,这都是苏先生谋划的策略。现在您已经被重用,请允许我回去复命吧!"张仪说:"唉呀,这些权谋本来都是我研习过的范围而我竟未能发现,我不如苏先生高明啊!况且我刚刚被任用,又怎么能图谋攻打赵国呢?请你为我答谢苏先生,只要苏先生当权,我又敢说什么呢?再说苏先生在,我如何能和他作对呢?"张仪出任秦国宰相以后,写信警告楚相说:"当初我陪着你喝酒,我并没偷你的玉璧,你鞭打我。你要好好地守护住你的国家,我现在倒考虑要偷你的城池了!"

苴国和蜀国相互攻打,分别向秦国告急。秦惠王要出动军队讨伐蜀国,认为蜀道险要狭窄难以到达,而韩国又正好借机侵犯秦国。秦惠王便想先攻打韩国,然后再讨伐蜀国,却又担心有所不利;想先攻打蜀国,又恐怕韩国趁着秦军久战疲惫之机来偷袭,犹豫不能决断。司马错和张仪在惠王面前争论不休,司马错想讨伐蜀国,张仪说:"不如先攻打韩国。"惠王说:"请让我听听你们的理由。"

张仪说:"亲近魏国,结好楚国,出兵三川,堵绝什谷的隘口,挡住屯留的要道。这样,魏国到南阳的通道断绝,让楚兵直逼南郑,秦军进击新城和宜阳,兵临西周和东周郊野,讨伐周王的罪恶,再攻占楚、魏的土地。周王自知局势无法挽救,一定会献出九鼎宝器。秦国占有了九鼎之宝,依照地图和户籍,就可以挟制周天子而向天下发号施令,天下没有谁敢不听从,这正是称王天下的大业啊!如今蜀国不过是西方偏远的国家,像戎狄一样的落后民族,为攻伐它搞得我们疲军劳民,也不足以成就威名,夺取了他们的土地也得不到实际利益。我听说追求名位的人要到朝廷去,追求利益的人要到市场去。如今,三川、周室,如同朝廷和市场,大王您不到朝廷和集市上去争夺,反而到戎狄一类的落后地区去争夺,这距离称王大业太遥远了吧。"

司马错说:"不是这样的。我听说,想使国家富强的人,一定要开疆拓土;想使军队强大的人,一定要使百姓富足;想要统一天下的人,一定要努力推行德政。这三种条件具备了,王业也就随之而来了。如今,大王的领土狭小而百姓贫穷,所以我希望大王先做些容易办到的事情。蜀国,是西方偏僻的国家,却是戎狄的首领,像桀、纣那样横暴无道。出动秦国强大的军队去攻打它,就好像用豺狼去驱赶着群羊。占领了它的土地就可以扩大秦国的疆域,夺取了它的财富就可以使百姓富足、整治军队。用不着损兵折将,他们就已经屈服了。攻克一个蜀国,天下人不会认为我们残暴;把西方的全部财富取尽,天下人不会认为我们贪婪。我们这一出动军队,使得声望、实利都有增益,而且又能得到禁暴止乱的美名。如今去攻打韩国,劫持天子,是恶名声,未必就能得到好处,还要担负不义的恶名,而攻打的又是天下人所不希望破灭的国家,这是危险的。请大王允许我

韩自知亡三川，将二国并力合谋，以因乎齐、赵而求解乎楚、魏，以鼎与楚，以地与魏，王弗能止也。此臣之所谓危也。不如伐蜀完。"

惠王曰："善，寡人请听子。"卒起兵伐蜀，十月，取之，遂定蜀，贬蜀王更号为侯，而使陈庄相蜀。蜀既属秦，秦以益强，富厚，轻诸侯。

秦惠王十年，使公子华与张仪围蒲阳，降之。仪因言秦复与魏，而使公子繇质于魏。仪因说魏王曰："秦王之遇魏甚厚，魏不可以无礼。"魏因入上郡、少梁，谢秦惠王。惠王乃以张仪为相，更名少梁曰夏阳。

仪相秦四岁，立惠王为王。居一岁，为秦将，取陕。筑上郡塞。

其后二年，使与齐、楚之相会啮桑。东还而免相，相魏以为秦，欲令魏先事秦而诸侯效之。魏王不肯听仪。秦王怒，伐取魏之曲沃、平周，复阴厚张仪益甚。张仪惭，无以归报。留魏四岁而魏襄王卒，哀王立。张仪复说哀王，哀王不听。于是张仪阴令秦伐魏。魏与秦战，败。

明年，齐又来败魏于观津。秦复欲攻魏，先败韩申差军，斩首八万，诸侯震恐。而张仪复说魏王曰："魏地方不至千里，卒不过三十万。地四平，诸侯四通辐凑，无名山大川之限。从郑至梁二百余里，车驰人走，不待力而至。梁南与楚境，西与韩境，北与赵境，东与齐境，卒戍四方，守亭鄣者不下十万。梁之地势，固战场也。梁南与楚而不与齐，则齐攻其东；东与齐而不与赵，则赵攻其北；不合于韩，则韩攻其西；不亲于楚，则楚攻其南。此所谓四分五裂之道也。

"且夫诸侯之为从者，将以安社稷尊主强兵显名也。今从者一天下，约为昆弟，刑白马以盟洹水之上，以相坚也。而亲昆弟同父母，

陈述其中的理由：周王，是天下共有的宗主；齐国，是韩国的盟国。周王自知要失去九鼎，韩国自知将失去三川，这势必会让二国通力合谋，依靠齐、赵两国的力量，求得与楚国、魏国和解。如果周把宝鼎给楚国，韩将土地给魏国，大王是阻止不了的。这就是我所说的危险。所以不如攻打蜀国，更为稳妥。"

惠王说："好，我就听您的。" 终于出兵攻蜀。当年十月攻占了蜀国。于是平定了蜀国的暴乱，降低了蜀王的爵位，改称为"侯"，派遣陈庄出任宰相。蜀国归属秦国后，秦国因此更加强大富裕，更加轻视其他诸侯了。

惠王十年，派公子华和张仪包围了魏国的蒲阳，降服了它。张仪趁机劝说秦王把它交还魏国，并派公子繇到魏国去做人质。张仪又趁机劝说魏王道："秦国对待魏国如此仁厚，魏国不能够没有礼物相报。"魏国因此就把上郡、少梁献给了秦国，以答谢秦惠王。惠王就任用张仪为国相，并将少梁改名为夏阳。

张仪出任秦相四年，拥戴秦惠王为王。过了一年，张仪为秦将，率兵夺取了陕邑，同时在上郡构筑了城塞。

此后二年，秦王派张仪到啮桑与齐、楚的相国盟会。他从东边回国后，被免去国相的职务，为了秦国他出任了魏国的国相，打算让魏国先臣服秦国，而使得其他诸侯国效仿魏国。魏王不肯接受张仪的建议。秦王因此大怒，立刻发兵攻克了魏国的曲沃、平周，暗中给张仪更为丰厚的待遇。张仪觉得很惭愧，感到没有什么可以回报秦王。他留任魏相四年后魏襄侯去世，哀王即位。张仪又劝说哀王，哀王也不听从。于是，张仪暗中让秦国攻打魏国。魏国和秦国交战，失败了。

第二年，齐兵又来攻打，并在观津打败了魏国。秦国想再次攻打魏国，首先打败了韩国申差率领的军队，杀死了八万官兵，诸侯都为之震惊害怕。张仪再次游说魏王说："魏国土地纵横不到一千里，士兵超不过三十万。四周地势平坦，各诸侯和魏之间都有道路相通，没有名山大川的隔绝。从新郑到大梁只有二百多里，战车和步兵奔跑，不用花费大力就到了。魏国的南边和楚国交界，西边和韩国接境，北边和赵国交界，东边和齐国交界，士兵驻守四面边疆，光是防守边塞堡垒的人就不少于十万。魏国的地势，本来就是战场。如魏国在南与楚国交好而不与齐国交好，那么齐国就会攻打你的东面；向东与齐国交好而不和赵国交好，那么赵国就会攻打你的北面；与韩国不合，那么韩国攻打你的西面；不亲附楚国，那么楚国就会攻打你的南面。这就是人们所说的四分五裂的道路啊。

"况且诸侯们之所以合纵结盟，是为了凭靠它使国家安全、君王保持尊位、增强军力、壮大国威。如今，那些主张合纵的人，想使天下联合为一体，彼此结为兄弟，在洹水边上杀白马，歃血为盟，以坚定彼此信守盟约的信念。然而，即

尚有争钱财，而欲恃诈伪反覆苏秦之余谋，其不可成亦明矣。

"大王不事秦，秦下兵攻河外，据卷、衍、燕、酸枣，劫卫取阳晋，则赵不南，赵不南而梁不北，梁不北则从道绝，从道绝则大王之国欲毋危不可得也。秦折韩而攻梁，韩怯于秦，秦韩为一，梁之亡可立而须也。此臣之所为大王患也。

"为大王计，莫如事秦。事秦则楚、韩必不敢动；无楚、韩之患，则大王高枕而卧，国必无忧矣。

"且夫秦之所欲弱者莫如楚，而能弱楚者莫如梁。楚虽有富大之名而实空虚；其卒虽多，然而轻走易北，不能坚战。悉梁之兵南面而伐楚，胜之必矣。割楚而益梁，亏楚而适秦，嫁祸安国，此善事也。大王不听臣，秦下甲士而东伐，虽欲事秦，不可得矣。

"且夫从人多奋辞而少可信，说一诸侯而成封侯，是故天下之游谈士莫不日夜搤腕瞋目切齿以言从之便，以说人主。人主贤其辩而牵其说，岂得无眩哉。

"臣闻之，积羽沈舟，群轻折轴，众口铄金，积毁销骨，故愿大王审定计议，且赐骸骨辟魏。"

哀王于是乃倍从约而因仪请成于秦。张仪归，复相秦。三岁而魏复背秦为从。秦攻魏，取曲沃。明年，魏复事秦。

秦欲伐齐，齐楚从亲，于是张仪往相楚。楚怀王闻张仪来，虚上舍而自馆之。曰："此僻陋之国，子何以教之？"仪说楚王曰："大王诚能听臣，闭关绝约于齐，臣请献商于之地六百里，使秦女得为大王箕帚之妾，秦楚娶妇嫁女，长为兄弟之国。此北弱齐而西益秦也，计无便此者。"楚王大说而许之。群臣皆贺，陈轸独吊之。楚王怒

使是同一父母所生的亲兄弟，还有争夺钱财的事，您还想靠着虚情假意来维持苏秦的策略，那不能成功是很明显的了。

"大王如果不依附秦，秦出兵攻打河外，占领卷地、衍地、燕地、酸枣，劫持卫国夺取阳晋，那么赵国就不能南下，赵国不能南下而魏国也就不能向北和赵呼应；魏国的军队不能北上，那么联络南北的交通就被断绝了。联络南北的道路断绝，那么大王的国家想不遭受危难，就办不到了。秦国使韩折服，接着攻打魏国，韩国害怕秦国，与秦国连为一体，那么魏国的灭亡可以快得连坐下来等待的时间都没有啊。这就是我为大王担心的啊。

"现在为大王着想，不如侍奉秦国。如果您侍奉秦国，那么楚国、韩国就一定不敢妄动；没有楚国、韩国的外患，那么大王就可以高枕而卧，安心地睡大觉了，国家肯定没有什么可忧虑的事情了。

"再说秦想削弱的首先是楚国，而能够削弱楚国的莫过于魏国。楚国即使有富足强大的名声，实际上却空虚；它的军队虽然多，然而总是临阵败逃，不能顽强作战。假如魏国发动所有军队向南面攻打楚国，战胜楚是肯定的。宰割楚国使魏国得到好处，使楚国亏损而归服秦国，转嫁了灾祸，安定了国家，这是好事啊。假如大王不听从我的建议，秦国出兵向东进攻，那时即使您想要依附秦国，恐怕也来不及了。

"况且，那些主张合纵的人，大多讲话激昂却很少让人信任。他们只想游说一个国君达到封侯的目的，所以天下游说之士，无不时时慷慨陈词，瞪着眼睛，咬着牙齿，大谈合纵的好处，来劝说君主。国君赞赏他们的口才，被他们的游说迷惑，怎么可能不糊涂？

"我听说，羽毛堆积多了也能把船压沉；货物虽轻，但装载多了也可以折断车轴；众人的口舌可以销熔金石；过多的坏话可以销毁骨头。所以我希望大王审慎地作出决定，并请您允许我辞职离开魏国。"

魏哀王于是背弃合纵盟约，通过张仪请求与秦结好。张仪回到秦国，重新出任国相。三年后，魏又背叛秦国重新加入合纵盟约。秦国就出兵攻打魏国，夺取了曲沃。第二年，魏又归附秦国。

秦国想要攻打齐国，但是齐、楚都参加了合纵联盟，于是张仪前往楚国出任国相。楚怀王听说张仪来，腾出上等馆舍亲自安排他住下。说："我们是个偏远鄙陋的国家，您有什么指教呢？"张仪游说楚王说："大王如果真要听从我的意见，就关闭边界与齐断交，我愿献上商、于一带六百里的土地，让秦王的女儿做大王的侍妾，秦、楚之间娶妇嫁女，永远结为兄弟国家，这样北面可削弱齐国，西面有利于秦国，没有比这更好的策略了。"怀王非常高兴，采纳了张仪的意

曰:"寡人不兴师发兵得六百里地,群臣皆贺,子独吊,何也?"陈轸对曰:"不然,以臣观之,商于之地不可得而齐秦合,齐秦合则患必至矣。"楚王曰:"有说乎?"陈轸对曰:"夫秦之所以重楚者,以其有齐也。今闭关绝约于齐,则楚孤。秦奚贪夫孤国,而与之商于之地六百里?张仪至秦,必负王,是北绝齐交,西生患于秦也,而两国之兵必俱至。善为王计者,不若阴合而阳绝于齐,使人随张仪。苟与吾地,绝齐未晚也;不与吾地,阴合谋计也。"楚王曰:"愿陈子闭口毋复言,以待寡人得地。"乃以相印授张仪,厚赂之。于是遂闭关绝约于齐,使一将军随张仪。

张仪至秦,佯失绥堕车,不朝三月。楚王闻之,曰:"仪以寡人绝齐未甚邪?"乃使勇士至宋,借宋之符,北骂齐王。齐王大怒,折节而下秦。秦齐之交合,张仪乃朝,谓楚使者曰:"臣有奉邑六里,愿以献大王左右。"楚使者曰:"臣受令于王,以商于之地六百里,不闻六里。"还报楚王,楚王大怒,发兵而攻秦。陈轸曰:"轸可发口言乎?攻之不如割地反以赂秦,与之并兵而攻齐,是我出地于秦,取偿于齐也,王国尚可存。"楚王不听,卒发兵而使将军屈匄击秦。秦齐共攻楚,斩首八万,杀屈匄,遂取丹阳、汉中之地。楚又复益发兵而袭秦,至蓝田,大战,楚大败,于是楚割两城以与秦平。

秦要楚欲得黔中地,欲以武关外易之。楚王曰:"不愿易地,愿得张仪而献黔中地。"秦王欲遣之,口弗忍言。张仪乃请行。惠王曰:"彼楚王怒子之负以商于之地,是且甘心于子。"张仪曰:"秦强楚弱,臣善靳尚,尚得事楚夫人郑袖,袖所言皆从。且臣奉王之节使楚,楚何敢加诛。假令诛臣而为秦得黔中之地,臣之上愿。"遂使楚。楚怀王至则囚张仪,将杀之。靳尚谓郑袖曰:"子亦知子之贱于王乎?"郑袖曰:"何也?"靳尚曰:"秦王甚爱张仪而不欲出之,

见。大臣们来向楚王祝贺，唯独陈轸为他伤悼。怀王发怒道："我用不着调兵遣将就得到六百里土地，臣子们向我祝贺，唯独你为我伤悼，这是为什么？"陈轸回答说："事情不像您说的这样，在我看来，商于一带的土地不仅得不到，而且齐国和秦国可能会联合起来。齐、秦联合，楚国必将灾难临头。"楚王说："能说说理由吗？"陈轸回答说："秦国之所以重视楚国，是因为楚国有结盟的齐国。如果楚国关闭边界与齐国断交，那么楚国就孤立了。秦国为什么要看重一个孤立的国家，而给它六百里土地呢？张仪回到秦国，一定会背弃向大王的承诺。这样楚国北与齐断交，西面从秦引来灾祸，两国的军队必然会一块儿前来进犯。我妥善地替大王想出了对策，不如暗中与齐修好而表面上断绝关系，并派人随同张仪到秦。假如秦国给了我们土地，再和齐国断交也不算晚；假如秦国不给我们土地，我们与齐暗中联合商量对策。"楚王说："希望陈先生闭上嘴不要再说了，等着我得到土地吧。"于是将楚国的相印授予张仪，还馈赠了大量的财物。楚国就和齐国断绝了关系，废除了盟约，派了一位将军随张仪到秦去接收土地。

张仪回到秦国，假装上车时没有拉住车上的绳索，跌下车来受了伤，一连三个月没上朝。楚王听说了，说："张仪是因为我与齐国绝交还不够彻底吧？"于是派勇士前往宋国，借来宋国的符节，到北方的齐国辱骂齐王。齐王大怒，卑躬屈节投靠秦国。秦、齐建立了邦交，张仪才上朝。他对楚国的使者说："我有封地六里，愿意拿出来献给你们楚王。"楚国使者说："我奉楚王的命令，来接收商于之地六百里，不曾听说过六里。"使臣回国报告楚王，楚怀王大怒，要发兵攻秦。陈轸说："我可以张开嘴说话了吗？与其攻打秦国，不如反过来割让土地贿赂秦国，与秦国联合攻齐，我们向秦国割让的土地，再从齐国夺回来补偿，这样，大王的国家还可以续存。"楚王不听，终于发兵派将军屈匄进攻秦国。秦、齐两国共同攻打楚国，杀掉楚军八万，并杀死屈匄，接着夺取了楚国的丹阳、汉中之地。楚国又增兵袭击秦国，到达蓝田，展开大规模的战斗，楚军大败，于是楚割让两城和秦国议和。

秦国想强迫楚，得到楚黔中之地，要用武关以外的土地交换它。楚王说："我不想换地，只要得到张仪，愿献出黔中地区。"秦王想要遣送张仪，又不忍开口说出来。张仪于是自己请求前往。惠王说："那楚王恼恨先生背弃奉送商于土地的承诺，这是要杀了你才甘心啊。"张仪说："秦国强大，楚国弱小，我和楚国大夫靳尚关系亲善，靳尚能够去奉承楚王夫人郑袖，而郑袖说的话楚王都听从。况且我是奉大王的命令出使楚国的，楚王怎敢杀害我呢？假如杀死我而替秦国取得黔中的土地，这也是我的最高愿望。"于是，他出使楚国。楚怀王等张仪一到就把他囚禁起来，要杀掉他。靳尚对郑袖说："您知道您将被大王鄙弃

今将以上庸之地六县赂楚，以美人聘楚，以宫中善歌讴者为媵。楚王重地尊秦，秦女必贵而夫人斥矣。不若为言而出之。"于是郑袖日夜言怀王曰："人臣各为其主用。今地未入秦，秦使张仪来，至重王。王未有礼而杀张仪，秦必大怒攻楚。妾请子母俱迁江南，毋为秦所鱼肉也。"怀王后悔，赦张仪，厚礼之如故。

张仪既出，未去，闻苏秦死，乃说楚王曰："秦地半天下，兵敌四国，被险带河，四塞以为固。虎贲之士百余万，车千乘，骑万匹，积粟如丘山。法令既明，士卒安难乐死，主明以严，将智以武，虽无出甲，席卷常山之险，必折天下之脊，天下有后服者先亡。且夫为从者，无以异于驱群羊而攻猛虎，虎之与羊不格明矣。今王不与猛虎而与群羊，臣窃以为大王之计过也。

"凡天下强国，非秦而楚，非楚而秦，两国交争，其势不两立。大王不与秦，秦下甲据宜阳，韩之上地不通。下河东，取成皋，韩必入臣，梁则从风而动。秦攻楚之西，韩、梁攻其北，社稷安得毋危？

"且夫从者聚群弱而攻至强，不料敌而轻战，国贫而数举兵，危亡之术也。臣闻之，兵不如者勿与挑战，粟不如者勿与持久。夫从人饰辩虚辞，高主之节，言其利不言其害，卒有秦祸，无及为已。是故愿大王之孰计之。

"秦西有巴蜀，大船积粟，起于汶山，浮江已下，至楚三千余里。舫船载卒，一舫载五十人与三月之食，下水而浮，一日行三百余里，里数虽多，然而不费牛马之力，不至十日而距扞关。扞关惊，则从境以东尽城守矣，黔中、巫郡非王之有。秦举甲出武关，南面而伐，则北地绝。秦兵之攻楚也，危难在三月之内，而楚待诸侯之救，

吗？"郑袖说："为什么？"靳尚说："秦王非常喜爱张仪，不想让他前来出使。如今将要用上庸六个县贿赂楚国，把美女嫁给楚王，用秦宫中善于唱歌的女子做陪嫁。楚王看重土地，就会敬重秦国。秦国的美女肯定会得宠，这样您就会被疏远了。不如替张仪讲情，让楚王释放他。"于是郑袖日夜向怀王进言说："作为臣子，各自为他们的国家效力。现在我们的土地还没有交给秦国，秦国派遣张仪前来，这是非常尊重大王的行为。大王还没有回礼却要杀张仪，秦王必定大怒出兵攻打楚国。我请求让我们母子都迁居到江南去，不要让秦国像收拾鱼肉一样地欺凌屠戮我们。"怀王后悔了，赦免了张仪，仍像过去那样隆重地款待他。

张仪获释后，还没有离开楚国，就听说苏秦死了，于是游说楚怀王说："秦国的土地占了天下的一半，兵力可以抵挡四方的国家，四边险要，有黄河围绕，四周都有要塞作为坚固的边防。勇武的战士一百多万，战车千辆，战马万匹，储存的粮食堆积如山。法令严明，士兵乐于临难赴死，国君贤明而威严，将帅有谋有勇，虽然没有出兵，但它的声威就能够席卷险要的常山，折断天下的脊骨，天下晚点臣服的就要先灭亡。而且，那些合纵的国家要与秦国相较，无异于驱赶着羊群进攻凶猛的老虎，虎与羊力量悬殊是非常明显的。如今，大王不亲附老虎而去亲附绵羊，我私下认为大王的计划错了。

"当今，天下强大的国家，不是秦就是楚，不是楚就是秦，两国相互征战，从它的形势看，不可能两国并存。如果大王不去亲附秦国，秦国就会出动军队先占据宜阳，韩国上党的土地也就被切断不通。秦攻下河东，夺取成皋，韩国一定投降称臣，魏国就会随之而降。秦国进攻楚国的西边，韩国、魏国进攻楚国的北边，国家怎么会不危险呢？

"而且，合纵是聚集一批弱国攻打最强的国家，不权衡敌对国的力量而轻易地发动战争，国家贫穷却频频挑起战争，这就是导致危亡的策略。我听说，您的军事力量不如别国强大，就不要挑起战争；您的粮食不如人家多，就不要持久作战。那些谈合纵的人话说得好听，不切实际，极力抬高他们国君的节行，只说对国君的好处，不说对国君的危害，突然招致秦国的祸患，挽救就来不及了。所以请大王仔细地考虑。

"秦国拥有西方的巴郡、蜀郡，用大船装满粮食，从汶山出发，顺江而下，到楚国三千余里。两船相并运送士兵，一条船可以载五十人和三个月的粮食，顺江而下，一天可行三百余里，即使路程较长，但并不费牛马的力气，不到十天就可以到达扞关。扞关形势一紧张，那么边境以东城邑都要上城守备。黔中、巫郡将不再属于大王所有了。秦国发动军队出武关，向南边进攻，楚国的北境就被切断。秦军攻打楚国，三个月内可以造成楚国的危难，而楚国等待其他诸侯的救

在半岁之外,此其势不相及也。夫弱国之救,忘强秦之祸,此臣所以为大王患也。

"大王尝与吴人战,五战而三胜,阵卒尽矣,偏守新城,存民苦矣。臣闻功大者易危,而民敝者怨上。夫守易危之功而逆强秦之心,臣窃为大王危之。

"且夫秦之所以不出兵函谷十五年以攻齐、赵者,阴谋有合天下之心。楚尝与秦构难,战于汉中,楚人不胜,列侯执圭死者七十余人,遂亡汉中。楚王大怒,兴兵袭秦,战于蓝田。此所谓两虎相搏者也。夫秦楚相敝,而韩魏以全制其后,计无危于此者矣。愿大王孰计之。

"秦下甲攻卫阳晋,必大关天下之匈。大王悉起兵以攻宋,不至数月而宋可举,举宋而东指,则泗上十二诸侯尽王之有也。

"凡天下而以信约从亲相坚者苏秦,封武安君,相燕,即阴与燕王谋伐破齐而分其地;乃佯有罪出走入齐,齐王因受而相之;居二年而觉,齐王大怒,车裂苏秦于市。夫以一诈伪之苏秦,而欲经营天下,混一诸侯,其不可成亦明矣。

"今秦与楚接境壤界,固形亲之国也。大王诚能听臣,臣请使秦太子入质于楚,楚太子入质于秦,请以秦女为大王箕帚之妾,效万室之都以为汤沐之邑,长为昆弟之国,终身无相攻伐。臣以为计无便于此者。"

于是楚王已得张仪而重出黔中地与秦,欲许之。屈原曰:"前大王见欺于张仪,张仪至,臣以为大王烹之,今纵弗忍杀之,又听其邪说,不可。"怀王曰:"许仪而得黔中,美利也。后而倍之,不可。"故卒许张仪,与秦亲。

张仪去楚,因遂之韩,说韩王曰:"韩地险恶山居,五谷所生,非菽而麦,民之食大抵菽藿羹。一岁不收,民不餍糟糠。地不过九百里,无二岁之食。料大王之卒,悉之不过三十万,而厮徒负养在其中矣。除守徼亭鄣塞,见卒不过二十万而已矣。秦带甲百余万,车千

援，需要半年以上的时间，从这形势看来，根本来不及。依靠弱国的救援，忘却强秦的祸患，这是我替大王担忧的原因啊。

"大王曾经和吴国人作战，打了五次胜了三次，能上阵的士兵都全部征调了，楚军在偏远之地守卫着新攻占的城池，可活着的百姓却太辛苦了。我听说功业过大的国君，容易招致危险，而百姓穷困就会怨恨国君。守候着容易遭到危险的功业而违背强秦的意愿，我私下为大王感到危险。

"再说秦国之所以十五年不从函谷关出兵攻打齐、赵，是因为秦国在暗中策划，有一举吞并天下的雄心。楚国曾经与秦国发生冲突，在汉中交战，楚国没有取得胜利，却有七十多位执圭的列侯战死，失去了汉中之地。楚王大怒，又出兵袭击秦国，在蓝田交战。这就是所说的两虎相斗啊。秦、楚相互削弱而使韩、魏以其完整的国力从后边进攻，再没有比这样的策略更危险的了。请大王仔细考虑。

"假如秦发兵攻取卫的阳晋，必然会断绝天下的交通枢纽。大王出动全部军队进攻宋国，用不了几个月的时间，宋国就会被拿下来，攻占宋国再向东进攻，那么泗水流域的许多小国便全归大王所有了。

"游说天下各国以信守盟约而合纵巩固彼此关系的苏秦，被封为武安君，出任燕相，却在暗中与燕王策划攻破齐国，并且分割它的土地；假装有罪逃离燕国到达齐国，齐王因此收留了他而且让他做了相国；过了两年发觉了他的阴谋，齐王大怒，在刑场上把苏秦五马分尸。凭着一个狡诈虚伪的苏秦，想要经营整个天下，让各国诸侯联合在一起，这种策略不可能成功是很明显的。

"现在秦和楚边界相接，从地理形势上也应该是亲近的国家。大王果真能听取我的建议，我请秦王派太子到楚国来做人质，楚国派太子到秦国做人质，把秦王的女儿嫁给大王做姬妾，奉上万户人家的大城作为您自己收取赋税的地方，秦、楚长期结为兄弟邻邦，终生互不攻伐。我认为没有比这更好的策略了。"

此时楚怀王已经得到张仪，却又难于出让黔中土地给秦国，想要同意张仪的建议。屈原说："以前大王被张仪欺骗，张仪来了，我认为大王会烹杀他。如今释放了他，不忍杀死他，还听信他的邪妄之言，不能这样。"怀王说："答应张仪的建议可以保住黔中土地，这是很有利的事情。已经答应了而又背弃他，不可。"所以最终答应了张仪的建议，与秦结好。

张仪离开楚国，便趁机前往韩国，游说韩王说："韩国地势险恶，民众生活在山地，生产的粮食不是麦而是豆，人们吃的大都是豆子饭、豆叶汤。一年没收成，人们连糟糠都吃不饱。土地不足九百里，没有两年的粮食储备。估计大王的士兵，全数也超不过三十万人，而且杂役也在其中。除掉防守驿亭、边防要塞的士兵，现有的军队不过二十万罢了。而秦国的军队有一百多万，战车千辆，战马

乘，骑万匹，虎贲之士跿跔科头贯颐奋戟者，至不可胜计。秦马之良，戎兵之众，探前趹后蹄间三寻腾者，不可胜数。山东之士被甲蒙胄以会战，秦人捐甲徒裼以趋敌，左挈人头，右挟生虏。夫秦卒与山东之卒，犹孟贲之与怯夫；以重力相压，犹乌获之与婴儿。夫战孟贲、乌获之士以攻不服之弱国，无异垂千钧之重于鸟卵之上，必无幸矣。

"夫群臣诸侯不料地之寡，而听从人之甘言好辞，比周以相饰也，皆奋曰'听吾计可以强霸天下'。夫不顾社稷之长利而听须臾之说，诖误人主，无过此者。

"大王不事秦，秦下甲据宜阳，断韩之上地，东取成皋、荥阳，则鸿台之宫、桑林之苑非王之有也。夫塞成皋，绝上地，则王之国分矣。先事秦则安，不事秦则危。夫造祸而求其福报，计浅而怨深，逆秦而顺楚，虽欲毋亡，不可得也。

"故为大王计，莫如为秦。秦之所欲莫如弱楚，而能弱楚者莫如韩。非以韩能强于楚也，其地势然也。今王西面而事秦以攻楚，秦王必喜。夫攻楚以利其地，转祸而说秦，计无便于此者。"

韩王听仪计。张仪归报，秦惠王封仪五邑，号曰武信君。使张仪东说齐湣王曰："天下强国无过齐者，大臣父兄殷众富乐。然而为大王计者，皆为一时之说，不顾百世之利。从人说大王者，必曰'齐西有强赵，南有韩与梁。齐，负海之国也，地广民众，兵强士勇，虽有百秦，将无奈齐何'。大王贤其说而不计其实。夫从人朋党比周，莫不以从为可。臣闻之，齐与鲁三战而鲁三胜，国以危亡随其后，虽有战胜之名，而有亡国之实。是何也？齐大而鲁小也。今秦之与齐也，犹齐之与鲁也。秦赵战于河漳之上，再战而赵再胜秦；战于番吾之下，再战又胜秦。四战之后，赵之亡卒数十万，邯郸仅存，虽有战胜之名而国已破矣。是何也？秦强而赵弱。

万匹，勇猛的士兵飞跃奔跑连头盔也不戴，弯弓持戟冲锋陷阵的，多得数不清。秦国战马精良，骏马奔驰，前蹄扬起，后蹄腾空，一跃就是两丈多远的马，多到没法数清。山东六国的军队戴盔披甲迎战秦军，秦国的士兵却甩掉战袍，赤足露身扑向敌人，左手提着人头，右手挟着俘虏。秦兵与山东六国的兵相比，就像勇士孟贲和懦夫；用巨大的威力压下去，好像勇猛的大力士乌获与婴儿对抗。用孟贲、乌获这样的军队去攻打不臣服的弱小国家，这和把千钧重力压在鸟卵上面没有什么区别。

"那些诸侯、大臣们不估量自己国土狭小，却听信主张合纵者的甜言蜜语，他们结伙营私，互相掩饰，个个慷慨激昂地说：'听从我的策略，可以在天下称霸。'不顾国家的长远利益而听信眼前的说辞，贻误国君，没有比这更为严重的了。

"假如大王不归附秦国，秦发兵占据宜阳，切断了韩国的上党之地，向东夺取成皋、荥阳，那么鸿台的宫殿、桑林的林苑，就不再为大王拥有了。再说，堵塞了成皋，截断上党，大王的国土就被分割了。先于诸侯归附秦国就安全，不侍奉秦国就危险。制造祸患却想要得到福报，计谋短浅鄙陋而结下的仇怨深重，悖逆秦国而顺从楚国，虽然想不灭亡，那是不可能的。

"所以为大王着想，不如帮助秦国，秦国所希望的，没有比削弱楚国更重要的了，能够削弱楚国的，没有谁比得上韩国。不是因为韩国比楚国强大，是因为地势的关系。如今，假如大王向西侍奉秦国进攻楚国，秦王一定很高兴。进攻楚国有利于增加韩国土地，转移了自己的祸患而取悦秦国，没有比这更合适的主意了。"

韩王听从了张仪的主意。张仪回到秦国报告，秦惠王便封给张仪五座城邑，称他为武信君。又派张仪向东游说齐湣王说："天下的强国没有能比得上齐国的，大臣、百姓都富裕安乐。然而，替大王出谋划策的人，都为了暂时的欢乐，不顾长远的利益。主张合纵的人游说大王，必定会说'齐国西面有强大的赵国，南面有韩国和魏国，齐国是个滨海国家，地广人多，兵强士勇，即使有一百个秦国，也拿齐国没有办法'。大王认为他们的说法很高明，却没能考虑到实际的情况。主张合纵的人，相互勾结，没有人不认为合纵是可行的。我听说，齐国和鲁国打了三次仗，而鲁国战胜了三次，而国家危亡跟随其后，虽然有战胜的名声，却遭到国家灭亡的现实。这是为什么呢？齐国强大而鲁国弱小啊。现在，秦国与齐国比较，就如同齐国和鲁国一样。秦国和赵国在漳河边上交战，两次交战两次打败了秦国；在番吾城下交战，两次交战又两次打败了秦国。四次战役之后，赵国的士兵阵亡几十万，仅仅保住了邯郸。虽然赵国有战胜的名声，而国家已残破了。这是为什么呢？秦国强大而赵国弱小啊。

"今秦楚嫁女娶妇,为昆弟之国。韩献宜阳;梁效河外;赵入朝渑池,割河间以事秦。大王不事秦,秦驱韩梁攻齐之南地,悉赵兵渡清河,指博关,临淄、即墨非王之有也。国一日见攻,虽欲事秦,不可得也。是故愿大王孰计之也。"

　　齐王曰:"齐僻陋,隐居东海之上,未尝闻社稷之长利也。"乃许张仪。

　　张仪去,西说赵王曰:"敝邑秦王使使臣效愚计于大王。大王收率天下以宾秦,秦兵不敢出函谷关十五年。大王之威行于山东,敝邑恐惧慑伏,缮甲厉兵,饰车骑,习驰射,力田积粟,守四封之内,愁居慑处,不敢动摇,唯大王有意督过之也。

　　"今以大王之力,举巴蜀,并汉中,包两周,迁九鼎,守白马之津。秦虽僻远,然而心忿含怒之日久矣。今秦有敝甲凋兵,军于渑池,愿渡河逾漳,据番吾,会邯郸之下,愿以甲子合战,以正殷纣之事,敬使使臣先闻左右。

　　"凡大王之所信为从者恃苏秦。苏秦荧惑诸侯,以是为非,以非为是,欲反齐国,而自令车裂于市。夫天下之不可一亦明矣。今楚与秦为昆弟之国,而韩梁称为东藩之臣,齐献鱼盐之地,此断赵之右臂也。夫断右臂而与人斗,失其党而孤居,求欲毋危,岂可得乎?

　　"今秦发三将军:其一军塞午道,告齐使兴师渡清河,军于邯郸之东;一军军成皋,驱韩梁军于河外;一军军于渑池。约四国为一以攻赵,赵服,必四分其地。是故不敢匿意隐情,先以闻于左右。臣窃为大王计,莫如与秦王遇于渑池,面相见而口相结,请案兵无攻。愿大王之定计。"

　　赵王曰:"先王之时,奉阳君专权擅势,蔽欺先王,独擅绾事,寡人居属师傅,不与国谋计。先王弃群臣,寡人年幼,奉祀之日新,心固窃疑焉,以为一从不事秦,非国之长利也。乃且愿变心易虑,割地谢前过以事秦。方将约车趋行,适闻使者之明诏。"赵王许张仪,

"如今秦、楚之间嫁女娶妇,结成兄弟盟国。韩国献出宜阳,魏国献出河外,赵国在渑池朝拜秦王,割让河间来侍奉秦国。假如大王不归附秦国,秦国就会驱使韩、魏进攻齐国南部,赵国的军队全部出动,渡过清河,直奔博关,临淄、即墨就不再为大王所拥有了。国家一旦被进攻,即使想归附秦,已经不可能了,因此请大王仔细考虑。"

齐王说:"齐国偏僻落后,独自处于东海边上,没有听过关于国家长远利益的道理。"就答应了张仪的建议。

张仪离开齐国往西去,劝赵王说:"敝国国君派我向大王进献不成熟的策略。大王率领天下诸侯来抵制秦国,秦国的军队十五年不敢出函谷关。大王的威名遍播崤山以东,我们秦国恐惧折服不敢妄动,整治军备,磨砺武器,加强车马,练习骑射,努力种地,储存粮食,坚守四境,忧愁恐惧地生活着,不敢有所行动,只恐怕大王有意深责我们的过错。

"现在凭借大王的督促之力,秦国已经攻取了巴、蜀,吞并了汉中,囊括两周,迁移九鼎,据守白马渡口。秦国虽说地处偏远,然而内心压抑愤懑的日子太长了。现在,秦国有一支残兵败将,驻扎在渑池,正打算渡过黄河,跨过漳水,进占番吾,同贵军在邯郸城下相会,希望在甲子这一天与贵军交战,来重演周武王伐纣的故事,所以秦王特派我先来告知大王。

"大王信赖倡导合纵联盟的原因,是凭靠苏秦。苏秦迷惑诸侯,颠倒是非,企图颠覆齐国,而使得自己被车裂于集市之上。天下诸侯不能联合为一体是很明显的了。如今,楚国和秦国已结成了兄弟盟国,韩国与魏国自称为秦国东方的属国,齐国奉献出盛产鱼盐的地方,这就等于斩断了赵国的右臂。断了右臂与别人相争,失去同盟成了孤家寡人,想要国家不危险,怎么可能呢?

"现在,秦国派出三支军队:其中一支军队截断午道,通知齐国调动军队渡过清河,驻扎在邯郸的东面;一支军队驻扎在成皋,驱使韩、魏的军队驻扎在河外;一支军队驻扎在渑池。相约四国军队结为一体进攻赵国,赵国被攻破后,必然由四国瓜分它的土地。因此我不敢隐瞒我们的想法和真实的情况,先让大王知道。我私下替大王考虑,不如与秦王在渑池会晤,双方面对面亲口约定,请他按兵不要进攻。希望大王拿定主意。"

赵王说:"先王在世的时候,奉阳君独揽权势,蒙骗先王,独揽政务,我由师傅管教,不参与国家大事的谋划。先王去世时,我年纪轻,继承君位的时间也不长,内心本来就暗自怀疑,认为各国联合一体,不侍奉秦国,不是我国长远的利益。于是,我打算改变心志,去掉疑虑,割让土地为以前的过错道歉,归附秦国。我正要整备车马前去请罪,恰好听到了您的英明教诲。"赵王答应了张仪的

张仪乃去。

北之燕，说燕昭王曰："大王之所亲莫如赵。昔赵襄子尝以其姊为代王妻，欲并代，约与代王遇于句注之塞。乃令工人作为金斗，长其尾，令可以击人。与代王饮，阴告厨人曰：'即酒酣乐，进热啜，反斗以击之。'于是酒酣乐，进热啜，厨人进斟，因反斗以击代王，杀之，王脑涂地。其姊闻之，因摩笄以自刺，故至今有摩笄之山。代王之亡，天下莫不闻。

"夫赵王之狼戾无亲，大王之所明见，且以赵王为可亲乎？赵兴兵攻燕，再围燕都而劫大王，大王割十城以谢。今赵王已入朝渑池，效河间以事秦。今大王不事秦，秦下甲云中、九原，驱赵而攻燕，则易水、长城非大王之有也。

"且今时赵之于秦犹郡县也，不敢妄举师以攻伐。今王事秦，秦王必喜，赵不敢妄动，是西有强秦之援，而南无齐赵之患，是故愿大王孰计之。"

燕王曰："寡人蛮夷僻处，虽大男子，裁如婴儿，言不足以采正计。今上客幸教之，请西面而事秦，献恒山之尾五城。"燕王听仪。仪归报，未至咸阳而秦惠王卒，武王立。武王自为太子时不说张仪，及即位，群臣多谗张仪曰："无信，左右卖国以取容。秦必复用之，恐为天下笑。"诸侯闻张仪有却武王，皆畔衡，复合从。

秦武王元年，群臣日夜恶张仪未已，而齐让又至。张仪惧诛，乃因谓秦武王曰："仪有愚计，愿效之。"王曰："奈何？"对曰："为秦社稷计者，东方有大变，然后王可以多割得地也。今闻齐王甚憎仪，仪之所在，必兴师伐之。故仪愿乞其不肖之身之梁，齐必兴师而伐梁。梁齐之兵连于城下而不能相去，王以其间伐韩，入三川，出兵函谷而毋伐，以临周，祭器必出。挟天子，按图籍，此王业也。"秦王以为然，乃具革车三十乘，入仪之梁。齐果兴师

建议，张仪才离开。

张仪向北到了燕国，游说燕昭王说："大王所亲近的国家没有哪个超过赵国。过去赵襄子曾经把自己的姐姐嫁给代王为妻，想吞并代国，邀代王在句注山的要塞相会，就命令工人制作了舀酒的铜斗，把斗的尾部做得很长，使它能用来杀人。赵王与代王喝酒，暗中告诉厨工说：'到酒饮得酣畅高兴时，你送上热羹，趁机把斗柄反转过来击杀他。'于是当喝酒喝到酣畅欢乐时，送来热汤，厨子为代王斟汤，趁机反转斗柄击中代王，把代王杀了，代王的脑浆流了一地。赵王的姐姐听到这件事，便用磨利的簪子自杀了，所以至今还有一个名叫摩笄的山名。代王的死因，天下人没有不知道的。

"赵王凶暴乖张，六亲不认，这是大王看得清楚的事情，那还能认为赵王可以亲近吗？赵国出动军队攻打燕国，两次围困燕国首都来劫持大王，大王割让了十座城来谢罪。如今，赵王已经到渑池朝拜秦王，献出河间一带土地侍奉秦国。如今，假如现在大王不归附秦国，秦发兵到云中、九原，驱使赵国进攻燕国，那么易水、长城就不再是大王所有了。

"而且，现在的赵国对秦国来说，如同郡和县的关系，不敢妄自兴兵打仗。如今，假如大王侍奉秦国，秦王一定高兴，赵国就不敢妄动，这就等于西边有强秦的援助，而南边解除了齐国、赵国的忧虑，所以请大王仔细考虑。"

燕王说："我就像蛮夷之徒一样处在偏僻之地，这里的人即使是个大男子，却好像婴儿一样，他们的言论不值得采纳形成正确的决策。如今，承蒙贵客教诲，我愿意西向依附秦国，献出恒山脚下五座城池。"燕王听信了张仪的建议。张仪返回秦国报告，还没走到咸阳而秦惠王去世了，武王即位。武王从当太子的时候就不喜欢张仪，等到继承王位，很多大臣说张仪的坏话："他没有信用，反复无常，出卖国家利益来取悦国君的欢心。秦国一定要再任用他，恐怕被天下人耻笑。"诸侯们听说张仪和秦武王有隔阂，都纷纷退出了连横，恢复了合纵联盟。

秦武王元年，大臣们日夜不停地诽谤张仪，而齐国又派人来责备张仪。张仪害怕被杀，就趁机对武王说："我有一条计策，愿意贡献出来。"武王说："什么样的计策？"回答说："为秦国社稷着想，必须使东方各国发生大的变故，大王才能多割得土地。如今，听说齐王非常恨我，我在哪个国家，他就一定会派兵攻打哪个国家。所以，我希望让我这个不成才的人到魏国去，齐国必然要出兵攻打魏国。魏国和齐国的军队在城下混战而谁都没法回师离开的时候，大王趁这个空隙攻打韩国，打进三川，出兵函谷关但不进攻，兵临周都，周天子一定会献出祭器。这样大王就可以挟持天子，掌握天下的地图户籍，这是称王的大业啊。"秦王认为他说得对，就准备了三十辆兵车，送张仪到魏国，齐国果然兴师攻打魏

伐之。梁哀王恐。张仪曰："王勿患也，请令罢齐兵。"乃使其舍人冯喜之楚，借使之齐，谓齐王曰："王甚憎张仪，虽然，亦厚矣，王之托仪于秦也！"齐王曰："寡人憎仪，仪之所在，必兴师伐之，何以托仪？"对曰："是乃王之托仪也。夫仪之出也，固与秦王约曰：'为王计者，东方有大变，然后王可以多割得地。今齐王甚憎仪，仪之所在，必兴师伐之。故仪愿乞其不肖之身之梁，齐必兴师伐之。齐梁之兵连于城下而不能相去，王以其间伐韩，入三川，出兵函谷而无伐，以临周，祭器必出。挟天子，案图籍，此王业也。'秦王以为然，故具革车三十乘而入之梁也。今仪入梁，王果伐之，是王内罢国而外伐与国，广邻敌以内自临，而信仪于秦王也。此臣之所谓'托仪'也。"齐王曰："善。"乃使解兵。

张仪相魏一岁，卒于魏也。

陈轸者，游说之士。与张仪俱事秦惠王，皆贵重，争宠。张仪恶陈轸于秦王曰："轸重币，轻使秦楚之间，将为国交也。今楚不加善于秦而善轸者，轸自为厚而为王薄也。且轸欲去秦而之楚，王胡不听乎？"王谓陈轸曰："吾闻子欲去秦之楚，有之乎？"轸曰："然。"王曰："仪之言果信矣。"轸曰："非独仪知之也，行道之士尽知之矣。昔子胥忠于其君而天下争以为臣，曾参孝于其亲而天下愿以为子。故卖仆妾不出闾巷而售者，良仆妾也；出妇嫁于乡曲者，良妇也。今轸不忠其君，楚亦何以轸为忠乎？忠且见弃，轸不之楚何归乎？"王以其言为然，遂善待之。

居秦期年，秦惠王终相张仪，而陈轸奔楚。楚未之重也，而使陈轸使于秦。过梁，欲见犀首。犀首谢弗见。轸曰："吾为事来，公不见轸，轸将行，不得待异日。"犀首见之。陈轸曰："公何好饮也？"犀首曰："无事也。"曰："吾请令公厌事可乎？"曰："奈

国,魏哀王很害怕。张仪说:"大王不要忧虑,请让我退掉齐兵。"就派遣他的门客冯喜到楚国,再借用楚国的使臣到齐国,对齐王说:"大王特别憎恨张仪,虽然如此,可是大王让张仪在秦国有所依托,也做得够周到了啊!"齐王说:"我憎恨张仪。张仪在哪里,我就一定兴兵讨伐哪里。我怎么让张仪更受信任呢?"回答说:"这就是为什么说大王使张仪更受信任的原因啊。张仪离开秦国时,本来与秦王约定说:'替大王着想,必须使东方各国发生大的变故,大王才能多割得土地。如今听说齐王非常恨我,我在哪个国家,他就一定会派兵攻打哪个国家。所以我希望让我这个不成才的人到魏国去,齐国必然要出动军队攻打魏国,魏国和齐国的军队在梁城下对峙而都没法回师的时候,大王趁这个空隙攻打韩国,打进三川,出兵函谷关但不进攻,兵临周都,周天子一定会献出祭器。大王就可以挟持天子,掌握天下的地图户籍,这是称王的大业啊。'秦王认为他说得对,所以准备了兵车三十辆,送张仪去了魏国。如今,张仪去了魏国,大王果然攻打,这样大王对内使国力疲惫,对外攻打盟国,广泛地树立敌人,使祸患殃及自身,却让张仪得到秦国的信任。这就是我所说的'让张仪有所依托'呀。"齐王说:"说得好。"于是撤走了攻打魏国的军队。

张仪出任魏国宰相一年,死在了魏国。

陈轸,是个游说之士。和张仪共同侍奉秦惠王,都被重用而显贵,二人为得到尊位而争斗。张仪在秦王面前中伤陈轸说:"陈轸携带丰厚的财物轻易出使秦、楚之间,是为两国的邦交。如今楚国却不曾对秦国更加友好反而对陈轸亲善,足见陈轸替自己谋划得多而替大王想得少啊。而且陈轸想离开秦投奔楚,大王为什么随他呢?"秦王对陈轸说:"我听说先生想离秦投奔楚,有这样的事吗?"陈轸说:"有。"秦王说:"张仪的话果然是真的。"陈轸说:"不单是张仪知道这回事,就连路过的行人也都知道了。从前伍子胥忠于他的国君,因而各国诸侯争着让他做自己的臣子;曾参孝敬他的父母,因此天下的父母都希望他做儿子。所以卖奴仆、侍妾没等到走出巷子就被卖掉了的,都是好奴仆、好侍妾;被遗弃的妇女还能在本乡本土嫁出去的,都是好女人。现在,如果我对国君不忠,楚王又凭什么认为我能对他忠诚呢?忠诚却被抛弃,我不去楚国,又归向何处呢?"秦惠王觉得他的话有道理,于是就很友善地对待他。

陈轸在秦国住了一年,秦惠王终于任用张仪为宰相,陈轸投奔楚国,楚王没有重用他,却派他出使秦国。他路过魏国,想见见犀首,犀首谢绝不见。陈轸说:"我是为事而来,你不见我,我要走了,不能等到第二天。"犀首便接见了他。陈轸说:"您为什么喜欢饮酒呢?"犀首说:"没事可做。"陈轸说:"我让您有做不完的事,可以吗?"犀首说:"您打算怎么办?"陈轸说:"魏相田

何？"曰："田需约诸侯从亲，楚王疑之，未信也。公谓于王曰：'臣与燕、赵之王有故，数使人来，曰"无事何不相见"，愿谒行于王。'王虽许公，公请毋多车，以车三十乘，可陈之于庭，明言之燕、赵。"燕、赵客闻之，驰车告其王，使人迎犀首。楚王闻之大怒，曰："田需与寡人约，而犀首之燕、赵，是欺我也。"怒而不听其事。齐闻犀首之北，使人以事委焉。犀首遂行，三国相事皆断于犀首。轸遂至秦。

韩魏相攻，期年不解。秦惠王欲救之，问于左右。左右或曰救之便，或曰勿救便，惠王未能为之决。陈轸适至秦，惠王曰："子去寡人之楚，亦思寡人不？"陈轸对曰："王闻夫越人庄舄乎？"王曰："不闻。"曰："越人庄舄仕楚执圭，有顷而病。楚王曰：'舄故越之鄙细人也，今仕楚执圭，贵富矣，亦思越不？'中谢对曰：'凡人之思故，在其病也。彼思越则越声，不思越则楚声。'使人往听之，犹尚越声也。今臣虽弃逐之楚，岂能无秦声哉！"惠王曰："善。今韩魏相攻，期年不解，或谓寡人救之便，或曰勿救便，寡人不能决，愿子为子主计之余，为寡人计之。"陈轸对曰："亦尝有以夫卞庄子刺虎闻于王者乎？庄子欲刺虎，馆竖子止之，曰：'两虎方且食牛，食甘必争，争则必斗，斗则大者伤，小者死，从伤而刺之，一举必有双虎之名。'卞庄子以为然，立须之。有顷，两虎果斗，大者伤，小者死。庄子从伤者而刺之，一举果有双虎之功。今韩魏相攻，期年不解，是必大国伤，小国亡，从伤而伐之，一举必有两实。此犹庄子刺虎之类也。臣主与王何异也。"惠王曰："善。"卒弗救。大国果伤，小国亡，秦兴兵而伐，大克之。此陈轸之计也。

犀首者，魏之阴晋人也，名衍，姓公孙氏。与张仪不善。

需邀各国诸侯进行合纵联盟,楚王怀疑他,还没相信。您去对魏王说:'我和燕国、赵国的国君有旧交,他们多次派人来,对我说"如果您闲着没事为什么不互相见见面",希望您去晋见我们国君。'魏王便会答应您,您不必多准备车辆,只要把三十辆车摆列在庭院里,公开说要到燕、赵去。"燕、赵的外交人员听了这个消息,急忙驱车回报他们的国君,让人迎接犀首。楚王听了这个消息,很生气,说:"田需和我约定,可是犀首却前往燕、赵,这是欺骗我呀。"楚王很生气而不再理睬田需的建议。齐国听说犀首前往北方,派人把国家的政事托付给他,犀首于是出发,这样燕、赵、齐三国相国的事务都由犀首决定。陈轸于是到了秦国。

韩、魏两国交战,整整一年没有停息。秦惠王想解救他们,征求左右大臣们的意见。大臣们有的说让他们和解有利,有的说不和解有利,秦惠王没能作出决定。陈轸正好回到秦国,惠王说:"先生离开我去了楚国,还想念我吗?"陈轸回答说:"大王听说过越国人庄舄吗?"惠王说:"没有听说过。"陈轸说:"越人庄舄在楚国任执圭大臣,不久得了病。楚王说:'庄舄原本是越国一个地位低微的人,如今在楚国任执圭大臣,富贵了,也不知想不想越国?'一位侍御回答说:'大凡一个人怀念过去,是在他生病的时候。庄舄如果想念越国,就会发出越国的腔调,要是不思念越国,就会发出楚国的口音。'于是派人前去偷听,庄舄发出的仍然是越国的口音。如今我虽然被遗弃,跑到楚国,怎么可能不发出秦国的口音呢?"惠王说:"好。现在韩国和魏国交战,一年了还没有解决,有的对我说让他们和解有利,有的说不让他们和解有利,我不能决定,希望先生为你的国君出谋划策之余,为我出个主意。"陈轸回答说:"曾经有人为大王讲过下庄子刺虎的事吗?下庄子正准备刺杀猛虎,旅舍里有个小子阻止他,说:'两只虎正在吃牛,吃到痛快的时候一定会争夺,一争夺就一定会打起来,一打起来,那么大的就会受伤,小的就会死亡。在大虎受伤后再去追杀它,一举就能获得杀死两只老虎的名声。'下庄子认为他说得对,站在旁边等候。不久,两只老虎果然打了起来,结果大的受了伤、小的死了。下庄子追赶上受伤的大老虎杀死了它,一举果然获得了杀死两只老虎的功劳。如今,韩、魏交战,一年得不到解决,这样势必大国损伤,小国一定危亡,追逐着受到损伤的国家而讨伐它,一举必然会有击破两国的实效。这和下庄子刺虎是同样的道理啊。我为楚王和为大王您出主意有什么不同呢?"惠王说:"说得好。"终于没有去解救两国。大国果然受到损伤,小国面临着危亡,秦国趁机兴兵讨伐,取得大胜。这是陈轸的策略呀!

犀首,是魏国阴晋人。名衍,姓公孙。他和张仪关系不好。

张仪为秦之魏，魏王相张仪。犀首弗利，故令人谓韩公叔曰："张仪已合秦魏矣，其言曰'魏攻南阳，秦攻三川'。魏王所以贵张子者，欲得韩地也。且韩之南阳已举矣，子何不少委焉以为衍功，则秦魏之交可错矣。然则魏必图秦而弃仪，收韩而相衍。"公叔以为便，因委之犀首以为功。果相魏。张仪去。

义渠君朝于魏。犀首闻张仪复相秦，害之。犀首乃谓义渠君曰："道远不得复过，请谒事情。"曰："中国无事，秦得烧掇焚杆君之国；有事，秦将轻使重币事君之国。"其后五国伐秦。会陈轸谓秦王曰："义渠君者，蛮夷之贤君也，不如赂之以抚其志。"秦王曰："善。"乃以文绣千纯，妇女百人遗义渠君。义渠君致群臣而谋曰："此公孙衍所谓邪？"乃起兵袭秦，大败秦人李伯之下。

张仪已卒之后，犀首入相秦。尝佩五国之相印，为约长。

太史公曰：三晋多权变之士，夫言从衡强秦者大抵皆三晋之人也。夫张仪之行事甚于苏秦，然世恶苏秦者，以其先死，而仪振暴其短以扶其说，成其衡道。要之，此两人真倾危之士哉！

张仪为了秦国的事前往魏国，魏王任用张仪做宰相。犀首认为对自己不利，所以他使人对韩国公叔说："张仪已经使秦、魏两国联合了，他扬言说：'魏攻取韩国的南阳，秦攻取韩国的三川。'魏王之所以看重张仪，是想得到韩国的土地。况且韩国的南阳已经被占领了，你为什么不把南阳的事委托给我，让我到魏王面前请功，这样秦、魏两国的交往就会停止。如此，魏国一定会打秦国的主意而抛弃张仪，拉拢韩国并任我为魏相。"公叔认为有利，因此就把政事委托给犀首，让他献功。犀首果真做了魏国的相国，张仪离开了魏国。

西戎国义渠君到魏国朝见。犀首听说张仪又出任秦国宰相，担心对自己有威胁。犀首于是对义渠君说，"贵国道路遥远，今日分别，您很难再来访问，请允许我告诉你一些事情。"他继续说："中原各国不联合起来讨伐秦国，秦国将会烧杀侵略你的国家；中原各国一致讨伐秦国，秦国就会随时派出使臣赠送厚礼到您的国家。"此后，楚、魏、齐、韩、赵五国共同讨伐秦国，正好陈轸对秦王说："义渠君是蛮夷各国中的贤明君主，不如厚赠他来安抚他。"秦王说："好。"于是用一千匹锦绣、一百名美女赠送给义渠君，义渠君把群臣召来商量说："这就是公孙衍所说过的情形吧？"于是发兵偷袭秦国，在李伯城下大败秦军。

张仪死后，犀首到秦做了相国，曾经佩带过五个国家的相印，做了联盟的领袖。

太史公说：韩赵魏有许多善于权变的人，那些主张合纵、连横使秦国强大的，大多是韩赵魏人。张仪做事比苏秦更厉害，但世人厌恶苏秦，是因为他先死，张仪就张扬揭露他的短处来证明自己的主张，促成连横政策。总而言之，这两个人真正称得上是倾邦覆国的人啊。

樗里子甘茂列传第十一

　　樗里子者，名疾，秦惠王之弟也，与惠王异母。母，韩女也。樗里子滑稽多智，秦人号曰"智囊"。

　　秦惠王八年，爵樗里子右更，使将而伐曲沃，尽出其人，取其城，地入秦。秦惠王二十五年，使樗里子为将伐赵，虏赵将军庄豹，拔蔺。明年，助魏章攻楚，败楚将屈丐，取汉中地。秦封樗里子，号为严君。

　　秦惠王卒，太子武王立，逐张仪、魏章，而以樗里子、甘茂为左右丞相。秦使甘茂攻韩，拔宜阳。使樗里子以车百乘入周。周以卒迎之，意甚敬。楚王怒，让周，以其重秦客。游腾为周说楚王曰："知伯之伐仇犹，遗之广车，因随之以兵，仇犹遂亡。何则？无备故也。齐桓公伐蔡，号曰诛楚，其实袭蔡。今秦，虎狼之国，使樗里子以车百乘入周，周以仇犹、蔡观焉，故使长戟居前，强弩在后，名曰卫疾，而实囚之。且夫周岂能无忧其社稷哉？恐一旦亡国以忧大王。"楚王乃悦。

　　秦武王卒，昭王立，樗里子又益尊重。

　　昭王元年，樗里子将伐蒲。蒲守恐，请胡衍。胡衍为蒲谓樗里子曰："公之攻蒲，为秦乎？为魏乎？为魏则善矣，为秦则不为赖矣。夫卫之所以为卫者，以蒲也。今伐蒲入于魏，卫必折而从之。魏亡西河之外而无以取者，兵弱也。今并卫于魏，魏必强。魏强之日，西河之外必危矣。且秦王将观公之事，害秦而利魏，王必罪公。"樗里子曰："奈何？"胡衍曰："公释蒲勿攻，臣试为公入言之，以德卫君。"樗里子曰："善。"胡衍入蒲，谓其守曰："樗里子知蒲之病矣，其言曰必拔蒲。衍能令释蒲勿攻。"蒲守恐，因再拜曰："愿以

樗里子，姓嬴名疾，是秦惠王的弟弟，与秦惠王同父异母。他的母亲是韩国女子。樗里子诙谐多智，秦国人称呼他为"智囊"。

　　秦惠王八年，授给樗里子右更的爵位，让他带兵攻打曲沃，他把那里的人全部赶走，占领了城邑，土地全部归属秦国。秦惠王二十五年，秦王任命樗里子为将军攻打赵国，俘虏了赵国将军庄豹，拿下了蔺邑。第二年，又协助魏章攻打楚国，战败了楚将屈丐，夺取了汉中地区。秦王加封樗里子，封号"严君"。

　　秦惠王死后，太子武王即位，驱逐了张仪、魏章，用樗里子、甘茂为左右丞相。秦王派甘茂进攻韩国，拿下了宜阳，又派樗里子率一百辆战车朝见周王。周王派士兵列队迎接他，态度非常恭敬。楚王得知后怒不可遏，就责备周王，认为周王不应这么敬重秦国的客人。对此，游腾替周王劝说楚王道："先前智伯攻打仇犹时，赠给他们大车，乘机随后派兵，结果仇犹灭亡了。为什么？就是没有防备的缘故啊。齐桓公攻打蔡国时，号称攻打楚国，实际上是突袭蔡国。现在秦国，是个如虎似狼的国家，派樗里子带着百辆战车进入周都，周王以仇犹、蔡的事件作借鉴，所以派手持长戟的兵卒位于前面，让佩带强弓的军士列在后面，表面说是护卫樗里子，其实是囚禁他，以防不测。周王怎么会不担忧他的天下呢？恐怕一旦亡了国，让大王感到忧伤。"楚王听后才高兴起来。

　　秦武王死后，昭王即位，对樗里子更加尊重。

　　秦昭王元年，樗里子率兵攻打蒲城。蒲城的长官很害怕，便向胡衍求计。胡衍为了蒲城对樗里子说："您攻打蒲城，是为了秦国呢，还是为了魏国？如果是为了魏国那还好；如果是为了秦国，那就不算有利了。卫国之所以成为一个国家，就是由于有蒲城存在。现在您攻打它迫使它投入魏国怀抱，那卫国一定会转而归附魏国。魏国丧失了西河之外的城邑却没有办法夺回来，是因为兵力薄弱。现在攻打蒲城使卫国并入魏国，魏国必定会强盛。魏国强大之日，贵国所占城邑就危险了。况且，秦王要察看您的此次行动，如果危害秦国而有利于魏国，秦王定要加罪于您。"听了这番话，樗里子若有所思地说："那该怎么办？"胡衍便顺势说："您放弃蒲城不攻，我试着到蒲城替您说，让卫国国君不忘您给予的恩德。"樗里子说："好吧。"胡衍进入蒲城后，就对那个长官说："樗里子已经掌握蒲城的弱点了，他扬言一定要拿下蒲城。不过我胡衍能让他放弃蒲城，不

请。"因效金三百斤，曰："秦兵苟退，请必言子于卫君，使子为南面。"故胡衍受金于蒲以自贵于卫。于是遂解蒲而去。还击皮氏，皮氏未降，又去。

昭王七年，樗里子卒，葬于渭南章台之东。曰："后百岁，是当有天子之宫夹我墓。"樗里子疾室在于昭王庙西，渭南阴乡樗里，故俗谓之樗里子。至汉兴，长乐宫在其东，未央宫在其西，武库正直其墓。秦人谚曰："力则任鄙，智则樗里。"

甘茂者，下蔡人也。事下蔡史举先生，学百家之说。因张仪、樗里子而求见秦惠王。王见而说之，使将，而佐魏章略定汉中地。

惠王卒，武王立。张仪、魏章去，东之魏。蜀侯辉、相壮反，秦使甘茂定蜀。还，而以甘茂为左丞相，以樗里子为右丞相。

秦武王三年，谓甘茂曰："寡人欲容车通三川，以窥周室，而寡人死不朽矣。"甘茂曰："请之魏，约以伐韩，而令向寿辅行。"甘茂至，谓向寿曰："子归，言之于王曰'魏听臣矣，然愿王勿伐'。事成，尽以为子功。"向寿归，以告王，王迎甘茂于息壤。甘茂至，王问其故。对曰："宜阳，大县也，上党、南阳积之久矣。名曰县，其实郡也。今王倍数险，行千里攻之，难。昔曾参之处费，鲁人有与曾参同姓名者杀人，人告其母曰'曾参杀人'，其母织自若也。顷之，一人又告之曰'曾参杀人'，其母尚织自若也。顷又一人告之曰'曾参杀人'，其母投杼下机，逾墙而走。夫以曾参之贤与其母信之也，三人疑之，其母惧焉。今臣之贤不若曾参，王之信臣又不如曾参之母信曾参也，疑臣者非特三人，臣恐大王之投杼也。始张仪西并巴蜀之地，北开西河之外，南取上庸，天下不以多张子而以贤先王。魏

再进攻。"蒲城长官十分恐惧,就向胡衍拜了又拜说:"求您施恩救助。"于是献上黄金三百斤,又表示说:"秦兵要是撤退了,我一定把您的功劳报告给卫国国君,让您晋升高位。"因此,胡衍从蒲城得到重金并且在卫国享有了高位。这时,樗里子已解除了对蒲城的包围离开了。他返回攻打皮氏,皮氏没投降,便又撤离了。

昭王七年,樗里子去世,葬在渭水南边章台之东。临终前他预言说:"一百年之后,这里会有天子的宫殿夹着我的坟墓。"樗里子嬴疾的墓室在昭王庙西渭水南岸阴乡樗里,所以人们通常称他为樗里子。到了汉代兴起后,长乐宫就建在他坟墓的东边,而未央宫则在他坟墓的西边,武库正对着他的坟墓,果如所言。秦国人有句谚语说:"论力气要数任鄙,论智谋要数樗里。"

甘茂,是下蔡人。曾侍奉下蔡的史举先生,跟他学习诸子百家的学说。后来通过张仪、樗里子的引荐拜见秦惠王。秦惠王一见他就非常喜欢,让他带兵,辅佐魏章夺取汉中地区。

秦惠王死后,武王即位。张仪、魏章离开秦国,去了东边的魏国。不久,秦公子蜀侯辉和蜀相陈壮谋反,武王就指派甘茂平定了蜀乱。返回秦国后,武王任命甘茂为左丞相,任命樗里子为右丞相。

秦武王三年,武王对甘茂说:"寡人有个心愿,想开辟一条通往三川的能够走车的路,去看一看周朝都城,那么寡人即使死去也心满意足了。"甘茂听后说:"请让我到魏国去,约他们一起攻打韩国,并请让向寿辅助我一同前往。"武王应许了甘茂的请求。甘茂到魏国后,就对向寿说:"您回去,对武王说'魏国听从我的主张了,但我希望大王先不要攻打韩国'。事情成功了,全算作您的功劳。"向寿回来后,把甘茂的话报告给武王,武王到息壤迎接甘茂。甘茂抵达息壤,秦王追问他先不攻打韩国的缘故。甘茂回答说:"宜阳,是个大县,上党、南阳的财富积储已经很久了。名义上叫县,其实是个郡。现在大王冒着数倍的凶险,千里行军攻打它,取胜困难啊。从前,曾参住在费邑,鲁国有个与曾参同姓同名的人杀了人,有人告诉他母亲说'曾参杀了人',她正在织布,神情泰然自若。过了一会儿,又一个人来告诉他母亲说'曾参杀了人',她仍然在织布,神情不变。不一会儿,又有一个人来告诉他母亲说'曾参杀了人',她扔下梭子,走下织布机,翻墙逃跑了。凭着曾参的贤德和他母亲对他的信任,三个人怀疑他,他母亲就害怕了。现在我的贤能比不上曾参,大王对我的信任也不如曾参的母亲信任曾参,可是怀疑我的决非三个人,我担心大王也像曾母投杼一样,怀疑我啊。原先张仪在西边吞并巴蜀的土地,在北面扩大了西河之外的疆域,在南边夺取了上庸,天下人没有因此称赞张仪却推崇先王。魏文侯让乐羊带兵去攻

文侯令乐羊将而攻中山,三年而拔之。乐羊返而论功,文侯示之谤书一箧。乐羊再拜稽首曰:'此非臣之功也,主君之力也。'今臣,羁旅之臣也。樗里子、公孙奭二人者挟韩而议之,王必听之,是王欺魏王而臣受公仲侈之怨也。"王曰:"寡人不听也,请与子盟。"卒使丞相甘茂将兵伐宜阳。五月而不拔,樗里子、公孙奭果争之。武王召甘茂,欲罢兵。甘茂曰:"息壤在彼。"王曰:"有之。"因大悉起兵,使甘茂击之。斩首六万,遂拔宜阳。韩襄王使公仲侈入谢,与秦平。

武王竟至周,而卒于周。其弟立,为昭王。王母宣太后,楚女也。楚怀王怨前秦败楚于丹阳而韩不救,乃以兵围韩雍氏。韩使公仲侈告急于秦。秦昭王新立,太后楚人,不肯救。公仲因甘茂,茂为韩言于秦昭王曰:"公仲方有得秦救,故敢扞楚也。今雍氏围,秦师不下殽,公仲且仰首而不朝,公叔且以国南合于楚。楚、韩为一,魏氏不敢不听,然则伐秦之形成矣。不识坐而待伐孰与伐人之利?"秦王曰:"善。"乃下师于殽以救韩。楚兵去。

秦使向寿平宜阳,而使樗里子、甘茂伐魏皮氏。向寿者,宣太后外族也,而与昭王少相长,故任用。向寿如楚,楚闻秦之贵向寿,而厚事向寿。向寿为秦守宜阳,将以伐韩。韩公仲使苏代谓向寿曰:"禽困覆车。公破韩,辱公仲,公仲收国复事秦,自以为必可以封。今公与楚解口地,封小令尹以杜阳。秦楚合,复攻韩,韩必亡。韩亡,公仲且躬率其私徒以阋于秦。愿公孰虑之也。"向寿曰:"吾合秦楚非以当韩也,子为寿谒之公仲,曰秦韩之交可合也。"苏代对曰:"愿有谒于公。人曰,贵其所以贵者贵。王之爱习公也,不如公孙奭;其智能公也,不如甘茂。今二人者皆不得亲于秦事,而公独与王主断于国者何?彼有以失之也。公孙奭党于韩,而甘茂党于魏,

打中山国，打了三年才攻下中山。乐羊回到魏国论功请赏，而魏文侯给他看了毁谤他的文书一小箱，吓得乐羊一连两次跪拜叩头说：'这可不是我的功劳，全是主上的威力啊。'如今我是个寄居此地的臣僚。樗里子、公孙奭二人会以韩国国力强为理由，来非议进攻韩国之事，大王一定会听从他们的意见，这样就会造成大王欺骗魏王而我将遭到韩相公仲侈的怨恨。"武王说："我不听他们的，请让我跟您盟誓。"终于派丞相甘茂领兵去攻打宜阳。过了五个月却还攻不下宜阳，樗里子和公孙奭果然与秦王争议讨伐之事。武王召甘茂回国，想要罢兵。甘茂说："息壤还在那个地方呢。"武王说："有过盟誓。"于是大举起兵，让甘茂进攻宜阳，斩敌六万人，终于拿下了宜阳。韩襄王派公仲侈到秦国谢罪，与秦国议和了。

  武王终于通过三川之地到了周都，最后死在了周都。武王的弟弟即位，就是秦昭王。秦昭王的母亲宣太后是楚国女子。楚怀王怨恨从前秦国在丹阳打败楚国而韩国坐视不救，于是就带兵围攻韩国雍氏。韩王派公仲侈到秦国告急求援。秦昭王新登王位，太后又是楚国人，所以不肯出兵救援。公仲侈就去托付甘茂，甘茂便替韩国对秦昭王说道："公仲侈正是因为可望得到秦国援救，所以才敢抵御楚国。眼下雍氏被围攻，秦军如果不肯下崤山救援，公仲侈将会昂着头轻蔑秦国而不来朝见了。韩公叔也将会向南与楚国联合，楚国和韩国一旦合而为一，魏国不敢不听他们的命令。这样一来，就会形成攻打秦国的形势。不知道坐着等待别人来讨伐和主动讨伐别人哪一个有利？"秦昭王说："好。"于是派军队出崤山救援韩国。楚军这才撤离。

  秦王让向寿去平定宜阳，又派樗里子、甘茂攻打魏国皮氏。向寿是宣太后的外亲，又和秦昭王从小一起长大，所以被重用。向寿先到了楚国，楚王听说秦王十分敬重向寿，便优厚地礼待向寿。向寿替秦国守卫宜阳，准备据此攻打韩国。韩相公仲侈派苏代对向寿说："鸟兽处于困境时，还能掀翻车辆。您如果攻破韩国，使公仲侈受辱，公仲侈处理国事后再侍奉秦国，他自认为一定可以得到秦国的封赐。现在您要把解口这个地方送给楚国，又封楚国的小令尹做杜阳的长官，使秦、楚交好。秦楚联合后，再进攻韩国，韩国一定会灭亡。韩国要灭亡，公仲侈将会亲率他的私家部属和秦国对抗。希望您仔细考虑。"向寿说："我联合秦、楚两国，并不是对付韩国的，您替我把这个意思向公仲侈申明，说秦国与韩国是能够交往合作的。"苏代回答说："我也想对您说一下。人家说，能珍视自己最可珍视者方为可贵。秦王亲近您，比不上亲近公孙奭；秦王赏识您的智慧才能，也比不上赏识甘茂。现在这二人都不能参与秦国大事，可是单单只有您能和秦王主持决断国事，这是为什么呢？是他们各有自己失去信任的地方啊。公孙奭

故王不信也。今秦楚争强而公党于楚,是与公孙奭、甘茂同道也,公何以异之?人皆言楚之善变也,而公必亡之,是自为责也。公不如与王谋其变也,善韩以备楚,如此则无患矣。韩氏必先以国从公孙奭而后委国于甘茂。韩,公之仇也。今公言善韩以备楚,是外举不僻仇也。"向寿曰:"然,吾甚欲韩合。"对曰:"甘茂许公仲以武遂,反宜阳之民,今公徒收之,甚难。"向寿曰:"然则奈何?武遂终不可得也?"对曰:"公奚不以秦为韩求颍川于楚?此韩之寄地也。公求而得之,是令行于楚而以其地德韩也。公求而不得,是韩楚之怨不解而交走秦也。秦楚争强,而公徐过楚以收韩,此利于秦。"向寿曰:"奈何?"对曰:"此善事也。甘茂欲以魏取齐,公孙奭欲以韩取齐。今公取宜阳以为功,收楚韩以安之,而诛齐魏之罪,是以公孙奭、甘茂无事也。"

甘茂竟言秦昭王,以武遂复归之韩。向寿、公孙奭争之,不能得。向寿、公孙奭由此怨,谗甘茂。茂惧,辍伐魏蒲阪,亡去。樗里子与魏讲,罢兵。

甘茂之亡秦奔齐,逢苏代。代为齐使于秦。甘茂曰:"臣得罪于秦,惧而遁逃,无所容迹。臣闻贫人女与富人女会绩,贫人女曰:'我无以买烛,而子之烛光幸有余,子可分我余光,无损子明而得一斯便焉。'今臣困而君方使秦而当路矣。茂之妻子在焉,愿君以余光振之。"苏代许诺。遂致使于秦。已,因说秦王曰:"甘茂,非常士也。其居于秦,累世重矣。自肴塞及至鬼谷,其地形险易皆明知之。彼以齐约韩魏反以图秦,非秦之利也。"秦王曰:"然则奈何?"苏代曰:"王不若重其贽,厚其禄以迎之,使彼来则置之鬼谷,终身勿出。"秦王曰:"善。"即赐之上卿,以相印

偏向韩国，而甘茂偏袒魏国，所以秦王不信任他们。现在秦国和楚国争强，可您却和楚国结党，这和公孙奭、甘茂走的是一条路，您与他们又有什么区别呢？人们都说楚国是个善于权变的国家，您一定会败在他们手里，这是自惹麻烦。您不如与秦王一起商议应付变化无常的楚国，亲善韩国，防备楚国，这样就没有忧患了。韩国与秦国结好必定先把国家大事交给公孙奭，听从他的处理意见，然后把国事委托给甘茂。韩国是您的仇敌，现在您说亲善韩国，防备楚国，这就是'外举不避仇'。"向寿说："是这样，我很想与韩国合作。"苏代回答说："甘茂曾答应公仲侈把武遂还给韩国，遣返宜阳的居民，现在您想不出力而坐收武遂，很难啊。"向寿说："既然如此，那该怎么办呢？武遂终究不能得到了吗？"苏代回答说："您为什么不借重秦国的声威，替韩国向楚国索回颍川呢？这是韩国的寄存之地呀。您要是讨还回颍川，这样您的命令可在楚国实行，并可拿楚国的地盘让韩国感激您。您若索取而得不到它，这样韩国和楚国的结怨没有解除，就会争相奔走秦国。秦楚两国争强，而您一点一点地责难楚国，借机收服韩国，这对秦国有利。"向寿听后说："该怎么办呢？"苏代立即答道："这是件好事啊。甘茂想要借助魏国的力量去攻打齐国，公孙奭打算凭着韩国的势力去攻打齐国。现在您夺取了宜阳，建立了功勋，如果再收服了楚国和韩国并加以安抚，然后声讨齐国和魏国的罪过，进而再诛罚齐国、魏国的罪过，这样公孙奭和甘茂的打算便都将化为泡影，他们在秦国就会无所事事了。"

甘茂终于说服了秦昭王，把武遂又还给韩国。向寿和公孙奭竭力反对这么做，但没有成功。向寿和公孙奭因此怀恨甘茂，常在昭王面前说他坏话。甘茂恐惧，放弃了进攻魏国的蒲阪，逃跑了。樗里子与魏国和解，罢兵撤离。

甘茂逃离秦国投奔齐国，恰巧碰上苏代。当时，苏代正替齐国出使秦国。甘茂说："我在秦国获罪，怕遭殃祸便逃了出来，没有地方容身。我听说有一个穷人的女儿和富人的女儿一起纺织，贫家女说：'我没有钱买蜡烛，而您的烛光还有剩余，请您分给我一点余光，这无损于您的照明，却能使我也得到一点便利。'现在我处于困窘境地，而您却正出使秦国并且当权了。我的妻子儿女还在秦国，希望您能用余光来拯救他们。"苏代答应了，于是出使到达秦国。完成任务后，苏代借机劝说秦王道："甘茂是个不平常的士人。他在秦国居住多年，连续几世受到重用，从崤塞至鬼谷，地形的险恶和平坦他都了解得很清楚。如果他用齐国的名义约定韩国和魏国反过来算计秦国，对秦国可不是好事呀。"秦王说："既然这样，那么该怎么办呢？"苏代说："大王不如送他更加贵重的礼物，提高他的俸禄来迎接他，假如他回来，就把他安置在鬼谷，终身不准出来。"秦王说："好。"就赐给甘茂上卿的官职，并派人带着相印到齐国迎接

迎之于齐。甘茂不往。苏代谓齐湣王曰："夫甘茂，贤人也。今秦赐之上卿，以相印迎之。甘茂德王之赐，好为王臣，故辞而不往。今王何以礼之？"齐王曰："善。"即位之上卿而处之。秦因复甘茂之家以市于齐。

齐使甘茂于楚，楚怀王新与秦合婚而欢。而秦闻甘茂在楚，使人谓楚王曰："愿送甘茂于秦。"楚王问于范蜎曰："寡人欲置相于秦，孰可？"对曰："臣不足以识之。"楚王曰："寡人欲相甘茂，可乎？"对曰："不可。夫史举，下蔡之监门也，大不为事君，小不为家室，以苟贱不廉闻于世，甘茂事之顺焉。故惠王之明，武王之察，张仪之辩，而甘茂事之，取十官而无罪。茂诚贤者也，然不可相于秦。夫秦之有贤相，非楚国之利也。且王前尝用召滑于越，而内行章义之难，越国乱，故楚南塞厉门而郡江东。计王之功所以能如此者，越国乱而楚治也。今王知用诸越而忘用诸秦，臣以王为钜过矣。然则王若欲置相于秦，则莫若向寿者可。夫向寿之于秦王，亲也，少与之同衣，长与之同车，以听事。王必相向寿于秦，则楚国之利也。"于是使使请秦相向寿于秦。秦卒相向寿。而甘茂竟不得复入秦，卒于魏。

甘茂有孙曰甘罗。
甘罗者，甘茂孙也。茂既死后，甘罗年十二，事秦相文信侯吕不韦。

秦始皇帝使刚成君蔡泽于燕，三年而燕王喜使太子丹入质于秦。秦使张唐往相燕，欲与燕共伐赵以广河间之地。张唐谓文信侯曰："臣尝为秦昭王伐赵，赵怨臣，曰：'得唐者与百里之地。'今之燕必经赵，臣不可以行。"文信侯不快，未有以强也。甘罗曰："君侯何不快之甚也？"文信侯曰："吾令刚成君蔡泽事燕三年，燕太子丹已入质矣，吾自请张卿相燕而不肯行。"甘罗曰："臣请行之。"文信侯叱曰："去！我身自请之而不肯，女焉能

他。甘茂执意不回秦国。苏代对齐湣王说:"甘茂是个贤人。现在秦国赐给他上卿,带着相印来迎接他了。甘茂由于感激大王的恩赐,喜欢做大王的臣下,所以推辞没去。现在大王用什么礼遇来对待他呢?"齐王说:"好。"立即安排他上卿官位,把他留在了齐国。秦国也赶快免除了甘茂全家的赋税徭役,同齐国争着收买甘茂。

齐国派甘茂出使楚国,楚怀王刚刚与秦国通婚结了亲,很高兴。秦王听说甘茂正在楚国,就派人对楚王说:"希望把甘茂送到秦国来。"楚王问范蜎说:"我想在秦国安排个丞相,谁合适呢?"范蜎回答说:"我的能力不够,看不出谁合适。"楚王说:"我打算让甘茂去任丞相,可以吗?"范蜎回答道:"不可以。那个史举,是下蔡的看门人,大的方面他不能侍奉国君,小的方面他不能治好家庭,他因苟且、卑贱和不廉洁名闻于世,可是甘茂侍奉他却很恭顺。因此凭秦惠王的贤明、武王的敏锐、张仪的善辩,甘茂侍奉他们,取得十个官位而没有罪过,这是一般士人难以做到的。甘茂确实是个贤才,但不能到秦国任丞相。秦国有贤能的丞相,不是楚国的好事。况且大王以前曾把召滑推荐到越国任职,他暗地里鼓动章义发难,搞得越国大乱,所以楚国才能在南边以厉门为边塞,把江东做郡县。算起来大王的功绩达到这种地步的原因,是越国动乱而楚国太平。现在大王只知道把这种谋略用于越国而忘了用于秦国,我认为您派甘茂到秦国任相是个重大的过失。那么大王要想在秦国安置一个丞相,没有比向寿更合适的了。向寿对于秦王来说,是亲戚关系,少年时与秦王同穿一件衣服,长大后同乘一辆车子,因此在国事上言听计从。大王一定要安置向寿到秦国做丞相,那对楚国是好事啊。"于是楚王派使臣去请求秦王让向寿在秦国任相。秦王终于让向寿做了丞相。甘茂最终也没能够再回到秦国,最后死在了魏国。

甘茂有个孙子叫甘罗。

甘罗是甘茂的孙子。甘茂去世的时候,甘罗才十二岁,侍奉秦国丞相文信侯吕不韦。

秦始皇帝派刚成君蔡泽到燕国去,三年后燕国国君喜派太子丹到秦国做人质。秦国派张唐去燕国任相,想要和燕国一起讨伐赵国来扩大河间的土地。张唐对文信侯说:"我曾经为昭王攻打赵国,赵国因此怨恨我,曾放言说:'能够逮住张唐的人,就赏给他一百里的土地。'现在去燕国必定要经过赵国,我不能去。"文信侯听了很不高兴,但也不能勉强。甘罗说:"君侯您为什么如此闷闷不乐呢?"文信侯说:"我让刚成君蔡泽侍奉燕国三年,燕太子丹已经来秦国做人质了,我亲自请张卿去燕国任相,可是他不愿意去。"甘罗说:"请让我去说服他。"文信侯斥责说:"走开!我亲自请他去他都不肯去,你又怎么能让他去

行之?"甘罗曰:"大项橐,生七岁为孔子师。今臣生十二岁于兹矣,君其试臣,何遽叱乎?"于是甘罗见张卿曰:"卿之功孰与武安君?"卿曰:"武安君南挫强楚,北威燕、赵,战胜攻取,破城堕邑,不知其数,臣之功不如也。"甘罗曰:"应侯之用于秦也,孰与文信侯专?"张卿曰:"应侯不如文信侯专。"甘罗曰:"卿明知其不如文信侯专与?"曰:"知之。"甘罗曰:"应侯欲攻赵,武安君难之,去咸阳七里而立死于杜邮。今文信侯自请卿相燕而不肯行,臣不知卿所死处矣。"张唐曰:"请因孺子行。"令装治行。

行有日,甘罗谓文信侯曰:"借臣车五乘,请为张唐先报赵。"文信侯乃入言之于始皇曰:"昔甘茂之孙甘罗,年少耳,然名家之子孙,诸侯皆闻之。今者张唐欲称疾不肯行,甘罗说而行之。今愿先报赵,请许遣之。"始皇召见,使甘罗于赵。赵襄王郊迎甘罗。甘罗说赵王曰:"王闻燕太子丹入质秦欤?"曰:"闻之。"曰:"闻张唐相燕欤?"曰:"闻之。""燕太子丹入秦者,燕不欺秦也。张唐相燕者,秦不欺燕也。燕、秦不相欺者,伐赵,危矣。燕、秦不相欺,无异故,欲攻赵而广河间。王不如赍臣五城以广河间,请归燕太子,与强赵攻弱燕。"赵王立自割五城以广河间。秦归燕太子。赵攻燕,得上谷三十城,令秦有十一。

甘罗还报秦,乃封甘罗以为上卿,复以始甘茂田宅赐之。

太史公曰:樗里子以骨肉重,固其理,而秦人称其智,故颇采焉。甘茂起下蔡闾阎,显名诸侯,重强齐楚。甘罗年少,然出一奇计,声称后世。虽非笃行之君子,然亦战国之策士也。方秦之强时,天下尤趋谋诈哉。

呢？"甘罗说："伟大的项橐七岁就做了孔子的老师。如今，我已经十二岁了，您就让我去试试，为什么急于叱责呢？"于是甘罗就去拜见张卿，说："您的功劳与武安君白起相比谁大呢？"张卿说："武安君在南面打败了强大的楚国，在北面施威震慑了燕、赵两国，战而能胜，攻而必克，夺城取邑，不计其数，我的功劳比不上他。"甘罗又说："应侯被秦国重用，和文信侯相比谁专横呢？"张卿说："应侯不如文信侯专横。"甘罗进而说："您确实明了应侯不如文信侯专横吗？"张卿说："确实知道。"甘罗接着说："应侯想要进攻赵国，武安君故意让他为难，结果武安君离开咸阳七里就马上死在了杜邮。如今文信侯亲自请您去燕国任相而您执意不肯，我不知您要死在什么地方。"张唐说："那就请让我根据你这小孩子的意见前往燕国吧。"于是让人整理行装，准备上路。

距离启程还有几天，甘罗对文信侯说："借给我五辆马车，请允许我为张唐赴燕先告诉给赵国。"文信侯就入宫把甘罗的请求报告给秦始皇说："甘茂的孙子甘罗，现在年纪很轻，可是他是有名人家的子孙，所以诸侯们都有所闻。最近，张唐推托有病不愿意去燕国，甘罗说服了他，使他毅然前往。现在甘罗希望先把张唐去燕国的事通报赵国，请您允许派他去。"秦始皇召见了甘罗，派他出使赵国。赵襄王到郊外远迎甘罗。甘罗游说赵王道："大王听说燕太子丹到秦国做人质的事了吗？"赵王回答说："听说了。"甘罗又问道："听说张唐要到燕国任相了吗？"赵王回答说："听说了。"甘罗接着说："燕太子丹到秦国来，这是燕国不欺骗秦国。张唐到燕国任相，表明秦国不欺骗燕国。燕、秦两国互不相欺，要是共同攻打赵国，那赵国就危险了。燕、秦两国互不相欺，没有别的缘故，就是要攻打赵国来扩大在河间一带的领地啊。大王不如赐给我五个城邑来扩大河间的领地，我请求秦王送回燕太子，再与强大的赵国攻打弱小的燕国。"赵王立即亲自割让五个城邑来给秦国扩充河间的领地。秦国送回了燕太子。赵国攻打燕国，取得了上谷三十个城邑，而让秦国也得到了十一个城邑。

甘罗回来后把情况报告给秦王，秦王于是封甘罗为上卿，又把原来甘茂的田宅赐给了甘罗。

太史公说：樗里子因为是秦王的骨肉兄弟而受到尊重，固然也有它的道理。但是秦国人称赞他的智慧，所以较多地采录了他的事迹。甘茂从下蔡的民间发迹起家，名声显扬于诸侯，为强大的齐国、楚国所推重。甘罗年纪很轻，可是出了一条妙计而名垂后世。虽然他算不上品行忠厚的君子，但也是战国时代名副其实的谋士。须知，当秦国强盛起来的时候，天下尤其趋向使用阴谋诈术啊！

穰侯列传第十二

穰侯魏冉者，秦昭王母宣太后弟也。其先楚人，姓芈氏。

秦武王卒，无子，立其弟为昭王。昭王母故号为芈八子，及昭王即位，芈八子号为宣太后。宣太后非武王母。武王母号曰惠文后，先武王死。宣太后二弟：其异父长弟曰穰侯，姓魏氏，名冉；同父弟曰芈戎，为华阳君。而昭王同母弟曰高陵君、泾阳君。而魏冉最贤，自惠王、武王时任职用事。武王卒，诸弟争立，唯魏冉力为能立昭王。昭王即位，以冉为将军，卫咸阳。诛季君之乱，而逐武王后出之魏，昭王诸兄弟不善者皆灭之，威振秦国。昭王少，宣太后自治，任魏冉为政。

昭王七年，樗里子死，而使泾阳君质于齐。赵人楼缓来相秦，赵不利，乃使仇液之秦，请以魏冉为秦相。仇液将行，其客宋公谓液曰："秦不听公，楼缓必怨公。公不若谓楼缓曰'请为公毋急秦'。秦王见赵请相魏冉之不急，且不听公。公言而事不成，以德楼子；事成，魏冉故德公矣。"于是仇液从之。而秦果免楼缓而魏冉相秦。

欲诛吕礼，礼出奔齐。昭王十四年，魏冉举白起，使代向寿将而攻韩、魏，败之伊阙，斩首二十四万，虏魏将公孙喜。明年，又取楚之宛、叶。魏冉谢病免相，以客卿寿烛为相。其明年，烛免，复相冉，乃封魏冉于穰，复益封陶，号曰穰侯。

穰侯封四岁，为秦将攻魏。魏献河东方四百里。拔魏之河内，取城大小六十余。昭王十九年，秦称西帝，齐称东帝。月余，吕礼来，而齐、秦各复归帝为王。魏冉复相秦，六岁而免。免二岁，复相秦。四岁，而使白起拔楚之郢，秦置南郡。乃封白起为武安君。白起者，

穰侯魏冉，是秦昭王母亲宣太后的弟弟。他的祖先是楚国人，姓芈。

秦武王死后，没有儿子，于是立他的弟弟做了国君，就是秦昭王。秦昭王的母亲原被称为芈八子，等到昭王即位后，芈八子才称为宣太后。宣太后不是武王的生母。武王的母亲称惠文后，在武王去世之前逝世。宣太后有两个弟弟：她的异父长弟就是穰侯，姓魏，名冉；她的同父弟弟叫芈戎，就是华阳君。昭王还有两个同母弟弟，一个称为高陵君，一个称为泾阳君。而魏冉最为贤能，从惠王、武王时就已任职处理国事。武王死后，诸兄弟争着继位，只有魏冉有能力拥立了昭王。昭王即位后，便任命魏冉做将军，护卫咸阳。他曾经平定了季君公子壮及一些大臣们的叛乱，驱逐武王后到魏国，昭王各兄弟中存心不良的全部诛灭，魏冉的声威一时震动秦国。当时昭王年纪还轻，宣太后亲自主持朝政，任用魏冉执政。

昭王七年，樗里子去世，秦国派泾阳君到齐国做人质。赵国人楼缓来秦国任相，赵国人认为这对赵国不利，于是派仇液到秦国游说，请求用魏冉做秦国的丞相。仇液即将上路，他的门客宋公对仇液说："假如秦国不听信您，楼缓一定会怨恨您。您不如对楼缓说：'请允许为了您的原因，不要急于向秦国提出要求。'秦王见赵国使者请求任用魏冉并不急切，将会不听您的。您这么说了，如果事情不成功，可以让楼缓感激；如果事情成功了，秦王任用魏冉为相，那么魏冉因此会感激您的。"于是，仇液听从了宋公的意见。秦国果然免掉了楼缓，而魏冉做了丞相。

秦昭王想要诛杀吕礼，吕礼逃奔到齐国。昭王十四年，魏冉推荐白起为将军，派他替代向寿领兵攻打韩国和魏国，在伊阙打败了他们，斩敌二十四万，俘虏了魏将公孙喜。第二年，又夺取了楚国的宛城、叶城。后来魏冉托病辞去丞相一职，秦王任用客卿寿烛为丞相。第二年，寿烛免职，又起用魏冉做丞相，于是把穰邑封给魏冉，后来又加封陶邑，称为穰侯。

穰侯受封的第四年，担任秦国将领攻打魏国。魏国被迫献出河东方圆四百里的土地。然后又占领了魏国的河内地区，夺取了大小城邑六十余座。昭王十九年，秦王号称西帝，齐王号称东帝。过了一个多月，吕礼又来到秦国，齐、秦两国国君撤销帝号仍旧称王。魏冉再度担任秦国丞相，六年后被免职。免职后二年，又担任秦国的丞相。第四年时，派白起攻取了楚国郢都，秦国设置了南郡。

穰侯之所任举也，相善。于是穰侯之富，富于王室。

昭王三十二年，穰侯为相国，将兵攻魏，走芒卯，入北宅，遂围大梁。梁大夫须贾说穰侯曰："臣闻魏之长吏谓魏王曰：'昔梁惠王伐赵，战胜三梁，拔邯郸；赵氏不割，而邯郸复归。齐人攻卫，拔故国，杀子良；卫人不割，而故地复反。卫、赵之所以国全兵劲而地不并于诸侯者，以其能忍难而重出地也。宋、中山数伐割地，而国随以亡。臣以为卫、赵可法，而宋、中山可为戒也。秦，贪戾之国也，而毋亲。蚕食魏氏，又尽晋国，战胜暴子，割八县，地未毕入，兵复出矣。夫秦何厌之有哉！今又走芒卯，入北宅，此非敢攻梁也，且劫王以求多割地。王必勿听也。今王背楚、赵而讲秦，楚、赵怒而去王，与王争事秦，秦必受之。秦挟楚、赵之兵以复攻梁，则国求无亡不可得也。愿王之必无讲也。王若欲讲，少割而有质；不然，必见欺。'此臣之所闻于魏也，愿君之以是虑事也。《周书》曰'惟命不于常'，此言幸之不可数也。夫战胜暴子，割八县，此非兵力之精也，又非计之工也，天幸为多矣。今又走芒卯，入北宅，以攻大梁，是以天幸自为常也。智者不然。臣闻魏氏悉其百县胜甲以上戍大梁，臣以为不下三十万。以三十万之众守梁七仞之城，臣以为汤、武复生，不易攻也。夫轻背楚、赵之兵，陵七仞之城，战三十万之众，而志必举之，臣以为自天地始分以至于今，未尝有者也。攻而不拔，秦兵必罢，陶邑必亡，则前功必弃矣。今魏氏方疑，可以少割收也。愿君逮楚、赵之兵未至于梁，亟以少割收魏。魏方疑而得以少割为利，必欲之，则君得所欲矣。楚、赵怒于魏之先己也，必争事秦，从以此散，而君后择焉。且君之得地岂必以兵哉！割晋国，秦兵不攻，而魏必效绛安邑。又为陶开两道，几尽故宋，卫必效单父。秦兵可全，而君制

于是封白起为武安君。白起，是穰侯所举荐的将军，两人相互亲善。当时，穰侯之富，超过了王室。

秦昭王三十二年，穰侯任相国，带兵进攻魏国，赶走芒卯，进入北宅，接着围攻大梁。魏国大夫须贾劝说穰侯道："我听魏国的一位长吏对魏王说：'过去梁惠王攻打赵国，取得了三梁，拿下了邯郸；而赵王虽然战败也不肯割地，后来邯郸终于被收复。齐国人攻打卫国，打下了旧都，杀了子良；而卫人即使受辱也决不割地，而旧地又被归还。卫、赵两国之所以国家完整，军队强劲，土地不被诸侯兼并，就是因为他们能忍受困难而重视出让土地。宋国、中山国屡遭进犯又屡次割地，结果国家随即灭亡。我认为卫国、赵国值得效法，而宋国、中山国却应当引以为戒。秦国是贪婪凶残的国家，切勿亲近。它蚕食魏国，吞尽原属晋国之地；战胜了韩将暴鸢，割去八县，土地来不及全部并入，可军队又耀武扬威地出动了。秦国哪有满足的时候呢？现在又赶走了芒卯，进入了北宅，这不仅是敢于进攻魏都，而且是胁迫大王以求多割得土地。大王一定不要接受它的要求。现在大王若背弃楚国、赵国，而与秦国讲和，那么楚、赵两国必定怨恨而背离大王，与大王争着讨好秦国，秦国一定会接受他们。秦国挟制楚、赵两国的军队再来攻打魏国，那么魏国想不亡国都不可能了。希望大王一定不要讲和。也要少割让土地，而且要有秦国人质；不然，必定会上当受骗。'这是我从魏国听到的，希望您根据这些话来考虑问题。《周书》上说'天命不是衡常不变的'，这是说幸运是不可能经常出现的。秦国战胜暴鸢，割取八县，这不是由于兵力精锐，也不是计策精妙，而多半靠的是上天给予的运气。现在秦国又打败了芒卯，兵入北宅，进攻大梁，以此看来是把幸运当作常例了，明智的人不会这样。我听说魏国已经调集了上百个县的全部精兵良将来保卫大梁，看来不下于三十万人。用三十万人守卫大梁七丈高的城垣，我认为即使商汤、周武王死而复生，也是难以攻下的。轻率地背离楚国、赵国的军队，登上七丈高的城垣，与三十万大军对垒，并且决心一定要攻克，我以为从开天辟地到如今，不曾有过。攻而不克，秦国的军队一定会疲惫，大梁攻不下而陶邑一定会丢失，那就前功尽弃了。现在魏国正犹疑未决，可以乘此用少割土地的办法来收服魏国。希望您抓住楚、赵援军尚未到达大梁的时机，赶快用少割土地来收服魏国。魏国正当犹疑之际，会把少割土地视为有利，一定会这么办，那么您的愿望就会实现了。楚、赵两国对于魏国抢先一步与秦国讲和会感到恼怒，必定争着讨好秦国，合纵便因此瓦解，而您可以随后选择对策个个攻破。况且，您要取得土地也不一定非用军事手段呀！割取了原来的晋国土地，秦军不用进攻，魏国一定会献出绛城和安邑。这样又为您打开了河西、河东两条通道，几乎完全占有宋国旧地，随即卫国必会献出单父。

之，何索而不得，何为而不成！愿君熟虑之而无行危。"穰侯曰："善。"乃罢梁围。

明年，魏背秦，与齐从亲。秦使穰侯伐魏，斩首四万，走魏将暴鸢，得魏三县。穰侯益封。

明年，穰侯与白起客卿胡阳复攻赵、韩、魏，破芒卯于华阳下，斩首十万，取魏之卷、蔡阳、长社，赵氏观津。且与赵观津，益赵以兵，伐齐。齐襄王惧，使苏代为齐阴遗穰侯书曰："臣闻往来者言曰'秦将益赵甲四万以伐齐'，臣窃必之敝邑之王曰'秦王明而熟于计，穰侯智而习于事，必不益赵甲四万以伐齐'。是何也？夫三晋之相与也，秦之深仇也。百相背也，百相欺也，不为不信，不为无行。今破齐以肥赵。赵，秦之深仇，不利于秦。此一也。秦之谋者，必曰'破齐，弊晋、楚，而后制晋、楚之胜'。夫齐，罢国也，以天下攻齐，如以千钧之弩决溃痈也，必死，安能弊晋、楚？此二也。秦少出兵，则晋、楚不信也；多出兵，则晋、楚为制于秦。齐恐，不走秦，必走晋、楚。此三也。秦割齐以啖晋、楚，晋、楚案之以兵，秦反受敌。此四也。是晋、楚以秦谋齐，以齐谋秦也，何晋、楚之智而秦、齐之愚？此五也。故得安邑以善事之，亦必无患矣。秦有安邑，韩氏必无上党矣。取天下之肠胃，与出兵而惧其不反也，孰利？臣故曰秦王明而熟于计，穰侯智而习于事，必不益赵甲四万以伐齐矣。"于是穰侯不行，引兵而归。

昭王三十六年，相国穰侯言客卿竈，欲伐齐取刚、寿，以广其陶邑。于是魏人范雎自谓张禄先生，讥穰侯之伐齐，乃越三晋以攻齐也，以此时奸说秦昭王。昭王于是用范雎。范雎言宣太后专制，穰侯擅权于诸侯，泾阳君、高陵君之属太侈，富于王室。于是秦昭王悟，乃免相国，令泾阳之属皆出关，就封邑。穰侯出关，辎车千乘有余。

秦军不动一兵一卒，您控制着他们，有什么要求不能得到，有什么作为不能成功呢？希望您仔细考虑而不要干冒险的行动。"魏冉说："好。"于是停止攻打梁，解围而去。

第二年，魏国背弃了秦国，同齐国合纵交好。秦王派穰侯攻打魏国，斩杀四万人，打跑了魏将暴鸢，得到了魏国三个县。穰侯又增加了封邑。

第二年，穰侯魏冉和白起及客卿胡阳又进攻赵国、韩国和魏国，在华阳城下，大败芒卯，斩杀十万人，夺取了魏国的卷、蔡阳、长社，赵国的观津。接着又把观津还给了赵国，并且充实了赵国兵力，让它去攻打齐国。齐襄王惧怕被伐，派苏代替齐国暗中送给穰侯一封信说："我听来往人们传说'秦国将要扩充赵国精兵四万来攻齐国'，我私下一定对我们国君说'秦王明智并善于计谋，穰侯有智慧且熟悉政事，一定不会扩充赵国四万军队来攻打齐国'。为什么这么说呢？韩、赵、魏三国友好结盟，这是秦国的深仇大敌。它们三国之间的关系非同一般，尽管有上百次相背弃，上百次相欺骗，但都不算是背信弃义，不算是没有品行。现在打败齐国，会壮大赵国。赵国是秦国所仇视的大敌，显然对秦国不利，这是第一。秦国的谋臣策士们，一定会说'攻破齐国，先削弱三晋和楚国的力量，然后再战而胜之'。其实，齐国是一个疲惫的国家，调集天下诸侯的兵力攻打齐国，就如同用千钧强弓去冲开溃烂的痈疽，齐国必亡无疑，又怎么能有助于打垮晋国、楚国呢？这是第二点。秦国若出兵少，那么三晋和楚国就不相信秦国；秦国多出兵，晋国、楚国会受制于秦国。齐国惧怕被伐，不会投靠秦国，而必定投靠三晋和楚国。这是第三。秦国用分割齐国来引诱晋国和楚国，而晋国和楚国派兵进驻加以扼守，秦国反而会腹背受敌。这是第四。这种做法就是让三晋和楚国借秦国之力谋取齐国，拿齐国之地对付秦国，为什么晋国、楚国很明智而秦国、齐国很愚蠢呢？这是第五点。因此，取得安邑把它治理好，也就一定没有祸患了。秦国占据了安邑，韩国一定会丧失上党。夺取天下的中心区域，与出兵而担忧其不能返回比较起来，哪个有利？这些道理都是显而易见的，所以我说秦王明智并善于计谋，穰侯有智慧且熟悉政事，肯定不会让赵国扩充四万士兵让其攻打齐国了。"于是穰侯不再进军，率领军队回去了。

昭王三十六年，相国穰侯与客卿竈计议，想要攻打齐国夺取刚、寿两城，借以扩大自己在陶邑的封地。这时有个魏国人范雎自称张禄先生，讥讽穰侯攻打齐国是越过三晋来进攻齐国，他趁着这个机会劝说秦昭王。昭王于是任用了范雎。范雎向秦昭王说宣太后在朝廷内专制，穰侯在外事上专权，泾阳君、高陵君等人则过于奢侈，富得超过了王室。这使秦昭王幡然醒悟，就免去了穰侯的相国，让泾阳君这些人都迁出国都，到自己的封地去。穰侯迁出关外，辎重车辆有一千多辆。

穰侯卒于陶，而因葬焉。秦复收陶为郡。

太史公曰：穰侯，昭王亲舅也。而秦所以东益地，弱诸侯，尝称帝于天下，天下皆西乡稽首者，穰侯之功也。及其贵极富溢，一夫开说，身折势夺而以忧死，况于羁旅之臣乎！

穰侯死于陶邑，所以就葬在那里。秦国又把陶邑收归中央，改设为郡。

太史公说：穰侯魏冉，是昭王的亲舅舅。秦国之所以能够向东扩张领土，削弱诸侯，曾经称帝天下，天下都俯首称臣，这当是穰侯的功劳。等到显贵至极豪富无比之时，一人说破，便身受挫折，势力被削夺，以致忧愤而死，何况那些寄居异国的臣子呢？

白起王翦列传第十三

白起者，郿人也。善用兵，事秦昭王。昭王十三年，而白起为左庶长，将而击韩之新城。是岁，穰侯相秦，举任鄙以为汉中守。其明年，白起为左更，攻韩、魏于伊阙，斩首二十四万，又虏其将公孙喜，拔五城。起迁为国尉。涉河取韩安邑以东，到乾河。明年，白起为大良造。攻魏，拔之，取城小大六十一。明年，起与客卿错攻垣城，拔之。后五年，白起攻赵，拔光狼城。后七年，白起攻楚，拔鄢、邓五城。其明年，攻楚，拔郢，烧夷陵，遂东至竟陵。楚王亡去郢，东走徙陈。秦以郢为南郡。白起迁为武安君。武安君因取楚，定巫、黔中郡。昭王三十四年，白起攻魏，拔华阳，走芒卯，而虏三晋将，斩首十三万。与赵将贾偃战，沈其卒二万人于河中。昭王四十三年，白起攻韩陉城，拔五城，斩首五万。四十四年，白起攻南阳太行道，绝之。

四十五年，伐韩之野王。野王降秦，上党道绝。其守冯亭与民谋曰："郑道已绝，韩必不可得为民。秦兵日进，韩不能应，不如以上党归赵。赵若受我，秦怒，必攻赵。赵被兵，必亲韩。韩赵为一，则可以当秦。"因使人报赵。赵孝成王与平阳君、平原君计之。平阳君曰："不如勿受。受之，祸大于所得。"平原君曰："无故得一郡，受之便。"赵受之，因封冯亭为华阳君。

四十六年，秦攻韩缑氏、蔺，拔之。

四十七年，秦使左庶长王龁攻韩，取上党。上党民走赵。赵军长平，以按据上党民。四月，龁因攻赵。赵使廉颇将。赵军士卒犯秦斥

白起，是陕西郿县人。他很会用兵，侍奉秦昭王。昭王十三年，白起任左庶长，领兵攻打韩国的新城。这年，穰侯魏冉在秦国任丞相。他举用任鄙做了汉中郡守。第二年，白起又被封为左更，在伊阙攻打韩、魏两国联军，斩敌二十四万人，又俘虏了他们的将领公孙喜，拿下了五座城邑。白起因功升为国尉。接着他又率兵渡过黄河，夺取了韩国安邑以东直到乾河一带大片土地。第三年，白起做了大良造，领兵攻打魏国，夺取了大小城邑六十一座。此后第二年，白起又与客卿司马错一起进攻并拿下了垣城。此后的第五年，白起攻打赵国，夺取了光狼城。七年后，白起攻打楚国，占领了鄢、邓等五座城邑。此后第二年，再次进攻楚国，占领了楚都城郢，烧毁了楚王先祖陵墓，并长驱东进，一直到达竟陵。楚王被迫逃离郢都，向东逃难，迁都陈县。秦国便把郢地设为其南郡，白起因此被封为武安君。接着他又趁势进攻楚地，占领了巫山、黔中两郡。昭王三十四年，白起进攻魏国，夺取了华阳，赶走了芒卯，并且俘获了三个将领，斩敌十三万人。当时，白起与赵国将领贾偃交战，把赵国两万多降兵沉到黄河里。昭王四十三年，白起进攻韩国的陉城，一连夺取了五座城邑，斩敌五万人。昭王四十四年，白起进攻韩国南阳的太行道，截断了这条通道。

秦昭王四十五年，白起发兵攻打韩国的野王郡，野王投降，从而使韩国的上党地区与本国的联系被切断。上党郡守冯亭便同百姓们谋划说："通往郑都的道路已经断绝，韩国已经不能再管我们了。秦军现在一天天逼近，韩国无法接应我们，我们不如随上党一起归附赵国。赵国如果接纳了我们，秦国一定会恼怒，因而攻打赵国。赵国遭到武力攻击，必定会联合韩国。韩、赵两国联合起来，就可以抵挡秦国。"议罢，于是便派人通报赵国。赵孝成王跟平阳君和平原君一起商讨这件事，平阳君说："还是不接受的好。接受它，带来的殃祸要比得到的好处大得多。"平原君说："平白地得到一个郡，接受它有利。"于是赵国接受了上党，封冯亭为华阳君。

昭王四十六年，秦国攻占了韩国的缑氏和蔺邑。

昭王四十七年，秦国派左庶长王龁进攻韩国，夺取了上党。上党的百姓纷纷逃往赵国。赵国在长平屯兵，以便安置援救上党的百姓。四月，王龁借此进攻赵国。赵国派廉颇为统帅指挥长平军队。秦赵两军士兵时有交手，赵军士兵杀了秦

兵，秦斥兵斩赵裨将茄。六月，陷赵军，取二鄣四尉。七月，赵军筑垒壁而守之。秦又攻其垒，取二尉，败其阵，夺西垒壁。廉颇坚壁以待秦，秦数挑战，赵兵不出。赵王数以为让。而秦相应侯又使人行千金于赵为反间，曰："秦之所恶，独畏马服子赵括将耳，廉颇易与，且降矣。"赵王既怒廉颇军多失亡，军数败，又反坚壁不敢战，而又闻秦反间之言，因使赵括代廉颇将以击秦。秦闻马服子将，乃阴使武安君白起为上将军。而王龁为尉裨将，令军中有敢泄武安君将者斩。赵括至，则出兵击秦军。秦军详败而走，张二奇兵以劫之。赵军逐胜，追造秦壁。壁坚拒不得入，而秦奇兵二万五千人绝赵军后，又一军五千骑绝赵壁间，赵军分而为二，粮道绝。而秦出轻兵击之。赵战不利，因筑壁坚守，以待救至。秦王闻赵食道绝，王自之河内，赐民爵各一级，发年十五以上悉诣长平，遮绝赵救及粮食。

至九月，赵卒不得食四十六日，皆内阴相杀食。来攻秦垒，欲出。为四队，四五复之，不能出。其将军赵括出锐卒自搏战，秦军射杀赵括。括军败，卒四十万人降武安君。武安君计曰："前秦已拔上党，上党民不乐为秦而归赵。赵卒反覆。非尽杀之，恐为乱。"乃挟诈而尽坑杀之，遗其小者二百四十人归赵。前后斩首虏四十五万人。赵人大震。

四十八年十月，秦复定上党郡。秦分军为二：王龁攻皮牢，拔之；司马梗定太原。韩、赵恐，使苏代厚币说秦相应侯曰："武安君禽马服子乎？"曰："然。"又曰："即围邯郸乎？"曰："然。""赵亡则秦王王矣，武安君为三公。武安君所为秦战胜攻取者七十余城，南定鄢、郢、汉中，北禽赵括之军，虽周、召、吕望之功不益于此矣。今赵亡，秦王王，则武安君必为三公，君能为之下乎？虽无欲为之下，固不得已矣。秦尝攻韩，围邢丘，困上党，上党

军侦察兵,秦国的侦察兵杀死了赵国的裨将茄。六月,秦军打败赵军,夺下两个城堡,俘虏了四个校尉官。七月,赵军高筑堡垒,坚壁不出。秦军实施攻坚,俘虏了两个尉官,攻破了赵军阵地,夺下了西边的营垒。廉颇坚守营垒来对付秦军的进攻,秦军屡次挑战,赵兵坚守不出。赵王多次因此责备廉颇。秦国丞相应侯又派人到赵国行贿千金施以反间计,大肆宣扬说:"秦国所担心的,只是怕马服君的儿子赵括担任将领而已,廉颇容易对付,他就要投降了。"赵王早已恼怒廉颇的军队多有损失伤亡,屡次战败,却又坚守营垒不出战,再加上听到许多反间谣言,信以为真,就派赵括代替廉颇领兵来攻击秦军。秦国听说赵括领兵,就暗中派武安君白起担任上将军,让王龁担任尉官副将,并命令军队中有敢于泄露白起领兵的杀。赵括一到任上,就发兵进击秦军。秦军假装战败而逃,同时出动二支奇兵截击赵军。赵军乘胜追击,直追到秦军营垒。但是秦军营垒十分坚固难以攻破,而秦国奇兵二万五千人断绝了赵军后路,另一支军队五千骑兵穿插到赵军营垒之间,断绝了他们的联系,把赵军分割成两个孤立的部分,截断运粮通道。这时秦军派出轻装精兵实施攻击,赵军出战不利,就筑营垒坚守,等待援兵的到来。秦王得知赵军运粮通道已被截断,他亲自到河内,赐给百姓爵位各一级,征发十五岁以上的人全部去往长平战场,拦截赵国的救兵与粮草供应。

到了九月,赵军士兵已经四十六天没得到粮食了,甚至暗中为争夺食物互相残杀吃人肉。困厄已极的赵军向秦军营垒发动进攻,想逃出去。他们编成四队,反复冲杀了四五次,没能冲出。赵国将军赵括出动精锐士兵并亲自搏杀战斗,秦军射死了赵括。赵括的部队大败,士兵四十万人向武安君投降。武安君谋划着说:"从前秦军已经攻下上党,上党百姓不乐意投靠秦国而归附了赵国。赵军士兵反覆无常,不全部杀掉他们,恐怕要出乱子。"于是用欺骗伎俩把赵国降兵全部活埋了,只留下年纪小的二百四十人放还。此战前后斩首擒杀赵兵四十五万人,赵国上下一片震惊。

昭王四十八年十月,秦军再次平定上党郡。以后,秦军兵分两路,王龁攻下了皮牢,司马梗平定了太原。韩、赵两国十分害怕,就派苏代携带重金去游说秦丞相应侯说:"武安君擒杀赵括了吗?"应侯回答说:"是。"苏代又问:"秦军即将围攻邯郸吗?"应侯回答说:"是。"于是苏代说:"赵国灭亡,秦王就要君临天下了,武安君会做三公。武安君为秦国攻占夺取的城邑有七十多座,南边平定了楚国的鄢、郢及汉中地区,在北方擒获了赵括的四十万大军,即使历史上赫赫有名的周公、召公和吕望的功勋也不能超过这些了。如果赵国灭亡,秦王君临天下,那么武安君位居三公是定而无疑的,您能做他的下属吗?即使不甘心屈居下位,也已经不可能了。秦军曾进攻韩国,包围邢丘,围困上党,上党的百

之民皆反为赵，天下不乐为秦民之日久矣。今亡赵，北地入燕，东地入齐，南地入韩、魏，则君之所得民亡几何人。故不如因而割之，无以为武安君功也。"于是应侯言于秦王曰："秦兵劳，请许韩、赵之割地以和，且休士卒。"王听之，割韩垣雍、赵六城以和。正月，皆罢兵。武安君闻之，由是与应侯有隙。

其九月，秦复发兵，使五大夫王陵攻赵邯郸。是时武安君病，不任行。四十九年正月，陵攻邯郸，少利，秦益发兵佐陵。陵兵亡五校。武安君病愈，秦王欲使武安君代陵将。武安君言曰："邯郸实未易攻也。且诸侯救日至，彼诸侯怨秦之日久矣。今秦虽破长平军，而秦卒死者过半，国内空。远绝河山而争人国都，赵应其内，诸侯攻其外，破秦军必矣。不可。"秦王自命，不行；乃使应侯请之，武安君终辞不肯行，遂称病。

秦王使王龁代陵将，八九月围邯郸，不能拔。楚使春申君及魏公子将兵数十万攻秦军，秦军多失亡。武安君言曰："秦不听臣计，今如何矣！"秦王闻之，怒，强起武安君，武安君遂称病笃。应侯请之，不起。于是免武安君为士伍，迁之阴密。武安君病，未能行。居三月，诸侯攻秦军急，秦军数却，使者日至。秦王乃使人遣白起，不得留咸阳中。武安君既行，出咸阳西门十里，至杜邮。秦昭王与应侯群臣议曰："白起之迁，其意尚怏怏不服，有余言。"秦王乃使使者赐之剑，自裁。武安君引剑将自刭，曰："我何罪于天而至此哉？"良久，曰："我固当死。长平之战，赵卒降者数十万人，我诈而尽坑之，是足以死。"遂自杀。武安君之死也，以秦昭王五十年十一月。死而非其罪，秦人怜之，乡邑皆祭祀焉。

王翦者，频阳东乡人也。少而好兵，事秦始皇。始皇十一年，翦将攻赵阏与，破之，拔九城，十八年，翦将攻赵。岁余，遂拔赵，赵王降，尽定赵地为郡。明年，燕使荆轲为贼于秦，秦王使王翦攻

姓都转而归附赵国，天下人不乐意做秦国的百姓已很久了。如果把赵国灭掉，它北边的土地将落入燕国，东边的土地将并入齐国，南方的土地落入韩国、魏国，那么您得到的百姓也没多少了。所以不如趁着韩国、赵国惊恐之际让它们割让土地，不要让它都成为武安君的功劳。"听了苏代这番话应侯便向秦王进言道："秦国士兵太劳累了，请您应允韩国、赵国割让他们的土地来讲和，并能休养士兵。"秦王听从了应侯的意见，割取了韩国的垣雍和赵国的六座城邑便讲和了。正月，双方罢兵。武安君听说了这件事，从此和应侯有了嫌隙。

同年九月，秦国再次发兵，派五大夫王陵攻打赵国邯郸。这时武安君病了，不能出征。昭王四十九年正月，王陵进攻邯郸，没有进展，获利不大，秦国便增派部队帮助王陵。结果王陵部队损失了五个营。武安君病好了，秦王打算派武安君替代王陵统率部队。武安君进言说："邯郸实在是不易攻下，而且诸侯国的援兵马上就要到了。那些诸侯对秦国的怨恨已经积蓄很久了。现在秦国虽然消灭了长平的赵军，但是秦军的伤亡也超过了一半，国内空虚。如果远行越过河山去争夺别人的国都，赵军在城里抵御，诸侯从外攻击，里应外合，内外夹击，必定能打败秦军。不可以打了。"秦王亲自下令，武安君也没有赴任；于是就派应侯去请他，但武安君最后仍推辞不肯去，于是称病不起。

秦王派王龁代替王陵为将，八九月时围攻邯郸，没能攻下来。楚国派春申君同魏公子信陵君率领数十万大军攻击秦军，秦军损失伤亡很大。武安君听说道："秦王不听我的意见，现在怎么样？"秦王听到后，大怒，强迫起用武安君，武安君就称病情严重。应侯又请他，仍是不赴任。于是免去武安君的官爵贬为士兵，并让他迁到阴密。但武安君有病，没有动身。过了三个月，诸侯联军攻击秦军更加紧急，秦军多次退却，报告失利情况的信使每天都有。秦王于是派人遣发白起，不让他留在咸阳城里。武安君已经上路，出咸阳西门十里，到了杜邮。秦昭王与应侯以及群僚议论说："让白起迁出咸阳，他流露出不服气的样子，有怨言。"秦王就派遣人赐给他一把剑，让他自杀。武安君拿着剑将要抹脖子时叹道："我做了什么得罪上天，竟落得这个结果？"过了很久，说："我本来就该死。长平之战，赵国降兵数几十万人，我用欺诈之术全都把他们活埋了，这足以致死罪了。"就自杀了。武安君死时，是秦昭王五十年十一月。因为武安君的死不是因为他的罪过，所以秦国人都同情他，不论城里乡下，人们都祭祀他。

王翦，是频阳东乡人。年少时就喜欢军事，后来侍奉秦始皇。始皇十一年，王翦率兵攻打赵国的阏与，攻陷后，又一连攻下九座城池。始皇十八年，王翦率军攻打赵国。一年多后，攻下赵国，赵王投降，全部平定了赵国的土地，改设为郡。第二年，燕国派荆轲到秦国行刺秦王，秦王派王翦攻打燕国。燕王喜逃往辽

燕。燕王喜走辽东，翦遂定燕蓟而还。秦使翦子王贲击荆，荆兵败。还击魏，魏王降，遂定魏地。

秦始皇既灭三晋，走燕王，而数破荆师。秦将李信者，年少壮勇，尝以兵数千逐燕太子丹至于衍水中，卒破得丹，始皇以为贤勇。于是始皇问李信："吾欲攻取荆，于将军度用几何人而足？"李信曰："不过用二十万人。"始皇问王翦，王翦曰："非六十万人不可。"始皇曰："王将军老矣，何怯也！李将军果势壮勇，其言是也。"遂使李信及蒙恬将二十万南伐荆。王翦言不用，因谢病，归老于频阳。李信攻平与，蒙恬攻寝，大破荆军。信又攻鄢、郢，破之，于是引兵而西，与蒙恬会城父。荆人因随之，三日三夜不顿舍，大破李信军，入两壁，杀七都尉，秦军走。

始皇闻之，大怒，自驰如频阳，见谢王翦曰："寡人以不用将军计，李信果辱秦军。今闻荆兵日进而西，将军虽病，独忍弃寡人乎！"王翦谢曰："老臣罢病悖乱，唯大王更择贤将。"始皇谢曰："已矣，将军勿复言！"王翦曰："大王必不得已用臣，非六十万人不可。"始皇曰："为听将军计耳。"于是王翦将兵六十万人，始皇自送至灞上。王翦行，请美田宅园池甚众。始皇曰："将军行矣，何忧贫乎？"王翦曰："为大王将，有功终不得封侯，故及大王之乡臣，臣亦及时以请园池为子孙业耳。"始皇大笑。王翦既至关，使使还请善田者五辈。或曰："将军之乞贷，亦已甚矣。"王翦曰："不然。夫秦王怛而不信人。今空秦国甲士而专委于我，我不多请田宅为子孙业以自坚，顾令秦王坐而疑我邪？"

王翦果代李信击荆。荆闻王翦益军而来，乃悉国中兵以拒秦。王翦至，坚壁而守之，不肯战。荆兵数出挑战，终不出。王翦日休士洗沐，而善饮食抚循之，亲与士卒同食。久之，王翦使人问军中戏乎。对曰："方投石超距。"于是王翦曰："士卒可用矣。"荆数挑战而秦不出，乃引而东。翦因举兵追之，令壮士击，大破荆军。至蕲南，

东，王翦终于平定了燕都蓟城而回。秦王派王翦的儿子王贲攻打楚国，楚兵战败。返回来攻打魏国，魏王投降，最后平定了魏国。

秦始皇灭掉了韩、赵、魏三国，赶走了燕王，同时多次打败楚军。秦国将领李信，年轻气盛，强壮勇猛，曾带领几千士兵追击燕太子丹一直到衍水之上，最后打败燕军活捉太子丹，秦始皇因此认为李信贤能勇敢。当时秦始皇问李信："我想要攻取楚国，将军认为要调用多少人才够？"李信答道："最多不过二十万人。"秦始皇又问王翦，王翦回答说："至少得六十万人才行。"秦始皇说："王将军老了，怎么胆怯了？李将军果断勇敢，他的话说得对呀。"于是就派李信及蒙恬带兵二十万向南讨伐楚国。王翦的意见不被采用，因此推托有病，回频阳家乡养老。李信攻打平与，蒙恬攻打寝邑，大败楚军。李信又攻打鄢郢并拿了下来，于是率军向西挺进，与蒙恬在城父会师。楚国人因此乘机紧随秦军，三天三夜没有停息，最后大败李信部队，攻破了两个军营，杀死七个都尉，秦军大败而逃。

秦始皇听到这个消息，大为震怒，亲自驱车赶往频阳，向王翦道歉说："我因为没有采用您的计策，李信果然使秦军遭受了耻辱。现在听说楚军正一天天向西逼近，将军虽然病了，难道忍心丢下我吗？"王翦推辞说："老臣疲弱有病昏聩糊涂，希望大王另择良将。"秦始皇再次表示歉意说："好啦，将军不要再推辞了！"王翦说："大王如果非要用我，那么非要六十万人不可。"秦始皇答应说："一定听从将军的计策。"于是王翦率领六十万大军出发，秦始皇亲自送到灞上。王翦临行时，请求赐给他许多良田、美宅、园林池苑等。秦始皇说："将军出发吧，为什么担心贫穷呢？"王翦说："替大王带兵打仗，即使有功劳最后也难以封侯赐爵，所以乘着大王还倚重我，我也得及时请求大王赐予园林池苑，以给子孙后代置份产业吧。"秦始皇听了哈哈大笑。王翦出发到了函谷关，五次派使者回去请求赐予好田。有人说："将军请求赏赐，也太过分了吧。"王翦说："这么说不对。秦王性情粗暴对人多疑，现在把秦国的军队士兵全部支付给我，我不多多请求田宅替子孙经营产业，来表示我对秦国的忠贞，反而让秦王因此怀疑我吗？"

王翦果真代替了李信，开始进攻楚国。楚王得知王翦增兵而来，就调用全国的军队来抗击秦军。王翦抵达战场后，加固营垒防守，不肯出战。楚军屡次挑战，他始终坚守不出。王翦让士兵们天天休息洗浴，供给精美的饮食抚慰他们，亲自与士兵同饮同食。过了一段时间，王翦派人询问军队中正在玩什么游戏，回来报告说："正在投掷石块和跳远比赛。"于是王翦说："士兵可以用了。"楚军屡次挑战，秦军不肯应战，就领兵向东去了。王翦趁机发兵追击他们，命令精

杀其将军项燕，荆兵遂败走。秦因乘胜略定荆地城邑。岁余，虏荆王负刍，竟平荆地为郡县。因南征百越之君。而王翦子王贲，与李信破定燕、齐地。

秦始皇二十六年，尽并天下，王氏、蒙氏功为多，名施于后世。

秦二世之时，王翦及其子贲皆已死，而又灭蒙氏。陈胜之反秦，秦使王翦之孙王离击赵，围赵王及张耳巨鹿城。或曰："王离，秦之名将也。今将强秦之兵，攻新造之赵，举之必矣。"客曰："不然。夫为将三世者必败。必败者何也？必其所杀伐多矣，其后受其不祥。今王离已三世将矣。"居无何，项羽救赵，击秦军，果虏王离，王离军遂降诸侯。

太史公曰：鄙语云"尺有所短，寸有所长"。白起料敌合变，出奇无穷，声震天下，然不能救患于应侯。王翦为秦将，夷六国，当是时，翦为宿将，始皇师之，然不能辅秦建德，固其根本，偷合取容，以至殁身。及孙王离为项羽所虏，不亦宜乎！彼各有所短也。

锐的士兵出击，大破楚军。追到蕲南，杀了楚将项燕，楚军于是大败而逃。秦军乘胜夺取了楚国的土地城邑。一年后，俘虏了楚王负刍，终于平定了楚地，改设为郡县。趁势又向南征伐百越国。而王翦的儿子王贲，同时也与李信攻陷了燕国和齐国的领地。

秦始皇二十六年，秦国吞并了天下全部诸侯国，王将军和蒙将军的功劳最多，名声流传于后世。

秦二世的时候，王翦和他的儿子王贲都已去世，而蒙恬也因被构陷而遭诛杀。陈胜起义反秦时，秦二世派王翦的孙子王离攻打赵国，把赵王和张耳围困在巨鹿城。当时有人说："王离，是秦朝的名将。现在他率领强大的秦军攻打刚刚建立的赵国，攻克它是肯定的。"一个过客说："不然。那些做将领的世家到了第三代必定会败亡。为什么必败呢？他家杀戮的人太多了，他家的后代就要承受不吉祥的惩罚。现在王离已是第三代将领了。"没过多久，项羽救援赵国，攻打秦军，果然俘虏了王离，王离的军队于是投降了诸侯军。

太史公说：俗话说"尺有所短，寸有所长"，白起预料敌情能随机应变，妙计层出不穷，名震天下，然而却不能解除应侯给他制造的祸患。王翦作为秦国将领，平定了六国，功绩卓著，在当时已是元老将军，秦始皇尊他为师，然而他不能辅佐秦始皇建立德政，以巩固它的根本，苟且迎合，以求容身，直至死去。到了他的孙子王离被项羽俘虏，不也是理所当然的吗？他们各有自己的短处啊。

孟子荀卿列传第十四

太史公曰：余读《孟子》书，至梁惠王问"何以利吾国"，未尝不废书而叹也。曰：嗟乎，利，诚乱之始也！夫子罕言利者，常防其原也。故曰"放于利而行，多怨"。自天子至于庶人，好利之弊何以异哉！

孟轲，驺人也。受业子思之门人。道既通，游事齐宣王，宣王不能用。适梁，梁惠王不果所言，则见以为迂远而阔于事情。当是之时，秦用商君，富国强兵；楚、魏用吴起，战胜弱敌；齐威王、宣王用孙子、田忌之徒，而诸侯东面朝齐。天下方务于合从连衡，以攻伐为贤，而孟轲乃述唐、虞、三代之德，是以所如者不合。退而与万章之徒序诗书，述仲尼之意，作孟子七篇。其后有驺子之属。

齐有三驺子。其前驺忌，以鼓琴干威王，因及国政，封为成侯而受相印，先孟子。

其次驺衍，后孟子。驺衍睹有国者益淫侈不能尚德，若大雅整之于身，施及黎庶矣。乃深观阴阳消息而作怪迂之变，终始、大圣之篇十余万言。其语闳大不经，必先验小物，推而大之，至于无垠。先序今以上至黄帝，学者所共术，大并世盛衰，因载其禨祥度制，推而远之，至天地未生，窈冥不可考而原也。先列中国名山大川通谷禽兽水土所殖、物类所珍，因而推之，及海外人之所不能睹。称引天地剖判以来，五德转移，治各有宜，而符应若兹。以为儒者所谓中国者，于天下乃八十一分居其一分耳。中国名曰赤县神州。赤县神州内自有九州，禹之序九州是也，不得为州数。中国外如赤县神州者九，乃所谓九州也。于是有裨海环之，人民禽兽莫能相通者，如一区中者，乃为一州。如此者九，乃有大瀛海环其外，天地之际焉。其术皆此类也。

太史公说：我读《孟子》一书，读到梁惠王问"怎么样有利于我的国家"时，没有一次不放下书而感叹的。我感叹说：唉呀，功利实在是祸乱的源头啊！孔子很少谈及功利的原因，就在于要经常防范祸乱的根源。所以说"依照功利行事，会有很多怨恨"。从天子到平民百姓，喜好名利的毛病有什么区别呢！

孟轲，是邹国人。他曾向子思的弟子求过学。当通晓孔道之后，就出游侍奉齐宣王，宣王没能任用他。于是到了魏国，梁惠王不但不听信他的主张，并且认为他的话迂曲遥远并且空阔不切实际。当时，各诸侯国都在实行变革，秦国任用商鞅，使国家富足、兵力强大；楚国、魏国也都任用过吴起，打胜仗削弱敌人；齐威王和宣王举用孙膑和田忌等人，国力强盛，使各诸侯国都东来朝拜齐国。天下正力求合纵连横，把能够攻城伐地的人当作贤能的人，孟子却称述唐尧、虞舜以及夏、商、周三代的德政，因此不符合他所周游的那些国家的需要。于是就回到家乡和万章等人编订《诗经》《尚书》，阐述孔子的学说，写成《孟子》一书，共七篇。在他之后出现了学者邹子等人。

齐国有三个邹子。在孟轲之前的是邹忌，他借弹琴的技艺得以求见齐威王，趁势谈及国政，被封为成侯并接受相印，做了宰相，他生活的时代要早于孟子。

第二个叫邹衍，后于孟子。邹衍目睹了那些掌握一国之权的诸侯们越来越荒淫奢侈，不能崇尚德政，不像《诗经·大雅》所要求的那样先整饬自己，就能推行到平民百姓了。于是就深入观察万物的阴阳消长，记述怪异玄虚的变化，写成如《终始》《大圣》等篇共十余万字。他的话空阔远大，没有根据，一定要先从细小的事物验证开始，然后推广到大的事物，直到无边无际。先从现在往上直推到黄帝，是学者共同研讨的方法，大体随着时代的盛衰，就记载下它的吉凶和法度规律，推而远之，直到天地未形成的时候，深远奥妙而不能考究溯源。他先列出中国的名山大川，长谷、禽兽，水土所生的，各种物类中最珍贵的，一应俱全，并由此推广开去，直到人们根本看不到的海外。称引天地剖分以来，五德循环转动，治理天下各有相应的方法，天命和人事符合照应得这样巧妙。他认为儒家所说的中原，只不过是天下的八十一分之一罢了。中原称作"赤县神州"。赤县神州之内又有九州，就是夏禹按次序排列的九个州，但不能算是州的全部数目。在中原之外，像是赤县神州的地方还有九个。这才是所谓的九州了。在这里

然要其归，必止乎仁义节俭、君臣上下、六亲之施，始也滥耳。王公大人初见其术，惧然顾化，其后不能行之。

是以驺子重于齐。适梁，惠王郊迎，执宾主之礼。适赵，平原君侧行撇席。如燕，昭王拥彗先驱，请列弟子之座而受业，筑碣石宫，身亲往师之。作主运。其游诸侯见尊礼如此，岂与仲尼菜色陈蔡，孟轲困于齐梁同乎哉！故武王以仁义伐纣而王，伯夷饿不食周粟；卫灵公问陈，而孔子不答；梁惠王谋欲攻赵，孟轲称大王去邠。此岂有意阿世俗苟合而已哉！持方枘欲内圜凿，其能入乎？或曰，伊尹负鼎而勉汤以王，百里奚饭牛车下而缪公用霸，作先合，然后引之大道。驺衍其言虽不轨，傥亦有牛鼎之意乎？

自驺衍与齐之稷下先生，如淳于髡、慎到、环渊、接子、田骈、驺奭之徒，各著书言治乱之事，以干世主，岂可胜道哉！

淳于髡，齐人也。博闻强记，学无所主。其谏说，慕晏婴之为人也，然而承意观色为务。客有见髡于梁惠王，惠王屏左右，独坐而再见之，终无言也。惠王怪之，以让客曰："子之称淳于先生，管、晏不及，及见寡人，寡人未有得也。岂寡人不足为言邪？何故哉？"客以谓髡。髡曰："固也。吾前见王，王志在驱逐；后复见王，王志在音声：吾是以默然。"客具以报王，王大骇，曰："嗟乎，淳于先生诚圣人也！前淳于先生之来，人有献善马者，寡人未及视，会先生至。后先生之来，人有献讴者，未及试，亦会先生来。寡人虽屏人，然私心在彼，有之。"后淳于髡见，壹语连三日三夜无倦。惠王欲以

都有小海环绕，人民乃至禽兽不能彼此相通，像是一个独立的区域，这才算是一州。像这样的州共有九个，更有大海环绕在它的外面，那就到了天地的边际了。邹衍的学说都是这一类述说。然而，总结它的要旨，一定都归结到了仁义节俭，并在君臣上下和六亲之间施行，不过所论空泛不实。王公大人初见他的学说，感到惊异而引起思考并受到感化，到后来却不能实行。

　　因此，邹衍在齐国受到尊重。到魏国，梁惠王远接高迎，使用主人接待客人的礼节。到赵国，平原君侧身陪行，并用衣袖拂拭座席。到燕国，燕昭王拿着扫帚清扫道路为他做先导，并请求坐在弟子的座位上向他学习，还曾为他修建碣石宫，亲自去拜他为老师。邹衍写了《主运》一书。邹衍周游各国受到如此礼遇，这哪里像孔子在陈国、蔡国面有菜色，孟轲在齐国、梁国遇到困厄那样呢？从前武王靠仁义讨伐商纣而称王，伯夷宁肯饿死不吃周朝的粮食；卫灵公问起行军布阵，孔子却不予回答；梁惠王计划想攻打赵国，孟轲却称颂太王离开邠地的事迹。这些有名人物的做法，难道是有意迎合世俗讨好人主就算了吗？拿着方凿想放进圆榫眼，哪能放得进去呢？有人说，伊尹背着鼎去勉励商汤成就王业；百里奚在车下喂牛而秦缪公靠他称了霸。他们的做法都是先投合人主的意愿，然后引导人主走上正大的道路上去。邹衍的话虽然不合常理常情，或许也有百里奚喂牛、伊尹负鼎的用意吧？

　　从邹衍到齐国稷下的诸多学士，如淳于髡、慎到、环渊、接子、田骈、邹奭等人，各自著书立说谈论天下治乱的大事，来晋见当世的国君，这些怎么能说得尽呢？

　　淳于髡，是齐国人。博闻强记，治学兼采众家之言。从他劝说君王的言谈中看，似乎他仰慕晏婴直言敢谏的为人，然而致力于承受意旨和察言观色。一次，有个宾客向梁惠王推荐淳于髡，惠王喝退身边的侍从，单独坐着两次接见他，可是他始终一言不发。惠王感到很奇怪，责备那位宾客说："你称赞淳于先生，说连管仲、晏婴都赶不上他，等到他见了我，我是一点收获也没得到啊。难道是我不够格和他谈话吗？这是为什么呢？"宾客于是把这些话对淳于髡说了。淳于髡说："本来嘛。我前一次进见魏王，魏王的心思全用在相马上；后一次再见大王，大王的心思却用在了声色上，因此我才默不作声。"那个宾客把淳于髡的话全部报告了惠王，惠王大为惊讶，说："哎呀，淳于先生确实是圣人啊！前一次淳于先生来时，有个人献上一匹好马，我还没来得及相一相，恰巧淳于先生来了。后一次来的时候，又有个人献来歌伎，我还没来得及试试，正好先生又来了。我接见淳于先生时虽然斥退了身边侍从，心里却想着马和歌伎，有这回事。"后来淳于髡见惠王，连着谈了三天三夜都不困倦。惠王打算封给淳于髡卿

卿相位待之，髡因谢去。于是送以安车驾驷，束帛加璧，黄金百镒。终身不仕。

慎到，赵人。田骈、接子，齐人。环渊，楚人。皆学黄老道德之术，因发明序其指意。故慎到著十二论，环渊著上下篇，而田骈、接子皆有所论焉。

驺奭者，齐诸驺子，亦颇采驺衍之术以纪文。

于是齐王嘉之，自如淳于髡以下，皆命曰列大夫，为开第康庄之衢，高门大屋，尊宠之。览天下诸侯宾客，言齐能致天下贤士也。

荀卿，赵人。年五十始来游学于齐。驺衍之术迂大而闳辩；奭也文具难施；淳于髡久与处，时有得善言。故齐人颂曰："谈天衍，雕龙奭，炙毂过髡。"田骈之属皆已死。齐襄王时，而荀卿最为老师。齐尚修列大夫之缺，而荀卿三为祭酒焉。齐人或谗荀卿，荀卿乃适楚，而春申君以为兰陵令。春申君死而荀卿废，因家兰陵。李斯尝为弟子，已而相秦。荀卿嫉浊世之政，亡国乱君相属，不遂大道而营于巫祝，信机祥，鄙儒小拘，如庄周等又猾稽乱俗，于是推儒、墨、道德之行事兴坏，序列著数万言而卒。因葬兰陵。

而赵亦有公孙龙为坚白同异之辩，剧子之言；魏有李悝，尽地力之教；楚有尸子、长卢；阿之吁子焉。自如孟子至于吁子，世多有其书，故不论其传云。

盖墨翟，宋之大夫，善守御，为节用。或曰并孔子时，或曰在其后。

相官位，淳于髡客气地推辞不受便离开了。于是送给他四匹马拉的平稳坐车、五匹帛和璧玉以及百镒黄金。淳于髡终身没有做官。

慎到，是赵国人。田骈、接子，是齐国人。环渊，是楚国人。他们都学习黄帝、老子关于道德方面的理论学说，对黄老学说的意旨进行阐述发挥。所以他们都有著述，慎到著有十二篇论文，环渊著有上、下篇，田骈、接子也都有论著。

邹奭，是齐国几位邹子中的一个，他较多地采用邹衍的学说来著述文章。

齐王当时很赏识这些学士，从淳于髡以下的人，都任命为列大夫，给他们开设住宅和宽阔平坦的大道，高门大屋，尊重宠信他们。齐王以此招揽天下诸侯宾客，说齐国能招纳天下的贤能之士。

荀卿，是赵国人。五十岁的时候才到齐国游历讲学。邹衍的学说迂曲夸大而富于雄辩；邹奭的文章完备而难以实施；淳于髡，若与他相处日久，时常学到一些精辟的言论。所以齐国人称颂他们说："高谈阔论的是邹衍，善于雕饰的是邹奭，智慧无穷的是淳于髡。"田骈等人都已在齐襄王时死去，此时荀卿是年最长、资历深的宗师。当时齐国仍在补充列大夫的缺额，而荀卿三次出任祭酒。后来，齐国有人毁谤荀卿，荀卿就到了楚国，春申君让他担任兰陵令。春申君死后荀卿就被废黜了，便在兰陵安了家。李斯曾是他的学生，后来在秦朝任丞相。荀卿憎恨混乱时代的政治，诸侯国相继灭亡，昏乱的君主也接连失去权力，他们不遵循正道却被装神弄鬼的巫祝所迷惑，相信鬼神降福去灾，庸俗鄙陋的儒生拘泥于琐碎礼节，再加上庄周等人狡猾多辩，败坏风俗，因此荀卿把儒家、墨家、道家的成功和失败，叙述整理写成了几万字的文章，然后便辞世了。死后就葬在兰陵。

当时赵国也有个公孙龙，他曾以"离坚白"之说与惠施的"合同异"之说展开论辩，此外还有剧子的言论；魏国曾有李悝，他提出了完全发挥土地潜力的主张；楚国曾有尸子、长卢，齐国东阿还有一位吁子。自孟子到吁子，世上多流传着他们的著作，所以就不论述它们的内容了。

墨翟，是宋国的大夫，精通防守和抵御的战术，竭力提倡节省。有的人说他与孔子同时，有的人说他在孔子之后。

孟尝君列传第十五

孟尝君名文，姓田氏。文之父曰靖郭君田婴。田婴者，齐威王少子而齐宣王庶弟也。田婴自威王时任职用事，与成侯邹忌及田忌将而救韩伐魏。成侯与田忌争宠，成侯卖田忌。田忌惧，袭齐之边邑，不胜，亡走。会威王卒，宣王立，知成侯卖田忌，乃复召田忌以为将。宣王二年，田忌与孙膑、田婴俱伐魏，败之马陵，虏魏太子申而杀魏将庞涓。宣王七年，田婴使于韩、魏，韩、魏服于齐。婴与韩昭侯、魏惠王会齐宣王东阿南，盟而去。明年，复与梁惠王会甄。是岁，梁惠王卒。宣王九年，田婴相齐。齐宣王与魏襄王会徐州而相王也。楚威王闻之，怒田婴。明年，楚伐败齐师于徐州，而使人逐田婴。田婴使张丑说楚威王，威王乃止。田婴相齐十一年，宣王卒，湣王即位。即位三年，而封田婴于薛。

初，田婴有子四十余人。其贱妾有子名文，文以五月五日生。婴告其母曰："勿举也。"其母窃举生之。及长，其母因兄弟而见其子文于田婴。田婴怒其母曰："吾令若去此子，而敢生之，何也？"文顿首，因曰："君所以不举五月子者，何故？"婴曰："五月子者，长与户齐，将不利其父母。"文曰："人生受命于天乎？将受命于户邪？"婴默然。文曰："必受命于天，君何忧焉。必受命于户，则可高其户耳，谁能至者！"婴曰："子休矣。"

久之，文承间问其父婴曰："子之子为何？"曰："为孙。""孙之孙为何？"曰："为玄孙。""玄孙之孙为何？"曰："不能知也。"文曰："君用事相齐，至今三王矣，齐不加广而君私家富累万金，门下不见一贤者。文闻将门必有将，相门必有相。今君

孟尝君，姓田名文。田文的父亲是靖郭君田婴。田婴，是齐威王的小儿子、齐宣王庶母所生的弟弟。田婴从齐威王时起任职掌权，曾与成侯邹忌以及田忌带兵去救援韩国攻伐魏国。成侯和田忌争宠，成侯出卖了田忌。田忌很害怕，袭击齐国的边境，没有取胜，便逃跑了。这时正赶上齐威王去世，宣王即位，宣王知道是成侯陷害田忌，就又召回田忌，让他当将领。宣王二年，田忌跟孙膑、田婴一起攻打魏国，在马陵打败魏军，俘虏了魏太子申，杀了魏国将领庞涓。宣王七年，田婴奉命出使韩国、魏国，其后韩国、魏国归服齐国。田婴陪着韩昭侯、魏惠王在东阿南会见了齐宣王，三国结成盟约后离开。第二年，齐宣王又与梁惠王在甄地会盟。这年，梁惠王去世。宣王九年，田婴担任齐国的丞相。齐宣王与魏襄王在徐州会盟互相尊称为王。楚威王得知此事，对田婴感到很气愤，认为是他一手策划的。第二年，楚国进攻齐国，在徐州打败了齐军，便派人追捕田婴。田婴派张丑去劝说楚威王，楚威王才作罢。田婴在齐国任相十一年，齐宣王去世，齐湣王即位。即位三年后，赐封田婴于薛邑。

当初，田婴有四十多个儿子，他的小妾生了个儿子叫田文，田文是五月五日出生的。田婴告诉田文的母亲说："不要抚养他。"他母亲还是偷偷把他养活了。待他长大后，母亲便通过他的兄弟把田文引见给田婴。田婴见了这个孩子愤怒地对他母亲说："我让你丢掉这个儿子，你竟敢把他养活了，这是为什么？"田文听了立即叩头大拜，接着问："您不抚养五月出生的儿子，是什么缘故？"田婴回答说："五月出生的孩子，长大了身长跟门户一样高，将不利于他的父母。"田文说："人的命运是由上天授予呢，还是由门户授予呢？"田婴沉默不语。田文接着说："如果一定是受命于天，您忧虑什么呢？如果是由门户授予的，那么可以把门户加高，谁还能长到那么高呢？"田婴无言以对便斥责道："你不要说了！"

过了很久，田文寻机问他父亲田婴说："儿子的儿子叫什么？"田婴答道："叫孙子。"田文接着问："孙子的孙子叫什么？"田婴答道："叫玄孙。"田文又问："玄孙的玄孙叫什么？"田婴说："不知道。"田文说："您执掌大权担任齐国宰相，到今天已经历三代君王了，齐国的领土没有增广，可是您的私家财富已积累了上万金，门下也看不到一位贤能之士。我听说，将门必有将，相门

后宫蹈绮縠而士不得褐，仆妾余粱肉而士不厌糟糠。今君又尚厚积余藏，欲以遗所不知何人，而忘公家之事日损，文窃怪之。"于是婴乃礼文，使主家待宾客。宾客日进，名声闻于诸侯。诸侯皆使人请薛公田婴以文为太子，婴许之。婴卒，谥为靖郭君。而文果代立于薛，是为孟尝君。

　　孟尝君在薛，招致诸侯宾客及亡人有罪者，皆归孟尝君。孟尝君舍业厚遇之，以故倾天下之士。食客数千人，无贵贱一与文等。孟尝君待客坐语，而屏风后常有侍史，主记君所与客语，问亲戚居处。客去，孟尝君已使使存问，献遗其亲戚。孟尝君曾待客夜食，有一人蔽火光。客怒，以饭不等，辍食辞去。孟尝君起，自持其饭比之。客惭，自刭。士以此多归孟尝君。孟尝君客无所择，皆善遇之。人人各自以为孟尝君亲己。

　　秦昭王闻其贤，乃先使泾阳君为质于齐，以求见孟尝君。孟尝君将入秦，宾客莫欲其行，谏，不听。苏代谓曰："今旦代从外来，见木禺人与土禺人相与语。木禺人曰：'天雨，子将败矣。'土禺人曰：'我生于土，败则归土。今天雨，流子而行，未知所止息也。'今秦，虎狼之国也，而君欲往，如有不得还，君得无为土禺人所笑乎？"孟尝君乃止。

　　齐湣王二十五年，复卒使孟尝君入秦，昭王即以孟尝君为秦相。人或说秦昭王曰："孟尝君贤，而又齐族也，今相秦，必先齐而后秦，秦其危矣。"于是秦昭王乃止。囚孟尝君，谋欲杀之。孟尝君使人抵昭王幸姬求解。幸姬曰："妾愿得君狐白裘。"此时孟尝君有一狐白裘，直千金，天下无双，入秦献之昭王，更无他裘。孟尝君患之，遍问客，莫能对。最下坐有能为狗盗者，曰："臣能得狐白裘。"乃夜为狗，以入秦宫藏中，取所献狐白裘至，以献秦王幸姬。幸姬为言昭王，昭王释孟尝君。孟尝君得出，即驰去，更封传，变名

必有相。现在您的姬妾可以践踏绫罗绸缎，而士人却穿不上粗布衣服；您的男仆女奴有剩余的饭食肉羹，而士人却连糠菜也吃不饱。现在您还一个劲儿地多积蓄、多储藏，想把它留给还不知道是谁的什么人，却忘记了国家的事业一天天在削弱。我私下是很奇怪的。"于是从此以后，田婴以父子之礼对待田文，让他主持家事、接待宾客。来往的宾客日益增多，田文的名声也随之传播到了各诸侯国中。各诸侯国都派人来请求田婴立田文为太子，田婴答应了。田婴去世后，追谥靖郭君。田文果然在薛邑继承了田婴的爵位。这就是孟尝君。

孟尝君在薛邑，招徕诸侯宾客以及有罪逃亡的人，很多人归附了孟尝君。孟尝君拿出家财厚待他们，因此天下的士人全都倾心归附。他的食客有几千人，无论贵贱一律和田文相等。孟尝君每次接待宾客，与宾客坐着谈话时，总是在屏风后安排侍从文书，让他记录孟尝君与宾客的谈话内容，记载所问宾客亲戚的住处。宾客刚刚离开，孟尝君已派使者去问候，献上礼物。有一次，孟尝君招待宾客吃晚饭，有个人遮住了灯亮，那个宾客很恼火，以为饭菜不一样，放下碗筷就要辞别而去。孟尝君马上站起来，亲自端着自己的饭食与他的相比，那个宾客惭愧得无地自容，自杀了。贤士们因此有很多人都情愿归附孟尝君。孟尝君对宾客不加选择，一律给予优厚的待遇。所以宾客人人都认为孟尝君亲近自己。

秦昭王听说孟尝君贤能，就先派泾阳君到齐国做人质，来求见孟尝君。孟尝君准备去秦国，而宾客都不赞成他去，规劝他，他没有听。这时宾客苏代对他说："今天早上我从外面来，见到一个木偶与一个泥胚正在交谈。木偶说：'天一下雨，你就要坍毁了。'泥胚说：'我是由泥土生成的，即使坍毁，也是回归到了泥土里。现在天一下雨，水流冲着你跑，不知道你会停留在哪里。'当今的秦国，是个如虎似狼的国家，而您执意前往，如果不能回来，您能不被泥胚嘲笑吗？"孟尝君听后才没有出行。

齐湣王二十五年，再次派孟尝君出使秦国，秦昭王就让孟尝君做秦国的宰相。有人劝说秦王道："孟尝君贤能，而且又是齐国的王族，现在任秦国宰相，谋划事情一定会先替齐国打算，而后才考虑秦国，这样秦国就危险了。"于是秦昭王就罢免了孟尝君的宰相职务，并囚禁了孟尝君，计议想杀孟尝君。孟尝君知道情况危急，就派人求见秦昭王宠幸的爱姬，请求解免。那个宠姬提出条件说："我希望得到孟尝君的白色狐皮裘。"孟尝君来秦国的时候，带有一件白色狐皮裘，价值千金，天下无双，到秦国后献给了昭王，再也没有别的皮裘了。孟尝君为此忧虑，问遍了门客，没有人能想出办法。最后的座位上有个善于伪装成狗盗窃东西的人，说："我能拿到那件白色狐皮裘。"于是当夜伪装成狗，钻入秦国的仓库，取回了献给昭王的那件狐白裘，把它献给了昭王的宠姬。宠姬因此替孟

姓以出关。夜半至函谷关。秦昭王后悔出孟尝君，求之已去，即使人驰传逐之。孟尝君至关，关法鸡鸣而出客，孟尝君恐追至，客之居下坐者有能为鸡鸣，而鸡齐鸣，遂发传出。出如食顷，秦追果至关，已后孟尝君出，乃还。始孟尝君列此二人于宾客，宾客尽羞之，及孟尝君有秦难，卒此二人拔之。自是之后，客皆服。

孟尝君过赵，赵平原君客之。赵人闻孟尝君贤，出观之，皆笑曰："始以薛公为魁然也，今视之，乃眇小丈夫耳。"孟尝君闻之，怒。客与俱者下，斫击杀数百人，遂灭一县以去。

齐湣王不自得，以其遣孟尝君。孟尝君至，则以为齐相，任政。

孟尝君怨秦，将以齐为韩、魏攻楚，因与韩、魏攻秦，而借兵食于西周。苏代为西周谓曰："君以齐为韩、魏攻楚九年，取宛、叶以北以强韩、魏，今复攻秦以益之。韩、魏南无楚忧，西无秦患，则齐危矣。韩、魏必轻齐畏秦，臣为君危之。君不如令敝邑深合于秦，而君无攻，又无借兵食。君临函谷而无攻，令敝邑以君之情谓秦昭王曰'薛公必不破秦以强韩、魏。其攻秦也，欲王之令楚王割东国以与齐，而秦出楚怀王以为和'。君令敝邑以此惠秦，秦得无破而以东国自免也，秦必欲之。楚王得出，必德齐。齐得东国益强，而薛世世无患矣。秦不大弱，而处三晋之西，三晋必重齐。"薛公曰："善。"因令韩、魏贺秦，使三国无攻，而不借兵食于西周矣。是时，楚怀王入秦，秦留之，故欲必出之。秦不果出楚怀王。

孟尝君相齐，其舍人魏子为孟尝君收邑入，三反而不致一入。孟尝君问之，对曰："有贤者，窃假与之，以故不致入。"孟尝君怒而

尝君向昭王说情，昭王便释放了孟尝君。孟尝君获释后，立即乘快车逃离，更换了过关的凭证，改了姓名才逃出城关。半夜时到了函谷关。昭王后悔放了孟尝君，派人去找他，发现已经离开了，于是立即派人驾车飞奔去追捕他。孟尝君一行到了函谷关，按照关法规定鸡叫时才能放旅客进出，孟尝君恐怕追兵赶到，万分着急。门客中有个地位较为低下的宾客能够模仿鸡叫，他一学鸡叫，附近的鸡随着一起叫了起来。他们便立即出示了证件逃出函谷关。出关后大约一顿饭的工夫，秦国追兵果然到了函谷关，但孟尝君已经出关了，追兵就返回了。最初孟尝君把这二人列在宾客中时，宾客们全都感到羞耻，等孟尝君在秦国有难时，最后靠着这两个人解救了他。自此以后，宾客们更加佩服孟尝君了。

　　孟尝君经过赵国，赵国的平原君以客礼待他。赵国人听说孟尝君贤能，出来看他，都笑着说："原来以为薛公孟尝君很魁梧，现在看来，只是个瘦小的男人罢了。"孟尝君听了这些话，大为恼火。和他同行的宾客跳下车，砍杀了数百人，最后毁了一个县才离去。

　　齐湣王自己觉得不舒服，因为是他派遣孟尝君去秦国的。孟尝君回来后，就让他做了齐国的宰相，执掌国政。

　　孟尝君怨恨秦国，准备用齐国的力量帮助韩国、魏国攻打楚国，然后联合韩国、魏国攻打秦国，为此向西周借武器、军粮。苏代替西周对孟尝君说："您用齐国的力量帮助韩国、魏国攻打楚国已达九年，取得了宛、叶以北的地方，结果使韩、魏两国强大起来，现在又攻打秦国就会越加增强韩、魏的力量。韩国、魏国南边没有楚国忧虑，北边没有秦国的祸患，那样齐国就危险了。韩、魏两国必定会轻视齐国而畏惧秦国，我替您对这种形势感到不安。您不如让我国和秦国加深交往，您不要进攻，也不要借兵器和粮食。您让军队逼近函谷关但不要进攻，让我国把您的情况告诉给秦昭王说：'薛公不会攻破秦国以使韩国、魏国的势力强大。他要进攻秦国，是想要大王让楚王割东国给齐国，并请您把楚怀王释放出来以相媾和。'以此对秦国施以恩惠，秦国能够不被攻破又拿楚国的地盘保全了自己，秦国必定情愿这么办。楚王能够获释，一定会感激齐国。齐国得到了东国自然会日益强大，薛邑也就会世世代代没有忧患了。秦国没有大的削弱，仍然处于三晋的西边，三晋一定会重视齐国。"薛公听了后，立即说："好。"于是让韩、魏朝贺秦国，避免了一场兵灾，使齐、韩、魏三国不再发兵进攻，他也不向西周借兵器和军粮了。当时，楚怀王去到秦国，秦国扣留了他，所以苏代想使秦国释放他。但是秦国并没有这么办。

　　孟尝君任齐国宰相时，他的舍人魏子替孟尝君收取封邑的租税，三次往返没有收到一点租税。孟尝君问他这是什么缘故，魏子回答说："有位贤德的人，我

退魏子。居数年，人或毁孟尝君于齐湣王曰："孟尝君将为乱。"及田甲劫湣王，湣王意疑孟尝君，孟尝君乃奔。魏子所与粟贤者闻之，乃上书言孟尝君不作乱，请以身为盟，遂自刭宫门以明孟尝君。湣王乃惊，而踪迹验问，孟尝君果无反谋，乃复召孟尝君。孟尝君因谢病，归老于薛。湣王许之。

其后，秦亡将吕礼相齐，欲困苏代。代乃谓孟尝君曰："周最于齐，至厚也，而齐王逐之，而听亲弗相吕礼者，欲取秦也。齐、秦合，则亲弗与吕礼重矣。有用，齐、秦必轻君。君不如急北兵，趋赵以和秦、魏，收周最以厚行，且反齐王之信，又禁天下之变。齐无秦，则天下集齐，亲弗必走，则齐王孰与为其国也！"于是孟尝君从其计，而吕礼嫉害于孟尝君。

孟尝君惧，乃遗秦相穰侯魏冉书曰："吾闻秦欲以吕礼收齐，齐，天下之强国也，子必轻矣。齐秦相取以临三晋，吕礼必并相矣，是子通齐以重吕礼也。若齐免于天下之兵，其仇子必深矣。子不如劝秦王伐齐。齐破，吾请以所得封子。齐破，秦畏晋之强，秦必重子以取晋。晋国敝于齐而畏秦，晋必重子以取秦。是子破齐以为功，挟晋以为重；是子破齐定封，秦、晋交重子。若齐不破，吕礼复用，子必大穷。"于是穰侯言于秦昭王伐齐，而吕礼亡。

后齐湣王灭宋，益骄，欲去孟尝君。孟尝君恐，乃如魏。魏昭王以为相，西合于秦、赵，与燕共伐破齐。齐湣王亡在莒，遂死焉。齐襄王立，而孟尝君中立于诸侯，无所属。齐襄王新立，畏孟尝君，与连和，复亲薛公。文卒，谥为孟尝君。诸子争立，而齐魏共灭薛。孟尝绝嗣无后也。

初，冯谖闻孟尝君好客，蹑蹻而见之。孟尝君曰："先生远辱，

私自以您的名义把租税赠给了他，所以没有收回来。"孟尝君大怒，斥退了魏子。几年之后，有人向齐湣王造孟尝君的谣言说："孟尝君将要作乱。"等到田君甲劫持了湣王，湣王便猜疑是孟尝君策划的，为避免殃祸孟尝君就出逃了。曾经得到魏子赠粮的那位贤人听说此事，就上书说孟尝君不会作乱，并请求以自己的生命发誓，于是在宫门前自杀来证明孟尝君是清白的。齐湣王为之震惊，便追问核查实际情况，孟尝君果然没有反叛阴谋，就又召回孟尝君。孟尝君因此推托有病，请求回到薛邑去养老。湣王答应了他的请求。

此后，秦国的逃亡大将吕礼担任齐国的宰相，他想陷苏代于困境。苏代就对孟尝君说："周最在齐国时，对齐国非常忠实，可是齐王驱逐了他，而听信亲弗的话让吕礼做了宰相，其原因就是想要讨好秦国。如果齐国、秦国关系好了，那么亲弗和吕礼就会被重用了。他们受到重用，齐国、秦国必定轻视您。您不如急速向北进军，驱使赵国与秦、魏结好，劝齐王重新招回周最，显示您的厚道，这样既可以挽回齐王的信用，又能防止天下各国关系的变化。齐国不去依附秦国，那么各诸侯都会向齐国靠拢，亲弗一定会逃跑，那么除了您之外，齐王还能跟谁一起治理他的国家呢？"于是孟尝君听从了苏代的计谋，因而吕礼非常嫉恨孟尝君。

孟尝君为此很害怕，就给秦国丞相穰侯魏冉写了一封信说："我听说秦国打算通过吕礼来联合齐国，齐国是天下的大国，如果此事让吕礼做成功了，您在秦国的地位必会下降。那时，如果秦、齐结盟对付韩、赵、魏三国，那么吕礼必定成为秦、齐两国宰相了，这是您结交齐国反而使吕礼的地位显重啊。再说，如果齐国免除了各国军队的威慑，他一定会深深地仇恨您。您不如劝说秦王攻打齐国。齐国被攻破，我会设法请求秦王把所得的齐国土地封给您。齐国被攻破后，秦国畏惧魏国的强大，秦王必定重用您去结交魏国。魏国败于齐国又害怕秦国，它一定要借重您来取悦秦国。那样，您既有打败齐国的功劳，又可挟持魏国提高您的地位；这样您既破齐立功又可得到封邑，使秦、魏两国同时敬重您。如果齐国不被攻破，吕礼再被任用，您一定会陷入极端的困境。"于是穰侯立即劝秦昭王攻打齐国，而吕礼则逃跑了。

后来齐湣王灭掉了宋国，变得更加骄傲，想要除掉孟尝君。孟尝君很害怕，于是去了魏国。魏昭王让他担任宰相，联合西边的秦国、赵国，与燕国一起打败了齐国。齐湣王逃到莒邑，后来就死在那里。齐襄王即位，当时孟尝君在诸侯中保持中立，没有从属于哪个君王。齐襄王由于刚刚即位，畏惧孟尝君，与他连横和好，又与他亲近起来。田文死后，谥号称孟尝君。他的几个儿子争夺继承权，齐、魏两国趁机联合共同灭掉了薛邑。孟尝君家从此断了根，没有了后代。

当初，冯谖听说孟尝君好客，便穿着草鞋来见他。孟尝君说："承蒙先生远

何以教文也？"冯谖曰："闻君好士，以贫身归于君。"孟尝君置传舍十日，孟尝君问传舍长曰："客何所为？"答曰："冯先生甚贫，犹有一剑耳，又蒯缑。弹其剑而歌曰'长铗归来乎，食无鱼'。"孟尝君迁之幸舍，食有鱼矣。五日，又问传舍长。答曰："客复弹剑而歌曰'长铗归来乎，出无舆'。"孟尝君迁之代舍，出入乘舆车矣。五日，孟尝君复问传舍长。舍长答曰："先生又尝弹剑而歌曰'长铗归来乎，无以为家'。"孟尝君不悦。

居期年，冯谖无所言。孟尝君时相齐，封万户于薛。其食客三千人。邑入不足以奉客，使人出钱于薛。岁余不入，贷钱者多不能与其息，客奉将不给。孟尝君忧之，问左右："何人可使收债于薛者？"传舍长曰："代舍客冯公形容状貌甚辩，长者，无他伎能，宜可令收债。"孟尝君乃进冯谖而请之曰："宾客不知文不肖，幸临文者三千余人，邑入不足以奉宾客，故出息钱于薛。薛岁不入，民颇不与其息。今客食恐不给，愿先生责之。"冯谖曰："诺。"辞行，至薛，召取孟尝君钱者皆会，得息钱十万。乃多酿酒，买肥牛，召诸取钱者，能与息者皆来，不能与息者亦来，皆持取钱之券书合之。齐为会，日杀牛置酒。酒酣，乃持券如前合之，能与息者，与为期；贫不能与息者，取其券而烧之。曰："孟尝君所以贷钱者，为民之无者以为本业也；所以求息者，为无以奉客也。今富给者以要期，贫穷者燔券书以捐之。诸君强饮食。有君如此，岂可负哉！"坐者皆起，再拜。

孟尝君闻冯谖烧券书，怒而使使召谖。谖至，孟尝君曰："文食客三千人，故贷钱于薛。文奉邑少，而民尚多不以时与其息，客食恐不足，故请先生收责之。闻先生得钱，即以多具牛酒而烧券书，何？"冯谖曰："然。不多具牛酒即不能毕会，无以知其有余不足。

道光临，有什么指教我的？"冯谖回答说："听说您喜欢养士，我只是因为贫穷想归附您谋口饭吃。"孟尝君把他安顿在普通客房里，十天后孟尝君询问客房总管说："客人近来做了什么？"总管回答说："冯先生太穷了，只有一把剑，还是草绳缠着剑把。他经常弹着那把剑歌唱'长剑啊，咱们回家吧！吃饭没有鱼。'"孟尝君把冯谖迁到中等客房，吃饭有鱼了。过了五天，孟尝君又向客房总管询问冯谖的情况，总管回答说："客人又弹着剑唱道'长剑啊，咱们回去吧！出门没有车。'"于是孟尝君又把他迁到上等客房，进出都有车子坐。又过了五天，孟尝君再次询问客房总管。客房总管回答说："这位先生又弹着剑唱道'长剑啊，咱们回家吧！没有东西养家。'"孟尝君感到不快。

　　过了整一年，冯谖没再说什么。孟尝君当时正任齐国宰相，在薛邑受封了一万户人。他的食客有三千人之多，封邑的收入不足以奉养食客，就派人到薛邑贷款放债。当年的收成不好，贷钱的人多数不能偿还利息，食客的奉养将无法供给。孟尝君为此焦虑不安，就问左右侍从："谁可以帮我去薛邑收债呢？"那位客房总管说："上等客房住所里的冯老先生形状相貌好像能言善辩，又是个长者，没有别的技能，派他去收债该是合适的。"孟尝君便找来冯谖并恳求他说："宾客们不知道我无德无能，光临我门下的有三千多人，薛邑的收入不足以奉养宾客，所以在薛邑放债收些利息钱。可是薛邑年景不好，没有收成，百姓多数不能偿付利息。宾客吃饭恐怕都成问题了，希望先生替我前往索取欠债。"冯谖说："好吧。"便告辞前往，到了薛邑，召集借了孟尝君钱的人，得到欠债利息十万钱。他用这笔款项酿了许多酒，买了肥壮的牛，然后召集借钱的人，能偿付利息的都来，不能偿付利息的也来，要求都拿着借钱的证券文书前来以便核对。随即让大家一起参加宴会，每天杀牛摆酒。酒正喝得畅快时，冯谖就拿着契据走到席前一一核对，能还利息的，与其约定好期限；穷得不能偿还利息的，就拿过他们的契据当众烧毁。接着他对大家说："孟尝君之所以向大家贷款，就是为了让没有产业的百姓可以从事生产；他之所以向大家收取利息，是因为没有钱财供养宾客。如今富裕有钱还债的约定日期还债，贫穷无力还债的烧掉契据废弃债务。请各位开怀畅饮吧。有这样的封邑主人，日后怎么能够辜负他呢！"在坐的人都站了起来，一再叩头致谢。

　　孟尝君听到冯谖烧毁契据的消息，十分恼怒并立即派人召回冯谖。冯谖刚一到，孟尝君就责问道："我有食客三千人要吃饭，所以我才在薛邑放贷。我的封地收入本来就少，而百姓还多不按时偿还利息，宾客们连吃饭都怕不够用，所以请先生前去收缴欠债。听说先生收到钱后就买了许多牛、酒，而且把契据烧掉了。这是为什么呢？"冯谖回答说："是这样的。如果不多准备点牛、酒就不能

有余者，为要期。不足者，虽守而责之十年，息愈多，急，即以逃亡自捐之。若急，终无以偿，上则为君好利不爱士民，下则有离上抵负之名，非所以厉士民彰君声也。焚无用虚债之券，捐不可得之虚计，令薛民亲君而彰君之善声也，君有何疑焉！"孟尝君乃拊手而谢之。

　　齐王惑于秦、楚之毁，以为孟尝君名高其主而擅齐国之权，遂废孟尝君。诸客见孟尝君废，皆去。冯谖曰："借臣车一乘，可以入秦者，必令君重于国而奉邑益广，可乎？"孟尝君乃约车币而遣之。冯谖乃西说秦王曰："天下之游士冯轼结靷西入秦者，无不欲强秦而弱齐；冯轼结靷东入齐者，无不欲强齐而弱秦。此雄雌之国也，势不两立为雄，雄者得天下矣。"秦王跽而问之曰："何以使秦无为雌而可？"冯谖曰："王亦知齐之废孟尝君乎？"秦王曰："闻之。"冯谖曰："使齐重于天下者，孟尝君也。今齐王以毁废之，其心怨，必背齐；背齐入秦，则齐国之情，人事之诚，尽委之秦，齐地可得也，岂直为雄也！君急使使载币阴迎孟尝君，不可失时也。如有齐觉悟，复用孟尝君，则雌雄之所在未可知也。"秦王大悦，乃遣车十乘黄金百镒以迎孟尝君。冯谖辞以先行，至齐，说齐王曰："天下之游士冯轼结靷东入齐者，无不欲强齐而弱秦者；冯轼结靷西入秦者，无不欲强秦而弱齐者。夫秦齐雄雌之国，秦强则齐弱矣，此势不两雄。今臣窃闻秦遣使车十乘载黄金百镒以迎孟尝君。孟尝君不西则已，西入相秦则天下归之，秦为雄而齐为雌，雌则临淄、即墨危矣。王何不先秦使之未到，复孟尝君，而益与之邑以谢之？孟尝君必喜而受之。秦虽强国，岂可以请人相而迎之哉！折秦之谋，而绝其霸强之略。"齐王曰："善。"乃使人至境候秦使。秦使车适入齐境，使还驰告之，王

把借债的人全都集合起来，也就没办法了解谁富裕谁贫穷。富裕的，限定他们还债日期。贫穷的，即使坐守催讨十年还是收不上来。利息越来越多，逼急了，他们就会用逃亡的办法赖掉债务。如果催讨紧迫，不仅终究没办法偿还，而且从上说会让您落个贪财好利、不惜百姓的名声，从下说会让您落个背离国君、冒犯君上的罪名，这可不是用来鼓励平民百姓、显扬您名声的办法啊。我烧掉没用的空头借据，废弃有名无实的账簿，是让薛邑的平民百姓亲近您而彰扬您的好名声啊。您有什么可疑惑的呢？"孟尝君听后拍手称绝，于是立即向冯谖道歉。

　　齐湣王受到秦国和楚国毁谤言论的挑拨，认为孟尝君的名声超过了自己，并且又独揽着齐国政权，于是罢免了孟尝君的官。那些宾客看到孟尝君被罢黜了，一个个都离开了他。只有冯谖为他谋划说："借给我一辆可以跑到秦国的车子，我一定让您受国家重用，封邑更加宽广。您看可以吗？"于是孟尝君便准备了车辆钱物送冯谖上了路。冯谖就乘车向西到了秦国，游说秦王说："天下的游说之士驾车向西来到秦国的，没有人不想加强秦国而削弱齐国；乘车向东进入齐国的，没有人不想加强齐国而削弱秦国。这是两个不分雌雄的国家，形势的发展势必不能两者并立为雄，称雄的得天下。"秦王听了长跪着问冯谖说："您看有什么办法可使秦国成为雄而不成为雌呢？"冯谖回答说："大王也知道齐王罢了孟尝君的官吧？"秦王说："听说了。"冯谖说："使齐国受到天下敬重的，就是孟尝君。齐王因为听信毁谤言论而废黜了他，孟尝君心中无比怨愤，定会背离齐国；他背离齐国进入秦国，那么齐国的国家形势、人事的真实情形也就都将为秦国所掌握。那时您将得到整个齐国的土地，岂止是称雄呢？您应该赶快派人带着礼物暗地里去迎接孟尝君，不能失掉良机啊。如果齐王觉悟了，又任用孟尝君，那么谁是雌、谁是雄就没办法知道了。"秦王听了非常高兴，于是派遣十辆马车载着百镒黄金去迎接孟尝君。冯谖告别了秦王而抢在使者前面赶往齐国，到了齐国，劝说齐王道："天下游说之士驾车向东来到齐的，没有人不想加强齐国而削弱秦国；乘车向西进入秦国的，没有人不想加强秦国而削弱齐国。秦国与齐国是两个不分雌雄的国家，秦国强大那么齐国必定衰弱，这两个国家势必不能并立称雄。现在我私下得知秦国已经派遣使者带着十辆马车载着百镒黄金来迎接孟尝君了。孟尝君不西去秦国还好，如果他西去担任秦国宰相，那么天下将归附秦国。那时秦国称雄，齐国为雌，那么临淄、即墨就危在旦夕了。大王何不在秦国使者未到之前，恢复孟尝君的官位，再多封给他一些土地来向他表示道歉呢？如果这么做了，孟尝君一定会高兴地接受。秦国虽是强国，又怎么可以到别的国家迎接人家的宰相呢？这样可以挫败秦国的阴谋，断绝它称强称霸的计划。"齐王听后说："好。"于是派人至西部边境等候秦国使者。秦国使者的车子刚入齐国

召孟尝君而复其相位,而与其故邑之地,又益以千户。秦之使者闻孟尝君复相齐,还车而去矣。

自齐王毁废孟尝君,诸客皆去。后召而复之,冯谖迎之。未到,孟尝君太息叹曰:"文常好客,遇客无所敢失,食客三千有余人,先生所知也。客见文一日废,皆背文而去,莫顾文者。今赖先生得复其位,客亦有何面目复见文乎?如复见文者,必唾其面而大辱之。"冯谖结辔下拜。孟尝君下车接之,曰:"先生为客谢乎?"冯谖曰:"非为客谢也,为君之言失。夫物有必至,事有固然,君知之乎?"孟尝君曰:"愚不知所谓也。"曰:"生者必有死,物之必至也;富贵多士,贫贱寡友,事之固然也。君独不见夫趣市朝者乎?明旦,侧肩争门而入;日暮之后,过市朝者掉臂而不顾。非好朝而恶暮,所期物忘其中。今君失位,宾客皆去,不足以怨士而徒绝宾客之路。愿君遇客如故。"孟尝君再拜曰:"敬从命矣。闻先生之言,敢不奉教焉。"

太史公曰:吾尝过薛,其俗闾里率多暴桀子弟,与邹、鲁殊。问其故,曰:"孟尝君招致天下任侠,奸人入薛中盖六万余家矣。"世之传孟尝君好客自喜,名不虚矣。

边境，齐国使臣立即驱车跑回齐国报告齐王，齐王召回孟尝君并且恢复了他的相位，还给了他原来的封邑，并给他增封了千户。秦国的使者听说孟尝君重新担任了齐国的宰相，就调转车头回去了。

　　自从齐王听信挑拨之言而废黜了孟尝君，那些宾客们都离开了。等后来齐王召回并恢复了孟尝君的官位时，只有冯谖一个人去迎接他。还没到京城的时候，孟尝君深有感触地说："我素常喜好宾客，接待宾客从不敢有任何失礼之处，食客有三千多人，这是先生您知道的。宾客们看到我一旦被罢黜了，都背弃我离开了，没有一个顾念我的。现在依靠先生我得以恢复相位，那些离去的宾客还有什么脸面再见我呢？如果有再见我的，我一定唾他的脸，狠狠地羞辱他一顿。"冯谖听后收住缰绳，下车给孟尝君磕了个头。孟尝君立即下车还礼拦住，说："先生是替那些宾客道歉吗？"冯谖说："不是替宾客道歉，是因为您的话说错了。世上的万物都有其必然的结果，事情都有其常规常理，您知道吗？"孟尝君说："我不知道您说的是什么意思。"冯谖说："凡是生命最后一定有死亡的时候，这是必然的归向；富贵的人多宾客，贫贱的人少朋友，事情本来就是这样。您难道单单没看见赶集市的人吗？天刚亮，人们就侧着肩膀争着向市集里挤去；等到日落天黑，路过市集的人甩着手臂经过连头也不回。不是人们喜欢早晨而厌恶傍晚，而是他们所期望的东西已经不在那里了。如今您失去了官位，宾客都离去，不值得因此就怨恨士人，而平白断绝了他们奔向您的通路。希望您对待宾客像过去一样。"孟尝君拜了又拜说："愿意遵命。听了先生的话，我怎敢不恭敬地接受教导呢？"

　　太史公说：我曾经经过薛地，那里的民间多是凶狠残暴的子弟，与邹地、鲁地不同。我问这是什么缘故，那里的人们说："孟尝君曾经招来天下的豪杰侠客，奸邪的人到薛邑中的大概有六万多家呢。"世间传说孟尝君乐于养客且以此沾沾自喜，的确名不虚传。

平原君虞卿列传第十六

平原君赵胜者，赵之诸公子也。诸子中胜最贤，喜宾客，宾客盖至者数千人。平原君相赵惠文王及孝成王，三去相，三复位，封于东武城。

平原君家楼临民家。民家有躄者，槃散行汲。平原君美人居楼上，临见，大笑之。明日，躄者至平原君门，请曰："臣闻君之喜士，士不远千里而至者，以君能贵士而贱妾也。臣不幸有罢癃之病，而君之后宫临而笑臣，臣愿得笑臣者头。"平原君笑应曰："诺。"躄者去，平原君笑曰："观此竖子，乃欲以一笑之故杀吾美人，不亦甚乎！"终不杀。居岁余，宾客门下舍人稍稍引去者过半。平原君怪之，曰："胜所以待诸君者未尝敢失礼，而去者何多也？"门下一人前对曰："以君之不杀笑躄者，以君为爱色而贱士，士即去耳。"于是平原君乃斩笑躄者美人头，自造门进躄者，因谢焉。其后门下乃复稍稍来。是时齐有孟尝，魏有信陵，楚有春申，故争相倾以待士。

秦之围邯郸，赵使平原君求救，合从于楚，约与食客门下有勇力文武备具者二十人偕。平原君曰："使文能取胜，则善矣。文不能取胜，则歃血于华屋之下，必得定从而还。士不外索，取于食客门下足矣。"得十九人，余无可取者，无以满二十人。门下有毛遂者，前，自赞于平原君曰："遂闻君将合从于楚，约与食客门下二十人偕，不外索。今少一人，愿君即以遂备员而行矣。"平原君曰："先生处胜之门下几年于此矣？"毛遂曰："三年于此矣。"平原君曰："夫贤士之处世也，譬若锥之处囊中，其末立见。今先生处胜之门下三年于此矣，左右未有所称诵，胜未有所闻，是先生无所有也。先生不能，

平原君赵胜，是赵国的一位公子。在诸多公子中赵胜最为贤能，喜好宾客，他门下的宾客大约有几千人。平原君担任过赵惠文王和孝成王的宰相，曾三次离开相位，又三次恢复原职，他的封地在东武城。

平原君家的高楼靠近一户老百姓家。这家有个跛子，总是一瘸一拐地出外打水。平原君的美妾住在楼上，向下看到这情景，就哈哈大笑起来。第二天，这位跛子找上平原君的家门来，请求道："我听说您喜爱士人，士人不远千里来这里，就是因为您看重士人而卑视姬妾啊。我不幸有病致残，您的姬妾却在高楼上讥笑我，我希望得到讥笑我的人的脑袋。"平原君笑着应答说："好吧。"等那个跛子离开后，平原君又笑着说："看看这小子，就因为笑了一下而想杀了我的爱妾，不也太过分了吗？"终究没有杀小妾。过了一年多，宾客以及有差使的食客陆陆续续地离开了一多半。平原君对这种情况感到很奇怪，说："我赵胜对待各位先生不曾有失礼的地方，离开的人怎么这样多呢？"一个门客走上前去回答说："因为您不杀讥笑跛子的那个妾，大家认为您喜好美色，轻视士人，所以士人就纷纷离去了。"于是平原君就斩下讥笑跛子的那个爱妾的头，亲自登门献给跛子，趁机向他道歉。从此以后，原来门下的客人就又陆陆续续地回来了。当时，齐国有孟尝君，魏国有信陵君，楚国有春申君，他们都好客养士，因此争相尽其所能招纳士人。

秦军围攻邯郸时，赵国派平原君去求救，与楚国纵向联合联兵抗秦，平原君邀集了勇猛有力、文武兼备的食客二十人一同前往楚国。平原君说："假如能通过谈判取得成功，那就好了。如果不能通过谈判取得成功，那么也要挟制楚王在大庭广众之下把盟约确定下来，一定要订好合纵条约才回来。同去的文武之士不必到外面去寻找，从我门下的食客中选取就行了。"结果选得十九人，其余再找不到合适的，没有办法凑足二十人。这时门下食客中有个叫毛遂的人，径自走到前面来，向平原君自我推荐说："我听说您将要与楚国联合，商定与食客门人二十人一同去，人员不到外面寻找。现在还少一个人，希望您就用我充数前去吧。"平原君问道："先生在我门下有几年了？"毛遂回答道："到现在整整三年了。"平原君说："有才能的贤士生活在世上，就如同锥子放在口袋里，它的锋尖立刻就会露出来。如今先生在我门下已经有三年了，我左右的近臣们从没有

先生留。"毛遂曰："臣乃今日请处囊中耳。使遂蚤得处囊中，乃颖脱而出，非特其末见而已。"平原君竟与毛遂偕。十九人相与目笑之而未废也。

毛遂比至楚，与十九人论议，十九人皆服。平原君与楚合从，言其利害，日出而言之，日中不决。十九人谓毛遂曰："先生上。"毛遂按剑历阶而上，谓平原君曰："从之利害，两言而决耳。今日出而言从，日中不决，何也？"楚王谓平原君曰："客何为者也？"平原君曰："是胜之舍人也。"楚王叱曰："胡不下！吾乃与而君言，汝何为者也！"毛遂按剑而前曰："王之所以叱遂者，以楚国之众也。今十步之内，王不得恃楚国之众也，王之命悬于遂手。吾君在前，叱者何也？且遂闻汤以七十里之地王天下，文王以百里之壤而臣诸侯，岂其士卒众多哉，诚能据其势而奋其威。今楚地方五千里，持戟百万，此霸王之资也。以楚之强，天下弗能当。白起，小竖子耳，率数万之众，兴师以与楚战，一战而举鄢郢，再战而烧夷陵，三战而辱王之先人。此百世之怨而赵之所羞，而王弗知恶焉。合从者为楚，非为赵也。吾君在前，叱者何也？"楚王曰："唯唯，诚若先生之言，谨奉社稷而以从。"毛遂曰："从定乎？"楚王曰："定矣。"毛遂谓楚王之左右曰："取鸡狗马之血来。"毛遂奉铜槃而跪进之楚王曰："王当歃血而定从，次者吾君，次者遂。"遂定从于殿上。毛遂左手持槃血而右手招十九人曰："公相与歃此血于堂下。公等录录，所谓因人成事者也。"

平原君已定从而归，归至于赵，曰："胜不敢复相士。胜相士多者千人，寡者百数，自以为不失天下之士，今乃于毛先生而失之也。毛先生一至楚，而使赵重于九鼎大吕。毛先生以三寸之舌，强于百万之师。胜不敢复相士。"遂以为上客。

称赞推荐过你，我也从来没听说过你，这是因为先生没有所长啊。先生不能去，先生留下吧。"毛遂说："我今天就是请求放在口袋里呀。假使我早就被放在口袋里，就会把整个锥头都露出来，不单是锥尖露出来而已。"平原君终于同意让毛遂一同去。那十九个人都相视一笑，暗暗嘲笑毛遂，只是没有抛弃他。

等到毛遂到了楚国，与那十九个人议论天下局势，十九个人都佩服他。平原君与楚王谈判订立合纵盟约的事，说明利害，从日出谈起，到了中午还没有决定下来，那十九个人对毛遂说："先生上吧。"于是毛遂握着剑柄一步一阶地走上殿堂，对平原君说："谈合纵不是'利'就是'害'，只两句话罢了。现在从日出时就谈合纵，到了中午还决定不下来，是为什么？"楚王见此，对平原君说："这位客人是干什么的？"平原君回答说："这是我的随从家臣。"楚王厉声呵斥道："为什么不退下！我与你的主人谈判，你来干什么？"毛遂紧握剑柄走向前去说："大王敢呵斥我，不过是倚仗楚国人多势众。现在我与你相距只有十步，十步之内大王就不能凭着楚国人多了，大王的性命控制在我手上。我的主人就在面前，当着他的面你为什么这样呵斥我？何况我听说商汤凭着七十里的土地就统治了天下，周文王凭着百里大小的土地使天下诸侯臣服。难道是他们士兵众多吗？实际上是因为他们善于掌握形势而发挥自己的威力啊。如今楚国领土纵横五千里，士兵百万，这是争王称霸的资本。凭着楚国如此强大，天下没有能抵挡的。秦国的白起，不过是个小小子罢了，他带着几万人的部队，发兵与楚国交战，一战就攻下楚都，再战又烧了夷陵，三战就侮辱了大王的祖先。这是楚国百世不解的怨仇，连赵王都感羞耻，大王却不觉得羞愧。合纵的目地是为了楚国，不单是为了赵国。我的主人就在面前，你又呵斥什么呢？"楚王听了立即改变态度说："是，是，确实像先生说的那样，我一定竭尽全国的力量来订立合纵盟约。"毛遂进一步逼问道："合纵盟约定下来了吗？"楚王回答说："定下来了。"于是毛遂对楚王的左右近臣说："把鸡、狗、马的血取来。"毛遂双手捧着铜盘跪下把它进献到楚王面前说："大王应当歃血订下合纵盟约，下一个是我的主人，再下一个是我。"就这样，在楚国的殿堂上确定了合纵盟约。这时毛遂左手托起一盘血，右手招呼那十九个人说："你们就在堂下歃血吧，各位虽然平庸，可也算完成了任务，这就是所说的依赖别人的力量来完成事吧。"

平原君订立了合纵盟约便返回赵国，回到赵国后，说："我不敢再观察识别人才了。我观察士人多说有上千人，少说有上百人，自认为不会遗漏天下的贤能之士，现在却把毛先生给漏下了。毛先生一到楚国，就使赵国的威望比传国的九鼎大吕还尊贵。毛先生凭着他那一张能言善辩的嘴，胜过了百万大军。我不敢再观察识别人才了。"于是把毛遂尊为上宾。

平原君既返赵，楚使春申君将兵赴救赵，魏信陵君亦矫夺晋鄙军往救赵，皆未至。秦急围邯郸，邯郸急，且降，平原君甚患之。邯郸传舍吏子李同说平原君曰："君不忧赵亡邪？"平原君曰："赵亡则胜为虏，何为不忧乎？"李同曰："邯郸之民，炊骨易子而食，可谓急矣，而君之后宫以百数，婢妾被绮縠，余粱肉，而民褐衣不完，糟糠不厌。民困兵尽，或剡木为矛矢，而君器物钟磬自若。使秦破赵，君安得有此？使赵得全，君何患无有？今君诚能令夫人以下编于士卒之间，分功而作，家之所有尽散以飨士，士方其危苦之时，易德耳。"于是平原君从之，得敢死之士三千人。李同遂与三千人赴秦军，秦军为之却三十里。亦会楚、魏救至，秦兵遂罢，邯郸复存。李同战死，封其父为李侯。

虞卿欲以信陵君之存邯郸为平原君请封。公孙龙闻之，夜驾见平原君曰："龙闻虞卿欲以信陵君之存邯郸为君请封，有之乎？"平原君曰："然。"龙曰："此甚不可。且王举君而相赵者，非以君之智能为赵国无有也。割东武城而封君者，非以君为有功也，而以国人无勋，乃以君为亲戚故也。君受相印不辞无能，割地不言无功者，亦自以为亲戚故也。今信陵君存邯郸而请封，是亲戚受城而国人计功也。此甚不可。且虞卿操其两权，事成，操右券以责；事不成，以虚名德君。君必勿听也。"平原君遂不听虞卿。

平原君以赵孝成王十五年卒。子孙代，后竟与赵俱亡。

平原君厚待公孙龙。公孙龙善为坚白之辩，及邹衍过赵言至道，乃绌公孙龙。

虞卿者，游说之士也。蹑蹻檐簦说赵孝成王。一见，赐黄金百镒，白璧一双；再见，为赵上卿，故号为虞卿。

平原君回到赵国后，楚国派春申君领兵前来救援赵国，魏国的信陵君也假托君命夺了晋鄙军权带兵前去救援赵国，可是还没有赶到。这时秦军加紧围攻邯郸，邯郸告急，将要投降，平原君非常担忧此事。邯郸宾馆吏员的儿子李同劝说平原君道："您不担忧赵国灭亡吗？"平原君说："我就要成俘虏了，怎么不担忧呢？"李同说："邯郸的百姓，用死人骨头烧火，交换孩子当饭吃，可以说危急至极了，可是您的姬妾数以百计，侍女穿着丝绸绣衣，精美饭菜吃不了，而百姓们连粗布衣服都穿不完整，糟糠都吃不饱。百姓困乏，兵器用尽，有的人削尖木头当长矛箭矢，可是您享用器物、钟磬照旧。假使秦军攻破赵国，您哪还能这样？假若赵国得以保全，您又何愁没有这些东西呢？现在您如果能把夫人以下的人都编到士卒中间，分别承担守城劳役，把家里所有的东西全部散发来犒劳士兵，士兵正当危急困苦之时，很容易感恩戴德。"于是平原君采纳了李同的意见，得到敢死的士兵三千人。李同就加入了三千人前去与秦军决战，秦军为此后退了三十里。这时正好楚、魏两国的救兵也到了，秦军便撤走了，邯郸得以保存下来。李同在与秦军作战时阵亡，赵王就封他的父亲为李侯。

虞卿想凭着信陵君保存邯郸的功劳给平原君请封。公孙龙得知这个消息，就连夜乘车去见平原君说："我听说虞卿想要以信陵君出兵救赵保存了邯郸为理由替您请求增加封邑，有这回事吗？"平原君回答说："有的。"公孙龙说："这非常不恰当。国君选拔您做赵国的宰相，并不是因为您的智慧才能是赵国别人没有的。划出东武城封赐给您，不是因为您一个人有功劳而认为国人都没有功劳，只是由于您是国君近亲的缘故啊。您接受相印并不因自己无能而推辞，割地加封也不说自己没有功劳而拒绝，也是由于您认为自己是国君的近亲的缘故啊。如今信陵君出兵保存了邯郸而您要求增加封邑，这是凭亲戚之名来接受城邑，又以一个普通人的身份来计算功劳啊。这显然是很不合适的。况且虞卿掌握着办事成功与不成功的两头主动权。事情成功了，他会像债主一样拿着胜券来向您讨债；事情不成功，他又会拿着为您争功求封的虚名来让您感激他。您一定不要听从他的意见。"平原君于是没有听从虞卿的建议。

平原君在赵孝成王十五年的时候去世，他的子孙世代承袭他的封爵，最后终于与赵国一起灭亡了。

平原君对待公孙龙很是优厚。公孙龙善于进行"离坚白"命题的论辩，等到邹衍访问赵国，纵论至高的大道，驳斥了公孙龙的名辩命题后，平原君便冷淡了公孙龙。

虞卿是个能言善辩之士，他脚穿草鞋，肩搭雨伞，去游说赵孝成王。第一次拜见赵王，赵王便赐给他百镒黄金、白璧一对；第二次拜见赵王，就成为了赵国的上卿，所以称为虞卿。

秦赵战于长平，赵不胜，亡一都尉。赵王召楼昌与虞卿曰："军战不胜，尉复死，寡人使束甲而趋之，何如？"楼昌曰："无益也，不如发重使为媾。"虞卿曰："昌言媾者，以为不媾军必破也。而制媾者在秦。且王之论秦也，欲破赵之军乎，不邪？"王曰："秦不遗余力矣，必且欲破赵军。"虞卿曰："王听臣，发使出重宝以附楚、魏，楚、魏欲得王之重宝，必内吾使。赵使入楚、魏，秦必疑天下之合从，且必恐。如此，则媾乃可为也。"赵王不听，与平阳君为媾，发郑朱入秦。秦内之。赵王召虞卿曰："寡人使平阳君为媾于秦，秦已内郑朱矣，卿之为奚如？"虞卿对曰："王不得媾，军必破矣。天下贺战者皆在秦矣。郑朱，贵人也，入秦，秦王与应侯必显重以示天下。楚、魏以赵为媾，必不救王。秦知天下不救王，则媾不可得成也。"应侯果显郑朱以示天下贺战胜者，终不肯媾。长平大败，遂围邯郸，为天下笑。

秦既解邯郸围，而赵王入朝，使赵郝约事于秦，割六县而媾。虞卿谓赵王曰："秦之攻王也，倦而归乎？王以其力尚能进，爱王而弗攻乎？"王曰："秦之攻我也，不遗余力矣，必以倦而归也。"虞卿曰："秦以其力攻其所不能取，倦而归，王又以其力之所不能取以送之，是助秦自攻也。来年秦复攻王，王无救矣。"王以虞卿之言赵郝。赵郝曰："虞卿诚能尽秦力之所至乎？诚知秦力之所不能进，此弹丸之地弗予，令秦来年复攻王，王得无割其内而媾乎？"王曰："请听子割，子能必使来年秦之不复攻我乎？"赵郝对曰："此非臣之所敢任也。他日三晋之交于秦，相善也。今秦善韩、魏而攻王，王之所以事秦必不如韩、魏也。今臣为足下解负亲之攻，开关通币，齐交韩、魏，至来年而王独取攻于秦，此王之所以事秦必在韩、魏之后也。此非臣之所敢任也。"

秦、赵两国在长平交战，赵国初战不利，损失一员都尉。赵王召来楼昌和虞卿计议说："我军初战不利，都尉又死了，我打算集中长平所有的军队袭击秦军，你们看怎么样？"楼昌说："这没有好处，不如派重要使臣去讲和。"虞卿说："楼昌主张求和的原因，是认为不讲和军队必被击败。可是决定是否讲和在于秦国一方。而且大王您估计一下秦国的作战意图，他们是想击败我们呢，还是不想呢？"赵王回答说："秦国攻打我们已经不遗余力，必定是想要击败赵军。"虞卿接着说："大王听从我的话，派出使臣拿上贵重的珍宝去联合楚、魏两国，楚、魏两国想得到大王的贵重珍宝，一定会接纳我们的使臣。赵国使臣进入楚、魏两国，秦国必定会怀疑天下要合纵，将必定很恐慌。这样，和谈才能进行。"赵王没有听从，与平阳君决定讲和，就派郑朱先到秦国联系。秦国接纳了郑朱。赵王又召见虞卿说："我派平阳君去与秦国讲和，秦国已经接纳了郑朱，您认为怎么样？"虞卿回答说："大王的和谈不能成功，军队一定会被攻破。天下诸侯祝贺秦国获胜的使臣都在秦国了。郑朱是个显贵之人，他进入秦国，秦王和应侯一定会张扬此事以宣示天下。楚、魏两国认为赵国到秦国求和，必定不会救援大王。秦国知道天下诸侯不会救援大王，那么讲和不可能成功。"应侯果然把郑朱来到秦国这件事大加宣扬而给天下诸侯祝贺秦国获胜的使臣们看，终究不肯和谈。赵军在长平大败，于是邯郸被围困，整个赵国被天下人所耻笑。

秦国解除了对邯郸的包围后，赵王准备去秦国拜见秦王，就派赵郝到秦国去订约结交，割让六个县而讲和。虞卿对赵王说："大王您看，秦国进攻大王，是因为打得疲顿了才撤回呢，还是他们有力量进攻，只是爱惜大王而不进攻呢？"赵王回答说："秦国攻打我国，不遗余力，一定是因为打得疲惫了才撤回的。"虞卿说："秦国用它的全部力量进攻它所不能夺取的土地，结果打得疲顿而回，可大王又把秦国兵力不能夺取的土地白送给它，这是帮助秦国进攻自己啊。明年秦国又进攻大王，大王就无法自救了。"赵王把虞卿的话告诉了赵郝。赵郝说："虞卿真的能完全知道秦国力量的底细吗？真的知道秦国的力量不能进攻，这么一块弹丸之地不给它，让秦国明年再来进攻大王，那时大王岂不是要割让腹地给它来求和吗？"赵王说："我听从你的意见割让六县了，你能保证秦国明年一定不再攻打我们吗？"赵郝回答说："这个可不是我所敢承担的事情。过去韩、赵、魏三国与秦国交往，彼此亲善。现在秦国对韩、魏两国亲善而进攻大王，这是赵国侍奉秦国必定不如韩国、魏国的缘故。现在我替您解除因背弃与秦国亲善关系而招致的进攻，开放边关，互通贸易，与秦国的交好程度同韩、魏两国一样，若到了来年大王如果单单被秦国进攻，这一定是大王侍奉秦国的心意又落在韩、魏两国的后面了。这不是我敢负责的。"

赵王以告虞卿。虞卿对曰："郝言'不媾，来年秦复攻王，王得无割其内而媾乎'。今媾，郝又以不能必秦之不复攻也。今虽割六城，何益！来年复攻，又割其力之所不能取而媾，此自尽之术也，不如无媾。秦虽善攻，不能取六县；赵虽不能守，终不失六城。秦倦而归，兵必罢。我以六城收天下以攻罢秦，是我失之于天下而取偿于秦也。吾国尚利，孰与坐而割地，自弱以强秦哉？今郝曰'秦善韩、魏而攻赵者，必王之事秦不如韩、魏也'，是使王岁以六城事秦也，即坐而城尽。来年秦复求割地，王将与之乎？弗与，是弃前功而挑秦祸也；与之，则无地而给之。语曰'强者善攻，弱者不能守'。今坐而听秦，秦兵不弊而多得地，是强秦而弱赵也。以益强之秦而割愈弱之赵，其计故不止矣。且王之地有尽而秦之求无已，以有尽之地而给无已之求，其势必无赵矣。"

赵王计未定，楼缓从秦来，赵王与楼缓计之，曰："予秦地如毋予，孰吉？"缓辞让曰："此非臣之所能知也。"王曰："虽然，试言公之私。"楼缓对曰："王亦闻夫公甫文伯母乎？公甫文伯仕于鲁，病死，女子为自杀于房中者二人。其母闻之，弗哭也。其相室曰：'焉有子死而弗哭者乎？'其母曰：'孔子，贤人也，逐于鲁，而是人不随也。今死而妇人为之自杀者二人，若是者必其于长者薄而于妇人厚也。'故从母言之，是为贤母；从妻言之，是必不免为妒妻。故其言一也，言者异则人心变矣。今臣新从秦来而言勿予，则非计也；言予之，恐王以臣为为秦也：故不敢对。使臣得为大王计，不如予之。"王曰："诺。"

虞卿闻之，入见王曰："此饰说也，王慎勿予！"楼缓闻之，往见王。王又以虞卿之言告楼缓。楼缓对曰："不然。虞卿得其一，不得其二。夫秦赵构难而天下皆说，何也？曰'吾且因强而乘弱矣'。

赵王把赵郝的话告诉了虞卿。虞卿回答说："赵郝说'不讲和，明年秦国再来进攻大王，大王岂不是要割让腹地给它来求和吗'。现在讲和，赵郝又不能保证一定使秦国不再进攻。那么现在即使割让六个城邑，又有什么好处？明年再来进攻，割让秦国国力不能夺取的土地来讲和。这是自取灭亡的办法，所以不如不讲和。秦国虽然善于进攻，也不能轻易地夺取六个县；赵国虽然不能防守，终究不会丧失六座城。秦国疲顿而撤兵，军队必然疲软。我们用六座城邑说服天下诸侯去进攻疲软的秦军，这是我国在天下诸侯那里失去六座城而在秦国那里得到补偿。我国还可得到好处，这与白白地割让土地，削弱自己来壮大秦国哪一个好呢？现在赵郝说'秦国与韩、魏两国亲善而进攻赵国的原因，一定是大王侍奉秦国的心意不如韩、魏两国'，这是让大王每年用六座城侍奉秦国，而坐视城邑被割让完。明年秦国又要求割地，大王还给它吗？不给，这是前功尽弃并挑起秦国进军的战祸；给它，也就无地可给了。俗话说：'强者善攻，弱者不能守。'现在平白地听任秦国摆布，秦国军队毫不费力便可多得土地，这是壮大秦国削弱赵国啊。让更强大的秦国来宰割更弱小的赵国，秦国年年谋取赵国土地的打算因而就不会停止了。何况大王的土地有穷尽而秦国的要求无止境，拿有限的赵国土地去满足秦国无限的欲求，那势必不会再有赵国了。"

赵王的计议还没有决定，楼缓从秦国回到赵国，赵王与楼缓商议这个问题，说："给秦国土地与不给，哪一种好？"楼缓推辞说："这不是我能知道的。"赵王说："虽然这么说，请说说您私下的个人意见。"楼缓便回答说："大王也听说过那个公甫文伯母亲的事吗？公甫文伯在鲁国做官，病死了，妻妾中为他在卧房中自杀的有两个人。他的母亲听到这件事，没有哭。有个帮着料理家务的人说：'哪有儿子死了而母亲不哭的呢？'他的母亲说：'孔子是个大贤人，被鲁国驱逐，可是这个人没有跟随他。现在他死了而妻妾为他自杀的有两人，像这样一定是他对长者感情淡薄而对妇人感情深厚。'所以从他母亲的角度说，这是个贤良的母亲。若由妻子说出这样的话，这一定免不了被人说是嫉妒了。所以说的话虽然都一样，但由于说话的人不同，别人的看法也就不一样了。现在我刚刚从秦国来，如果说不给，那不是好办法；如果说给它，恐怕大王会认为我是替秦国说话，所以我不敢回答。如果真是为大王考虑，不如给它的好。"赵王听后说："好。"

虞卿听到这件事，入宫拜见赵王说："这是虚伪的辩说，大王千万小心不要给土地！"楼缓听说了，就去拜见赵王。赵王把虞卿的话告诉了楼缓。楼缓说："不对，虞卿知其一，不知其二。秦国、赵国交战，天下都高兴，这是为什么？说'我们将借强国来欺弱国'。如今赵国军队被秦军围困，天下诸侯祝贺获胜的

今赵兵困于秦，天下之贺战胜者则必尽在于秦矣。故不如亟割地为和，以疑天下而慰秦之心。不然，天下将因秦之强怒，乘赵之弊，瓜分之。赵且亡，何秦之图乎？故曰虞卿得其一，不得其二。愿王以此决之，勿复计也。"

虞卿闻之，往见王曰："危哉楼子之所以为秦者，是愈疑天下，而何慰秦之心哉？独不言其示天下弱乎？且臣言勿予者，非固勿予而已也。秦索六城于王，而王以六城赂齐。齐，秦之深仇也，得王之六城，并力西击秦，齐之听王，不待辞之毕也。则是王失之于齐而取偿于秦也。而齐、赵之深仇可以报矣，而示天下有能为也。王以此发声，兵未窥于境，臣见秦之重赂至赵而反媾于王也。从秦为媾，韩、魏闻之，必尽重王；重王，必出重宝以先于王。则是王一举而结三国之亲，而与秦易道也。"赵王曰："善。"则使虞卿东见齐王，与之谋秦。虞卿未返，秦使者已在赵矣。楼缓闻之，亡去。赵于是封虞卿以一城。

居顷之，而魏请为从。赵孝成王召虞卿谋。过平原君，平原君曰："愿卿之论从也。"虞卿入见王。王曰："魏请为从。"对曰："魏过。"王曰："寡人固未之许。"对曰："王过。"王曰："魏请从，卿曰魏过，寡人未之许，又曰寡人过，然则从终不可乎？"对曰："臣闻小国之与大国从事也，有利则大国受其福，有败则小国受其祸。今魏以小国请其祸，而王以大国辞其福，臣故曰王过，魏亦过。窃以为从便。"王曰："善。"乃合魏为从。

虞卿既以魏齐之故，不重万户侯卿相之印，与魏齐间行，卒去赵，困于梁。魏齐已死，不得意，乃著书，上采春秋，下观近世，曰节义、称号、揣摩、政谋，凡八篇。以刺讥国家得失，世传之曰虞氏春秋。

人必定都在秦国了。所以不如赶快割地讲和，让天下人怀疑秦、赵已经交好，并且能宽慰秦国的心。不然的话，天下诸侯将借着秦国的怨怒，趁着赵国的疲困，瓜分赵国。赵国将要灭亡，还如何图谋秦国呢？所以说虞卿知其一，不知其二。希望大王就这样决定下来，不要再考虑了。"

虞卿听说后，去拜见赵王说："危险了，楼缓这是在为秦国帮忙，这样做只会让天下诸侯更加怀疑我们了，又怎么能宽慰秦国呢？他为什么偏偏不说这么做就是向天下诸侯示弱呢？再说我所主张不给秦国土地，并不是坚决不给土地就算了。秦国向大王索取六个城邑，而大王可以把这六个城邑送给齐国。齐国是秦国的死对头，得到大王的六个城邑，就可以与赵国合力攻打秦国，齐王倾听大王的计谋，不用等到话说完就会同意的。这样大王虽然在齐国方面失去了六个城邑却可以在秦国方面得到补偿。这样做，齐国、赵国的深仇也可以报了，而且又向天下诸侯显示赵王是有作为的。大王只要把齐、赵两国结盟的事声扬出去，那就不用等到我们的军队到达秦国边境，我就可以看到秦国带着重礼来赵国反过来向大王求和了。一旦跟秦王讲和，韩、魏两国听到消息，必定尽力敬重大王；既要敬重大王，就一定会拿出重宝争先送给大王。这样大王一举就可以与韩、魏、齐三国结交亲善，从而与秦国改换了处事的位置。"赵王听后说："好极了。"就派虞卿向东去拜见齐王，与齐王商议一起对付秦国。虞卿还没返回赵国，秦国的使臣已经在赵国了。楼缓听到这个消息，立即逃跑了。赵王于是把一座城邑封给了虞卿。

过了些日子，魏国请求与赵国联合。赵孝成王就召虞卿来商议这件事。虞卿先去拜访了平原君，平原君说："希望听您讲讲合纵的好处。"虞卿入宫拜见赵王。赵王说："魏国请求与我们联合。"虞卿说："魏国错了。"赵王说："我没有立即答应它。"虞卿说："大王错了。"赵王说："魏国请求合纵，您说魏国错了；我没有答应它，您又说我错了。既然这样，那么合纵终究不可行吗？"虞卿回答说："我听说小国跟大国一起办事，有好处就由大国享用成果，有坏处就由小国承担灾祸。现在魏国因为是小国却愿意遭殃，可是大王因为是大国却推辞不受好处，我因此说大王错了，魏国也错了。我私下认为合纵有好处。"赵王说："好。"于是就同魏国建立了合纵联盟。

虞卿因为魏国宰相魏齐的缘故，不看重万户侯的爵位和卿相大印，陪着魏齐一起从小路逃走离开了赵国，被困在魏国大梁。魏齐死后，虞卿很不得意，就著书立说，上从《春秋》书中搜集，下从近代的世情中考察，写了《节义》《称号》《揣摩》《政谋》等共八篇文章，用来评述国家政治的成功与失败，流传于世，人们称之为《虞氏春秋》。

太史公曰：平原君，翩翩浊世之佳公子也，然未睹大体。鄙语曰"利令智昏"，平原君贪冯亭邪说，使赵陷长平兵四十余万众，邯郸几亡。虞卿料事揣情，为赵画策，何其工也！及不忍魏齐，卒困于大梁，庸夫且知其不可，况贤人乎？然虞卿非穷愁，亦不能著书以自见于后世云。

太史公说：平原君是乱世时代风流洒脱、有才气的公子，但是不能识大局。俗话说"利令智昏"，平原君相信冯亭的邪说，贪图他献出的上党，致使赵国被活埋在长平的士兵多达四十多万人，邯郸几乎沦陷。虞卿预料大事揣摩情况，为赵国出谋划策，多么周密巧妙啊！到后来不忍心看着魏齐被人追杀，终于被困在大梁，庸人还知道这样做不行，何况贤人呢？但是虞卿若不是穷困忧愁，也就不能著书立说而使自己的名字流传于后世了。

魏公子列传第十七

　　魏公子无忌者，魏昭王少子而魏安釐王异母弟也。昭王薨，安釐王即位，封公子为信陵君。是时范睢亡魏相秦，以怨魏齐故，秦兵围大梁，破魏华阳下军，走芒卯。魏王及公子患之。

　　公子为人仁而下士，士无贤不肖皆谦而礼交之，不敢以其富贵骄士。士以此方数千里争往归之，致食客三千人。当是时，诸侯以公子贤，多客，不敢加兵谋魏十余年。

　　公子与魏王博，而北境传举烽，言"赵寇至，且入界"。魏王释博，欲召大臣谋。公子止王曰："赵王田猎耳，非为寇也。"复博如故。王恐，心不在博。居顷，复从北方来传言曰："赵王猎耳，非为寇也。"魏王大惊，曰："公子何以知之？"公子曰："臣之客有能深得赵王阴事者，赵王所为，客辄以报臣，臣以此知之。"是后魏王畏公子之贤能，不敢任公子以国政。

　　魏有隐士曰侯嬴，年七十，家贫，为大梁夷门监者。公子闻之，往请，欲厚遗之。不肯受，曰："臣修身絜行数十年，终不以监门困故而受公子财。"公子于是乃置酒大会宾客。坐定，公子从车骑，虚左，自迎夷门侯生。侯生摄敝衣冠，直上载公子上坐，不让，欲以观公子。公子执辔愈恭。侯生又谓公子曰："臣有客在市屠中，愿枉车骑过之。"公子引车入市，侯生下见其客朱亥，俾倪，故久立与其客语，微察公子。公子颜色愈和。当是时，魏将相宗室宾客满堂，待公子举酒。市人皆观公子执辔。从骑皆窃骂侯生。侯生视公子色终不变，乃谢客就车。至家，公子引侯生坐上坐，遍赞宾客，宾客皆惊。

魏公子无忌，是魏昭王的小儿子、魏安釐王的同父异母弟弟。昭王去世后，安釐王即位，赐封魏公子为信陵君。这时范雎从魏国逃到秦国后做了宰相，因为怨恨魏相魏齐屈打自己几乎致死的缘故，就派秦军围攻大梁，攻破了魏国华阳的驻军，赶跑了芒卯。魏王和魏公子对此事十分忧虑。

魏公子的为人仁爱宽厚而且尊重士人，士人无论有无才能或才能大小，他都很谦恭地以礼与之交往，从来不敢因为自己富贵而慢待士人。因此方圆几千里的士人都争相归附于他，招徕食客达三千人。当时，各诸侯国因为公子贤明，宾客又多，连续十几年不敢动兵谋犯魏国。

有一次，魏公子跟魏王正在下棋，这时从北部边境突然传来警报，说："赵国发兵进犯我们了，即将进入边境。"魏王立即放下棋子，想召集大臣们商议对策。魏公子劝阻魏王说："是赵王打猎罢了，不是进犯边境。"于是便像先前一样又接着与魏王下棋。可是魏王担心，心思并没放在下棋上。过了一会儿，又从北边传来消息说："是赵王在野外打猎，不是入侵。"魏王听后大感惊诧，问道："公子是怎么知道的？"魏公子回答说："我的门客中有人能深入探到赵王的秘密，赵王做了什么，门客就会立即告诉我，我因此知道这件事。"从此以后，魏王畏惧公子贤能，不敢让魏公子处理国家大事。

魏国有个隐士叫侯嬴，已经七十岁了，家境贫寒，是大梁城的东门看城门的人。魏公子听说了这个人，就派人前去问候，想送给他丰厚的礼物。侯嬴不肯接受，说："我修养德行、坚持操守已几十年，终究不能因为看门穷困的缘故而接受公子的钱财。"魏公子一见不行，于是就大摆酒席宴饮宾客。待大家坐定之后，魏公子带着车马，空着左面的座位，亲自迎接夷门侯先生。侯先生整理了一下破旧的衣帽，就直接坐上载着魏公子的车的上座，丝毫没有谦让的意思，想借此观察一下魏公子的态度。可是魏公子手握缰绳，更加恭敬。侯先生又对魏公子说："我有个朋友在街上的屠宰场，希望委屈一下您，载我去拜访他。"魏公子立即驾车前往进入街市，侯先生下车去见他的朋友朱亥，他斜睒缝着眼看魏公子，故意久久站在那里与他的朋友说个不休，暗中观察魏公子。魏公子的面色更加和悦。这个时候，魏国的将相、王亲、宾客满堂，等着魏公子举杯开宴。街市上的人都看到了魏公子手执缰绳替侯先生驾车。魏公子的随从人员都暗自责骂侯先生。侯先生看到魏公子脸色始终不变，才辞别朋友上了车。到家后，魏公子领

酒酣,公子起,为寿侯生前。侯生因谓公子曰:"今日嬴之为公子亦足矣。嬴乃夷门抱关者也,而公子亲枉车骑,自迎嬴于众人广坐之中,不宜有所过,今公子故过之。然嬴欲就公子之名,故久立公子车骑市中,过客以观公子,公子愈恭。市人皆以嬴为小人,而以公子为长者能下士也。"于是罢酒,侯生遂为上客。

侯生谓公子曰:"臣所过屠者朱亥,此子贤者,世莫能知,故隐屠间耳。"公子往数请之,朱亥故不复谢,公子怪之。

魏安釐王二十年,秦昭王已破赵长平军,又进兵围邯郸。公子姊为赵惠文王弟平原君夫人,数遗魏王及公子书,请救于魏。魏王使将军晋鄙将十万众救赵。秦王使使者告魏王曰:"吾攻赵旦暮且下,而诸侯敢救者,已拔赵,必移兵先击之。"魏王恐,使人止晋鄙,留军壁邺,名为救赵,实持两端以观望。平原君使者冠盖相属于魏,让魏公子曰:"胜所以自附为婚姻者,以公子之高义,为能急人之困。今邯郸旦暮降秦而魏救不至,安在公子能急人之困也!且公子纵轻胜,弃之降秦,独不怜公子姊邪?"公子患之,数请魏王,及宾客辩士说王万端。魏王畏秦,终不听公子。公子自度终不能得之于王,计不独生而令赵亡,乃请宾客,约车骑百余乘,欲以客往赴秦军,与赵俱死。

行过夷门,见侯生,具告所以欲死秦军状。辞决而行,侯生曰:"公子勉之矣,老臣不能从。"公子行数里,心不快,曰:"吾所以待侯生者备矣,天下莫不闻,今吾且死而侯生曾无一言半辞送我,我岂有所失哉?"复引车还,问侯生。侯生笑曰:"臣固知公子之还也。"曰:"公子喜士,名闻天下。今有难,无他端而欲赴秦军,譬若以肉投馁虎,何功之有哉?尚安事客?然公子遇臣厚,公子往而臣

着侯先生坐到上座，给侯嬴一一介绍在座的宾客，满堂宾客都很惊异。大家饮酒尽兴之时，魏公子站起来，走到侯先生面前举杯敬酒。侯先生趁机对魏公子说："今天我侯嬴难为公子也真够多了。我只是个在城东门守门的人，可是公子屈尊驾车，亲自在大庭广众之中迎接我，我本不该再去拜访朋友，今天公子竟屈尊陪我拜访他。可我侯嬴想成就公子的名声，故意久久使公子的车马停在街市中，借拜访朋友来观察公子，结果公子更加谦恭。市场的人都认为我侯嬴是小人，而认为公子为人厚道，能礼贤下士啊。"于是在宴会结束后，侯嬴便成为了魏公子的贵客。

侯嬴对魏公子说："我拜访的屠夫朱亥，是个有才能的人，只是人们都不了解他，所以隐没在屠坊中。"魏公子曾多次前往拜见朱亥，朱亥故意不回拜，魏公子对此感到奇怪。

魏安釐王二十年，秦昭王已经攻破了长平赵国军队，接着进兵围攻邯郸。魏公子的姐姐是赵惠文王弟弟平原君的夫人，多次给魏王和魏公子送信来，向魏国求救。魏王派将军晋鄙带领十万之众救援赵国。秦王派使者告诉魏王说："我攻下赵国只是早晚的事，诸侯有谁敢救援赵国的，等拿下赵国后我一定调兵先攻打它。"魏王害怕了，就派人阻止晋鄙不要再进军了，让军队留守在邺城，名义上是救赵国，实际上是在犹豫观望。平原君前来魏国求救，使臣的车子络绎不绝，责备魏公子说："我赵胜之所以自愿依托魏国与魏国联姻结亲，就是因为公子的行为高尚，能够急人所难。如今邯郸危在旦夕，早晚就要投降秦国，可是魏国救兵至今不来，公子急人所难又在哪里呢？再说公子纵使看不起我赵胜，抛弃我，让我投降秦国，您难道不怜惜您的姐姐吗？"魏公子为此忧虑万分，多次请求魏王出兵，还派门客、辩士用多种手段劝说魏王。魏王由于害怕秦国，始终没有听从魏公子的意见。魏公子揣测终究不能让魏王同意出兵，就决计不让自己苟活而让赵国灭亡，于是请来宾客，集合了一百多辆战车，准备率领他们赶赴战场与秦军拼命，与赵国共存亡。

魏公子率队路过夷门时，遇见了侯嬴，把想同秦军拼命的情况全都告诉了侯嬴。说完了告别侯嬴准备上路，行前侯嬴说："公子努力吧，老臣我不能随行。"魏公子走了几里地，心里不痛快，自语道："我对待侯先生算是够周到的了，天下无人不晓，现在我将要赴死可是侯先生竟没有一言半语送我，我难道待他有什么闪失吗？"于是又赶着车子返回来，想问问侯嬴。侯嬴一见魏公子便笑着说："我本来就知道公子会回来的。"又接着说："公子好客爱士，闻名天下。现在有了困难，没有别的办法，想与秦军拼命，这就如同把肥肉扔给饥饿的老虎，有什么作用呢？如果这样的话，还结交我们这些宾客干什么呢？公子待我

不送，以是知公子恨之复返也。"公子再拜，因问。侯生乃屏人间语，曰："嬴闻晋鄙之兵符常在王卧内，而如姬最幸，出入王卧内，力能窃之。嬴闻如姬父为人所杀，如姬资之三年，自王以下欲求报其父仇，莫能得。如姬为公子泣，公子使客斩其仇头，敬进如姬。如姬之欲为公子死，无所辞，顾未有路耳。公子诚一开口请如姬，如姬必许诺，则得虎符夺晋鄙军，北救赵而西却秦，此五霸之伐也。"公子从其计，请如姬。如姬果盗晋鄙兵符与公子。

公子行，侯生曰："将在外，主令有所不受，以便国家。公子即合符，而晋鄙不授公子兵而复请之，事必危矣。臣客屠者朱亥可与俱，此人力士。晋鄙听，大善；不听，可使击之。"于是公子泣。侯生曰："公子畏死邪？何泣也？"公子曰："晋鄙嚄唶宿将，往恐不听，必当杀之，是以泣耳，岂畏死哉？"于是公子请朱亥。朱亥笑曰："臣乃市井鼓刀屠者，而公子亲数存之，所以不报谢者，以为小礼无所用。今公子有急，此乃臣效命之秋也。"遂与公子俱。公子过谢侯生。侯生曰："臣宜从，老不能。请数公子行日，以至晋鄙军之日，北乡自刭，以送公子。"公子遂行。

至邺，矫魏王令代晋鄙。晋鄙合符，疑之，举手视公子曰："今吾拥十万之众，屯于境上，国之重任，今单车来代之，何如哉？"欲无听。朱亥袖四十斤铁椎，椎杀晋鄙，公子遂将晋鄙军。勒兵下令军中曰："父子俱在军中，父归；兄弟俱在军中，兄归；独子无兄弟，归养。"得选兵八万人，进兵击秦军。秦军解去，遂救邯郸，存赵。赵王及平原君自迎公子于界，平原君负韊矢为公子先引。赵王再拜曰："自古贤人未有及公子者也。"当此之时，平原君不敢自比于

情深意厚，公子前往而我却没有送行，我因此知道公子感到遗憾，会再返回来的。"魏公子连着两次向侯嬴施礼，就向他请教对策。侯嬴就让旁人离开，同魏公子秘密交谈，说："我听说调动晋鄙的兵符经常放在魏王的卧室内，如姬又很受宠幸，出入大王卧室很随便，有能力偷出兵符。我还听说如姬的父亲被人杀死，如姬怀愤三年了，从大王以下的人都想替她报仇，但没能如愿。为此，如姬曾对公子哭诉，公子派门客斩了那个仇人的头，恭敬地献给如姬。要如姬为公子效命而死，她是不会推辞的，只是没有机会罢了。公子真的开口请求如姬帮忙，她必定会答应，那么得到虎符夺取晋鄙的军队，北面可救援赵国，西边能抵御秦国，这是春秋五霸的功业啊。"魏公子听从了侯嬴的计策，请求如姬帮忙。如姬果然偷出了调动晋鄙的兵符交给了魏公子。

  魏公子临行，侯嬴说："将帅带兵在外作战，国君的命令有时可以不接受，以求对国家有利。公子到那里即使验明了两符相合，但如果晋鄙仍不把兵权交给公子反而再请示魏王，那么事情就危险了。我的朋友屠夫朱亥可以跟您一起前往，这个人是个大力士。如果晋鄙听从，那是再好不过了；如果他不听从，可以让朱亥击杀他。"魏公子听了这话后哭了。侯嬴见状便问道："公子怕死吗？为什么哭呢？"魏公子回答说："晋鄙是魏国勇猛强悍、富有经验的老将，我怕去了他那里他不会听从命令，必定要杀死他，因此我难过地哭了，哪里是因为怕死呢？"于是魏公子前去邀请朱亥。朱亥笑着说："我只是个市场上操刀的屠夫，可是公子竟多次登门问候我，我之所以不回拜答谢您，是认为拘泥于小礼节没什么用的缘故。如今公子有了急难，这就是我为公子舍身效命的时候了。"就与魏公子一起出发了。魏公子前往向侯嬴告辞。侯嬴说："我本应随您一起去，但年纪老了，不能去了。请允许我计算您的行程日期，在您到达晋鄙军队的那一天，我就面向北边刎颈而死，来给公子送行。"魏公子于是就出发了。

  魏公子到了邺城，拿出兵符假传魏王命令，要接管晋鄙的兵权。晋鄙合了兵符，验证无误，但还是怀疑这件事，就举着手盯着魏公子说："现在我率领十万人，屯兵在边境上，这是国家的重任，今天您只身一人来代替我，这是怎么回事呢？"想要拒绝接受命令。这时朱亥取出藏在衣袖里的四十斤铁锤，一锤击死了晋鄙，魏公子于是夺取了晋鄙的军队。接着魏公子整顿全军，下令说："父子都在军中的，父亲回家；兄弟同在军中的，兄长回家；没有兄弟的独子，回去奉养父母。"由此选出了精兵八万人，开赴前线攻击秦军。秦军解围撤离而去，于是邯郸得救，保住了赵国。赵王和平原君亲自到郊界迎接魏公子。平原君替魏公子背着箭袋，在前面引路。赵王对着魏公子拜了两拜说："自古以来的贤人没有一个比得上公子您啊。"这时，平原君不敢再拿自己跟别人相比了。魏公子与侯嬴

人。公子与侯生决，至军，侯生果北乡自刭。

魏王怒公子之盗其兵符，矫杀晋鄙，公子亦自知也。已却秦存赵，使将将其军归魏，而公子独与客留赵。赵孝成王德公子之矫夺晋鄙兵而存赵，乃与平原君计，以五城封公子。公子闻之，意骄矜而有自功之色。客有说公子曰："物有不可忘，或有不可不忘。夫人有德于公子，公子不可忘也；公子有德于人，愿公子忘之也。且矫魏王令，夺晋鄙兵以救赵，于赵则有功矣，于魏则未为忠臣也。公子乃自骄而功之，窃为公子不取也。"于是公子立自责，似若无所容者。赵王扫除自迎，执主人之礼，引公子就西阶。公子侧行辞让，从东阶上。自言罪过，以负于魏，无功于赵。赵王侍酒至暮，口不忍献五城，以公子退让也。公子竟留赵。赵王以鄗为公子汤沐邑，魏亦复以信陵奉公子。公子留赵。

公子闻赵有处士毛公藏于博徒，薛公藏于卖浆家，公子欲见两人，两人自匿不肯见公子。公子闻所在，乃间步往从此两人游，甚欢。平原君闻之，谓其夫人曰："始吾闻夫人弟公子天下无双，今吾闻之，乃妄从博徒卖浆者游，公子妄人耳。"夫人以告公子。公子乃谢夫人去，曰："始吾闻平原君贤，故负魏王而救赵，以称平原君。平原君之游，徒豪举耳，不求士也。无忌自在大梁时，常闻此两人贤，至赵，恐不得见。以无忌从之游，尚恐其不我欲也，今平原君乃以为羞，其不足从游。"乃装为去。夫人具以语平原君。平原君乃免冠谢，固留公子。平原君门下闻之，半去平原君归公子，天下士复往归公子，公子倾平原君客。

公子留赵十年不归。秦闻公子在赵，日夜出兵东伐魏。魏王患之，使使往请公子。公子恐其怒之，乃诫门下："有敢为魏王使通

辞别后，在到达邺城军营的那一天，侯嬴果然面向北方刎颈而死。

魏王恼怒魏公子盗了他的兵符，假传命令杀了晋鄙，魏公子自己也知道魏王会恼怒的。所以在打退秦军拯救赵国之后，就让部将带着部队返回魏国去，而魏公子自己和他的门客就留在了赵国。赵孝成王感激魏公子假托君命夺取晋鄙军权而保全了赵国，就与平原君商议，把五座城邑封赐给魏公子。魏公子听到这个消息后，心中产生了骄傲的情绪，露出了自以为有功的神色。门客中有个人劝说魏公子道："事情有不该忘记的，还有不可不忘记的。别人对公子有恩德，公子不可以忘记；公子对别人有恩德，希望公子能忘掉它。况且假托魏王命令，夺取晋鄙兵权去救赵国，这对赵国来说算是有功，但对魏国来说那就不能算是忠臣了。公子却因此而骄傲自以为有功，我私下认为公子不该这样。"魏公子听后，马上反躬自责，好像无地自容一样。赵国召开盛大欢迎宴会，赵王扫了台阶，亲自迎接，用主人的礼节，领着魏公子从表示尊敬的西边台阶上殿。魏公子侧行谦让，从东阶上去。宴会上，魏公子称说自己有罪，有负于魏国，对赵国无功。赵王陪着魏公子饮酒直到傍晚，始终不忍心提出献给五座城的事，因为魏公子总是在谦让自责。魏公子终究留在了赵国。赵王把鄗邑封赏给魏公子，以供他日常生活的开销，这时魏王也把信陵邑又还给了魏公子。魏公子仍留在赵国。

魏公子听说赵国有位才德高尚且洁身不仕的毛公藏身于赌徒中，还有一位薛公隐身于酒店里，魏公子很想见见这两个人，可是这两个人躲了起来不肯见他。魏公子打听到了他们的藏身之所，就悄悄地找到了他们并与他们交往，彼此过得很开心。平原君听说了这事，就对他的夫人说："当初我听说夫人的弟弟魏公子是个举世无双的大贤人，现在我听说他却胡乱地和赌博的人、卖酒的交往，公子原来只是个荒唐的人罢了。"平原君的夫人把这些话告诉了魏公子。魏公子听后就向平原君夫人告辞要离开，说："以前我听说平原君贤德，所以背弃魏王而救赵国，以便对得起平原君。现在才知道平原君与人交往，只是为了显示他豪放的举动罢了，他不是求取贤士人才啊。我在大梁时，就常听说这两个人贤能，到了赵国，我总是担心见不到他们。让我跟他们交游，还担心他们不接纳我呢。现在平原君却以此为羞耻，他不值得我结交。"于是就整理行装准备离去。平原君夫人赶紧把魏公子的话全都告诉了平原君，平原君听了自感惭愧便向魏公子脱帽谢罪，一定要把魏公子留下来。平原君门下的门客听说了这件事，有一半离开了平原君归附了魏公子，天下的士人也都去投附魏公子，因而魏公子的门客大大超过了平原君。

魏公子留在赵国一住就是十年没有回魏国。秦国听说魏公子留在赵国，就趁机不停地发兵向东进攻魏国。魏王为此焦虑万分，就派使臣去请魏公子回国。魏公子仍担心魏王恼怒自己，就告诫门下食客说："有敢替魏王使臣通报传达的，

者，死。"宾客皆背魏之赵，莫敢劝公子归。毛公、薛公两人往见公子曰："公子所以重于赵，名闻诸侯者，徒以有魏也。今秦攻魏，魏急而公子不恤，使秦破大梁而夷先王之宗庙，公子当何面目立天下乎？"语未及卒，公子立变色，告车趣驾归救魏。

魏王见公子，相与泣，而以上将军印授公子，公子遂将。魏安釐王三十年，公子使使遍告诸侯。诸侯闻公子将，各遣将将兵救魏。公子率五国之兵破秦军于河外，走蒙骜。遂乘胜逐秦军至函谷关，抑秦兵，秦兵不敢出。当是时，公子威振天下，诸侯之客进兵法，公子皆名之，故世俗称魏公子兵法。

秦王患之，乃行金万斤于魏，求晋鄙客，令毁公子于魏王曰："公子亡在外十年矣，今为魏将，诸侯将皆属，诸侯徒闻魏公子，不闻魏王。公子亦欲因此时定南面而王，诸侯畏公子之威，方欲共立之。"秦数使反间，伪贺公子得立为魏王未也。魏王日闻其毁，不能不信，后果使人代公子将。公子自知再以毁废，乃谢病不朝，与宾客为长夜饮，饮醇酒，多近妇女。日夜为乐饮者四岁，竟病酒而卒。其岁，魏安釐王亦薨。

秦闻公子死，使蒙骜攻魏，拔二十城，初置东郡。其后秦稍蚕食魏，十八岁而虏魏王，屠大梁。

高祖始微少时，数闻公子贤。及即天子位，每过大梁，常祠公子。高祖十二年，从击黥布还，为公子置守冢五家，世世岁以四时奉祠公子。

太史公曰：吾过大梁之墟，求问其所谓夷门。夷门者，城之东门也。天下诸公子亦有喜士者矣，然信陵君之接岩穴隐者，不耻下交，有以也。名冠诸侯，不虚耳。高祖每过之而令民奉祠不绝也。

处死。"由于宾客们都是背弃魏国来到赵国的，所以没谁敢劝魏公子回魏国。这时，毛公和薛公两人前去见魏公子说："公子所以在赵国受到尊重，名扬诸侯，就是因为有魏国的存在啊。现在秦国进攻魏国，魏国危急，而公子却毫不关心，假使秦国攻破大梁而夷平了先王的宗庙，公子还有什么脸面活在世上呢？"话还没说完，魏公子脸色突然大变，吩咐车夫赶快驱车回去救魏国。

魏王见到了魏公子，兄弟两人不禁相对而泣，魏王把上将军大印授给了魏公子，魏公子于是就任统帅。魏安釐王三十年，魏公子派使臣遍告各诸侯国自己担任上将军一事。诸侯们得知魏公子担任了上将军，都各自调兵遣将救援魏国。魏公子率领五个诸侯国的军队在河外大败秦军，赶走了蒙骜，进而乘胜追击到函谷关，把秦军堵在函谷关内，使他们不敢再出关。当时，魏公子的声威震动天下，各诸侯国来的宾客给魏公子写了一些有关兵法的文章，魏公子整理后以自己的名字为之命名，所以人们称之为《魏公子兵法》。

秦王担忧魏公子将进一步威胁秦国，于是派人拿了万金到魏国，求见晋鄙原来的那些门客，让他们在魏王面前毁谤说："公子流亡在外十年了，现在担任魏国大将，诸侯国的将领也都归他指挥，诸侯们只知道魏国有个魏公子，不知道还有个魏王。魏公子也想乘此时机平定南面称王。诸侯们害怕公子的权势声威，正打算共同拥立他为王呢。"秦国又多次施行反间计，假装祝贺公子，问是否已经立为魏王了。魏王天天听到这些毁谤魏公子的话，不能不信以为真，后来果然派人接替了魏公子担任上将军。魏公子知道自己再次遭到毁谤而被废黜，于是就推托有病不上朝了，和宾客通宵达旦饮酒作乐，痛饮烈性酒，又常跟女人厮混，这样日夜取乐饮酒四年，终于因饮酒无度患病死亡。这一年，魏安釐王也去世了。

秦王听到魏公子死了，就派蒙骜进攻魏国，接连攻占了二十座城邑，设立了秦国东郡。此后，秦国逐渐蚕食魏国其余领土，十八年后俘虏了魏王，血洗了魏国国都大梁。

汉高祖当初贫贱年轻的时候，多次听说魏公子贤德有才。等到他即位做了皇帝后，每次经过大梁，常常去祭祀魏公子。汉高祖十二年，他从击败叛将黥布的前线回来经过大梁时，为魏公子安排了五户人家守坟，让他们世世代代一年四季按时祭祀魏公子。

太史公说：我路过大梁城的废墟，曾向当地人请教那个所谓的夷门。原来夷门，就是大梁城的东门。天下诸多公子中也确有喜好养士的，但只有信陵君能够结交那些隐没在社会各个角落的人物，他不以结交下层贱民为耻辱，因此很多人归附他，这是有原因的。他的名望超过了各国君主，不是没有根据的。因此，高祖每次经过大梁便命令百姓祭祀他，祠堂香火始终没有断绝。

春申君列传第十八

春申君者,楚人也,名歇,姓黄氏。游学博闻,事楚顷襄王。顷襄王以歇为辩,使于秦。秦昭王使白起攻韩、魏,败之于华阳,禽魏将芒卯,韩、魏服而事秦。秦昭王方令白起与韩、魏共伐楚,未行,而楚使黄歇适至于秦,闻秦之计。当是之时,秦已前使白起攻楚,取巫、黔中之郡,拔鄢郢,东至竟陵,楚顷襄王东徙治于陈县。黄歇见楚怀王之为秦所诱而入朝,遂见欺,留死于秦。顷襄王,其子也,秦轻之,恐壹举兵而灭楚。歇乃上书说秦昭王曰:

天下莫强于秦、楚。今闻大王欲伐楚,此犹两虎相与斗。两虎相与斗而驽犬受其弊,不如善楚。臣请言其说:臣闻物至则反,冬夏是也;致至则危,累棋是也。今大国之地,遍天下有其二垂,此从生民已来,万乘之地未尝有也。先帝文王、庄王之身,三世不妄接地于齐,以绝从亲之要。今王使盛桥守事于韩,盛桥以其地入秦,是王不用甲,不信威,而得百里之地。王可谓能矣。王又举甲而攻魏,杜大梁之门,举河内,拔燕、酸枣、虚、桃,入邢,魏之兵云翔而不敢捄。王之功亦多矣。王休甲息众,二年而后复之;又并蒲、衍、首、垣,以临仁、平丘,黄、济阳婴城而魏氏服;王又割濮磿之北,注齐秦之要,绝楚赵之脊,天下五合六聚而不敢救。王之威亦单矣。

王若能持功守威,绌攻取之心而肥仁义之地,使无后患,三王不足四,五伯不足六也。王若负人徒之众,仗兵革之强,乘毁魏之威,

春申君，是楚国人，他姓黄，名字叫歇。曾经周游各地拜师学习，知识很渊博，侍奉楚顷襄王。顷襄王认为黄歇有外交口才，就派遣他出使秦国。当时秦昭王派大将军白起进攻韩、魏两国联军，在华阳战败了联军，俘获了魏国将领芒卯，韩、魏两国向秦国臣服，并侍奉秦国。秦昭王已命令白起同韩国、魏国一起进攻楚国，但还没有出发，这时，凑巧楚王派黄歇来到秦国，听到了秦国的这个计划。在这个时候，秦国已经占领了楚国大片领土，因为在此之前，秦王曾派白起攻打楚国，夺取了巫郡、黔中郡，攻占了鄢城郢都，向东一直打到竟陵，楚顷襄王只好把都城向东迁到陈县。黄歇眼见得楚怀王受到秦国引诱去秦国，结果却上当受骗，被扣留下来，客死在秦国。顷襄王是楚怀王的儿子，秦国根本不把他看在眼里，恐怕一旦发兵，就会灭掉楚国，就上书劝说秦王道：

　　当今天下的诸侯，没有谁能够比秦、楚两国更强大的了。现在听说大王要派兵征讨楚国，这就好比两只猛虎互相搏斗。两虎相斗时，劣狗会趁机得到好处，秦国不如与楚国友好相处。请允许我陈述自己的看法：我听说事物发展到顶点，就必定会向反面发展，冬季与夏季的变化就是如此；事物积累到极高处就会危险，堆叠棋子就是这个道理。现在秦国的土地广大，占着天下西、北两方边地，这是从有人类以来，即使是天子的领地也不曾有过的。可是从先帝文王、庄王以及大王自身，三代不忘使秦国土地同齐国连接起来，借以切断各国合纵结盟的关键部位。现在大王委派盛桥到韩国驻守任职，盛桥把韩国的土地并入秦国，这可以说是不动一兵一卒、不施展一点武力就能得到百里土地的好办法。大王可以说是非常有才能的了。大王又派兵进攻魏国，堵塞了魏国都城大梁的出入通路，攻取河内，又拿下燕、酸枣、虚、桃等地，进而攻入邢地，魏国军队如风吹白云四处逃散而不敢彼此相救。大王的功绩也算够多的了。大王停止征战休整部队，两年之后再次发兵；又夺取了蒲、衍、首、垣等地，进而兵临仁、平丘，黄、济阳则退缩自守，结果魏国屈服降秦；大王又割取了濮磨以北的土地，打通了齐国、秦国的通道，截断了楚国、赵国联系的脊梁，天下经过五次联合而相集的六国诸侯，不敢互相救援。大王的威势也可以说发挥到极点了。

　　大王如果继续保持功绩，掌握威势，去掉功伐之心，广施仁义之道，使得断除以后的祸患，您的事业可与三王并称，您的威势可与五霸并举。大王如果倚

而欲以力臣天下之主，臣恐其有后患也。诗曰"靡不有初，鲜克有终"。易曰"狐涉水，濡其尾"。此言始之易，终之难也。何以知其然也？昔智氏见伐赵之利而不知榆次之祸，吴见伐齐之便而不知干隧之败。此二国者，非无大功也，没利于前而易患于后也。吴之信越也，从而伐齐，既胜齐人于艾陵，还为越王禽三渚之浦。智氏之信韩、魏也，从而伐赵，攻晋阳城，胜有日矣，韩、魏叛之，杀智伯瑶于凿台之下。今王妒楚之不毁也，而忘毁楚之强韩、魏也，臣为王虑而不取也。

诗曰"大武远宅而不涉"。从此观之，楚国，援也；邻国，敌也。诗云"跃跃毚兔，遇犬获之。他人有心，余忖度之"。今王中道而信韩、魏之善王也，此正吴之信越也。臣闻之，敌不可假，时不可失。臣恐韩、魏卑辞除患而实欲欺大国也。何则？王无重世之德于韩、魏，而有累世之怨焉。夫韩、魏父子兄弟接踵而死于秦者将十世矣。本国残，社稷坏，宗庙毁。刳腹绝肠，折颈摺颐，首身分离，暴骸骨于草泽，头颅僵仆，相望于境，父子老弱系脰束手为群虏者相及于路。鬼神孤伤，无所血食。人民不聊生，族类离散，流亡为仆妾者，盈满海内矣。故韩、魏之不亡，秦社稷之忧也，今王资之与攻楚，不亦过乎！且王攻楚将恶出兵？王将借路于仇雠之韩、魏乎？兵出之日而王忧其不返也，是王以兵资于仇雠之韩、魏也。王若不借路于仇雠之韩、魏，必攻随水右壤。随水右壤，此皆广川大水，山林溪谷，不食之地也，王虽有之，不为得地。是王有毁楚之名而无得地之实也。

且王攻楚之日，四国必悉起兵以应王。秦、楚之兵构而不离，魏氏将出而攻留、方与、铚、湖陵、砀、萧、相，故宋必尽。齐人南面攻楚，泗上必举。此皆平原四达，膏腴之地，而使独攻。王破楚以肥

仗壮丁的众多，凭靠军备的强大，趁着毁灭魏国的威势，而想以武力使天下的诸侯屈服，我恐怕您会有以后的祸患啊。《诗经》上说："没有人不想有好的开头，却很少人能有好的终结。"《易经》上说："小狐渡水将渡过时，却湿了尾巴。"这些话说的是开始容易，结尾难。怎么才能知道是这样的呢？从前，智伯只看见攻伐赵襄子的好处，却没料到自己反在榆次遭到杀身之祸。吴王夫差只看到进攻齐国的利益，却没有想到在干隧被越王勾践战败。这两个国家，不是没有建立过巨大的功绩，由于贪图眼前的利益，结果换得了后来的祸患。因为吴王夫差相信了越国的恭维，所以才去攻打齐国，在艾陵战胜了齐国人之后，回来时却在三江水边被越王勾践擒获。智伯相信韩氏、魏氏，因而攻伐赵氏，进攻晋阳城，胜利指日可待了，可是韩氏、魏氏背叛了他，在凿台杀死了智伯瑶。现在大王嫉恨楚国没有被毁灭，却忘掉毁灭楚国就会使韩、魏两国更加强大，我替大王考虑，认为不能这样做。

　　有诗道："大军不远离自家宅地长途跋涉。"从这种观点看，楚国是秦国的帮手，邻国才是秦国的敌人。《诗经》说："狡兔又蹦又跳，遇到猎犬跑不掉；别人的心思，我能揣摩到。"现在大王中途相信韩、魏两国与您亲善，这正如同吴国相信越国啊。我听到这样的说法，敌人不能宽容，时机不能错过。我恐怕韩、魏两国低声下气要秦国消除祸患，实际是欺骗秦国。怎么见得呢？大王对韩国、魏国没有几世的恩德，却有几代的仇怨。韩、魏国君的父子兄弟接连死在秦国刀下的将近十代了。他们国土残缺，国家破败，宗庙焚毁。上至将领，下至士卒，剖腹断肠，砍头毁面，身首分离，枯骨暴露在荒野水泽之中，头颅僵挺，横尸遍野，国内到处可见。父子老弱被捆着脖子绑着手，成了任人凌辱的俘虏，一群接一群地走在路上。百姓无法生活，亲族逃离，骨肉分散，流亡沦落为男仆女奴的，充满海内各国。所以韩、魏两国不灭亡，这才是秦国最大的忧患，如今大王却借助他们一起攻打楚国，不也太失当吗！再说了，大王进攻楚国，怎么出兵呢？大王将向仇敌韩国、魏国借路吗？若是这样，那么，出兵之日就是大王忧患他们不能返回之时呀，这是大王把自己的军队借给仇敌韩国、魏国啊。大王如果不从仇敌韩国、魏国借路，那就必定攻打随水右边的地区。而随水右边的地区，都是大川大水、高山密林、深溪幽谷，这样一些无粮地区，大王即使占领了这些地区，也等于没有得到分寸土地。这是大王落个毁灭楚国的恶名声，而没有得到占领土地的实惠啊。

　　再说从大王进攻楚国之日起，韩、赵、魏、齐四国必定全都发兵响应大王。秦、楚两国一旦交战，便兵连祸结，不会罢休，魏国将出兵攻打留、方与、铚、湖陵、砀、萧、相等城邑和地方，原先占领的宋国土地必定全部丧失。齐国人向

韩、魏于中国而劲齐。韩、魏之强,足以校于秦。齐南以泗水为境,东负海,北倚河,而无后患,天下之国莫强于齐、魏,齐、魏得地葆利而详事下吏,一年之后,为帝未能,其于禁王之为帝有余矣。夫以王壤土之博,人徒之众,兵革之强,壹举事而树怨于楚,迟令韩、魏归帝重于齐,是王失计也。臣为王虑,莫若善楚。秦、楚合而为一以临韩,韩必敛手。王施以东山之险,带以曲河之利,韩必为关内之侯。若是而王以十万戍郑,梁氏寒心,许、鄢陵婴城,而上蔡、召陵不往来也,如此而魏亦关内侯矣。王壹善楚,而关内两万乘之主注地于齐,齐右壤可拱手而取也。王之地一经两海,要约天下,是燕、赵无齐、楚,齐、楚无燕、赵也。然后危动燕、赵,直摇齐、楚,此四国者不待痛而服矣。

昭王曰:"善。"于是乃止白起而谢韩、魏。发使赂楚,约为与国。

黄歇受约归楚,楚使歇与太子完入质于秦,秦留之数年。楚顷襄王病,太子不得归。而楚太子与秦相应侯善,于是黄歇乃说应侯曰:"相国诚善楚太子乎?"应侯曰:"然。"歇曰:"今楚王恐不起疾,秦不如归其太子。太子得立,其事秦必重而德相国无穷,是亲与国而得储万乘也。若不归,则咸阳一布衣耳;楚更立太子,必不事秦。夫失与国而绝万乘之和,非计也。愿相国孰虑之。"应侯以闻秦王。秦王曰:"令楚太子之傅先往问楚王之疾,返而后图之。"黄歇为楚太子计曰:"秦之留太子也,欲以求利也。今太子力未能有以利秦也,歇忧之甚。而阳文君子二人在中,王若卒大命,太子不在,阳文君子必立为后,太子不得奉宗庙矣。不如亡秦,与使者俱出;臣请止,以死当之。"楚太子因变衣服为楚使者御以出关,而黄歇守舍,

南攻击楚地，泗水地区必定攻克。这些地方都是平坦开阔四通八达的肥沃土地，却让他们单独占领。大王击败楚国，而使韩、魏两国在中原地区壮大起来，又使齐国更加强劲。韩、魏两国要是强大了，就完全能够同秦国抗衡。齐国南面以泗水为边境，东面背靠有大海，北面倚恃有黄河，便没有后顾的祸患，天下的国家，没有谁能比齐国、魏国更强大了，齐、魏两国得到土地保持已得的利益，进而让下级官吏审慎治理，一年以后，即使不能称帝天下，但阻止大王称帝却是绰绰有余的。以大王广大的土地、众多的壮丁、强大的军备，一旦发兵，与楚国结下怨仇，就会让韩、魏两国尊齐称帝，这是大王的失策啊。我替大王考虑，不如与楚国亲善友好。秦、楚两国联合而成为一个整体，进逼韩国，韩必定收敛，不敢有任何轻举妄动。大王再经营设置东山的险要地势，利用黄河环绕的有利条件，韩国就必定成为秦国的臣属。如果造成了这种形势，大王再用十万兵力驻守郑地，魏国则心惊胆战，许、鄢陵退缩固守，不敢出击，那么上蔡、召陵与魏国的联系就被割断，这样魏国也会成为秦国的臣属了。大王一旦同楚国交好，那么关内两个万乘之国韩与魏，就要向齐国割取土地了，齐国右边济州一带广大地区便可轻而易举地得到。大王的土地横贯东、西两海，约束天下诸侯，这样燕国、赵国没有齐国、楚国作依托，齐国、楚国没有燕国、赵国相依傍，然后以危亡震慑燕、赵两国，直接动摇齐、楚两国，这四个国家不须急攻，便可制服了。

昭王读了春申君的上书后说："很好。"于是让白起停止出征并辞谢了韩、魏两国，同时派使臣给楚国送去了厚礼，秦楚盟约结为友好国家。

黄歇完成盟约返回楚国，楚王派黄歇与太子完到秦国做人质，秦国把他们扣留了好几年。后来楚顷襄王病了，太子却不能回去。但太子与秦国相国应侯私人关系很好，于是黄歇就劝说应侯道："相国对楚太子是真的好吗？"应侯说："是啊。"黄歇说："如今楚王恐怕一病不起了，秦国不如让太子回去的好。如果太子能被立为王，他侍奉秦国一定厚重而且会一直感激相国的恩德。这不仅是亲善友好国家的表示，也是为将来保留了一个万乘大国的盟友。如果不让他回去，那他充其量只不过是个咸阳城里的百姓罢了；楚国如果改立太子，肯定不会侍奉秦国。那样就会失去友好国家的信任，又断绝了一个万乘大国的盟友，这不是上策。希望相国仔细考虑这件事。"应侯把黄歇说的意思报告给秦王。秦王说："让楚国太子的师傅先回去探问一下楚王的病情，回来后再作计议。"黄歇替楚国太子谋划说："秦国扣留太子的目的，是要借此索取好处。现在太子要使秦国得到好处，无能为力，我很忧虑。而阳文君的两个儿子在国内，大王如果不幸辞世，太子又不在楚国，阳文君的儿子必定被立为后继人，太子就不能接受国家了。不如您逃离秦国，跟使臣一起出去；请让我留下来，以死来担当责任。"

常为谢病。度太子已远，秦不能追，歇乃自言秦昭王曰："楚太子已归，出远矣。歇当死，愿赐死。"昭王大怒，欲听其自杀也。应侯曰："歇为人臣，出身以徇其主，太子立，必用歇，故不如无罪而归之，以亲楚。"秦因遣黄歇。

歇至楚三月，楚顷襄王卒，太子完立，是为考烈王。考烈王元年，以黄歇为相，封为春申君，赐淮北地十二县。后十五岁，黄歇言之楚王曰："淮北地边齐，其事急，请以为郡便。"因并献淮北十二县。请封于江东。考烈王许之。春申君因城故吴墟，以自为都邑。

春申君既相楚，是时齐有孟尝君，赵有平原君，魏有信陵君，方争下士，招致宾客，以相倾夺，辅国持权。

春申君为楚相四年，秦破赵之长平军四十余万。五年，围邯郸。邯郸告急于楚，楚使春申君将兵往救之，秦兵亦去，春申君归。春申君相楚八年，为楚北伐灭鲁，以荀卿为兰陵令。当是时，楚复强。

赵平原君使人于春申君，春申君舍之于上舍。赵使欲夸楚，为玳瑁簪，刀剑室以珠玉饰之，请命春申君客。春申君客三千余人，其上客皆蹑珠履以见赵使，赵使大惭。

春申君相十四年，秦庄襄王立，以吕不韦为相，封为文信侯。取东周。

春申君相二十二年，诸侯患秦攻伐无已时，乃相与合从，西伐秦，而楚王为从长，春申君用事。至函谷关，秦出兵攻，诸侯兵皆败走。楚考烈王以咎春申君，春申君以此益疏。

客有观津人朱英，谓春申君曰："人皆以楚为强而君用之弱，其于英不然。先君时善秦二十年而不攻楚，何也？秦逾黾隘之塞而攻楚，不便；假道于两周，背韩、魏而攻楚，不可。今则不然，魏旦暮

楚太子于是换了衣服，扮成楚国使臣的车夫，这才得以出关，而黄歇在客馆里留守，总是推托太子有病，谢绝会客。估计太子已经走远，秦国追不上了，黄歇就自动向秦昭王报告说："楚国太子已经回去，离开很远了。我当死罪，愿您赐我一死。"昭王大为恼火，要准予黄歇自杀。应侯进言道："黄歇作为臣子，为了他的主人，甘愿献出自己生命，太子如果立为楚王，肯定重用黄歇，所以不如免他死罪让他回国，来表示对楚国的亲善。"秦王听从了应侯的意见，便把黄歇遣送回国。

黄歇回到楚国三个月，楚顷襄王去世，太子完立为楚王，这就是考烈王。考烈王元年，任命黄歇为宰相，封为春申君，赏赐淮北地区十二个县。十五年以后，黄歇向楚王进言道："淮北地区靠近齐国，那里情势紧急，请把这个地区划为郡治理更为方便。"并同时献出淮北十二个县，请求封到江东去。考烈王答应了他的请求。春申君就在吴国故都修建城堡，把它们作为自己的都邑。

春申君担任楚国宰相后，这时齐国有孟尝君、赵国有平原君、魏国有信陵君，大家都正在竞相礼贤下士，招徕宾客，互相争夺贤士，辅助君王掌握国政。

春申君担任楚国宰相的第四年，秦国击败并坑杀了赵国长平驻军四十多万人。第五年，包围了赵国都城邯郸。邯郸向楚国告急求援，楚国派春申君带兵去救援邯郸，秦军解围撤退后，春申君返回楚国。春申君担任楚国宰相的第八年，为楚国向北征伐，灭掉鲁国，任命荀卿担任兰陵县令。这个时候，楚国又兴盛强大起来。

有一次，赵国平原君派使臣到春申君这里来访问，春申君把他们一行安排在上等客馆住下。赵国使臣想向楚国夸耀赵国的富有，特意用玳瑁簪子绾插冠髻，亮出用珠玉装饰的剑鞘，跟春申君的宾客会面。春申君的上等宾客都穿着宝珠做的鞋子来见赵国使臣，使赵国使臣自惭形秽。

春申君任宰相的第十四年，秦国的庄襄王即位，任命吕不韦为秦相，封为文信侯，夺取了东周。

春申君任宰相的第二十二年，各国诸侯担忧秦国的攻战征伐无止无休，不能遏制，就互相盟约，联合起来向西讨伐秦国，而楚国国君担任六国盟约之长，让春申君当权主事。六国联军到达函谷关后，秦军出关应战，六国联军战败而逃。楚考烈王把作战失利归罪于春申君，春申君因此渐渐被疏远了。

这时春申君的宾客中有个观津人朱英，对春申君说："人们都认为楚国是个强大国家，而您把它治理弱了，这种看法我认为不正确。先王时与秦国交好二十年，而秦国不攻打楚国，这是为什么？秦国要越过黾隘这个要塞进攻楚国，是很不方便的；要是从西周、东周借路的话，它背对着韩、魏两国进攻楚国，也是行

亡，不能爱许、鄢陵，其许魏割以与秦。秦兵去陈百六十里，臣之所观者，见秦、楚之日斗也。"楚于是去陈徙寿春；而秦徙卫野王，作置东郡。春申君由此就封于吴，行相事。

楚考烈王无子，春申君患之，求妇人宜子者进之，甚众，卒无子。赵人李园持其女弟，欲进之楚王，闻其不宜子，恐久毋宠。李园求事春申君为舍人，已而谒归，故失期。还谒，春申君问之状，对曰："齐王使使求臣之女弟，与其使者饮，故失期。"春申君曰："娉入乎？"对曰："未也。"春申君曰："可得见乎？"曰："可。"于是李园乃进其女弟，即幸于春申君。知其有身，李园乃与其女弟谋。园女弟承间以说春申君曰："楚王之贵幸君，虽兄弟不如也。今君相楚二十余年，而王无子，即百岁后将更立兄弟，则楚更立君后，亦各贵其故所亲，君又安得长有宠乎？非徒然也，君贵用事久，多失礼于王兄弟，兄弟诚立，祸且及身，何以保相印江东之封乎？今妾自知有身矣，而人莫知。妾幸君未久，诚以君之重而进妾于楚王，王必幸妾；妾赖天有子男，则是君之子为王也，楚国尽可得，孰与身临不测之罪乎？"春申君大然之，乃出李园女弟谨舍，而言之楚王。楚王召入幸之，遂生子男，立为太子，以李园女弟为王后。楚王贵李园，园用事。

李园既入其女弟，立为王后，子为太子，恐春申君语泄而益骄，阴养死士，欲杀春申君以灭口，而国人颇有知之者。

春申君相二十五年，楚考烈王病。朱英谓春申君曰："世有毋望之福，又有毋望之祸。今君处毋望之世，事毋望之主，安可以无毋望之人乎？"春申君曰："何谓毋望之福？"曰："君相楚二十余年

不通的。现在的形势就不是这样了,魏国危在旦夕,不能吝惜许和鄢陵,答应把这两城邑割给秦国了。这样秦国军队离楚都城只有一百六十里路,我将看到的是,秦、楚两国日甚一日的交兵了。"楚国于是就把都城从陈迁到了寿春;而秦国则把附庸卫元君从濮阳迁到了野王,设置了东郡。春申君从此到了封地吴,同时担任宰相职务。

楚考烈王没有儿子,春申君为这件事发愁,就寻找宜于生育儿子的妇女进献给楚王,虽然进献了不少,却始终没生儿子。赵国人李园带着他的妹妹来,打算把他的妹妹进献给楚王,又听说楚王生育儿子不易,恐怕时间长了不能得到宠幸。李园便寻找机会做了春申君的侍从,不久他请假回家,又故意延误了返回的时间。回来后他去拜见春申君,春申君问他迟到的原因,他回答说:"齐王派使臣来求娶我的妹妹,由于我跟那个使臣饮酒,所以延误了返回的时间。"春申君问道:"订婚礼物送来了吗?"李园回答说:"没有。"春申君又问道:"可以让我看看你妹妹吗?"李园说:"可以。"于是李园就把他的妹妹献给春申君,并立即得到春申君的宠幸。后来,李园知道了他的妹妹怀了身孕,就同他妹妹商量进一步的打算。李园的妹妹找了个机会劝说春申君道:"楚王尊重宠信您,即使兄弟也不如。如今您任楚国宰相已经二十多年了,可是大王没有儿子,如果楚王寿终之后改立兄弟,那么楚国改立国君以后,就会各自使原来所亲信的人显贵起来,您又怎么能长久地得到宠信呢?不仅如此,您身处尊位执掌政事多年,对楚王的兄弟们难免有许多失礼的地方,楚王兄弟果真立为国君,殃祸将落在您的身上,还怎么能保住宰相大印和江东封地呢?现在我自己知道怀上身孕了,可是别人谁也不知道。我得到您的宠幸时间不长,如果凭您的尊贵地位,把我进献给楚王,楚王必定宠幸我;我仰赖上天的保佑生个儿子,这就是您的儿子做了楚王,楚国全为您所有,这与您身遭意想不到的殃祸相比,哪样更好呢?"春申君认为这番话说得对极了,就把李园的妹妹送出家,严密地安排在一个住所,便向楚王称说要进献李园的妹妹。楚王把李园的妹妹召进宫后很是宠幸她。不久她生了个儿子,立为太子,楚王又把李园的妹妹封为王后,渐渐地开始器重李园,于是李园参与朝政。

李园把他妹妹送进宫里以后,他妹妹被封为王后,生的儿子立为太子,便担心春申君说漏秘密而更加骄横,就暗中豢养了刺客,打算杀死春申君来灭口,这件事在国都,有些人知道。

春申君任宰相的第二十五年,楚考烈王病重。朱英对春申君说:"世上有不期而至的福,又有不期而至的祸。如今您处在生死无常的世上,侍奉喜怒无常的君主,又怎么能会没有不期而至的人呢?"春申君问道:"什么叫不期而至的

矣，虽名相国，实楚王也。今楚王病，旦暮且卒，而君相少主，因而代立当国，如伊尹、周公，王长而反政，不即遂南面称孤而有楚国？此所谓毋望之福也。"春申君曰："何谓毋望之祸？"曰："李园不治国而君之仇也，不为兵而养死士之日久矣，楚王卒，李园必先入据权而杀君以灭口。此所谓毋望之祸也。"春申君曰："何谓毋望之人？"对曰："君置臣郎中，楚王卒，李园必先入，臣为君杀李园。此所谓毋望之人也。"春申君曰："足下置之，李园，弱人也，仆又善之，且又何至此！"朱英知言不用，恐祸及身，乃亡去。

后十七日，楚考烈王卒，李园果先入，伏死士于棘门之内。春申君入棘门，园死士侠刺春申君，斩其头，投之棘门外。于是遂使吏尽灭春申君之家。而李园女弟初幸春申君有身而入之王所生子者遂立，是为楚幽王。

是岁也，秦始皇帝立九年矣。嫪毐亦为乱于秦，觉，夷其三族，而吕不韦废。

太史公曰：吾适楚，观春申君故城，宫室盛矣哉！初，春申君之说秦昭王，及出身遣楚太子归，何其智之明也！后制于李园，旄矣。语曰："当断不断，反受其乱。"春申君失朱英之谓邪？

福?"朱英回答说:"您担任楚国宰相二十多年了,虽然名义上是宰相,实际上就是楚王。现在楚王病重,死在旦夕,您辅佐年幼的国君,因而代他掌握国政,如同伊尹、周公一样,等君王长大再把大权交给他,不就是您面南称王而据有楚国?这就是所说的不期而至的福。"春申君又问道:"那,什么叫不期而至的祸?"朱英回答道:"李园不执掌国政,便是您的仇人,他不管兵事,却豢养刺客为时已久了,楚王一离世,李园必定抢先入宫夺权,还要杀掉您灭口。这就是所说的不期而至的祸。"春申君接着问道:"那……什么叫不期而至的人?"朱英回答说:"请您安排我做郎中,楚王一离世,李园必定抢先入宫,我替您杀掉李园。这就是所说的不期而至的人。"春申君听了后说:"您要放弃这种打算。李园是个软弱的人,我对他很友好,况且又怎么能到这种地步呢!"朱英知道自己的进言不被采用,恐怕祸患殃及自身,就逃离了。

过了十七天,楚考烈王去世,李园果然抢先入宫,并在棘门埋伏下刺客。春申君进入棘门,李园豢养的刺客从两侧夹攻,刺杀了春申君,斩下他的头,扔到棘门外边。同时又派官吏把春申君家满门抄斩。而李园的妹妹原先受春申君宠幸怀了孕又入宫得宠于楚考烈王后所生的那个儿子,便立为楚王,这就是楚幽王。

这一年,秦始皇即位已经有九年了。嫪毐也与秦国太后谋乱,被发觉后,最终夷灭三族,而吕不韦因受到牵连也被废黜。

太公史说:我到楚地,观览了春申君的旧城,宫室建筑十分宏伟啊!当年,春申君劝说秦昭王,以及冒着生命危险派人把楚太子送回楚国,是多么聪慧的高明之举啊!可是后来被李园控制,昏聩糊涂了。俗话说得好:"应当决断时不决断,反过来就要遭受祸患。"这就是说春申君失去了朱英要杀掉李园的机会吧。

范雎蔡泽列传第十九

范雎者，魏人也，字叔。游说诸侯，欲事魏王，家贫无以自资，乃先事魏中大夫须贾。

须贾为魏昭王使于齐，范雎从。留数月，未得报。齐襄王闻雎辩口，乃使人赐雎金十斤及牛酒，雎辞谢不敢受。须贾知之，大怒，以为雎持魏国阴事告齐，故得此馈，令雎受其牛酒，还其金。既归，心怒雎，以告魏相。魏相，魏之诸公子，曰魏齐。魏齐大怒，使舍人笞击雎，折胁折齿。雎佯死，即卷以箦，置厕中。宾客饮者醉，更溺雎，故僇辱以惩后，令无妄言者。雎从箦中谓守者曰："公能出我，我必厚谢公。"守者乃请出弃箦中死人。魏齐醉，曰："可矣。"范雎得出。后魏齐悔，复召求之。魏人郑安平闻之，乃遂操范雎亡，伏匿，更名姓曰张禄。

当此时，秦昭王使谒者王稽于魏。郑安平诈为卒，侍王稽。王稽问："魏有贤人可与俱西游者乎？"郑安平曰："臣里中有张禄先生，欲见君，言天下事。其人有仇，不敢昼见。"王稽曰："夜与俱来。"郑安平夜与张禄见王稽。语未究，王稽知范雎贤，谓曰："先生待我于三亭之南。"与私约而去。

王稽辞魏去，过载范雎入秦。至湖，望见车骑从西来。范雎曰："彼来者为谁？"王稽曰："秦相穰侯东行县邑。"范雎曰："吾闻穰侯专秦权，恶内诸侯客，此恐辱我，我宁且匿车中。"有顷，穰侯果至，劳王稽，因立车而语曰："关东有何变？"曰："无有。"又

范雎是魏国人，字叔。他曾周游列国希望有国君接受自己的主张而有所作为，但没有成功，便回到魏国打算给魏王任职服务，可是家境贫寒又没有办法筹措资金，就先在魏国中大夫须贾门下混事。

有一次，须贾为魏昭王出使到齐国办事，范雎也跟着去了。他们在齐国停留了几个月，也没有什么结果。当时齐襄王得知范雎口才很好，就派专人给范雎送去了十斤黄金和牛肉美酒之类的礼物，但范雎一再推辞不敢接受。须贾知道了这件事，非常恼火，认为范雎定是把魏国的秘密出卖给齐国了，所以才得到如此馈赠，于是他让范雎收下牛肉美酒之类的食品，而把黄金送回去。回到魏国后，须贾心里恼怒嫉恨范雎，就把这件事报告给魏国宰相。魏国的宰相是魏国公子之一，叫魏齐。魏齐听了后大怒，就命令左右近臣用板子、荆条抽打范雎，打得范雎胁折齿断。当时范雎假装死去，魏齐就派人用席子把他卷起来，扔在了厕所里。又让宴饮的宾客喝醉了，轮番往范雎身上撒尿，故意污辱他，借以惩一警百，让别人不准再乱说。卷在席里的范雎趁还活着，就对看守说："您如果放走我，我日后必定会重重地谢您。"看守有意放走范雎，便向魏齐请示把席子里的死人扔掉算了。可巧，魏齐喝得酩酊大醉，就顺口答应说："可以。"范雎因而得以逃脱。后来魏齐后悔把范雎当死人扔掉，又派人去搜索范雎。魏国人郑安平听说了这件事，于是就带着范雎一起逃跑了，他们隐藏起来，范雎更改了姓名叫张禄。

在这个时候，秦昭王派使臣王稽到魏国。郑安平就假装当差役，侍候王稽。王稽问他："魏国可有贤能的人士愿跟我一起到西边去吗？"郑安平回答说："我的乡里有位张禄先生，想求见您，谈谈天下大事。不过，他有仇人，不敢白天出来。"王稽说："夜里你跟他一起来便是了。"郑安平就在夜里带着张禄去拜见王稽。两个人的话还没谈完，王稽就发现范雎是个贤才，便对他说："请先生在三亭冈的南边等着我。"范雎与王稽暗中约好见面时间便离去了。

王稽辞别魏王上路后，经过三亭冈南边时载上范雎，很快就进入了秦国国境。行到湖邑，他们远远望见有一队车马从西边奔驰而来。范雎便问："那边过来的是谁？"王稽答道："那是秦国国相穰侯去东边巡行视察县邑。"范雎一听是穰侯便说："我听说穰侯独揽秦国大权，他最讨厌的便是收纳各国的说客，这样见面恐怕要侮辱我的，我宁可暂在车里躲藏一会儿。"不一会儿，穰侯果然到

谓王稽曰:"谒君得无与诸侯客子俱来乎?无益,徒乱人国耳。"王稽曰:"不敢。"即别去。范雎曰:"吾闻穰侯智士也,其见事迟,乡者疑车中有人,忘索之。"于是范雎下车走,曰:"此必悔之。"行十余里,果使骑还索车中,无客,乃已。王稽遂与范雎入咸阳。

已报使,因言曰:"魏有张禄先生,天下辩士也。曰'秦王之国危于累卵,得臣则安。然不可以书传也'。臣故载来。"秦王弗信,使舍食草具。待命岁余。

当是时,昭王已立三十六年。南拔楚之鄢郢,楚怀王幽死于秦。秦东破齐。湣王尝称帝,后去之。数困三晋。厌天下辩士,无所信。

穰侯,华阳君,昭王母宣太后之弟也;而泾阳君、高陵君皆昭王同母弟也。穰侯相,三人者更将,有封邑,以太后故,私家富重于王室。及穰侯为秦将,且欲越韩、魏而伐齐纲寿,欲以广其陶封。范雎乃上书曰:

臣闻明主立政,有功者不得不赏,有能者不得不官,劳大者其禄厚,功多者其爵尊,能治众者其官大。故无能者不敢当职焉,有能者亦不得蔽隐。使以臣之言为可,愿行而益利其道;以臣之言为不可,久留臣无为也。语曰:"庸主赏所爱而罚所恶;明主则不然,赏必加于有功,而刑必断于有罪。"今臣之胸不足以当椹质,而要不足以待斧钺,岂敢以疑事尝试于王哉!虽以臣为贱人而轻辱,独不重任臣者之无反复于王邪?

且臣闻周有砥砨,宋有结绿,梁有县藜,楚有和朴,此四宝者,土之所生,良工之所失也,而为天下名器。然则圣王之所弃者,独不

了，向王稽道过问候，便停下车询问说："关东的局势有什么变化吗？"王稽回答道："没有。"穰侯又对王稽说："使臣先生该不会带着那般说客一起来吧？这种人一点好处也没有，只会扰乱别人的国家罢了。"王稽赶快回答说："臣下不敢。"两人随即告别而去。范雎对王稽说："我听说穰侯是个智谋之士，处理事情多有疑惑，刚才他怀疑车中藏着人，可是忘记搜查了。"于是范雎就跳下车来奔走，说："这件事穰侯不会善罢甘休，过后必定后悔没有搜查车子。"大约走了十几里路，穰侯果然派骑兵追回来搜查车子，发现没有人，这才作罢。于是王稽与范雎进了咸阳。

王稽向秦王报告了出使情况后，趁机进言道："魏国有个张禄先生，此人是天下难得的能言善辩之士。他说'秦王的国家处境危险已到了层层堆蛋的地步，只要采用我的方略便可安全。但需面谈不能用书信传达'。所以我把他载到秦国来。"因为秦王不相信这套话，只让范雎住在客舍，给他粗劣的饭食吃。就这样，范雎等待秦王接见等了有一年多。

当时，秦昭王已经即位三十六年了。秦国在南面夺取了楚国的鄢、郢重镇，楚怀王已在秦国被囚禁而死。在东面攻破了齐国。此前齐湣王曾经自称东帝，不久又取消了这个帝号。还曾多次围攻韩、赵、魏三国，扩张了领土。昭王武功显赫，因而讨厌那些说客，从不听信他们。

穰侯、华阳君是昭王母亲宣太后的弟弟，而泾阳君、高陵君都是昭王的同胞弟弟。穰侯担任国相，华阳君、泾阳君和高陵君轮番担任将军，他们都有封赐的领地，由于宣太后庇护的缘故，他们私家的财富甚至超过了国家。等到穰侯担任了秦国将军，他又要越过韩国和魏国去攻打齐国的纲寿，想借此扩大他在陶邑的封地。为此，范雎就上书启奏秦王说：

我听说圣明的君主推行政事，有功劳的不可以不奖赏，有才能的不可以不授官职，劳苦大的俸禄多，功绩多的爵位高，能管众多事务的官职大。所以没有才能的不敢担当官职，有才能的也不会被埋没。假使您认为我的话可信，希望您推行并进一步使这种主张得以实现；如果认为我的话不可信，那么长久留我在这里也没有意义。俗话说："庸碌的君主奖赏他宠爱的人而惩罚他厌恶的人；圣明的君主就不这样，奖赏一定施给有功的人，刑罚一定判在有罪人的身上。"如今我的胸膛耐不住铡刀和砧板，我的腰也承受不了小斧和大斧，怎么敢用毫无根据、疑惑不定的主张来试探大王呢？即使您认为我是个微贱的人而加以轻蔑，难道就不重视推荐我的人对您的担保吗？

况且我听说周室有砥砨，宋国有结绿，魏国有县藜，楚国有和氏璞玉，这四件宝玉，产于土中，而著名的工匠却误认为是石头，但它们终究成为天下的名贵

足以厚国家乎?

臣闻善厚家者取之于国,善厚国者取之于诸侯。天下有明主则诸侯不得擅厚者,何也?为其割荣也。良医知病人之死生,而圣主明于成败之事,利则行之,害则舍之,疑则少尝之,虽舜禹复生,弗能改已。语之至者,臣不敢载之于书,其浅者又不足听也。意者臣愚而不概于王心邪?亡其言臣者贱而不可用乎?自非然者,臣愿得少赐游观之间,望见颜色。一语无效,请伏斧质。

于是秦昭王大说,乃谢王稽,使以传车召范雎。

于是范雎乃得见于离宫,详为不知永巷而入其中。王来而宦者怒,逐之,曰:"王至!"范雎谬为曰:"秦安得王?秦独有太后、穰侯耳。"欲以感怒昭王。昭王至,闻其与宦者争言,遂延迎,谢曰:"寡人宜以身受命久矣,会义渠之事急,寡人旦暮自请太后;今义渠之事已,寡人乃得受命。窃闵然不敏,敬执宾主之礼。"范雎辞让。是日观范雎之见者,群臣莫不洒然变色易容者。

秦王屏左右,宫中虚无人。秦王跽而请曰:"先生何以幸教寡人?"范雎曰:"唯唯。"有间,秦王复跽而请曰:"先生何以幸教寡人?"范雎曰:"唯唯。"若是者三。秦王跽曰:"先生卒不幸教寡人邪?"范雎曰:"非敢然也。臣闻昔者吕尚之遇文王也,身为渔父而钓于渭滨耳。若是者,交疏也。已说而立为太师,载与俱归者,其言深也。故文王遂收功于吕尚而卒王天下。乡使文王疏吕尚而不与深言,是周无天子之德,而文武无与成其王业也。今臣羁旅之臣也,交疏于王,而所愿陈者皆匡君之事,处人骨肉之间,愿效愚忠而未知王之心也。此所以王三问而不敢对者也。臣非有畏而不敢言也。臣知今日言之于前而明日伏诛于后,然臣不敢避也。大王信行臣之

器物。既然如此，那么圣明君主所抛弃的人，难道就不足以使国家强大吗？

我听说善于中饱私囊的大夫，是从诸侯国中取利；善于使一国富足的诸侯，是从其他诸侯国中取利。而天下有了圣明的君主那么诸侯就不得独自豪富，这是为什么？是因为他们会削割国家而使自我显贵。高明的医生能知道病人的生死，圣明的君主能洞察国事的成败，认为对国家有利的就施行、有害的就舍弃、有疑惑的就稍加试验，即使舜和禹死而复生，也不能改变这种方略。要说的至深话语，我不敢写在书信上，一些浅陋的话又不值得您一听。想必是我愚笨而不符合大王的心意吧？还是推荐我的人，人贱言微而不值得听信呢？如果不是这样，我希望您赐给少许游览观赏的空闲时间，让我拜见您一次。如果一次谈话没有效果，我请求伏罪受死刑。

读了这封书信，秦昭王心中大喜，便向王稽表示了歉意，派他用专车去接范雎。

这样，范雎才能够去离宫拜见秦昭王，到了宫门口，他假装不知道是内宫的通道，就往里走。这时恰巧秦昭王出来，宦官发了怒，驱赶范雎，便大声喝斥道："大王来了！"范雎故意乱嚷着说："秦国哪里有王？秦国只有太后和穰侯罢了。"他想用这些话激怒秦昭王。昭王走过来，听到范雎正在与宦官争吵，便上前去迎接范雎，并向他道歉说："我本来早就该向您请教了，正遇到处理义渠事件很紧迫，我早晚都要向太后请示，现在义渠事件已经处理完毕，我才有机会向您请教啊。我这个人很糊涂、不聪敏，让我向您敬行一礼。"范雎客气地还了礼。这一天凡是看到范雎谒见昭王情况的文武百官，没有一个不是肃然起敬的。

秦昭王屏退了左右近臣，宫中没有别的人了，这时才长跪着向范雎请教说："先生怎么赐教我？"范雎说："嗯嗯。"停了一会儿，秦昭王又长跪着向范雎请教说："先生怎么赐教我？"范雎说："嗯嗯。"像这样询问连续三次。秦昭王长跪着说："先生终究也不赐教我了吗？"范雎说："不敢这样。我听说从前吕尚遇到周文王时，他只是个渭水边上钓鱼的渔夫罢了。像他们这种关系，就属于交情生疏。但文王听完他的一席话便立他为太师，并立即用车载着他一起回宫，就是因为他的这番话说到了文王的心坎里。因此文王便得到吕尚的辅佐而终于统一了天下。假使当初文王疏远吕尚而不与他深谈，这样周朝就没有做天子的德望，而文王、武王也就无人辅佐来成就他们统一天下的大业了。如今我是个寄居异国他乡的臣子，与大王交情生疏，而我所希望陈述的都是匡扶国君的大事，我处在大王与亲人的骨肉关系之间来谈这些大事，本愿进献我的一片愚诚的忠心，可不知大王心里是怎么想的。这就是大王连续三次询问我而我不敢回答的原因。我并不是害怕什么而不敢说出来。我明知今天向您陈述主张明天就可能伏罪

言，死不足以为臣患，亡不足以为臣忧，漆身为厉被发为狂不足以为臣耻。且以五帝之圣焉而死，三王之仁焉而死，五伯之贤焉而死，乌获、任鄙之力焉而死，成荆、孟贲、王庆忌、夏育之勇焉而死。死者，人之所必不免也。处必然之势，可以少有补于秦，此臣之所大愿也，臣又何患哉！伍子胥橐载而出昭关，夜行昼伏，至于陵水，无以糊其口，膝行蒲伏，稽首肉袒，鼓腹吹篪，乞食于吴市，卒兴吴国，阖闾为伯。使臣得尽谋如伍子胥，加之以幽囚，终身不复见，是臣之说行也，臣又何忧？箕子、接舆漆身为厉，被发为狂，无益于主。假使臣得同行于箕子，可以有补于所贤之主，是臣之大荣也，臣有何耻？臣之所恐者，独恐臣死之后，天下见臣之尽忠而身死，因以是杜口裹足，莫肯乡秦耳。足下上畏太后之严，下惑于奸臣之态，居深宫之中，不离阿保之手，终身迷惑，无与昭奸。大者宗庙灭覆，小者身以孤危，此臣之所恐耳。若夫穷辱之事，死亡之患，臣不敢畏也。臣死而秦治，是臣死贤于生。"秦王跽曰："先生是何言也！夫秦国辟远，寡人愚不肖，先生乃幸辱至于此，是天以寡人慁先生而存先王之宗庙也。寡人得受命于先生，是天所以幸先王，而不弃其孤也。先生奈何而言若是！事无小大，上及太后，下至大臣，愿先生悉以教寡人，无疑寡人也。"范雎拜，秦王亦拜。

范雎曰："大王之国，四塞以为固，北有甘泉、谷口，南带泾、渭，右陇、蜀，左关、阪，奋击百万，战车千乘，利则出攻，不利则入守，此王者之地也。民怯于私斗而勇于公战，此王者之民也。王并此二者而有之。夫以秦卒之勇，车骑之众，以治诸侯，譬若施韩卢而搏蹇兔也，霸王之业可致也，而群臣莫当其位。至今闭关十五年，不敢窥兵于山东者，是穰侯为秦谋不忠，而大王之计有所失也。"秦王

受死，可是我决不想逃避。大王果真照我的话办了，受死不值得我忧患，流亡由不得我苦恼，就是漆身生癞、披发装疯我也不会感到羞耻。况且，像五帝那样的圣明终不免要死去，三王那样的仁爱也不免要死去，春秋五霸那样的贤能都死了，乌获、任鄙那样力大无比也难免一死，成荆、孟贲、王庆忌、夏育那样勇猛威武也一个个死去了。由此可见，死亡是每个人都不可避免的。处于必然死去的形势下，能够对秦国有少许补益，这就是我最大的愿望，我又有什么好担心的呢！过去伍子胥被装在口袋里逃出了昭关，夜里行走，白天隐藏，走到陵水，连饭也吃不上了，只好爬着行走，裸露上身，叩着响头，鼓起肚皮吹笛子，在吴国街市上到处行乞讨饭，可后来终于振兴了吴国，使阖闾成为霸主。假使我能像伍子胥一样极尽智谋效忠秦国，就是再把我囚禁起来，终身不再见大王，但是我的主张施行了，我又有什么好担忧的呢？过去箕子、接舆漆身生癞、披发装疯，可是这对君主没有任何益处。假使我也跟箕子有同样的遭遇，也披发装疯，可是能够对我认为贤能的君主有所补益，这是我最大的荣幸，我又有什么可耻辱呢？我所担忧的，只是怕我死后，天下人看见我为君主尽忠反而遭到死罪，因此闭口停步，没有谁肯到秦国来罢了。现在您在上面害怕太后的威严，在下面被奸佞臣子的惺惺作态所迷惑，自己身居深宫禁院，离不开左右近臣的把持，终身迷惑不清，也没人能够帮助您辨识邪恶。长此下去，从大处说国家会覆亡，从小处说您孤立无援岌岌可危，这是我所担忧的，只此而已。至于说困穷、屈辱一类的事情，处死、流亡之类的忧患，我是从来不会害怕的。如果我死了而秦国得以大治，那么我死了比活着更有意义。"秦昭王长跪着说："先生这是怎么说呢！秦国偏僻远处一隅，我本人愚笨无能，先生竟屈尊光临此地，这是上天恩准我烦劳先生来保存我先王的遗业啊。我能受到先生的教诲，这正是上天恩赐我的先王，而不抛弃他们的这个后代啊。先生怎么说这样的话呢！从这以后，事情无论大小，上至太后，下到大臣，有关问题希望先生毫无保留地给我以指教，不要再怀疑我了。"范雎听了后躬身行礼，秦昭王也连忙还礼。

范雎说："大王的国家，四面都是坚固的要塞，北面有甘泉高山、谷口险隘，南面环绕着泾、渭二水，右边是陇山、蜀道，左边是函谷关、崤阪山，雄师百万、战车千辆，有利就进攻，不利就退守，这是据以建立王业的好地方啊。百姓不敢因私事而争斗，却勇敢地为国家去作战，这是据以建立王业的好百姓啊。现在大王同时兼有地利、人和这两种有利条件。凭着秦国士兵的勇猛，战车的众多，去制服诸侯，就如同放出韩国壮犬去捕捉跛足的兔子那样容易，建立霸王的事业是完全能够办到的，可是您的臣子们都不称职。秦国到现今闭关固守已经有十五年了，之所以不敢伺机向崤山以东进兵，这都是因为穰侯为秦国出谋划策不

跽曰："寡人愿闻失计。"

然左右多窃听者，范雎恐，未敢言内，先言外事，以观秦王之俯仰。因进曰："夫穰侯越韩、魏而攻齐纲寿，非计也。少出师则不足以伤齐，多出师则害于秦。臣意王之计，欲少出师而悉韩、魏之兵也，则不义矣。今见与国之不亲也，越人之国而攻，可乎？其于计疏矣。且昔齐湣王南攻楚，破军杀将，再辟地千里，而齐尺寸之地无得焉者，岂不欲得地哉，形势不能有也。诸侯见齐之罢弊，君臣之不和也，兴兵而伐齐，大破之。士辱兵顿，皆咎其王，曰：'谁为此计者乎？'王曰：'文子为之。'大臣作乱，文子出走。故齐所以大破者，以其伐楚而肥韩、魏也。此所谓借贼兵而赍盗粮者也。王不如远交而近攻，得寸则王之寸也，得尺亦王之尺也。今释此而远攻，不亦谬乎！且昔者中山之国地方五百里，赵独吞之，功成名立而利附焉，天下莫之能害也。今夫韩、魏，中国之处而天下之枢也，王其欲霸，必亲中国以为天下枢，以威楚、赵。楚强则附赵，赵强则附楚，楚、赵皆附，齐必惧矣。齐惧，必卑辞重币以事秦。齐附而韩、魏因可虏也。"昭王曰："吾欲亲魏久矣，而魏多变之国也，寡人不能亲。请问亲魏奈何？"对曰："王卑词重币以事之；不可，则割地而赂之；不可，因举兵而伐之。"王曰："寡人敬闻命矣。"乃拜范雎为客卿，谋兵事。卒听范雎谋，使五大夫绾伐魏，拔怀。后二岁，拔邢丘。

客卿范雎复说昭王曰："秦韩之地形，相错如绣。秦之有韩也，譬如木之有蠹也，人之有心腹之病也。天下无变则已，天下有变，其为秦患者孰大于韩乎？王不如收韩。"昭王曰："吾固欲收韩，韩不

肯竭尽忠心,而大王的计策也有失误之处啊!"秦昭王长跪着说:"我愿意听一听我的失策之处。"

可是范雎发觉谈话时周围有不少人在偷听,心里惶恐不安,不敢谈宫廷内部太后专权的事,就先谈穰侯对诸侯国的外交谋略,借以观察一下秦王的态度。于是凑向昭王面前说:"穰侯越过韩、魏两国去进攻齐国纲寿,这不是个好计策。出兵少就不能损伤齐国,出兵多反而会损害秦国自己。我猜想大王的计策,是想自己少出兵而让韩、魏两国尽遣兵力来协同秦国,这就违背情理了。现在已经看出这两个友国实际并不真正亲善,您却要越过他们的国境去进攻齐国,合适吗?这在计策上考虑太欠周密了。况且曾有过这种失算的先例,先前齐湣王向南攻打楚国,破楚军、斩楚将,开辟了千里之遥的领土,可是最后齐国连寸尺大小的土地也没有得到。难道是不想得到土地吗?是形势迫使它不可能占有啊。各诸侯国看到齐国已经疲惫困顿国力大衰,国君与臣属不和,便发兵进攻齐国,结果大败齐国。齐国将士受辱,溃不成军,上下一片责怪齐王之声,说:'策划攻打楚国的是谁?'齐王说:'是田文策划的。'于是齐国大臣发动叛乱,田文被迫逃亡出走。由此可见齐国大败,就是因为它耗尽兵力攻打远方的楚国反而使韩、魏两国从中获得厚利。这就叫作把兵器借给强盗,把粮食送给窃贼啊。大王不如结交远邦而攻伐近国,这样攻取一寸土地就成为您的一寸土地,攻取一尺土地也就成为您的一尺土地。如今放弃近国而攻打远邦,这岂不是太荒谬了吗?再说,过去中山国领土有方圆五百里,赵国独自把它吞并了,功业建成,名声高扬,利益到手,天下没有谁能侵害它。现在韩、魏两国,地处中原,是天下的中心部位,大王如果打算称霸天下,就必须先亲近中原国家,把它作为掌握天下的关键,以此威胁楚国、赵国。楚国强大您就亲近赵国,赵国强大您就亲近楚国,楚国、赵国都亲附您,齐国必然恐惧了。齐国恐惧,必定低声下气拿出丰厚财礼来侍奉秦国。齐国亲附了秦国,那么韩、魏两国便乘势可以被收服了。"昭王说:"我早就想亲近魏国了,可是魏国是个翻云覆雨、变化无常的国家,我无法同它亲近。请问怎么才能亲近魏国?"范雎回答道:"大王可以先说好话送厚礼来奉承它,不行的话,就割让土地收买它;再不行,寻找机会发兵攻打它。"昭王说:"我就恭听您的指教了。"于是授给范雎客卿官职,同他一起谋划军事。终于听从了范雎的谋略,派五大夫绾带兵攻打魏国,拿下了怀邑。两年后,又夺取了邢丘。

客卿范雎后来又劝说昭王道:"秦、韩两国的地形,犬牙交错简直就像交织的刺绣一样。秦国境内伸进韩国的土地,就如同树干中生了蛀虫,人患了心病一样。天下的形势没有变化就罢了,一旦发生变化,给秦国造成祸患的还有谁能比韩国大呢?大王不如拢住韩国。"昭王说:"我本来就想拢住韩国,可是韩国不

听，为之奈何？"对曰："韩安得无听乎？王下兵而攻荥阳，则巩、成皋之道不通；北断太行之道，则上党之师不下。王一兴兵而攻荥阳，则其国断而为三。夫韩见必亡，安得不听乎？若韩听，而霸事因可虑矣。"王曰："善。"且欲发使于韩。

范雎日益亲，复说用数年矣，因请间说曰："臣居山东时，闻齐之有田文，不闻其有王也；闻秦之有太后、穰侯、华阳、高陵、泾阳，不闻其有王也。夫擅国之谓王，能利害之谓王，制杀生之威之谓王。今太后擅行不顾，穰侯出使不报，华阳、泾阳等击断无讳，高陵进退不请。四贵备而国不危者，未之有也。为此四贵者下，乃所谓无王也。然则权安得不倾，令安得从王出乎？臣闻善治国者，乃内固其威而外重其权。穰侯使者操王之重，决制于诸侯，剖符于天下，政适伐国，莫敢不听。战胜攻取则利归于陶国，弊御于诸侯；战败则结怨于百姓，而祸归于社稷。诗曰'木实繁者披其枝，披其枝者伤其心；大其都者危其国，尊其臣者卑其主'。崔杼、淖齿管齐，射王股，擢王筋，悬之于庙梁，宿昔而死。李兑管赵，囚主父于沙丘，百日而饿死。今臣闻秦太后、穰侯用事，高陵、华阳、泾阳佐之，卒无秦王，此亦淖齿、李兑之类也。且夫三代所以亡国者，君专授政，纵酒驰骋弋猎，不听政事。其所授者，妒贤嫉能，御下蔽上，以成其私，不为主计，而主不觉悟，故失其国。今自有秩以上至诸大吏，下及王左右，无非相国之人者。见王独立于朝，臣窃为王恐，万世之后，有秦国者非王子孙也。"昭王闻之大惧，曰："善。"于是废太后，逐穰侯、高陵、华阳、泾阳君于关外。秦王乃拜范雎为相。收穰侯之印，使归陶，因使县官给车牛以徙，千乘有余。到关，关阅其宝器，宝器珍怪多于王室。

听从，对它该怎么办才好？"范雎回答道："韩国怎么能不听从呢？您进兵去攻荥阳，那么韩国由巩县通往成皋的道路被堵住；在北面切断太行山要道，那么上党的军队就不能南下。大王一旦发兵进攻荥阳，那么韩国就会被分割成三块孤立的地区。韩国眼见必将灭亡，怎么能不听从呢？如果韩国服帖了，那么就可乘势盘算称霸的事业了。"昭王说："好的。"就准备派使臣到韩国去。

范雎一天比一天得到秦昭王信任，转眼间受到秦昭王的信任已有几年了，一次范雎在昭王闲暇方便的时候进言议事说："我住在崤山东边时，只听说齐国有田文，从没听说齐国有齐王；只听说秦国有太后、穰侯、华阳君以及高陵君、泾阳君，从没听说秦国有秦王。独掌国家大权的称作王，能够兴利除害的称作王，掌握生杀予夺权势的称作王。如今太后独断专行毫无顾忌，穰侯出使国外从不报告，华阳君、泾阳君等惩处断罚随心所欲，高陵君任免官吏也从不请示。这四种权贵凑在一起而国家却没有危险，那是从来没有过的。人们处在这四种权贵的统治下，就是我所说的没有秦王啊。既然如此，那么大权怎么能不旁落、政令又怎么能由大王发出呢？我听说善于治国的，就是要在国内使自己的威势牢固，而对国外使自己的权力集中。穰侯的使臣操持着大王的重权，对诸侯国发号施令，他又向天下遍派持符使臣订盟立约，征讨敌方，攻伐别国，没有谁不敢听命。如果打了胜仗，夺取了城地就把好处归入陶邑，国家一旦遭到困厄他便可在诸侯国中用事；如果打了败仗就会让百姓怨恨国君，而把祸患推给国家。有诗说：'树上结果太多就要压折树枝，树枝断了就会伤害树心；封地城邑太大就要危害国都，抬高臣属就会压抑君主。'从前崔杼、淖齿在齐国专权，崔杼射中齐庄公的大腿并杀死了他，淖齿抽了齐湣王的筋又把他悬吊在庙梁上，一夜就吊死了。李兑在赵国专权，把赵武灵王囚禁在沙丘的宫里，一百天被困饿而死。如今我听说秦国的太后、穰侯专权，高陵君、华阳君和泾阳君辅助，最终是不要秦王的，这也就是淖齿、李兑一类的人物啊。再说夏、商、周三代亡国的原因，就是君主把大权全都交给宠臣，恣意饮酒纵情游猎，不理朝政。他们授权任职的宠臣，一个个妒贤嫉能，欺下瞒上，谋取私利，从不为君主考虑，可是君主又不醒悟，因此丧失了自己的国家。如今秦国从小乡官到各个大官吏，再到大王的左右侍从，没有一个不是相国穰侯的亲信。我看到大王在朝廷孤单一人，我暗自替您感到害怕，在您之后，拥有秦国的怕不是您的子孙了。"昭王听了这番话如梦初醒，大感惊恐，说："说得对。"于是废黜了太后，把穰侯、高陵君以及华阳君、泾阳君驱逐出国都。秦昭王就任命范雎为相国。收回了穰侯的相印，让他回到封地陶邑去，由朝廷派给车子和牛帮他拉东西迁出国都，装载财物的车子有一千多辆。到了国都关卡，守关官吏检查他的珍宝器物，发现珍贵奇异的宝物比国君还要多。

秦封范雎以应，号为应侯。当是时，秦昭王四十一年也。

范雎既相秦，秦号曰张禄，而魏不知，以为范雎已死久矣。魏闻秦且东伐韩、魏，魏使须贾于秦。范雎闻之，为微行，敝衣间步之邸，见须贾。须贾见之而惊曰："范叔固无恙乎！"范雎曰："然。"须贾笑曰："范叔有说于秦邪？"曰："不也。雎前日得过于魏相，故亡逃至此，安敢说乎！"须贾曰："今叔何事？"范雎曰"臣为人庸赁。"须贾意哀之，留与坐饮食，曰："范叔一寒如此哉！"乃取其一绨袍以赐之。须贾因问曰："秦相张君，公知之乎？吾闻幸于王，天下之事皆决于相君。今吾事之去留在张君。孺子岂有客习于相君者哉？"范雎曰："主人翁习知之。唯雎亦得谒，雎请为见君于张君。"须贾曰："吾马病，车轴折，非大车驷马，吾固不出。"范雎曰："愿为君借大车驷马于主人翁。"

范雎归取大车驷马，为须贾御之，入秦相府。府中望见，有识者皆避匿。须贾怪之。至相舍门，谓须贾曰："待我，我为君先入通于相君。"须贾待门下，持车良久，问门下曰："范叔不出，何也？"门下曰："无范叔。"须贾曰："乡者与我载而入者。"门下曰："乃吾相张君也。"须贾大惊，自知见卖，乃肉袒膝行，因门下人谢罪。于是范雎盛帷帐，待者甚众，见之。须贾顿首言死罪，曰："贾不意君能自致于青云之上，贾不敢复读天下之书，不敢复与天下之事。贾有汤镬之罪，请自屏于胡貉之地，唯君死生之！"范雎曰："汝罪有几？"曰："擢贾之发以续贾之罪，尚未足。"范雎曰："汝罪有三耳。昔者楚昭王时而申包胥为楚却吴军，楚王封之以荆五千户，包胥辞不受，为丘墓之寄于荆也。今雎之先人丘墓亦在魏，公前以雎为有外心于齐而恶雎于魏齐，公之罪一也。当魏齐辱我于厕

秦昭王把应城封给范雎，封号为应侯。这个时候，是秦昭王四十一年。

范雎当了秦国相国之后，秦国人仍称呼他张禄，而魏国人对此毫无所知，认为范雎早已死了。魏王听到秦国即将向东攻打韩、魏两国的消息，便派须贾出使秦国。范雎得知须贾到了秦国，便隐瞒了相国的身份改装出行，他穿着破旧的衣服，步行到客栈，见到了须贾。须贾一见范雎不禁惊愕道："范叔原来没有遇到灾祸啊！"范雎说："是啊。"须贾便笑着说："范叔是来秦国游说的吧？"范雎答道："不是的。我以前得罪了魏国宰相，所以流落逃亡到了这里，怎么还敢来游说呢！"须贾问道："如今你都在做些什么事？"范雎答道："我给人家当差役。"须贾听了有些怜悯他，便留下范雎一起坐下吃饭，又不无同情地说："范叔怎么竟贫寒到如此地步啊！"于是就取出了自己的一件粗丝袍送给了他。须贾趁机便问道："你知道秦国的相国张君吧。我听说他在秦王那里很得宠，有关天下的大事都由相国张君决定。这次我办的事情成败也都取决于张君。你这个年轻人有没有跟相国张君熟悉的朋友啊？"范雎说："我的主人和他很熟。就是连我也是能求见的，请让我把您引见给张君。"须贾很不以为然地说："我的马病了，车轴也断了，不是四匹马拉的大车，我是决不出门的。"范雎说："我愿意替您向我的主人借来四匹马拉的大车。"

范雎回去弄来四匹马拉的大车，并亲自给须贾驾车，直进了秦国相府。相府里的人看到范雎驾着车子来了，有些认识他的人都回避了。须贾见到这般情景感到很奇怪。到了相国办公地方的门口，范雎对须贾说："等等我，我先替您进去向相国张君通报一声。"须贾就在门口等着，拽着缰绳等了很长时间也不见人来，便问门卒说："范叔进去很长时间了也没有出来，是怎么回事？"门卒说："这里没有范叔。"须贾说："就是刚才跟我一起乘车进来的那个人。"门卒说："他就是我们相国张君啊。"须贾一听大惊失色，自知被诓骗进来，就赶紧脱掉上衣光着膀子，双膝跪地而行，托门卒向范雎认罪。于是范雎派人挂上盛大的帐幕，召来许多侍从，才让须贾上堂来见。须贾见到范雎连叩响头口称死罪，说："我没想到您靠自己的能力达到这么高的尊位，我不敢再读天下的书了，也不敢再参与天下的事了。我犯下了应该被煮杀的大罪，把我抛到荒凉野蛮的胡貉地区我也心甘情愿，让我活让我死任凭您的决定了！"范雎说："你的罪状有多少？"须贾急忙答道："即使拔下我的头发来数我的罪过，也不够数。"范雎说："你有三条罪状。从前楚昭王时，申包胥为楚国谋划打退了吴国军队，楚王把楚地的五千户封给他作为食邑，申包胥推辞不愿意接受，那是因为他的祖坟安葬在楚国，打退吴军也可以保住他的祖坟。现在我的祖坟在魏国，可是你以前认为我对魏国有外心、暗通齐国而在魏齐面前说我的坏话，这是你的第一条罪状。

中，公不止，罪二也。更醉而溺我，公其何忍乎？罪三矣。然公之所以得无死者，以绨袍恋恋，有故人之意，故释公。"乃谢罢。入言之昭王，罢归须贾。

须贾辞于范雎，范雎大供具，尽请诸侯使，与坐堂上，食饮甚设。而坐须贾于堂下，置莝豆其前，令两黥徒夹而马食之。数曰："为我告魏王，急持魏齐头来！不然者，我且屠大梁。"须贾归，以告魏齐。魏齐恐，亡走赵。匿平原君所。

范雎既相，王稽谓范雎曰："事有不可知者三，有不奈何者亦三。宫车一日晏驾，是事之不可知者一也。君卒然捐馆舍，是事之不可知者二也。使臣卒然填沟壑，是事之不可知者三也。宫车一日晏驾，君虽恨于臣，无可奈何。君卒然捐馆舍，君虽恨于臣，亦无可奈何。使臣卒然填沟壑，君虽恨于臣，亦无可奈何。"范雎不怿，乃入言于王曰："非王稽之忠，莫能内臣于函谷关；非大王之贤圣，莫能贵臣。今臣官至于相，爵在列侯，王稽之官尚止于谒者，非其内臣之意也。"昭王召王稽，拜为河东守，三岁不上计。又任郑安平，昭王以为将军。范雎于是散家财物，尽以报所尝困厄者。一饭之德必偿，睚眦之怨必报。

范雎相秦二年，秦昭王之四十二年，东伐韩少曲、高平，拔之。

秦昭王闻魏齐在平原君所，欲为范雎必报其仇，乃佯为好书遗平原君曰："寡人闻君之高义，愿与君为布衣之友，君幸过寡人，寡人愿与君为十日之饮。"平原君畏秦，且以为然，而入秦见昭王。昭王与平原君饮数日，昭王谓平原君曰："昔周文王得吕尚以为太公，齐桓公得管夷吾以为仲父，今范君亦寡人之叔父也。范君之仇在君之

当魏齐把我扔到厕所里，并且肆意侮辱我时，你并没有制止，这是第二条罪状。更有甚者是你喝醉之后往我身上撒尿，你怎么能忍心啊？这是第三条罪状。但是你之所以能不被处死，是因为从你今天赠我一件粗丝袍来看你还有点老朋友的依恋之情啊，所以放你一条生路，把你给放了。"于是离开须贾，结束了会见。随即范雎进宫把事情的原委报告了昭王，决定不接受魏国来使，责令须贾回国。

于是须贾去向范雎辞行，范雎便大摆宴席，并且请来了所有诸侯国的使臣，与他同坐在堂上，酒菜饭食摆设得非常丰盛。而让须贾坐在堂下，在他面前放了一槽草豆掺拌的饲料，又命令两个受过墨刑的犯人在须贾的两旁夹着他，像喂马一样喂他吃掺拌饲料。范雎责令他道："给我告诉魏王，尽快把魏齐的脑袋拿来！不然的话，我就要屠平大梁。"于是须贾回到魏国，把情况告诉了魏齐，魏齐非常惊恐，便逃到了赵国，躲藏在平原君的家里。

范雎担任了秦相之后，王稽曾经对范雎说："有三件事情是不可预知的，也有三件事情是毫无办法的。君王说不定哪一天死去，这是不可预知的第一件事情。您突然死去，这是不可预知的第二件事情。假使我突然死去，这是不可预知的第三件事情。如果君王有一天死去了，您即使因为我没被君王重用而感到遗憾，那是毫无办法的。如果您突然死去了，您即使为了还未报答我而感到遗憾，也是毫无办法的。假使我突然死去了，您即便是因不曾及时推荐我而感到遗憾，那也是毫无办法的。"范雎听了闷闷不乐，就入宫向秦王进言说："不是王稽对秦国的忠诚，就不能把我带进函谷关；不是大王的贤能圣明，就不能使我如此显贵。如今我的官位做到了相国，爵位已经封到了列侯，可是王稽还仅是个谒者，这并不是他带我进关的本意吧。"秦昭王便召见了王稽，于是任命他做河东郡守，并且允许他三年之内可以不向朝廷汇报郡内的政治、经济情况。范雎又向秦昭王举荐曾保护过他的郑安平，昭王便任命郑安平为将军。范雎于是散发家里的财物，用来报答所有那些曾经帮助过他而处境困苦的人。哪怕给过他一顿饭吃的等小恩小惠，他是必定要报答的，而瞪过他一眼的小怨小仇他也是必定要报复的。

范雎任秦相的第二年间，也就是秦昭王四十二年，秦国向东进攻韩国的少曲和高平，并拿下了这两个城邑。

秦昭王听说魏齐藏在平原君的家里，一定要替范雎报这个仇，于是就假装写了一封表示友好的信给平原君说："我久闻您为人有高尚的道德情义，希望跟您交个像平民百姓一样无拘无束的知心朋友，如果您肯光临我这里小住几日的话，我愿同您开怀畅饮十天。"平原君本就畏惧秦国，看了信又认为秦昭王真的有意交好，便到秦国见了秦昭王。昭王陪着平原君宴饮了几天，便对平原君说："从前周文王得到吕尚，尊他为太公；齐桓公得到管夷吾，尊他为仲父，如今范先生

家,愿使人归取其头来;不然,吾不出君于关。"平原君曰:"贵而为交者,为贱也;富而为交者,为贫也。夫魏齐者,胜之友也,在,固不出也,今又不在臣所。"昭王乃遗赵王书曰:"王之弟在秦,范君之仇魏齐在平原君之家。王使人疾持其头来;不然,吾举兵而伐赵,又不出王之弟于关。"赵孝成王乃发卒围平原君家,急,魏齐夜亡出,见赵相虞卿。虞卿度赵王终不可说,乃解其相印,与魏齐亡,间行,念诸侯莫可以急抵者,乃复走大梁,欲因信陵君以走楚。信陵君闻之,畏秦,犹豫未肯见,曰:"虞卿何如人也?"时侯嬴在旁,曰:"人固未易知,知人亦未易也。夫虞卿蹑屩檐簦,一见赵王,赐白璧一双,黄金百镒;再见,拜为上卿;三见,卒受相印,封万户侯。当此之时,天下争知之。夫魏齐穷困过虞卿,虞卿不敢重爵禄之尊,解相印,捐万户侯而间行。急士之穷而归公子,公子曰'何如人'。人固不易知,知人亦未易也!"信陵君大惭,驾如野迎之。魏齐闻信陵君之初难见之,怒而自刭。赵王闻之,卒取其头予秦。秦昭王乃出平原君归赵。

昭王四十三年,秦攻韩汾陉,拔之,因城河上广武。

后五年,昭王用应侯谋,纵反间卖赵,赵以其故,令马服子代廉颇将。秦大破赵于长平,遂围邯郸。已而与武安君白起有隙,言而杀之。任郑安平,使击赵。郑安平为赵所围,急,以兵二万人降赵。应侯席稿请罪。秦之法,任人而所任不善者,各以其罪罪之。于是应侯罪当收三族。秦昭王恐伤应侯之意,乃下令国中:"有敢言郑安平事者,以其罪罪之。"而加赐相国应侯食物日益厚,以顺适其意。后二

也是我的叔父啊。现在范先生的仇人就住在您家里,希望您派人把他的脑袋取来;不然的话,我就不让您出函谷关。"平原君说:"显贵了还是要交低贱的朋友,是为了不忘低贱时的情谊;富裕了还要交贫困的朋友,是为了不能够忘记贫困时的友情。魏齐是我的朋友,即使他在我家,我也决不会把他交出来,何况现在他根本不在我家啊。"昭王又给赵国国君写了一封信说:"大王的弟弟在我秦国这里,而范先生的仇人魏齐就在平原君家里。大王赶快派人送来他的脑袋;不然的话,我就要发动军队攻打赵国,而且大王的弟弟就别想出函谷关。"赵孝成王看了信就派士兵包围了平原君的家宅,危急中,魏齐连夜逃出了平原君家,见到了赵国宰相虞卿。虞卿估计不可能说服赵王,就解下自己的相印,跟魏齐一起逃出了赵国,两人抄小路逃跑,想来想去几个诸侯国都没有能急人之难而可以投靠的人,就又奔回了大梁,打算通过信陵君投奔到楚国去。信陵君听到了这个消息,由于害怕秦国找上门来,有些犹豫不决,不肯接见他们,就向周围的人说:"虞卿这个人怎么样啊?"当时侯嬴也在旁边,就回答说:"人是很难被了解的啊,可见了解别人也不是件容易的事。那个虞卿脚踏草鞋,肩搭雨伞,远行而到赵国,第一次见赵王,赵王赐给了他白璧一对,黄金百两;第二次见赵王,赵王任命他为上卿;第三次见赵王,终于得到相印,被封为万户侯。当前,天下人都在争着了解虞卿的为人。魏齐走投无路时投奔了虞卿,虞卿根本不把自己的高官厚禄看在眼里,解下相印,抛弃万户侯的爵位而与魏齐逃走。能把别人的困难当作自己的困难来投奔您,您还问这个人怎么样。"信陵君听了这番话分明有讽刺自己的意味,感到惭愧,于是赶快驱车到郊外去迎接他们。可是魏齐听到的是信陵君当初不愿意接见他的消息,便一怒之下刎颈自杀了。赵王得知魏齐自杀身亡,终于取了他的脑袋送到了秦国。秦昭王这才放平原君回赵国。

昭王四十三年,秦国进攻韩国的汾陉,夺取了它,并在黄河边上的广武山筑城。

五年之后,昭王采取应侯的谋略,施行反间计,使赵国上当,赵国就是因为这个缘故,让马服君赵奢的儿子赵括代替廉颇统率军队。结果秦军在长平大败赵国军队,进而围攻邯郸。不久后应侯与武安君白起结下了怨仇,就向昭王进谗言而把白起杀了。于是昭王任用郑安平,派他领兵攻打赵国。郑安平在战场上反被赵军团团围住,当时情况危急,他带领二万人向赵国投降了。对此应侯自知难逃罪责,就跪在草垫上请求处罚。按照秦国法令,举荐了官员而被举荐的官员犯了罪,那么举荐人也同样按被举荐官员的罪名治罪。这样应侯应被判逮捕其父、母、妻三族的罪刑。可是秦昭王恐怕伤害了与应侯的感情,就下令"国都内有敢于议论郑安平事的,一律按郑安平的罪名治罪"。与此同时,昭王还加赏相国应侯更加丰厚的食物,以使应侯安心顺意。此后二年,王稽做河东郡守,曾与诸侯

岁，王稽为河东守，与诸侯通，坐法诛。而应侯日益以不怿。

昭王临朝叹息，应侯进曰："臣闻'主忧臣辱，主辱臣死'。今大王中朝而忧，臣敢请其罪。"昭王曰："吾闻楚之铁剑利而倡优拙。夫铁剑利则士勇，倡优拙则思虑远。夫以远思虑而御勇士，吾恐楚之图秦也。夫物不素具，不可以应卒，今武安君既死，而郑安平等畔，内无良将而外多敌国，吾是以忧。"欲以激励应侯。应侯惧，不知所出。蔡泽闻之，往入秦也。

蔡泽者，燕人也。游学干诸侯小大甚众，不遇。而从唐举相，曰："吾闻先生相李兑，曰'百日之内持国秉'，有之乎？"曰："有之。"曰："若臣者何如？"唐举孰视而笑曰："先生曷鼻，巨肩，魋颜，蹙齃，膝挛。吾闻圣人不相，殆先生乎？"蔡泽知唐举戏之，乃曰："富贵吾所自有，吾所不知者寿也，愿闻之。"唐举曰："先生之寿，从今以往者四十三岁。"蔡泽笑谢而去，谓其御者曰："吾持粱刺齿肥，跃马疾驱，怀黄金之印，结紫绶于要，揖让人主之前，食肉富贵，四十三年足矣。"去之赵，见逐。之韩、魏，遇夺釜鬲于涂。闻应侯任郑安平、王稽皆负重罪于秦，应侯内惭，蔡泽乃西入秦。

将见昭王，使人宣言以感怒应侯曰："燕客蔡泽，天下雄俊弘辩智士也。彼一见秦王，秦王必困君而夺君之位。"应侯闻，曰："五帝三代之事，百家之说，吾既知之，众口之辩，吾皆摧之，是恶能困我而夺我位乎？"使人召蔡泽。蔡泽入，则揖应侯。应侯固不快，及见之，又倨，应侯因让之曰："子尝宣言欲代我相秦，宁有之乎？"对曰："然。"应侯曰："请闻其说。"蔡泽曰："吁，君何见之晚也！夫四时之序，成功者去。夫人生百体坚强，手足便利，耳目聪明而心圣智，岂非士之愿与？"应侯曰："然。"蔡泽曰："质仁

有勾结，因犯法而被诛杀。因为此事，应侯一天比一天懊丧。

有一天，昭王上朝时不停地叹息。应侯走上前去说："我听说'人主忧虑是臣子的耻辱，人主受辱更是臣子的死罪'，今天大王在朝堂之上处理政务却如此忧虑，我请求大王治我的罪。"昭王说："我听说楚国的铁剑锋利，而歌舞演技拙劣。这个国家的铁剑锋利，那么士兵就勇敢，它的歌舞演技拙劣那么国君的谋略必定深远。心怀深远的谋略而指挥勇敢的士兵，我恐怕楚国要在秦国身上打算盘。办事不早做准备，就不能够应付突发的变化。如今武安君已经死去，而郑安平等人叛变了，国内没有能征善战的大将而国外敌对国家很多，我因此忧虑。"昭王说这番话意思是鼓励应侯。而应侯听了却感到害怕，也想不出什么办法来。蔡泽得知这种情况，便从燕国来到秦国。

蔡泽，是燕国人。曾周游列国从师学习，并向许多大小诸侯谋求官职，但没有得到信任与重用。有一次他请唐举给他相面，说："我听说先生给李兑相面，说'一百天内将掌握一国的大权'，有这件事吗？"唐举回答说："有这事。"蔡泽说："像我这样的人你看怎么样啊？"唐举仔细地看了一番便笑着说："先生是朝天鼻，端肩膀，凸额头，塌鼻梁，罗圈腿。我听说圣人不在相貌，大概说的就是先生了吧？"蔡泽知道唐举是在和自己开玩笑，便说："富贵那是我本来就有的，我所不知道的是寿命的短长，现在希望听听你的说法。"唐举说："先生的寿命，从今以后还有四十三岁。"蔡泽笑着表示感谢便走开了，随后对他的车夫说："我端着米饭吃肥肉，赶着马车奔驰，手捧黄金大印，腰系紫色丝带，在人主面前备受尊重，享受荣华富贵，四十三年该满足了。"便离开燕国到了赵国。随即前去韩国、魏国，路上遇到强盗抢走了他的锅鼎之类的炊具。他听说应侯举荐的郑安平和王稽都在秦国犯下了大罪，应侯内心惭愧抬不起头来，蔡泽便向西来到秦国。

他准备去拜见秦昭王，先派人在应侯面前扬言一番，以此来激怒应侯说："燕国来的宾客蔡泽，那是个天下见识超凡、极富辩才的智谋之士。秦王只要一见他，必定会使您处于困境而剥夺您的权位。"应侯听完这些话，说："五帝三代的事理，诸子百家的学说，我都是通晓的，许多人的雄辩巧言，我都能使他们折服，这个人怎么会让我难堪而夺取我的权位呢？"于是就派人去召蔡泽来。蔡泽来了，只向应侯作了个揖。应侯本来就不痛快，等见了蔡泽，看他又表现得如此傲慢，应侯就斥责他说："你曾扬言要取代我做秦相，可曾有这件事吗？"蔡泽回答说："有。"应侯说："让我听听你的想法。"蔡泽说："呦！您看待问题怎么这么迟钝啊！一年之中春、夏、秋、冬四季更替，各自完成了它的使命就自动离开。人的身体各个部分都很健壮，手脚灵活，耳朵听得清，眼睛看得明，

秉义，行道施德，得志于天下，天下怀乐敬爱而尊慕之，皆愿以为君王，岂不辩智之期与？"应侯曰："然。"蔡泽复曰："富贵显荣，成理万物，使各得其所；性命寿长，终其天年而不夭伤；天下继其统，守其业，传之无穷；名实纯粹，泽流千里，世世称之而无绝，与天地终始：岂道德之符而圣人所谓吉祥善事者与？"应侯曰："然。"

蔡泽曰："若夫秦之商君，楚之吴起，越之大夫种，其卒然亦可愿与？"应侯知蔡泽之欲困己以说，复谬曰："何为不可？夫公孙鞅之事孝公也，极身无贰虑，尽公而不顾私；设刀锯以禁奸邪，信赏罚以致治；披腹心，示情素，蒙怨咎，欺旧友，夺魏公子卬，安秦社稷，利百姓，卒为秦禽将破敌，攘地千里。吴起之事悼王也，使私不得害公，谗不得蔽忠，言不取苟合，行不取苟容，不为危易行，行义不辟难，然为霸主强国，不辞祸凶。大夫种之事越王也，主虽困辱，悉忠而不解，主虽绝亡，尽能而弗离，成功而弗矜，贵富而不骄怠。若此三子者，固义之至也，忠之节也。是故君子以义死难，视死如归；生而辱不如死而荣。士固有杀身以成名，虽义之所在，虽死无所恨。何为不可哉？"

蔡泽曰："主圣臣贤，天下之盛福也；君明臣直，国之福也；父慈子孝，夫信妻贞，家之福也。故比干忠而不能存殷，子胥智而不能完吴，申生孝而晋国乱。是皆有忠臣孝子，而国家灭乱者，何也？无明君贤父以听之，故天下以其君父为僇辱而怜其臣子。今商君、吴起、大夫种之为人臣，是也；其君，非也。故世称三子致功而不见德，岂慕不遇世死乎？夫待死而后可以立忠成名，是微子不足仁，孔子不足圣，管仲不足大也。夫人之立功，岂不期于成全邪？身与名

心神聪慧,这难道不是人们的愿望吗?"应侯说:"是的。"蔡泽说:"以仁为本,主持正义,推行正道,广施恩德,实现自己的志向,天下人都拥护爱戴而尊敬仰慕他,都希望让他做君主,这难道不是善辩明智之士所期望得到的吗?"应侯说:"是的。"蔡泽又说:"位居富贵显赫荣耀的地位,治理一切事物,使它们都能各得其所;活得长久,平安度过一生而不会夭折;天下都继承他的传统,固守他的事业,并永远流传下去;名声与实际相符完美无缺,恩泽远施千里之外,世世代代称赞他永不断绝,与天地一样长久:这难道不是推行正道广施恩德的效果,也就是圣人所说的吉祥善事吗?"应侯说:"是的。"

蔡泽说:"至于说到秦国的商鞅,楚国的吴起,越国的大夫文种,他们的悲惨结局也可羡慕吗?"应侯知道蔡泽要用这些话来堵自己的嘴,从而说服自己,便故意狡辩说:"为什么不可以?那个公孙鞅侍奉秦孝公,终身没有二心,一心为公家而毫不顾念自身;设置刀锯酷刑来禁绝奸诈邪恶,切实论赏刑罚分明,以达到国家太平;剖露忠心,昭示真情,蒙受着怨恨的指责,诱骗老朋友,捉住魏公子卬,使秦国的国家安定,百姓获利,终于为秦国擒敌将,破敌军,开拓了千里之遥的疆域。吴起侍奉楚悼王,使私人不能损害公家,奸佞谗言不能蔽塞忠臣,议论不随声附和,办事不苟且保身,不因危险而改变自己的行动,坚持大义不躲避灾难。就是这样为了使君主能够成就霸业,使国家强盛,决不躲避祸凶险。大夫文种侍奉越王,君主即使遭困受辱,仍然竭尽忠心,毫不懈怠,君主即使面临断嗣亡国的境遇,也仍然竭尽全力挽救而不愿离开,越王复国大功告成而不骄傲自夸,自己富贵也不放纵轻慢。像这三位先生,本来就是道德大义的标准、忠诚气节的榜样。因此君子为了大义遭难而死,视死如归;活着受辱不如死了光荣。士人本就该具有牺牲性命来成就名声的远大志向,只要是为了大义的存在,即使死了也没有什么遗憾的。为什么不可以这么做呢?"

蔡泽说:"君主圣明,臣子贤能,这是天下的大福;国君明智,臣子正直,这是一国的福气;父亲慈爱,儿子孝顺,丈夫诚实,妻子忠贞,这是一家的福分。然而比干忠诚却不能保住殷朝,子胥多谋却不能保全吴国;申生孝顺可是晋国大乱。这些都是有忠诚的臣子、孝顺的儿子,反而使国家灭亡、大乱的事例,这是为什么呢?是因为没有明智的国君、贤能的父亲听取他们的声音,因此天下人都认为这样的国君和父亲是可耻的,而怜惜同情他们的臣子和儿子。现在看来,商鞅、吴起、大夫文种作为臣子,他们是正确的;他们的国君,是错误的。所以世人称说这三位先生建立了功绩却得不到好报,难道是羡慕他们不被国君体察而无辜死去吗?如果只有用死才可以树立忠诚的美名,那么微子就不能称为仁人,孔子不能称为圣人,管仲也不能称为伟大的人物了。人们要建功立业,难道

俱全者，上也。名可法而身死者，其次也。名在僇辱而身全者，下也。"于是应侯称善。

蔡泽少得间，因曰："夫商君、吴起、大夫种，其为人臣尽忠致功则可愿矣，闳夭事文王，周公辅成王也，岂不亦忠圣乎？以君臣论之，商君、吴起、大夫种其可愿孰与闳夭、周公哉？"应侯曰："商君、吴起、大夫种弗若也。"蔡泽曰："然则君之主慈仁任忠，惇厚旧故，其贤智与有道之士为胶漆，义不倍功臣，孰与秦孝公、楚悼王、越王乎？"应侯曰："未知何如也。"蔡泽曰："今主亲忠臣，不过秦孝公、楚悼王、越王，君之设智，能为主安危修政，治乱强兵，批患折难，广地殖谷，富国足家，强主，尊社稷，显宗庙，天下莫敢欺犯其主，主之威盖震海内，功彰万里之外，声名光辉传于千世，君孰与商君、吴起、大夫种？"应侯曰："不若。"蔡泽曰："今主之亲忠臣不忘旧故不若孝公、悼王、句践，而君之功绩爱信亲幸又不若商君、吴起、大夫种，然而君之禄位贵盛，私家之富过于三子，而身不退者，恐患之甚于三子，窃为君危之。语曰'日中则移，月满则亏'。物盛则衰，天地之常数也。进退盈缩，与时变化，圣人之常道也。故'国有道则仕，国无道则隐'。圣人曰'飞龙在天，利见大人'。'不义而富且贵，于我如浮云'。今君之怨已仇而德已报，意欲至矣，而无变计，窃为君不取也。且夫翠、鹄、犀、象，其处势非不远死也，而所以死者，惑于饵也。苏秦、智伯之智，非不足以辟辱远死也，而所以死者，惑于贪利不止也。是以圣人制礼节欲，取于民有度，使之以时，用之有止，故志不溢，行不骄，常与道俱而不失，故天下承而不绝。昔者齐桓公九合诸侯，一匡天下，至于葵丘之会，有骄矜之志，畔者九国。吴王夫差兵无敌于天下，勇强以轻诸

不期望功成人在吗？自身性命与功业名声都能保全的，这是上等。功名可让后世效法而自身性命不能保全的，这是次等。名声被人诟辱而自身性命得以保全的，这是下等。"说到这里，应侯称赞讲得好。

蔡泽抓住了应侯"称善"的这个缝隙，趁势说："商鞅、吴起、大夫文种，他们作为臣子竭尽忠诚建立功绩那是令人仰慕的，闳夭侍奉周文王，周公辅佐周成王，难道不也是竭尽忠诚极富智慧吗？按君臣的关系而论，商鞅、吴起、大夫文种他们令人仰慕比起闳夭、周公那又怎么样呢？"应侯说："商君、吴起、大夫文种比不上闳夭、周公。"蔡泽说："既然这样，那么您的人主慈爱、仁义、信用忠臣、厚道诚实不忘旧情，他的贤能智慧跟那些有才能明大理的人士关系极为密切，情义深厚不背弃功臣，在这些方面比起秦孝公、楚悼王、越王来又怎么样呢？"应侯不便回答就说："不知道怎么样。"蔡泽说："如今您的人主亲近忠臣，是超不过秦孝公、楚悼王、越王的，您施展才能，努力替人主解决危难，整治国家，平定叛乱，增强兵力，排除祸患，消除灾难，拓宽疆域，增种谷物，使国家富强，百姓富足，加强人主的权力，提高国家的地位，显示王族的高贵，天下诸侯没有哪一个敢于侵凌冒犯自己的人主的，人主的威势压倒一切诸侯，震动四方，功劳显扬于万里以外的地方，声名光辉灿烂，流传千秋万代，在这些方面您比起商鞅、吴起、大夫文种来怎么样？"应侯说："我比不上。"蔡泽说："如今您的人主亲近忠臣，不忘旧情比不上秦孝公、楚悼王、越王勾践，而您的功绩以及受到的信任、宠爱又比不上商鞅、吴起、大夫文种，可是您的官职爵位显贵至大，自家的富有超过了他们三位，而自己不知引退，恐怕您遭到祸患要比他们三位更惨重，我私下替您感到危险。俗话说'太阳升到正中就要逐渐偏斜，月亮达到圆满就要开始亏缺'。事物发展到鼎盛就要衰败，这是天地间万事万物的常规。进退伸缩，符合时势的变化，这是圣人恪守的常理。所以'国家政治清明就出来做官，国家政治黑暗就隐退山林'。圣人说'明君在位，有作为的人就应当辅佐以施展抱负''用不正当的手段得到的富贵，在我看来就如同浮云一样'。现在您的怨仇已经报了，恩德已经报答，心愿满足了，可是没有应变的谋划，我私下认为您不该采取这种态度。再说了，翠鸟、鸿鹄、犀牛、大象这些动物，它们所处的形势位置，都是远离死亡的，可是它们之所以死亡，其原因就是被诱饵所迷惑。像苏秦、智伯那样机智多谋的人，不是不能够避开耻辱远离死亡，可是他们之所以死于非命，其原因就是被贪得无厌所迷惑。因此圣人才制定礼法，节制欲望，向百姓征收财物要有限度，使用百姓要按时节，也要有节制，所以心志不过分强求，行动不骄横无理，时时事事严守礼制节欲的原则而不失掉它，因此天下才承继他们的事业而永不断绝。从前，齐桓公曾会盟诸侯九次，制

侯，陵齐晋，故遂以杀身亡国。夏育、太史噭叱呼骇三军，然而身死于庸夫。此皆乘至盛而不返道理，不居卑退处俭约之患也。夫商君为秦孝公明法令，禁奸本，尊爵必赏，有罪必罚，平权衡，正度量，调轻重，决裂阡陌，以静生民之业而一其俗，劝民耕农利土，一室无二事，力田蓄积，习战陈之事，是以兵动而地广，兵休而国富，故秦无敌于天下，立威诸侯，成秦国之业。功已成矣，而遂以车裂。楚地方数千里，持戟百万，白起率数万之师以与楚战，一战举鄢郢以烧夷陵，再战南并蜀汉。又越韩、魏而攻强赵，北坑马服，诛屠四十余万之众，尽之于长平之下，流血成川，沸声若雷，遂入围邯郸，使秦有帝业。楚、赵天下之强国而秦之仇敌也，自是之后，楚、赵皆慑伏不敢攻秦者，白起之势也。身所服者七十余城，功已成矣，而遂赐剑死于杜邮。吴起为楚悼王立法，卑减大臣之威重，罢无能，废无用，损不急之官，塞私门之请，一楚国之俗，禁游客之民，精耕战之士，南收杨越，北并陈、蔡，破横散从，使驰说之士无所开其口，禁朋党以励百姓，定楚国之政，兵震天下，威服诸侯。功已成矣，而卒枝解。大夫种为越王深谋远计，免会稽之危，以亡为存，因辱为荣，垦草入邑，辟地殖谷，率四方之士，专上下之力，辅句践之贤，报夫差之仇，卒擒劲吴。令越成霸。功已彰而信矣，句践终负而杀之。此四子者，功成不去，祸至于此。此所谓信而不能诎，往而不能返者也。范蠡知之，超然辟世，长为陶朱公。君独不观夫博者乎？或欲大投，或欲分功，此皆君之所明知也。今君相秦，计不下席，谋不出廊庙，坐制诸侯，利施三川，以实宜阳，决羊肠之险，塞太行之道，又斩范、

止混战使天下归正，但到葵丘会盟时，他有骄横自大的意思，结果许多国家叛离了他。吴王夫差的军队天下无敌，倚仗着勇猛强悍而轻视各个诸侯，侵犯齐国、晋国，所以终于自己被杀、国家灭亡。夏育、太史噭勇猛异常，一声呼喊可以吓退大军，但是最后死在平庸之辈的手下。这些都是到了功名极为显赫时而不能回到常规常理上来，不能自甘谦下、自我节制所造成的祸患啊。商鞅为秦孝公制定法令，昭示全国，禁绝奸邪的根源，崇尚封爵制度，有功必定奖赏，有罪必定惩罚，划一权、衡，统一度、量，调节商品、货币流通等轻重关系，铲除纵横交错的田埂，允许认垦荒田，使百姓生活安宁，鼓励百姓耕作，使土地发挥效益，一家不操二业，努力种田积储粮食，平时演练军事战阵，因此发动军队就能扩展领土，休整军队就可使国家富足，所以秦国无敌于天下，在诸侯中扬威，奠定了秦国的基业。功业告成，结果身遭车裂。楚国地域方圆几千里，士兵有百万之多，白起率领几万人的部队与楚军交战，第一次交战就攻克了鄢、郢，烧毁了夷陵祖坟，第二次交战在南面兼并了蜀汉地区。后来又越过韩国和魏国去进攻强大的赵国，在北面坑杀了马服君儿子赵括的军队，把四十多万人全部屠杀在长平城下，血流成河，血水咆哮如同雷鸣，进而围攻邯郸，使秦国形成帝王的事业。楚国、赵国是强大的国家、秦国的仇敌，从此之后，楚国、赵国都因恐惧而屈服不敢再进攻秦国，白起是如此的威风啊。他亲自征服了七十多座城邑，大功告成，却在杜邮被赐剑自杀。吴起为楚悼王制定法令削弱大臣的权力，罢免庸才，废黜无用之辈，裁减可有可无的官员，杜绝豪门贵族的请托，整饬划一了楚国风俗，禁止游民无业游荡，选练既能耕田又能作战的农民士兵，向南收取了扬越，向北兼并了陈、蔡两小国，拆穿纵横机谋的无用辩说，让那些往来游说的人无法开口，禁止结党营私而鼓励百姓为国耕战，使楚国政治安定，兵力震动天下，威慑诸侯各国。功业告成，可是最后惨遭肢解而死。大夫文种为越国国君深谋远虑，避免了会稽被困亡国在即的危急，采用屈降计策来图谋生存，借着君臣受辱而求得复国的光荣，开垦荒地，招募游民充实城邑，开辟农田，种植谷物，率领全国各地的民众，把上上下下的力量集中起来，辅助勾践这样贤能的君王，报了夫差灭越的仇恨，终于灭掉了强劲的吴国，使越国成为霸主。功业彰明从而获得信望，可是勾践却忘恩负义把他杀了。这四位先生，功业告成却不离开官职，最后的遭遇竟如此悲惨。这就是所说的能伸而不能屈，能往而不能返啊。范蠡明白这个道理，所以他超脱世俗远避世事，做个悠然自乐的陶朱公。您难道没见过那些赌博的人吗？有时要下大赌注，有时要分次下小赌注，这些都是您所明明白白知道的。现在您任秦国相国，出计不必离开座位，策划不必走出朝廷，坐着指挥便可控制诸侯，谋取三川之地，展开威势，用来增强宜阳实力，打通羊肠坂道的天险，堵塞

中行之涂，六国不得合从，栈道千里，通于蜀汉，使天下皆畏秦，秦之欲得矣，君之功极矣，此亦秦之分功之时也。如是而不退，则商君、白公、吴起、大夫种是也。吾闻之，'鉴于水者见面之容，鉴于人者知吉与凶'。书曰'成功之下，不可久处'。四子之祸，君何居焉？君何不以此时归相印，让贤者而授之，退而岩居川观，必有伯夷之廉，长为应侯。世世称孤，而有许由、延陵季子之让，乔松之寿，孰与以祸终哉？即君何居焉？忍不能自离，疑不能自决，必有四子之祸矣。易曰'亢龙有悔'，此言上而不能下，信而不能诎，往而不能自返者也。愿君孰计之！"应侯曰："善。吾闻'欲而不知足，失其所以欲；有而不知止，失其所以有'。先生幸教，雎敬受命。'于是乃延入坐，为上客。

后数日，入朝，言于秦昭王曰："客新有从山东来者曰蔡泽，其人辩士，明于三王之事，五伯之业，世俗之变，足以寄秦国之政。臣之见人甚众，莫及，臣不如也。臣敢以闻。"秦昭王召见，与语，大说之，拜为客卿。应侯因谢病请归相印。昭王强起应侯，应侯遂称病笃。范雎免相，昭王新说蔡泽计画，遂拜为秦相，东收周室。

蔡泽相秦数月，人或恶之，惧诛，乃谢病归相印，号为纲成君。居秦十余年，事昭王、孝文王、庄襄王。卒事始皇帝，为秦使于燕，三年而燕使太子丹入质于秦。

太史公曰：韩子称"长袖善舞，多钱善贾"，信哉是言也！范雎、蔡泽世所谓一切辩士，然游说诸侯至白首无所遇者，非计策之拙，所为说力少也。及二人羁旅入秦，继踵取卿相，垂功于天下者，固强弱之势异也。然士亦有偶合，贤者多如此二子，不得尽意，岂可胜道哉！然二子不困厄，恶能激乎？

太行山的通路，切断范氏、中行氏这些韩、魏领土上的要道，使六国诸侯不能联合，栈道连绵千里，可通往蜀汉地区，使天下诸侯都畏惧秦国，秦国的欲望满足了。您的功业也到头了，这也就到了秦国要分次下小赌注的时候了。若在这个时候却不引退，那么您就会有商鞅、白起、吴起、大夫文种的结局。我听说过这样的话'用水作镜，可以看清自己的面容，用别人作借鉴，可以明知事情的凶吉'。《尚书》上说'功成名就之下，是不能永久的'。这四位先生的灾祸，您何必再去经受呢？您为什么不在这个时候送回相印，把它让给贤能的人呢？自己引退而隐居山林观览山水，一定有伯夷正直廉洁的美名，长享应侯爵位，世世代代称侯，而且有许由、延陵季子谦让的声誉，像王乔、赤松子一样的高寿，这么做比起终遭灾祸来又怎么样呢？那么您看处于哪种情况好呢？忍耐不能自动离去，犹疑不能自我决断，必定会遭到四位先生的灾难。《易经》上说'龙飞得过高达到顶点既不能上升又不能下降因而后悔'，这句话说的就是能上不能下，能伸不能屈，能往不能自觉返回所造成的状态，让人们警惕。希望您仔细考虑这个问题！"应侯说："好的。我听说'有欲望而不知道满足，就会失去欲望；要占有而不知节制，就会丧失占有'。承蒙先生教导，我恭听从命。"于是便请蔡泽入坐，待为上客。

几天之后，应侯上朝，对秦昭王说："有位从崤山以东过来的客人叫蔡泽，此人是个很有口才的人，对三王的事典、五霸的业绩以及世俗的变迁他都了如指掌，秦国的大政完全可以托付给他。我见到的人很多，还没有谁赶得上他，就连我也不如啊。现在我冒昧地把这个情况报告给您。"秦昭王便召见了蔡泽，跟他交谈后，很喜欢他，授给他客卿的职位。应侯趁机推托有病请求送回相印。昭王还是竭力让他执事，应侯于是称说病重。范雎被免掉了相国官职，昭王初次召见蔡泽就很赏识他的谋划，于是任命蔡泽担任秦国相国，向东灭掉了周朝。

蔡泽在秦国做了几个月的相国，就有人恶语中伤，他害怕被杀，便推托有病送回了相印，他被赐封号叫纲成君。蔡泽在秦国居住了十多年，曾侍奉昭王、孝文王、庄襄王，最后侍奉秦始皇，曾为秦国出使燕国，三年后燕国太子丹到秦国做人质。

太史公说：韩非子说"袖子长的人善于舞蹈，钱多的人善于做生意"，这话说得很实在啊！范雎、蔡泽是人们所说的一代辩士，然而那些游说诸侯直至白发苍苍也没遇到知音的人，并不是计策谋略拙劣，而是使游说获得功效的条件不够。到了他们二人寄居秦国，能够相继取得卿相地位，功名流传天下，其原因本是国家强弱的形势不同啊。但是辩士也有偶然的机遇，许多像范雎、蔡泽一样贤能的人，由于没有机遇，不能够施展才能，这些人哪能说得尽呢！然而他们二人如果不遭到困厄境遇，又怎么能奋发有所作为呢？

乐毅列传第二十

乐毅者，其先祖曰乐羊。乐羊为魏文侯将，伐取中山，魏文侯封乐羊以灵寿。乐羊死，葬于灵寿，其后子孙因家焉。中山复国，至赵武灵王时复灭中山，而乐氏后有乐毅。

乐毅贤，好兵，赵人举之。及武灵王有沙丘之乱，乃去赵适魏。闻燕昭王以子之之乱而齐大败燕，燕昭王怨齐，未尝一日而忘报齐也。燕国小，辟远，力不能制，于是屈身下士，先礼郭隗以招贤者。乐毅于是为魏昭王使于燕，燕王以客礼待之。乐毅辞让，遂委质为臣，燕昭王以为亚卿，久之。

当是时，齐湣王强，南败楚相唐眛于重丘，西摧三晋于观津，遂与三晋击秦，助赵灭中山，破宋，广地千余里。与秦昭王争重为帝，已而复归之。诸侯皆欲背秦而服于齐。湣王自矜，百姓弗堪。于是燕昭王问伐齐之事。乐毅对曰："齐，霸国之余业也，地大人众，未易独攻也。王必欲伐之，莫如与赵及楚、魏。"于是使乐毅约赵惠文王，别使连楚、魏，令赵啖说秦以伐齐之利。诸侯害齐湣王之骄暴，皆争合从与燕伐齐。乐毅还报，燕昭王悉起兵，使乐毅为上将军，赵惠文王以相国印授乐毅。乐毅于是并护赵、楚、韩、魏、燕之兵以伐齐，破之济西。诸侯兵罢归，而燕军乐毅独追，至于临菑。齐湣王之败济西，亡走，保于莒。乐毅独留徇齐，齐皆城守。乐毅攻入临菑，

乐毅，他的祖先名叫乐羊。乐羊曾担任过魏文侯的将领，他带兵攻下了中山国，于是魏文侯把灵寿封给了乐羊。乐羊死后，就葬在了灵寿，他的后代子孙就在这里安了家。后来中山复国了，到赵武灵王的时候又灭掉了中山国，而乐家的后代出了个有名人物叫乐毅。

乐毅非常贤能，喜好研究军事，赵国人曾举荐他出来做官。武灵王在沙丘行宫被围困饿死后，他离开赵国到了魏国。后来他听说燕昭王因为子之执政，燕国大乱，被齐国乘机战败，燕昭王因此非常怨恨齐国，不曾有一天忘记向齐国报仇雪恨。燕国是个弱小的国家，地处偏远，仅凭国力是不能克敌制胜的，于是燕昭王降低自己的身份，礼贤下士，先礼尊郭隗借以招揽天下贤士。正在这个时候，乐毅为魏昭王出使到了燕国，燕王以宾客的礼节接待他。乐毅百般推辞谦让，后来终于向燕昭王敬献了礼物表示愿意献身做臣下，燕昭王就任命他为亚卿，他担任这个职务很长时间。

当时，齐湣王势力很强大，南边在重丘战败了楚国宰相唐眜，西边在观津打垮了魏国和赵国，随即又联合韩、赵、魏三国攻打秦国，还曾帮助赵国灭掉中山国，又击破了宋国，扩展了一千多里地的领土。他与秦昭王共同尊为帝，不久后自行取消了东帝的称号，仍归称王。各诸侯国都打算背离秦国而归服齐国。可是齐湣王自尊自大很是骄横，百姓已不能忍受他的暴政了。燕昭王认为攻打齐国的机会来了，便向乐毅询问有关攻打齐国的事情。乐毅回答说："齐国，它原来就是霸国，如今仍留着霸国的基业，土地广阔、人口众多，不能轻易地单独攻打它。大王如果一定要攻打它，倒不如联合赵国以及楚国、魏国一起攻击它。"于是昭王派乐毅去与赵惠文王结盟立约，另派别人去联合楚国、魏国，又让赵国以攻打齐国的好处去诱劝秦国。由于诸侯们认为齐湣王的骄横暴虐对各国也是个祸害，都争着跟燕国联合起来共同讨伐齐国。乐毅回来汇报了出使情况，燕昭王动员了全国的兵力，派乐毅担任上将军，赵惠文王更把相国大印授给了乐毅。于是，乐毅就统一指挥着赵、楚、韩、魏、燕五国的军队去攻打齐国，并在济水西边大败齐国军队。这时各路诸侯的军队都停止了攻击，撤回本国，而燕国军队在乐毅的指挥下单独追击败逃之敌，一直追到齐国都城临淄。齐湣王在济水西边被打败后，就逃跑到莒邑并据城固守。乐毅单独留下来带兵巡行占领的地方，齐国

尽取齐宝财物祭器输之燕。燕昭王大说，亲至济上劳军，行赏飨士，封乐毅于昌国，号为昌国君。于是燕昭王收齐卤获以归，而使乐毅复以兵平齐城之不下者。

乐毅留徇齐五岁，下齐七十余城，皆为郡县以属燕，唯独莒、即墨未服。会燕昭王死，子立为燕惠王。惠王自为太子时尝不快于乐毅，及即位，齐之田单闻之，乃纵反间于燕，曰："齐城不下者两城耳。然所以不早拔者，闻乐毅与燕新王有隙，欲连兵且留齐，南面而王齐。齐之所患，唯恐他将之来。"于是燕惠王固已疑乐毅，得齐反间，乃使骑劫代将，而召乐毅。乐毅知燕惠王之不善代之，畏诛，遂西降赵。赵封乐毅于观津，号曰望诸君。尊宠乐毅以警动于燕、齐。

齐田单后与骑劫战，果设诈诳燕军，遂破骑劫于即墨下，而转战逐燕，北至河上，尽复得齐城，而迎襄王于莒，入于临菑。

燕惠王后悔使骑劫代乐毅，以故破军亡将失齐；又怨乐毅之降赵，恐赵用乐毅而乘燕之弊以伐燕。燕惠王乃使人让乐毅，且谢之曰："先王举国而委将军，将军为燕破齐，报先王之仇，天下莫不震动，寡人岂敢一日而忘将军之功哉！会先王弃群臣，寡人新即位，左右误寡人。寡人之使骑劫代将军，为将军久暴露于外，故召将军且休，计事。将军过听，以与寡人有隙，遂捐燕归赵。将军自为计则可矣，而亦何以报先王之所以遇将军之意乎？"乐毅报遗燕惠王书曰：

臣不佞，不能奉承王命，以顺左右之心，恐伤先王之明，有害足下之义，故遁逃走赵。今足下使人数之以罪，臣恐侍御者不察先王之所以畜幸臣之理，又不白臣之所以事先王之心，故敢以书对。

各城邑都据城坚守不肯投降。乐毅集中军队力量攻击临淄，拿下临淄后，他把齐国的珍宝财物以及宗庙祭祀的器物全部夺取过来并把它们运到燕国去。燕昭王大喜，亲自赶到济水岸上慰劳军队，奖赏并用酒肉犒劳军队将士，把昌国封给乐毅，封号叫昌国君。之后，燕昭王把在齐国夺取缴获的战利品带回了燕国，而让乐毅继续带兵进攻还没拿下来的齐国城邑。

乐毅在齐国巡行作战待了五年，攻下齐国城邑七十多座，都划为郡县归属燕国，只有莒和即墨没有被他收服。这时恰逢燕昭王死去，他的儿子立为燕惠王。惠王从做太子时就曾对乐毅有所不满，他即位后，齐国的田单了解到他与乐毅有矛盾，就对燕国施行反间计，造谣说："齐国城邑没有攻下的仅只两个城邑罢了。而之所以不及早拿下来的原因，听说是因为乐毅与燕国新即位的国君有怨仇，乐毅断断续续用兵故意拖延时间姑且留在齐国，还准备在齐国称王。齐国所担忧的，只怕别的将领来。"当时燕惠王本来就已经怀疑乐毅，又受到齐国反间计的挑拨，就派骑劫替代乐毅担任将领，并召回乐毅。乐毅心里明白燕惠王派人替代自己是不怀好意的，害怕回国后被杀，便向西奔去投降了赵国。赵国于是把观津这个地方封给乐毅，封号叫望诸君。赵国对乐毅十分尊重优宠，借此来威慑燕国、齐国。

齐国田单后来与骑劫交战，设置骗局用计谋迷惑燕军，结果在即墨城下把骑劫的军队打得大败，接着辗转战斗追逐燕军，一直向北追到黄河边上，收复了齐国的全部城邑，并且把齐襄王从莒邑迎回都城临淄。

燕惠王很后悔派骑劫替代乐毅，致使燕军惨败，还损兵折将丧失了占领的齐国土地；可是又怨恨乐毅投降赵国，恐怕赵国任用乐毅乘着燕国兵败疲困之机攻打燕国。燕惠王就派人去赵国责备乐毅，同时向他道歉说："先王把整个燕国委托给将军，将军为燕国战败齐国，替先王报了深仇大恨，天下人没有不震动的，我没有一天敢忘记将军的功劳呀！当时正遇上先王辞世，我本人初即位，是左右人误导了我。之所以派骑劫替代将军，是因为将军长年在外，风餐露宿，因此召回将军暂且休整一下，也好共商朝政大计。不想将军误听谗言，认为你跟我有不融洽的地方，就抛弃了燕国而归附赵国。将军能为自己打算那是可以的，可是又怎么对得住先王待将军的一片深情厚意呢？"乐毅听后写了一封回信给惠王，信中说：

臣下没有才干，不能恭奉您的命令，来顺从您左右那些人的意愿，我恐怕回国有不测之事因而有损先王的英明，有害您的道义，所以逃到赵国。现在您派人来指责我的罪过，我怕先王的侍从不能体察先王收留、宠信我的道理，又不清楚我侍奉先王的诚心，所以冒昧地用信来回答。

臣闻贤圣之君不以禄私亲，其功多者赏之，其能当者处之。故察能而授官者，成功之君也；论行而结交者，立名之士也。臣窃观先王之举也，见有高世主之心，故假节于魏，以身得察于燕。先王过举，厕之宾客之中，立之群臣之上，不谋父兄，以为亚卿。臣窃不自知，自以为奉令承教，可幸无罪，故受令而不辞。

先王命之曰："我有积怨深怒于齐，不量轻弱，而欲以齐为事。"臣曰："夫齐，霸国之余业而最胜之遗事也。练于兵甲，习于战攻。王若欲伐之，必与天下图之。与天下图之，莫若结于赵。且又淮北、宋地，楚魏之所欲也，赵若许而约四国攻之，齐可大破也。"先王以为然，具符节南使臣于赵。顾反，命起兵击齐。以天之道，先王之灵，河北之地随先王而举之济上。济上之军受命击齐，大败齐人。轻卒锐兵，长驱至国。齐王遁而走莒，仅以身免；珠玉财宝车甲珍器尽收入于燕。齐器设于宁台，大吕陈于元英，故鼎反乎磨室，蓟丘之植植于汶篁，自五伯已来，功未有及先王者也。先王以为慊于志，故裂地而封之，使得比小国诸侯。臣窃不自知，自以为奉命承教，可幸无罪，是以受命不辞。

臣闻贤圣之君，功立而不废，故著于春秋；蚤知之士，名成而不毁，故称于后世。若先王之报怨雪耻，夷万乘之强国，收八百岁之蓄积，及至弃群臣之日，余教未衰，执政任事之臣，修法令，慎庶孽，施及乎萌隶，皆可以教后世。

臣闻之，善作者不必善成，善始者不必善终。昔伍子胥说听于阖闾，而吴王远迹至郢；夫差弗是也，赐之鸱夷而浮之江。吴王不寤先论之可以立功，故沈子胥而不悔；子胥不蚤见主之不同量，是以至于

我听说贤能圣明的君主不拿爵禄偏赏给亲近的人，功劳多的就奖赏他，能力胜任的就举用他。所以先考察才能然后才授给官职的，是能成就功业的君主。衡量品行然后交往的，是能树立声誉的贤士。我暗中观察先王的举止，发现他有超出一般君主的心志，所以我借为魏国出使之机，到燕国献身接受考察。先王也格外抬举我，先把我列入宾客之中，又把我选拔出来高居群臣之上，不同父兄宗亲大臣商议，就直接任命我为亚卿。我自己也缺乏自知之明，自认为只要执行命令接受教导，就能侥幸免于犯罪，所以接受任命而不敢推辞。

先王指示我说："我跟齐国有积久的怨仇，深深恼恨齐国，不去估量燕国的弱小，也要把向齐国复仇作为我在位的职责。"我说："那个齐国，至今保留着霸国的基业，而又有多次作战取胜的经验，士兵训练有素，谙熟攻战方略。大王若要攻打它，必须与天下诸侯联合共同图谋它。若要与天下诸侯图谋它，不如先与赵国结盟。而且淮北原属宋国的地区，是楚、魏两国都想得到的地方，赵国如果答应结盟就约好四国联合攻打它，这样齐国就可以彻底被打败。"先王认为我的主张对，就准备了符节派我南去赵国。很快我就归国复命，随即发兵攻打齐国。靠着上天的引导、先王的神威，黄河以北地区的赵、魏两国军队随着先王全部到达济水岸上。济水岸上的军队接受命令攻击齐军，把齐国军队打得大败。我们的轻快精锐部队，长驱直入直抵齐国国都。齐王只身逃跑奔向莒邑，仅他一人免于身亡；珠玉财宝、战车盔甲以及珍贵的祭祀器物全部缴获送回燕国。齐国的祭器摆设在宁台，大吕钟陈列在元英殿；被齐国掠去的原燕国宝鼎又从齐国取来放回历室，蓟丘的植物中种植着齐国汶水出产的竹子，自五霸以来功业成就之大没有赶上先王的。先王认为自己的志向得到满足，所以划出一块地方赏赐给我，使我能比同小国的诸侯。我自己也缺乏自知之明，自认为只要执行命令接受教导，就能侥幸免于犯罪，所以接受任命而不推辞。

我听说贤能圣明的君主，功业建立而不废弛，所以能被记载在《春秋》一类的史书上；有预见的贤士，名声取得而不毁弃，所以能被后人称颂。像先王那样报仇雪耻，平定了拥有万辆兵车的强大国家，并缴获了齐国八百多年所积蓄的珍贵宝物，等到先王辞世之日，还留下政令训示，指示执政掌权的臣属，修整法令，慎重地对待庶出子弟，把恩泽推及到百姓身上，这些都可以用来教导后代。

我听说，善于开创的不一定善于守成，开端好的不一定结局好。从前伍子胥的主张被吴王阖闾采纳，吴王带兵一直打到楚国郢都；吴王夫差不采纳伍子胥的正确建议，却赐给他马革囊袋逼他自杀，还把他的尸骨装在袋子里扔到江里漂流。吴王夫差不明白先前伍子胥的主张能够建立功业，所以把伍子胥沉入江里而不后悔；伍子胥也不能预见君主的气量、抱负各不相同，因此致使被沉入江里而

入江而不化。

夫免身立功，以明先王之迹，臣之上计也。离毁辱之诽谤，堕先王之名，臣之所大恐也。临不测之罪，以幸为利，义之所不敢出也。

臣闻古之君子，交绝不出恶声；忠臣去国，不絜其名。臣虽不佞，数奉教于君子矣。恐侍御者之亲左右之说，不察疏远之行，故敢献书以闻，唯君王之留意焉。

于是燕王复以乐毅子乐间为昌国君；而乐毅往来复通燕，燕、赵以为客卿。乐毅卒于赵。

乐间居燕三十余年，燕王喜用其相栗腹之计，欲攻赵，而问昌国君乐间。乐间曰："赵，四战之国也，其民习兵，伐之不可。"燕王不听，遂伐赵。赵使廉颇击之，大破栗腹之军于鄗，禽栗腹、乐乘。乐乘者，乐间之宗也。于是乐间奔赵，赵遂围燕。燕重割地以与赵和，赵乃解而去。

燕王恨不用乐间，乐间既在赵，乃遗乐间书曰："纣之时，箕子不用，犯谏不怠，以冀其听；商容不达，身祇辱焉，以冀其变。及民志不入，狱囚自出，然后二子退隐。故纣负桀暴之累，二子不失忠圣之名。何者？其忧患之尽矣。今寡人虽愚，不若纣之暴也；燕民虽乱，不若殷民之甚也。室有语，不相尽，以告邻里。二者，寡人不为君取也。"

乐间、乐乘怨燕不听其计，二人卒留赵。赵封乐乘为武襄君。

其明年，乐乘、廉颇为赵围燕，燕重礼以和，乃解。后五岁，赵孝成王卒。襄王使乐乘代廉颇。廉颇攻乐乘，乐乘走，廉颇亡入魏。其后十六年而秦灭赵。

其后二十余年，高帝过赵，问："乐毅有后世乎？"对曰："有乐叔。"高帝封之乐乡，号曰华成君。华成君，乐毅之孙也。而乐氏之族有乐瑕公、乐臣公，赵且为秦所灭，亡之齐高密。乐臣公善修黄

死不瞑目。

免遭杀身之祸而建功立业，彰明发扬先王的事迹，这正是我的上策。遭到侮辱以致诽谤、毁坏先王的名声，这才是我所最害怕的事情。面临难以预测的罪名，把幸免于杀身之祸作为个人渔利的机会，这是恪守道义的人所不敢做出的事情。

我听说古代的君子，绝交时不说别人的坏话；忠良的臣子，离开原来的国家不洗雪自己的罪过和冤屈。我虽然无能，但多次聆听过君子的教导。我恐怕先王侍从听信左右近臣的谗言，不体察被疏远人的行为。所以献上这封信把我的心意告诉您。希望君王留意吧。

于是燕惠王又把乐毅的儿子乐间封为昌国君；而乐毅往来于赵国、燕国之间，与燕国重新交好，燕、赵两国都任用他为客卿。乐毅最后死于赵国。

乐间住在燕国三十多年，燕王喜采用宰相栗腹的计策，打算攻打赵国，便询问昌国君乐间。乐间说："赵国，是同四方交战的国家，它的百姓熟悉军事，攻打它是不行的。"燕王喜不听，于是攻打赵国。赵国派廉颇还击燕军，在鄗地把栗腹的军队打得大败，擒获了栗腹、乐乘。乐乘，与乐间是同祖。于是乐间逃到赵国，赵国于是围攻燕国。燕国割让了许多土地向赵国求和，赵军才解围而去。

燕王悔恨没听用乐间的建议，乐间逃到赵国后，燕王就给乐间写了一封信说："殷纣王时，箕子不被任用，但他敢于冒犯君王，直言谏诤，毫不懈怠，希望纣王听信；商容因劝谏纣王而被贬谪，他身受侮辱，仍希冀纣王改弦更张。等到民心涣散，狱中的囚犯纷纷逃出，国家已不可救药，然后两位先生才辞官隐居。因此纣王背上了凶暴的恶名，两位先生却不失忠诚、高尚的美誉。这是为什么呢？他们竭尽了为君为国而忧虑的责任。现在我虽然愚钝，但还不像殷纣那么凶暴；燕国百姓虽不安定，但也不像殷朝百姓那么严重。有道是，家庭内部有了纷争，不尽述自己的意见，却去告诉邻里。这两种做法，我认为是不可取的。"

乐间、乐乘怨恨燕王不听从他们的计策，两个人最后还是留在赵国。赵国封乐乘为武襄君。

第二年，乐乘、廉颇为赵国围困燕国，燕国用厚礼向赵国求和，赵军才解围。五年之后，赵孝成王去世。悼襄王派乐乘代替廉颇的官职。廉颇攻打乐乘，乐乘逃奔，廉颇也逃到魏国。十六年后秦国灭掉赵国。

二十年之后，汉高祖经过原来赵国属地，问那里的人说："乐毅有后代吗？"回答说："有个乐叔。"汉高帝把乐卿封赐给他，封号为华成君。华成君就是乐毅的孙子。乐氏家族还有乐瑕公、乐臣公，他们是在赵国将要被秦国灭掉时逃到齐国高密的。乐臣公长于研究黄帝、老子的学说，在齐国很有名气，人们

帝、老子之言，显闻于齐，称贤师。

　　太史公曰：始齐之蒯通及主父偃读乐毅之报燕王书，未尝不废书而泣也。乐臣公学黄帝、老子，其本师号曰河上丈人，不知其所出。河上丈人教安期生，安期生教毛翕公，毛翕公教乐瑕公，乐瑕公教乐臣公，乐臣公教盖公。盖公教于齐高密、胶西，为曹相国师。

称他为贤师。

太史公说：当初齐人蒯通和主父偃读乐毅给燕王的那封信时，没有不放下书信掉下眼泪来的。乐臣公钻研黄帝、老子的学说，他的宗师叫作河上丈人，现在还不清楚河上丈人是哪里人。河上丈人教安期生，安期生教毛翕公，毛翕公教乐瑕公，乐瑕公教乐臣公，乐臣公教盖公。盖公在齐地高密、胶西一带执教，是曹相国的老师。

廉颇蔺相如列传第二十一

廉颇者，赵之良将也。赵惠文王十六年，廉颇为赵将伐齐，大破之，取阳晋，拜为上卿，以勇气闻于诸侯。蔺相如者，赵人也，为赵宦者令缪贤舍人。

赵惠文王时，得楚和氏璧。秦昭王闻之，使人遗赵王书，愿以十五城请易璧。赵王与大将军廉颇诸大臣谋：欲予秦，秦城恐不可得，徒见欺；欲勿予，即患秦兵之来。计未定，求人可使报秦者，未得。宦者令缪贤曰："臣舍人蔺相如可使。"王问："何以知之？"对曰："臣尝有罪，窃计欲亡走燕，臣舍人相如止臣，曰：'君何以知燕王？'臣语曰：'臣尝从大王与燕王会境上，燕王私握臣手，曰"愿结友"。以此知之，故欲往。'相如谓臣曰：'夫赵强而燕弱，而君幸于赵王，故燕王欲结于君。今君乃亡赵走燕，燕畏赵，其势必不敢留君，而束君归赵矣。君不如肉袒伏斧质请罪，则幸得脱矣。'臣从其计，大王亦幸赦臣。臣窃以为其人勇士，有智谋，宜可使。"于是王召见，问蔺相如曰："秦王以十五城请易寡人之璧，可予不？"相如曰："秦强而赵弱，不可不许。"王曰："取吾璧，不予我城，奈何？"相如曰："秦以城求璧而赵不许，曲在赵。赵予璧而秦不予赵城，曲在秦。均之二策，宁许以负秦曲。"王曰："谁可使者？"相如曰："王必无人，臣愿奉璧往使。城入赵而璧留秦；城不入，臣请完璧归赵。"赵王于是遂遣相如奉璧西入秦。

秦王坐章台见相如，相如奉璧奏秦王。秦王大喜，传以示美人及左右，左右皆呼万岁。相如视秦王无意偿赵城，乃前曰："璧有瑕，请指示王。"王授璧，相如因持璧却立，倚柱，怒发上冲冠，谓秦王

廉颇是赵国优秀的将领。赵惠文王十六年，廉颇率领赵军征讨齐国，使齐军大败，夺取了阳晋，被封为上卿，他以勇猛闻名于诸侯各国。蔺相如是赵国人，是赵国宦者令缪贤家的门客。

赵惠文王的时候，得到了楚国的和氏璧。秦昭王听说了这件事，就派人送给赵王一封书信，表示愿意用十五座城池交换这块宝玉。赵王同大将军廉颇及大臣们商量：要是把宝玉给了秦国，秦国的城邑恐怕不可能得到，白白地受骗；要是不给，又怕秦军马上来攻打。怎么解决没有确定，想找一个能派到秦国去回复的使者，也没能找到。宦者令缪贤说："我的门客蔺相如可以派去。"赵王问："你怎么知道他可以去呢？"缪贤回答说："为臣曾犯过罪，私下打算逃亡到燕国去，我的门客蔺相如阻拦我，说：'您怎么会了解燕王呢？'我对他说：'我曾随从大王在国境上与燕王会见，燕王私下握住我的手，说"愿意跟您交个朋友"。因此我就了解他了，所以想往他那里去。'蔺相如对我说：'赵国强，燕国弱，而您受宠于赵王，所以燕王想要和您结交。现在您是逃出赵国奔到燕国，燕国怕赵国，这种形势下燕王必定不敢收留您，而且还会把您捆绑起来送回赵国。您不如脱掉上衣，露出肩背，伏在斧刃之下请求治罪，这样也许侥幸会被赦免。'臣听从了他的意见，大王也开恩赦免了臣。所以臣私下认为这人是个勇士，有智有谋，派他出使很合适。"于是赵王立即召见，问蔺相如说："秦王用十五座城请求交换我的和氏璧，能不能给他？"蔺相如说："秦国强，赵国弱，不能不答应它。"赵王说："要是得了我的和氏璧，不给我城池，那怎么办呢？"相如说："秦国请求用城换璧，赵国如不答应，赵国理亏；赵国给了璧而秦国不给赵国城邑，秦国理亏。两种对策衡量一下，宁可答应它，让秦国来承担理亏的责任。"赵王说："谁可以派为使臣？"相如说："大王如果确实无人可派，臣愿捧护宝璧前往出使秦国。城邑归属赵国，就把宝璧留给秦国；城邑没有归属赵国，我一定把和氏璧完好地带回赵国。"赵王于是就派蔺相如带着和氏璧，西行入秦。

秦王坐在章台上接见蔺相如，相如捧璧献给秦王。秦王大喜，把宝璧传给姬妾和左右侍从看，左右都高呼万岁。相如看出秦王没有用城邑与赵国交换的意思，便走上前去说："璧上有点小瑕疵，让我指给大王看。"秦王把璧交给他，

曰:"大王欲得璧,使人发书至赵王,赵王悉召群臣议,皆曰'秦贪,负其强,以空言求璧,偿城恐不可得'。议不欲予秦璧。臣以为布衣之交尚不相欺,况大国乎!且以一璧之故逆强秦之欢,不可。于是赵王乃斋戒五日,使臣奉璧,拜送书于庭。何者?严大国之威以修敬也。今臣至,大王见臣列观,礼节甚倨;得璧,传之美人,以戏弄臣。臣观大王无意偿赵王城邑,故臣复取璧。大王必欲急臣,臣头今与璧俱碎于柱矣!"相如持其璧睨柱,欲以击柱。秦王恐其破璧,乃辞谢固请,召有司案图,指从此以往十五都予赵。相如度秦王特以诈佯为予赵城,实不可得,乃谓秦王曰:"和氏璧,天下所共传宝也,赵王恐,不敢不献。赵王送璧时,斋戒五日,今大王亦宜斋戒五日,设九宾于廷,臣乃敢上璧。"秦王度之,终不可强夺,遂许斋五日,舍相如广成传。相如度秦王虽斋,决负约不偿城,乃使其从者衣褐,怀其璧,从径道亡,归璧于赵。

  秦王斋五日后,乃设九宾礼于廷,引赵使者蔺相如。相如至,谓秦王曰:"秦自缪公以来二十余君,未尝有坚明约束者也。臣诚恐见欺于王而负赵,故令人持璧归,间至赵矣。且秦强而赵弱,大王遣一介之使至赵,赵立奉璧来。今以秦之强而先割十五都予赵,赵岂敢留璧而得罪于大王乎?臣知欺大王之罪当诛,臣请就汤镬,唯大王与群臣孰计议之。"秦王与群臣相视而嘻。左右或欲引相如去,秦王因曰:"今杀相如,终不能得璧也,而绝秦赵之欢,不如因而厚遇之,使归赵,赵王岂以一璧之故欺秦邪!"卒廷见相如,毕礼而归之。
  相如既归,赵王以为贤大夫使不辱于诸侯,拜相如为上大夫。秦亦不以城予赵,赵亦终不予秦璧。
  其后秦伐赵,拔石城。明年,复攻赵,杀二万人。
  秦王使使者告赵王,欲与王为好会于西河外渑池。赵王畏秦,欲毋行。廉颇、蔺相如计曰:"王不行,示赵弱且怯也。"赵王遂

相如于是手持璧玉退后几步站定，身体靠在柱子上，怒发冲冠，对秦王说："大王想得到宝璧，派人送信给赵王，赵王召集全体大臣商议，大家都说：'秦国贪得无厌，倚仗它的强大，想用空话得到宝璧，给我们的城邑恐怕是不能得到的。'商议的结果是不想把宝璧给秦国。我认为平民百姓间的交往尚且不能互相欺骗，何况是大国呢！况且为了一块璧玉就使强大的秦国不高兴，也是不应该的。于是赵王斋戒了五天，派我捧着宝璧，在殿堂上恭敬地拜送国书。为什么要这样呢？是尊重大国的威望以表示对您的敬意呀。如今我来到贵国，大王却在普通的台观接见我，礼节非常傲慢；得到宝璧后，传给姬妾们观看，这样来戏弄我。我观察大王没有给赵王十五座城的诚意，所以我便收回宝璧。大王如果一定要逼我，我的头今天就同宝璧一起在柱子上撞碎！"相如手持宝璧，斜视庭柱，就要向庭柱上撞去。秦王怕他真把宝璧撞碎，便向他道歉，坚决请求他不要这样，并召来主管的官员查看地图，指明从某地到某地的十五座城邑割交给赵国。相如估计秦王不过用欺诈手段假装给赵国城邑，实际上赵国是不可能得到的，于是就对秦王说："和氏璧是天下公认的宝物，赵王惧怕贵国，不敢不奉献出来。赵王送璧之前，斋戒了五天，如今大王也应斋戒五天，在殿堂上安排九宾大典，我才敢献上宝璧。"秦王估量此事，毕竟不可强力夺取，于是就答应斋戒五天，请相如住在广成宾馆。相如料想秦王虽然答应斋戒，但必定背约不给城邑，便派他的随从穿上粗麻布衣服，怀中藏好宝璧，从小路逃出，把宝璧送回赵国。

秦王斋戒五天后，就在殿堂上安排了九宾大典，去请赵国使者蔺相如。相如来到后，对秦王说："秦国从缪公以来的二十几位君主，从没有一个坚守盟约的。我实在是怕被大王欺骗而对不起赵王，所以派人带着宝璧回去，从小路已到赵国了。况且秦强赵弱，大王派一位使臣到赵国，赵国立即就把宝璧送来。如今凭秦国的强大，先把十五座城邑割让给赵国，赵国怎么敢留下宝璧而得罪大王呢？我知道欺骗大王之罪应被诛杀，我情愿下油锅被烹，只希望大王和各位大臣仔细考虑此事。"秦王和群臣面面相觑并有惊怪之声。侍从有人要把相如拉下去，秦王因此说："如今杀了相如，终归还是得不到宝璧，反而破坏了秦赵两国的交情，不如趁此好好款待他，放他回到赵国，赵王难道会为了一块璧玉而欺骗秦国吗？"最终还是在殿堂上接见相如，完成了大礼让他回国。

相如回国后，赵王认为他是一位称职的大夫，身为使臣不受诸侯的欺辱，于是封相如为上大夫。秦国没有把城邑给赵国，赵国也始终不给秦国宝璧。

此后秦国攻打赵国，夺取了石城。第二年，秦国再次攻赵，杀死两万人。

秦王派使者告诉赵王，想在西河外的渑池与赵王进行一次友好会见。赵王害怕秦王，想不去。廉颇、蔺相如商议道："大王如果不去，就显得赵国既软弱

行，相如从。廉颇送至境，与王诀曰："王行，度道里会遇之礼毕，还，不过三十日。三十日不还，则请立太子为王。以绝秦望。"王许之，遂与秦王会渑池。秦王饮酒酣，曰："寡人窃闻赵王好音，请奏瑟。"赵王鼓瑟。秦御史前书曰"某年月日，秦王与赵王会饮，令赵王鼓瑟"。蔺相如前曰："赵王窃闻秦王善为秦声，请奏盆缶秦王，以相娱乐。"秦王怒，不许。于是相如前进缶，因跪请秦王。秦王不肯击缶。相如曰："五步之内，相如请得以颈血溅大王矣！"左右欲刃相如，相如张目叱之，左右皆靡。于是秦王不怿，为一击缶。相如顾召赵御史书曰"某年月日，秦王为赵王击缶"。秦之群臣曰："请以赵十五城为秦王寿。"蔺相如亦曰："请以秦之咸阳为赵王寿。"秦王竟酒，终不能加胜于赵。赵亦盛设兵以待秦，秦不敢动。

既罢归国，以相如功大，拜为上卿，位在廉颇之右。廉颇曰："我为赵将，有攻城野战之大功，而蔺相如徒以口舌为劳，而位居我上，且相如素贱人，吾羞，不忍为之下。"宣言曰："我见相如，必辱之。"相如闻，不肯与会。相如每朝时，常称病，不欲与廉颇争列。已而相如出，望见廉颇，相如引车避匿。于是舍人相与谏曰："臣所以去亲戚而事君者，徒慕君之高义也。今君与廉颇同列，廉君宣恶言而君畏匿之，恐惧殊甚，且庸人尚羞之，况于将相乎！臣等不肖，请辞去。"蔺相如固止之，曰："公之视廉将军孰与秦王？"曰："不若也。"相如曰："夫以秦王之威，而相如廷叱之，辱其群臣，相如虽驽，独畏廉将军哉？顾吾念之，强秦之所以不敢加兵于赵者，徒以吾两人在也。今两虎共斗，其势不俱生。吾所以为此者，以先国家之急而后私仇也。"廉颇闻之，肉袒负荆，因宾客至蔺相如门谢罪。曰："鄙贱之人，不知将军宽之至此也。"卒相与欢，为刎颈之交。

是岁，廉颇东攻齐，破其一军。居二年，廉颇复伐齐几，拔之。

而且又胆小。"赵王于是前往赴会，相如随行。廉颇送到边境，和赵王诀别说："大王此行，估计路程和会见礼仪结束，再加上返回的时间，不会超过三十天。如果三十天还没回来，就请您允许我们立太子为王，以断绝秦国的妄想。"赵王同意这个意见，便去渑池与秦王会见。秦王饮到酒兴正浓时，说："寡人私下里听说赵王爱好音乐，请您弹瑟吧！"赵王就弹起瑟来。秦国的史官上前来写道："某年某月某日，秦王与赵王一起饮酒，令赵王弹瑟。"蔺相如上前说："赵王私下里听说秦王擅长秦地土乐，请让我给秦王捧上盆缶，以便互相娱乐。"秦王发怒，不答应。这时相如向前递上瓦缶，并跪下请秦王演奏。秦王不肯击缶，相如说："在这五步之内，我蔺相如要把脖颈里的血溅在大王身上了！"侍从们想要杀相如，相如瞪着双眼大喝一声，侍从们都吓得退了回去。当时秦王不大高兴，也只好敲了一下缶。相如回头招呼赵国史官写道："某年某月某日，秦王为赵王敲缶。"秦国的大臣们说："请你们用赵国的十五座城向秦王献礼。"蔺相如也说："请你们用秦国的咸阳向赵王献礼。"直到酒宴结束，秦王始终也未能占到赵国上风。赵国也部署了大批军队用来防备秦国，因而秦国也不敢轻举妄动。

渑池会结束归国以后，赵王认为相如功劳很大，封相如为上卿，位置在廉颇之上。廉颇说："我是赵国将军，有攻城野战的大功，而蔺相如只不过靠能说会道立了点功，可是现在他的地位却在我之上，况且相如本来是卑贱的人，我感觉到很羞耻，在他位置下面我难以忍受。"并且扬言说："我遇见相如，一定要羞辱他。"相如听到后，不肯和他相会。相如每到上朝时，常常推说有病，不愿和廉颇去争位次的高低。没过多久，相如外出，远远看到廉颇，相如就立马掉转车子回避。于是相如的门客就一起来直言进谏说："我们所以离开亲人来侍奉您，就是仰慕您高尚的节义呀。如今您与廉颇官位相同，廉将军口出恶言，而您却害怕躲避他，您怕得也太过分了，平庸的人尚且感到羞耻，何况是身为将相的您呢！我们这些人没有出息，请让我们告辞吧！"蔺相如坚决地挽留他们，说："诸位认为廉将军和秦王相比谁厉害？"回答说："廉将军比不了秦王。"相如说："以秦王的威势，而我却敢在朝堂上呵斥他，羞辱他的群臣，我蔺相如虽然无能，难道会怕廉将军吗？但是我想到，强秦之所以不敢对赵国用兵，就是因为有我们两个人在呀，如今两虎相斗，势必不能共存。我所以这样再三忍让，就是为了要把国家的急难摆在首位，而把个人的私怨放在后面。"廉颇听说了这些话，就脱去上衣，露出上身，背着荆条，由宾客带引，来到蔺相如的门前请罪。他说："我是个粗野卑贱的人，想不到将军您是如此的宽宏大量啊！"二人于是相互结交和好，成为生死与共的好友。

这一年，廉颇向东进攻齐国，打败了它的一支军队。过了两年，廉颇又攻打

后三年，廉颇攻魏之防陵、安阳，拔之。后四年，蔺相如将而攻齐，至平邑而罢。其明年，赵奢破秦军阏与下。

赵奢者，赵之田部吏也。收租税，而平原君家不肯出租，奢以法治之，杀平原君用事者九人。平原君怒，将杀奢。奢因说曰："君于赵为贵公子，今纵君家而不奉公则法削，法削则国弱，国弱则诸侯加兵，诸侯加兵是无赵也，君安得有此富乎？以君之贵，奉公如法则上下平，上下平则国强，国强则赵固，而君为贵戚，岂轻于天下邪？"平原君以为贤，言之于王。王用之治国赋，国赋大平，民富而府库实。

秦伐韩，军于阏与。王召廉颇而问曰："可救不？"对曰："道远险狭，难救。"又召乐乘而问焉，乐乘对如廉颇言。又召问赵奢，奢对曰："其道远险狭，譬之犹两鼠斗于穴中，将勇者胜。"王乃令赵奢将，救之。

兵去邯郸三十里，而令军中曰："有以军事谏者死。"秦军军武安西，秦军鼓噪勒兵，武安屋瓦尽振。军中候有一人言急救武安，赵奢立斩之。坚壁，留二十八日不行，复益增垒。秦间来入，赵奢善食而遣之。间以报秦将，秦将大喜曰："夫去国三十里而军不行，乃增垒，阏与非赵地也。"赵奢既已遣秦间，卷甲而趋之，二日一夜至，令善射者去阏与五十里而军。军垒成，秦人闻之，悉甲而至。军士许历请以军事谏，赵奢曰："内之。"许历曰："秦人不意赵师至此，其来气盛，将军必厚集其阵以待之。不然，必败。"赵奢曰："请受令。"许历曰："请就斧质之诛。"赵奢曰："胥后令邯郸。"许历复请谏，曰："先据北山上者胜，后至者败。"赵奢许诺，即发万人趋之。秦兵后至，争山不得上，赵奢纵兵击之，大破秦军。秦军解而走，遂解阏与之围而归。

赵惠文王赐奢号为马服君，以许历为国尉。赵奢于是与廉颇、蔺

齐国的几邑，也攻占了。此后三年，廉颇进攻魏国的防陵、安阳，都攻克了。再过四年，蔺相如领兵攻齐，打到平邑就收兵了。第二年，赵奢在阏与城下大败秦军。

赵奢，本是赵国征收田租的官吏。在收租税的时候，平原君家不肯缴纳，赵奢便依法处治，杀了平原君家里九个当权管事的人。平原君大怒，便要杀死赵奢。赵奢趁机劝说道："您在赵国是贵公子，现在要是纵容您的家人而不遵奉国家的法令，就会使法令削弱，法令削弱了就会使国家衰弱，国家衰弱了诸侯就要出兵侵犯，诸侯出兵侵犯赵国就会灭亡，您怎么还能保有这些财富呢？以您的地位和尊贵，能奉公守法就会使国家上下公平，上下公平就能使国家强盛，国家强盛了赵氏的政权就会得到稳固，而您身为赵国贵戚，难道还会被天下人轻视吗？"平原君认为他很有才干，把他推荐给赵王。赵王任用他掌管全国的赋税，全国赋税非常的公平合理，使得民众富足，国库充实。

秦国进攻韩国，军队驻扎在阏与。赵王召见廉颇问道："可以去援救吗？"廉颇便回答说："道路远，而且艰险又狭窄，很难援救。"又召见乐乘问这件事，乐乘的回答和廉颇的话一样。于是又召见赵奢来问，赵奢回答说："道远、地险、路狭，就譬如两只老鼠在洞里争斗，哪个勇猛哪个便可得胜。"赵王便派赵奢领兵，去救援阏与。

军队离开邯郸三十里，赵奢就在军中下令说："有谁来为军事进谏的处以死刑。"秦军驻扎在武安西边，秦军击鼓呐喊的练兵之声，把武安城中的屋瓦都震动了。赵军中的一个侦察人员请求急速援救武安，赵奢立即把他斩首。赵军坚守营垒，停留二十八天不向前进发，反而又加筑营垒。秦间谍潜入赵军营地，赵奢用饮食好好款待后把他遣送回去。间谍把情况向秦军将领报告，秦将大喜，说："离开国都三十里军队就不前进了，而且还增修营垒，赵国不会拥有阏与了。"赵奢遣送秦军间谍之后，就令士兵卸下铁甲，快速向阏与进发。两天一夜就到达前线，下令善射的骑兵，在离阏与五十里处扎营。军营筑成后，秦军知道了这一情况，立即全军赶来。一个叫许历的军士请求就军事提出建议，赵奢说："让他进来。"许历说："秦人本没想到赵军会来到这里，现在他们赶来对敌，士气很盛，将军一定要集中兵力严阵以待。不然的话，必定要失败。"赵奢说："请让我接受您的指教。"许历说："我请求接受死刑。"赵奢说："等回邯郸以后的命令吧。"许历请求再提个建议，说："先占据北面山头的得胜，后到的失败。"赵奢同意，立即派出一万人迅速奔上北面山头。秦兵后到，与赵军争夺北山但攻不上去，赵奢指挥士兵猛攻，大败秦军。秦军四散逃跑，于是阏与的包围被解除，赵军回国。

赵惠文王赐给赵奢马服君的封号，并任命许历为国尉。赵奢于是与廉颇、蔺

相如同位。

后四年,赵惠文王卒,子孝成王立。七年,秦与赵兵相距长平,时赵奢已死,而蔺相如病笃,赵使廉颇将攻秦,秦数败赵军,赵军固壁不战。秦数挑战,廉颇不肯。赵王信秦之间。秦之间言曰:"秦之所恶,独畏马服君赵奢之子赵括为将耳。"赵王因以括为将,代廉颇。蔺相如曰:"王以名使括,若胶柱而鼓瑟耳。括徒能读其父书传,不知合变也。"赵王不听,遂将之。

赵括自少时学兵法,言兵事,以天下莫能当。尝与其父奢言兵事,奢不能难,然不谓善。括母问奢其故,奢曰:"兵,死地也,而括易言之。使赵不将括即已,若必将之,破赵军者必括也。"及括将行,其母上书言于王曰:"括不可使将。"王曰:"何以?"对曰:"始妾事其父,时为将,身所奉饭饮而进食者以十数,所友者以百数,大王及宗室所赏赐者尽以予军吏士大夫,受命之日,不问家事。今括一旦为将,东向而朝,军吏无敢仰视之者,王所赐金帛,归藏于家,而日视便利田宅可买者买之。王以为何如其父?父子异心,愿王勿遣。"王曰:"母置之,吾已决矣。"括母因曰:"王终遣之,即有如不称,妾得无随坐乎?"王许诺。

赵括既代廉颇,悉更约束,易置军吏。秦将白起闻之,纵奇兵,佯败走,而绝其粮道,分断其军为二,士卒离心。四十余日,军饿,赵括出锐卒自搏战,秦军射杀赵括。括军败,数十万之众遂降秦,秦悉坑之。赵前后所亡凡四十五万。明年,秦兵遂围邯郸,岁余,几不得脱。赖楚、魏诸侯来救,乃得解邯郸之围。赵王亦以括母先言,竟不诛也。

自邯郸围解五年,而燕用栗腹之谋,曰"赵壮者尽于长平,其孤未壮",举兵击赵。赵使廉颇将,击,大破燕军于鄗,杀栗腹,遂围燕。燕割五城请和,乃听之。赵以尉文封廉颇为信平君,为假相国。

相如职位相同。

四年以后，赵惠文王去世，太子孝成王即位。孝成王七年，秦军与赵军在长平对阵，那时赵奢已死，蔺相如也已病危，赵王派廉颇率兵攻打秦军，秦军几次打败赵军，赵军坚守营垒不出战。秦军屡次挑战。廉颇置之不理。赵王听信秦军间谍散布的谣言。秦军间谍说："秦军所厌恶忌讳的，就是怕马服君赵奢的儿子赵括来做将军。"赵王因此就以赵括为将军，取代了廉颇。蔺相如说："大王只凭名声来任用赵括，就好像用胶把调弦的柱粘死再去弹瑟那样不知变通啊。赵括只会读他父亲留下的兵书，不懂得灵活应变。"赵王不听，还是命赵括为将军。

赵括从小就学习兵法，谈论军事，以为天下没有人能胜得过他。他曾与父亲赵奢谈论用兵之事，赵奢也难不倒他，可是并不说他好。赵括的母亲问赵奢这是为什么，赵奢说："用兵打仗是关乎生死存亡的事，然而他却把这事说得那么容易。如果赵国不用赵括为将也就罢了，要是一定让他为将，使赵军失败的一定就是他呀。"等到赵括将要起程的时候，他母亲上书给赵王说："不可以让赵括做将军。"赵王说："为什么？"她回答："当初我侍奉他父亲，那时他是将军，由他亲自捧着饮食侍候吃喝的人数以十计，被他当作朋友看待的数以百计，大王和王族们赏赐的东西全都分给军吏和僚属，从接受命令的那天起，就不再过问家事。现在赵括一下子做了将军，就面向东接受朝见，军吏没有一个敢抬头看他的，大王赏赐的金帛，都带回家收藏起来，还天天访查便宜合适的田地房产，可买的就买下来。大王认为他哪里像他父亲？父子二人的心地不同，希望大王不要派他领兵。"赵王说："您就把这事放下别管了，我已经决定了。"赵括的母亲接着说："您一定要派他领兵，如果他有不称职的情况，我能不受株连吗？"赵王便答应了。

赵括代替廉颇之后，改变了原有的全都规章制度，把原来的军吏也撤换了。秦将白起听到了这些情况，便调遣奇兵，假装败逃，又去截断赵军运粮的道路，把赵军分割成两半，赵军士卒离心。过了四十多天，赵军饥饿，赵括出动精兵亲自与秦军搏斗，秦军射死赵括。赵括军队战败，几十万大军于是投降秦军，秦军把他们全部活埋了。赵国前后损失共四十五万人。第二年，秦军就包围了邯郸，有一年多，赵国几乎不能保全，全靠楚国、魏国军队来援救，才得以解除邯郸的包围。赵王也由于赵括的母亲有言在先，最后没有株连她。

邯郸解围之后五年，燕王采纳栗腹的计谋，说是"赵国的壮丁全都死在长平了，他们的遗孤尚未成人"，燕王便发兵攻赵。赵王派廉颇领兵反击，在鄗城大败燕军，杀死栗腹，于是包围燕国都城。燕国割让五座城请求讲和，赵王才答应停战。赵王把尉文封给廉颇，封号是信平君，让他代理相国。

廉颇之免长平归也，失势之时，故客尽去。及复用为将，客又复至。廉颇曰："客退矣！"客曰："吁！君何见之晚也？夫天下以市道交，君有势，我则从君，君无势则去，此固其理也，有何怨乎？"居六年，赵使廉颇伐魏之繁阳，拔之。

赵孝成王卒，子悼襄王立，使乐乘代廉颇。廉颇怒，攻乐乘，乐乘走。廉颇遂奔魏之大梁。其明年，赵乃以李牧为将而攻燕，拔武遂、方城。

廉颇居梁久之，魏不能信用。赵以数困于秦兵，赵王思复得廉颇，廉颇亦思复用于赵。赵王使使者视廉颇尚可用否。廉颇之仇郭开多与使者金，令毁之。赵使者既见廉颇，廉颇为之一饭斗米，肉十斤，被甲上马，以示尚可用。赵使还报王曰："廉将军虽老，尚善饭，然与臣坐，顷之三遗矢矣。"赵王以为老，遂不召。

楚闻廉颇在魏，阴使人迎之。廉颇一为楚将，无功，曰："我思用赵人。"廉颇卒死于寿春。

李牧者，赵之北边良将也。常居代雁门，备匈奴。以便宜置吏，市租皆输入莫府，为士卒费。日击数牛飨士，习射骑，谨烽火，多间谍，厚遇战士。为约曰："匈奴即入盗，急入收保，有敢捕虏者斩。"匈奴每入，烽火谨，辄入收保，不敢战。如是数岁，亦不亡失。然匈奴以李牧为怯，虽赵边兵亦以为吾将怯。赵王让李牧，李牧如故。赵王怒，召之，使他人代将。

岁余，匈奴每来，出战。出战，数不利，失亡多，边不得田畜。复请李牧。牧杜门不出，固称疾。赵王乃复强起使将兵。牧曰："王必用臣，臣如前，乃敢奉令。"王许之。

李牧至，如故约。匈奴数岁无所得。终以为怯。边士日得赏赐而不用，皆愿一战。于是乃具选车得千三百乘，选骑得万三千匹，百金

廉颇在长平被免职回家，失掉权势的时候，原来的门客都离开他了。等到官复原职，门客又重新回来了。廉颇说："先生们都请回吧！"门客们说："唉！您的见解怎么这样落后？当今天下之人都是按市场交易的方法进行结交，您有权势，我们就跟随着您；您没有权势了，我们就离开，这本是很普通的道理，有什么可抱怨的呢？"又过了六年，赵国派廉颇进攻魏国的繁阳，把它攻克了。

赵孝成王去世，太子悼襄王即位，派乐乘接替廉颇。廉颇大怒，攻打乐乘，乐乘逃跑了。廉颇于是也逃奔魏国的大梁。第二年，赵国便以李牧为将进攻燕国，攻下了武遂、方城。

廉颇在大梁住久了，魏国不信任重用他。赵国由于屡次被秦兵围困，赵王就想重新任命廉颇为将，廉颇也想再被赵国任用。赵王派了使臣去探望廉颇，看看他还能不能被任用。廉颇的仇人郭开用重金贿赂使者，让他说廉颇的坏话。赵国使臣见到廉颇之后，廉颇当着他的面一顿饭吃了一斗米、十斤肉，又披上铁甲上马，表示自己还可以被任用。赵国使者回去向赵王报告说："廉将军虽然已老，饭量还很不错，可是陪我坐着时，一会儿就拉了三次屎。"赵王认为廉颇老了，就没有再把他召回来。

楚国听说廉颇在魏国，暗中派人去迎接他。廉颇虽做了楚国的将军，并没有战功，他说："我想指挥赵国的士兵啊。"廉颇最终死在寿春。

李牧是赵国北部边境的良将，长期驻守代地雁门郡，防备匈奴。他有权根据需要设置官吏，防地内城市的租税都送入李牧的幕府，作为军队的经费。他每天宰杀几头牛犒赏士兵，教士兵练习骑马射箭，小心看守烽火台，多派侦察敌情的人员，对战士待遇优厚。他制定出规章说："匈奴如果入侵，要赶快收拢人马退入营垒固守，有胆敢去捕捉敌人的立即斩首。"匈奴每次入侵，烽火传来警报，立即收拢人马退入营垒固守，不敢出战。像这样过了好几年，人马物资也没有什么损失。可是匈奴认为李牧是个胆小之人，就连赵国守边的官兵也认为自己的主将胆小怯战。赵王责备李牧，李牧依然如故。赵王发怒，把他召回，派别人代他领兵。

此后一年多里，匈奴每次来侵犯，赵军就出兵交战，屡次失利，损失伤亡很多，边境上无法耕田、放牧。赵王只好再请李牧出马。李牧闭门不出，坚持说有病。赵王就一再强调李牧出来，让他领兵。李牧说："大王一定要用我，我还是像以前那样做，才敢奉命。"赵王答应了他的要求。

李牧来到边境，还按照原来的章程。匈奴好几年都一无所获，但又始终认为李牧胆怯。边境的官兵每天得到赏赐，可是一身本领无用武之地，都愿意好好跟匈奴打一仗。于是李牧就准备了精选的战车一千三百辆，精选的战马一万三千

之士五万人，彀者十万人，悉勒习战。大纵畜牧，人民满野。匈奴小入，佯北不胜，以数千人委之。单于闻之，大率众来入。李牧多为奇陈，张左右翼击之，大破杀匈奴十余万骑。灭襜褴，破东胡，降林胡，单于奔走。其后十余岁，匈奴不敢近赵边城。

赵悼襄王元年，廉颇既亡入魏，赵使李牧攻燕，拔武遂、方城。居二年，庞煖破燕军，杀剧辛。后七年，秦破杀赵将扈辄于武遂，斩首十万。赵乃以李牧为大将军，击秦军于宜安，大破秦军，走秦将桓齮。封李牧为武安君。居三年，秦攻番吾，李牧击破秦军，南距韩、魏。

赵王迁七年，秦使王翦攻赵，赵使李牧、司马尚御之。秦多与赵王宠臣郭开金，为反间，言李牧、司马尚欲反。赵王乃使赵葱及齐将颜聚代李牧。李牧不受命，赵使人微捕得李牧，斩之。废司马尚。后三月，王翦因急击赵，大破杀赵葱，虏赵王迁及其将颜聚，遂灭赵。

太史公曰：知死必勇，非死者难也，处死者难。方蔺相如引璧睨柱，及叱秦王左右，势不过诛，然士或怯懦而不敢发。相如一奋其气，威信敌国，退而让颇，名重太山，其处智勇，可谓兼之矣！

匹，敢于冲锋陷阵的勇士五万人，善射的士兵十万人，全部组织起来训练作战。同时到处放牧大批牲畜，放牧的人满山遍野。匈奴小股人马入侵，李牧就假装失败，故意把几千人丢弃给匈奴。单于听到这种情况，就率领大批人马入侵。李牧布下许多奇兵，张开左右两翼包抄反击敌军，大败匈奴，杀死匈奴十多万人马。灭了襜褴，打败了东胡，收降了林胡，单于逃跑。此后十多年，匈奴不敢接近赵国边境城镇。

赵悼襄王元年，廉颇逃到魏国之后，赵国派李牧进攻燕国，攻克了武遂、方城。过了两年，庞煖打败燕军，杀死剧辛。又过了七年，秦军在武遂打败并杀死赵将扈辄，斩杀赵军十万余人。赵国便派李牧为大将军，在宜安进攻秦军，大败秦军，赶走秦将桓齮。李牧被封为武安君。又过了三年，秦军进攻番吾，李牧击败秦军，又向南抵御韩国和魏国。

赵王迁七年，秦国派王翦进攻赵国，赵国派李牧、司马尚抵御秦军。秦国向赵王的宠臣郭开贿赂很多金钱，让他施行反间计，造谣说李牧、司马尚要谋反。赵王便派赵葱和齐国将军颜聚接替李牧，李牧不接受命令。赵王派人暗中乘其不备逮捕了李牧，把他杀了，并撤了司马尚的官职。三个月之后，王翦趁机猛攻赵国，大败赵军，杀死赵葱，俘虏了赵王迁和他的将军颜聚，终于灭了赵国。

太史公说：知道将死而不害怕，必定是很有勇气的；死并不是难事，而怎样对待这个死才是难事。当蔺相如手举宝璧斜视庭柱，以及呵斥秦王侍从的时候，就面前形势来说，最多不过是被杀，然而一般士人往往因为胆小懦弱而不敢这样表现。相如一旦振奋起他的勇气，其威力就伸张了，以致压倒敌国。后来又对廉颇谦逊退让，他的声誉比泰山还重，他处事中表现出的智慧和勇气，可以说是兼而有之啊！

田单列传第二十二

田单者,齐诸田疏属也。湣王时,单为临菑市掾,不见知。及燕使乐毅伐破齐,齐湣王出奔,已而保莒城。燕师长驱平齐,而田单走安平,令其宗人尽断其车轴末而傅铁笼。已而燕军攻安平,城坏,齐人走,争涂,以轊折车败,为燕所虏,唯田单宗人以铁笼故得脱,东保即墨。燕既尽降齐城,唯独莒、即墨不下。燕军闻齐王在莒,并兵攻之。淖齿既杀湣王于莒,因坚守,距燕军,数年不下。燕引兵东围即墨,即墨大夫出与战,败死。城中相与推田单,曰:"安平之战,田单宗人以铁笼得全,习兵。"立以为将军,以即墨距燕。

顷之,燕昭王卒,惠王立,与乐毅有隙。田单闻之,乃纵反间于燕,宣言曰:"齐王已死,城之不拔者二耳。乐毅畏诛而不敢归,以伐齐为名,实欲连兵南面而王齐。齐人未附,故且缓攻即墨以待其事。齐人所惧,唯恐他将之来,即墨残矣。"燕王以为然,使骑劫代乐毅。

乐毅因归赵,燕人士卒忿。而田单乃令城中人食必祭其先祖于庭,飞鸟悉翔舞城中下食。燕人怪之。田单因宣言曰:"神来下教我。"乃令城中人曰:"当有神人为我师。"有一卒曰:"臣可以为师乎?"因反走。田单乃起,引还,东乡坐,师事之。卒曰:"臣欺君,诚无能也。"田单曰:"子勿言也!"因师之。每出约束,必称神师。乃宣言曰:"吾唯惧燕军之劓所得齐卒,置之前行,与我战,

田单是齐国田氏王族的远房亲戚。在齐湣王时,田单担任首都临淄佐理市政的小官,并不被齐王重用。后来,燕国派遣大将乐毅攻破齐国,齐湣王被迫逃离都城,不久又退守莒城。在燕国军队长驱直入征讨齐国的时候,田单也离开了都城,逃到安平,让他的同族人把车轴两端的突出部位全部锯下,安上铁箍。不久,燕军攻打安平,攻破了城池,齐国人争相逃亡,都因被撞得轴断车坏,被燕军俘虏。只有田单和同族人因用铁箍包住了车轴的缘故,得以逃脱,随即向东退守即墨。这时,燕国军队已经把齐国大小城市全部攻占了,只有莒和即墨两城没有被攻下。燕军听说齐湣王在莒城,就调集军队,全力攻打。大臣淖齿杀死了齐湣王,坚守城池,抗击燕军,燕军几年都不能攻破该城。迫不得已,燕将带兵东行,围攻即墨。即墨的守城官员出城与燕军交战,战败被杀。即墨城中军民都推举田单为首领,说:"安平那一仗,田单和同族人因用铁箍包住车轴才得以安然脱险,可见他很会用兵。"于是,大家就拥立田单为将军,坚守即墨,抗击燕军。

没过多久,燕昭王去世,燕惠王即位,他和乐毅有些不和。田单听到这个消息之后,就派人到燕国去施行反间计,扬言说:"齐湣王已经被杀死,没被攻克的齐国城池只不过有两座而已。乐毅是因为害怕被杀掉而不敢回国,他以讨伐齐国为名,实际上是想联合齐国的兵力,在齐国称王。齐国人心还未归附,因此暂且拖延时间,慢慢攻打即墨,以便等待时机成熟再称王。齐国人担心的是,唯恐其他将领来带兵,即墨城就必破无疑了。"燕惠王相信了这些话,就派大将骑劫去代替乐毅。

乐毅被免职之后就逃到赵国去了,燕军官兵都为此愤愤不平。田单又命城中军民在吃饭前要祭祀祖先,使得众多的飞鸟因为争食祭祀的食物,在城上盘旋飞舞。城外的燕军看了,都感到很奇怪。田单又扬言说:"这是神仙要下界指导我们克敌制胜。"又对城里的人说:"一定会有神仙来做我的老师。"有一个士兵说:"我可以当您的老师吗?"说罢就扬长而去。田单连忙站起来,把他拉过来,请他坐在面向东的上座,用侍奉老师的礼节来侍奉他。那个士兵说:"我欺骗了您,我真是一点本事也没有。"田单说:"请您不要再说了。"接着就奉他为师。每次发号施令,一定要称是神师的主意。他又扬言说:"我最怕的就是燕军把俘虏的齐国士兵割去鼻子,放在队伍的前列,再和我们交战,那即墨就必定

即墨败矣。"燕人闻之，如其言。城中人见齐诸降者尽劓，皆怒，坚守，唯恐见得。单又纵反间曰："吾惧燕人掘吾城外冢墓，僇先人，可为寒心。"燕军尽掘垄墓，烧死人。即墨人从城上望见，皆涕泣，俱欲出战，怒自十倍。

田单知士卒之可用，乃身操版插，与士卒分功，妻妾编于行伍之间，尽散饮食飨士。令甲卒皆伏，使老弱女子乘城，遣使约降于燕，燕军皆呼万岁。田单又收民金，得千溢，令即墨富豪遗燕将，曰："即墨即降，愿无虏掠吾族家妻妾，令安堵。"燕将大喜，许之。燕军由此益懈。

田单乃收城中得千余牛，为绛缯衣，画以五彩龙文，束兵刃于其角，而灌脂束苇于尾，烧其端。凿城数十穴，夜纵牛，壮士五千人随其后。牛尾热，怒而奔燕军，燕军夜大惊。牛尾炬火光明炫耀，燕军视之皆龙文，所触尽死伤。五千人因衔枚击之，而城中鼓譟从之，老弱皆击铜器为声，声动天地。燕军大骇，败走。齐人遂夷杀其将骑劫。燕军扰乱奔走，齐人追亡逐北，所过城邑皆畔燕而归田单，兵日益多，乘胜，燕日败亡，卒至河上，而齐七十余城皆复为齐。乃迎襄王于莒，入临菑而听政。

襄王封田单，号曰安平君。
太史公曰：兵以正合，以奇胜。善之者，出奇无穷。奇正还相生，如环之无端。夫始如处女，适人开户；后如脱兔，适不及距：其田单之谓邪！

初，淖齿之杀湣王也，莒人求湣王子法章，得之太史嫉之家，为

被攻克了。"燕军听到这话，就照此施行。城里的人看到齐国众多的降兵都被割去了鼻子，人人义愤填膺，全力坚守城池，生怕被敌人捉住。田单又派人施反间计说："我很害怕燕国人挖了我们城外的祖坟，侮辱了我们的祖先，这可真是让人寒心的事。"燕军听说之后，又把齐国人的坟墓全部挖出，并把死尸焚烧殆尽。即墨人从城上看到此情此景，人人痛哭流涕，都请求出城拼杀，愤怒的情绪增涨十倍。

田单知道现在是出战的最佳时机，于是就亲自拿着铲锹，和士兵们一起修筑工事，并把自己的妻子姬妾都编在队伍之中，还把全部的食物拿出来犒劳士卒。他命令装备整齐的精锐部队都埋伏起来，让老弱妇女上城防守，又派使者去和燕军约定投降事宜，燕军官兵都高呼万岁。田单又把民间的黄金收集起来，共得一千镒，让即墨城里有钱有势的人送给燕军，请求说："即墨就要投降了，希望你们进城之后，不要掳掠我们的妻子姬妾，让我们能平安地生活。"燕军将领非常高兴，满口答应。燕军因此更加松懈。

田单于是从城里收集了一千多头牛，给它们披上大红绸绢制成的被服，在上面画上五颜六色的蛟龙图案，在它们的角上绑好锋利的刀子，把浸满油脂的芦苇绑在牛尾上，点燃末端。又把城墙凿开几十个洞穴，趁夜间把牛从洞穴中赶出去，派精壮士兵五千人跟在火牛的后面。因尾巴被烧得发热，火牛都疯狂地直奔燕军，这一切都突然发生在夜间，使燕军惊慌失措。牛尾上的火把将夜空照得通明如昼，燕军看到它们身上都是龙纹，所触及到的人非死即伤。五千壮士又随后悄然无声地杀来，而城里的人乘机擂鼓呐喊，紧紧跟随在后面，甚至连老弱妇孺都手持铜器，敲得震天响，和城外的呐喊声合成惊天动地的响声。燕军非常害怕，大败而逃。齐国人就在乱军之中杀死了燕国的主将骑劫。燕军纷乱，四处逃命，齐军紧紧追击溃逃的燕军，所经过的城镇都背叛燕军，归顺田单。田单的兵力也日益增多，乘着战胜的军威，一路追击。燕军仓皇而逃，战斗力一天天削弱，一直退到了黄河边上，原来齐国的七十多座城池又都被收复。于是田单到莒城迎接齐襄王，襄王也就回到都城临淄来处理政务。

齐襄王封赏了田单，赐爵号为安平君。

太史公说：用兵作战要一面和敌人正面交锋，一面用奇兵突袭制胜。善于用兵的人，总是能够奇兵叠出而变化无穷的。正面的交锋和背侧的奇袭都要发生作用，这两种战术的相互转化，就如同圆环没有起止一般使人捉摸不定。用兵之初要像处女那样沉静、柔弱，诱使敌人敞开门户，毫无戒备；然后在时机到来的时候，就像逃脱的兔子一样快速、敏捷，使敌人来不及提防。这说的就是田单吧！

当初，在淖齿杀死齐湣王的时候，莒城人到处寻找齐湣王的儿子法章，在

人灌园。嫽女怜而善遇之。后法章私以情告女，女遂与通。及莒人共立法章为齐王，以莒距燕，而太史氏女遂为后，所谓"君王后"也。

燕之初入齐，闻画邑人王蠋贤，令军中曰"环画邑三十里无入"，以王蠋之故。已而使人谓蠋曰："齐人多高子之义，吾以子为将，封子万家。"蠋固谢。燕人曰："子不听，吾引三军而屠画邑。"王蠋曰："忠臣不事二君，贞女不更二夫。齐王不听吾谏，故退而耕于野。国既破亡，吾不能存；今又劫之以兵为君将，是助桀为暴也。与其生而无义，固不如烹！"遂经其颈于树枝，自奋绝脰而死。齐亡大夫闻之，曰："王蠋，布衣也，义不北面于燕，况在位食禄者乎！"乃相聚如莒，求诸子，立为襄王。

太史嫩的家里找到了他，他正在替人家种地浇田。太史嫩的女儿怜惜他并对他很好。后来法章把自己的情况告诉了她，她就和法章私通了。等到莒城人共同拥立法章为齐王，凭借莒城抗击燕军的时候，太史嫩的女儿就被立为王后，这就是人们所说的"君王后"。

燕军在开始进攻齐国的时候，听说画邑人王蠋有才有德，就命令军队说："围绕画邑周围三十里之内不许入内。"这是因为王蠋是画邑人的缘故。不久，燕国又派人对王蠋说："齐国有许多人都称颂您的高尚品德，我们想任用您为将军，还封赏给您一万户的食邑。"王蠋坚决推辞，不肯接受。燕国人说："您若不肯接受的话，我们就要带领大军，屠平画邑！"王蠋说："尽忠的臣子不能侍奉两个君主，贞烈的女子不能再嫁第二个丈夫。齐王不听从我的劝谏，所以我才隐居在乡间种田。齐国已经破亡，我不能使它复存，现在你们又用武力劫持我当你们的将领，我若是答应了，就是帮助坏人干坏事。与其活着干这种不义之事，还不如受烹刑死了更好！"然后他就把自己的脖子吊在树枝上，奋力挣扎，扭断脖子死去。齐国那些四散奔逃的官员们听说这件事，说："王蠋只是一个平民百姓，尚且能坚守节操，不向燕人屈服称臣，更何况我们这些享受国家俸禄的在职官员呢！"于是他们就聚集在一起，赶赴莒城，寻求齐湣王的儿子，拥立他为齐襄王。

鲁仲连邹阳列传第二十三

鲁仲连者，齐人也。好奇伟俶傥之画策，而不肯仕宦任职，好持高节。游于赵。

赵孝成王时，而秦王使白起破赵长平之军前后四十余万，秦兵遂东围邯郸。赵王恐，诸侯之救兵莫敢击秦军。魏安釐王使将军晋鄙救赵，畏秦，止于荡阴不进。魏王使客将军新垣衍间入邯郸，因平原君谓赵王曰："秦所为急围赵者，前与齐湣王争强为帝，已而复归帝；今齐已益弱，方今唯秦雄天下，此非必贪邯郸，其意欲复求为帝。赵诚发使尊秦昭王为帝，秦必喜，罢兵去。"平原君犹预未有所决。

此时鲁仲连适游赵，会秦围赵，闻魏将欲令赵尊秦为帝，乃见平原君曰："事将奈何？"平原君曰："胜也何敢言事！前亡四十万之众于外，今又内围邯郸而不能去。魏王使客将军新垣衍令赵帝秦，今其人在是。胜也何敢言事！"鲁仲连曰："吾始以君为天下之贤公子也，吾乃今然后知君非天下之贤公子也。梁客新垣衍安在？吾请为君责而归之。"平原君曰："胜请为绍介而见之于先生。"平原君遂见新垣衍曰："东国有鲁仲连先生者，今其人在此，胜请为绍介，交之于将军。"新垣衍曰："吾闻鲁仲连先生，齐国之高士也。衍，人臣也，使事有职，吾不愿见鲁仲连先生。"平原君曰："胜既已泄之矣。"新垣衍许诺。

鲁连见新垣衍而无言。新垣衍曰："吾视居此围城之中者，皆有求于平原君者也；今吾观先生之玉貌，非有求于平原君者也，曷为久居此围城之中而不去？"鲁仲连曰："世以鲍焦为无从颂而死者，皆非也。众人不知，则为一身。彼秦者，弃礼义而上首功之国也，权使其士，虏使其民。彼即肆然而为帝，过而为政于天下，则连有蹈东海而死耳，吾不忍为之民也。所为见将军者，欲以助赵也。"

鲁仲连是齐国人。他擅长发表奇特宏伟、卓异不凡的谋略，却不肯做官任职，愿意保持高风亮节。他曾客游赵国。

赵孝成王时，秦王派白起在长平前后击溃赵国四十余万军队，于是，秦国的军队向东挺进，围困了邯郸。赵王非常害怕，各国的救兵也没有谁敢攻打秦军。魏安釐王派将军晋鄙营救赵国，因为畏惧秦军，驻扎在汤阴，不敢前进。魏王派客籍将军新垣衍，从隐蔽的小路进入邯郸，通过平原君的关系见赵王说："秦军所以急于围攻赵国，是因为以前和齐湣王争强称帝，不久又取消了帝号；如今齐国已然更加削弱，当今只有秦国称雄天下，这次围城并不是贪图邯郸，他的意图是要重新称帝。赵国果真能派遣使臣尊奉秦昭王为帝，秦王一定很高兴，就会撤兵离去。"平原君犹豫不决。

这时，鲁仲连客游赵国，正赶上秦军围攻邯郸，听说魏国想要让赵国尊奉秦昭王称帝，就去晋见平原君说："这件事怎么办？"平原君说："我哪里还敢谈论这样的大事！前不久，在国外损失了四十万大军，而今，秦军围困邯郸，又不能使之退兵。魏王派客籍将军新垣衍来劝说赵国尊奉秦昭王称帝，眼下，那个人还在这儿。我哪里还敢谈论这样的大事！"鲁仲连说："以前我认为您是天下贤明的公子，今天我才知道您并不是天下贤明的公子。魏国的客人新垣衍在哪儿？我替您去责问他并且让他回去。"平原君说："我愿为您介绍，让他与先生相见。"于是平原君见新垣衍说："齐国有位鲁仲连先生，如今他就在这儿，我愿意替您介绍，和将军认识认识。"新垣衍说："我听说鲁仲连先生，是齐国德行高尚的人。我是魏王的臣子，奉命出使，身负职责，我不愿见鲁仲连先生。"平原君说："我已经把您在这儿的消息透露给他了。"新垣衍只好应允了。

鲁仲连见到新垣衍却一言不发。新垣衍说："我看留在这座围城中的，都是有求于平原君的人；如今，我看先生的尊容，不像是有求于平原君的人，为什么还长久地留在这围城之中而不离去呢？"鲁仲连说："世人认为鲍焦是因为没有博大的胸怀才死去，这种看法错了。一般人不了解他耻居浊世的心思，认为他是为个人打算。秦国是个摒弃礼仪而只崇尚战功的国家，用权诈之术对待士卒，像对待奴隶一样役使百姓。如果让它无所忌惮地恣意称帝，进而统治天下，那么，我就是跳进东海去死，也不愿意做它的顺民，我所以来见将军，是打算帮助赵国啊。"

新垣衍曰:"先生助之将奈何?"鲁连曰:"吾将使梁及燕助之,齐、楚则固助之矣。"新垣衍曰:"燕则吾请以从矣;若乃梁者,则吾乃梁人也,先生恶能使梁助之?"鲁连曰:"梁未睹秦称帝之害故耳。使梁睹秦称帝之害,则必助赵矣。"

新垣衍曰:"秦称帝之害何如?"鲁连曰:"昔者齐威王尝为仁义矣,率天下诸侯而朝周。周贫且微,诸侯莫朝,而齐独朝之。居岁余,周烈王崩,齐后往,周怒,赴于齐曰:'天崩地坼,天子下席。东藩之臣因齐后至,则斫。'齐威王勃然怒曰:'叱嗟,而母婢也!'卒为天下笑。故生则朝周,死则叱之,诚不忍其求也。彼天子固然,其无足怪。"

新垣衍曰:"先生独不见夫仆乎?十人而从一人者,宁力不胜而智不若邪?畏之也。"鲁仲连曰:"呜呼!梁之比于秦若仆邪?"新垣衍曰:"然。"鲁仲连曰:"吾将使秦王烹醢梁王。"新垣衍怏然不悦,曰:"噫嘻,亦太甚矣先生之言也!先生又恶能使秦王烹醢梁王?"鲁仲鲁曰:"固也,吾将言之。昔者九侯、鄂侯、文王,纣之三公也。九侯有子而好,献之于纣,纣以为恶,醢九侯。鄂侯争之强,辩之疾,故脯鄂侯。文王闻之,喟然而叹,故拘之牖里之库百日,欲令之死。曷为与人俱称王,卒就脯醢之地?齐湣王之鲁,夷维子为执策而从,谓鲁人曰:'子将何以待吾君?'鲁人曰:'吾将以十太牢待子之君。'夷维子曰:'子安取礼而来待吾君?彼吾君者,天子也。天子巡狩,诸侯辟舍,纳筦籥,摄衽抱机,视膳于堂下,天子已食,乃退而听朝也。'鲁人投其籥,不果纳。不得入于鲁,将之薛,假途于邹。当是时,邹君死,湣王欲入吊,夷维子谓邹之孤曰:'天子吊,主人必将倍殡棺,设北面于南方,然后天子南面吊也。'邹之群臣曰:'必若此,吾将伏剑而死。'固不敢入于邹。邹、鲁之

新垣衍说:"先生打算怎么帮助赵国呢?"鲁仲连说:"我要请魏国和燕国帮助它,齐、楚两国本来就帮助赵国了。"新垣衍说:"燕国嘛,我相信会听从您的;至于魏国,我就是魏国人,先生怎么能让魏国帮助赵国呢?"鲁仲连说:"魏国是因为没看清秦国称帝的祸患,才没帮助赵国。魏国看清秦国称帝的祸患后,就一定会帮助赵国。"

新垣衍说:"秦国称帝后会有什么祸患呢?"鲁仲连说:"从前,齐威王曾经奉行仁义,率领天下诸侯朝拜周天子。当时,周天子贫困又弱小,诸侯们没有谁愿意去朝拜,唯有齐国去朝拜。过了一年多,周烈王逝世,齐王奔丧去迟了,新继位的周显王很生气,派人到齐国说:'天子逝世,如同天崩地裂般的大事,新继位的天子也得离开宫殿居丧守孝,睡在草席上,东方属国之臣田婴齐居然敢迟到,当斩。'齐威王听了,勃然大怒,骂道:'呀呸!您母亲原先还是个婢女呢!'最终被天下传为笑柄。齐威王所以在周天子活着的时候去朝见,死了就破口大骂,实在是忍受不了新天子的苛求啊。那些做天子的本来就是这个样子,也没什么值得奇怪的。"

新垣衍说:"先生难道没见过奴仆吗?十个奴仆侍奉一个主人,难道是力气赶不上他、才智比不上他吗?是因为害怕他啊。"鲁仲连说:"唉!魏王和秦王相比魏王像仆人吗?"新垣衍说:"是。"鲁仲连说:"那么,我就让秦王把魏王剁成肉酱用来烹煮?"新垣衍很不高兴不服气地说:"哼哼,先生的话,也太过分了!先生又怎么能让秦王烹煮了魏王剁成肉酱呢?"鲁仲连说:"当然能啊,我说给您听。从前,九侯、鄂侯、文王是殷纣的三个诸侯。九侯有个女儿长得姣美,把她献给殷纣,殷纣认为她长得丑陋,把九侯剁成肉酱。鄂侯刚直诤谏,激烈辩白,又把鄂侯杀死做成肉干。文王听到这件事,只是长长地叹息,殷纣又把他囚禁在羑里监牢内一百天,想要他死。为什么和人家同样称王,最终却落到被剁成肉酱、做成肉干的地步呢?齐湣王前往鲁国,夷维子替他赶着车子做随员。他对鲁国官员们说:'你们准备怎样接待我们的国君?'鲁国官员们说:'我们打算用十副太牢的礼仪接待您的国君。'夷维子说:'你们这是按照哪里的礼仪接待我们国君,我的国君是天子啊。天子到各国巡察,诸侯理应迁出正宫,移居别处,交出钥匙,撩起衣襟,安排几桌,站在堂下伺候天子用膳。天子吃完后,他们才可以退回朝堂听政理事。'鲁国官员听了,就关闭城门,不让齐湣王入境。齐湣王不能进入鲁国,打算借道邹国前往薛地。正当这时,邹国国君逝世,齐湣王想入境吊丧,夷维子对邹国的嗣君说:'天子吊丧,丧主一定要把灵柩转换方向,在南面安放朝北的灵位,然后天子面向南吊丧。'邹国大臣们说:'如果要这样,我们宁愿用剑自杀。'所以齐王不敢进入邹国。邹、鲁两国

臣，生则不得事养，死则不得赙襚，然且欲行天子之礼于邹、鲁，邹、鲁之臣不果纳。今秦万乘之国也，梁亦万乘之国也。俱据万乘之国，各有称王之名，睹其一战而胜，欲从而帝之，是使三晋之大臣不如邹、鲁之仆妾也。且秦无已而帝，则且变易诸侯之大臣。彼将夺其所不肖而与其所贤，夺其所憎而与其所爱。彼又将使其子女谗妾为诸侯妃姬。处梁之宫。梁王安得晏然而已乎？而将军又何以得故宠乎？"

于是新垣衍起，再拜谢曰："始以先生为庸人，吾乃今日知先生为天下之士也。吾请出，不敢复言帝秦。"秦将闻之，为却军五十里。适会魏公子无忌夺晋鄙军以救赵，击秦军，秦军遂引而去。

于是平原君欲封鲁连，鲁连辞让者三，终不肯受。平原君乃置酒，酒酣起前，以千金为鲁连寿。鲁连笑曰："所贵于天下之士者，为人排患释难解纷乱而无取也。即有取者，是商贾之事也，而连不忍为也。"遂辞平原君而去，终身不复见。

其后二十余年，燕将攻下聊城，聊城人或谗之燕，燕将惧诛，因保守聊城，不敢归。齐田单攻聊城岁余，士卒多死而聊城不下。鲁连乃为书，约之矢以射城中，遗燕将。书曰：

"吾闻之，智者不倍时而弃利，勇士不却死而灭名，忠臣不先身而后君。今公行一朝之忿，不顾燕王之无臣，非忠也；杀身亡聊城，而威不信于齐，非勇也；功败名灭，后世无称焉，非智也。三者世主不臣，说士不载，故智者不再计，勇士不怯死。今死生荣辱，贵贱尊卑，此时不再至，愿公详计而无与俗同。

"且楚攻齐之南阳，魏攻平陆，而齐无南面之心，以为亡南阳之害小，不如得济北之利大，故定计审处之。今秦人下兵，魏不敢东面；衡秦之势成，楚国之形危；齐弃南阳，断右壤，定济北，计犹且为之也。且夫齐之必决于聊城，公勿再计。今楚魏交退于齐，而燕救

的臣子,生前得不到齐王的赏赐,死后又不能周备地提供丧仪,然而想要在邹、鲁让两地的臣子们行朝见天子之礼,邹、鲁的臣子们最后拒绝齐湣王入境。如今,秦国是拥有万辆战车的国家,魏国也是拥有万辆战车的国家。都是万乘大国,又各有称王的名分,只看它打了一次胜仗,就要顺从地拥护它称帝,这就使得三晋的大臣比不上邹、鲁的奴仆、婢妾了。如果秦国贪心不足,终于称帝,那么,就会更换诸侯的大臣。他将要罢免他认为不行的,换上他认为贤能的人,罢免他憎恶的,换上他所喜爱的人。还要让他的儿女和搬弄是非的姬妾,嫁给诸侯做妃姬,住在魏国的宫廷里,魏王怎么能够安定地生活呢?而将军您又怎么能够像从前一样得到宠信呢?"

于是,新垣衍站起来,向鲁仲连连拜两次谢罪说:"当初认为先生是个普通的人,我今天才知道先生是天下杰出的高士。我将离开赵国,再不敢谈秦王称帝的事了。"秦军主将听到这个消息,为此把军队后撤了五十里。恰好魏公子无忌夺得了晋鄙的军权率领军队来救援赵国,攻击秦军,秦军也就撤离邯郸回去了。

于是平原君要封赏鲁仲连,鲁仲连再三推辞,最终也不肯接受。平原君就设宴招待他,喝到酒酣耳热时,平原君起身向前,献上千金酬谢鲁仲连。鲁仲连笑着说:"杰出之士所以被天下人崇尚,是因为他们能替人排除祸患,消除灾难,解决纠纷而不求报酬。如果收取酬劳,那就成了生意人的行为,我鲁仲连是不会那样做的。"于是辞别平原君便走了,终身不再相见。

此后二十多年,燕将攻克聊城。聊城有人在燕王面前说燕将的坏话,燕将害怕被诛杀,就据守聊城不敢回去。齐国田单攻打聊城一年多,死了很多士兵,却攻不下聊城。鲁仲连就写了一封信,系在箭上射进城去给燕将。信上写道:

"我听说,明智的人不会违背时机而放弃有利的行动,勇士不会回避死亡而埋没名声,忠臣不会先顾及自己后顾及国君。如今您为发泄一时的气愤,不顾及燕王无法驾驭臣子,是不忠;战死身亡,丢掉聊城,威名不能在齐国伸张,是不勇;功业失败,名声破灭,后世无所称述,是不智。有这三条,当世的君主不以之为臣,游说之士不会为之记载,所以聪明的人不能犹豫不决,勇士是不怕死的。如今是生死荣辱、贵贱尊卑的关键,这时如果不能决断,时机不会再来,希望您详加计议而不要和俗人一般见识。

"况且,楚国进攻齐国的南阳,魏国进攻齐国的平陆,而齐国并没有向南反击的意图,认为丢掉南阳的损失小,比不上夺得济北的利益大,所以作出这样的决策来执行。如今秦国派出军队,魏国不敢向东进军;秦国连横的局面就形成了,楚国的形势就危急了;齐国放弃南阳,舍弃右边的国土而不救,平定济北,是权衡得失所做的决定。况且齐国决心夺回聊城,您不要再犹豫了,现在楚、魏

不至。以全齐之兵，无天下之规，与聊城共据期年之敝，则臣见公之不能得也。且燕国大乱，君臣失计，上下迷惑，栗腹以十万之众五折于外，以万乘之国被围于赵，壤削主困，为天下僇笑。国敝而祸多，民无所归心。今公又以敝聊之民距全齐之兵，是墨翟之守也。食人炊骨，士无反外之心，是孙膑之兵也。能见于天下。虽然，为公计者，不如全车甲以报于燕。车甲全而归燕，燕王必喜；身全而归于国，士民如见父母，交游攘臂而议于世，功业可明。上辅孤主以制群臣，下养百姓以资说士，矫国更俗，功名可立也。亡意亦捐燕弃世，东游于齐乎？裂地定封，富比乎陶、卫，世世称孤，与齐久存，又一计也。此两计者，显名厚实也，愿公详计而审处一焉。

"且吾闻之，规小节者不能成荣名，恶小耻者不能立大功。昔者管夷吾射桓公中其钩，篡也；遗公子纠不能死，怯也；束缚桎梏，辱也。若此三行者，世主不臣而乡里不通。乡使管子幽囚而不出，身死而不反于齐，则亦名不免为辱人贱行矣。臧获且羞与之同名矣，况世俗乎！故管子不耻身在缧绁之中而耻天下之不治，不耻不死公子纠而耻威之不信于诸侯，故兼三行之过而为五霸首，名高天下而光烛邻国。曹子为鲁将，三战三北，而亡地五百里。乡使曹子计不反顾，议不还踵，刎颈而死，则亦名不免为败军禽将矣。曹子弃三北之耻，而退与鲁君计。桓公朝天下，会诸侯，曹子以一剑之任，枝桓公之心于坛坫之上，颜色不变，辞气不悖，三战之所亡一朝而复之，天下震动，诸侯惊骇，威加吴、越。若此二士者，非不能成小廉而行小节也，以为杀身亡躯，绝世灭后，功名不立，非智也。故去感忿之怨，立终身之名；弃忿悁之节，定累世之功。是以业与三王争流，而名与天壤相弊也。愿公择一而行之。"

两国军队都先后从齐国撤回而燕国救兵又没到。齐国全部的兵力，对天下别无谋求，全力攻打聊城，如果还要据守已被围困了一年多的聊城，我看您是办不到的。而且燕国发生动乱，君臣束手无策，上下迷惑，粟腹带领十万大军在国外连续打了五次败仗，拥有万辆兵车的大国却被赵国包围，土地削减，国君被困，被天下人所耻笑。国家衰败，祸患四起，民心浮动。如今，您又用聊城疲惫的军民抵抗整个齐国军队的进攻，这如同墨翟一样地善于据守了。缺乏粮食吃人肉充饥，没有柴烧，烧人的骨头，士兵却没有叛离之心，这如同孙膑一样擅长带兵啊。您的本领已在天下显现。虽然如此，可是替您考虑，不如保全兵力用来答谢燕国。兵力完好回归燕国，燕王一定高兴；身体完好地回归本国，百姓好像重见父母，朋友们到一起都会振奋地称赞、推崇，功业得以彰显。对上，辅佐国君统率群臣；对下，既养百姓又帮助游说之士，矫正国事，改变风俗，事业名声都得以建立。如果没有回归燕国的心志，就放弃燕国，摒弃世俗的议论，向东到齐国来，齐国会割土地予以分封，使您富贵得可以和魏冉、商鞅相比，世世代代称孤道寡，和齐国长久并存，这也是一种办法。这两种方法，是显扬名声、得到实惠的好主意，希望您仔细地考虑，审慎地选择其中一条。

"我听说，谋求小节的人不会成就荣耀的名声，以小耻为耻的人不能建立大的功业。从前管仲射中桓公的衣带钩，是犯上；放弃公子纠而不能随他去死，是怯懦；身戴刑具被囚禁，是耻辱。具有这三种情形的人，国君不用他做臣子而乡亲们不会跟他来往。当初假使管子长期囚禁死在牢狱而不能返回齐国，那么也不免落个行为耻辱、卑贱的名声。连奴婢和他同名都感到羞耻，何况社会上的舆论呢！所以管仲不因为身在牢狱感到耻辱，却以天下不能太平感到耻辱，不以未能随公子纠去死感到耻辱，却以不能在诸侯中显扬威名感到耻辱，因此他虽然兼有犯上、怕死、受辱三重过失，却辅佐齐桓公成为五霸之首，他的名声比天下任何人都高，而他的光辉照耀着邻国。曹沫作为鲁国的将领，多次打仗多次失败，丢掉了五百里的土地。当初假使曹沫不反复仔细地考虑，仓促计议就刎颈自杀，那么，也不免落个被擒败将的丑名了。曹沫不顾多次战败的耻辱，却回来和鲁君计议。趁着桓公大会天下诸侯的机会，曹沫凭借一把短剑，在坛台上逼近桓公的心窝，脸色不变，谈吐从容，多次战败丢掉的土地，一会儿工夫便又收回来，使天下震动、诸侯惊骇，使鲁国的威名在吴、越之上。像这二位志士，不是不顾全小的名节和廉耻，而是认为一死了之，身亡名灭，功业不能建立，不是聪明的做法。所以摒弃一时的愤怒，树立终身的威名；放弃一时的愤怒，奠定世世代代的功业。所以这些业绩和三王的功业争相流传而名声和天地共存。希望您选择其中一个方案行动吧！"

燕将见鲁连书，泣三日，犹豫不能自决。欲归燕，已有隙，恐诛；欲降齐，所杀虏于齐甚众，恐已降而后见辱。喟然叹曰："与人刃我，宁自刃。"乃自杀。聊城乱，田单遂屠聊城。归而言鲁连，欲爵之。鲁连逃隐于海上，曰："吾与富贵而诎于人，宁贫贱而轻世肆志焉。"

邹阳者，齐人也。游于梁，与故吴人庄忌夫子、淮阴枚生之徒交。上书而介于羊胜、公孙诡之间。胜等嫉邹阳，恶之梁孝王。孝王怒，下之吏，将欲杀之。邹阳客游，以谗见禽，恐死而负累，乃从狱中上书曰：

臣闻忠无不报，信不见疑，臣常以为然，徒虚语耳。昔者荆轲慕燕丹之义，白虹贯日，太子畏之；卫先生为秦画长平之事，太白蚀昴，而昭王疑之。夫精变天地而信不喻两主，岂不哀哉！今臣尽忠竭诚，毕议愿知，左右不明，卒从吏讯，为世所疑，是使荆轲、卫先生复起，而燕、秦不悟也。愿大王孰察之。

昔卞和献宝，楚王刖之；李斯竭忠，胡亥极刑。是以箕子详狂，接舆辟世，恐遭此患也。愿大王孰察卞和、李斯之意，而后楚王、胡亥之听，无使臣为箕子、接舆所笑。臣闻比干剖心，子胥鸱夷，臣始不信，乃今知之。愿大王孰察，少加怜焉。

谚曰："有白头如新，倾盖如故。"何则？知与不知也。故昔樊於期逃秦之燕，藉荆轲首以奉丹之事；王奢去齐之魏，临城自刭以却齐而存魏。夫王奢、樊於期非新于齐、秦而故于燕、魏也，所以去二国死两君者，行合于志而慕义无穷也。是以苏秦不信于天下，而为燕尾生；白圭战亡六城，为魏取中山。何则？诚有以相知也。苏秦相燕，燕人恶之于王，王按剑而怒，食以𫘦𫘧；白圭显于中山，中山人恶之魏文侯，文侯投之以夜光之璧。何则？两主二臣，剖心坼肝相

燕将看了鲁仲连的信，哭了好几天，犹豫不能决断。想要回归燕国，已经产生了嫌隙，怕被诛杀；想要投降齐国，杀死和俘虏的齐人太多了，恐怕降服后被污辱，于是长长地叹息说："与其让别人杀死我，不如自杀。"就自杀了。聊城大乱，于是田单进军血洗聊城，归来后向齐王报告鲁仲连的事，齐王想要封他爵位。鲁仲连听后跑到海边隐居起来，他说："我与其富贵而屈身侍奉于人，还不如贫贱而轻视世俗放任自己的心志啊。"

邹阳，是齐国人。客游梁国，和吴国人庄忌、淮阴人枚乘等人有所往来，上书自达，与羊胜、公孙诡同为梁孝王门客。羊胜等人妒嫉邹阳，在梁孝王面前说他的坏话。孝王很生气，把邹阳交给下属官吏办罪，想要杀死他。邹阳在梁国客游，因为遭到诽谤被抓起来，担心死后承担莫须有的罪名，就从牢狱里写信给梁孝王，信中写道：

我听说忠诚的人无不得到回报，诚信的人不被怀疑，过去我总认为是对的，今天看来不过是一句空话罢了。从前荆轲仰慕燕太子丹的高义前去行刺秦王，尽管天空出现白虹贯日的征兆，可是燕太子丹仍然担心荆轲，害怕不能成行；卫先生替秦王谋划长平之事，也出现了金星遮掩昴星的预兆，而秦昭王仍然疑虑重重。他们的精诚所至感天动地，显示出征兆，却不被燕丹、昭王两主所理解，这难道不是可悲的吗！如今我竭尽忠诚，尽其计谋，希望大王采纳。您周围的人不了解情况，终于把我交给官吏审讯，被世人误解，即使让荆轲、卫先生复活，而燕丹、秦昭王也不会醒悟。希望大王仔细地审察这种情况。

从前卞和进献宝玉，楚王砍掉他的脚；李斯对秦竭尽忠诚，胡亥却把他处以极刑。因此箕子装疯，接舆避世，他们都怕遇到这种灾祸啊。希望大王仔细地审察卞和、李斯的诚意，不要犯楚王、胡亥偏听偏信的错误，不要让我被箕子、接舆耻笑。我听说比干被剖心，伍子胥的尸体被装进皮袋子沉入江里，当初我并不相信，现在我才了解了真情。希望大王仔细地审察，略微给我一点怜悯吧！

俗话说："有的人相处到老，如同新识；有的人偶然相遇，却一见如故。"这是为什么呢？相知还是不相知，不在于相处时间的长短啊。所以，从前樊於期从秦国逃往燕国，把首级给荆轲用来奉行燕丹的使命；王奢离开齐国前往魏国，在城上自刎用来退去齐军保全魏国。王奢、樊於期并不是因为齐、秦是新交，燕、魏是老相识，他们离开齐国和秦国，为燕、魏二君去死，是由于行为和志向相合而对正义无限仰慕的原因啊。所以苏秦不被天下人信任却对燕国像尾生一样地信实；白圭战败丢掉六国城池，却为魏国夺取了中山。这是为什么呢？实在是遇到相知的原因啊。苏秦出任燕国的宰相，燕国有人在国君面前诽谤他，燕王手按宝剑发怒，还杀了一匹骏马给他吃；白圭在中山名声显扬，中山有人到魏文侯

信,岂移于浮辞哉!

故女无美恶,入宫见妒;士无贤不肖,入朝见嫉。昔者司马喜髌脚于宋,卒相中山;范雎摺胁折齿于魏,卒为应侯。此二人者,皆信必然之画,捐朋党之私,挟孤独之位,故不能自免于嫉妒之人也。是以申徒狄自沈于河,徐衍负石入海。不容于世,义不苟取,比周于朝,以移主上之心。故百里奚乞食于路,缪公委之以政;宁戚饭牛车下,而桓公任之以国。此二人者,岂借宦于朝,假誉于左右,然后二主用之哉?感于心,合于行,亲于胶漆,昆弟不能离,岂惑于众口哉?故偏听生奸,独任成乱。昔者鲁听季孙之说而逐孔子,宋信子罕之计而囚墨翟。夫以孔、墨之辩,不能自免于谗谀,而二国以危。何则?众口铄金,积毁销骨也。是以秦用戎人由余而霸中国,齐用越人蒙而强威、宣。此二国,岂拘于俗,牵于世,系阿偏之辞哉?公听并观,垂名当世。故意合则胡越为昆弟,由余、越人蒙是矣;不合,则骨肉出逐不收,朱、象、管、蔡是矣。今人主诚能用齐、秦之义,后宋、鲁之听,则五伯不足称,三王易为也。

是以圣王觉寤,捐子之之心,而能不说于田常之贤;封比干之后,修孕妇之墓,故功业复就于天下。何则?欲善无厌也。夫晋文公亲其仇,强霸诸侯;齐桓公用其仇,而一匡天下。何则,慈仁殷勤,诚加于心,不可以虚辞借也。

至夫秦用商鞅之法,东弱韩、魏,兵强天下,而卒车裂之;越用大夫种之谋,禽劲吴,霸中国,而卒诛其身。是以孙叔敖三去相而不悔,于陵子仲辞三公为人灌园。今人主诚能去骄傲之心,怀可报之意,披心腹,见情素,堕肝胆,施德厚,终与之穷达,无爱于士,则桀之狗可使吠尧,而蹠之客可使刺由;况因万乘之权,假圣王之资

面前毁谤他，文侯却拿出夜光璧赠给他。这是为什么呢？两主二臣之间，剖心披胆，深信不疑，怎么能因为流言蜚语就变心了呢！

所以女子不论丑美，进入宫廷就被妒嫉；士子不论贤还是不肖，入朝做官就被嫉妒。从前司马喜在宋国遭到割去膝盖骨的刑罚，最终出任了中山国的宰相，范雎在魏国被折断肋骨，打掉牙齿，终于被秦国封为应侯。这两个人，都信守一定的规距，不去做结党营私的勾当，处于孤独的地位，所以不能免于嫉妒小人的迫害。申徒狄所以投河自尽，徐衍抱着石头投海，是因为他们不被当世所容，信守正义不苟且迎合，不在朝廷里结党营私，来动摇国君的心志。所以百里奚在路上行乞，秦缪公把国政托付给他；宁戚在车下喂牛，齐桓公把国事交给他治理。这两个人，难道是在朝中借助官宦的保举、左右亲信的吹捧，才博得缪公、桓公的重用吗？感召在心，相合在行，亲密如同胶漆，像亲兄弟一样不能分开，难道还能被众多的谗言迷惑吗？所以，只听一面之词就要产生邪恶，只任用个别人就要酿成祸乱。从前鲁君只听信季孙的话，赶走了孔子；宋君只相信子罕的计策，囚禁了墨翟。像孔子、墨子的才辩，都不能使自己免于谗言的伤害，因而鲁、宋两国出现了危机。这是为什么呢？众口一词，就是金石也会熔化，毁谤聚集多了，就是亲骨肉的关系也会销毁。所以秦缪公任用了戎人由余，而称霸中原，齐国任用了越人蒙，而使威王、宣王两代强盛。秦、齐两国，难道会拘泥于流俗，牵累于世风，束缚于阿谀偏执的谗言吗？他们能公正地听取意见，全面地观察事情，在当世一直保持好的名声。所以心意相合，就是胡人越人，也可以亲如兄弟，由余和越人蒙就是这样的；心意不能相合，就是至亲骨肉也赶走不留，朱、象、管、蔡就是这样的。如今，国君如果能用齐、秦合宜的做法，摒弃宋、鲁偏听偏信的错误，那么，五霸的功业就不值得称颂，三王的功业也是很容易实现的。

因此，英明的国君得到醒悟，摒弃子之虚伪的心肠，喜欢田常的贤能；封赏比干的后代，整修被剖腹孕妇的坟墓，所以功业回归于天下。这是为什么呢？要从善如流是没有满足的。晋文公亲近他的仇人，就能够在诸侯中称霸；齐桓公任用他原来的仇人，却能使天下纳入正轨。这是为什么呢？心地仁慈，对人诚恳，用真诚感化人心，不是用虚浮的言辞能代替的。

到秦国的时候，秦王任用商鞅推行变法，向东削弱了韩、魏，秦国的军队在天下称强，而最终把他车裂而死；越国采纳大夫文种的计谋，攻灭了强大的吴国，称霸中原，而最后遭到杀身之祸。因此，孙叔敖三次离开相位而不懊悔；于陵子仲推辞了三公的职位去替别人浇水灌园。如今国君果真能去掉倨傲的情绪，心里存有报答的想法，敞开心腹，以见真情，披肝沥胆，施以厚德，始终和别人共甘苦、爱戴士子，那么，就是桀养的狗也可以让它咬尧，而蹠的门客可以让他

乎？然则荆轲之湛七族，要离之烧妻子，岂足道哉！

臣闻明月之珠，夜光之璧，以暗投人于道路，人无不按剑相眄者。何则？无因而至前也。蟠木根柢，轮囷离诡，而为万乘器者。何则？以左右先为之容也。故无因至前，虽出随侯之珠，夜光之璧，犹结怨而不见德。故有人先谈，则以枯木朽株树功而不忘。今夫天下布衣穷居之士，身在贫贱，虽蒙尧、舜之术，挟伊、管之辩，怀龙逢、比干之意，欲尽忠当世之君，而素无根柢之容，虽竭精思，欲开忠信，辅人主之治，则人主必有按剑相眄之迹，是使布衣不得为枯木朽株之资也。

是以圣王制世御俗，独化于陶钧之上，而不牵于卑乱之语，不夺于众多之口。故秦皇帝任中庶子蒙嘉之言，以信荆轲之说，而匕首窃发；周文王猎泾、渭，载吕尚而归，以王天下。故秦信左右而杀，周用乌集而王。何则？以其能越挛拘之语，驰域外之议，独观于昭旷之道也。

今人主沉于谄谀之辞，牵于帷裳之制，使不羁之士与牛骥同皂，此鲍焦所以忿于世而不留富贵之乐也。

臣闻盛饰入朝者不以利污义，砥厉名号者不以欲伤行，故县名胜母而曾子不入，邑号朝歌而墨子回车。今欲使天下寥廓之士，摄于威重之权，主于位势之贵，故回面污行以事谄谀之人而求亲近于左右，则士伏死堀穴岩之中耳，安肯有尽忠信而趋阙下者哉！

书奏梁孝王，孝王使人出之，卒为上客。

太史公曰：鲁连其指意虽不合大义，然余多其在布衣之位，荡然肆志，不诎于诸侯，谈说于当世，折卿相之权。邹阳辞虽不逊，然其比物连类，有足悲者，亦可谓抗直不桡矣，吾是以附之列传焉。

行刺许由；何况您倚仗大国的权势，凭借圣王的才能呢？既然如此，那么荆轲甘愿冒着被灭七族的大祸，要离烧死妻子儿女，难道还有什么值得称道的吗！

我听说把月明珠或夜光璧，在黑夜的路上抛向行人，人们没有不惊异地按剑斜着眼睛警惕地看他的。这是为什么呢？是因为宝物无端地被抛到面前。盘曲的树根，屈曲奇特，却可以成为国君鉴赏的器物。这是为什么呢？是因为周围的人事先把它雕刻、装饰了。所以宝物无端地抛到眼前，即使抛出的是随侯明珠、夜光之璧，还是要结怨而不讨好的，所以事先有人予以推荐，就是枯木朽株也会有所建树而不被忘掉。如今那些平民百姓和穷居陋巷的士人，处在贫贱的环境下，即使有尧、舜的治国之道，持有伊尹、管仲那样的辩才，怀有龙逢、比干那样的心志，打算尽忠于当世的国君，而素来没有被推荐的人，即使是用尽心思，献出自己的忠义，辅佐国君治国安邦，那么，国君一定会像对待投掷宝物的人那样按剑斜视你了，这是使得平民百姓不能起到枯木朽株那样的作用啊。

所以圣明的君主治理国家，如同陶人运钧一样自有治国之道，教化天下，而不被鄙乱的议论所左右，不被众多口舌贻误大事。所以秦始皇听信中庶子蒙嘉的话，才相信了荆轲的谎话，荆轲才能乘人不备偷偷地取出行刺的匕首；周文王在泾、渭地区狩猎，用车载回吕尚，才能够在天下称王。那么秦王偏听了近臣的话，险些被杀；周文王却事出偶合而称王天下。这是为什么呢？因为他能不拘泥于言辞，纵横于园囿以外的议论，卓然独立地看到宽宏豁达的光明大道。

如今，国君沉湎于阿谀谗媚的言辞之中，牵制于姬妾近侍的包围之下，以致使卓异超群的士人，与愚人、贤者混同在一起。这就是鲍焦为什么对世道愤懑不平、对富贵毫不留恋的原因啊。

我听说穿着庄重严整的服饰上朝的人，不会贪图利禄而玷污道义；追求名誉的人，不会放纵私欲败坏自己的品行，因此，县名叫作"胜母"而曾子就不进去；城邑的名字叫"朝歌"而墨子就回车离去。如今，让抱负远大的人，被威重的权势所震慑，被高位大势所压抑，有意用邪恶的面目、肮脏的品行来侍奉阿谀献媚的小人而求得亲近于大王左右，那么有志之士就会老死在岩穴之中了，怎么肯竭尽忠诚信义追随大王呢！

这封信进献给梁孝王，孝王派人从牢狱中把邹阳放出来，邹阳终于成为梁孝王的贵宾。

太史公说：鲁仲连的议论主要旨意虽然不合大义，可是我赞许他能以平民百姓的身份，纵横快意地放浪形骸，不屈服于诸侯，评论当世豪杰，使大权在握的公卿宰相们折服。邹阳的言辞即使不够谦逊，可是他列举相类的事物进行比较，确实有感人之处，也可以说是坦率耿直、不屈不挠了，所以我把他附在这篇列传里。

屈原贾生列传第二十四

屈原者,名平,楚之同姓也。为楚怀王左徒。博闻强志,明于治乱,娴于辞令。入则与王图议国事,以出号令;出则接遇宾客,应对诸侯。王甚任之。

上官大夫与之同列,争宠而心害其能。怀王使屈原造为宪令,屈平属草稿未定。上官大夫见而欲夺之,屈平不与,因谗之曰:"王使屈平为令,众莫不知,每一令出,平伐其功,以为'非我莫能为'也。"王怒而疏屈平。

屈平疾王听之不聪也,谗谄之蔽明也,邪曲之害公也,方正之不容也,故忧愁幽思而作离骚。离骚者,犹离忧也。夫天者,人之始也;父母者,人之本也。人穷则反本,故劳苦倦极,未尝不呼天也;疾痛惨怛,未尝不呼父母也。屈平正道直行,竭忠尽智以事其君,谗人间之,可谓穷矣。信而见疑,忠而被谤,能无怨乎?屈平之作离骚,盖自怨生也。国风好色而不淫,小雅怨诽而不乱。若离骚者,可谓兼之矣。上称帝喾,下道齐桓,中述汤武,以刺世事。明道德之广崇,治乱之条贯,靡不毕见。其文约,其辞微,其志絜,其行廉,其称文小而其指极大,举类迩而见义远。其志絜,故其称物芳。其行廉,故死而不容。自疏濯淖污泥之中,蝉蜕于浊秽,以浮游尘埃之外,不获世之滋垢,皭然泥而不滓者也。推此志也,虽与

屈原，名平，和楚国王室是同姓一族。他担任楚怀王的左徒，学识渊博，记忆力很强，对国家存亡兴衰的道理非常了解，对外交往来、接人待物的辞令也非常熟悉。因此他入朝就和楚王讨论国家大事，制定政令；对外接待各国使节，处理对各诸侯国的外交事务。楚怀王对他非常信任。

上官大夫和屈原职位相同，他想得到怀王的宠信，很嫉妒屈原的才能。有一次，怀王命屈原制定国家法令，屈原刚把草稿写完，还没最后修定完成时，上官大夫见到后想夺为己有，但屈原不肯给他。他就在楚怀王面前说屈原的坏话："大王您让屈原制定法令，上下没有人不知道这件事，每颁布一条法令，屈原就夸耀自己的功劳，说是'除了我之外，谁也做不出来'。"怀王听了，非常生气，因此就疏远了屈原。

屈原痛心怀王听闻失灵而不能分辨是非，视线被谗佞谄媚之徒所蒙蔽而不能辨明真伪，致使邪恶伤害了公道、正直的人不被朝廷所容，所以才忧愁苦闷，沉郁深思而写成《离骚》。所谓"离骚"，就是遭遇忧患的意思。上天是人的原始；父母是人的根本。人在处境窘迫的时候，就要追念根本，所以在劳累困苦到极点时，没有不呼叫上天的；在受到病痛折磨无法忍受时，没有不呼叫父母的。屈原坚持公正，行为耿直，对君王他一片忠心，竭尽才智，但是受到小人的挑拨离间，其处境可以说是极端困窘了。因诚心为国而被君王怀疑，因忠心事主而被小人诽谤，怎能没有悲愤之情呢？屈原写作《离骚》，正是为了抒发这种悲愤之情。《诗经·国风》虽然有许多描写男女恋情之作，但不是淫乱；《诗经·小雅》虽然表露了百姓对朝政的诽谤愤怨之情，但不主张公开反叛。而像屈原的《离骚》，可以说是兼有以上两者的优点。屈原在《离骚》中，往上追述到帝喾的事迹，近世赞扬齐桓公的伟业，中间叙述商汤、周武的德政，以此来批评时政。阐明道德的广博深远，治乱兴衰的因果必然，这些都讲得非常详尽。《离骚》的语言简约精练，内容却托意深微，表达屈原情志高洁、品行廉正。其中的文句写的虽然是细小的事物，其意旨却极其博深宏大，列举的虽然都是眼前常见的事例，而所寄托的意义却极其深远。屈原情志高洁，所以喜欢用香草作譬喻；他品行廉正，所以至死也不放松对自己的要求。身处污泥浊水之中而能洗涤干净，就像蝉能从混浊污秽中解脱出来一样，在尘埃之外浮游，不被世俗的混浊所

日月争光可也。

屈平既绌，其后秦欲伐齐，齐与楚从亲，惠王患之，乃令张仪佯去秦，厚币委质事楚，曰："秦甚憎齐，齐与楚从亲，楚诚能绝齐，秦愿献商、于之地六百里。"楚怀王贪而信张仪，遂绝齐，使使如秦受地。张仪诈之曰："仪与王约六里，不闻六百里。"楚使怒去，归告怀王。怀王怒，大兴师伐秦。秦发兵击之，大破楚师于丹、淅，斩首八万，虏楚将屈匄，遂取楚之汉中地。怀王乃悉发国中兵以深入击秦，战于蓝田。魏闻之，袭楚至邓。楚兵惧，自秦归。而齐竟怒不救楚，楚大困。

明年，秦割汉中地与楚以和。楚王曰："不愿得地，愿得张仪而甘心焉。"张仪闻，乃曰："以一仪而当汉中地，臣请往如楚。"如楚，又因厚币用事者臣靳尚，而设诡辩于怀王之宠姬郑袖。怀王竟听郑袖，复释去张仪。是时屈平既疏，不复在位，使于齐，顾反，谏怀王曰："何不杀张仪？"怀王悔，追张仪不及。

其后诸侯共击楚，大破之，杀其将唐眛。

时秦昭王与楚婚，欲与怀王会。怀王欲行，屈平曰："秦虎狼之国，不可信，不如毋行。"怀王稚子子兰劝王行："奈何绝秦欢！"怀王卒行。入武关，秦伏兵绝其后，因留怀王，以求割地。怀王怒，不听。亡走赵，赵不内。复之秦，竟死于秦而归葬。

长子顷襄王立，以其弟子兰为令尹。楚人既咎子兰以劝怀王入秦而不反也。

屈平既嫉之，虽放流，眷顾楚国，系心怀王，不忘欲反，冀幸君之一悟，俗之一改也。其存君兴国而欲反覆之，一篇之中三致志焉。然终无可奈何，故不可以反，卒以此见怀王之终不悟也。人君无愚智

玷污，清白高洁，出污泥而不染。他情志高尚，说与日月争辉也是适宜的。

屈原被贬退之后，秦国想发兵攻打齐国，可是齐国与楚国有合纵的盟约，秦惠王对此很担忧，于是就派张仪假装离开秦国，带着丰厚的礼品来到楚国表示臣服，说："秦国非常痛恨齐国，但齐国和楚国有合纵的盟约，若是楚国能和齐国断交，那么秦国愿意献出商、于一带六百里土地。"楚怀王贪图秦国的土地而相信了张仪，就和齐国断绝了关系，并派使者到秦国接受土地。张仪欺骗使者说："我和楚王约定的是六里，没听说过有什么六百里。"楚国使者非常生气地离开了，回到楚国把这事告诉了怀王。怀王勃然大怒，大规模起兵攻打秦国。秦国也派兵迎击，在丹水、淅水一带大破楚军，并斩杀八万人，俘虏了楚将屈匄，接着又攻取了楚国汉中一带。于是楚怀王发动了全国的军队，深入进军，攻打秦国，在蓝田大战。魏国得知此事，派兵偷袭楚国，到达邓地。楚兵非常害怕，不得不从秦国撤军回国。而齐国很痛恨怀王背弃盟约，不肯派兵救助楚国，楚国的处境非常艰难。

第二年，秦国提出归还汉中一带的土地与楚国讲和，但楚怀王说："我不希望得到土地，只想得到张仪就甘心了。"张仪听到这话，就说："用我一个张仪来抵汉中之地，请大王答应我去楚国。"张仪到楚国之后，又给楚国掌权的大臣靳尚送上厚礼，并用花言巧语欺骗怀王的宠姬郑袖，怀王竟然听信了郑袖的话，把张仪又给放跑了。这时屈原已被疏远，不再担任重要官职，刚被派去出使齐国，回来之后，向怀王进谏说："大王您为什么不杀了张仪呢？"怀王感到很后悔，派人去追赶，但已经来不及了。

在此之后，各诸侯国联合攻打楚国，大败楚军，杀死了楚国大将唐眜。

后来秦昭王和楚国结为姻亲，想和楚怀王见见面，楚怀王想要前往，屈原劝谏说："秦国是虎狼一般贪暴的国家，是不能信任的，还是不去的好。"可是怀王的小儿子子兰劝怀王前去，他说："为什么要拒绝秦王的好意呢？"怀王最终还是去了。但他刚一进武关，秦国的伏兵就截断了他的回路，把怀王扣留，为的是让他答应割让土地。怀王大怒，不肯应允，逃到赵国，但赵国拒绝接纳，然后又被抓回秦国，最终死在秦国，尸体运回楚国安葬。

怀王的大儿子顷襄王继位，任命他的弟弟子兰为令尹。因子兰劝怀王入秦而导致怀王最终死在秦国，楚国人都把此事的责任归罪于子兰。

屈原非常痛恨子兰的所作所为，虽然身遭放逐，却依然眷恋楚国，怀念怀王，时刻惦记着能重返朝廷，总是希望君王能突然觉悟，不良习俗也为之改变。他怀念君王，想要复兴国家、扭转局势，所以在一篇作品中多次流露这种心情。然而终究无可奈何，所以也不可能再返朝廷，于此也可见怀王最终也没有醒悟。

贤不肖，莫不欲求忠以自为，举贤以自佐，然亡国破家相随属，而圣君治国累世而不见者，其所谓忠者不忠，而所谓贤者不贤也。怀王以不知忠臣之分，故内惑于郑袖，外欺于张仪，疏屈平而信上官大夫、令尹子兰。兵挫地削，亡其六郡，身客死于秦，为天下笑。此不知人之祸也。易曰："井泄不食，为我心恻，可以汲。王明，并受其福。"王之不明，岂足福哉！

令尹子兰闻之大怒，卒使上官大夫短屈原于顷襄王，顷襄王怒而迁之。

屈原至于江滨，被发行吟泽畔。颜色憔悴，形容枯槁。渔父见而问之曰："子非三闾大夫欤？何故而至此？"屈原曰："举世混浊而我独清，众人皆醉而我独醒，是以见放。"渔父曰："夫圣人者，不凝滞于物而能与世推移。举世混浊，何不随其流而扬其波？众人皆醉，何不哺其糟而啜其醨？何故怀瑾握瑜而自令见放为？"屈原曰："吾闻之，新沐者必弹冠，新浴者必振衣，人又谁能以身之察察，受物之汶汶者乎！宁赴常流而葬乎江鱼腹中耳，又安能以皓皓之白而蒙世俗之温蠖乎！"

乃作怀沙之赋。其辞曰：

陶陶孟夏兮，草木莽莽。伤怀永哀兮，汨徂南土。眴兮窈窈，孔静幽墨。冤结纡轸兮，离愍之长鞠；抚情效志兮，俯诎以自抑。

刓方以为圜兮，常度未替；易初本由兮，君子所鄙。章画职墨兮，前度未改；内直质重兮，大人所盛。巧匠不斫兮，孰察其揆正？玄文幽处兮，蒙谓之不章；离娄微睇兮，瞽以为无明。变白而为黑兮，倒上以为下。凤皇在笯兮，鸡雉翔舞。同糅玉石兮，一概而相量。夫党人之鄙妒兮，羌不知吾所臧。任重载盛兮，陷滞而不济；怀瑾握瑜兮，穷不得余所示。邑犬群吠兮，吠所怪也；诽骏疑桀兮，固

作为国君，不管他聪明还是愚蠢，有才还是无能，都希望找到忠臣和贤士来辅佐自己治理国家，然而亡国破家之事却不断发生，而圣明的君主、太平的国家却好多世都未曾一见，其根本原因就在于所谓的忠臣并不忠、所谓的贤士并不贤。怀王因为不知晓忠臣之职分，所以在内被郑袖所迷惑，在外被张仪所欺骗，疏远了屈原而信任上官大夫和令尹子兰，结果使军队惨败，国土被侵占，失去了六郡地盘，自己还流落他乡，客死秦国，被天下人所耻笑。这是由于不知人所造成的灾祸。《易经》上说："井已经疏浚干净，却没人来喝水，这是令人难过的事。国君若是圣明，大家都可以得到幸福。"而怀王是如此不明，哪里配得到幸福啊？

令尹子兰听到这些情况勃然大怒，最终让上官大夫去向顷襄王说屈原的坏话，顷襄王一生气，就把屈原放逐了。

屈原来到江边，披头散发在荒野草泽上一边走，一边悲愤长吟。他的脸色憔悴，形体干瘦。一位渔翁看到他，就问道："您不就是三闾大夫吗？为什么到这里来呢？"屈原说："全国的人都污浊而只有我是干净的，大家都昏沉大醉而只有我是清醒的，所以我才被放逐了。"渔翁说："一个道德修养达到最高境界的人，对事物的看法并非一成不变，而是能随着世俗风气而转移，全社会的人都污浊，你为什么不在其中随波逐流？大家都昏沉大醉，你为什么不在其中吃点残羹剩酒呢？为什么要保持美玉一般的品德，而使自己落得个被流放的下场呢？"屈原回答说："我听说过，刚洗过头的人一定要弹去帽子上的灰尘，刚洗过身躯的人一定要把衣服上的尘土抖干净，人们又有谁愿意以清白之身，而受外界污垢的玷染呢？我宁愿跳入江水，葬身鱼腹之中，也不让自己的清白品德蒙受世俗的污染！"

于是，屈原写下了作品《怀沙》，其中这样写道：

阳光强烈的初夏呀，草木茂盛地生长着。悲伤总是充满胸膛啊，我急匆匆来到南方。眼前的路是一片茫茫啊，沉寂得毫无声响。我的心情沉郁悲慨啊，这令人伤心的日子又实在太长。抚心反省而没有过错啊，蒙冤自抑而无所畏惧。

想把方木削成圆木啊，但正常法度又不可改易。抛开正路而走上斜径啊，那将为君子所鄙弃。明确规范牢记法度啊，往日的初衷决不反悔。品性忠厚心地端正啊，为君子所赞美。巧匠不挥动斧头砍削啊，谁能看出是否合乎标准？黑色的花纹放在幽暗之处啊，盲人会说花纹不鲜明；离娄稍微一瞥就看得非常清楚啊，盲人反说他是失明无光。事情竟是如此的黑白混淆啊，上下颠倒。凤凰被关进笼子里啊，鸡和野雉却在那里飞跳。美玉和粗石被掺杂在一起啊，竟有人说二者也差不了多少。那些帮派小人卑鄙嫉妒啊，全然不了解我的高尚情操。任重道远负载得太多啊，以至于沉陷阻滞不能向前。身怀美玉品德高尚啊，处境却困窘向谁展示？城中群狗胡乱叫啊，少见多怪就叫唤。诽谤英雄怀疑豪杰啊，这本来就是

庸态也。文质疏内兮，众不知吾之异采；材朴委积兮，莫知余之所有。重仁袭义兮，谨厚以为丰；重华不可牾兮，孰知余之从容！古固有不并兮，岂知其故也？汤禹久远兮，邈不可慕也。惩违改忿兮，抑心而自强；离愍而不迁兮，愿志之有象。进路北次兮，日昧昧其将暮；含忧虞哀兮，限之以大故。

乱曰：浩浩沅、湘兮，分流汨兮。修路幽拂兮，道远忽兮。曾唫恒悲兮，永叹慨兮。世既莫吾知兮，人心不可谓兮。怀情抱质兮，独无匹兮。伯乐既殁兮，骥将焉程兮？人生禀命兮，各有所错兮。定心广志，余何畏惧兮？曾伤爰哀，永叹喟兮。世溷不吾知，心不可谓兮。知死不可让兮，愿勿爱兮。明以告君子兮，吾将以为类兮。

于是怀石遂自汨罗以死。

屈原既死之后，楚有宋玉、唐勒、景差之徒者，皆好辞而以赋见称；然皆祖屈原之从容辞令，终莫敢直谏。其后楚日以削，数十年竟为秦所灭。

自屈原沈汨罗后百有余年，汉有贾生，为长沙王太傅，过湘水，投书以吊屈原。

贾生名谊，雒阳人也。年十八，以能诵诗属书闻于郡中。吴廷尉为河南守，闻其秀才，召置门下，甚幸爱。孝文皇帝初立，闻河南守吴公治平为天下第一，故与李斯同邑而常学事焉，乃征为廷尉。廷尉乃言贾生年少，颇通诸子百家之书。文帝召以为博士。

是时贾生年二十余，最为少。每诏令议下，诸老先生不能言，贾生尽为之对，人人各如其意所欲出。诸生于是乃以为能，不及也。孝文帝说之，超迁，一岁中至太中大夫。

贾生以为汉兴至孝文二十余年，天下和洽，而固当改正朔，易服色，法制度，定官名，兴礼乐，乃悉草具其事仪法，色尚黄，数用五，为官名，悉更秦之法。孝文帝初即位，谦让未遑也。诸律令所更

小人的丑态。外表粗疏内心朴实啊，众人不知我的异彩。未雕饰的材料被随意丢弃啊，没人知道我所具有的智慧和品德。我注重仁与义的修养啊，并把恭谨忠厚来加强。虞舜已不可再遇啊，又有谁知道我从容坚守自己的志向。古代的圣贤也难得同世而生啊，又有谁能了解其中缘由？商汤夏禹距今是何其久远啊，渺茫无际难以追攀。强压住悲愤不平啊，抑制内心而使自己更加坚强。遭受忧患而不改变初衷啊，只希望我的志向成为后人效法的榜样。我又顺路北行啊，迎着昏暗将尽的阳光。饱含忧郁而强作欢颜啊，死亡就在前面不远的地方。

尾声：浩浩荡荡的沅江、湘江水啊，不停地流淌翻涌着波浪。道路漫长而又昏暗啊，前程又是何等的恍惚渺茫。我怀着长久的悲伤歌吟不止啊，一直在慨然叹息。世上没人了解我啊，谁能听我诉衷肠？情操高尚品质美啊，芬芳洁白世无双。伯乐早已死去啊，千里马谁能识别它是骏良？人生一世秉承命运啊，各有各的不同安排。内心坚定心胸广啊，别的还有什么值得畏惧！重重忧伤长感慨啊，永世长叹无尽哀。世道混浊知音少啊，人心叵测内难猜。人生在世终须死啊，对自己的生命就不要太珍爱。明白告知世间的君子啊，我将永为人模楷。

于是，屈原就怀抱石头，投入汨罗江自杀而死。

屈原死后，楚国有宋玉、唐勒、景差等人，他们都爱好文学而以擅长辞赋著名，但都只学习了屈原辞令委婉含蓄的一面，而最终没人敢像屈原那样直言劝谏。此后楚国一天比一天弱小，几十年之后终于被秦国消灭。

自从屈原沉江而死，过了一百多年之后，汉朝有个贾生，在担任长沙王太傅时，经过湘水，写了一篇辞赋投入江中，以此祭吊屈原。

贾生名叫贾谊，是洛阳人，十八岁时就因能诵读诗书会写文章而闻名当地。吴廷尉担任河南郡守时，听说贾谊才学优异，就把他召到衙门任职，并对他非常器重。汉文帝刚即位，听说河南郡守吴公政绩卓著，为全国第一，而且和李斯同乡，又曾向李斯学习过，于是就征召他担任廷尉。吴廷尉就向文帝推荐贾谊，说贾谊年轻有才，能精通诸子百家的学问。这样，汉文帝就征召贾谊，让他担任博士之职。

当时贾谊二十多岁，在博士中最为年轻。每次文帝下令让博士们讨论一些问题，那些年长的老先生们都无话可说，而贾谊却能一一回答，人人都觉得他说出了自己想说的话。博士们都认为贾生才能杰出，无与伦比，大家都比不上他。汉文帝也非常喜欢他，对他破格提拔，一年之内就升任太中大夫。

贾谊认为从西汉建立到汉文帝时已有二十多年了，天下太平，正是改正历法、变易服色、订立制度、决定官名、振兴礼乐的时候。于是他草拟了各种仪法，崇尚黄色，遵用五行之说，创设官名，完全改变了秦朝的旧法。汉文帝刚刚

定，及列侯悉就国，其说皆自贾生发之。于是天子议以为贾生任公卿之位。绛、灌、东阳侯、冯敬之属尽害之，乃短贾生曰："雒阳之人，年少初学，专欲擅权，纷乱诸事。"于是天子后亦疏之，不用其议，乃以贾生为长沙王太傅。

贾生既辞往行，闻长沙卑湿，自以寿不得长，又以适去，意不自得。及渡湘水，为赋以吊屈原。其辞曰：

共承嘉惠兮，俟罪长沙。侧闻屈原兮，自沈汨罗。造托湘流兮，敬吊先生。遭世罔极兮，乃陨厥身。呜呼哀哉，逢时不祥！鸾凤伏窜兮，鸱枭翱翔。闒茸尊显兮，谗谀得志；贤圣逆曳兮，方正倒植。世谓伯夷贪兮，谓盗跖廉；莫邪为顿兮，铅刀为铦。于嗟嘿嘿兮，生之无故！斡弃周鼎兮宝康瓠，腾驾罢牛兮骖蹇驴，骥垂两耳兮服盐车。章甫荐屦兮，渐不可久；嗟苦先生兮，独离此咎！

讯曰：已矣，国其莫我知，独堙郁兮其谁语？凤漂漂其高遰兮，夫固自缩而远去。袭九渊之神龙兮，沕深潜以自珍。弥融爚以隐处兮，夫岂从蚁与蛭蟥？所贵圣人之神德兮，远浊世而自藏。使骐骥可得系羁兮，岂云异夫犬羊！般纷纷其离此尤兮，亦夫子之辜也！瞝九州而相君兮，何必怀此都也？凤皇翔于千仞之上兮，览德辉而下之；见细德之险兮，摇增翮逝而去之。彼寻常之污渎兮，岂能容吞舟之鱼！横江湖之鳣鲟兮，固将制于蚁蝼。

贾生为长沙王太傅三年，有鸮飞入贾生舍，止于坐隅。楚人命鸮曰"鵩"。贾生既以适居长沙，长沙卑湿，自以为寿不得长，伤悼之，乃为赋以自广。其辞曰：

单阏之岁兮，四月孟夏，庚子日施兮，鵩集予舍，止于坐隅，貌甚间暇。异物来集兮，私怪其故，发书占之兮，筴言其度。曰"野鸟入处兮，主人将去"。请问于鵩兮："予去何之？吉乎告我，凶言其灾。淹数之度兮，语予其期。"鵩乃叹息，举首奋翼，口不能言，请

即位不久，谦虚退让还来不及实行。但此后各项法令的更改，以及诸侯必须到封地去上任等事，这都是贾谊的主张。于是汉文帝就和大臣们商议，想提拔贾谊担任公卿之职。而绛侯周勃、灌婴、东阳侯、冯敬这些人都嫉妒他，就诽谤贾谊说："这个洛阳人，年纪轻而学识浅，只想独揽大权，把政事弄得一团糟。"此后，汉文帝就疏远了贾谊，不再采纳他的意见，任命他为长沙王太傅。

贾谊向文帝告辞以后，前往长沙赴任，他听说长沙地势低洼，气候潮湿，自认为寿命不会很长，又是因为被贬至此，内心非常不愉快。在渡湘水的时候，他写下一篇辞赋来凭吊屈原，赋文这样说：

我恭奉天子诏命，带罪来到长沙任职。我曾听说过屈原啊，是自沉汨罗江而长逝。今天我来到湘江边上，托江水来凭吊先生您的英灵。遭遇纷乱无常的社会，才逼得您自杀失去生命。啊呀，太令人悲伤啦！正赶上那不幸的年代。鸾凤潜伏隐藏起来，鸱枭却自在翱翔。不才之人尊贵显赫，阿谀奉承之辈得志猖狂；圣贤都不能顺随行事啊，方正的人反屈居下位。世人竟称伯夷贪婪，盗跖廉洁；莫邪宝剑太钝，铅刀反而是利刃。唉呀呀！先生您真是太不幸了，平白遭此横祸！丢弃了周代传国的无价鼎，反把破瓠当奇货。驾着疲惫的老牛和跛驴，却让骏马垂着两耳拉盐车。好端端的礼帽当鞋垫，这样的日子怎能长？哎呀，真苦了屈先生，唯您遭受这飞来祸！

尾声：算了吧！既然国人不了解我，心中的抑郁不快又能和谁诉说？凤凰高飞远离去，本应如此自引退，效法神龙隐渊底，深藏避祸自爱惜。韬光晦迹来隐处，岂能与蚂蚁、水蛭、蚯蚓为邻居？圣人品德最可贵，远离浊世而自行隐匿。若是良马可拴系，怎说异于犬羊类！世态纷乱遭此祸，先生自己也有责。游历九州任择君，何必对故都恋恋不舍？凤凰飞翔千仞上，看到有德之君才下来栖止。一旦发现危险兆，振翅高飞远离去。狭小污浊的小水坑，怎能容得下吞舟大鱼？横行江湖的大鱼，最终还要受制于蝼蚁。

贾谊担任长沙王太傅的第三年，一次有一只猫头鹰飞进他的住宅，停在了座位旁边。楚国人把猫头鹰叫作"鵩"。贾谊原本就是因被贬来到长沙，而长沙地势低洼、气候潮湿，所以自认为寿命不长，悲痛伤感，就写下了一篇赋来自我安慰。赋文写道：

丁卯年四月初夏，庚子日太阳西斜的时分，有一只猫头鹰飞进我的住所，它在座位旁边停下，样子是那样的自在安闲。奇怪的鸟飞进我家，我私下奇怪是什么鸟。打开卦书来占卜，上面载有这样的话，"野鸟飞入住舍呀，主人将会离开家"。请问鸟啊："我离开这里将去何方？是吉，就请告我；是凶，也请告我是什么祸殃。生死迟速有定数啊，请把期限对我说端详。"猫头鹰听罢长叹息，抬

对以意。

万物变化兮，固无休息。斡流而迁兮，或推而还。形气转续兮，变化而嬗。沕穆无穷兮，胡可胜言！祸兮福所倚，福兮祸所伏；忧喜聚门兮，吉凶同域。彼吴强大兮，夫差以败；越栖会稽兮，句践霸世。斯游遂成兮，卒被五刑；傅说胥靡兮，乃相武丁。夫祸之与福兮，何异纠缠。命不可说兮，孰知其极？水激则旱兮，矢激则远。万物回薄兮，振荡相转。云蒸雨降兮，错缪相纷。大专槃物兮，坱轧无垠。天不可与虑兮，道不可与谋。迟数有命兮，恶识其时？

且夫天地为炉兮，造化为工；阴阳为炭兮，万物为铜。合散消息兮，安有常则；千变万化兮，未始有极。忽然为人兮，何足控抟；化为异物兮，又何足患！小知自私兮，贱彼贵我；通人大观兮，物无不可。贪夫徇财兮，烈士徇名；夸者死权兮，品庶冯生。怵迫之徒兮，或趋西东；大人不曲兮，亿变齐同。拘士系俗兮，攌如囚拘；至人遗物兮，独与道俱。众人或或兮，好恶积意；真人淡漠兮，独与道息。释知遗形兮，超然自丧；寥廓忽荒兮，与道翱翔。乘流则逝兮，得坻则止；纵躯委命兮，不私与己。其生若浮兮，其死若休；澹乎若深渊之静，氾乎若不系之舟。不以生故自宝兮，养空而浮；德人无累兮，知命不忧。细故蒂芥兮，何足以疑！

后岁余，贾生征见。孝文帝方受釐，坐宣室。上因感鬼神事，而问鬼神之本。贾生因具道所以然之状。至夜半，文帝前席。既罢，曰："吾久不见贾生，自以为过之，今不及也。"居顷之，拜贾生为梁怀王太傅。梁怀王，文帝之少子，爱，而好书，故令贾生傅之。

文帝复封淮南厉王子四人皆为列侯。贾生谏，以为患之兴自此

头振翅已会意，嘴巴不能说话，请以意相示让人自己推度揣测。

天地万物变化，本来没有终止的时候，就像涡流旋转，反复循环。外形内气转化相续，演变如蝉蜕化一般。其道理深微无穷，言语哪能说得周遍。祸中傍倚着福，福中也埋藏着祸。忧和喜同聚一起，吉和凶同在一起。当年吴国是何等的强大，但吴王夫差却以此而败亡。越国败于会稽，勾践以此称霸于世。李斯游说秦国顺利成功，却终于遭受五刑。傅说原为一刑徒，后来却成武丁相。祸对于福来说，与绳索互相缠绕有什么不同？天命无法详解说，谁能预知它的究竟？水成激流来势猛，箭遇强力射得远。万物循环往复长久激荡，运动之中相互起变化。云升雨降多反复，错综变幻何其纷繁。天地运转造万物，漫无边际何其浩瀚。天道高深不可预测，凡人思虑难以谋算。生死的迟早都由命，谁能知其到来时？

何况天地就像巨炉，自然本来就像司炉工。阴阳运转是炉炭，世间万物都像铜一样。其中聚散或生灭，哪有常规可寻？错综复杂千变万化，未曾见过有到头的时候。托生成人也是偶然事，不值得羡慕那些可以长生的人。纵然死去化作异物，又哪里值得忧虑心胆惊！有小智慧的人只顾自己，鄙薄外物注重己身。通达的人何等的大度，死生祸福没有不相宜的。贪夫为了财物赔上性命，烈士为了名不顾生命。喜好虚名者为权势而死，平民百姓又怕死贪生。而被名利所诱惑、被贫贱所逼迫的人，为了钻营而奔走西东。而道德修养极高的人，不被物欲所屈服，对千百万化的事物等量齐观。愚夫被俗累羁绊，拘束得如囚徒一般。有至德的人能遗世弃俗，只与大道同存在。天下众人迷惑不解，爱憎之情积满胸臆。有真德的人恬淡无为，独和大道同生息。舍弃智慧忘形骸，超然物外不知有己。在那空旷恍惚的境界里，和大道一起共翱翔。乘着流水任意行，碰上小洲就停止。将身躯托付给命运，不把它看作私有之体。活着如同寄于世，死了是长休息。内心宁静就如无波的深渊，浮游就如不系缆绳的小舟。不因活着重己命，修养空灵之性不拘泥。至德之人无俗累，乐天知命复何忧！鸡毛蒜皮区区小事，哪里值得忧虑生疑！

一年多之后，贾谊被召回京城拜见皇帝。当时汉文帝正坐在宣室，接受神的降福保佑。因文帝有感于鬼神之事，就向贾谊询问鬼神的本原。贾谊也就乘机周详地讲述了之所以会有鬼神之事的种种情形。到半夜时分，文帝已听得很入神，不知不觉地在座席上总往贾谊身边移动。听完之后，文帝慨叹道："我好长时间没见贾谊了，自认为能超过他，现在看来还是不如他。"过了不久，文帝任命贾谊为梁怀王太傅。梁怀王是汉文帝的小儿子，受文帝宠爱，又喜欢读书，因此才让贾谊当他老师。

汉文帝又将淮南厉王的四个儿子都封为列侯。贾谊劝谏，认为国家祸患的兴

起矣。贾生数上疏，言诸侯或连数郡，非古之制，可稍削之。文帝不听。

居数年，怀王骑，堕马而死，无后。贾生自伤为傅无状，哭泣岁余，亦死。贾生之死时年三十三矣。及孝文崩，孝武皇帝立，举贾生之孙二人至郡守，而贾嘉最好学，世其家，与余通书。至孝昭时，列为九卿。

太史公曰：余读离骚、天问、招魂、哀郢，悲其志。适长沙，观屈原所自沈渊，未尝不垂涕，想见其为人。及见贾生吊之，又怪屈原以彼其材，游诸侯，何国不容，而自令若是。读鵩鸟赋，同死生，轻去就，又爽然自失矣。

起就要从这里开始了。贾谊多次上疏皇帝,说有的诸侯封地太多,甚至多达几郡之地,和古代的制度不符,应该逐渐削弱他们的势力,但是汉文帝不肯听从。

几年之后,梁怀王因骑马不慎,从马上掉下来摔死了,没有留下后代。贾谊认为这是自己做太傅没有尽到责任,非常伤心,哭泣了一年多,也死去了。死的时候年仅三十三岁。后来汉文帝去世,汉武帝即位,提拔贾谊的两个孙子任郡守。其中贾嘉最为好学,继承了贾谊的家业,曾和我有过书信往来。到汉昭帝时,他担任九卿之职。

太史公说:我读完《离骚》《天问》《招魂》《哀郢》之后,深受屈原情志的感染,悲伤不已。当我到长沙时,特意去看了屈原沉江自杀的地方,不禁掉下眼泪,由此更加想见他的为人。后来读了贾谊的《吊屈原赋》,又责怪屈原以自己超人的才华,若是游侍诸侯的话,哪个国家不能容纳他呢?而把自己弄到这种地步。读过《鵩鸟赋》之后,看到贾谊把生死同等看待,把官场上的去留升降看得很轻,又不禁怅然若失了。

吕不韦列传第二十五

吕不韦者，阳翟大贾人也。往来贩贱卖贵，家累千金。

秦昭王四十年，太子死。其四十二年，以其次子安国君为太子。安国君有子二十余人。安国君有所甚爱姬，立以为正夫人，号曰华阳夫人。华阳夫人无子。安国君中男名子楚，子楚母曰夏姬，毋爱。子楚为秦质子于赵。秦数攻赵，赵不甚礼子楚。

子楚，秦诸庶孽孙，质于诸侯，车乘进用不饶，居处困，不得意。吕不韦贾邯郸，见而怜之，曰"此奇货可居"。乃往见子楚，说曰："吾能大子之门。"子楚笑曰："且自大君之门，而乃大吾门！"吕不韦曰："子不知也，吾门待子门而大。"子楚心知所谓，乃引与坐，深语。吕不韦曰："秦王老矣，安国君得为太子。窃闻安国君爱幸华阳夫人，华阳夫人无子，能立适嗣者独华阳夫人耳。今子兄弟二十余人，子又居中，不甚见幸，久质诸侯。即大王薨，安国君立为王，则子毋几得与长子及诸子旦暮在前者争为太子矣。"子楚曰："然。为之奈何？"吕不韦曰："子贫，客于此，非有以奉献于亲及结宾客也。不韦虽贫，请以千金为子西游，事安国君及华阳夫人，立子为适嗣。"子楚乃顿首曰："必如君策，请得分秦国与君共之。"

吕不韦乃以五百金与子楚，为进用，结宾客；而复以五百金买奇物玩好，自奉而西游秦，求见华阳夫人姊，而皆以其物献华阳夫人。因言子楚贤智，结诸侯宾客遍天下，常曰"楚也以夫人为天，日夜泣思太子及夫人"。夫人大喜。不韦因使其姊说夫人曰："吾闻之，以色事人者，色衰而爱弛。今夫人事太子，甚爱而无子，不以此时蚤自结于诸子中贤孝者，举立以为适而子之，夫在则重尊，夫百岁之后，

吕不韦是阳翟的大商人,他往来于各地,以低价买进货物、高价卖出,所以积累起千金的家产。

秦昭王四十年,太子去世了。到了昭王四十二年,把他的第二个儿子安国君立为太子。而安国君有二十多个儿子。安国君有个非常宠爱的妃子,立她为正夫人,称之为华阳夫人,华阳夫人没有儿子。安国君有个排行居中的儿子名叫子楚,子楚的母亲叫夏姬,不受宠爱。子楚作为秦国的人质被派到赵国。秦国多次攻打赵国,赵国对子楚也不以礼相待。

子楚是秦王庶出的孙子,在赵国当人质,他乘的车马和日常的财用都不富足,生活困窘,很不得意。吕不韦到邯郸去做生意,见到子楚后非常喜欢,说:"子楚就像一件奇货,可以屯积居奇,等到价格高的时候售出。"于是他就前去拜访子楚,对他游说道:"我能光大你的门庭。"子楚笑着说:"你姑且先光大自己的门庭,然后再来光大我的门庭吧!"吕不韦说:"你不懂啊,我的门庭要等待你的门庭光大了才能光大。"子楚心知吕不韦所言之意,就拉他坐在一起深谈。吕不韦说:"秦王已经老了,安国君被立为太子。我私下听说安国君非常宠爱华阳夫人,华阳夫人没有儿子,能够选立太子的只有华阳夫人一个。现在你的兄弟有二十多人,你又排行中间,不受秦王宠幸,长期被留在诸侯国当人质,即使是秦王死去,安国君继位为王,你也不要指望同你长兄和早晚都在秦王身边的其他兄弟们争太子之位啦。"子楚说:"是这样,但是该怎么办呢?"吕不韦说:"你很贫困,又客居在此,也拿不出什么来献给亲长,结交宾客。我吕不韦虽然不富有,但愿意拿出千金来为你西去秦国游说,侍奉安国君和华阳夫人,让他们立你为太子。"子楚于是叩头拜谢道:"如果实现了您的计划,我愿意分秦国的土地和您共享。"

吕不韦于是拿出五百金送给子楚,作为日常生活和交结宾客之用;又拿出五百金买珍奇玩物,自己带着西去秦国游说,先拜见华阳夫人的姐姐,把带来的东西统统献给华阳夫人顺便谈及子楚,说他聪明贤能,所结交的诸侯宾客,遍及天下,常常说"我子楚把夫人看成天一般,日夜哭泣思念太子和夫人"。夫人非常高兴。吕不韦乘机又让华阳夫人的姐姐劝说华阳夫人道:"我听说用美色来侍奉别人的,一旦色衰,宠爱也就随之减少。现在夫人您侍奉太子,非常受宠爱,却没有儿子,不趁这时早一点在太子的儿子中结交一个有才能而孝顺的人,立他

所子者为王，终不失势，此所谓一言而万世之利也。不以繁华时树本，即色衰爱弛后，虽欲开一语，尚可得乎？今子楚贤，而自知中男也，次不得为适，其母又不得幸，自附夫人，夫人诚以此时拔以为适，夫人则竟世有宠于秦矣。"华阳夫人以为然，承太子间，从容言子楚质于赵者绝贤，来往者皆称誉之。乃因涕泣曰："妾幸得充后宫，不幸无子，愿得子楚立以为适嗣，以托妾身。"安国君许之，乃与夫人刻玉符，约以为适嗣。安国君及夫人因厚馈遗子楚，而请吕不韦傅之，子楚以此名誉益盛于诸侯。

吕不韦取邯郸诸姬绝好善舞者与居，知有身。子楚从不韦饮，见而说之，因起为寿，请之。吕不韦怒，念业已破家为子楚，欲以钓奇，乃遂献其姬。姬自匿有身，至大期时，生子政。子楚遂立姬为夫人。

秦昭王五十年，使王齮围邯郸，急，赵欲杀子楚。子楚与吕不韦谋，行金六百斤予守者吏，得脱，亡赴秦军，遂以得归。赵欲杀子楚妻子，子楚夫人，赵豪家女也，得匿，以故母子竟得活。秦昭王五十六年，薨，太子安国君立为王，华阳夫人为王后，子楚为太子。赵亦奉子楚夫人及子政归秦。

秦王立一年，薨，谥为孝文王。太子子楚代立，是为庄襄王。庄襄王所母华阳后为华阳太后，真母夏姬尊以为夏太后。庄襄王元年，以吕不韦为丞相，封为文信侯，食河南雒阳十万户。

庄襄王即位三年，薨，太子政立为王，尊吕不韦为相国，号称"仲父"。秦王年少，太后时时窃私通吕不韦。不韦家僮万人。

当是时，魏有信陵君，楚有春申君，赵有平原君，齐有孟尝君，皆下士喜宾客以相倾。吕不韦以秦之强，羞不如，亦招致士，厚遇之，至食客三千人。是时诸侯多辩士，如荀卿之徒，著书布天下。吕不韦乃使其客人人著所闻，集论以为八览、六论、十二纪，二十余万言。以为备天地万物古今之事，号曰吕氏春秋。布咸阳市门，悬千金

为继承人，像亲生儿子一样对待他，那么，丈夫在世时受到尊重，丈夫死后，自己立的儿子继位为王，最终也不会失势，这就是人们所说的一句话能得到万世的好处啊。不在容貌美丽的时候树立根本，假使容貌衰竭、宠爱失去之后，即使想和太子说上一句话，还有可能吗？现在子楚贤能，而自己也知道排行居中，按次序是不能被立为继承人的，而他的生母又不受宠爱，自然就会主动依附于夫人，夫人若真能在此时提拔他为继承人，那么夫人您一生在秦国都要受到尊宠啦。"华阳夫人听了认为有道理，就趁太子方便的时候，委婉地谈到在赵国做人质的子楚非常有才能，来往的人都称赞他，接着就哭着说："我有幸能填充后宫，但非常遗憾的是没有儿子，我希望能立子楚为继承人，以便我日后有个依靠。"安国君答应了，就和夫人刻下玉符，决定立子楚为继承人，安国君和华阳夫人因而送好多礼物给子楚，而请吕不韦当他的老师，因此子楚的名声在诸侯中越来越大。

吕不韦跟一个非常漂亮而又善于跳舞的邯郸女子一起同居，知道她怀了孕。子楚有一次和吕不韦一起饮酒，看到此女后非常喜欢，就站起身来向吕不韦祝酒，请求把此女赠给他。吕不韦很生气，但转念一想，已经为子楚破费了大量家产，为的是借以钓取奇货，于是就献出了这个女子。此女隐瞒了自己怀孕在身，到了产期之后，生下儿子名政。子楚就立此姬为夫人。

秦昭王五十年，派王齮围攻邯郸，情况非常紧急，赵国想杀死子楚。子楚就和吕不韦密谋，拿出六百斤金子送给守城官吏，得以脱身，逃到秦军大营，这才得以顺利回国。赵国又想杀子楚的妻子和儿子，子楚的夫人是赵国富豪人家的女儿，才得以隐藏起来，因此母子二人竟得活命。秦昭王五十六年，他去世了，太子安国君继位为王，华阳夫人为王后，子楚为太子。赵国也护送子楚的夫人和儿子嬴政回到秦国。

秦王继位一年之后就去世了，谥号为孝文王。太子子楚继位，他就是庄襄王。庄襄王尊奉为母的华阳王后为华阳太后，生母夏姬被尊称为夏太后。庄襄王元年，任命吕不韦为丞相，封为文信侯，河南洛阳十万户作为他的食邑。

庄襄王即位三年之后死去，太子嬴政继立为王，尊奉吕不韦为相国，称他为"仲父"。秦王年纪还小，太后常常和吕不韦私通。吕不韦家有奴仆万人。

那时，魏国有信陵君，楚国有春申君，赵国有平原君，齐国有孟尝君，他们都礼贤下士，结交宾客，并在这方面要争个高低上下。吕不韦认为秦国如此强大，把不如他们当成一件令人羞愧的事，所以他也招来了文人学士，给他们优厚的待遇，门下食客多达三千人。那时各诸侯国有许多才辩之士，像荀卿那班人，著书立说，流行天下。吕不韦就命他的食客各自将所见所闻记下，综合在一起成为八览、六论、十二纪，共二十多万言。吕不韦认为其中包括了天地万物古往

其上，延诸侯游士宾客有能增损一字者予千金。

始皇帝益壮，太后淫不止。吕不韦恐觉祸及己，乃私求大阴人嫪毐以为舍人，时纵倡乐，使毐以其阴关桐轮而行，令太后闻之，以啗太后。太后闻，果欲私得之。吕不韦乃进嫪毐，诈令人以腐罪告之。不韦又阴谓太后曰："可事诈腐，则得给事中。"太后乃阴厚赐主腐者吏，诈论之，拔其须眉为宦者，遂得侍太后。太后私与通，绝爱之。有身，太后恐人知之，诈卜当避时，徙宫居雍。嫪毐常从，赏赐甚厚，事皆决于嫪毐。嫪毐家僮数千人，诸客求宦为嫪毐舍人千余人。

始皇七年，庄襄王母夏太后薨。孝文王后曰华阳太后，与孝文王会葬寿陵。夏太后子庄襄王葬芷阳，故夏太后独别葬杜东，曰"东望吾子，西望吾夫。后百年，旁当有万家邑"。

始皇九年，有告嫪毐实非宦者，常与太后私乱，生子二人，皆匿之。与太后谋曰"王即薨，以子为后"。于是秦王下吏治，具得情实，事连相国吕不韦。九月，夷嫪毐三族，杀太后所生两子，而遂迁太后于雍。诸嫪毐舍人皆没其家而迁之蜀。王欲诛相国，为其奉先王功大，及宾客辩士为游说者众，王不忍致法。

秦王十年十月，免相国吕不韦。及齐人茅焦说秦王，秦王乃迎太后于雍，归复咸阳，而出文信侯就国河南。

岁余，诸侯宾客使者相望于道，请文信侯。秦王恐其为变，乃赐文信侯书曰："君何功于秦？秦封君河南，食十万户。君何亲于秦？号称仲父。其与家属徙处蜀！"吕不韦自度稍侵，恐诛，乃饮酖而死。秦王所加怒吕不韦、嫪毐皆已死，乃皆复归嫪毐舍人迁蜀者。

始皇十九年，太后薨，谥为帝太后，与庄襄王会葬芷阳。

今来的事理，所以号称为《吕氏春秋》，并将之刊布在咸阳的城门，上面悬挂着一千金的赏金，遍请诸侯各国的游士宾客，若有人能增删一字，就给予一千金的奖励。

秦始皇越来越大了，但太后一直淫乱不止。吕不韦唯恐事情败露，灾祸降临在自己头上，就暗地寻求了一个阴茎特别大的人嫪毐作为门客，不时让演员歌舞取乐，命嫪毐用他的阴茎穿在桐木车轮上，使之转动而行，并想法让太后知道此事，以此事引诱她。太后听说之后，果真想在暗中占有他。吕不韦就进献嫪毐，假装让人告发他犯下了该受宫刑的罪。吕不韦又暗中对太后说："你可以让嫪毐假装受了宫刑，就可以在供职宫中的人员中得到他。"太后就偷偷地送给主持宫刑的官吏许多东西，假装处罚嫪毐，拔掉了他的胡须假充宦官，这就使他得以侍奉太后。太后暗中和他通奸，特别喜爱他。后来太后怀孕在身，恐怕别人知道，假称算卦不吉，需要换一个环境来躲避一下，就迁移到雍地的宫殿中居住。嫪毐总是随从左右，所受的赏赐非常优厚，事事都由嫪毐决定。嫪毐家中有奴仆几千人。那些为求得官职来当嫪毐家门客的多达一千余人。

秦始皇七年，庄襄王的生母夏太后去世。孝文王后叫华阳太后，和孝文王合葬在寿陵。夏太后的儿子庄襄王葬在芷阳，所以夏太后另外单独埋葬在杜原之东，称"向东可以看到我的儿子，向西可以看到我的丈夫。在百年之后，旁边定会有个万户的城邑"。

秦始皇九年，有人告发嫪毐实际并不是宦官，常常和太后淫乱私通，并生下两个儿子，都把他们隐藏起来，还和太后谋议说"若是秦王死去，就立这儿子继位"。于是秦始皇命法官严查此事，把事情真相全部弄清，事情牵连到相国吕不韦。这年九月，秦始皇把嫪毐家三族人众全部杀死，又杀太后所生的两个儿子，并把太后迁到雍地居住。嫪毐家的食客们都被没收家产，迁往蜀地。秦王想杀掉相国吕不韦，但因为他侍奉先王功劳极大，又有许多宾客辩士为他求情说好话，秦王不忍心将他绳之以法。

秦始皇十年十月，免去了吕不韦的相国职务。等到齐人茅焦劝说秦王，秦王这才到雍地迎接太后，使她又回到咸阳，但把吕不韦遣出京城，前往河南的封地。

又过了一年多，各诸侯国的宾客使者络绎不绝，前来问候吕不韦。秦王恐怕他发动叛乱，就写信给吕不韦说："你对秦国有何功劳？秦国封你在河南，食邑十万户。你与秦王有什么血缘关系，而号称仲父？你与家属都一概迁到蜀地去居住！"吕不韦一想到自己已经逐渐被逼迫，害怕日后被杀，就喝下酖酒自杀而死。秦王所痛恨的吕不韦、嫪毐都已死去，就让迁徙到蜀地的嫪毐门客都回到京城。

太史公曰：不韦及嫪毐贵，封号文信侯。人之告嫪毐，毐闻之。秦王验左右，未发。上之雍郊，毐恐祸起，乃与党谋，矫太后玺发卒以反蕲年宫。发吏攻毐，毐败亡走，追斩之好畤，遂灭其宗。而吕不韦由此绌矣。孔子之所谓"闻"者，其吕子乎？

秦始皇十九年，太后去世，谥号为帝太后。与庄襄王合葬在茝阳。

太史公说：吕不韦带及嫪毐显贵，吕不韦封号为文信侯。有人告发嫪毐，嫪毐听到了此事。秦始皇查讯左右，事情还未败露。秦王到雍地祭天，嫪毐害怕大祸临头，就和亲信同党密谋，盗用太后的大印调集士兵在蕲年宫造反。秦王调动官兵攻打嫪毐，嫪毐失败逃走，秦军追到好畤将其斩首，随即把他满门抄斩。而吕不韦也由此被贬斥。孔子所说的"闻"，指的正是吕不韦这样的人吧！

刺客列传第二十六

曹沫者，鲁人也，以勇力事鲁庄公。庄公好力。曹沫为鲁将，与齐战，三败北。鲁庄公惧，乃献遂邑之地以和。犹复以为将。

齐桓公许与鲁会于柯而盟。桓公与庄公既盟于坛上，曹沫执匕首劫齐桓公，桓公左右莫敢动，而问曰："子将何欲？"曹沫曰："齐强鲁弱，而大国侵鲁亦甚矣。今鲁城坏即压齐境，君其图之。"桓公乃许尽归鲁之侵地。既已言，曹沫投其匕首，下坛，北面就群臣之位，颜色不变，辞令如故。桓公怒，欲倍其约。管仲曰："不可。夫贪小利以自快，弃信于诸侯，失天下之援，不如与之。"于是桓公乃遂割鲁侵地，曹沫三战所亡地尽复予鲁。

其后百六十有七年而吴有专诸之事。

专诸者，吴堂邑人也。伍子胥之亡楚而如吴也，知专诸之能。伍子胥既见吴王僚，说以伐楚之利。吴公子光曰："彼伍员父兄皆死于楚而员言伐楚，欲自为报私仇也，非能为吴。"吴王乃止。伍子胥知公子光之欲杀吴王僚，乃曰："彼光将有内志，未可说以外事。"乃进专诸于公子光。

光之父曰吴王诸樊。诸樊弟三人：次曰余祭，次曰夷眛，次曰季子札。诸樊知季子札贤而不立太子，以次传三弟，欲卒致国于季子札。诸樊既死，传余祭。余祭死，传夷眛。夷眛死，当传季子札；季子札逃不肯立，吴人乃立夷眛之子僚为王。公子光曰："使以兄弟次邪，季子当立；必以子乎，则光真适嗣，当立。"故尝阴养谋臣以求立。

光既得专诸，善客待之。九年而楚平王死。春，吴王僚欲因楚

曹沫，是鲁国人，凭借着勇敢和力气侍奉鲁庄公。庄公喜爱有力气的人。曹沫任鲁国的将军，和齐国作战，多次战败逃跑。鲁庄公害怕了，就献出遂邑地区求和，还继续让曹沫任将军。

齐桓公答应和鲁庄公在柯地会见，订立盟约。桓公和庄公在盟坛上订立盟约以后，曹沫手拿匕首胁迫齐桓公，桓公的侍卫人员没有谁敢轻举妄动，桓公问："您打算干什么？"曹沫回答说："齐国强大，鲁国弱小，而大国侵略鲁国也太过分了。如今鲁国都城一倒塌就会压到齐国的边境，您要考虑考虑这个问题。"于是齐桓公答应全部归还鲁国被侵占的土地。说完以后，曹沫扔下匕首，走下盟坛，回到面向北的臣子的位置上，面不改色，谈吐从容如常。桓公很生气，打算背弃盟约。管仲说："不可以。贪图小的利益以求得一时的快意，就会在诸侯面前丧失信用，失去天下人对您的支持，不如归还他们的失地。"于是，齐桓公就归还了占领的鲁国的土地，将曹沫多次打仗所丢失的土地全部归还鲁国。

此后过了一百六十七年，吴国有专诸的事迹。

专诸，是吴国堂邑人。伍子胥逃离楚国前往吴国时，知道专诸很有本事。伍子胥进见吴王僚后，用攻打楚国的好处劝说他。吴公子光说："那个伍员，父亲、哥哥都是被楚国杀死的，所以伍员才讲攻打楚国的好处，他这是为了报自己的私仇，并不是替吴国打算。"吴王就不再讨论伐楚的事。伍子胥知道公子光打算杀掉吴王僚，就说："那个公子光有在国内夺取王位的企图，现在还不能劝说他向国外出兵。"于是就把专诸推荐给公子光。

公子光的父亲是吴王诸樊。诸樊有三个弟弟：按兄弟次序排，大弟弟叫余祭，二弟弟叫夷眛，最小的弟弟叫季子札。诸樊知道季子札贤明，就不立太子，想依照兄弟的次序把王位传递下去，最后好把国君的位子传给季子札。诸樊死去以后王位传给了余祭。余祭死后，传给夷眛。夷眛死后本当传给季子札，季子札却逃跑了，不肯继任国君，吴国人就拥立夷眛的儿子僚为国君。公子光说："如果按兄弟的次序，季子应当被立；如果一定要传给儿子的话，那么我才是真正的嫡子，应当立我为君。"所以他秘密地供养一些有智谋的人，以便靠他们的帮助取得王位。

公子光得到专诸以后，像对待宾客一样地优待他。吴王僚九年，楚平王死

丧，使其二弟公子盖余、属庸将兵围楚之灊；使延陵季子于晋，以观诸侯之变。楚发兵绝吴将盖余、属庸路，吴兵不得还。于是公子光谓专诸曰："此时不可失，不求何获！且光真王嗣，当立，季子虽来，不吾废也。"专诸曰："王僚可杀也。母老子弱，而两弟将兵伐楚，楚绝其后。方今吴外困于楚，而内空无骨鲠之臣，是无如我何。"公子光顿首曰："光之身，子之身也。"

四月丙子，光伏甲士于窟室中，而具酒请王僚。王僚使兵陈自宫至光之家，门户阶陛左右，皆王僚之亲戚也。夹立侍，皆持长铍。酒既酣，公子光佯为足疾，入窟室中，使专诸置匕首鱼炙之腹中而进之。既至王前，专诸擘鱼，因以匕首刺王僚，王僚立死。左右亦杀专诸，王人扰乱。公子光出其伏甲以攻王僚之徒，尽灭之，遂自立为王，是为阖闾。阖闾乃封专诸之子以为上卿。

其后七十余年而晋有豫让之事。

豫让者，晋人也，故尝事范氏及中行氏，而无所知名。去而事智伯，智伯甚尊宠之。及智伯伐赵襄子，赵襄子与韩、魏合谋灭智伯，灭智伯之后而三分其地。赵襄子最怨智伯，漆其头以为饮器。豫让遁逃山中，曰："嗟乎！士为知己者死，女为说己者容。今智伯知我，我必为报仇而死，以报智伯，则吾魂魄不愧矣。"乃变名姓为刑人，入宫涂厕，中挟匕首，欲以刺襄子。襄子如厕，心动，执问涂厕之刑人，则豫让，内持刀兵，曰："欲为智伯报仇！"左右欲诛之。襄子曰："彼义人也，吾谨避之耳。且智伯亡无后，而其臣欲为报仇，此天下之贤人也。"卒释去之。

居顷之，豫让又漆身为厉，吞炭为哑，使形状不可知，行乞于市。其妻不识也。行见其友，其友识之，曰："汝非豫让邪？"曰："我是也。"其友为泣曰："以子之才，委质而臣事襄子，襄子必近

了。这年春天，吴王僚想趁着楚国办丧事的时候，派他的两个弟弟公子盖余、属庸率领军队包围楚国的灊城，派延陵季子到晋国，以观察各诸侯国的动静。楚国出动军队，断绝了吴将盖余、属庸的后路，吴国军队不能返还。这时公子光对专诸说："这个机会不能失掉，不去争取，哪会获得！况且我是真正的继承人，应当被立为国君，季子即使回来，也不会废掉我呀。"专诸说："王僚是可以杀掉的。母亲已老，儿子还弱，两个弟弟带着军队攻打楚国，楚国军队断绝了他们的后路。当前吴军在外被楚国围困，而国内没有正直敢言的忠臣。这样王僚还能把我们怎么样呢？"公子光以头叩地说："我公子光的身体，也就是您的身体，您身后的事都由我负责了。"

这年四月丙子日，公子光在地下室埋伏下身穿铠甲的武士，备办酒席宴请吴王僚，王僚派出卫队，从王宫一直排列到公子光的家里，门户、台阶两旁，都是王僚的亲信。夹道站立的侍卫，都举着长矛。喝酒喝到畅快的时候，公子光假装脚有毛病，进入地下室，让专诸把匕首放到烤鱼的肚子里，然后把鱼进献上去。到王僚跟前，专诸掰开鱼，趁势用匕首刺杀了王僚，王僚当时就死了。侍卫人员也杀死了专诸，王僚手下的人一时混乱不堪。公子光命令埋伏的武士攻击王僚的部下，全部消灭了他们，于是自立为国君，这就是吴王阖闾。阖闾于是封专诸的儿子为上卿。

此后七十多年，晋国有豫让的事迹。

豫让，是晋国人，以前曾经侍奉范氏和中行氏两家大臣，没什么名声。后来他离开那里去侍奉智伯，智伯特别地尊重宠幸他。等到智伯攻打赵襄子时，赵襄子和韩、魏合谋灭了智伯；消灭智伯以后，三家分割了他的国土。赵襄子最恨智伯，就把他的头盖骨漆成饮具。豫让潜逃到山中，说："唉呀！好男儿可以为了解自己的人去死，好女子应该为喜爱自己的人梳妆打扮。现在智伯是我的知己，我一定替他报仇而献出生命，用以报答智伯的知遇之恩。那么，我就是死了，魂魄也没有什么可惭愧的了。"于是更名改姓，伪装成受过刑的人，进入赵襄子宫中修整厕所，身上藏着匕首，想要用它刺杀赵襄子。赵襄子到厕所去，心中一阵悸动，抓住修整厕所的刑人讯问，才知道是豫让，衣服里面还藏着利刃，豫让说："我要替智伯报仇！"侍卫要杀掉他，襄子说："他是义士，我谨慎小心地回避他就是了。况且智伯死后没有继承人，而他的家臣想替他报仇，这是天下的贤人啊。"最后还是让他走了。

过了不久，豫让又把漆涂在身上，使肌肤肿烂，像得了癞疮，吞下炭，使声音变得嘶哑，使自己的形体相貌不可辨认，沿街讨饭。就连他的妻子也不认识他了。路上遇见他的朋友，辨认出来，说："你不是豫让吗？"回答说："是

幸子。近幸子，乃为所欲，顾不易邪？何乃残身苦形，欲以求报襄子，不亦难乎！"豫让曰："既已委质臣事人，而求杀之，是怀二心以事其君也。且吾所为者极难耳！然所以为此者，将以愧天下后世之为人臣怀二心以事其君者也。"

既去，顷之，襄子当出，豫让伏于所当过之桥下。襄子至桥，马惊，襄子曰："此必是豫让也。"使人问之，果豫让也。于是襄子乃数豫让曰："子不尝事范、中行氏乎？智伯尽灭之，而子不为报仇，而反委质臣于智伯。智伯亦已死矣，而子独何以为之报仇之深也？"豫让曰："臣事范、中行氏，范、中行氏皆众人遇我，我故众人报之。至于智伯，国士遇我，我故国士报之。"襄子喟然叹息而泣曰："嗟乎豫子！子之为智伯，名既成矣，而寡人赦子，亦已足矣。子其自为计，寡人不复释子！"使兵围之。豫让曰："臣闻明主不掩人之美，而忠臣有死名之义。前君已宽赦臣，天下莫不称君之贤。今日之事，臣固伏诛，然愿请君之衣而击之，焉以致报仇之意，则虽死不恨。非所敢望也，敢布腹心！"于是襄子大义之，乃使使持衣与豫让。豫让拔剑三跃而击之，曰："吾可以下报智伯矣！"遂伏剑自杀。死之日，赵国志士闻之，皆为涕泣。

其后四十余年而轵有聂政之事。

聂政者，轵深井里人也。杀人避仇，与母、姊如齐，以屠为事。

久之，濮阳严仲子事韩哀侯，与韩相侠累有却。严仲子恐诛，亡去，游求人可以报侠累者。至齐，齐人或言聂政勇敢士也，避仇隐于屠者之间。严仲子至门请，数反，然后具酒自畅聂政母前。酒酣，严仲子奉黄金百溢，前为聂政母寿。聂政惊怪其厚，固谢严仲子。严仲子固进，而聂政谢曰："臣幸有老母，家贫，客游以为狗屠，可以旦夕得甘毳以养亲。亲供养备，不敢当仲子之赐。"严仲子辟人，因为聂政言曰："臣有仇，而行游诸侯众矣；然至齐，窃闻足下义甚高，

我。"朋友为他流着眼泪说:"凭着你的才能,委身侍奉赵襄子,襄子一定会亲近宠爱你。这样你再干你所想干的事,难道不是很容易的吗?何苦自己摧残身体,丑化形貌,想要用这样的办法达到向赵襄子报仇的目的呢?这不是更困难吗?"豫让说:"托身侍奉人家以后,又要杀掉他,这是怀着异心侍奉君主啊。我知道选择这样的做法是非常困难的,可是我之所以选择这样的做法,就是要使天下后世那些怀着异心侍奉国君的臣子感到惭愧!"

豫让说完就走了,不久,襄子外出,豫让潜藏在他必定经过的桥下。襄子来到桥上,马受了惊,襄子说:"这一定是豫让。"派人去搜查,果然是豫让。于是襄子就列举他的罪过指责他说:"您不是曾经侍奉过范氏、中行氏吗?智伯把他们都消灭了,而您不替他们报仇,反而托身为智伯的家臣。智伯已经死了,您为什么单单如此急切地为他报仇呢?"豫让说:"我侍奉范氏、中行氏,他们都把我当作一般人看待,所以我像对待一般人那样报答他们。至于智伯,他把我当作国士看待,所以我就像对待国士那样报答他。"襄子喟然长叹,流着泪说:"唉呀,豫让先生!您为智伯报仇,已算成名了;而我宽恕你,也足够了。您该为自己作个打算,我不能再放过您了!"命令士兵团团围住他。豫让说:"我听说贤明的君主不埋没别人的美名,而忠臣有为美名去死的道理。以前您宽恕了我,普天下没有谁不称道您的。今天的事,我本当受死罪,但我希望能得到您的衣服刺它几下,这样也就达到我报仇的意愿了。那么,即使死了,我也没有遗恨了。我不敢指望您答应我的要求,但我还是冒昧地说出我的心意!"襄子非常赞赏他的侠义,于是就派人拿着自己的衣裳给豫让。豫让拔出宝剑多次跳起来击刺它,说:"我可以报答智伯于九泉之下了!"于是以剑自杀了。自杀那天,赵国有志之士听到这个消息,都为他哭泣。

此后四十多年,轵邑有聂政的事迹。

聂政是轵邑深井里人。他杀人后为躲避仇家,和母亲、姐姐逃往齐国,以屠宰牲畜为职业。

过了很久,濮阳严仲子侍奉韩哀侯,和韩国国相侠累结下仇怨。严仲子怕遭杀害,逃走了。他四处游历,寻求能替他向侠累报仇的人。到了齐国,齐国有人说聂政是个勇敢之士,因为躲避仇人隐迹于屠夫中间。严仲子登门拜访,多次往返,然后备办了宴席,亲自捧杯给聂政的母亲敬酒。喝到畅快兴浓时,严仲子献上黄金一百镒,到聂政老母跟前祝寿。聂政面对厚礼感到奇怪,坚决谢绝严仲子的厚礼。严仲子却执意要送,聂政辞谢说:"我幸有老母健在,家里虽贫穷,客居在此,以杀猪宰狗为业,早晚的时候买些甘甜松脆的东西奉养老母,老母的供养还算齐备,可不敢接受仲子的赏赐。"严仲子避开别人,对聂政说:"我有

故进百金者,将用为大人粗粝之费,得以交足下之欢,岂敢以有求望邪!"聂政曰:"臣所以降志辱身居市井屠者,徒幸以养老母;老母在,政身未敢以许人也。"严仲子固让,聂政竟不肯受也。然严仲子卒备宾主之礼而去。

久之,聂政母死。既已葬,除服,聂政曰:"嗟乎!政乃市井之人,鼓刀以屠;而严仲子乃诸侯之卿相也,不远千里,枉车骑而交臣。臣之所以待之,至浅鲜矣,未有大功可以称者,而严仲子奉百金为亲寿,我虽不受,然是者徒深知政也。夫贤者以感忿睚眦之意而亲信穷僻之人,而政独安得嘿然而已乎!且前日要政,政徒以老母;老母今以天年终,政将为知己者用。"乃遂西至濮阳,见严仲子曰:"前日所以不许仲子者,徒以亲在;今不幸而母以天年终。仲子所欲报仇者为谁?请得从事焉!"严仲子具告曰:"臣之仇韩相侠累,侠累又韩君之季父也,宗族盛多,居处兵卫甚设,臣欲使人刺之,终莫能就。今足下幸而不弃,请益其车骑壮士可为足下辅翼者。"聂政曰:"韩之与卫,相去中间不甚远,今杀人之相,相又国君之亲,此其势不可以多人,多人不能无生得失,生得失则语泄,语泄是韩举国而与仲子为仇,岂不殆哉!"遂谢车骑人徒,聂政乃辞独行。

杖剑至韩,韩相侠累方坐府上,持兵戟而卫侍者甚众。聂政直入,上阶刺杀侠累,左右大乱。聂政大呼,所击杀者数十人,因自皮面决眼,自屠出肠,遂以死。

韩取聂政尸暴于市,购问莫知谁子。于是韩悬购之,有能言杀相侠累者予千金。久之莫知也。

政姊荣闻人有刺杀韩相者,贼不得,国不知其名姓,暴其尸而悬之千金,乃于邑曰:"其是吾弟与?嗟乎,严仲子知吾弟!"立起,如韩,之市,而死者果政也,伏尸哭极哀,曰:"是轵深井里所谓聂

仇人，我周游好多诸侯国，都没找到能为我报仇的人；但来到齐国，听说您很重义气，所以献上百金，作为您母亲大人一点粗粮的费用，希望能够跟您交个朋友，哪里敢有别的索求和指望！"聂政说："我之所以降低心志，委屈自己，在这市场上做个屠夫，就是希望借此奉养老母；老母在世，我不敢答应别人替他卖命。"严仲子执意赠送，聂政却始终不肯接受。但是严仲子终于尽到了宾主相见的礼节，告辞离去。

　　过了很久，聂政的母亲去世了。安葬后，丧服期满了，聂政才说："唉呀！我不过是平民百姓，拿着刀杀猪宰狗，而严仲子是诸侯的卿相，却不远千里，委屈身份和我结交。我待人家的情谊是太浅薄、太微不足道了，没有什么大的功劳可以和他对我的恩情相抵，而严仲子献上百金为老母祝寿，我虽然没有接受，可是这件事说明他是特别了解我啊。贤德的人因感愤于一点小的仇恨，把我这个处于偏僻的穷困屠夫视为亲信，我怎么能一味地默不作声，就此完事了呢！况且他以前来邀请我，我只是因为老母在世，才没有答应。而今老母享尽天年，我该要为了解我的人出力了。"于是就西行到濮阳，见到严仲子说："以前我所以没答应仲子的邀请，仅仅是因为老母在世；如今不幸老母已享尽天年。仲子要报复的仇人是谁？请让我去办这件事吧！"严仲子原原本本地告诉他说："我的仇人是韩国宰相侠累，侠累又是韩国国君的叔父，宗族旺盛、人丁众多，他居住的地方士兵防卫严密，我要派人刺杀他，始终也没有得手。如今承蒙您不嫌弃我，应允下来，请允许我增加车骑壮士作为您的助手。"聂政说："韩国与卫国，中间距离不太远，如今刺杀人家的宰相，宰相又是国君的亲属，在这种情势下不能去很多人，人多了难免发生意外，发生意外就会走漏消息；走漏消息，那就等于整个韩国的人与您为仇，这难道不是太危险了吗！"于是谢绝车骑人众，辞别严仲子只身上路了。

　　他带着宝剑到了韩国的都城，韩国宰相侠累正好坐在堂上，持刀荷戟的护卫很多。聂政径直而入，走上台阶刺杀了侠累，侍从人员大乱。聂政高声大叫，被他击杀的有几十个人，又趁势毁坏自己的面容，挖出眼睛，剖开肚皮，流出肠子，就这样死了。

　　韩国把聂政的尸体陈列在街市上，出赏金查问凶手是谁家的人，没有人知道。于是韩国悬赏征求，若能说出杀死宰相侠累的人，赏给千金。过了很久，仍没有人知道。

　　聂政的姐姐聂荣听说有人刺杀了韩国的宰相，却不知道凶手到底是谁，全韩国的人也不知他的姓名，只是陈列着他的尸体，悬赏千金，叫人们辨认，就抽泣着说："大概是我弟弟吧？唉呀，严仲子了解我弟弟呀！"于是马上动身，前

政者也。"市行者诸众人皆曰:"此人暴虐吾国相,王悬购其名姓千金,夫人不闻与?何敢来识之也?"荣应之曰:"闻之。然政所以蒙污辱自弃于市贩之间者,为老母幸无恙,妾未嫁也。亲既以天年下世,妾已嫁夫,严仲子乃察举吾弟困污之中而交之,泽厚矣,可奈何!士固为知己者死,今乃以妾尚在之故,重自刑以绝从,妾其奈何畏殁身之诛,终灭贤弟之名!"大惊韩市人。乃大呼天者三,卒于邑悲哀而死政之旁。

晋、楚、齐、卫闻之,皆曰:"非独政能也,乃其姊亦烈女也。乡使政诚知其姊无濡忍之志,不重暴骸之难,必绝险千里以列其名,姊弟俱僇于韩市者,亦未必敢以身许严仲子也。严仲子亦可谓知人能得士矣!"

其后二百二十余年秦有荆轲之事。

荆轲者,卫人也。其先乃齐人,徙于卫,卫人谓之庆卿。而之燕,燕人谓之荆卿。

荆卿好读书击剑,以术说卫元君,卫元君不用。其后秦伐魏,置东郡,徙卫元君之支属于野王。

荆轲尝游过榆次,与盖聂论剑,盖聂怒而目之。荆轲出,人或言复召荆卿。盖聂曰:"曩者吾与论剑有不称者,吾目之;试往,是宜去,不敢留。"使使往之主人,荆卿则已驾而去榆次矣。使者还报,盖聂曰:"固去也,吾曩者目摄之!"

荆轲游于邯郸,鲁句践与荆轲博,争道,鲁句践怒而叱之,荆轲嘿而逃去,遂不复会。

荆轲既至燕,爱燕之狗屠及善击筑者高渐离。荆轲嗜酒,日与狗屠及高渐离饮于燕市,酒酣以往,高渐离击筑,荆轲和而歌于市中,相乐也,已而相泣,旁若无人者。荆轲虽游于酒人乎,然其为人沈深好书;其所游诸侯,尽与其贤豪长者相结。其之燕,燕之处士田光先

往韩国的都城。来到街市,她看到死者果然是聂政,就趴在尸体上痛哭,极为哀伤,说:"这就是轵邑深井里的聂政啊。"街上的行人们都说:"这个人残忍地杀害我国宰相,君王悬赏千金询查他的姓名,夫人没听说吗?怎么敢来认尸啊?"聂荣回答他们说:"我听说了。可是聂政所以承受羞辱不惜混迹于屠猪贩肉的人中间,是因为老母健在,我还没有出嫁。老母享尽天年去世后,我已嫁人,严仲子从穷困低贱的处境中把我弟弟挑选出来结交他,恩情深厚,我弟弟还能怎么办呢!勇士本来应该替知己的人牺牲性命,如今因为我还活在世上的缘故,他就重重地自行毁坏面容躯体,使人不能辨认,以免牵连别人,我怎么能害怕杀身之祸,永远埋没弟弟的名声呢?"这整个街上的人都大为震惊。聂荣于是高喊三声"天哪",终于因为过度哀伤而死在聂政身旁。

晋、楚、齐、卫等国的人听到这个消息,都说:"不单是聂政有能力,就是他姐姐也是烈性女子。假使聂政果真知道他姐姐没有含忍的性格,不顾惜露尸于外的苦难,一定要越过千里的艰难险阻来彰显他的姓名,以致姐弟二人一同死在韩国的街市,那他也未必敢对严仲子以身相许。严仲子也可以说是识人,才能够赢得贤士啊!"

从此以后二百二十多年,秦国有荆轲的事迹。

荆轲是卫国人,他的祖先是齐国人,后来搬到到卫国去了,卫国人称呼他庆卿。到燕国后,燕国人称呼他荆卿。

荆卿喜爱读书、击剑,凭借着剑术游说卫元君,卫元君没有任用他。此后秦国攻打魏国,设置了东郡,把卫元君的旁支亲属迁移到野王。

荆轲漫游的时候曾路经榆次,与盖聂谈论剑术,盖聂对他怒目而视。荆轲出去以后,有人劝盖聂再把荆轲叫回来。盖聂说:"刚才我和他谈论剑术,他谈得有不甚得当的地方,我用眼瞪了他;去找找看吧,我用眼瞪他,他应该走了,不敢再留在这里了。"派人到荆轲住处询问房东,荆轲已乘车离开榆次了。派去的人回来报告,盖聂说:"本来就该走了,刚才我用眼睛瞪他,他害怕了。"

荆轲漫游到邯郸,鲁句践跟荆轲博戏,争执博局的路数,鲁句践发怒呵斥他,荆轲却默无声息地逃走了,于是不再见面。

荆轲到燕国以后,结交了一个以宰狗为业的人和擅长击筑的高渐离。荆轲特别好饮酒,天天和那个宰狗的屠夫及高渐离在燕市上喝酒,喝得似醉非醉以后,高渐离击筑,荆轲就和着拍节在街市上唱歌,相互娱乐,不一会儿又相互哭泣,好像身旁没有人的样子。荆轲虽说混迹于酒徒中,可是他的为人深沉稳重,喜欢读书;他游历诸侯各国,都是与当地贤士豪杰德高望众的人相结交。他到燕国

生亦善待之,知其非庸人也。

居顷之,会燕太子丹质秦亡归燕。燕太子丹者,故尝质于赵,而秦王政生于赵,其少时与丹欢。及政立为秦王,而丹质于秦。秦王之遇燕太子丹不善,故丹怨而亡归。归而求为报秦王者,国小,力不能。其后秦日出兵山东以伐齐、楚、三晋,稍蚕食诸侯,且至于燕,燕君臣皆恐祸之至。太子丹患之,问其傅鞠武。武对曰:"秦地遍天下,威胁韩、魏、赵氏,北有甘泉、谷口之固,南有泾、渭之沃,擅巴、汉之饶,右陇、蜀之山,左关、肴之险,民众而士厉,兵革有余。意有所出,则长城之南,易水以北,未有所定也。奈何以见陵之怨,欲批其逆鳞哉!"丹曰:"然则何由?"对曰:"请入图之。"

居有间,秦将樊於期得罪于秦王,亡之燕,太子受而舍之。鞠武谏曰:"不可。夫以秦王之暴而积怒于燕,足为寒心,又况闻樊将军之所在乎?是谓'委肉当饿虎之蹊'也,祸必不振矣!虽有管、晏,不能为之谋也。愿太子疾遣樊将军入匈奴以灭口。请西约三晋,南连齐、楚,北购于单于,其后乃可图也。"太子曰:"太傅之计,旷日弥久,心惛然,恐不能须臾。且非独于此也,夫樊将军穷困于天下,归身于丹,丹终不以迫于强秦而弃所哀怜之交,置之匈奴,是固丹命卒之时也。愿太傅更虑之。"鞠武曰:"夫行危欲求安,造祸而求福,计浅而怨深,连结一人之后交,不顾国家之大害,此所谓'资怨而助祸'矣。夫以鸿毛燎于炉炭之上,必无事矣。且以雕鸷之秦,行怨暴之怒,岂足道哉!燕有田光先生,其为人智深而勇沈,可与谋。"太子曰:"愿因太傅而得交于田先生,可乎?"鞠武曰:"敬诺。"出见田先生,道"太子愿图国事于先生也"。田光曰:"敬奉教。"乃造焉。

太子逢迎,却行为导,跪而蔽席。田光坐定,左右无人,太子避席而请曰:"燕秦不两立,愿先生留意也。"田光曰:"臣闻骐骥

后，燕国隐士田光先生也友好地对待他，知道他不是平庸的人。

过了不久，适逢在秦国做人质的燕太子丹逃回燕国。燕太子丹，过去曾在赵国做人质，而秦王嬴政出生在赵国，他少年时和太子丹很要好。等到嬴政被立为秦王，太子丹又到秦国做人质。秦王对燕太子不友好，所以太子丹因怨恨而逃回来。回来后就寻求报复秦王的办法，燕国弱小，依靠国家的势力是不能成功的。此后秦国天天出兵崤山以东，攻打齐、楚和三晋，像蚕吃桑叶一样，逐渐地侵吞各国。战火将波及燕国，燕国君臣唯恐大祸临头。太子丹为此忧虑，请教他的老师鞠武。鞠武回答说："秦国的土地遍天下，威胁到韩国、魏国、赵国。它北面有甘泉、谷口坚固险要的地势，南面有泾河、渭水流域肥沃的土地，据有富饶的巴郡、汉中地区，右边有陇、蜀崇山峻岭为屏障，左边有崤山、函谷关做要塞，人口众多而士兵训练有素，武器装备绰绰有余。秦国有意图向外扩张，那么长城以南、易水以北就没有安稳的地方了。为什么您还因为被欺侮的怨恨，要去触动秦王的逆鳞呢？"太子丹说："既然如此，那么我们怎么办呢？"鞠武回答说："让我进一步考虑考虑。"

过了一些时候，秦将樊於期得罪了秦王，逃到了燕国，太子接纳了他，并让他住下来。鞠武规劝说："不行。秦王本来就很凶暴，再积怒到燕国，这就足以叫人担惊害怕了，又何况他听到樊将军住在这里呢？这叫作'把肉放置在饿虎经过的小路上'啊，祸患一定不可避免！即使有管仲、晏婴，也不能为您出谋划策了。希望您赶快把樊将军送到匈奴去，以消除秦国攻打我们的借口。然后请您向西与三晋结盟，向南连络齐、楚，向北与单于和好，然后就可以想办法对付秦国了。"太子丹说："老师的计划需要的时间太长了，我现在心里忧闷烦乱，恐怕连片刻也等不及了。况且并非单单因为这个缘故，樊将军在天下已是穷途末路，投奔于我，我总不能因为迫于强暴的秦国而抛弃我所同情的朋友，把他送到匈奴去，只有在我生命完结的时刻才会这么做。希望老师另考虑别的办法。"鞠武说："选择危险的行动想求得安全，制造祸患而祈请幸福，计谋浅薄而怨恨深重，为了结交一个新朋友，而不顾国家的大祸患，这就是所说的'积蓄仇怨而助祸患'了。拿大雁的羽毛放在炉炭上一下子就烧光了。何况是雕鸷一样凶猛的秦国，对燕国发泄仇恨残暴的怒气，难道用得着说吗！燕国有位田光先生，他这个人智谋深邃而勇敢沉着，您可以和他商量。"太子说："我希望通过老师而得以结交田先生，可以吗？"鞠武说："遵命。"鞠武便出去拜会田先生，说："太子希望跟田先生一同谋划国事。"田光说："谨领教。"就前去拜访太子。

太子上前迎接田光，倒退着走为他引路，跪下来拂拭座位给他让坐。田光坐稳后，左右没别人，太子离开自己的座位向田光请教说："燕国与秦国誓不两

盛壮之时，一日而驰千里；至其衰老，驽马先之。今太子闻光盛壮之时，不知臣精已消亡矣。虽然，光不敢以图国事，所善荆卿可使也。"太子曰："愿因先生得结交于荆卿，可乎？"田光曰："敬诺。"即起，趋出。太子送至门，戒曰："丹所报，先生所言者，国之大事也，愿先生勿泄也！"田光俯而笑曰："诺。"偻行见荆卿，曰："光与子相善，燕国莫不知。今太子闻光壮盛之时，不知吾形已不逮也，幸而教之曰'燕秦不两立，愿先生留意也'。光窃不自外，言足下于太子也，愿足下过太子于宫。"荆轲曰："谨奉教。"田光曰："吾闻之，长者为行，不使人疑之。今太子告光曰：'所言者，国之大事也，愿先生勿泄'，是太子疑光也。夫为行而使人疑之，非节侠也。"欲自杀以激荆卿，曰："愿足下急过太子，言光已死，明不言也。"因遂自刎而死。

　　荆轲遂见太子，言田光已死，致光之言。太子再拜而跪，膝行流涕，有顷而后言曰："丹所以诫田先生毋言者，欲以成大事之谋也。今田先生以死明不言，岂丹之心哉！"荆轲坐定，太子避席顿首曰："田先生不知丹之不肖，使得至前，敢有所道，此天之所以哀燕而不弃其孤也。今秦有贪利之心，而欲不可足也。非尽天下之地，臣海内之王者，其意不厌。今秦已虏韩王，尽纳其地。又举兵南伐楚，北临赵；王翦将数十万之众距漳、邺，而李信出太原、云中。赵不能支秦，必入臣，入臣则祸至燕。燕小弱，数困于兵，今计举国不足以当秦。诸侯服秦，莫敢合从。丹之私计愚，以为诚得天下之勇士使于秦，窥以重利；秦王贪，其势必得所愿矣。诚得劫秦王，使悉反诸侯侵地，若曹沫之与齐桓公，则大善矣；则不可，因而刺杀之。彼秦大将擅兵于外而内有乱，则君臣相疑，以其间诸侯得合从，其破秦必矣。此丹之上愿，而不知所委命，唯荆卿留意焉。"久之，荆轲曰："此国之大事也，臣驽下，恐不足任使。"太子前顿首，固请毋让，

立，希望先生留意。"田光说："我听说骐骥盛壮的时候，一日可奔驰千里，等到它衰老了，就是劣等马也能跑到它的前边。如今太子光听说我盛壮之年的情景，却不知道我精力已经衰竭了。虽然如此，我不能冒昧地谋划国事，我的好朋友荆卿是可以承担这个使命的。"太子说："我希望能通过先生和荆卿结交，可以吗？"田光说："遵命。"于是即刻起身，急忙出去了。太子送到门口，告诫说："我所讲的，先生所说的，是国家的大事，希望先生不要泄露啊！"田光俯下身去笑着说："是。"田光弯腰驼背地走着去见荆卿，说："我和您彼此要好，燕国没有谁不知道，如今太子听说我盛壮之年时的情景，却不知道我的身体已力不从心了，我荣幸地听他教诲说：'燕国、秦国誓不两立，希望先生留意。'我私下和您不见外，已经把您推荐给太子，希望您前往宫中拜访太子。"荆轲说："谨领教。"田光说："我听说，年长老成的人行事，不会让别人怀疑他。如今太子告诫我说'所说的，是国家大事，希望先生不要泄露'，这是太子怀疑我了。一个人行事却让别人怀疑他，他就不算是有节操、讲义气的人。"他要用自杀来激励荆卿，说："希望您立即去见太子，就说我已经死了，表明我不会泄露机密的决心。"因此就刎颈自杀了。

　　荆轲于是便去会见太子，告诉他田光已死，转达了田光的话。太子拜了两拜跪下去，跪着前行，痛哭流涕，过了一会儿说："我所以告诫田先生不要泄露，是想使大事的谋划得以成功。如今田先生以死来表明他不会说出去，难道这是我的初衷吗？"荆轲坐稳后，太子离开座位以头叩地说："田先生不知道我不上进，使我能够到您跟前，冒昧地有所陈述，这是上天哀怜燕国，不抛弃我啊。如今秦王有贪利的野心，而他的欲望是不会满足的。不占尽天下的土地，使各国的君王向他臣服，他的野心是不会满足的。如今秦国已俘虏了韩王，占领了他的全部领土。他又出动军队向南攻打楚国，向北逼近赵国；王翦率领几十万大军抵达漳水、邺县一带，而李信出兵太原、云中。赵国抵挡不住秦军，一定会向秦国臣服；赵国臣服，那么灾祸就降临到燕国头上了。燕国弱小，多次被战争所困扰，如今估计，调动全国的力量也不能够抵挡秦军。诸侯畏服秦国，没有谁敢提倡合纵政策。我私下有个不成熟的计策，认为果真能得到天下的勇士，派往秦国，用重利诱惑秦王，秦王贪婪，其情势一定能达到我们的愿望。果真能够劫持秦王，让他全部归还侵占各国的土地，像曹沫劫持齐桓公，那就太好了；如果不行，就趁势杀死他。他们秦国的大将在国外独揽兵权，而国内出了乱子，那么君臣彼此猜疑，趁此机会，东方各国得以联合起来，就一定能够打败秦国。这是我最高的愿望，却不知道把这使命委托给谁，希望荆卿仔细地考虑这件事。"过了好一会儿，荆轲说："这是国家的大事，我的才能低劣，恐怕不能胜任。"太子上前以

然后许诺。于是尊荆卿为上卿，舍上舍。太子日造门下，供太牢具，异物间进，车骑美女恣荆轲所欲，以顺适其意。

久之，荆轲未有行意。秦将王翦破赵，虏赵王，尽收入其地，进兵北略地至燕南界。太子丹恐惧，乃请荆轲曰："秦兵旦暮渡易水，则虽欲长侍足下，岂可得哉！"荆轲曰："微太子言，臣愿谒之。今行而毋信，则秦未可亲也。夫樊将军，秦王购之金千斤，邑万家。诚得樊将军首与燕督亢之地图，奉献秦王，秦王必说见臣，臣乃得有以报。"太子曰："樊将军穷困来归丹，丹不忍以己之私而伤长者之意，愿足下更虑之！"

荆轲知太子不忍，乃遂私见樊於期曰："秦之遇将军可谓深矣，父母宗族皆为戮没。今闻购将军首金千斤，邑万家，将奈何？"於期仰天太息流涕曰："於期每念之，常痛于骨髓，顾计不知所出耳！"荆轲曰："今有一言可以解燕国之患，报将军之仇者，何如？"於期乃前曰："为之奈何？"荆轲曰："愿得将军之首以献秦王，秦王必喜而见臣，臣左手把其袖，右手揕其匈，然则将军之仇报而燕见陵之愧除矣。将军岂有意乎？"樊於期偏袒搤捥而进曰："此臣之日夜切齿腐心也，乃今得闻教！"遂自刭。太子闻之，驰往，伏尸而哭，极哀。既已不可奈何，乃遂盛樊於期首函封之。

于是太子豫求天下之利匕首，得赵人徐夫人匕首，取之百金，使工以药焠之，以试人，血濡缕，人无不立死者。乃装为遣荆卿。燕国有勇士秦舞阳，年十三，杀人，人不敢忤视。乃令秦舞阳为副。荆轲有所待，欲与俱；其人居远未来，而为治行。顷之，未发，太子迟之，疑其改悔，乃复请曰："日已尽矣，荆卿岂有意哉？丹请得先遣秦舞阳。"荆轲怒，叱太子曰："何太子之遣？往而不返者，竖子

头叩地，坚决请求不要推托，而后荆轲答应了。当时太子就尊奉荆卿为上卿，让其住进上等的宾馆。太子天天到荆轲的住所拜望，供给贵重的饮食，时不时地还献上奇珍异物，车马美女任荆轲随心所欲，事事顺从他的心意。

　　过了很长一段时间，荆轲仍没有行动的意思。这时，秦将王翦已经攻破赵国的都城，俘虏了赵王，把赵国的领土全部纳入秦国的版图之中了。大军挺进，向北夺取土地，直到燕国南部边界。太子丹害怕了，于是请求荆轲说："秦国军队早晚之间就要横渡易水，那时即使我想要长久地侍奉您，怎么能办得到呢！"荆轲说："太子就是不说，我也要请求行动了。现在到秦国去，没有让秦王相信我的东西，那么秦王就不可以接近。那樊将军，秦王悬赏黄金千斤、封邑万户来购买他的脑袋。如果能得到樊将军的脑袋和燕国督亢的地图，献给秦王，秦王一定高兴地接见我，这样我才能够有机会报效您。"太子说："樊将军到了穷途末路才来投奔我，我不忍心为自己私利而伤害这位长者的心，希望您考虑别的办法吧！"

　　荆轲明白太子不忍心，于是就私下会见樊於期说："秦国对待将军您可以说是太残酷了，父母、家族都被杀尽。如今听说用黄金千斤、封邑万户，购买将军的首级，您打算怎么办呢？"於期仰望苍天，叹息流泪说："我每每想到这些，就痛入骨髓，却想不出办法来！"荆轲说："现在有一句话可以解除燕国的祸患，洗雪将军的仇恨，怎么样？"於期凑向前说："怎么办？"荆轲说："希望得到将军的首级献给秦王，秦王一定会高兴地召见我，我左手抓住他的衣袖，右手用匕首直刺他的胸膛，那么将军的仇恨可以洗雪，而燕国被欺凌的耻辱可以涤除了，将军是否有这个心意呢？"樊於期脱掉一边衣袖，露出臂膀，一只手紧紧握住另一只手腕，走近荆轲说："这是我日日夜夜切齿碎心的仇恨，今天才听到您的教诲！"于是就自刎了。太子听到这个消息，驾车奔驰前往，趴在尸体上痛哭，极其悲痛，但是已经没法挽回，于是就把樊於期的首级装到匣子里密封起来。

　　当时太子已预先寻求天下最锋利的匕首，找到赵国人徐夫人的匕首，花了百金买下它，让工匠用毒水淬它，用人试验，只要见一丝儿血，没有不立刻死的。于是就准备行装，送荆轲出发。燕国有位勇士叫秦舞阳，十三岁就杀了人，别人都不敢正面对着看他。太子就派秦舞阳做助手。荆轲在等待一个人，打算一道出发；那个人住得很远，还没赶到，而荆轲已替那个人准备好了行装。又过了些日子，荆轲还没有出发，太子认为他拖延时间，怀疑他反悔，就再次催请说："日子不多了，荆卿有动身的打算吗？请允许我派遣秦舞阳先行。"荆轲发怒，斥责太子说："太子这样派遣是什么意思？只顾去而不能完成使命回来，那是没出息

也！且提一匕首入不测之强秦，仆所以留者，待吾客与俱。今太子迟之，请辞决矣！"遂发。

太子及宾客知其事者，皆白衣冠以送之。至易水之上，既祖，取道，高渐离击筑，荆轲和而歌，为变徵之声，士皆垂泪涕泣。又前而为歌曰："风萧萧兮易水寒，壮士一去兮不复还！"复为羽声慷慨，士皆瞋目，发尽上指冠。于是荆轲就车而去，终已不顾。

遂至秦，持千金之资币物，厚遗秦王宠臣中庶子蒙嘉。嘉为先言于秦王曰："燕王诚振怖大王之威，不敢举兵以逆军吏，愿举国为内臣，比诸侯之列，给贡职如郡县，而得奉守先王之宗庙。恐惧不敢自陈，谨斩樊於期之头，及献燕督亢之地图，函封，燕王拜送于庭，使使以闻大王，唯大王命之。"秦王闻之，大喜，乃朝服，设九宾，见燕使者咸阳宫。荆轲奉樊於期头函，而秦舞阳奉地图柙，以次进。至陛，秦舞阳色变振恐，群臣怪之。荆轲顾笑舞阳，前谢曰："北蕃蛮夷之鄙人，未尝见天子，故振慑。愿大王少假借之，使得毕使于前。"秦王谓轲曰："取舞阳所持地图。"轲既取图奏之，秦王发图，图穷而匕首见。因左手把秦王之袖，而右手持匕首揕之。未至身，秦王惊，自引而起，袖绝。拔剑，剑长，操其室。时惶急，剑坚，故不可立拔。荆轲逐秦王，秦王环柱而走。群臣皆愕，卒起不意，尽失其度。而秦法，群臣侍殿上者不得持尺寸之兵；诸郎中执兵皆陈殿下，非有诏召不得上。方急时，不及召下兵，以故荆轲乃逐秦王。而卒惶急，无以击轲，而以手共搏之。是时侍医夏无且以其所奉药囊提荆轲也。秦王方环柱走，卒惶急，不知所为，左右乃曰："王负剑！"负剑，遂拔以击荆轲，断其左股。荆轲废，乃引其匕首以擿秦王，不中，中桐柱。秦王复击轲，轲被八创。轲自知事不就，倚柱而笑，箕踞以骂曰："事所以不成者，以欲生劫之，必得约契以报太

的小子！况且是拿一把匕首进入难以测度的强暴的秦国。我所以暂留的原因，是等待另一位朋友同去。眼下太子认为我拖延了时间，那我就告辞诀别吧！"于是就出发了。

太子及宾客中知道这件事的，都穿着白衣戴着白帽为荆轲送行。到易水岸边，饯行以后，上路，高渐离击筑，荆轲和着拍节唱歌，发出苍凉凄惋的声调，送行的人都流泪哭泣，一边向前走一边唱道："风萧萧兮易水寒，壮士一去兮不复还！"随后又发出慷慨激昂的声调，送行的人们怒目圆睁，头发直竖，把帽子都顶起来。于是荆轲就上车走了，连头也不回。

一到秦国，荆轲带着价值千金的礼物，厚赠秦王宠幸的臣子中庶子蒙嘉。蒙嘉替荆轲先在秦王面前说："燕王确实因大王的威严震慑得心惊胆颤，不敢出动军队抗拒大王的将士，情愿全国上下做秦国的臣子，比照其他诸侯国排列其中，纳税如同直属郡县，使得以奉守先王的宗庙。因为慌恐畏惧不敢亲自前来陈述。谨此砍下樊於期的首级并献上燕国督亢地区的地图，装匣密封。燕王还在朝廷上举行了拜送仪式，派出使臣把这种情况禀明大王，敬请大王指示。"秦王听到这个消息，非常高兴，就穿上了礼服，安排了外交上极为隆重的九宾仪式，在咸阳宫召见燕国的使者。荆轲捧着樊於期的首级，秦舞阳捧着地图匣子，按照正、副使的次序前进，走到殿前台阶下秦舞阳脸色突变，害怕得发抖，大臣们都感到奇怪。荆轲回头朝秦舞阳笑笑，上前谢罪说："北方藩属蛮夷之地的粗野人，没有见过天子，所以心惊胆颤。希望大王稍微宽容他，让他能够在大王面前完成使命。"秦王对荆轲说："递上舞阳拿的地图。"荆轲取过地图献上，秦王展开地图，图卷展到尽头，匕首露出来。荆轲趁机左手抓住秦王的衣袖，右手拿匕首直刺。未近身，秦王大惊，自己抽身跳起，衣袖挣断。慌忙抽剑，剑长，只是抓住了剑鞘。一时惊慌急迫，剑又套得很紧，所以不能立刻拔出。荆轲追赶秦王，秦王绕柱奔跑。大臣们吓得发呆，突然发生意外事变，大家都失去常态。而秦国的法律规定，殿上侍从大臣不允许携带任何兵器；各位侍卫武官也只能拿着武器都依序守卫在殿外，没有皇帝的命令，不准进殿。正当危急时刻，来不及传唤下边的侍卫官兵，因此荆轲能够追赶秦王。仓促之间，惊慌急迫，没有用来攻击荆轲的武器，只能赤手空拳和荆轲搏击。这时，侍从医官夏无且用他所捧的药袋投击荆轲。正当秦王围着柱子跑，仓促慌急，不知如何是好的时候，侍从们喊道："大王，把剑推到背后！"秦王把剑推到背后，才拔出宝剑攻击荆轲，砍断他的左腿。荆轲残废了，就举起他的匕首直接投刺秦王，没有击中，却击中了铜柱。秦王接连攻击荆轲，荆轲被刺伤八处。荆轲自知大事不能成功了，就倚在柱子上大笑，张开两腿像簸箕一样坐在地上骂道："大事之所以没能成功，是因为我想

子也。"于是左右既前杀轲,秦王不怡者良久。已而论功,赏群臣及当坐者各有差,而赐夏无且黄金二百溢,曰:"无且爱我,乃以药囊提荆轲也。"

于是秦王大怒,益发兵诣赵,诏王翦军以伐燕。十月而拔蓟城。燕王喜、太子丹等尽率其精兵东保于辽东。秦将李信追击燕王急,代王嘉乃遗燕王喜书曰:"秦所以尤追燕急者,以太子丹故也。今王诚杀丹献之秦王,秦王必解,而社稷幸得血食。"其后李信追丹,丹匿衍水中,燕王乃使使斩太子丹,欲献之秦。秦复进兵攻之。后五年,秦卒灭燕,虏燕王喜。

其明年,秦并天下,立号为皇帝。于是秦逐太子丹、荆轲之客,皆亡。高渐离变名姓为人庸保,匿作于宋子。久之,作苦,闻其家堂上客击筑,傍偟不能去。每出言曰:"彼有善有不善。"从者以告其主,曰:"彼庸乃知音,窃言是非。"家丈人召使前击筑,一坐称善,赐酒。而高渐离念久隐畏约无穷时,乃退,出其装匣中筑与其善衣,更容貌而前。举坐客皆惊,下与抗礼,以为上客。使击筑而歌,客无不流涕而去者。宋子传客之,闻于秦始皇。秦始皇召见,人有识者,乃曰:"高渐离也。"秦皇帝惜其善击筑,重赦之,乃矐其目。使击筑,未尝不称善。稍益近之,高渐离乃以铅置筑中,复进得近,举筑朴秦皇帝,不中。于是遂诛高渐离,终身不复近诸侯之人。

鲁句践已闻荆轲之刺秦王,私曰:"嗟乎,惜哉其不讲于刺剑之术也!甚矣吾不知人也!曩者吾叱之,彼乃以我为非人也!"

太史公曰:世言荆轲,其称太子丹之命,"天雨粟,马生角"也,太过。又言荆轲伤秦王,皆非也。始公孙季功、董生与夏无且游,具知其事,为余道之如是。自曹沫至荆轲五人,此其义或成或不成,然其立意较然,不欺其志,名垂后世,岂妄也哉!

活捉你，迫使你订立归还诸侯们土地的契约回报给太子。"这时侍卫们冲上前来杀死荆轲，而秦王也不高兴了好一会儿。过后评论功过，赏赐群臣及处置当办罪的官员都各有差别。赐给夏无且黄金二百镒，说："无且爱护我，才用药袋投击荆轲啊。"

于是秦王大发雷霆，增派军队前往赵国，命令王翦的军队去攻打燕国，十月攻克了蓟城。燕王喜、太子丹等率领着全部精锐部队向东退守辽东。秦将李信紧紧地追击燕王，代王嘉就写信给燕王喜说："秦军之所以追击燕军特别急迫，是因为太子丹的缘故。现在您如果杀掉太子丹，把他的人头献给秦王，一定会得到秦王宽恕，而社稷或许也侥幸得到祭祀。"此后李信率军追赶太子丹，太子丹隐藏在衍水河中，燕王就派使者杀了太子丹，准备把他的人头献给秦王。秦王又进军攻打燕国。此后五年，秦国终于灭掉了燕国，俘虏了燕王喜。

第二年，秦王吞并了天下，自称为皇帝。于是通缉太子丹和荆轲的门客，门客们都潜逃了。高渐离更名改姓给人家当佣工，隐藏在宋子这个地方做工。时间长了，他觉得很劳累，听到主人家堂上有客人击筑，走来走去舍不得离开，常常张口就说："那筑的声调有好的地方，也有不好的地方。"侍候的人把高渐离的话告诉主人，说："那个佣工懂得音乐，私下里说是道非的。"家主人叫高渐离到堂前击筑，满座宾客都说他击得好，赏给他酒喝。高渐离考虑到长久地隐姓埋名，担惊受怕地躲藏下去只怕没有尽头，便退下堂来，把自己的筑和衣裳从行装匣子里拿出来，改装整容来到堂前，满座宾客大吃一惊，离开座位用平等的礼节接待他，尊为上宾。人们请他击筑唱歌，宾客们听了，没有不被感动得流着泪而离去的，宋子城里的人轮流请他去做客。这消息被秦始皇听到了，就召令进见。有认识他的人，就说："这是高渐离。"秦始皇怜惜他擅长击筑，特别赦免了他的死罪，薰瞎了他的眼睛，让他击筑，没有一次不说好。渐渐地他更加接近秦始皇了，高渐离便把铅灌进筑中，再进宫击筑靠近时，举筑撞击秦始皇，没有击中。于是秦始皇就杀了高渐离，此后终身不敢再接近从前东方六国的人了。

鲁句践听到荆轲行刺秦王的事，私下说："唉！太可惜啦，他不讲究刺剑的技术啊，我太不了解这个人了！过去我呵斥他，他就以为我不是同路人了。"

太史公说：世人谈论荆轲，当说到太子丹的命运时，说什么"天上像下雨一样落下粮食来，马头长出角来"，这太过分了。又说荆轲刺伤了秦王，这都不是事实。当初公孙季功、董生和夏无且交游的时候，都知道这件事，他们告诉我的就像我记载的那样。从曹沫到荆轲五个人，他们的侠义之举有的成功、有的不成功，但他们的志向意图都很清楚明朗，都没有违背自己的良心，名声流传到后代，这难道是虚妄的吗？

李斯列传第二十七

李斯者,楚上蔡人也。年少时,为郡小吏,见吏舍厕中鼠食不絜,近人犬,数惊恐之。斯入仓,观仓中鼠,食积粟,居大庑之下,不见人犬之忧。于是李斯乃叹曰:"人之贤不肖譬如鼠矣,在所自处耳!"

乃从荀卿学帝王之术。学已成,度楚王不足事,而六国皆弱,无可为建功者,欲西入秦。辞于荀卿曰:"斯闻得时无怠,今万乘方争时,游者主事。今秦王欲吞天下,称帝而治,此布衣驰骛之时而游说者之秋也。处卑贱之位而计不为者,此禽鹿视肉,人面而能强行者耳。故诟莫大于卑贱,而悲莫甚于穷困。久处卑贱之位,困苦之地,非世而恶利,自托于无为,此非士之情也。故斯将西说秦王矣。"

至秦,会庄襄王卒,李斯乃求为秦相文信侯吕不韦舍人;不韦贤之,任以为郎。李斯因以得说,说秦王曰:"胥人者,去其几也。成大功者,在因瑕衅而遂忍之。昔者秦缪公之霸,终不东并六国者,何也?诸侯尚众,周德未衰,故五伯迭兴,更尊周室。自秦孝公以来,周室卑微,诸侯相兼,关东为六国,秦之乘胜役诸侯,盖六世矣。今诸侯服秦,譬若郡县。夫以秦之强,大王之贤,由灶上骚除,足以灭诸侯,成帝业,为天下一统,此万世之一时也。今怠而不急就,诸侯复强,相聚约从,虽有黄帝之贤,不能并也。"秦王乃拜斯为长史,听其计,阴遣谋士赍持金玉以游说诸侯。诸侯名士可下以财者,厚遗结之;不肯者,利剑刺之。离其君臣之计,秦王乃使其良将随其后。秦王拜斯为客卿。

李斯是楚国上蔡人。他年轻的时候，曾经在郡里当过小吏，有一次他看到办公处附近厕所里的老鼠在吃脏东西，每逢有人或狗走来时，就受惊逃跑了。后来李斯又走进粮仓，看到粮仓中的老鼠，吃的是屯积的粟米，住在大屋子里面，也不用担心人或狗惊扰。于是李斯就慨然叹息道："一个人有出息还是没出息，就如同老鼠一样，是由自己所处的环境所决定的。"

　　于是李斯就师从荀子学习帝王治理天下的学问。学业完成之后，李斯估量楚王是不值得侍奉的，而六国国势都已衰弱，没有一点让它们建功立业的希望，于是就想西行到秦国去。在临行之前，向荀子辞行说："我听说如果一个人要是遇到机会，千万不可松懈错过。如今各诸侯国都在争取时机，游说之士掌握实权。现在秦王想吞并各国，称帝治理天下，现在正是平民出身的政治活动家和游说之士奔走四方、施展自己才华抱负的最佳时机。处于卑贱的地位，而不想着去求取功名富贵，就如同禽兽一样，只等看到现成的肉才想去吃，白白长了一副人的面孔而勉强直立行走罢了。所以最大的耻辱莫过于卑贱，最大的悲哀莫过于贫穷。长期处于卑贱的地位和贫困的环境之中，却还要非难社会、厌恶功名利禄，标榜自己与世无争，这不是士子的本愿。所以我要到西方去游说秦王了。"

　　到秦国之后，正赶上秦庄襄王去世，李斯就请求充当秦相国文信侯吕不韦的舍人；吕不韦很赏识他，任命他为郎官。这样就使得李斯有游说的机会，他对秦王说："平庸的人往往容易失去时机，而能成大功业的人就在于他能利用机会并能及时做决定下狠心。从前秦缪公虽称霸天下，但最终没有东进吞并山东六国，这是为什么呢？原因在于诸侯的人数还多，周朝的德望也没有衰落，因此五霸交替兴起，相继推尊周朝。自从秦孝公以来，周朝卑弱衰微，诸侯之间互相兼并，函谷关以东地区化为六国，秦国乘胜奴役诸侯已经经过六代。现如今诸侯服从秦国就如同郡县服从朝廷一样。以秦国的强大，大王的贤明，就像扫除灶上的灰尘一样，足以扫平诸侯，成就帝业，统一天下，这是万世难逢的一个最佳时机。倘若现在懈怠而不抓紧办此事的话，等到诸侯再强盛起来，又订立合纵的盟约，就算有黄帝一样的贤明，到那时也不能吞并它们了。"于是秦始皇就任命李斯为长史，听从了他的计谋，暗中派遣谋士带着金玉珍宝去各国游说。对各国著名人物能收买的，就多送礼物加以收买；不能收买的，就用利剑把他们杀掉。这些都是离间诸侯国君臣关系的计策，接着，秦王就派良将随后攻打。秦王任命李斯为客卿。

会韩人郑国来间秦，以作注溉渠，已而觉。秦宗室大臣皆言秦王曰："诸侯人来事秦者，大抵为其主游间于秦耳，请一切逐客。"李斯议亦在逐中。斯乃上书曰：

臣闻吏议逐客，窃以为过矣。昔缪公求士，西取由余于戎，东得百里奚于宛，迎蹇叔于宋，来丕豹、公孙支于晋。此五子者，不产于秦，而缪公用之，并国二十，遂霸西戎。孝公用商鞅之法，移风易俗，民以殷盛，国以富强，百姓乐用，诸侯亲服，获楚、魏之师，举地千里，至今治强。惠王用张仪之计，拔三川之地，西并巴、蜀，北收上郡，南取汉中，包九夷，制鄢、郢，东据成皋之险，割膏腴之壤，遂散六国之从，使之西面事秦，功施到今。昭王得范雎，废穰侯，逐华阳，强公室，杜私门，蚕食诸侯，使秦成帝业。此四君者，皆以客之功。由此观之，客何负于秦哉！向使四君却客而不内，疏士而不用，是使国无富利之实而秦无强大之名也。

今陛下致昆山之玉，有随、和之宝，垂明月之珠，服太阿之剑，乘纤离之马，建翠凤之旗，树灵鼍之鼓。此数宝者，秦不生一焉，而陛下说之，何也？必秦国之所生然后可，则是夜光之璧不饰朝廷，犀象之器不为玩好，郑、卫之女不充后宫，而骏良駃騠不实外厩，江南金锡不为用，西蜀丹青不为采。所以饰后宫充下陈娱心意说耳目者，必出于秦然后可，则是宛珠之簪，傅玑之珥，阿缟之衣，锦绣之饰不进于前，而随俗雅化佳冶窈窕赵女不立于侧也。夫击瓮叩缶弹筝搏髀，而歌呼呜呜快耳者，真秦之声也；郑、卫、桑间、昭、虞、武、象者，异国之乐也。今弃击瓮叩缶而就郑卫，退弹筝而取昭虞，若是者何也？快意当前，适观而已矣。今取人则不然。不问可否，不论曲

恰在此时韩国人郑国以修筑渠道为名，来到秦国做间谍，不久被发现了。秦国的王族和大臣们都对秦王说："从各诸侯国来侍奉秦王的人，大都是为他们的国君游说，以离间秦国而已，请求大王把客卿一概驱逐。"李斯也在计划好被驱逐的客卿之列。于是李斯就上书说：

听说官员们议论要驱逐客卿，我认为这是错误的。从前秦缪公招揽贤才，从西戎找到由余，从东边楚国的苑地得到了百里奚，从宋国迎来了蹇叔，从晋国招来了丕豹、公孙支。这五个人都不生在秦国，而秦缪公重用他们，吞并了二十多个国家，才得以在西戎称霸。秦孝公采用商鞅的新法，移风易俗，人民因此殷实兴盛，国家因此富足强大，百姓们愿意为国家效力，其他国家也诚心归顺，击败了楚国、魏国的军队，夺取了千里土地，至今政治安定，国家强盛。秦惠王用张仪的计策，夺取了三川地区，向西又吞并了巴、蜀，向北占领了上郡，向南攻占了汉中，囊括九夷，控制鄢、郢，在东面占据了险要的成皋，夺取了肥沃的土地，并进一步瓦解了六国的合纵联盟，使他们面向西方，侍奉秦国，功业一直延续到今天。秦昭王得范雎，废黜穰侯，驱逐华阳君，使公室强大，杜绝了私门权贵的势力，像蚕吃桑叶一样，逐渐吞并诸侯的土地，终于使秦国奠定了统一天下大业的基础。这四位君主，都是依靠了别国客卿的力量。由此看来，客卿有哪一点对不起秦国呢？假使这四位君主拒绝客卿而不接受他们，疏远士人而不重用，这就使秦国既无富足之实，又无强大之名。

现在陛下您罗致昆山的美玉，得到随侯之珠、和氏之璧，挂着明月珠，佩着太阿剑，驾着纤离马，竖着翠凤旗，摆着灵鼍鼓。以上这些宝物，并没有一样是秦国出产的，但陛下您很喜爱它们，这是为什么呢？若是一定要秦国所产然后才使用的话，那么夜光之璧就不能用来装饰朝廷，犀角象牙制品就不能为您所赏玩，郑国、卫国的美女也不能列于您的后宫之中，駃騠良马也不能填满您的马棚。江南的金锡也不该用，西蜀的丹青也不应用来当颜料。您用来装饰后宫、充当姬妾、赏心乐意、怡目悦耳的，一定要出自秦国然后才用的话，那么，用宛地珍珠装饰的簪子，玑珠镶嵌的耳坠，东阿白绢缝制的衣服、刺绣华美的装饰品，就不能进献在您的面前，那时髦并且高雅、漂亮而又文静的赵国女子就不能侍立在您的身旁。而那些敲打瓦坛瓦罐、弹着秦筝、拍着大腿、呜呜叫喊以满足欣赏要求的，这才是正宗的秦国音乐。像《郑》《卫》《桑间》《昭》《虞》《武》《象》这些乐曲，则是其他国家的音乐。现在您抛弃敲打瓦坛瓦罐这一套秦国音乐而听《郑》《卫》之声，不去听弹筝而欣赏《昭》《虞》之曲，这是为什么呢？说白了，只不过是图眼前的快乐，以满足耳目观赏的需求罢了。而现在您用人却不是这样，不问此人能用不能用，也不问是非

直,非秦者去,为客者逐。然则是所重者在乎色乐珠玉,而所轻者在乎人民也。此非所以跨海内制诸侯之术也。

臣闻地广者粟多,国大者人众,兵强则士勇。是以太山不让土壤,故能成其大;河海不择细流,故能就其深;王者不却众庶,故能明其德。是以地无四方,民无异国,四时充美,鬼神降福,此五帝、三王之所以无敌也。今乃弃黔首以资敌国,却宾客以业诸侯,使天下之士退而不敢西向,裹足不入秦,此所谓"藉寇兵而赍盗粮"者也。

夫物不产于秦,可宝者多;士不产于秦,而愿忠者众。今逐客以资敌国,损民以益仇,内自虚而外树怨于诸侯,求国无危,不可得也。

秦王乃除逐客之令,复李斯官,卒用其计谋。官至廷尉。二十余年,竟并天下,尊主为皇帝,以斯为丞相。夷郡县城,销其兵刃,示不复用。使秦无尺土之封,不立子弟为王,功臣为诸侯者,使后无战攻之患。

始皇三十四年,置酒咸阳宫,博士仆射周青臣等颂始皇威德。齐人淳于越进谏曰:"臣闻之,殷周之王千余岁,封子弟功臣自为支辅。今陛下有海内,而子弟为匹夫,卒有田常、六卿之患,臣无辅弼,何以相救哉?事不师古而能长久者,非所闻也。今青臣等又面谀以重陛下过,非忠臣也。"始皇下其议丞相。丞相谬其说,绌其辞,乃上书曰:"古者天下散乱,莫能相一,是以诸侯并作,语皆道古以害今,饰虚言以乱实,人善其所私学,以非上所建立。今陛下并有天下,别白黑而定一尊;而私学乃相与非法教之制,闻令下,即各以其私学议之,入则心非,出则巷议,非主以为名,异趣以为高,率群下以造谤。如此不禁,则主势降乎上,党与成乎下。禁之便。臣请诸有

曲直，只要不是秦国人一律辞退，只要是客卿一律驱逐。这样看来，陛下所看重的是美女、音乐、珍珠、宝玉，所轻视的是人才了。这并不是统一天下、制服诸侯的最佳方法啊。

我听说过所产粮食丰富是因为土地广阔，国土广大人口就众多，军队强盛士兵就勇敢。泰山不排斥泥土，才能堆积得如此高大；河海不挑别细小的溪流，才能变得如此深广；而成就王业的人不抛弃广大民众，才能彰显出他的圣德。所以地无论东西南北，民众不分各国，一年四季五谷丰登，鬼神赐予福泽，这就是五帝三王无敌于天下的原因所在。而现在陛下您抛弃了百姓来帮助敌国，排斥宾客而使他们为其他诸侯国建立功业，使天下有才之士后退而不敢西行，停住脚步而不敢进入秦国，这正是人们所说的"借武器给敌人，送粮食给盗贼啊"！

非秦国出产的物品，值得珍视的有很多；非秦国出生的士人，愿意效忠的也有不少。现在您驱逐客卿来资助敌国，损害百姓以帮助仇人，在内部削弱自己而在外面又和诸侯结下怨恨，这样下去，要想使国家没有危机，是不可能的。

于是，秦王就废除了逐客令，恢复了李斯的官职，终于采用了他的计谋，他的官位也升到廷尉之职。经过二十多年，终于统一了天下，尊称君主为"皇帝"。皇帝又任命李斯为丞相，并拆除了各国郡县的城墙，销毁了各地的武器，表示不再使用。使秦国没有一寸分封的土地，也不立皇帝的儿子、兄弟为王，更不把功臣封为诸侯，以使国家从此之后再也没有战争的祸患。

秦始皇三十四年，在咸阳宫设宴招待群臣，博士仆射周青臣等人称颂秦始皇的威武盛德。齐人淳于越劝谏道："我听说殷商和周朝统治达一千多年，分封子弟及功臣作为膀臂辅翼。而现在陛下您虽一统天下，但子弟却还是平民百姓，若一旦出现了田常、六卿夺权篡位的祸患，在朝中又没有强有力的辅佐之臣，靠谁来相救呢？办事不学习古代有经验统治时间长的朝代，我还没有听说过。现在周青臣等人又当面阿谀奉承以加重您的错误，不是忠臣的所为啊。"始皇把这种议论交给李斯处理，李斯认为这种论点是荒谬的，因此废弃不用，就上书给皇帝说："古时候天下分散败乱，彼此之间互不服从，所以才诸侯并起，一般舆论都称道古代以否定当代，装点一些虚夸不实的文辞来扰乱社会的实际情况，人们都认为自己的一派学问最好，以否定皇帝的政策法令。现在陛下统一了天下，分辨了是非黑白，使海内共同尊崇皇帝一个人；而诸子百家各个学派却在一起任意批评朝廷的法令制度，听说朝廷令下，立刻就以自己学派的观点来议论它，回家便心中不满，出门则在街头巷尾纷纷议论，以批评君主来博得名声，认为和朝廷不一样便是本领高，并带领下层群众来制造诽谤。这样下去而不加以制止的话，上面君主的权力威望就要下降，下面私人的帮派也会形成。因此，还是加以禁止为

文学诗书百家语者，蠲除去之。令到满三十日弗去，黥为城旦。所不去者，医药卜筮种树之书。若有欲学者，以吏为师。"始皇可其议，收去诗书百家之语以愚百姓，使天下无以古非今。明法度，定律令，皆以始皇起。同文书。治离宫别馆，周遍天下。明年，又巡狩，外攘四夷，斯皆有力焉。

斯长男由为三川守，诸男皆尚秦公主，女悉嫁秦诸公子。三川守李由告归咸阳，李斯置酒于家，百官长皆前为寿，门廷车骑以千数。李斯喟然而叹曰："嗟乎！吾闻之荀卿曰'物禁大盛'。夫斯乃上蔡布衣，闾巷之黔首，上不知其驽下，遂擢至此。当今人臣之位无居臣上者，可谓富贵极矣。物极则衰，吾未知所税驾也！"

始皇三十七年十月，行出游会稽，并海上，北抵琅邪。丞相斯、中车府令赵高兼行符玺令事，皆从。始皇有二十余子，长子扶苏以数直谏上，上使监兵上郡，蒙恬为将。少子胡亥爱，请从，上许之。余子莫从。

其年七月，始皇帝至沙丘，病甚，令赵高为书赐公子扶苏曰："以兵属蒙恬，与丧会咸阳而葬。"书已封，未授使者，始皇崩。书及玺皆在赵高所，独子胡亥、丞相李斯、赵高及幸宦者五六人知始皇崩，余群臣皆莫知也。李斯以为上在外崩，无真太子，故秘之。置始皇居辒辌车中，百官奏事上食如故，宦者辄从辒辌车中可诸奏事。

赵高因留所赐扶苏玺书，而谓公子胡亥曰："上崩，无诏封王诸子而独赐长子书。长子至，即立为皇帝，而子无尺寸之地，为之奈何？"胡亥曰："固也。吾闻之，明君知臣，明父知子。父捐命，不封诸子，何可言者！"赵高曰："不然。方今天下之权，存亡在子与高及丞相耳，愿子图之。且夫臣人与见臣于人，制人与见制于人，岂可同日道哉！"胡亥曰："废兄而立弟，是不义也；不奉父诏而畏死，是不孝也；能薄而材谫，强因人之功，是不能也：三者逆德，天

好。我请求把人们收藏的《诗经》《尚书》和诸子百家的著作，都一概清除干净。命令下达三十天之后，若还有人不服从，判处黥刑并罚做筑城的苦役。不在清除之列的，是医药、占卜、种植等类书籍。若有想学习法令的，以官吏为老师。"于是秦始皇批准了他的建议，没收了《诗经》《尚书》和诸子百家的著作，以使人民愚昧无知，使天下人无法用古代的事来批评当前的朝廷。修明法度，制定律令，都从秦始皇开始。统一文字，在全国各地修建离宫别馆。第二年，始皇又四处巡视，平定了四方少数民族，这些措施，李斯都出了不少力。

李斯的长子李由担任三川郡守，儿子们娶的都是秦国的公主，女儿们嫁的都是秦国的皇族子弟。三川郡守李由请假回咸阳时，李斯在家中设下酒宴，文武百官都前去给李斯敬酒祝贺。门前的车马数以千计。李斯便慨然长叹道："唉呀！我听荀卿说过'事情不要搞得过了头'。我李斯原是上蔡的平民、街巷里的百姓，皇帝不了解我才能低下，才把我提拔到这样高的地位。现如今做臣子的没有人比我职位更高，可以说是荣华富贵到了极点。然而事物发展到极点就要开始衰落，我还不知道归宿在何方啊！"

秦始皇三十七年十月，他巡行出游到会稽山，沿海北上，到达琅邪山。丞相李斯和中车府令兼符玺令赵高都一同随行。秦始皇有二十多个儿子，长子扶苏因多次直言劝谏皇帝，始皇派他到上郡监督军队，蒙恬任将军。小儿子胡亥很受宠爱，要求随行，始皇答应了。其他的儿子都没跟着去。

这一年七月，秦始皇到达沙丘，病得非常严重，命令赵高写好诏书给公子扶苏说："把军队交给蒙恬，赶快到咸阳参加葬礼，然后安葬。"书信都已封好，但还没交给使者，秦始皇就去世了。书信和印玺都在赵高手里，只有小儿子胡亥、丞相李斯和赵高以及五六个亲信宦官知道始皇去世，其余群臣都不知道。李斯认为皇帝在外面去世，又没正式确立太子，所以就保守秘密，把始皇的尸体安放在一辆既能保温又能通风凉爽的车子中，百官奏事及进献饮食还像往常一样，宦官就假托皇帝从车中批准百官上奏的事。

赵高扣留了始皇赐给扶苏的诏书，而对公子胡亥说："皇帝去世了，没有诏书封诸子为王而只赐给长子扶苏一封诏书。长子到后，就登位做皇帝，而你却没有半寸的封地，这怎么办呢？"胡亥说："本来就是这样。我听说过，圣明的君主最了解臣子，圣明的父亲最了解儿子。父亲临终既未下命令分封诸子，那还有什么可说的呢？"赵高说："并非如此。当今天下的大权，无论谁的生死存亡，都在你、我和李斯手里掌握着啊！希望你好好考虑考虑。更何况驾驭群臣和向人称臣，统治别人和被人统治，难道可以同日而语吗！"胡亥说："废除兄长而立弟弟，这是不义；不服从父亲的诏命而惧怕死亡，这是不孝；自己才能浅薄，依

下不服，身殆倾危，社稷不血食。"高曰："臣闻汤、武杀其主，天下称义焉，不为不忠。卫君杀其父，而卫国载其德，孔子著之，不为不孝。夫大行不小谨，盛德不辞让，乡曲各有宜而百官不同功。故顾小而忘大，后必有害；狐疑犹豫，后必有悔。断而敢行，鬼神避之，后有成功。愿子遂之！"胡亥喟然叹曰："今大行未发，丧礼未终，岂宜以此事干丞相哉！"赵高曰："时乎时乎，间不及谋！赢粮跃马，唯恐后时！"

胡亥既然高之言，高曰："不与丞相谋，恐事不能成，臣请为子与丞相谋之。"高乃谓丞相斯曰："上崩，赐长子书，与丧会咸阳而立为嗣。书未行，今上崩，未有知者也。所赐长子书及符玺皆在胡亥所，定太子在君侯与高之口耳。事将何如？"斯曰："安得亡国之言！此非人臣所当议也！"高曰："君侯自料能孰与蒙恬？功高孰与蒙恬？谋远不失孰与蒙恬？无怨于天下孰与蒙恬？长子旧而信之孰与蒙恬？"斯曰："此五者皆不及蒙恬，而君责之何深也？"高曰："高固内官之厮役也，幸得以刀笔之文进入秦宫，管事二十余年，未尝见秦免罢丞相功臣有封及二世者也，卒皆以诛亡。皇帝二十余子，皆君之所知。长子刚毅而武勇，信人而奋士，即位必用蒙恬为丞相，君侯终不怀通侯之印归于乡里，明矣。高受诏教习胡亥，使学以法事数年矣，未尝见过失。慈仁笃厚，轻财重士，辩于心而诎于口，尽礼敬士，秦之诸子未有及此者，可以为嗣。君计而定之。"斯曰："君其反位！斯奉主之诏，听天之命，何虑之可定也？"高曰："安可危也，危可安也。安危不定，何以贵圣？"斯曰："斯，上蔡闾巷布衣也，上幸擢为丞相，封为通侯，子孙皆至尊位重禄者，故将以存亡安危属臣也。岂可负哉！夫忠臣不避死而庶几，孝子不勤劳而见危，人臣各守其职而已矣。君其勿复言，将令斯得罪。"高曰："盖闻圣人

靠别人的帮助而勉强登位,这是无能;这三件事都是大逆不道的事情,天下人也不会服从,不仅我自身遭受祸殃,国家还会灭亡。"赵高说:"我听说过商汤、周武杀死他们的君主,天下人都称赞他们的行为符合道义,不能算是不忠。卫君杀死他的父亲,而卫国人民称颂他的功德,孔子记载了这件事,不能算是不孝。更何况办大事不能拘于小节,行大德也不用再三谦让,乡间的习俗各有各的好处,百官的工作方式也各不一样。所以顾忌小事而忘了大事,日后必生祸害;关键时刻犹豫不决,将来一定要后悔。果断而大胆地去做,连鬼神都要回避,将来一定会成功。希望你按我说的去做。"胡亥长叹一声说道:"现在皇帝去世还未发丧,丧礼也未结束,怎么好用这件事来求丞相呢?"赵高说:"时光啊时光,短暂得来不及谋划!我就像携带干粮赶着快马赶路一样,唯恐耽误了时机!"

　　胡亥同意了赵高的谋划以后,赵高说:"不和丞相商议,恐怕事情还不能成功,我希望能替您与丞相商议。"赵高就对丞相李斯说道:"始皇去世,赐给长子扶苏诏书,命他到咸阳参加丧礼,并立为继承人。诏书未发,皇帝去世,还没人知道此事。皇帝赐给长子的诏书和符玺都在胡亥手里,立谁为太子只在于你我的一句话而已。你看这事该怎么办?"李斯说:"你怎么能说出这种亡国的话呢!这不是作为人臣所应当议论的事!"赵高说:"您自己估计一下,和蒙恬相比,谁有本事?谁的功劳更高?谁更谋略深远而不失误?天下百姓更拥戴谁?与长子扶苏的关系谁更好?"李斯说:"在这五个方面我都不如蒙恬,但您为什么这样苛求于我呢?"赵高说:"我本来就是一个宦官的奴仆,有幸能凭熟悉狱法文书进入秦宫,管事二十多年,还未曾见过被秦王罢免的丞相功臣有封爵而又传给下一代的,他们的结局都是以被杀告终。皇帝有二十多个儿子,这些都是您所知道的。长子扶苏刚毅而且勇武,信任人而又善于激励士人,即位之后一定会用蒙恬担任丞相,很显然,您最终是不能怀揣通侯之印退职还乡了。我受皇帝之命教育胡亥,让他学法律已经有好几年了,还没见过他有什么错误。他慈悲仁爱,诚实厚道,轻视钱财,尊重士人,心里聪明但不善言辞,竭尽礼节尊重贤士,在秦始皇的儿子中,没人能赶得上他,可以立他为继承人。您考虑一下再决定。"李斯说:"您还是该干什么就干什么吧!我李斯只执行皇帝的遗诏,自己的命运听从上天的安排,有什么可考虑决定的呢?"赵高说:"看似平安却可能是危险的,看似危险又可能是平安的。在安危面前不早做决定,又怎么能算是圣明的人呢?"李斯说:"我李斯本是上蔡街巷里的平民百姓,承蒙皇帝提拔,让我担任丞相,封为通侯,子孙都得到尊贵的地位和优厚的待遇,所以皇帝才把国家安危存亡的重任交给了我,我又怎么能辜负了他的重托呢?忠臣不因怕死而苟且从事,孝子不因过分操劳而损害健康,做臣子的各守各的职责而已。请您不要再说

迁徙无常,就变而从时,见末而知本,观指而睹归。物固有之,安得常法哉!方今天下之权命悬于胡亥,高能得志焉。且夫从外制中谓之惑,从下制上谓之贼。故秋霜降者草花落,水摇动者万物作,此必然之效也。君何见之晚?"斯曰:"吾闻晋易太子,三世不安;齐桓兄弟争位,身死为戮;纣杀亲戚,不听谏者,国为丘墟,遂危社稷:三者逆天,宗庙不血食。斯其犹人哉,安足为谋!"高曰:"上下合同,可以长久;中外若一,事无表里。君听臣之计,即长有封侯,世世称孤,必有乔松之寿,孔、墨之智。今释此而不从,祸及子孙,足以为寒心。善者因祸为福,君何处焉?"斯乃仰天而叹,垂泪太息曰:"嗟乎!独遭乱世,既以不能死,安托命哉!"于是斯乃听高。高乃报胡亥曰:"臣请奉太子之明命以报丞相,丞相斯敢不奉令!"

于是乃相与谋,诈为受始皇诏丞相,立子胡亥为太子。更为书赐长子扶苏曰:"朕巡天下,祷祠名山诸神以延寿命。今扶苏与将军蒙恬将师数十万以屯边,十有余年矣,不能进而前,士卒多耗,无尺寸之功,乃反数上书直言诽谤我所为,以不得罢归为太子,日夜怨望。扶苏为人子不孝,其赐剑以自裁!将军恬与扶苏居外,不匡正,宜知其谋。为人臣不忠,其赐死,以兵属裨将王离。"封其书以皇帝玺,遣胡亥客奉书赐扶苏于上郡。

使者至,发书,扶苏泣,入内舍,欲自杀。蒙恬止扶苏曰:"陛下居外,未立太子,使臣将三十万众守边,公子为监,此天下重任也。今一使者来,即自杀,安知其非诈?请复请,复请而后死,未暮也。"使者数趣之。扶苏为人仁,谓蒙恬曰:"父而赐子死,尚安复请!"即自杀。蒙恬不肯死,使者即以属吏,系于阳周。

使者还报,胡亥、斯、高大喜。至咸阳,发丧,太子立为二世皇帝。以赵高为郎中令,常侍中用事。

了,不要让我李斯也跟着犯罪。"赵高说:"我听说圣人并不循规蹈矩,而是适应变化、顺从潮流,看到苗头就能预知根本,看到动向就能预知归宿。而事物本来就是如此,哪里有什么事是一成不变的呢!现如今天下的权力和命运都掌握在胡亥手里,我赵高能猜出他的心志。更何况从外部来制服内部就是逆乱,从下面来制服上面就是反叛。所以秋霜一降花草随之凋落,冰消雪化就万物更生,这是自然界必然的结果。您怎么连这些都看不到呢?"李斯说:"我听说晋更换太子,三代不安宁;齐桓公兄弟争夺王位,哥哥被杀死;商纣杀死亲戚,又不听从臣下劝谏,都城被夷为废墟,危及了社稷;这三件事都违背天意,所以才落得宗庙没人祭祀的下场。我李斯还是人啊,怎么能参与这些阴谋呢!"赵高说:"上下齐心协力,事业可以长久;内外配合如一,就不会有什么差错。您听从我的计策,就会长保封侯,并永世相传,一定有仙人王子乔、赤松子那样的长寿,孔子、墨子那样的智慧。现在放弃这个机会而不听从我的意见,一定会祸及子孙,足以令人心寒。善于为人处世,相机而动的人是能够转祸为福的,您想怎么办呢?"李斯仰天长叹,挥泪叹息道:"唉呀!偏偏遭逢乱世,既然已经不能以死尽忠了,我将要向何处寄托我的命运呢!"于是李斯就依从了赵高。赵高便回报胡亥说:"我是奉太子您的命令去通知丞相李斯的,他怎么敢不服从命令呢!"

  于是他们就一同商议,伪造了秦始皇给丞相李斯的诏书,立胡亥为太子,又伪造了一份赐给长子扶苏的诏书说:"我巡视天下,祈祷祭祀各地名山的神灵以求长寿。现在扶苏和将军蒙恬带领几十万军队驻守边疆,已经过去十几年了,不能向前进军,而伤亡的士兵很多,没有立下半点功劳,反而多次上书直言诽谤我的所做所为,因不能解职回京当太子,日夜怨恨不满。扶苏作为人子而不孝顺,赐剑自杀!将军蒙恬和扶苏一同在外,不纠正他的错误,也应知道他的谋划。作为人臣而不尽忠,一同赐命自杀,把军队交给副将王离。"用皇帝的玉玺把诏书封好,让胡亥的门客捧着诏书到上郡交给扶苏。

  使者到达之后,打开诏书,扶苏就哭泣起来,进入内室想自杀。蒙恬阻止扶苏说:"皇上在外,没有立下太子,派我带领三十万大军守卫边疆,公子担任监军,这是天下的重任啊。现在只有一个使者来,您就立刻自杀,怎能知道其中没有虚假呢?希望您再请示一下,有了回答之后再死也不晚啊。"使者连连催促。扶苏为人仁爱,对蒙恬说:"父亲命儿子去死,还要请示什么!"立刻自杀而死。蒙恬不肯自杀,使者立刻把他交付法吏,关押在阳周。

  使者回来汇报,胡亥、李斯、赵高都非常高兴。到咸阳后发布丧事,太子胡亥立为二世皇帝,任命赵高担任郎中令,常在宫中服侍皇帝,掌握大权。

二世燕居，乃召高与谋事，谓曰："夫人生居世间也，譬犹骋六骥过决隙也。吾既已临天下矣，欲悉耳目之所好，穷心志之所乐，以安宗庙而乐万姓，长有天下，终吾年寿，其道可乎？"高曰："此贤主之所能行也，而昏乱主之所禁也。臣请言之，不敢避斧钺之诛，愿陛下少留意焉。夫沙丘之谋，诸公子及大臣皆疑焉，而诸公子尽帝兄，大臣又先帝之所置也。今陛下初立，此其属意怏怏皆不服，恐为变。且蒙恬已死，蒙毅将兵居外，臣战战栗栗，唯恐不终。且陛下安得为此乐乎？"二世曰："为之奈何？"赵高曰："严法而刻刑，令有罪者相坐诛，至收族，灭大臣而远骨肉；贫者富之，贱者贵之。尽除去先帝之故臣，更置陛下之所亲信者近之。此则阴德归陛下，害除而奸谋塞，群臣莫不被润泽，蒙厚德，陛下则高枕肆志宠乐矣。计莫出于此。"二世然高之言，乃更为法律。于是群臣诸公子有罪，辄下高，令鞠治之。杀大臣蒙毅等，公子十二人僇死咸阳市，十公主矺死于杜，财物入于县官，相连坐者不可胜数。

公子高欲奔，恐收族，乃上书曰："先帝无恙时，臣入则赐食，出则乘舆。御府之衣，臣得赐之；中厩之宝马，臣得赐之。臣当从死而不能，为人子不孝，为人臣不忠。不忠者无名以立于世，臣请从死，愿葬郦山之足。唯上幸哀怜之。"书上，胡亥大说，召赵高而示之，曰："此可谓急乎？"赵高曰："人臣当忧死而不暇，何变之得谋！"胡亥可其书，赐钱十万以葬。

法令诛罚日益刻深，群臣人人自危，欲畔者众。又作阿房之宫，治直道、驰道，赋敛愈重，戍徭无已。于是楚戍卒陈胜、吴广等乃作乱，起于山东，杰俊相立，自置为侯王，叛秦，兵至鸿门而却。李斯数欲请间谏，二世不许。而二世责问李斯曰："吾有私议而有所闻于韩子也，曰'尧之有天下也，堂高三尺，采椽不斫，茅茨不翦，虽逆旅之宿不勤于此矣。冬日鹿裘，夏日葛衣，粢粝之食，藜藿之羹，饭

秦二世在宫中闲居无事，就把赵高叫来一同商议，对赵高说："人活在世上，就如同驾驭着六匹骏马从缝隙前飞驰而过一样短暂。我既然已经统治天下了，想全部满足耳目方面的一切欲望，享受尽我所能想到的一切乐趣，使国家安宁，百姓欢欣，永保江山，以享天年，这种想法能行得通吗？"赵高说："这对贤明君主来说是能够做到的，而对昏乱君主来说是应禁忌的。我冒昧地说一句不怕杀头的话，请您稍加注意一点。对于沙丘的密谋策划，各位公子和大臣都有怀疑，而这些公子都是您的兄长，这些大臣都是先帝所安置的。现在陛下刚刚登上皇位，这些人都心中怨恨不服，唯怕他们要闹事。更何且蒙恬虽已死去，蒙毅还在外面带兵，我之所以提心吊胆，只是害怕会有不好的结果。陛下您又怎么能为此而行乐呢？"二世说："这可怎么办呢？"赵高说："实行严峻的法律和残酷的刑罚，把犯法的和受牵连的人统统杀死，直至灭族，杀死当朝大臣而疏远您的骨肉兄弟，让原来贫穷的人富有起来，让原来卑贱的人高贵起来。铲除先帝的全部旧臣，重新任命您信任的人并让他们在您的身边。这样就使他们从心底对您感恩戴德，根除了祸害而杜绝了奸谋，群臣上下没有人不得到您的恩泽，承受您的厚德，陛下您就可以高枕无忧，纵情享受了。没有比这更好的主意了。"二世认为赵高的话是对的，就重新修订法律。于是群臣和公子们有罪，就交付赵高，命他审讯法办，杀死了大臣蒙毅等人，十二个公子在咸阳街头斩首示众，十个公主也在杜县被分裂肢体处死，没收财物归皇帝所有，连带一同治罪的不计其数。

公子高想外出逃命，怕被满门抄斩，就上书说："先帝活着的时候，我进宫就赐给吃的东西，出宫就让乘车。皇帝内府中的衣服，先帝赐给我；宫中马棚里的宝马，先帝也赐给我。我本该与先帝一起死去而没做到，这是我做人子的不孝，做人臣的不忠。而不忠的人没有理由活在世上，请允许我追随先帝而去，希望能把我埋在骊山脚下。只求皇上哀怜答应我。"此书上奏以后，胡亥非常高兴，叫来赵高并把此书展示给他看，说："这可以说是窘急无奈了吧？"赵高说："在大臣们整天担心自己死亡还来不及的时候，怎么能图谋造反呢！"胡亥答应了公子高的请求，赐给他十万钱予以安葬。

当时的法令刑罚一天比一天残酷，群臣上下人人自危，想反叛的人很多。二世又大肆建造阿房宫，修筑直道、驰道，赋税越来越重，兵役劳役没完没了。于是从楚地征来戍边的士卒陈胜、吴广等人就起来造反，在崤山以东起兵，英雄豪杰蜂拥而起，纷纷自立为侯王，反叛秦朝，他们的军队一直攻到鸿门才退去。李斯多次想找机会进谏，但二世不允许，反倒责备李斯说："我有个看法，是从韩非子那里听来的，他说'尧统治天下，殿堂只不过三尺高，柞木椽子直接使用而不加砍削，茅草做屋顶而不加修剪，即使是旅店中住宿的条件也不会比这更艰

土甌，啜土铏，虽监门之养不觳于此矣。禹凿龙门，通大夏，疏九河，曲九防，决渟水致之海，而股无胈，胫无毛，手足胼胝，面目黎黑，遂以死于外，葬于会稽，臣虏之劳不烈于此矣'。然则夫所贵于有天下者，岂欲苦形劳神，身处逆旅之宿，口食监门之养，手持臣虏之作哉？此不肖人之所勉也，非贤者之所务也。彼贤人之有天下也，专用天下适己而已矣，此所贵于有天下也。夫所谓贤人者，必能安天下而治万民，今身且不能利，将恶能治天下哉！故吾愿赐志广欲，长享天下而无害，为之奈何？"李斯子由为三川守，群盗吴广等西略地，过去弗能禁。章邯以破逐广等兵，使者覆案三川相属，诮让斯居三公位，如何令盗如此。李斯恐惧，重爵禄，不知所出，乃阿二世意，欲求容，以书对曰：

夫贤主者，必且能全道而行督责之术者也。督责之，则臣不敢不竭能以徇其主矣。此臣主之分定，上下之义明，则天下贤不肖莫敢不尽力竭任以徇其君矣。是故主独制于天下而无所制也。能穷乐之极矣，贤明之主也，可不察焉！

故申子曰"有天下而不恣睢，命之曰以天下为桎梏"者，无他焉，不能督责，而顾以其身劳于天下之民，若尧、禹然，故谓之"桎梏"也。夫不能修申、韩之明术，行督责之道，专以天下自适也，而徒务苦形劳神，以身徇百姓，则是黔首之役，非畜天下者也，何足贵哉！夫以人徇己，则己贵而人贱；以己徇人，则己贱而人贵。故徇人者贱，而人所徇者贵，自古及今，未有不然者也。凡古之所为尊贤者，为其贵也；而所为恶不肖者，为其贱也。而尧、禹以身徇天下者也，因随而尊之，则亦失所为尊贤之心矣，夫可谓大缪矣。谓之为"桎梏"，不亦宜乎？不能督责之过也。

苦的了。冬天穿鹿皮袄，夏天穿麻布衣，粗米作饭，野菜作汤，用土罐吃饭，用土钵喝水，即使是看门人的生活也不会比这更清寒的了。夏禹凿开龙门，开通大夏水道，又疏通多条河流，曲折地筑起多道堤防，决积水引导入海，大腿上没了白肉，小腿上没了汗毛，手掌脚底都结满了厚茧，面孔漆黑，最终还累死在外，埋葬在会稽山上，即使是奴隶的劳苦也不会比这更厉害了'。然而把统治天下看得无尚尊贵的人，他的目的难道就是想操心费力，住旅店一样的房舍，吃看门人吃的食物，干奴隶干的活吗？这些事都是才能低下的人才努力去干的，并非贤明的人所从事的。那些贤明的人统治天下的时候，只是把天下的一切都拿来满足自己的欲望而已，这正是把统治天下看得无尚尊贵的原因所在。人们所说的贤明之人，一定能安定天下、治理万民，倘若连给自己捞好处都不会，又怎么能治理天下呢！所以我才想恣心广欲，永远享有天下而没有祸害。这该怎么办呢？"李斯的儿子李由任三川郡守，群起造反的吴广等人向西攻占地盘，任意往来，李由不能阻止。章邯在击败并驱逐了吴广等人的军队之后，派到三川去调查的使者一个接着一个，并责备李斯身居三公之位，为何让盗贼猖狂到这种地步。李斯很是害怕，又把爵位俸禄看得很重，不知如何是好，就曲意顺从二世的心意，想求得宽容，便上书回答二世说：

贤明的君主，必将是能够全面掌握为君之道，又能对下行使督责统治的君主。对下严加督责，那么臣子们就不敢不竭尽全力为君主效命。这样，君主和臣子的职责一经确定，上下关系的准则也明确了，那么天下不论是有才德的还是没有才德的，都不敢不竭尽全力为君主效命了。因此君主才能专制天下而不受任何约束，能享尽达到极致的乐趣。贤明的君主啊，怎能看不清这一点呢！

所以申不害先生说"占有天下要是还不懂得纵情恣欲，这就叫把天下当成自己的镣铐"这样的话，没有别的意思，只是讲不督责臣下，而自己反而辛辛苦苦为天下百姓操劳，像尧和禹那样，所以称为"镣铐"。如果不能学习申不害、韩非的高明之术，推行督责措施，一心把天下作为自己的责任，而只是白白地操心费力，拼命为百姓干事，那就是百姓的奴仆，并不是统治天下的帝王，这有什么值得尊贵的呢！让别人为自己献身，就使自己尊贵而别人卑贱；让自己为别人献身，就使自己卑贱而别人尊贵。所以献身的人卑贱，接受献身的人尊贵，从古到今，没有不是这样的。自古以来之所以尊重贤人，是因为受尊敬的人自己尊贵；之所以讨厌不肖的人，是因为不肖的人自己卑贱。而尧、禹是为天下献身的人，因袭世俗的评价而予以尊重，这也就失去了所以尊贤的用心了，这可说是绝大的错误。说尧、禹把天下当作自己的镣铐，不也是很合适的吗？这是不能督责的过错。

故韩子曰："慈母有败子而严家无格虏"者，何也？则能罚之加焉必也。故商君之法，刑弃灰于道者。夫弃灰，薄罪也，而被刑，重罚也。彼唯明主为能深督轻罪。夫罪轻且督深，而况有重罪乎？故民不敢犯也。是故韩子曰"布帛寻常，庸人不释，铄金百溢，盗跖不搏"者，非庸人之心重，寻常之利深，而盗跖之欲浅也；又不以盗跖之行，为轻百镒之重也。搏必随手刑，则盗跖不搏百镒；而罚不必行也，则庸人不释寻常。是故城高五丈，而楼季不轻犯也；泰山之高百仞，而跛牂牧其上。夫楼季也而难五丈之限，岂跛牂也而易百仞之高哉？峭堑之势异也。明主圣王之所以能久处尊位，长执重势，而独擅天下之利者，非有异道也，能独断而审督责，必深罚，故天下不敢犯也。今不务所以不犯，而事慈母之所以败子也，则亦不察于圣人之论矣。夫不能行圣人之术，则舍为天下役何事哉？可不哀邪！

且夫俭节仁义之人立于朝，则荒肆之乐辍矣；谏说论理之臣间于侧，则流漫之志诎矣；烈士死节之行显于世，则淫康之虞废矣。故明主能外此三者，而独操主术以制听从之臣，而修其明法，故身尊而势重也。凡贤主者，必将能拂世磨俗，而废其所恶，立其所欲，故生则有尊重之势，死则有贤明之谥也。是以明君独断，故权不在臣也。然后能灭仁义之涂，掩驰说之口，困烈士之行，塞聪揜明，内独视听，故外不可倾以仁义烈士之行，而内不可夺以谏说忿争之辩。故能荦然独行恣睢之心而莫之敢逆。若此然后可谓能明申、韩之术，而修商君之法。法修术明而天下乱者，未之闻也。故曰"王道约而易操"也。唯明主为能行之。若此则谓督责之诚，则臣无邪，臣无邪则天下安，天下安则主严尊，主严尊则督责必，督责必则所求得，所求得则国家富，国家富则君乐丰。故督责之术设，则所欲无不得矣。群臣百姓

所以韩非先生说"慈爱的母亲会养出败家的儿子，而严厉的主人家中没有强悍的奴仆"，这是什么原因呢？这是由于能严加惩罚的必然结果。所以商鞅的新法规定，在道路上撒灰的人就要判刑。撒灰于道是轻罪，而加之以刑是重罚。只有贤明的君主才能严厉地督责轻罪。轻罪尚且严厉督责，何况犯有重罪呢？所以百姓不敢犯法。因此韩非先生又说"对几尺绸布，一般人见到就会顺手拿走，百镒美好的黄金，盗跖却不会夺取"，并不因为常人贪心严重，几尺绸布价值极高，盗跖利欲淡泊；也不是因为盗跖行为高尚，轻视百镒黄金的重利。原因是一旦夺取，随后就要受刑，所以盗跖不敢夺取百镒黄金；若是不坚决施行刑罚的话，那么一般人也就不会放弃几尺绸布。因此五丈高的城墙，楼季不敢轻易冒犯；泰山高达百仞，而跛脚的母羊却能登上去。难道楼季把攀越五丈高的城墙看得很难，而把跛脚的母羊登上百仞高的泰山看得很容易吗？这是因为陡峭和平缓，两者形势不同。圣明的君主之所以能久居尊位，长掌大权，独自垄断天下利益，其原因并不在于他们有什么特殊的办法，而是在于他们能够独揽大权，精于督责，对犯法的人一定严加惩处，所以天下人不敢违犯。现在不制定防止犯罪的措施，而去仿效慈母养成败家子的做法，那就太不了解前代圣哲的论说了。不能实行圣人治理天下的方法，除去给天下当奴仆还能干什么呢？这不是太令人悲伤了吗？

更何况节俭仁义的人在朝中任职，那荒诞放肆的乐趣就得中止；规劝陈说、高谈道理的臣子在身边干预，放肆无忌的念头就要收敛；烈士死节的行为受到世人的推崇，纵情享受的娱乐就要放弃。所以圣明的君主能排斥这三种人，而独掌统治大权以驾驭言听计从的臣子，建立严明的法制，所以自身尊贵而权势威重。所有的贤明君主，都能拂逆世风、扭转民俗，废弃他所厌恶的，树立他所喜欢的，因此在他活着的时候才有尊贵的威势，在他死后才有贤明的谥号。正因为这样，贤明的君主才集权专制，使权力不落入臣子的手中，然后才能斩断仁义之路，堵住游说之口，困厄烈士的死节行为，闭目塞听，任凭自己独断专行，这样在外就不致被仁义节烈之士的行为所动摇，在内也不会被劝谏争论所迷惑。因此才能卓然独行逞其为所欲为的心志，而没有人敢反抗。像这样，然后才可以说是明了申不害、韩非的统治术，学会了商鞅的法制。法制和统治术都学好而明了了，天下还会大乱，这样的事我还没听说过。所以，有人说："帝王的统治术是简约易行的。"只有贤明君主才能这么做。像这样，才可以说是真正实行了督责，臣下才能没有离异之心，天下才能安定，天下安定才能有君主的尊严，君主有了尊严才能使督责严格执行，督责严格执行后君主的欲望才能得到满足，满足之后国家才能富强，国家富强了君主才能享受得更多。所以督责之术一确立，君

救过不给,何变之敢图?若此则帝道备,而可谓能明君臣之术矣。虽申、韩复生,不能加也。

书奏,二世悦。于是行督责益严,税民深者为明吏。二世曰:"若此则可谓能督责矣。"刑者相半于道,而死人日成积于市。杀人众者为忠臣。二世曰:"若此则可谓能督责矣。"

初,赵高为郎中令,所杀及报私怨众多,恐大臣入朝奏事毁恶之,乃说二世曰:"天子所以贵者,但以闻声,群臣莫得见其面,故号曰'朕'。且陛下富于春秋,未必尽通诸事,今坐朝廷,谴举有不当者,则见短于大臣,非所以示神明于天下也。且陛下深拱禁中,与臣及侍中习法者待事,事来有以揆之。如此则大臣不敢奏疑事,天下称圣主矣。"二世用其计,乃不坐朝廷见大臣,居禁中。赵高常侍中用事,事皆决于赵高。

高闻李斯以为言,乃见丞相曰:"关东群盗多,今上急益发繇治阿房宫,聚狗马无用之物。臣欲谏,为位贱。此真君侯之事,君何不谏?"李斯曰:"固也,吾欲言之久矣。今时上不坐朝廷,上居深宫,吾有所言者,不可传也,欲见无间。"赵高谓曰:"君诚能谏,请为君候上间语君。"于是赵高待二世方燕乐,妇女居前,使人告丞相:"上方间,可奏事。"丞相至宫门上谒,如此者三。二世怒曰:"吾常多间日,丞相不来。吾方燕私,丞相辄来请事。丞相岂少我哉?且固我哉?"赵高因曰:"如此殆矣!夫沙丘之谋,丞相与焉。今陛下已立为帝,而丞相贵不益,此其意亦望裂地而王矣。且陛下不问臣,臣不敢言。丞相长男李由为三川守,楚盗陈胜等皆丞相傍县之子,以故楚盗公行,过三川,城守不肯击。高闻其文书相往来,未得其审,故未敢以闻。且丞相居外,权重于陛下。"二世以为然。欲案

主就任何欲望都能满足了。群臣百姓想补救自己的过失都来不及，哪里还敢图谋造反？像这样，就可以说是掌握了帝王的统治术，也可以说了解了驾驭群臣的方法。即使申不害、韩非复生，也不能超过了。

　　这封答书上奏之后，二世非常高兴，于是更加严厉地实行督责，向百姓收税越多越被认为是贤明的官吏。二世说："像这样才可称得上善于督责了。"路上的行人，有一半是犯人，街市上每天都堆积着刚杀死的人的尸体，而且杀人越多的越被认为是忠臣。二世说："像这样才可称得上实行督责了。"

　　起初，赵高在担任郎中令时，杀死的人和为了报私仇而陷害的人非常多，唯恐大臣们在入朝奏事时向二世揭露他，就劝说二世道："天子之所以尊贵，就在于大臣只能听到他的声音，而不能看到他的面容，所以才自称为'朕'。况且陛下您还很年轻，未必什么事情都懂，现在坐在朝廷上，若惩罚和奖励有什么不妥当的地方，只会把自己的短处暴露给大臣，这也就不能向天下人显示您的圣明了。陛下不妨深居宫中，和我及熟悉法律的侍中在一起，等待大臣把公事呈奏上来，等公文一旦呈上，我们就可以研究决定。这样，大臣们就不敢把疑难的事情报上来，天下的人也就称您为圣明之主了。"二世听从了赵高的话，就不再坐在朝廷上接见大臣，深居在宫禁之中。赵高总在皇帝身边侍奉办事，一切公务都由赵高决定。

　　赵高听说李斯对此颇有不满，就找到李斯说："函谷关以东地区盗贼很多，而现在皇上却加紧征发劳役修建阿房宫，搜集狗马等这些没用的玩物。我想劝谏，但我的地位卑贱。可这实在是您丞相的事，为什么不劝谏呢？"李斯说："确实这样，我早就想说话了。可是现在皇帝不临朝听政，常居深宫之中，我虽然有话想说，又不便让别人传达，想见皇帝却又没有机会。"赵高对他说："您若真能劝谏的话，请允许我替你打听，只要皇上一有空闲，我立刻通知你。"于是赵高趁二世在闲居娱乐、美女在前的时候，派人告诉丞相说："皇上正有空闲，可以进宫奏事。"丞相李斯就到宫门求见，接连三次都是这样。二世非常生气地说："我平时空闲的日子很多，丞相都不来。每当我在寝室休息的时候，丞相就来请示奏事。丞相是瞧不起我呢，还是以为我鄙陋？"赵高又乘机说："您这样说话可太危险了！沙丘的密谋，丞相是参与了的。现在陛下您已经即位为皇帝，而丞相的地位却没有提高，显然他的意思是想割地封王呀！如果皇帝您不问我，我不敢说。丞相的大儿子李由担任三川郡守，楚地强盗陈胜等人都是丞相故乡邻县的人，因此他们才敢公开横行，经过三川时，李由只是守城而不出击。我曾听说他们之间有书信来往，但还没有调查清楚，所以没敢向陛下报告。更何况丞相在外，权力比陛下还大。"二世认为赵高的话没错，想法办丞相，但又担心情况

丞相，恐其不审，乃使人案验三川守与盗通状。李斯闻之。

是时二世在甘泉，方作觳抵优俳之观。李斯不得见，因上书言赵高之短曰："臣闻之，臣疑其君，无不危国；妾疑其夫，无不危家。今有大臣于陛下擅利擅害，与陛下无异，此甚不便。昔者司城子罕相宋，身行刑罚，以威行之，期年遂劫其君。田常为简公臣，爵列无敌于国，私家之富与公家均，布惠施德，下得百姓，上得群臣，阴取齐国，杀宰予于庭，即弑简公于朝，遂有齐国。此天下所明知也。今高有邪佚之志，危反之行，如子罕相宋也；私家之富，若田氏之于齐也。兼行田常、子罕之逆道而劫陛下之威信，其志若韩玘为韩安相也。陛下不图，臣恐其为变也。"二世曰："何哉？夫高，故宦人也，然不为安肆志，不以危易心，絜行修善，自使至此，以忠得进，以信守位，朕实贤之，而君疑之，何也？且朕少失先人，无所识知，不习治民，而君又老，恐与天下绝矣。朕非属赵君，当谁任哉？且赵君为人精廉强力，下知人情，上能适朕，君其勿疑。"李斯曰："不然。夫高，故贱人也，无识于理，贪欲无厌，求利不止，列势次主，求欲无穷，臣故曰殆。"二世已前信赵高，恐李斯杀之，乃私告赵高。高曰："丞相所患者独高，高已死，丞相即欲为田常所为。"于是二世曰："其以李斯属郎中令！"

赵高案治李斯。李斯拘执束缚，居囹圄中，仰天而叹曰："嗟乎，悲夫！不道之君，何可为计哉！昔者桀杀关龙逢，纣杀王子比干，吴王夫差杀伍子胥。此三臣者，岂不忠哉，然而不免于死，身死而所忠者非也。今吾智不及三子，而二世之无道过于桀、纣、夫差，吾以忠死，宜矣。且二世之治岂不乱哉！日者夷其兄弟而自立也，杀忠臣而贵贱人，作为阿房之宫，赋敛天下。吾非不谏也，而不吾听也。凡古圣王，饮食有节，车器有数，宫室有度，出令造事，加费而

不实，就派人去调查三川郡守与盗贼勾结的具体情况。李斯听到了这个消息。

当时二世正在甘泉宫观看摔跤和滑稽戏表演。李斯不能进见，就上书揭发赵高的短处说："我听说，臣子比同于君主，没有不危害国家的；妾比同于丈夫，没有不危害家庭的。现在有的大臣擅自掌握赏罚大权，和您没有什么不同，这是非常不妥当的。从前司城子罕当宋国丞相，自己掌握刑罚大权，用威权行事，一年之后就劫持了宋国国君，篡夺了王位。田常是齐简公的臣子，爵位高到全国无人与他相匹敌，自家的财富和公家的一样多，他行恩施惠，下得百姓的爱戴，上得群臣的拥护，暗中窃取了齐国的权力，在厅堂里杀死了宰予，又在朝廷上杀死齐简公，这样，就完全控制了齐国。这是天下人明明白白知道的。现在赵高有邪辟过分的心志和险诈叛逆的行为，就如同子罕任宋国丞相时的所作所为；私人占有的财富，也正像田常在齐国那样多。他一并使用田常、子罕的叛逆方式而又窃取了陛下您的威信，他的志向就如同韩玘当韩安的宰相时一样。陛下你不早做打算，我担心他迟早会发动叛乱啊。"二世说："这话怎么说？赵高原本是个宦官，但他不因处境安逸就为所欲为，也不因处境危险就改变忠心，他品行廉洁，一心向善，靠自己的努力才得到今天的地位，因忠心耿耿才被提拔，因讲信义才保住禄位，我确实认为他是贤才，而你怀疑他，这是什么原因呢？再加上我年纪轻轻就失去了父亲，没什么知识，不知如何管理百姓，而你年纪又大了，我担心与天下人隔绝了。我如果不把国事托付给赵高，还应当用谁呢？况且赵先生为人精明廉洁，竭尽其力，下能了解民情，上能顺应我的心意，请你不要怀疑。"李斯说："并非如此。赵高从前是卑贱的人，并不懂道理，贪得无厌，求利不止，地位权势仅次于陛下，但他追求地位和权势的欲望却没有止境，所以我说是很危险的。"二世早已相信了赵高，担心李斯杀掉他，就暗中把这些话告诉了赵高。赵高说："丞相所忧虑的只有我赵高，我死之后，丞相就可以干田常所干的那些事了。"于是二世说："就把李斯交给你这郎中令查办吧！"

赵高查办李斯。李斯被捕后并套上刑具，关在监狱中，仰天长叹道："唉呀！可悲啊！无道的昏君，怎么能为他出谋划策呢？从前夏桀杀死关龙逢，商纣杀死王子比干，吴王夫差杀死伍子胥。这三个大臣，难道不忠吗？然而免不了一死，他们虽然尽忠而死，只可惜忠非其人。现在我的智慧赶不上这三个人，而二世的暴虐无道超过了桀、纣、夫差，我因尽忠而死，也是应该的呀！况且二世治国不是胡搞么！不久前杀死了自己的兄弟而自立为皇帝，又杀害忠良，重用低贱的人，修建阿房宫，对天下百姓横征暴敛。这并不是我不劝谏，而是他不听我的呀。凡是古代圣明的帝王饮食都有一定的节制，车马器物有一定的数量，宫殿都有一定的限度，颁布命令和办事情，增加费用而不利于百姓的一律禁止，所以才

无益于民利者禁，故能长久治安。今行逆于昆弟，不顾其咎；侵杀忠臣，不思其殃；大为宫室，厚赋天下，不爱其费：三者已行，天下不听。今反者已有天下之半矣，而心尚未寤也，而以赵高为佐，吾必见寇至咸阳，麋鹿游于朝也。"

于是二世乃使高案丞相狱，治罪，责斯与子由谋反状，皆收捕宗族宾客。赵高治斯，榜掠千余，不胜痛，自诬服。斯所以不死者，自负其辩，有功，实无反心，幸得上书自陈，幸二世之寤而赦之。李斯乃从狱中上书曰："臣为丞相治民，三十余年矣。逮秦地之陕隘。先王之时秦地不过千里，兵数十万。臣尽薄材，谨奉法令，阴行谋臣，资之金玉，使游说诸侯，阴修甲兵，饰政教，官斗士，尊功臣，盛其爵禄，故终以胁韩弱魏，破燕、赵，夷齐、楚，卒兼六国，虏其王，立秦为天子。罪一矣。地非不广，又北逐胡、貉，南定百越，以见秦之强。罪二矣。尊大臣，盛其爵位，以固其亲。罪三矣。立社稷，修宗庙，以明主之贤。罪四矣。更克画，平斗斛度量文章，布之天下，以树秦之名。罪五矣。治驰道，兴游观，以见主之得意。罪六矣。缓刑罚，薄赋敛，以遂主得众之心，万民戴主，死而不忘。罪七矣。若斯之为臣者，罪足以死固久矣。上幸尽其能力，乃得至今，愿陛下察之！"书上，赵高使吏弃去不奏，曰："囚安得上书！"

赵高使其客十余辈诈为御史、谒者、侍中，更往覆讯斯。斯更以其实对，辄使人复榜之。后二世使人验斯，斯以为如前，终不敢更言，辞服。奏当上，二世喜曰："微赵君，几为丞相所卖。"及二世所使案三川之守至，则项梁已击杀之。使者来，会丞相下吏，赵高皆妄为反辞。

二世二年七月，具斯五刑，论腰斩咸阳市。斯出狱，与其中子俱

能长治久安。现在二世对自己的兄弟，施以违反常情常理的残暴手段，却不会考虑有什么灾祸，迫害、杀戮忠臣，也不会考虑有什么灾殃；大力修筑宫殿，加重对天下百姓的税收，不吝惜钱财：这三件措施实行之后，天下百姓不服从。现在造反的人已占天下人的一半了，但二世心中还未觉悟，居然任用赵高为辅佐，我一定会看到盗贼攻进咸阳，使朝廷变为麋鹿嬉游的地方。"

于是二世就派赵高审理丞相一案，对他加以惩处，查问李斯和儿子李由谋反的情况，将其宾客和宗族全部逮捕。赵高惩治李斯，拷打他一千多下，李斯不能忍受痛苦的折磨，只得冤屈地招供了。李斯之所以不自杀而死，是他自负能言善辩，又对秦国有大功，确实没有反叛之心，希望能够上书为自己辩解，希望二世能觉悟过来并赦免他。李斯于是在监狱中上书说："我担任丞相治理百姓，已经三十多年了。我来秦国的时候，赶上秦国领土还很狭小。先王时，秦国的土地不过千里，士兵不过几十万。我用尽了自己微薄的才能，小心谨慎地执行法令，暗中派遣谋臣，资助他们金银珠宝，让他们到各国游说，暗中准备武装，整顿政治和教化，任用英勇善战的人为官，提高功臣的地位，给他们很高的爵位和俸禄，所以终于威胁韩国，削弱魏国，击败了燕国、赵国，削平了齐国、楚国，最后兼并六国，俘获了他们的国王，拥立秦王为天子。这是我的第一条罪状。秦国的疆域并不是不广阔，还要在北方驱逐胡人、貉人，在南方平定百越，以显示秦国的强大。这是我的第二条罪状。我尊重大臣，提高他们的爵位，用以巩固他们同秦王的亲密关系。这是我的第三条罪状。建立社稷，修建宗庙，以显示主上的贤明。这是我的第四条罪状。更改尺度衡器上所刻的标志，统一度量衡和文字，颁布天下，以树立秦朝的威名。这是我的第五条罪状。修筑驰道，兴建游观之所，以显示主上的志满意得。这是我的第六条罪状。减轻刑罚，减少税收，以满足主上赢得民众的心愿，使万民百姓都拥戴皇帝，至死都不忘记皇帝的恩德。这是我的第七条罪状。像我李斯这样做臣子的，所犯罪状足以处死，本来已经很久了，皇帝希望我竭尽所能，才得以活到今天，希望陛下明察。"奏书呈上之后，赵高让狱吏丢在一边而不上奏，说："囚犯怎能上书！"

赵高派他的门客十多人假扮成御史、谒者、侍中，轮流往复审问李斯。李斯改为以实对答时，赵高就让人再拷打他。后来二世派人去验证李斯的口供，李斯以为还和以前一样，终不敢再改口供，在供词上承认了自己的罪状。赵高把判决书呈给皇帝，二世皇帝很高兴地说："没有赵君，我几乎被丞相出卖了。"等二世派的使者到达三川调查李由时，项梁已经将他杀死。使者返回时，正当李斯已被交付狱吏看押，赵高就编造了一整套李由谋反的罪状。

二世二年七月，李斯被判处五刑，判在咸阳街市上腰斩。李斯出狱时，跟他

执,顾谓其中子曰:"吾欲与若复牵黄犬,俱出上蔡东门逐狡兔,岂可得乎!"遂父子相哭,而夷三族。

李斯已死,二世拜赵高为中丞相,事无大小辄决于高。高自知权重,乃献鹿,谓之马。二世问左右:"此乃鹿也?"左右皆曰"马也"。二世惊,自以为惑,乃召太卜,令卦之,太卜曰:"陛下春秋郊祀,奉宗庙鬼神,斋戒不明,故至于此。可依盛德而明斋戒。"于是乃入上林斋戒。日游弋猎,有行人入上林中,二世自射杀之。赵高教其女婿咸阳令阎乐劾不知何人贼杀人移上林。高乃谏二世曰:"天子无故贼杀不辜人,此上帝之禁也,鬼神不享,天且降殃,当远避宫以禳之。"二世乃出居望夷之宫。

留三日,赵高诈诏卫士,令士皆素服持兵内乡,入告二世曰:"山东群盗兵大至!"二世上观而见之,恐惧,高既因劫令自杀。引玺而佩之,左右百官莫从;上殿,殿欲坏者三。高自知天弗与,群臣弗许,乃召始皇弟,授之玺。

子婴既位,患之,乃称疾不听事,与宦者韩谈及其子谋杀高。高上谒,请病,因召入,令韩谈刺杀之,夷其三族。

子婴立三月,沛公兵从武关入,至咸阳,群臣百官皆畔,不适。子婴与妻子自系其颈以组,降轵道旁。沛公因以属吏。项王至而斩之。遂以亡天下。

太史公曰:李斯以闾阎历诸侯,入事秦,因以瑕衅,以辅始皇,卒成帝业,斯为三公,可谓尊用矣。斯知六艺之归,不务明政以补主上之缺,持爵禄之重,阿顺苟合,严威酷刑,听高邪说,废适立庶。诸侯已畔,斯乃欲谏争,不亦末乎!人皆以斯极忠而被五刑死,察其本,乃与俗议之异。不然,斯之功且与周、召列矣。

的次子一同被押解，他回头对次子说："我想和你再牵着黄狗一同出上蔡东门去打猎追逐狡兔，又怎能办得到呢？"于是父子二人相对痛哭，三族的人都被处死了。

李斯死后，二世任命赵高任中丞相，无论大事小事都由赵高决定。赵高自知权力过重，就献上鹿，称它为马。二世问左右侍从说："这是鹿吧？"左右都说："是马。"二世惊慌起来，以为自己被迷惑，就把太卜召来，叫他算上一卦。太卜说："陛下春秋两季到郊外祭祀，供奉宗庙鬼神，斋戒时不虔诚，所以才到这种地步。可以依照圣明君主的样子再虔诚地斋戒一次。"于是，二世就到上林苑中去斋戒。整天在上林苑中游玩射猎，一次有个行人走进上林苑中，二世亲手把他射死。赵高让他的女婿咸阳令阎乐出面弹劾，说是不知谁杀死了人，把尸体搬进上林苑中。赵高劝谏二世说："天子无缘无故杀死没有罪的人，这是上帝所不允许的，鬼神也不会接受您的祭祀，上天将会降下灾祸，应该远远地离开皇宫以祈祷消灾。"于是二世就离开皇宫到望夷宫去居住。

二世在望夷宫里住了三天，赵高就假托二世的命令，让卫士们都穿着白色的衣服，手持兵器面向宫内，自己进宫告诉二世说："山东各路强盗大批大批地来了！"二世上楼台观看，看到卫士拿着兵器朝向宫内，非常害怕，赵高立刻逼迫二世自杀。然后取过玉玺把它带在自己身上，身边的文武百官无一人跟从；他登上大殿时，大殿有好几次都像要坍塌似的。赵高自知上天不给予他皇帝之位，群臣也不会答应，就把秦始皇的弟弟叫来，把玉玺交给了他。

子婴即位之后，担心赵高再作乱，就假称有病而不上朝处理政务，与宦官韩谈和他的儿子商量如何杀死赵高。赵高前来求见，询问病情，子婴就把他召进皇宫，命令韩谈刺杀了他，诛灭了他的三族。

子婴即位后三个月，刘邦的军队就从武关打了进来，到达咸阳，文武百官都起义叛秦，不抵抗沛公。子婴和妻子儿女都用丝带系在自己脖子上，到轵道亭旁去投降。刘邦把他们交给部下官吏看押。项羽到达咸阳后把他们杀死，秦就这样失去了天下。

太史公说：李斯以一个里巷平民的身份，在诸侯间游历，入关侍奉秦国，抓住机会，辅佐秦始皇，终于完成了秦国统一大业的愿望。李斯位居三公之职，可以称得上是很受重用了。李斯知道儒家《六经》的要旨，却不一心致力于政治清明，用以弥补皇帝的过失，而是凭仗着他显赫的地位，阿谀奉承，随意附合，推行酷刑峻法，听信赵高的邪说，废掉嫡子扶苏，而立庶子胡亥。等到各地已经群起反叛，李斯这才想直言劝谏，这岂不是太愚蠢了吗！人们都认为李斯忠心耿耿，反而受五刑而死，依据我仔细考察事情的真相，得出了和世俗不同的看法。不然的话，李斯的功绩真的要和周公、召公相提并论了。

蒙恬列传第二十八

蒙恬者，其先齐人也。恬大父蒙骜，自齐事秦昭王，官至上卿。秦庄襄王元年，蒙骜为秦将，伐韩，取成皋、荥阳，作置三川郡。二年，蒙骜攻赵，取三十七城。始皇三年，蒙骜攻韩，取十三城。五年，蒙骜攻魏，取二十城，作置东郡。始皇七年，蒙骜卒。骜子曰武，武子曰恬。恬尝书狱典文学。始皇二十三年，蒙武为秦裨将军，与王翦攻楚，大破之，杀项燕。二十四年，蒙武攻楚，虏楚王。蒙恬弟毅。

始皇二十六年，蒙恬因家世得为秦将，攻齐，大破之，拜为内史。秦已并天下，乃使蒙恬将三十万众北逐戎狄，收河南。筑长城，因地形，用制险塞，起临洮，至辽东，延袤万余里。于是渡河，据阳山，逶蛇而北。暴师于外十余年，居上郡。是时蒙恬威振匈奴。始皇甚尊宠蒙氏，信任贤之。而亲近蒙毅，位至上卿，出则参乘，入则御前。恬任外事而毅常为内谋，名为忠信，故虽诸将相莫敢与之争焉。

赵高者，诸赵疏远属也。赵高昆弟数人，皆生隐宫，其母被刑僇，世世卑贱。秦王闻高强力，通于狱法，举以为中车府令。高既私事公子胡亥，喻之决狱。高有大罪，秦王令蒙毅法治之。毅不敢阿法，当高罪死，除其宦籍。帝以高之敦于事也，赦之，复其官爵。

始皇欲游天下，道九原，直抵甘泉，乃使蒙恬通道，自九原抵甘泉，堑山堙谷，千八百里。道未就。

蒙恬，他的祖先是齐国人。蒙恬的祖父是蒙骜，从齐国来到秦国侍奉秦昭王，他的官职做到上卿。秦庄襄王元年，蒙骜开始担任秦国的将领，攻打韩国，占领了成皋和荥阳两座城池，设置了三川郡。庄襄王二年，蒙骜率兵攻打赵国，占领了三十七座城池。秦始皇三年，蒙骜再次攻打韩国，又占领了十三座城池。始皇五年，蒙骜率兵攻打魏国，占领了二十座城池，又设置了东郡。始皇七年，蒙骜去世了。蒙骜的儿子名叫蒙武，蒙武的儿子名叫蒙恬。蒙恬曾做过狱讼记录工作，并负责管理有关文件和狱讼档案。秦始皇二十三年，蒙武成为秦国的裨将军，和大将军王翦一起攻打楚国，获得大胜，杀死了项燕。始皇二十四年，蒙武再次攻打楚国，擒获了楚王。蒙恬还有个弟弟叫蒙毅。

秦始皇二十六年，蒙恬因为出身将门做了秦国的将军，之后率兵攻打齐国，大败齐军。他因功被授予内史的官职。秦国统一天下之后，秦始皇就派蒙恬带领三十万大军，向北进军驱逐戎狄，收复黄河以南的土地。在此之后修筑长城，利用险要的地理形势，设置要塞，其范围西起临洮、东到辽东，蜿蜒盘旋一万多里。于是渡过了黄河并占据阳山，弯弯曲曲地向北进发。不畏烈日严寒，风风雨雨地在外十多年，坚守上郡。就在这段时间，蒙恬的声威让匈奴惧怕。秦始皇格外尊重推崇蒙氏一族，信任并赏识蒙氏的才能。因而亲近蒙毅，蒙毅最高官做到上卿。外出蒙毅就陪着始皇同坐一辆车子，回到朝廷中就侍奉在秦始皇跟前。蒙恬在外担当着军事的重任而蒙毅经常在朝廷内出谋划策，被大家称为忠信大臣。因此，就算是其他的将相们也没有敢和他们争宠的。

赵高，他是赵国王族中被疏远的亲属。赵高家中兄弟几人都是生下来就被阉割而成为宦者为皇帝奴役，赵高的母亲也因为犯法而被处以刑罚，所以赵高一家世世代代地位低下。秦王听说赵高有很强的办事能力，并且精通刑狱法令，就提拔他担任了中车府令一职。赵高就私下里侍奉公子胡亥，教导胡亥应该如何决断讼案。后来赵高犯下了重罪，秦王让蒙毅依照法令处置他。蒙毅不敢违抗法令，依法应该判处赵高死刑，剥夺他的官籍。始皇看在赵高办事鞠躬尽瘁，赦免了他，并恢复了他原来的官职。

秦始皇打算巡游天下，途经九原郡，直到甘泉宫。就派蒙恬为他开路，从九原郡到甘泉宫，打通山脉，填塞深谷，全长一千八百里。然而，这条通道没有能够完成。

始皇三十七年冬，行出游会稽，并海上，北走琅邪。道病，使蒙毅还祷山川，未反。始皇至沙丘崩，秘之，群臣莫知。是时丞相李斯、公子胡亥、中车府令赵高常从。高雅得幸于胡亥，欲立之，又怨蒙毅法治之而不为己也。因有贼心，乃与丞相李斯、公子胡亥阴谋，立胡亥为太子。太子已立，遣使者以罪赐公子扶苏、蒙恬死。扶苏已死，蒙恬疑而复请之。使者以蒙恬属吏，更置。胡亥以李斯舍人为护军。使者还报，胡亥已闻扶苏死，即欲释蒙恬。赵高恐蒙氏复贵而用事，怨之。

毅还至，赵高因为胡亥忠计，欲以灭蒙氏，乃言曰："臣闻先帝欲举贤立太子久矣，而毅谏曰'不可'。若知贤而俞弗立，则是不忠而惑主也。以臣愚意，不若诛之。"胡亥听而系蒙毅于代。前已囚蒙恬于阳周。丧至咸阳，已葬，太子立为二世皇帝，而赵高亲近，日夜毁恶蒙氏，求其罪过，举劾之。

子婴进谏曰："臣闻故赵王迁杀其良臣李牧而用颜聚，燕王喜阴用荆轲之谋而倍秦之约，齐王建杀其故世忠臣而用后胜之议。此三君者，皆各以变古者失其国而殃及其身。今蒙氏，秦之大臣谋士也，而主欲一旦弃去之，臣窃以为不可。臣闻轻虑者不可以治国，独智者不可以存君。诛杀忠臣而立无节行之人，是内使群臣不相信而外使斗士之意离也，臣窃以为不可。"

胡亥不听。而遣御史曲宫乘传之代，令蒙毅曰："先主欲立太子而卿难之。今丞相以卿为不忠，罪及其宗。朕不忍，乃赐卿死，亦甚幸矣。卿其图之！"毅对曰："以臣不能得先主之意，则臣少宦，顺幸没世。可谓知意矣。以臣不知太子之能，则太子独从，周旋天下，去诸公子绝远，臣无所疑矣。夫先主之举用太子，数年之积也，臣乃何言之敢谏，何虑之敢谋！非敢饰辞以避死也，为羞累先主之名，愿大夫为虑焉，使臣得死情实。且夫顺成全者，道之所贵也；刑杀者，

始皇三十七年冬天，始皇外出巡游会稽，在大海附近，向北直奔琅邪。途中得了重病，派蒙毅回去祷告山川神灵。没等到蒙毅返回，始皇走到沙丘就逝世了。始皇逝世的消息被封锁了，文武百官都不知道。这个时候丞相李斯、公子胡亥、中车府令赵高侍奉在秦始皇左右。赵高平时就得到胡亥的宠幸，打算立胡亥继承王位，又记恨蒙毅曾经要依法处罚他而没有袒护他，于是就有了杀害之心。就和丞相李斯、公子胡亥暗中策划，拥立胡亥为太子。太子即位之后，便派遣使者，假造罪名，赐公子扶苏和蒙恬死罪。扶苏自杀后，蒙恬心生怀疑，又请求申诉。使者就把蒙恬交给主管官吏处理，另外派人接替他的职务。胡亥用李斯的家臣担任护军一职。使者回来报告时，胡亥就已经得知扶苏的死讯，当下就打算放了蒙恬。赵高害怕蒙氏再次当权执政，怨恨他们。

蒙毅祈祷山川神灵后回来，赵高趁机向胡亥表示忠心献策，想要杀害蒙氏兄弟，就对胡亥说："我听说先帝很久以前就选择贤人重用能人，想要册立您为太子，而蒙毅劝阻说'不可以'。如果他既然知道您贤明有才能还长久拖延不让册立，那么，就是既不忠实而又欺骗先帝了。以我的见解，不如杀死他。"胡亥听从了赵高的话，就在代郡把蒙毅囚禁起来。在此以前，就已经把蒙恬囚禁在阳周。等到秦始皇的灵车回到咸阳并安葬以后，太子就登基即位做了二世皇帝，这时赵高最得宠信，每天都毁谤蒙氏，搜集他们罪过并检举弹劾他们。

子婴进言劝谏说："我听说过去赵王迁杀死他的贤明臣子李牧而重用颜聚，燕王喜欢暗地里采用荆轲的计谋而背叛了秦国的盟约，齐王建杀死他前代的忠臣而改用后胜的计策。这三位国君，都是各自因为改变旧规丧失了他们的国家而祸及他们自身。现在蒙氏兄弟是秦国的大臣和谋士，而国君打算抛弃他们，我私下认为是不行的，我听说草率考虑问题的人不可以治理国家，独断专行、自以为是的人不可以用来侍奉国君。杀害忠良臣子而重用没有道德的人，那是对内使大臣们不能相互信任而对外使得战士们涣散斗志啊，我私下认为是不行的。"

胡亥听不进子婴的劝谏，却派遣御史曲宫乘坐驿车前往代郡，命令蒙毅说："先主要册立太子而你却一直阻拦，现在丞相认为你不忠诚，罪过牵连到你们家族，我不忍心，就赐予你自杀吧，也算是很幸运了。你好好考虑吧！"蒙毅回答说："要是认为我不能博得先主的欢心，那么，我年轻的时候做官为宦，就能顺意得宠，直到先主去世，可以说是能顺应先主的心意了吧。如果认为我不了解太子的才华，那么只有太子才能陪侍先主周游天下了，你和其他的公子比起来，相差太多了，我还有什么需要怀疑的。先主重用太子，是很多年的深思熟虑，我还有什么话敢向先主说、还有什么计策敢谋划呢！不是我找借口来逃避死罪，只是怕牵涉先主，使先主的名誉蒙羞，希望你为此认真考虑，让我死在我应有的罪名

道之所卒也。昔者秦缪公杀三良而死，罪百里奚而非其罪也，故立号曰'缪'。昭襄王杀武安君白起。楚平王杀伍奢。吴王夫差杀伍子胥。此四君者，皆为大失，而天下非之，以其君为不明，以是籍于诸侯。故曰'用道治者不杀无罪，而罚不加于无辜'。唯大夫留心！"使者知胡亥之意，不听蒙毅之言，遂杀之。

二世又遣使者之阳周，令蒙恬曰："君之过多矣，而卿弟毅有大罪，法及内史。"恬曰："自吾先人，及至子孙，积功信于秦三世矣。今臣将兵三十余万，身虽囚系，其势足以倍畔，然自知必死而守义者，不敢辱先人之教，以不忘先主也。昔周成王初立，未离襁褓，周公旦负王以朝，卒定天下。及成王有病甚殆，公旦自揃其爪以沈于河，曰：'王未有识，是旦执事。有罪殃，旦受其不祥。'乃书而藏之记府，可谓信矣。及王能治国，有贼臣言：'周公旦欲为乱久矣，王若不备，必有大事。'王乃大怒，周公旦走而奔于楚。成王观于记府，得周公旦沈书，乃流涕曰：'孰谓周公旦欲为乱乎！'杀言之者而反周公旦。故周书曰'必参而伍之'。今恬之宗，世无二心，而事卒如此，是必孽臣逆乱，内陵之道也。夫成王失而复振则卒昌；桀杀关龙逢，纣杀王子比干而不悔，身死则国亡。臣故曰过可振而谏可觉也。察于参伍，上圣之法也。凡臣之言，非以求免于咎也，将以谏而死，愿陛下为万民思从道也。"使者曰："臣受诏行法于将军，不敢以将军言闻于上也。"蒙恬喟然太息曰："我何罪于天，无过而死乎？"良久，徐曰："恬罪固当死矣。起临洮属之辽东，城堑万余

下。而且顺理成章，是道义所推崇的；而严刑杀戮，是道义所不容的。以前秦缪公杀死车氏三良为他陪葬，判处了百里奚以莫须有的罪名，所以，他死后被给予了'缪'的称号。昭襄王杀了武安君白起，楚平王杀了伍奢。吴王夫差杀了伍子胥。这四位国君，都犯了重大的错误，而遭到了普天下人对他们的不满和质疑，认为他们的国君昏庸。因此，在各诸侯国中的名声极其不好。所以说：'用道义来治理国家的人，不应该杀害没有罪的大臣和人民，而刑罚不应该施于无辜的人身上。'希望你认真地考虑！"使者知道胡亥的意图，故听不进蒙毅讲的话，就把他杀了。

　　胡亥又派遣使者前往阳周，命令蒙恬说："您犯的罪太多了，而你的弟弟蒙毅又犯有重罪，所以你也要受到牵连。"蒙恬说："从我的祖先到后代子孙，为秦国累积了无数功绩，并建立威信，现在已经三代了。而现在我带领三十万大军，即便是我被你们囚禁，但是，我手下的势力也足够发动叛乱。然而，为什么我知道我必死无疑却还要坚守节义，是因为我不敢侮辱了祖宗的教诲，不敢忘掉先主对蒙氏的恩宠。以前周成王刚刚即位时，还不能完全脱离小儿用的背带和布兜，周公姬旦背负着周成王接受大臣们的朝见，终于统一了天下。直到周成王病情严重得很危险的时候，周公旦剪下自己的手指甲投入黄河之中，祈祷说：'国君年纪还小，这些事都是我当权执政时做的，若有报应和祸患，应该由我一个人来承受惩罚。'后人就把周公旦这些祷祠书写了下来，收藏在档案馆里，这可以说是非常诚信和忠诚了。一直到了周成王能亲自治理国家的时候，有奸臣造谣说：'周公旦想要谋反已经很长时间了，大王若不加以防备，一定要发生很大的事变。'成王听信了奸臣的话，就非常生气，周公旦得知后逃奔到了楚国。成王一次到收藏馆里审阅档案，无意中发现周公旦为自己的祷告书，就流着眼泪说：'是谁说周公旦想要谋反呢！'于是盛怒之下杀了造谣生事的那个大臣，随即请周公旦回来。所以《周书》上说：'一定要非常细心地多方询问，并且要反复审察。'而现在我蒙氏宗族，世世代代对主公都忠心耿耿，而事情竟然得到这样的结局，这一定是有奸臣叛逆从中作乱、欺骗君王的原因。周成王犯错后能改过并能重新振作，最终使周朝得以兴旺昌盛；夏桀因为杀死了关龙逢，商纣因为杀死王子比干却不感到后悔，最终的下场是身死国亡。所以我说的是犯错可以改正后重新振作，听别人劝谏可以提高警惕，相互审察，是贤明的国君治理国家的原则。我所说的这些话，不是用来逃避罪行的，而是要用我的忠心规劝而死，希望陛下可以替黎民百姓好好想想并找到应该遵循的正确道路。"使者说："我接受命令对你施以刑法，不敢把你的话转报给皇上听。"蒙恬重重地叹息说："我到底犯了什么罪，竟然没有过错就要被处死呢？"很久之后，蒙恬才慢慢地说：

里,此其中不能无绝地脉哉?此乃恬之罪也。"乃吞药自杀。

太史公曰:吾适北边,自直道归,行观蒙恬所为秦筑长城亭障,堑山堙谷,通直道,固轻百姓力矣。夫秦之初灭诸侯,天下之心未定,痍伤者未瘳,而恬为名将,不以此时强谏,振百姓之急,养老存孤,务修众庶之和,而阿意兴功,此其兄弟遇诛,不亦宜乎!何乃罪地脉哉?

"我的罪原来真的是死罪啊。起自临洮接连到辽东修筑长城一万多里，这其间不能没有截断大地脉络的地方呀！这应该就是我的罪名了。"说罢吞下毒药自杀了。

太史公说：我亲自去过北方边境，并从直道返回，途中仔细地观察了蒙恬替秦国修筑的长城和边塞的堡垒，挖开山脉，填满深谷，贯通直道，这本来就是不重视黎民百姓的人力和物力。那时正是秦国刚刚消灭其他诸侯的时候，百姓的心尚未安定，并且伤痕累累还没痊愈，而蒙恬身为秦国的名将，不但不在这时候尽力劝谏，赈灾救济百姓，赡养老人，养育孤儿，致力从事于为百姓安定生活的工作，反而迎合秦始皇的心意，大规模地修筑长城，他们兄弟最终遭到杀身之祸，这不也是顺理成章的事情吗？哪里是什么挖断地脉的罪名呢？

张耳陈余列传第二十九

张耳者,大梁人也。其少时,及魏公子毋忌为客。张耳尝亡命游外黄。外黄富人女甚美,嫁庸奴,亡其夫,去抵父客。父客素知张耳,乃谓女曰:"必欲求贤夫,从张耳。"女听,乃卒为请决,嫁之张耳。张耳是时脱身游,女家厚奉给张耳,张耳以故致千里客。乃宦魏为外黄令。名由此益贤。陈余者,亦大梁人也,好儒术,数游赵苦陉。富人公乘氏以其女妻之,亦知陈余非庸人也。余年少,父事张耳,两人相与为刎颈交。

秦之灭大梁也,张耳家外黄。高祖为布衣时,尝数从张耳游,客数月。秦灭魏数岁,已闻此两人魏之名士也,购求有得张耳千金,陈余五百金。张耳、陈余乃变名姓,俱之陈,为里监门以自食。两人相对。里吏尝有过笞陈余,陈余欲起,张耳蹑之,使受笞。吏去,张耳乃引陈余之桑下而数之曰:"始吾与公言何如?今见小辱而欲死一吏乎?"陈余然之。秦诏书购求两人,两人亦反用门者以令里中。

陈涉起蕲,至入陈,兵数万。张耳、陈余上谒陈涉。涉及左右生平数闻张耳、陈余贤,未尝见,见即大喜。

陈中豪杰父老乃说陈涉曰:"将军身被坚执锐,率士卒以诛暴秦,复立楚社稷,存亡继绝,功德宜为王。且夫监临天下诸将,不为

张耳，是魏国大梁人。他年轻的时候，做过魏公子无忌的门客。张耳曾被本地销除名籍，逃亡在外地，后来来到外黄。在外黄有一富豪人家的女儿，长得特别漂亮，却嫁给了一个愚蠢且平庸的男人，于是她就逃离了她的丈夫，去投奔她父亲以前的宾客。她父亲的宾客平时就了解张耳这个人，于是就对她说："如果你一定要嫁个有才能的丈夫的话，那你就嫁给张耳吧。"女子听从了他的建议，终于断绝了同以前丈夫的关系，改嫁给了张耳。张耳这时已经从以前的困境中摆脱出来，并开始广泛交游，女子家里给张耳的供给十分丰厚，张耳也因此可以招待很远地方的宾客，于是后来在魏国外黄做了县令。张耳做了县令后他的名声比以前更加显赫了。陈余，也是魏国大梁人，他爱好儒家学说，曾经多次游历赵国的苦陉。一位很有钱的人叫公乘氏把自己的女儿嫁给他，他也很了解陈余不是一般无所作为的人。陈余年轻的时候，就像对待自己父亲一样侍奉张耳，于是两人结为生死之交。

秦国灭亡大梁时，张耳的家住在外黄，在汉高祖还是普通百姓的时候，曾经很多次追随张耳，并且在张耳家一住就是几个月。秦国灭亡魏国几年后，听说张耳和陈余两个人在魏国很有名，于是就下令悬赏拘捕两人，抓住张耳的人就赏给黄金一千两，捉住陈余的人就赏给黄金五百两。从那以后张耳、陈余两人就改名换姓，一起逃到陈地，在那里充当里正来维持生活，两人便一起生活。工作中小吏曾经因为陈余犯了小的错误就用鞭子抽打他，陈余想要站起来反抗。张耳便赶快用脚踩他，示意他不要反抗，应接受小吏的鞭打。小吏离开后，张耳就把陈余带到了桑树下，责备陈余说："当初我和你怎么说的？现在你受到小小的屈辱，你就要死在里吏身上吗？"陈余听后认为张耳说得很有道理。秦国发出命令文书，悬赏拘捕张耳和陈余两人，他们两个人也利用里正的身份向里中的居民传达通缉他们自己的命令。

陈涉在蕲州起义，攻打到陈地，军队已扩充到好几万人。张耳、陈余两人去求见陈涉。陈涉和他的亲信们平时就经常听说张耳、陈余两人很有才能，只是还没见过面，这次相见让陈涉很高兴。

陈地有才能的人和百姓就劝陈涉说："将军你身上穿着坚固的铠甲，手里拿着锋利的武器，带领着士兵一起征讨残暴的秦国，重新建立楚国的政权，使已

王不可，愿将军立为楚王也。"陈涉问此两人，两人对曰："夫秦为无道，破人国家，灭人社稷，绝人后世，罢百姓之力，尽百姓之财。将军瞋目张胆，出万死不顾一生之计，为天下除残也。今始至陈而王之，示天下私。愿将军毋王，急引兵而西，遣人立六国后，自为树党，为秦益敌也。敌多则力分，与众则兵强。如此野无交兵，县无守城，诛暴秦，据咸阳以令诸侯。诸侯亡而得立，以德服之，如此则帝业成矣。今独王陈，恐天下解也。"陈涉不听，遂立为王。

陈余乃复说陈王曰："大王举梁、楚而西，务在入关，未及收河北也。臣尝游赵，知其豪桀及地形，愿请奇兵北略赵地。"于是陈王以故所善陈人武臣为将军，邵骚为护军，以张耳、陈余为左右校尉，予卒三千人，北略赵地。

武臣等从白马渡河，至诸县，说其豪桀曰："秦为乱政虐刑以残贼天下，数十年矣。北有长城之役，南有五岭之戍，外内骚动，百姓罢敝，头会箕敛，以供军费，财匮力尽，民不聊生。重之以苛法峻刑，使天下父子不相安。陈王奋臂为天下倡始，王楚之地，方二千里，莫不响应，家自为怒，人自为斗，各报其怨而攻其仇，县杀其令丞，郡杀其守尉。今已张大楚，王陈，使吴广、周文将卒百万西击秦。于此时而不成封侯之业者，非人豪也。诸君试相与计之！夫天下同心而苦秦久矣。因天下之力而攻无道之君，报父兄之怨而成割地有土之业，此士之一时也。"豪桀皆然其言。乃行收兵，得数万人，号

经灭亡的国家得以复兴，使断绝的血脉得以延续下去，像你这样的功绩和德行，是应该称王的。况且你还要监督和带领来自天下各个地方的将领，不称王是不可以的，希望将军你自立为楚王。"陈涉就此征求陈余、张耳的意见，张耳和陈余二人回答说："秦国残暴无道，侵略并占领了别的国家，毁灭了别人的社稷，断绝了别人的后代，抢夺百姓的财物。将军面带凶色，放开胆量，不怕万死一生，为的是为替天下人摆脱残暴的统治。现在将军才刚刚打到陈地就称王的话，就等于在天下人面前显示出自己的私心。我们建议将军你不要称王。将军应该马上率兵向西进发，派人去拥立其他六国的后代，用来作为你自己的同盟，来给秦国增加更多的敌人。给秦国树立的敌人越多，秦国的力量就越分散，我们的同盟越多，我们的兵力就越强大，如果是这样的话，我们就用不着在广阔的平原上互相厮杀，也就没有了坚守强攻的县城，除去残暴的秦国，我们就可以占据咸阳向各个诸侯发号施令。各诸侯国在灭亡后又有机会得以复兴，我们便施以恩惠感召他们，如果能这样的话，那么将军的帝王大业就成功了。现在只在陈地这个地方称王，恐怕各个诸侯就会懈怠不顺从了。"陈涉没听从张耳和陈余二人的意见，于是在陈地自立称为陈王。

陈余又劝谏陈王说："大王应该调遣梁、楚的军队向西方进军，现在最重要的是攻破函谷关，没有时间收复黄河以北的地区，我曾经游历过赵国，知道那里有才能的人和地理形势，希望大王能派一支军队，向北进攻在他们没有防备的时候夺取赵国的土地。"于是，陈王便任命他自己的老朋友，陈地人武臣为将军一职，邵骚为护军，张耳、陈余二人担任左右校尉，拨给他们三千人的军队，向北进攻夺取赵国的土地。

武臣一行人从白马津渡过黄河，走到各个县对当地有才能的人游说道："秦国的暴虐统治残害天下百姓，已经几十年之久了。在北部边境有因为修筑万里长城当苦役的人，而南边频繁征兵丁来守卫五岭，国内国外都十分不稳定，百姓们疲惫不堪，按人数来收缴粮草，用簸箕收敛，用来供军队开支，财尽力竭，民不聊生。再加上残忍的刑罚，导致天下人没有安定的日子。而现在陈王振臂而起，他首先倡导天下起义，随后在楚地称王，纵横两千多里，没有人不响应他的，每个家庭都十分气愤，每个人都斗志高昂，有怨的报怨，有仇的报仇，县里的人杀了他们的县令和县丞，郡里的人杀了他们的郡守和郡尉。现在陈涉已经建立了大楚国，在陈地称王，派吴广、周文等人带领百万大军向西方攻击秦军。在这个时候不成就封侯大业的，就不是有才能的人了。请诸位互相讨论计划一番！所有的人都一致认为苦于秦国残暴的统治时间太长了。凭借着全天下的力量讨伐昏庸的君主，为亲人报仇，从而完成割据土地的事业，这是胸有大志的人不能错过的机

武臣为武信君。下赵十城,余皆城守,莫肯下。

乃引兵东北击范阳。范阳人蒯通说范阳令曰:"窃闻公之将死,故吊。虽然,贺公得通而生。"范阳令曰:"何以吊之?"对曰:"秦法重,足下为范阳令十年矣,杀人之父,孤人之子,断人之足,黥人之首,不可胜数。然而慈父孝子莫敢倳刃公之腹中者,畏秦法耳。今天下大乱,秦法不施,然则慈父孝子且倳刃公之腹中以成其名,此臣之所以吊公也。今诸侯畔秦矣,武信君兵且至,而君坚守范阳,少年皆争杀君,下武信君。君急遣臣见武信君,可转祸为福,在今矣。"

范阳令乃使蒯通见武信君曰:"足下必将战胜然后略地,攻得然后下城,臣窃以为过矣。诚听臣之计,可不攻而降城,不战而略地,传檄而千里定,可乎?"武信君曰:"何谓也?"蒯通曰:"今范阳令宜整顿其士卒以守战者也,怯而畏死,贪而重富贵,故欲先天下降,畏君以为秦所置吏,诛杀如前十城也。然今范阳少年亦方杀其令,自以城距君。君何不赍臣侯印,拜范阳令,范阳令则以城下君,少年亦不敢杀其令。令范阳令乘朱轮华毂,使驱驰燕、赵郊。燕、赵郊见之,皆曰此范阳令,先下者也,即喜矣,燕、赵城可毋战而降也。此臣之所谓传檄而千里定者也。"武信君从其计,因使蒯通赐范阳令侯印。赵地闻之,不战以城下者三十余城。

至邯郸,张耳、陈余闻周章军入关,至戏却;又闻诸将为陈王徇地,多以谗毁得罪诛,怨陈王不用其筴不以为将而以为校尉。乃说武臣曰:"陈王起蕲,至陈而王,非必立六国后。将军今以三千人下赵

会啊。"所有有才能的人都认为这话说得很有道理。于是便招募兵卒、编制队伍,把军队扩充到几万人,武臣自己立号为武信君。占领了赵国十座城池,其余的城池都据城坚守,没有人肯投降。

于是,武信君又带兵朝东北方向攻击范阳。范阳人蒯通对范阳令说:"我私底下听说您快要死了,所以来为您哀悼和慰问您。即使如此,但是还要恭贺您,因为您有了我蒯通而能得以重生。"范阳令说:"你为什么要对我哀悼和慰问?"蒯通回答说:"秦国的法律十分残酷,您当了十年的范阳县令,杀死多少百姓,使得多少家庭家破人亡,砍断别人脚的,在别人脸上刺字的,已经数不胜数了。然而慈祥的父辈、孝顺的子女没有人敢把刀子插入您肚子的原因,是害怕秦国残酷的刑罚罢了。现在天下大乱。秦国残酷的法令不能再施行了,然而,现在那些慈父孝子就会把利刃插进您肚子以成就他们的名声,这就是我来哀悼和慰问您的原因啊。现在,各路诸侯都背叛了秦国,而武信君的人马很快就会攻来,您却还要誓死坚守范阳,年轻的人都争着要杀死您后去投奔武信君。您应该马上派我去求见武信君,可以转祸为福就在眼下呀。"

范阳令就派蒯通去面见武信君说:"您一定要打了胜仗之后再夺取土地,攻破了守城敌人然后再占领城池,我个人认为是不对的。您如果能听从我的计划,您就可以不用去攻打而使守城的人降服,不用通过战斗就可以夺取土地,只要您发出征召文告就可以让您收服广阔的土地,您说好吗?"武信君说:"你说的是什么意思?"蒯通回答说:"现在的范阳令应该频繁地整顿他的人马用来坚守城池抵抗外敌,可是他为人十分胆小又怕死,贪恋财富又爱慕虚荣,所以他本来想走在别人的前面来投降,但他又害怕您认为他是秦国委任的官吏,像以前被您占领的十座城池的官吏一样被您杀死。但是,现在范阳城里的年轻人也都想杀掉他,自己代替他据守城池来抵抗您。您为什么不把侯印让我带着去委任范阳令,范阳令就会自己把城池献给您,城里的年轻人也不再敢杀范阳令了。让范阳令坐着装饰豪华的车子,走在燕国、赵国的郊野。燕国、赵国郊野的人们看见范阳令这样,都会说这就是范阳令,他是最早投降的啊,投降后马上就得到这么优厚的待遇了,燕、赵的城池就可以不用攻打而自己前来投降了。这就是我说的传檄而平定广阔土地的计策。"武信君采纳了蒯通的计策,并派遣蒯通前去范阳赐给范阳令侯印。赵国的人得知这个消息,不用攻打就得到的城池有三十多个。

到达邯郸后,张耳、陈余两人听说周章的军队已经进入关中,但是到了戏水地区又败下阵来;他们又听说为陈王讨伐秦国建立功绩的很多将领,大多被奸人诋毁,犯下罪行后被杀害,两人又恼恨陈王不肯采纳他们的计谋,不晋升两人为将军,而仅让两人做校尉。于是他们就劝说武臣说:"陈王在蕲县起兵,攻下陈

数十城,独介居河北,不王无以填之。且陈王听谗,还报,恐不脱于祸。又不如立其兄弟;不,即立赵后。将军毋失时,时间不容息。"武臣乃听之,遂立为赵王。以陈余为大将军,张耳为右丞相,邵骚为左丞相。

使人报陈王,陈王大怒,欲尽族武臣等家,而发兵击赵。陈王相国房君谏曰:"秦未亡而诛武臣等家,此又生一秦也。不如因而贺之,使急引兵西击秦。"陈王然之,从其计,徙系武臣等家宫中,封张耳子敖为成都君。

陈王使使者贺赵,令趣发兵西入关。张耳、陈余说武臣曰:"王王赵,非楚意,特以计贺王。楚已灭秦,必加兵于赵。愿王毋西兵,北徇燕、代,南收河内以自广。赵南据大河,北有燕、代,楚虽胜秦,必不敢制赵。"赵王以为然,因不西兵,而使韩广略燕,李良略常山,张黡略上党。

韩广至燕,燕人因立广为燕王。赵王乃与张耳、陈余北略地燕界。赵王间出,为燕军所得。燕将囚之,欲与分赵地半,乃归王。使者往,燕辄杀之以求地。张耳、陈余患之。有厮养卒谢其舍中曰:"吾为公说燕,与赵王载归。"舍中皆笑曰:"使者往十余辈,辄死,若何以能得王?"乃走燕壁。燕将见之,问燕将曰:"知臣何欲?"燕将曰:"若欲得赵王耳。"曰:"君知张耳、陈余何如人也?"燕将曰:"贤人也。"曰:"知其志何欲?"曰:"欲得其王耳。"赵养卒乃笑曰:"君未知此两人所欲也。夫武臣、张耳、陈余

地就马上自立称王，而且还不一定要拥立其他六国诸侯的后代。现在，将军仅仅用了三千人马就夺取了几十座城池，自己占有河北等广大区域，如果将军不自己称王，不能够使社会安定下来。并且陈王容易听信奸人的谗言，若是有人回陈王那去报告，恐怕到时候会有祸患啊。那还不如拥立将军的兄弟称王；如若不然的话，将军就拥立赵国的后代称王。将军可不要丧失机会，时机紧急，容不得多想啊。"武臣听从了两人的劝告，于是，武臣就自立为赵王。任命陈余为大将军，张耳为右丞相，邵骚为左丞相。

事情被报告给陈王，陈王听了非常生气，想要把武臣等人的家人赶尽杀绝，因而发兵攻打赵王。陈王的国相房君劝谏说："我们还没有消灭秦国就去攻打赵王，把他的族人赶尽杀绝，这相当于又树立了一个和秦国一样强大的敌人。倒不如借此机会向赵王祝贺，让他马上带领军队向西进攻，攻打秦国。"陈王认为他说得很对，听从了他的计谋，把武臣等人的族人转移到宫里，软禁起来。并且任命张耳的儿子张敖做了成都君。

陈王派遣使者向赵王祝贺，让赵王火速调动军队向西方进攻关中。张耳、陈余两人劝谏武臣说："大王在赵地称王，但这并不是楚国本来的意思，他们只不过是将计就计来恭贺大王。待楚王消灭秦国之后，日后一定会用兵攻打赵国。我们希望大王不要向西攻打秦国，而是向北进攻夺取燕、代，向南进军收取河内，从而扩大自己的势力范围。这样的话，赵国在南面依靠着大河，而向北拥有燕、代，楚王即使消灭了秦国，也一定不敢强行攻打赵国。"赵王认为他们说得有道理，因此，不向西进攻，而是派韩广夺取燕地、李良夺取常山、张黡夺取上党。

韩广的军队到达燕地后，燕人就借机拥立韩广做了燕王。赵王就和张耳、陈余二人向北进攻燕国的边界。赵王在空闲外出时，被燕国的军队抓获。燕国的将领把赵王囚禁了起来，要求瓜分赵国的一半土地，才肯归还赵王。赵国派遣使者去燕国交涉，燕国的军队就把使者杀死，要求分割赵国的土地。张耳、陈余两人为这件事十分担心。有一个干杂务的士兵对同住的伙伴说："要是我替张耳、陈余两人去游说燕军，就能和赵王坐同一辆车回来。"同住的伙伴们都嘲笑他说："使臣都派去了十几位，而且去了就立即被杀死，你有什么方法能救出赵王呢？"于是，这个勤杂兵跑到燕军的营地内。燕军的将领见到了他，他却反问燕将说："你们知道我是来干什么的吗？"燕将回答说："你想要救出赵王。"他又问："您知道张耳、陈余两人是什么样的人吗？"燕将说："是贤明有才能的人。"他继续问："您知道他们想干什么？"燕将回答说："只不过是为了救赵王罢了。"赵国的勤杂兵就笑着说："您还不了解这两个人的心思。武臣、张耳、陈余三人指挥军队占领了赵国几十座城池，他们每个人都想面南而称王，难

杖马箠下赵数十城，此亦各欲南面而王，岂欲为卿相终己邪？夫臣与主岂可同日而道哉，顾其势初定，未敢参分而王，且以少长先立武臣为王，以持赵心。今赵地已服，此两人亦欲分赵而王，时未可耳。今君乃囚赵王。此两人名为求赵王，实欲燕杀之，此两人分赵自立。夫以一赵尚易燕，况以两贤王左提右挈，而责杀王之罪，灭燕易矣。"燕将以为然，乃归赵王，养卒为御而归。

李良已定常山，还报，赵王复使良略太原。至石邑，秦兵塞井陉，未能前。秦将诈称二世使人遗李良书，不封，曰："良尝事我得显幸。良诚能反赵为秦，赦良罪，贵良。"良得书，疑不信。乃还之邯郸，益请兵。未至，道逢赵王姊出饮，从百余骑。李良望见，以为王，伏谒道旁。王姊醉，不知其将，使骑谢李良。李良素贵，起，惭其从官。从官有一人曰："天下畔秦，能者先立。且赵王素出将军下，今女儿乃不为将军下车，请追杀之。"李良已得秦书，固欲反赵，未决，因此怒，遣人追杀王姊道中，乃遂将其兵袭邯郸。邯郸不知，竟杀武臣、邵骚。赵人多为张耳、陈余耳目者，以故得脱出。收其兵，得数万人。客有说张耳曰："两君羁旅，而欲附赵，难；独立赵后，扶以义，可就功。"乃求得赵歇，立为赵王，居信都。李良进兵击陈余，陈余败李良，李良走归章邯。

章邯引兵至邯郸，皆徙其民河内，夷其城郭。张耳与赵王歇走入巨鹿城，王离围之。陈余北收常山兵，得数万人，军巨鹿北。章邯军

道心甘情愿地做别人的卿相吗？做臣下的和做国君的难道可以相提并论吗？他们只不过是顾虑到局势刚刚稳定，还没敢三分国土各自称王，姑且以年龄的大小为顺序先立武臣为王，用意是维系赵国的民心。而现在赵国已经稳定下来，这两个人也想瓜分赵国土地自立为王，只不过是时机还没有成熟。现在，您抓了并囚禁赵王，张耳、陈余两人表面上是为了解救赵王，实际上他们是想让燕军杀死赵王，然后这两个人好瓜分赵国的土地自立为王。并且以原来一个赵国的兵力就能轻易地消灭燕国，更何况两位有才能的君王相互帮助支持，如果以你们杀害赵王为名来进攻燕国，消灭燕国是很简单的了。"燕国将领认为他说得很对，就归还了赵王，勤杂兵就为赵王驾着车子，一起回到赵国。

　　李良攻打下常山以后，回来报告，赵王之后又派李良攻打太原。李良的部队进攻到了石邑，秦国的军队已经十分严密地封锁了井陉要道，从而不能向前进攻。秦国的将领谎称二世皇帝派使者送给了李良一封信，信没有封口，信中说："李良你曾经侍奉过我并且得到富贵和我的宠信。李良你如果能够放弃赵国返回秦国的话，我就不计较你犯的过错。让你还可以富贵。"李良收到这封信以后，心生怀疑。于是起兵回到邯郸，请求增加兵力。李良还没有回到邯郸，途中就遇到赵王的姐姐外出赴宴回来，并跟着一百多随从的人马。李良远远看见有这样气势，以为是赵王，便伏在地上通报了他的姓名，而赵王的姐姐喝醉了，也不知道李良是将军，只是让她的随从答谢了李良。李良一直都显贵，从地上站了起来，还当着很多随从官员的面，自己感到十分羞愧。随行官中有一个人说："天下所有的人都想推翻残暴的秦国，有本事的人便抢先自立为王，何况赵王的地位一向在将军之下，而现在，一个女人竟然不为将军下车行礼，请将军让我追上去杀了她。"之前李良已经收到了秦王的信函，本来就有了反赵之心，只是还没下定决心，现在又遇上这样的事，因此十分生气，便派人追赶赵王的姐姐，将其杀死在途中，于是李良就带领着他的军队攻击了邯郸。邯郸方面并不知道李良叛变，武臣、邵骚竟然被杀死。赵人有很多是张耳、陈余的耳目，因此两人能够逃出，并收拾武臣的残军败将，得到了五万人。有的宾客劝张耳说："你们俩人都是外乡人，客居在此，要想让赵国人听命于你们，很困难；你们只有拥立六国时候赵王的后代，扶助他，才可以成就功业。"于是两人寻访到了赵歇，并拥立其为赵王，让赵歇住在信都。李良带兵攻击陈余，陈余反而击败了李良，李良只好逃了回去，投奔秦将章邯。

　　章邯带兵到了邯郸，把城里的百姓都迁徙到了河内，毁掉了城郭，毁坏了所有的建筑物。张耳和赵王逃到了巨鹿城，被秦将王离包围。陈余在北方收集了常山的残余军队几万人，驻扎在巨鹿城的北面。章邯的军队驻扎在巨鹿城南面的

巨鹿南棘原，筑甬道属河，饷王离。王离兵食多，急攻巨鹿。巨鹿城中食尽兵少，张耳数使人召前陈余，陈余自度兵少，不敌秦，不敢前。数月，张耳大怒，怨陈余，使张黡、陈泽往让陈余曰："始吾与公为刎颈交，今王与耳旦暮且死，而公拥兵数万，不肯相救，安在其相为死！苟必信，胡不赴秦军俱死？且有十一二相全。"陈余曰："吾度前终不能救赵，徒尽亡军。且余所以不俱死，欲为赵王、张君报秦。今必俱死，如以肉委饿虎，何益？"张黡、陈泽曰："事已急，要以俱死立信，安知后虑！"陈余曰："吾死顾以为无益。必如公言。"乃使五千人令张黡、陈泽先尝秦军，至皆没。

当是时，燕、齐、楚闻赵急，皆来救。张敖亦北收代兵，得万余人，来，皆壁余旁，未敢击秦。项羽兵数绝章邯甬道，王离军乏食，项羽悉引兵渡河，遂破章邯。章邯引兵解，诸侯军乃敢击围巨鹿秦军，遂虏王离。涉间自杀。卒存巨鹿者，楚力也。

于是赵王歇、张耳乃得出巨鹿，谢诸侯。张耳与陈余相见，责让陈余以不肯救赵，及问张黡、陈泽所在。陈余怒曰："张黡、陈泽以必死责臣，臣使将五千人先尝秦军，皆没不出。"张耳不信，以为杀之，数问陈余。陈余怒曰："不意君之望臣深也！岂以臣为重去将哉？"乃脱解印绶，推予张耳。张耳亦愕不受。陈余起如厕。客有说张耳曰："臣闻'天与不取，反受其咎'。今陈将军与君印，君不受，反天不祥。急取之！"张耳乃佩其印，收其麾下。而陈余还，亦望张耳不让，遂趋出。张耳遂收其兵。陈余独与麾下所善数百人之河上泽中渔猎。由此陈余、张耳遂有却。

赵王歇复居信都。张耳从项羽诸侯入关。汉元年二月，项羽立诸

棘原。秦军修筑甬道与黄河接连，用来给王离运送军粮。王离兵多粮足，急攻巨鹿城。巨鹿城内粮草已经用尽，兵力也很弱，张耳多次派人去召陈余前来援助，陈余考虑到自己的兵力不多，打不过秦军，一直不敢前去援助。相持了几个月的时间，救兵还没有来，张耳十分生气，怨恨陈余，于是派张黡、陈泽前去责备陈余说："当初我张耳和您结为生死之交，现在赵王和我随时都可能被杀死，而您有数万军队，却不肯相救，那同生共死的交情哪里去了？如果您信守诺言，为什么您不和秦军决一死战？何况还有获胜的希望。"陈余说："我想即使我向前进军，最终的结果不光救不了赵国，还要白白地全军覆没。何况我不去和秦军同归于尽，我还要为赵王、张先生向秦国报仇。现在要是去决一死战，就如同把肉送给饥饿的老虎，有什么好处呢？"张黡、陈泽说："事情已经十分紧急了，需要用同归于尽来确立你的诚信，哪里还顾得上以后的事呢！"陈余说："我死没什么可惜的，只是死得没有任何意义，但是我一定会按照二位说的话去做。"就派了五千人马让张黡、陈泽带领去攻打秦军，到了前线便全军覆没了。

正在这个时候，燕、齐、楚的人听说赵国很危险，都前来救援。张敖也向北收聚代地的兵力一万多人赶来，都在陈余附近安营扎寨，却都不敢贸然攻击秦军。项羽的军队多次截断了章邯运送军粮的甬道，王离的军粮不够，项羽便带领全部军队渡过黄河，于是打败了章邯。章邯带兵败退，各国诸侯的军队才敢攻击包围巨鹿的秦国军队，于是抓获了王离。秦将涉间自杀身亡。最后保全巨鹿的，是楚国出的力。

这个时候赵王歇、张耳才得以出了巨鹿城，感谢各国的诸侯。张耳和陈余见面，因而责备陈余为什么不肯救赵，并追问张黡、陈泽的下落，陈余生气地说："张黡、陈泽以同归于尽为由来责备我，我便派他们带领着五千人马先尝试着攻打秦军，结果全军覆没，没有一人活下来。"张耳不相信，认为是陈余把他们都杀了，多次追问陈余。陈余十分生气，说："没有想到您对我的怨恨是这样的深啊！难道您以为我舍不得放弃这个将军的职位吗？"就解下了印信，推给了张耳。张耳也感到十分震惊，不肯接受陈余的印信。陈余之后便站起身来上厕所了。有的宾客规劝张耳说："我听说'上天给予的不去接受，反而会遭到祸患'。现在，陈将军把印信交给了您，您如果不接受，就是违背天意不吉祥啊。赶快接收它吧！"于是张耳就佩带了陈余的大印，接收了他的部下。陈余回来后，也怨恨张耳不推让就收缴了他的大印，于是快步走了出去。张耳就收编了陈余的军队。陈余独自和他部下亲信几百个人到黄河边的湖泽中打鱼捕猎去了。从此以后，陈余和张耳在感情上便产生了裂痕。

之后赵王歇回到了信都居住，张耳就跟随着项羽和其他诸侯一起去了关中。

侯王，张耳雅游，人多为之言，项羽亦素数闻张耳贤，乃分赵立张耳为常山王，治信都。信都更名襄国。

陈余客多说项羽曰："陈余、张耳一体有功于赵。"项羽以陈余不从入关，闻其在南皮，即以南皮旁三县以封之，而徙赵王歇王代。

张耳之国，陈余愈益怒，曰："张耳与余功等也，今张耳王，余独侯，此项羽不平。"及齐王田荣畔楚，陈余乃使夏说说田荣曰："项羽为天下宰不平，尽王诸将善地，徙故王王恶地，今赵王乃居代！愿王假臣兵，请以南皮为捍蔽。"田荣欲树党于赵以反楚，乃遣兵从陈余。陈余因悉三县兵袭常山王张耳。张耳败走，念诸侯无可归者，曰："汉王与我有旧故，而项羽又强，立我，我欲之楚。"甘公曰："汉王之入关，五星聚东井。东井者，秦分也。先至必霸。楚虽强，后必属汉。"故耳走汉。汉王亦还定三秦，方围章邯废丘。张耳谒汉王，汉王厚遇之。

陈余已败张耳，皆复收赵地，迎赵王于代，复为赵王。赵王德陈余，立以为代王。陈余为赵王弱，国初定，不之国，留傅赵王，而使夏说以相国守代。

汉二年，东击楚，使使告赵，欲与俱。陈余曰："汉杀张耳乃从。"于是汉王求人类张耳者斩之，持其头遗陈余。陈余乃遣兵助汉。汉之败于彭城西，陈余亦复觉张耳不死，即背汉。

汉三年，韩信已定魏地，遣张耳与韩信击破赵井陉，斩陈余泜水上，追杀赵王歇襄国。汉立张耳为赵王。汉五年，张耳薨，谥为景王。子敖嗣立为赵王。高祖长女鲁元公主为赵王敖后。

汉七年，高祖从平城过赵，赵王朝夕袒韝蔽，自上食，礼甚卑，

汉元年二月，项羽封各个诸侯为王，张耳游历各个地方结识的人多，很多人都替张耳说好话，项羽平常也听说过张耳是个有才能的人，于是就割了赵国的土地封张耳做了常山王，把都城设立在信都，并把信都改名为襄国。

陈余以前的宾客中很多人劝说项羽："陈余、张耳两人一样对赵国有功。"但是项羽因为陈余不随从他一起入关，又听说陈余住在南皮，于是项羽就把南皮周边的三个县封给了陈余，把赵王歇迁移到了代县，改封为代王。

张耳到他的封国去，陈余更加生气，说："张耳和我的功劳是一样的，张耳封了王，我却只封侯，这是项羽处理事情不公正。"等到齐王田荣反叛楚国，陈余便派夏说去劝田荣道："项羽成为了天下的主宰，处理事情却不公正，把好的地方都分封给了将军们去做王，把原来做王的都迁到了不好的地方，现在，又把赵王居住的地方迁到了代县！我希望大王你借给我兵马，以南皮这个地方作为您抵挡的屏障。"田荣想在赵国拉拢党羽以反叛楚国，于是就派遣了兵马听从陈余的指挥。因此，陈余调动了他自己三个县的所有兵力攻打常山王张耳。张耳兵败逃走，张耳想到各诸侯之中没有他可以投奔的地方，说："汉王虽然和我交情很好，但是项羽的势力太大，何况又是他分封我为王，我想去投奔楚国。"甘公说："汉王进入关中后，五星会聚于井宿天区。井宿天区是秦国的分星。先到的，一定可以成就霸业。即使现在的楚国十分强大，但以后天下一定归属于汉。"于是，张耳决定去投奔汉。汉王也回师平定了三秦，正在废丘包围进攻章邯的军队。张耳面见汉王，汉王以十分优厚的礼遇接待了张耳。

陈余击败了张耳以后，收复了赵国全部的土地，把赵王从代县接了回来，让其又做了赵国的国君，赵王对陈余十分感激，就分封陈余做代王。陈余因为赵王十分软弱无能，国内局势才刚刚稳定下来，没有到自己的封国去，留下来辅助赵王治理国家，而派夏说以国相的身份驻守在代国。

汉二年，汉王向东方进军攻打楚国，并派使者联系赵国，想要和赵国联合一起攻打楚。陈余说："只要汉王你杀掉张耳，赵国就会和你们联合一起攻打楚国。"于是汉王找到一个和张耳长得非常相像的人砍了头，并派人拿着这个人头去送给陈余。陈余看到后才发兵帮助汉。汉王在彭城的西面打了败仗，陈余又觉察到了张耳并没有死，于是就背叛了汉王。

汉三年，韩信刚刚平定魏地不长时间，汉王就派张耳和韩信攻下了赵国的井陉，在泜水河畔把陈余杀死了，又在襄国追赶并杀了赵王歇。汉王封张耳为赵王。汉五年，张耳过世，谥号为景王。张耳的儿子张敖接替他的父亲做了赵王，汉高祖的大女儿鲁元公主嫁给了赵王敖做了赵国的王后。

汉七年，高祖从平城回京途中经过赵国，赵王就脱去自己的外衣，戴上了

有子婿礼。高祖箕踞詈，甚慢易之。赵相贯高、赵午等年六十余，故张耳客也。生平为气，乃怒曰："吾王孱王也！"说王曰："夫天下豪桀并起，能者先立。今王事高祖甚恭，而高祖无礼，请为王杀之！"张敖啮其指出血，曰："君何言之误！且先人亡国，赖高祖得复国，德流子孙，秋豪皆高祖力也。愿君无复出口。"贯高、赵午等十余人皆相谓曰："乃吾等非也。吾王长者，不倍德。且吾等义不辱，今怨高祖辱我王，故欲杀之，何乃污王为乎？令事成归王，事败独身坐耳。"

汉八年，上从东垣还，过赵，贯高等乃壁人柏人，要之置厕。上过欲宿，心动问曰："县名为何？"曰："柏人。""柏人者，迫于人也！"不宿而去。

汉九年，贯高怨家知其谋，乃上变告之。于是上皆并逮捕赵王、贯高等。十余人皆争自刭，贯高独怒骂曰："谁令公为之？今王实无谋，而并捕王；公等皆死，谁白王不反者！"乃轞车胶致，与王诣长安。治张敖之罪。上乃诏赵群臣宾客有敢从王皆族。贯高与客孟舒等十余人，皆自髡钳，为王家奴，从来。贯高至，对狱，曰："独吾属为之，王实不知。"吏治榜笞数千，刺剟，身无可击者，终不复言。吕后数言张王以鲁元公主故，不宜有此。上怒曰："使张敖据天下，岂少而女乎！"不听。廷尉以贯高事辞闻，上曰："壮士！谁知者，以私问之。"中大夫泄公曰："臣之邑子，素知之。此固赵国立名义不侵为然诺者也。"上使泄公持节问之箯舆前。仰视曰："泄公邪？"泄公劳苦如生平欢，与语，问张王果有计谋不。高曰："人情

袖套，每天从早到晚都亲自服侍高祖饮食，态度十分谦卑，很有子婿的礼节。而高祖却随便坐在地上，像个簸箕一样，并伸开两只脚责骂赵王，对他的态度非常傲慢。赵国的国相贯高、赵午一行人都已经六十多岁了，是张耳在世时的宾客，他们的性格都很豪爽、容易冲动，就生气地说："我们的国君是个懦弱的国君啊！"就劝谏赵王说："当今天下英雄豪杰并起，有才能的先立为王。现在您对待高祖如此的恭敬，而高祖对您却这般无礼，请让我们替您把他杀掉吧！"张敖听了这样的话，便把自己手指咬出血来，说："你们怎么能说出这样错的话！何况先父亡了国，是靠着高祖才能得以复国，这样的恩惠子孙也必须要记得，所有事情都是高祖出的力帮的忙啊，希望你们不要再说这样的话了。"贯高、赵午等一行人相互讨论说："这都是我们的错啊。我们的君王有仁厚长者的风范，不肯忘恩负义。但我们的原则是不受他人侮辱，现在怨恨高祖侮辱了我们的君王，所以我们要杀掉高祖，为什么要侮辱我们的君王呢？如果事情成功了，功劳都归王所有；如果失败了，我们自己来承担所犯的罪行！"

汉八年，高祖从东垣回来，途中经过赵国，贯高等人在柏人县馆舍的夹壁中隐藏了武士，想要在途中拦截杀死高祖。高祖经过那里时想要在此地留宿，心中不安，就问道："这个县的名称叫什么？"回答说："叫柏人。""柏人，是被别人迫害的意思啊！"没有留宿就直接离开了。

汉九年，贯高的仇人知道了贯高想要杀皇上的计谋，就向皇上告密说贯高要谋反。于是皇上把赵王、贯高等人一起抓了起来，十多人都争着要自杀，只有贯高十分生气地骂道："你们自杀干什么？现在事情已经这样了，大王确实没有参与此事，却要被一起逮捕；如果你们都死了，谁来替大王解释他根本就没有反叛之意呢！"于是他们被关在栅槛密布而又十分坚固的囚车里和赵王一起押送到长安。审判张敖所犯的罪行。皇上向赵国发布通告说大臣和宾客凡是追随赵王的全部灭族。贯高和宾客孟舒等一行人，都自己剃掉了头发，用铁圈锁住自己的脖子，假扮赵王的家奴跟着赵王前来京城。贯高一到，出庭接受审问，说："只有我们这些人参与了此事，赵王他确实不知道。"官吏审讯他们，严刑拷问鞭打几千下，用烧红的铁条去刺他们，直到他们身上没有一处是完好的，但始终再也没说过话。吕后几次劝说道张敖因为鲁元公主的缘故，是不会参与这种事的，皇上生气地说："如果让张敖他占据了天下，难道他还会顾虑你的女儿吗！"皇上听不进吕后的劝告。廷尉把审理贯高的情况和供词报告给了皇上，皇上感叹说："真是壮士啊！有谁了解他，私下去问问他。"中大夫泄公说："我与他是同乡，一向都很了解他。他原本就是为赵国建功立业、不肯背叛诺言的人。"皇上派泄公拿着符节到舆床前询问贯高。贯高仰起头看看说："是泄公吗？"泄公慰

宁不各爱其父母妻子乎？今吾三族皆以论死，岂以王易吾亲哉！顾为王实不反，独吾等为之。"具道本指所以为者王不知状。于是泄公入，具以报，上乃赦赵王。

上贤贯高为人能立然诺，使泄公具告之，曰："张王已出。"因赦贯高。贯高喜曰："吾王审出乎？"泄公曰："然。"泄公曰："上多足下，故赦足下。"贯高曰："所以不死一身无余者，白张王不反也。今王已出，吾责已塞，死不恨矣。且人臣有篡杀之名，何面目复事上哉！纵上不杀我，我不愧于心乎？"乃仰绝肮，遂死。当此之时，名闻天下。

张敖已出，以尚鲁元公主故，封为宣平侯。于是上贤张王诸客，以钳奴从张王入关，无不为诸侯相、郡守者。及孝惠、高后、文帝、孝景时，张王客子孙皆得为二千石。张敖，高后六年薨。子偃为鲁元王。以母吕后女故，吕后封为鲁元王。元王弱，兄弟少，乃封张敖他姬子二人：寿为乐昌侯，侈为信都侯。高后崩，诸吕无道，大臣诛之，而废鲁元王及乐昌侯、信诸侯。孝文帝即位，复封故鲁元王偃为南宫侯，续张氏。

太史公曰：张耳、陈余，世传所称贤者；其宾客厮役，莫非天下俊桀，所居国无不取卿相者。然张耳、陈余始居约时，相然信以死，岂顾问哉。及据国争权，卒相灭亡，何乡者相慕用之诚，后相倍之戾也！岂非以势利交哉？名誉虽高，宾客虽盛，所由殆与大伯、延陵季子异矣。

问、寒暄，像平时一样和他说话，询问张敖到底有没有参与这个计划。贯高说："人是有感情，有谁不爱他的父亲和妻子呢？现在我三族都因为此事被判处死刑，难道我会用自己亲人的性命来换回赵王吗！但是赵王他确实没有参与，只有我们这些人参与了此事。"贯高详细地说出了他们之所以要杀掉皇上的本意，和赵王根本不知道的情况。于是泄公回宫后，把了解到的情况十分详细地向皇上做了报告，于是皇上便赦免了赵王。

皇上很赞赏贯高为人讲信义，就派泄公把他赦免赵王的事告诉贯高，说："赵王已经从关押处放了出来。"因此也赦免贯高。贯高高兴地说："我们赵王真的被放了吗？"泄公说："是的。"泄公又说："皇上还称赞您，所以也赦免了您。"贯高说："我被打得遍体鳞伤而不死的原因，是为了帮赵王辩护他确实没有谋反之意，现在赵王已经被释放了，我的责任也已尽到，就算现在我死了也不遗憾啦。何况为人臣子有了谋杀皇上的名声，还有什么脸面再继续服侍皇上呢！即使是皇上不杀我，我的内心怎么能不惭愧。"于是仰起头来卡断了自己的咽喉而死。就在这时，他的名字已经被天下人知晓。

张敖被释放不久后，因为娶了鲁元公主的缘故，被皇上封为宣平侯。于是，皇上夸奖张敖的宾客，只要是以钳奴的身份跟随着张王入关的，都做到了诸侯相、郡守。一直到孝惠、高后、文帝、孝景时期，张王宾客的后代们也都做到了二千石俸禄的高官。张敖在高后六年去世。张敖的儿子张偃被封为鲁元王。因为张偃的母亲是吕后的女儿，所以吕后封他做鲁元王。元王懦弱，兄弟年龄又小，于是就分封张敖其他姬妾生的两个儿子：封张寿为乐昌侯，张侈为信都侯。高后去世后，吕氏的族人胡作非为，图谋叛乱，被大臣们杀死了，并且一并废掉了鲁元王以及乐昌侯、信都侯三人。孝文帝即位以后，又分封原鲁元王张偃为南宫侯，延续了张氏的后代。

太史公说：张耳、陈余两人在社会传说中都是有才能的人；他们的宾客奴仆，也都是天下的英雄豪杰，居住过的国家没有不取得卿相地位的。可是，以前张耳、陈余两人贫穷卑贱不得志的时候，彼此相互信任，发誓同生共死，难道不是义无反顾的吗？而等到他们有了自己的地盘，争夺利益的时候，最终还是自相残杀，都恨不得把对方杀死。为什么从前是那样真诚地互相赏识倾慕、信任，而后来又相互背叛，彼此的态度是那样的乖张、残酷呢？难道这不是为了权力、利益而交往吗？虽然他们的名声十分广、宾客又多，而他们所做的恐怕和吴太伯、延陵季子等人相比，就大不一样了。

魏豹彭越列传第三十

魏豹者，故魏诸公子也。其兄魏咎，故魏时封为宁陵君。秦灭魏，迁咎为家人。陈胜之起王也，咎往从之。陈王使魏人周市徇魏地，魏地已下，欲相与立周市为魏王。周市曰："天下昏乱，忠臣乃见。今天下共畔秦，其义必立魏王后乃可。"齐、赵使车各五十乘，立周市为魏王。市辞不受，迎魏咎于陈。五反，陈王乃遣立咎为魏王。

章邯已破陈王，乃进兵击魏王于临济。魏王乃使周市出请救于齐、楚。齐、楚遣项它、田巴将兵随市救魏。章邯遂击破杀周市等军，围临济。咎为其民约降。约定，咎自烧杀。

魏豹亡走楚。楚怀王予魏豹数千人，复徇魏地。项羽已破秦，降章邯。豹下魏二十余城，立豹为魏王。豹引精兵从项羽入关。汉元年，项羽封诸侯，欲有梁地，乃徙魏王豹于河东，都平阳，为西魏王。

汉王还定三秦，渡临晋，魏王豹以国属焉，遂从击楚于彭城。汉败，还至荥阳，豹请归视亲病，至国，即绝河津畔汉。汉王闻魏豹反，方东忧楚，未及击，谓郦生曰："缓颊往说魏豹，能下之，吾以万户封若。"郦生说豹。豹谢曰："人生一世间，如白驹过隙耳。今汉王慢而侮人，骂詈诸侯群臣如骂奴耳，非有上下礼节也，吾不忍复见也。"于是汉王遣韩信击虏豹于河东，传诣荥阳，以豹国为郡。汉王令豹守荥阳。楚围之急，周苛遂杀魏豹。

彭越者，昌邑人也，字仲。常渔巨野泽中，为群盗。陈胜、项梁

魏豹，是原来六国时候魏国的公子。魏豹的哥哥名字叫魏咎，以前被封为宁陵君。秦国消灭魏国后，把他流放到外地废作平民百姓。后来陈胜起义自称为王，魏咎前去追随陈胜。陈王派魏国人周市带领兵马前去夺取以前魏国的土地，魏国的土地被占领后，大家互相商议，都想要拥立周市为魏王，周市却说："天下混乱时，忠臣才能显露出来。现在天下的人都背叛秦国，从道义上讲，一定要拥立以前魏王的后代称王才可以。"齐、赵两国各派战车五十辆，以协助周市做魏王。周市十分感谢却不肯接受，前去陈国迎接魏咎。如此往复了五次，陈王才答应把魏咎放回去立为魏王。

章邯击败陈王不久后，便发兵去临济攻击魏王，魏王派遣周市到齐国、楚国请求救援。齐、楚两国派遣项它、田巴两人带领着军队跟随周市去援救魏国。没想到章邯竟然击败了前来援助的军队，并杀死了周市，包围了临济。魏咎为了他的百姓身家性命的安全，提出了降服的条件。谈判成功后，魏咎就自焚而死。

魏豹逃跑前往楚国，楚怀王分给了魏豹几千人马，回去夺取魏国的土地。在这个时候项羽已经击败了秦军，并且降服了章邯。魏豹接连攻下了二十多座城池。项羽就封魏豹做了魏王。魏豹带领着精锐军队跟随着项羽入关了。汉元年，项羽分封诸侯，项羽自己打算占有梁地，于是就把魏王豹改封到了河东，建都平阳，封为西魏王。

汉王回师平定了三秦，从临晋领兵横渡了黄河，魏豹就把自己整个国家献给了汉王，于是就跟随着汉王一起攻打彭城。汉王战败后，回师荥阳，魏豹请假说要回家去探望家中老人的病情。他回国后，就马上截断了黄河的渡口，背叛了汉王。汉王虽然知道了魏豹反叛的消息，可是他正在担忧东面的楚国，所以没有时间攻打他，于是就对郦生说："你去代我好言劝说魏豹，如果你能说服他不叛变，我就封你为万户侯。"郦生就前往魏国游说魏豹。魏豹婉转地回绝说："人的一生是非常短暂的，就像太阳的影子透过墙壁的空隙那样快。现在汉王对人态度傲慢还侮辱人，责骂诸侯大臣们就像责骂奴仆一样，一点也没有上下的礼数，我没有办法忍耐着去见他。"于是汉王便派韩信前去攻打魏豹，并在河东抓获了魏豹，让魏豹坐着驿站的车子把他押送到荥阳，随后把魏豹原有的国土改设为郡。汉王命令魏豹驻守荥阳。当楚军围攻紧急的时候，周苛就把魏豹杀了。

彭越，是昌邑人，绰号彭仲。经常在巨野湖泽中捕鱼，和一帮人合伙做强

之起，少年或谓越曰："诸豪桀相立畔秦，仲可以来，亦效之。"彭越曰："两龙方斗，且待之。"

居岁余，泽间少年相聚百余人，往从彭越，曰："请仲为长。"越谢曰："臣不愿与诸君。"少年强请，乃许。与期旦日日出会，后期者斩。旦日日出，十余人后，后者至日中。于是越谢曰："臣老，诸君强以为长。今期而多后，不可尽诛，诛最后者一人。"令校长斩之。皆笑曰："何至是？请后不敢。"于是越乃引一人斩之，设坛祭，乃令徒属。徒属皆大惊，畏越，莫敢仰视。乃行略地，收诸侯散卒，得千余人。

沛公之从砀北击昌邑，彭越助之。昌邑未下，沛公引兵西。彭越亦将其众居巨野中，收魏散卒。项籍入关，王诸侯，还归，彭越众万余人毋所属。汉元年秋，齐王田荣畔项王，乃使人赐彭越将军印，使下济阴以击楚。楚命萧公角将兵击越，越大破楚军。汉王二年春，与魏王豹及诸侯东击楚，彭越将其兵三万余人归汉于外黄。汉王曰："彭将军收魏地得十余城，欲急立魏后。今西魏王豹亦魏王咎从弟也，真魏后。"乃拜彭越为魏相国，擅将其兵，略定梁地。

汉王之败彭城解而西也，彭越皆复亡其所下城，独将其兵北居河上。汉王三年，彭越常往来为汉游兵，击楚，绝其后粮于梁地。汉四年冬，项王与汉王相距荥阳，彭越攻下睢阳、外黄十七城。项王闻之，乃使曹咎守成皋，自东收彭越所下城邑，皆复为楚。越将其兵北走谷城。汉五年秋，项王之南走阳夏，彭越复下昌邑旁二十余城，得谷十余万斛，以给汉王食。

汉王败，使使召彭越并力击楚。越曰："魏地初定，尚畏楚，未可去。"汉王追楚，为项籍所败固陵。乃谓留侯曰："诸侯兵不从，为之奈何？"留侯曰："齐王信之立，非君王之意，信亦不自坚。彭越本定梁地，功多，始君王以魏豹故，拜彭越为魏相国。今豹死毋

盗。陈胜、项梁揭竿而起，有的年轻人就对彭越说："很多有才能的人都争相树起旗号，反叛秦朝，你也可以站出来，咱们也可以效仿他们那样做。"彭越却说："现在两条龙才刚刚搏斗，还是再等一等吧。"

　　时间过了一年多，泽中年轻人聚集了一百多人，前去跟随彭越，说："请你做我们的头领。"彭越拒绝说："我不想和你们一块儿干。"年轻人强烈请求，他才答应了。彭越和他们约好第二天太阳出来的时候集合，没按时到的人砍头。第二天到约定的时间，迟到的人有十多个，最后一个人一直到中午才来。当时，彭越很抱歉地说："我老了，你们执意要我来当你们的首领。现在，约定好的时间却又有很多人迟到，不能都砍头，就只杀最后到的一个人。"命令校长杀掉最后来的那个人。大家都笑着说："为什么要这样呢，从今以后不敢再迟到就是了。"于是彭越就将最后到的那个人杀了。设置土坛，用迟到的那个人的人头祭奠，号令众人。众人都十分吃惊，害怕彭越，没有人敢抬头看他。于是彭越就带领大家去夺取土地，收拢诸侯逃散了的士兵，共有一千多人。

　　沛公从砀北上攻打昌邑，彭越帮助他。昌邑没有攻打下来，沛公率领着军队向西进攻。彭越也带领着他的军队驻扎在巨野泽中，收编从魏国逃出来的士兵。项籍进入关中，分封诸侯后，就返回了，这个时候彭越的军队已发展到有一万多人但是没有归属。汉王元年秋天，齐王田荣反叛了项王，就派人前去赐给彭越将军的印信，要彭越进军济阴进攻楚军。楚军派萧公角领兵迎击彭越，却被彭越打得溃不成军。汉王二年春天，汉王、魏王豹和各路诸侯向东进军攻打楚国，彭越带领他的军队三万多人在外黄归附汉王。汉王说："彭将军收复了魏国的十几座城池，急于拥立魏王的后代。现在，魏王豹就是魏王咎的堂弟，是真正魏王的后代。"让彭越做了魏国的国相，独揽兵权，平定梁地。

　　汉王在彭城落败，向西撤退，彭越把他自己攻打下来的城池又都丢掉，自己带领着他的兵马向北驻守在黄河沿岸。汉王三年，彭越经常替汉王游动出兵，攻打楚军，在梁地切断了他们的粮草供应。汉四年冬，项王和汉王在荥阳相持，彭越攻占了睢阳、外黄等十七座城池。项王知道这个消息后，就派曹咎驻守城皋，自己向东攻打收回了彭越攻克的城池，这些城池又都归楚国所有。彭越带着他的军队北上谷城。汉五年秋，项王的兵马向南边撤退到夏阳，彭越又攻占了昌邑周围二十多个城池，缴获谷物多达十多万斛，用作汉王军队的粮草。

　　汉王打了败仗，派使者叫彭越和汉王合力一起攻打楚军。彭越说："魏地才刚刚平定，还是惧怕楚军的，不能贸然前往。"汉王起兵追击楚军，却在固陵被项籍打败。于是对留侯说："诸侯的军队都不跟着我来战斗，这可怎么办呢？"留侯说："齐王韩信是自立为王的，不是您的本来意思，韩信他自己也不是很放

后,且越亦欲王,而君王不蚤定。与此两国约:即胜楚,睢阳以北至谷城,皆以王彭相国;从陈以东傅海,与齐王信。齐王信家在楚,此其意欲复得故邑。君王能出捐此地许二人,二人今可致;即不能,事未可知也。"于是汉王乃发使使彭越,如留侯策。使者至,彭越乃悉引兵会垓下,遂破楚。项籍已死。春,立彭越为梁王,都定陶。

六年,朝陈。九年,十年,皆来朝长安。

十年秋,陈豨反代地,高帝自往击,至邯郸,征兵梁王。梁王称病,使将将兵诣邯郸。高帝怒,使人让梁王。梁王恐,欲自往谢。其将扈辄曰:"王始不往,见让而往,往则为禽矣。不如遂发兵反。"梁王不听,称病。梁王怒其太仆,欲斩之。太仆亡走汉,告梁王与扈辄谋反。于是上使使掩梁王,梁王不觉,捕梁王,囚之雒阳。有司治反形已具,请论如法。上赦以为庶人,传处蜀青衣。西至郑,逢吕后从长安来,欲之雒阳,道见彭王。彭王为吕后泣涕,自言无罪,愿处故昌邑。吕后许诺,与俱东至雒阳。吕后白上曰:"彭王壮士,今徙之蜀,此自遗患,不如遂诛之。妾谨与俱来。"于是吕后乃令其舍人彭越复谋反。廷尉王恬开奏请族之。上乃可,遂夷越宗族,国除。

太史公曰:魏豹、彭越虽故贱,然已席卷千里,南面称孤,喋血乘胜日有闻矣。怀畔逆之意,及败,不死而虏囚,身被刑戮,何哉?中材已上且羞其行,况王者乎!彼无异故,智略绝人,独患无身耳。得摄尺寸之柄,其云蒸龙变,欲有所会其度,以故幽囚而不辞云。

心。彭越本来收复了梁地，战功累累，当初您因为魏豹的原因，只是任命彭越做了魏国的国相。现在，魏豹死后又没有留下魏国的后代，何况彭越也有称王的打算，而您却没有及时作出决定，您可以和两国约定：假如打败了楚国，睢阳以北到谷城的所有土地，都分封给彭越为王；从陈以东的沿海土地，都分封给齐王韩信。齐王韩信的家乡是在楚国，他原本就是想再得到自己的家乡。如果您能拿出这些土地答应分给这两个人，这两个人不久就可以召来，即使不能召来，事情发展也不至于到完全绝望的地步。"于是汉王派遣使者到彭越那里，按照留侯的计划行事。使者一到，彭越就带领着全部人马在垓下和汉王的兵马会师，于是把楚军打败。项籍也死了。那年春天，汉王封彭越为梁王，都城定在定陶。

汉六年，彭越到陈地，朝见汉高祖。九年、十年，每年都来长安朝见。

汉十年秋天，陈豨在代地发动叛乱，汉高帝亲自带领军队前去讨伐，抵达邯郸，向梁王征发兵马。梁王说自己有病，派自己将领带着兵马到邯郸。高帝很不高兴，派人前去责备梁王。梁王很害怕，打算亲自前往高祖那里谢罪。他的部下扈辄说："大王当时不去，被他责备之后才去，去了就会被抓起来。不如借此机会起兵造反。"梁王没有听他的意见，还是说自己有病。梁王对他的太仆很不满，打算杀掉他。太仆知道后就慌忙逃到汉高帝那儿，控告梁王和扈辄密谋造反。于是皇上便派使臣出其不意地偷袭梁王，梁王没有察觉，使臣抓住了梁王，把梁王关在洛阳。经过主管官吏的审理，认为梁王谋反是有罪证的，请求皇上依法处置梁王。皇上赦免了梁王，将其废为平民百姓，流放到蜀地的青衣县。向西走到了郑县，正好这个时候吕后从长安来，打算前去洛阳，路上遇见了彭王，彭王对吕后哭诉，亲自分辨自己并没有罪行，希望自己能够回到故乡昌邑。吕后答应了他，便和他一块儿向东去了洛阳。吕后向皇上陈述说："彭王是个勇敢又有才能的人，现在您把他流放到蜀地，这是给您自己留下隐患啊，不如直接杀掉他。所以，我带着他一起回来了。"于是，吕后就指使彭越的门人告发他要再次密谋造反。廷尉王恬开呈报请诛灭彭越的家族，皇上就答应了他们的请求，于是就诛杀了彭越，诛灭了他的家族，他的封国也被废除。

太史公说：魏豹、彭越两人虽然出身贫贱，然而他们像卷席子一样，占有了十分广阔的土地，南面称王，他们踩着敌人的血迹乘胜追击，名声一天天地高涨。胸怀叛逆的心志，等到失败了，没能杀身成名而是甘当阶下囚犯，导致自己被杀戮，为什么呢？中等才智以上的人都为他们的行为感到羞耻，更何况称孤道寡的人呢！他们之所以忍辱不死，没有别的原因，由于他们的智慧、谋略高于平常人一等，只担心不能保全自己的性命。只要他们能拥有一点点权力，其政治风云变幻，就能施展他们的作为，因此被囚禁起来而不逃避啊。

黥布列传第三十一

黥布者,六人也,姓英氏。秦时为布衣。少年,有客相之曰:"当刑而王。"及壮,坐法黥。布欣然笑曰:"人相我当刑而王,几是乎?"人有闻者,共俳笑之。布已论输丽山,丽山之徒数十万人,布皆与其徒长豪桀交通,乃率其曹偶,亡之江中为群盗。

陈胜之起也,布乃见番君,与其众叛秦,聚兵数千人。番君以其女妻之。章邯之灭陈胜,破吕臣军,布乃引兵北击秦左右校,破之清波,引兵而东。闻项梁定江东会稽,涉江而西。陈婴以项氏世为楚将,乃以兵属项梁,渡淮南,英布、蒲将军亦以兵属项梁。

项梁涉淮而西,击景驹、秦嘉等,布常冠军。项梁至薛,闻陈王定死,乃立楚怀王。项梁号为武信君,英布为当阳君。项梁败死定陶,怀王徙都彭城,诸将英布亦皆保聚彭城。当是时,秦急围赵,赵数使人请救。怀王使宋义为上将,范增为末将,项籍为次将,英布、蒲将军皆为将军,悉属宋义,北救赵。及项籍杀宋义于河上,怀王因立籍为上将军,诸将皆属项籍。项籍使布先渡河击秦,布数有利,籍乃悉引兵涉河从之,遂破秦军,降章邯等。楚兵常胜,功冠诸侯。诸侯兵皆以服属楚者,以布数以少败众也。

项籍之引兵西至新安,又使布等夜击坑章邯秦卒二十余万人。至关,不得入,又使布等先从间道破关下军,遂得入,至咸阳。布常为军锋。项王封诸将,立布为九江王,都六。

汉元年四月,诸侯皆罢戏下,各就国。项氏立怀王为义帝,徙都

黥布，是六县人，姓英。秦朝的时候是个平民百姓。他小时候，有位客人给他看了相说："当你受过刑之后就会称王。"到了他壮年的时候，犯了法，被处以黥刑。黥布高兴地笑着说："有人给我看过相，说我在受了刑之后就会称王，现在，可能就是这种情况了吧？"听到他这么说的人，都嘲笑他。黥布被定罪后不久被押送到骊山服劳役，骊山服役的刑徒有几十万人，黥布经常和罪犯的头领、有才能的英雄来往，最终带着这伙人逃到长江之中做了强盗。

陈胜起义的时候，黥布就去拜见番县令吴芮，并跟他的手下一起反叛秦朝，聚集了几千人。番县令还把自己的女儿嫁给了黥布。章邯打败了陈胜、吕臣的军队之后，黥布就率领军队向北进军攻打秦左、右校的军队，在清波击败了他们，就领兵继续向东进攻。听说项梁占领了江东会稽，渡过长江向西挺进，陈婴因为项氏祖祖辈辈做楚国的将军，就率领着自己的军队归附了项梁，向南进军渡过淮河，英布、蒲将军也带着他们自己的军队归附了项梁。

项梁率领大军渡过淮河向西挺进，在攻打景驹、秦嘉等人的战斗中，黥布神勇无比，总是位于众军的前面。项梁到达薛地，听说陈王确实死了，于是就拥立了楚怀王。项梁自称为武信君，黥布为当阳君。项梁在定陶的战斗中战败被杀死，楚怀王把都城迁到彭城，将军们和黥布也都在彭城集结守卫。正在这个时候，秦军加强攻势围攻赵国，赵国多次派人来请求援助。楚怀王任命宋义为上将军、范增为末将军，项籍为次将军，黥布、蒲将军都为将军，全部人马都由宋义统率，向北前去援助赵国。等到项籍在黄河岸边杀死了宋义，怀王借机改任项籍为上将军，各路的将领都由项籍统领。项籍派黥布率先渡过黄河攻打秦军，黥布多次立下战功占有优势，项籍就带领着全部人马渡过黄河，跟黥布配合战斗，于是击败了秦军，使章邯等人被迫投降。楚军每战每胜，功绩高过各路的诸侯。各路诸侯的兵马都能慢慢归附楚国的原因，是因为黥布带领的军队作战能以少胜多，使人震服啊！

项籍率领着军队向西到达新安，又派黥布等人带兵趁着黑夜袭击并活埋了章邯的部下二十多万人。到达函谷关，攻打不下，又派黥布等人先从隐蔽的路，击败了守关的军队，才得以进关，一直到达了咸阳。黥布经常担任军队的前锋。项王分封将领们的时候，封黥布为九江王，都城设立在六县。

汉元年四月，各路诸侯都离开项王的大本营，回到自己的封国。项王拥立怀

长沙,乃阴令九江王布等行击之。其八月,布使将击义帝,追杀之郴县。

汉二年,齐王田荣畔楚,项王往击齐,征兵九江,九江王布称病不往,遣将将数千人行。汉之败楚彭城,布又称病不佐楚。项王由此怨布,数使使者诮让召布,布愈恐,不敢往。项王方北忧齐、赵,西患汉,所与者独九江王,又多布材,欲亲用之,以故未击。

汉三年,汉王击楚,大战彭城,不利,出梁地,至虞,谓左右曰:"如彼等者,无足与计天下事。"谒者随何进曰:"不审陛下所谓。"汉王曰:"孰能为我使淮南,令之发兵倍楚,留项王于齐数月,我之取天下可以百全。"随何曰:"臣请使之。"乃与二十人俱,使淮南。至,因太宰主之,三日不得见。随何因说太宰曰:"王之不见何,必以楚为强,以汉为弱,此臣之所以为使。使何得见,言之而是邪,是大王所欲闻也;言之而非邪,使何等二十人伏斧质淮南市,以明王倍汉而与楚也。"太宰乃言之王,王见之。随何曰:"汉王使臣敬进书大王御者,窃怪大王与楚何亲也。"淮南王曰:"寡人北乡而臣事之。"随何曰:"大王与项王俱列为诸侯,北乡而臣事之,必以楚为强,可以托国也。项王伐齐,身负板筑,以为士卒先,大王宜悉淮南之众,身自将之,为楚军前锋,今乃发四千人以助楚。夫北面而臣事人者,固若是乎?夫汉王战于彭城,项王未出齐也,大王宜骚淮南之兵渡淮,日夜会战彭城下,大王抚万人之众,无一人渡淮者,垂拱而观其孰胜。夫托国于人者,固若是乎?大王提空名以乡楚,而欲厚自托,臣窃为大王不取也。然而大王不背楚者,以汉为弱也。夫楚兵虽强,天下负之以不义之名,以其背盟约而杀义帝也。然而楚王恃战胜自强,汉王收诸侯,还守成皋、荥阳,下蜀、汉之粟,深沟壁垒,分卒守徼乘塞,楚人还兵,间以梁地,深入敌国八九百

王为义帝,都城迁到长沙,却秘密命令九江王黥布等人,在半路上袭击他。这年的八月,黥布派将领偷袭义帝,追到郴县把义帝杀死。

汉二年,齐王田荣反叛楚国,项王前去攻打齐国,向九江王征调兵马,九江王推托说得了重病不能前往,只是派将领带着几千人应征。汉王在彭城击败了楚军,黥布又推托说得了重病不能去帮助楚国。项王因为此事怨恨黥布,多次派使者前去责备他,并召他前去。黥布越来越恐慌,不敢前去。项王正在为北方的齐国、赵国担心,西边又担心汉王起兵造反,知交的只有九江王,又推重黥布的才能,打算拉拢他、任用他,所以就没有攻打他。

汉三年,汉王进攻楚国,在彭城展开大规模的战斗,失败后从梁地撤退,来到虞县,对身边的亲信说:"像你们这样的人,不配一起谋划统一天下大事。"负责传达禀报的随何近前说:"我不明白陛下说的是什么意思。"汉王说:"谁能代我出使淮南,让他们发兵,背叛楚国,在齐国把项王的军队牵制几个月,我夺取天下就可以稳操胜券了。"随何说:"请让我出使淮南。"汉王派给了他二十人一同出使淮南。抵达后,因为太宰做主,一连等了三天也没能见到淮南王。随何便借机游说太宰说:"大王不召见我,一定以为楚国很强大,汉国很弱小,而这正是我来这里的原因。假使大王可以召见我,我的话要是说得有道理,那正是大王想知道的;我的话说得没道理,让我们二十人就躺在砧板之上,在淮南广场用斧头砍死,以证明大王想要背叛汉国亲近楚国的决心。"太宰这才把随何的话告诉了淮南王,淮南王召见了他。随何说:"汉王让我敬重地上书大王驾前,我自己私下感到奇怪的是,大王为什么和楚国如此亲近。"淮南王说:"我面向北方以臣子的身份侍奉他。"随何说:"大王和项王都列为诸侯,却北向以臣子的身份来侍奉他,一定是认为楚国强盛,可以把自己的国家托付给他。项王进攻齐国时,他亲自背着筑墙的工具,身先士卒,大王应该出动淮南所有的军队,亲自带领着他们,为楚军做前锋,现在只派四千人去援助楚国。面北而侍奉别人的臣子,应该是这个样子吗?汉王在彭城战斗,项王还没有出兵齐国,大王就应该出动淮南全部的军队,渡过淮河,援助项王与汉王日夜战斗于彭城之下。大王拥有上万人马,但没有一个人渡过淮河,这是轻松地观看他们谁胜谁败。把国家托付给别人的人,应该就是这个样子吗?大王挂着归附楚国的空名,却想扎扎实实地依靠自己,我个人认为大王这样做是不对的。但是,大王不背弃楚国,是认为汉国弱小。楚国的军队即便强大,楚王却背负着天下不义的名义,因为他背弃盟约而又杀死了义帝。可是楚王凭借着战斗的胜利自己以为强大,汉王收服诸侯之后,回师驻守在城皋、荥阳,从蜀、汉运来粮草,深挖战壕,高筑城墙,分兵驻守着边境要塞,楚国要想撤回兵马,在从梁地撤军的途中,深入敌国的国

里，欲战则不得，攻城则力不能，老弱转粮千里之外；楚兵至荥阳、成皋，汉坚守而不动，进则不得攻，退则不得解。故曰楚兵不足恃也。使楚胜汉，则诸侯自危惧而相救。夫楚之强，适足以致天下之兵耳。故楚不如汉，其势易见也。今大王不与万全之汉而自托于危亡之楚，臣窃为大王惑之。臣非以淮南之兵足以亡楚也。夫大王发兵而倍楚，项王必留；留数月，汉之取天下可以万全。臣请与大王提剑而归汉，汉王必裂地而封大王，又况淮南，淮南必大王有也。故汉王敬使使臣进愚计，愿大王之留意也。"淮南王曰："请奉命。"阴许畔楚与汉，未敢泄也。

楚使者在，方急责英布发兵，舍传舍。随何直入，坐楚使者上坐，曰："九江王已归汉，楚何以得发兵？"布愕然。楚使者起。何因说布曰："事已构，可遂杀楚使者，无使归，而疾走汉并力。"布曰："如使者教，因起兵而击之耳。"于是杀使者，因起兵而攻楚。楚使项声、龙且攻淮南，项王留而攻下邑。数月，龙且击淮南，破布军。布欲引兵走汉，恐楚王杀之，故间行与何俱归汉。

淮南王至，上方踞床洗，召布入见，布大怒，悔来，欲自杀。出就舍，帐御饮食从官如汉王居，布又大喜过望。于是乃使人入九江。楚已使项伯收九江兵，尽杀布妻子。布使者颇得故人幸臣，将众数千人归汉。汉益分布兵而与俱北，收兵至成皋。四年七月，立布为淮南王，与击项籍。

汉五年，布使人入九江，得数县。六年，布与刘贾入九江，诱大司马周殷，周殷反楚，遂举九江兵与汉击楚，破之垓下。

项籍死，天下定，上置酒。上折随何之功，谓何为腐儒，为天下安用腐儒。随何跪曰："夫陛下引兵攻彭城，楚王未去齐也，陛下发

土八九百里,想攻打,又打不赢,攻打城池又攻不下,老弱残兵辗转运粮草千里之外;待到楚国的兵马到达荥阳、成皋,汉王的军队却守城不动,进攻又攻不破城池,撤退又逃不出汉军的追击。所以说楚国的兵马是不足以依靠的。假如楚军战胜了汉军,那么诸侯们自身感到危机,必然要相互援助。一旦楚国壮大起来,恰好会招来天下兵马的攻击。所以楚国不如汉国,那形势是非常明显的。现在大王不和万无一失的汉国交好,却把自己的国家托付于危在旦夕的楚国,我私下替大王感到困惑。我不认为淮南的兵马足够用来消灭楚国。只要大王出兵反叛楚国,项王一定会受到牵制,只要牵制几个月的时间,汉王夺取天下就能万无一失了。我请求给大王提着宝剑归附汉国,汉王一定会分割土地封赐大王,更何况还有这淮南的土地,淮南一定为大王所有啊。所以,汉王郑重地派出使臣,进献不成熟的计划,希望大王可以认真地考虑。"淮南王说:"我遵从你们的意见。"他暗中答应反叛楚国归附汉国,没敢泄露这个秘密。

这个时候,楚国的使者也在淮南,住在旅馆里正迫不及待地催促英布派出兵马。随何直接闯了进去,坐在楚国使者的上座,说:"九江王已经归附汉王,楚国凭什么让他出兵?"黥布表现出惊讶的样子。楚国使者站起来想要走。随何借机劝黥布说:"大事已定,可以杀死楚国的使者,不能让他回楚国,我们尽快向汉靠拢,一同作战。"黥布说:"就按照你的说法,出兵攻打楚国。"于是杀掉使者,出兵进攻楚国。楚国便派项声、龙且攻打淮南,项王留下来攻打下邑。战斗持续了几个月的时间,龙且在淮南的战斗中,打败了黥布的兵马。黥布想带军队撤退到汉军驻地,又怕楚国的军队在途中拦截,所以,和随何从隐蔽的小路逃回汉地。

淮南王到达时,汉王正坐在床上洗脚,就叫黥布去见他。黥布见状,十分生气,后悔来到汉国,想要自杀。当他退出来,来到为他准备的馆舍时,见到帐幔、用器、饮食、侍从官员和汉王一样豪华,黥布又十分高兴。于是就派人进入九江。这时项王已经派项伯收编了九江的军队,杀了黥布的妻子和儿女。黥布派去的人找到当时宠臣的好友,带着几千兵马回到汉国。汉王又给黥布拨发了兵马一道北上,到成皋招募人马。汉四年七月,汉王封黥布为淮南王,一同攻打项籍。

汉五年,黥布又派人进入九江,夺取了好几个县。汉六年,黥布和刘贾进入九江,游说大司马周殷。周殷背叛楚国后,就调动九江的兵马和汉军共同进攻楚军,大败楚军于垓下。

项籍一死,天下平定,皇上摆酒开设宴会。皇上却贬低随何的功绩,说随何是思想腐朽保守、不合时宜的读书人,治理天下怎么能任用这样的人呢。随何

步卒五万人，骑五千，能以取淮南乎？"上曰："不能。"随何曰："陛下使何与二十人使淮南，至，如陛下之意，是何之功贤于步卒五万人骑五千也。然而陛下谓何腐儒，为天下安用腐儒，何也？"上曰："吾方图子之功。"乃以随何为护军中尉。布遂剖符为淮南王，都六，九江、庐江、衡山、豫章郡皆属布。

七年，朝陈。八年，朝雒阳。九年，朝长安。

十一年，高后诛淮阴侯，布因心恐。夏，汉诛梁王彭越，醢之，盛其醢遍赐诸侯。至淮南，淮南王方猎，见醢，因大恐，阴令人部聚兵，候伺旁郡警急。

布所幸姬疾，请就医，医家与中大夫贲赫对门，姬数如医家，贲赫自以为侍中，乃厚馈遗，从姬饮医家。姬侍王，从容语次，誉赫长者也。王怒曰："汝安从知之？"具说状。王疑其与乱。赫恐，称病。王愈怒，欲捕赫。赫言变事，乘传诣长安。布使人追，不及。赫至，上变，言布谋反有端，可先未发诛也。上读其书，语萧相国。相国曰："布不宜有此，恐仇怨妄诬之。请系赫，使人微验淮南王。"淮南王布见赫以罪亡，上变，固已疑其言国阴事；汉使又来，颇有所验，遂族赫家，发兵反。反书闻，上乃赦贲赫，以为将军。

上召诸将问曰："布反，为之奈何？"皆曰；"发兵击之，坑竖子耳。何能为乎！"汝阴侯滕公召故楚令尹问之。令尹曰："是故当反。"滕公曰："上裂地而王之，疏爵而贵之，南面而立万乘之主，其反何也？"令尹曰："往年杀彭越，前年杀韩信，此三人者，同功一体之人也。自疑祸及身，故反耳。"滕公言之上曰："臣客故楚令尹薛公者，其人有筹策之计，可问。"上乃召见问薛公。薛公对曰：

跪在皇上面前说："当初陛下带兵进攻彭城时，项王还没有出兵去齐国，陛下调动步兵五万、骑兵五千，能凭这些兵马夺取淮南吗？"皇上说："不能。"随何说："陛下派我和二十人出使淮南，一到，陛下就得偿所愿，这是我的功绩比步兵五万、骑兵五千还要大呀。但是陛下说我是思想腐朽保守不合时宜的读书人，这是为什么呢？"皇上说："我正在考虑您的功劳。"于是就任命随何为护军中尉。黥布就剖符做淮南王去了，在六县建立都城，九江、庐江、衡山、豫章郡都归黥布所有。

汉七年，黥布到陈县朝见皇上。汉八年，到洛阳朝见。汉九年，到长安朝见。

汉十一年，高后杀死了淮阴侯，此时，黥布因此内心十分恐慌。这年夏天，皇上杀死了梁王彭越，并且把他的尸体剁成了肉酱，又把肉酱装好分别赐给了各个诸侯。送到淮南，淮南王正在打猎，看到肉酱，心里十分害怕，暗中使人安排，集结军队，守候并观察邻郡的情况。

黥布宠幸的爱妾病了，请求医治，医师家与中大夫贲赫家住对门，爱妾经常去医师家治疗，贲赫认为自己身为侍中，就送去了很多的礼物，随爱妾在医生家中饮酒。爱妾侍奉淮南王的时候，不经意地之间赞许贲赫是忠厚老实的人。淮南王生气地说："你怎么知道的呢？"爱妾就把相认识的情况全都告知了他。淮南王怀疑她和贲赫私通。贲赫非常害怕，便借口有病不去应班。淮南王更加生气，就要抓捕贲赫。贲赫欲告发黥布要反叛皇上，就坐着驿车赶往长安。黥布派人追赶，没有追上。贲赫到了长安，上书告发黥布，说黥布有造反的意思，可以在他发动叛乱之前杀了他。皇上看了贲赫的报告，和萧相国商议，相国说："黥布应该不会有这样的事，恐怕是因结有怨仇陷害他。请把贲赫囚禁起来，派人暗中监视验证淮南王是否谋反。"淮南王见贲赫畏罪潜逃，上书说自己叛变，本来已经怀疑他会说出自己暗中安排兵马的情况，汉王的使臣又来了，验证了自己的想法，就杀死贲赫的家人，起兵造反。黥布叛变的消息传到长安，皇上就释放了贲赫，封贲赫做了将军。

皇上召集将领们问道："黥布叛变，应该怎么办？"将领们都说："出兵攻打，活埋了这小子，还能怎么办！"汝阴侯滕公召原来的楚国令尹问这事。令尹说："他本来就应该造反。"滕公说："皇上分割土地封他为王，封赐爵位让他声明显贵，面南听政，立为万人之主，他为什么要造反呢？"令尹说："几年前杀死彭越，前年杀死了韩信，这三个人有一样的功绩，是结为一体的人，他自然会怀疑祸患会殃及他自己，所以就造反了。"滕公把这些话告知皇上说："我的门客原楚国令尹薛公，这个人很有才华，可以问他。"皇上就召见了薛公。薛

"布反不足怪也。使布出于上计，山东非汉之有也；出于中计，胜败之数未可知也；出于下计，陛下安枕而卧矣。"上曰："何谓上计？"令尹对曰："东取吴，西取楚，并齐取鲁，传檄燕、赵，固守其所，山东非汉之有也。""何谓中计？""东取吴，西取楚，并韩取魏，据敖庾之粟，塞成皋之口，胜败之数未可知也。""何谓下计？""东取吴，西取下蔡，归重于越，身归长沙，陛下安枕而卧，汉无事矣。"上曰："是计将安出？"令尹对曰："出下计。"上曰："何谓废上中计而出下计？"令尹曰："布故丽山之徒也，自致万乘之主，此皆为身，不顾后为百姓万世虑者也，故曰出下计。"上曰："善。"封薛公千户。乃立皇子长为淮南王。上遂发兵自将东击布。

布之初反，谓其将曰："上老矣，厌兵，必不能来。使诸将，诸将独患淮阴、彭越，今皆已死，余不足畏也。"故遂反。果如薛公筹之，东击荆，荆王刘贾走死富陵。尽劫其兵，渡淮击楚。楚发兵与战徐、僮间，为三军，欲以相救为奇。或说楚将曰："布善用兵，民素畏之。且兵法云，诸侯战其地为散地。今别为三，彼败吾一军，余皆走，安能相救！"不听。布果破其一军，其二军散走。

遂西，与上兵遇蕲西，会甀。布兵精甚，上乃壁庸城，望布军置陈如项籍军，上恶之。与布相望见，遥谓布曰："何苦而反？"布曰："欲为帝耳。"上怒骂之，遂大战。布军败走，渡淮，数止战，不利，与百余人走江南。布故与番君婚，以故长沙哀王使人绐布，伪与亡，诱走越，故信而随之番阳。番阳人杀布兹乡民田舍，遂灭黥布。

立皇子长为淮南王，封贲赫为期思侯，诸将率多以功封者。

公回答说:"黥布造反一点也不奇怪。如果黥布计出上策,崤山以东地区就不会归汉朝所有了;计出中策,谁赢谁输就很难说了;计出下策,陛下就可以不用担心了。"皇上说:"什么是上策?"令尹回答说:"向东攻占吴国,向西攻占楚国,占领齐国,占领鲁国,传一纸文书,叫燕国、赵国固守它们的土地,崤山以东地区就不再归汉王所有了。"皇上再问:"什么是中策?"令尹回答说:"向东占领吴国,向西占领楚国,吞并韩国占领魏国,据有敖庾的粮草,封锁成皋的道路,谁胜谁败就很难预测了。"皇上又问:"什么是下策?"令尹回答说:"向东占领吴国,向西攻占下蔡,把军队用品财宝迁到越国,自己跑到长沙,陛下就可以不用担心了。汉朝就没事了。"皇上说:"黥布他会选择哪种计策?"令尹回答说:"选择下策。"皇上说:"他为什么不选上策、中策而选择下策呢?"令尹说:"黥布本来是骊山的刑徒,自己奋斗做到了万乘之主,这些都是为了自己的富贵,而不考虑当今百姓,不为子孙后代考虑,所以说他会选用下策。"皇上说:"说得好。"赐封薛公为千户侯。册封皇子刘长为淮南王。皇上就带领军队,亲自向东讨伐黥布。

黥布刚开始造反的时候,对他的将领们说:"皇上年岁已大,讨厌打仗,一定不会亲自带兵前来,会派遣他的将领,将领们只惧怕淮阴、彭越,现在他们都死了,其余将领都没什么可怕的。"所以造反了。真的如薛公预料的一样,他们先向东进攻荆国,荆王刘贾逃跑,死在富陵。黥布收编了他所有的部队,渡过淮河进攻楚国。楚国调动兵马在徐、僮之间和黥布战斗,楚军分三路进攻,想采用相互援助的计策。有人劝谏楚将说:"黥布擅长用兵打仗,百姓们一向害怕他。况且兵法上说:'诸侯在自己的领土和敌人战斗,一旦士卒危急,就会逃跑。'现在兵分三路,他们只要打败我们其中的一路部队,其余的部队就都会逃跑,怎么能互相援助呢!"楚将听不进忠告。黥布果然击败了其中一路部队,其他两路部队都四散逃跑了。

黥布的军队向西进攻,在蕲县以西的会甄和皇上的兵马相遇。黥布的兵马非常精锐,皇上就躲进庸城堡垒中,坚守不出。见黥布列阵就像项籍的部队,皇上非常讨厌他。他和黥布遥遥相望,远远地对黥布说:"何苦要谋反呢?"黥布说:"我想当皇帝啊!"皇上非常生气,骂他,随即两军交战。黥布的军队被击败逃走,渡过淮河,几次停下来战斗,都不顺利,跟一百多人逃窜到长江以南。黥布以前和番县令通婚,所以,长沙哀王派人欺骗黥布,谎称一起逃亡,诱骗他逃往南越。黥布相信他,就跟着他逃到了番阳,番阳人在兹乡百姓的家里杀死了黥布,最终灭掉了黥布。

皇上册立皇子刘长为淮南王,封贲赫为期思侯,将领们大多因战功受到封赏。

太史公曰：英布者，其先岂春秋所见楚灭英、六，皋陶之后哉？身被刑法，何其拔兴之暴也！项氏之所坑杀人以千万数，而布常为首虐。功冠诸侯，用此得王，亦不免于身为世大僇。祸之兴自爱姬殖，妒媚生患，竟以灭国！

太史公说：英布，他的先祖难道是《春秋》中记载被楚国灭亡的英国、六国，皋陶的后代吗？他自身受到黥刑，为什么他能崛起得那么快啊！项氏击杀活埋无数人，黥布是罪魁祸首。他的功劳列于所有诸侯之上，因此得以称王，也免不掉自身遭受当世最大的耻辱。原因是由爱妾衍生出来的，因妒忌而酿成大祸，竟使国家灭亡。

淮阴侯列传第三十二

淮阴侯韩信者，淮阴人也。始为布衣时，贫无行，不得推择为吏，又不能治生商贾，常从人寄食饮，人多厌之者，常数从其下乡南昌亭长寄食，数月，亭长妻患之，乃晨炊蓐食。食时信往，不为具食。信亦知其意，怒，竟绝去。

信钓于城下，诸母漂，有一母见信饥，饭信，竟漂数十日。信喜，谓漂母曰："吾必有以重报母。"母怒曰："大丈夫不能自食，吾哀王孙而进食，岂望报乎！"

淮阴屠中少年有侮信者，曰："若虽长大，好带刀剑，中情怯耳。"众辱之曰："信能死，刺我；不能死，出我胯下。"于是信孰视之，俛出胯下，蒲伏。一市人皆笑信，以为怯。

及项梁渡淮，信杖剑从之，居戏下，无所知名。项梁败，又属项羽，羽以为郎中。数以策干项羽，羽不用。汉王之入蜀，信亡楚归汉，未得知名，为连敖。坐法当斩，其辈十三人皆已斩，次至信，信乃仰视，适见滕公，曰："上不欲就天下乎？何为斩壮士！"滕公奇其言，壮其貌，释而不斩。与语，大说之。言于上，上拜以为治粟都尉，上未之奇也。

信数与萧何语，何奇之。至南郑，诸将行道亡者数十人，信度何等已数言上，上不我用，即亡。何闻信亡，不及以闻，自追之。人有言上曰："丞相何亡。"上大怒，如失左右手。居一二日，何来谒上，上且怒且喜，骂何曰："若亡，何也？"何曰："臣不敢亡也，臣追亡者。"上曰："若所追者谁何？"曰："韩信也。"上复骂曰："诸将亡者以十数，公无所追；追信，诈也。"何曰："诸将易

淮阴侯韩信,是淮阴人。以前为平民百姓的时候,穷困,没有好品行,不能够被推选去做官,又不能做生意维持生计,经常寄宿在别人家里吃闲饭,人们大多讨厌他。以前韩信多次去下乡南昌亭亭长家吃闲饭,一连几个月,亭长的妻子讨厌他,就提前做好早饭,端到屋里的床上去吃。开饭的时候,韩信去了亭长家,却不给他准备饭。韩信也知道他们的意思。一气之下,走了没有再回来。

韩信在城下钓鱼,有几位老大娘漂洗丝棉,其中一位大娘看到韩信饿了,就拿出饭给韩信吃。几十天都是这样,一直到漂洗完毕。韩信很高兴,对那位大娘说:"我一定会重重地报答你老人家的。"大娘不高兴地说:"大丈夫不能养活自己,我是可怜你这位公子才给你饭吃,难道我是希望你报答我吗?"

淮阴屠户中有个年轻人羞辱韩信说:"你虽然长得高大,喜欢佩带刀剑,其实只不过是个胆小鬼。"又当众羞辱他说:"你要是不怕死,就拿剑刺我;如果你怕死,就从我两腿中间爬过去。"于是韩信认真地打量了他一番,低下身去,趴在地上,从他两腿中间爬了过去。满街的人都嘲笑韩信,认为他是胆小的人。

等到项梁带领军队渡过了淮河,韩信持剑跟随他,在项梁部下,但没有名声。项梁战败,又归属项羽,项羽任命他做了郎中。他多次向项羽贡献计策,以求得以重用,但项羽都没有采纳他的意见。汉王刘邦入蜀,韩信离开楚军归附了汉王。因为没有什么名声,只做了个接待宾客的小官。后来因触犯法律被判处斩刑,一同的十三人都被杀了,轮到韩信,他抬头仰视,正好看见滕公,说:"汉王不想成就一统天下的伟业吗?那为什么要斩壮士!"滕公感觉到他的话很不一般,见他相貌堂堂,就释放了他。和韩信交谈,很赏识他,把这事告诉了汉王,汉王任命韩信为治粟都尉。汉王并没有发现他有什么比别人强的才能。

韩信多次跟萧何谈话,萧何认为韩信是位人才。到达南郑,各路将领在途中逃跑的有几十人。韩信推测萧何等人已经很多次向汉王举荐自己,汉王不重用他,于是也就逃走了。萧何知道韩信逃跑了,来不及向汉王报告,亲自追赶他。有人报告汉王说:"丞相萧何逃跑了。"汉王非常生气,就像失去了左右手。过了一两天,萧何回来拜见汉王,汉王又是生气又是高兴,骂萧何道:"你逃跑,因为什么?"萧何说:"我不敢逃跑,我是去追赶逃跑的人。"汉王说:"你追赶的人是谁?"回答说:"是韩信。"汉王又骂道:"各路将领逃跑了几十人,

得耳。至如信者，国士无双。王必欲长王汉中，无所事信；必欲争天下，非信无所与计事者。顾王策安所决耳。"王曰："吾亦欲东耳，安能郁郁久居此乎？"何曰："王计必欲东，能用信，信即留；不能用，信终亡耳。"王曰："吾为公以为将。"何曰："虽为将，信必不留。"王曰："以为大将。"何曰："幸甚。"于是王欲召信拜之。何曰："王素慢无礼，今拜大将如呼小儿耳，此乃信所以去也。王必欲拜之，择良日，斋戒，设坛场，具礼，乃可耳。"王许之。诸将皆喜，人人各自以为得大将。至拜大将，乃韩信也，一军皆惊。

信拜礼毕，上坐。王曰："丞相数言将军，将军何以教寡人计策？"信谢，因问王曰："今东乡争权天下，岂非项王邪？"汉王曰："然。"曰："大王自料勇悍仁强孰与项王？"汉王默然良久，曰："不如也。"信再拜贺曰："惟信亦为大王不如也。然臣尝事之，请言项王之为人也。项王喑恶叱咤，千人皆废，然不能任属贤将，此特匹夫之勇耳。项王见人恭敬慈爱，言语呕呕，人有疾病，涕泣分食饮，至使人有功当封爵者，印刓敝，忍不能予，此所谓妇人之仁也。项王虽霸天下而臣诸侯，不居关中而都彭城。有背义帝之约，而以亲爱王，诸侯不平。诸侯之见项王迁逐义帝置江南，亦皆归逐其主而自王善地。项王所过无不残灭者，天下多怨，百姓不亲附，特劫于威强耳。名虽为霸，实失天下心。故曰其强易弱。今大王诚能反其道：任天下武勇，何所不诛！以天下城邑封功臣，何所不服！以义兵从思东归之士，何所不散！且三秦王为秦将，将秦子弟数岁矣，所杀亡不可胜计，又欺其众降诸侯，至新安，项王诈坑秦降卒二十余

您都没去追；却去追韩信，是谎话。"萧何说："那些将领容易找到。至于像韩信这样杰出的人才，普天下找不出第二个。大王如果要长期在汉中称王，当然用不到韩信；如果一定要夺取天下，除了韩信就再没有可以和您商议大事的人了。但看大王怎么决定了。"汉王说："我是要向东方发展啊，怎么能够甘心苦闷地长期待在这里呢？"萧何说："大王决定向东发展，如果能够重用韩信，韩信就会留下来，不能重用，韩信最终还是要逃跑的。"汉王说："我因为您的原因，就让他做个将军。"萧何说："即便是做了将军，韩信也一定不肯留下。"汉王说："那我任命他做大将军。"萧何说："太好了。"于是汉王就要把韩信召来任命他。萧何说："大王一向对人轻慢，不讲礼数，现在任命大将军就像招呼小孩儿一样。这就是韩信要逃跑的原因啊。大王如果决定任命他，就要选择个好日子，亲自斋戒，设立高坛和广场，礼仪要筹备好才可以呀。"汉王答应了萧何的要求。众将听说要拜大将军都很高兴，人人都以为自己要当大将军了。等到任命大将军的时候，被任命的竟然是韩信，全军都感到十分诧异。

任命韩信的仪式结束后，汉王就座。汉王说："丞相多次称赞将军，将军用什么计划来帮助我呢？"韩信谦让了一番，借机问汉王说："现在向东争夺天下，难道敌人不是项王吗？"汉王说："是。"韩信说："大王自己衡量在勇敢、强悍、仁厚、兵力方面与项王相比，谁强？"汉王沉默了很长时间，说："比不上项王。"韩信拜了汉王两拜，赞成地说："我也认为大王比不上他呀。不过，我以前侍奉过他，请让我说说项王的为人吧。项王生气怒吼的时候，吓得千百人不敢动，但不能放手任用有能力的将领，这只不过是匹夫之勇罢了。项王待人尊敬慈爱，言语温和，看见生病的人，自己就会心疼得流眼泪，将自己的食物分给他人。等到有的人立下功绩，该加封进爵的时候，他把刻好的大印拿在手里把棱角都磨没了，也舍不得给别人，这就是所谓的妇人的仁慈啊。项王即便是称霸天下，使各路诸侯臣服，但他放弃了关中的有利地势，而设彭城为都城。又违背了义帝的盟约，将自己信赖的人分封为王，诸侯们十分不满。诸侯们看到项王把义帝迁移到江南僻远的地方，也都各自回去驱逐自己的国君，自己占据了好的地方自立为王。项王的军队所路过的地方，没有不遭到毁灭的，天下的人多数怨恨，百姓不愿意归顺，只不过害怕他的威势，勉强服从罢了。虽然名义上是霸主，实际上却丢失了天下的民心。所以说他的优势很容易转化为劣势。现在大王若真的能够与他走不同的路，任用天下有才能的人才，有什么不可以被消灭的呢？用天下的城池分封给有功绩的臣子，有什么人不心服口服呢？以正义之师，顺从将士东归的心愿，有什么样的敌人不能击败呢？何况关中地区项羽分封的三个王，以前都是秦朝的将领，率领秦地的子弟打了多年的仗，被杀死和逃跑的多

万,唯独邯、欣、翳得脱,秦父兄怨此三人,痛入骨髓。今楚强以威王此三人,秦民莫爱也。大王之入武关,秋豪无所害,除秦苛法,与秦民约,法三章耳,秦民无不欲得大王王秦者。于诸侯之约,大王当王关中,关中民咸知之。大王失职入汉中,秦民无不恨者。今大王举而东,三秦可传檄而定也。"于是汉王大喜,自以为得信晚。遂听信计,部署诸将所击。

八月,汉王举兵东出陈仓,定三秦。汉二年,出关,收魏、河南,韩、殷王皆降。合齐、赵共击楚。四月,至彭城,汉兵败散而还。信复收兵与汉王会荥阳,复击破楚京、索之间,以故楚兵卒不能西。

汉之败却彭城,塞王欣、翟王翳亡汉降楚,齐、赵亦反汉与楚和。六月,魏王豹谒归视亲疾,至国,即绝河关反汉,与楚约和。汉王使郦生说豹,不下。其八月,以信为左丞相,击魏。魏王盛兵蒲坂,塞临晋,信乃益为疑兵,陈船欲度临晋,而伏兵从夏阳以木罂缻渡军,袭安邑。魏王豹惊,引兵迎信,信遂虏豹,定魏为河东郡。汉王遣张耳与信俱,引兵东,北击赵、代。后九月,破代兵,禽夏说阏与。信之下魏破代,汉辄使人收其精兵,诣荥阳以距楚。

信与张耳以兵数万,欲东下井陉击赵。赵王、成安君陈余闻汉且袭之也,聚兵井陉口,号称二十万。广武君李左车说成安君曰:"闻汉将韩信涉西河,虏魏王,禽夏说,新喋血阏与,今乃辅以张耳,议欲下赵,此乘胜而去国远斗,其锋不可当。臣闻千里馈粮,士有饥色,樵苏后爨,师不宿饱。今井陉之道,车不得方轨,骑不得成列,行数百里,其势粮食必在其后。愿足下假臣奇兵三万人,从间道绝其辎重;足下深沟高垒,坚营勿与战。彼前不得斗,退不得还,吾奇兵

得不计其数，又诱骗他们的部下向诸侯投降。抵达新安后，项王狡诈地活埋了已经投降的二十多万秦军，只有章邯、司马欣和董翳得以活下来，秦地的父老兄弟把这三个人恨之入骨。而今项羽凭借着威势，强行封立这三个人为王，秦地的百姓没有谁爱戴他们。而大王您进入武关，没有动百姓一丝一毫，废除了秦朝的残酷法令，与秦地百姓约法三章，秦地百姓没有不想要大王在秦地称王的。根据诸侯的盟约，大王应当在关中做王，关中的百姓都知道这件事，大王丢掉了应得的爵位进入汉中，秦地百姓没有不怨恨的。现在大王发兵向东进攻，只需要一道文书三秦之地就可以平定了。"于是汉王十分高兴，认为得到韩信太晚了。于是他听从韩信的计划，部署各路将领攻击的目标。

八月，汉王出兵途经陈仓向东进攻，平定了三秦。汉二年，兵出函谷关，收服了魏王、河南王，韩王、殷王也相继降服。汉王又联合齐王、赵王一起攻打楚军。四月，到彭城，汉军被击败，溃散而回。韩信又收编溃散的兵马与汉王在荥阳会合，在京县、索亭之间又击败楚军。因为这样楚军始终不能向西挺进。

汉军在彭城失败撤退之后，塞王司马欣、翟王董翳背叛汉投降楚，齐国和赵国也背叛汉王和楚王求和。六月，魏王豹以看望母亲的病为理由请假回乡，一回到自己的封国，马上切断黄河渡口临晋关的主要交通道路，背叛了汉王，与楚军签订合约讲和。汉王派郦生前去游说魏豹，没有游说成功。这年八月，汉王让韩信做了左丞相，进攻魏王豹。魏王把主力军队驻扎在蒲坂，封锁了黄河渡口临晋关。韩信就增加疑兵，故意排列开战船，让别人看着是要在临晋渡河，而隐蔽的军队却从夏阳使用木制的盆瓮浮水渡河，袭击了安邑。魏王豹由于惊慌没有对策，带领兵马迎击韩信，韩信就抓获了魏豹，收复了魏地，设为河东郡。汉王派张耳和韩信两人一起，带领军队向东挺进，向北攻打赵国和代国。这年闰九月击败了代国部队。在阏与抓获了夏说。韩信攻下了魏国，消灭代国后，汉王就马上派人调走韩信的精锐军队，开往荥阳去和楚军交战。

韩信和张耳带领数万军队，想要突破井陉口，进攻赵国。赵王、成安君陈余听说汉军将要来攻击赵国，在井陉口集结兵力，声称二十万大军。广武君李左车向成安君提供计策说："听说汉国的将领韩信渡过西河，抓获魏豹，活着抓了夏说，血洗了阏与，现在又以张耳帮助他，计划要攻打赵国。这是乘胜利的锐气离开本国攻打远方的国家，其势头不可抵挡。但是，我听说千里运送粮草，士兵们都会饥饿，随时随地地砍柴割草烧火做饭，军队就不能经常吃好饭。现在井陉这条道路，两辆战车不能一起前行，骑兵不能保持完整的队列，行进的军队排成数百里，运送粮草的队伍必然会远远地落到队伍的后边，希望您临时拨给我奇兵三万人，从隐蔽小道拦截他们的粮草，您就深挖战壕，高筑壁垒，坚持守住军

绝其后，使野无所掠，不至十日，而两将之头可致于戏下。原君留意臣之计。否，必为二子所禽矣。"成安君，儒者也，常称义兵不用诈谋奇计，曰："吾闻兵法十则围之，倍则战。今韩信兵号数万，其实不过数千。能千里而袭我，亦已罢极。今如此避而不击，后有大者，何以加之！则诸侯谓吾怯，而轻来伐我。"不听广武君策，广武君策不用。

韩信使人间视，知其不用，还报，则大喜，乃敢引兵遂下。未至井陉口三十里，止舍。夜半传发，选轻骑二千人，人持一赤帜，从间道萆山而望赵军，诫曰："赵见我走，必空壁逐我，若疾入赵壁，拔赵帜，立汉赤帜。"令其裨将传飧，曰："今日破赵会食！"诸将皆莫信，佯应曰："诺。"谓军吏曰："赵已先据便地为壁，且彼未见吾大将旗鼓，未肯击前行，恐吾至阻险而还。"信乃使万人先行，出，背水陈。赵军望见而大笑。平旦，信建大将之旗鼓，鼓行出井陉口，赵开壁击之，大战良久。于是信、张耳佯弃鼓旗，走水上军。水上军开入之，复疾战。赵果空壁争汉鼓旗，逐韩信、张耳。韩信、张耳已入水上军，军皆殊死战，不可败。信所出奇兵二千骑，共候赵空壁逐利，则驰入赵壁，皆拔赵旗，立汉赤帜二千。赵军已不胜，不能得信等，欲还归壁，壁皆汉赤帜，而大惊，以为汉皆已得赵王将矣，兵遂乱，遁走，赵将虽斩之，不能禁也。于是汉兵夹击，大破虏赵军，斩成安君泜水上，禽赵王歇。

信乃令军中毋杀广武君，有能生得者购千金。于是有缚广武君而致戏下者，信乃解其缚，东乡坐，西乡对，师事之。

营，不和他们交战。他们向前不得战斗，向后无法撤退，我出奇兵断绝他们的后路，让他们在荒野什么东西也抢不到，用不上十天，敌方两个将领的人头就可送到将军这里。希望您认真考虑我的计划。不然的话，一定会被他二人抓获。"成安君是信奉儒家学说的刻板读书人，常常主张正义的军队不用欺骗的计策，说："我听说兵书上写到，兵力大于敌人十倍，就可以包围敌人，超过敌人一倍就可以交战。现在韩信的军队声称有数万人，实际上只不过几千人。竟然来到千里之外攻击我们，已经十分疲惫。现在像这样回避不主动攻击，强大的援助部队到来，又怎么应对呢？诸侯们会认为我是胆小的人，就会轻易地来进攻我们。"没有采用广武君的计划。

韩信命人暗中打探，知道赵军没有采用广武君的计划，听到报告，韩信十分高兴，才敢率领士兵进入井陉狭道。在离井陉口还有三十里的地方，停下来宿营。半夜时传令出发，挑选了两千名轻装骑兵，每人拿一面红旗，从隐蔽的小道上山，隐蔽在山上观察赵国的军队。韩信告诫士兵说："交战时，赵军见我军战败逃跑，一定会全军出动追赶我军，你们火速冲进赵军的阵营，拔掉赵军的旗帜，竖立起我们汉军的红旗。"又让副将传达开饭的命令，说："今天打垮了赵军后正式吃饭庆祝。"将领们都不相信韩信，假装回答说："好。"韩信对手下军官说："赵军已先占据了有利地形建造了阵营，他们看不到我们大将旗帜、仪仗，就不会出兵攻击我军的先头部队，怕我们到了险要的地方退回去。"韩信于是就派出万人作为先头部队，出了井陉口，背靠河水摆开队列准备战斗。赵军远远望见，大笑不止。天刚微亮，韩信挥舞起大将的旗帜和仪仗，大张旗鼓地开出井陉口。赵军于是打开营垒迎击汉军，激战了很久。这时，韩信、张耳假装丢弃旗鼓，逃回河边的阵地。河边阵地的军队则打开营门放他们进去。之后再和赵军激战。赵军果然全军出动，争夺汉军的旗鼓，追逐韩信、张耳。韩信、张耳已进入河边阵地。汉军全力奋战，赵军没有办法把他们击败。韩信提前派出去的两千轻骑兵，等到赵军全军出动去追逐战利品的时候，就以最快速度冲进赵军没有人把守的营垒，把赵军的旗帜全部砍掉，竖立起汉军的两千面红旗。这时，赵军既不能获得胜利，又不能抓获韩信等人，想要撤退回营垒，营垒插满了汉军的红旗，大为吃惊，以为汉军已经全部俘虏了赵王的将领，于是军中大乱，纷纷受到惊吓逃跑，赵将即便杀死逃兵，也不能阻止。于是汉兵前后一起夹击赵军，彻底打败了赵军，俘虏了许多人马，并在泜水岸边斩杀了成安君，活捉了赵王歇。

韩信传令全军，不要杀害广武君，能活捉他的则赏给千两黄金。于是就有人把广武君捆送到军营，韩信则亲自为他解开绳索，请他面向东而坐，自己则面向西对坐着，像对待老师一样对待他。

诸将效首虏，毕贺，因问信曰："兵法右倍山陵，前左水泽，今者将军令臣等反背水陈，曰破赵会食，臣等不服。然竟以胜，此何术也？"信曰："此在兵法，顾诸君不察耳。兵法不曰'陷之死地而后生，置之亡地而后存'？且信非得素拊循士大夫也，此所谓'驱市人而战之'，其势非置之死地，使人人自为战；今予之生地，皆走，宁尚可得而用之乎！"诸将皆服曰："善。非臣所及也。"

于是信问广武君曰："仆欲北攻燕，东伐齐，何若而有功？"广武君辞谢曰："臣闻败军之将，不可以言勇，亡国之大夫，不可以图存。今臣败亡之虏，何足以权大事乎！"信曰："仆闻之，百里奚居虞而虞亡，在秦而秦霸，非愚于虞而智于秦也，用与不用，听与不听也。诚令成安君听足下计，若信者亦已为禽矣。以不用足下，故信得侍耳。"因固问曰："仆委心归计，愿足下勿辞。"广武君曰："臣闻智者千虑，必有一失；愚者千虑，必有一得。故曰'狂夫之言，圣人择焉。'顾恐臣计未必足用，愿效愚忠。夫成安君有百战百胜之计，一旦而失之，军败鄗下，身死泜上。今将军涉西河，虏魏王，禽夏说阏与，一举而下井陉，不终朝破赵二十万众，诛成安君。名闻海内，威震天下，农夫莫不辍耕释耒，褕衣甘食，倾耳以待命者。若此，将军之所长也。然而众劳卒罢，其实难用。今将军欲举倦弊之兵，顿之燕坚城之下，欲战恐久力不能拔，情见势屈，旷日粮竭，而弱燕不服，齐必距境以自强也。燕齐相持而不下，则刘项之权未有所分也。若此者，将军所短也。臣愚，窃以为亦过矣。故善用兵者不以短击长，而以长击短。"韩信曰："然则何由？"广武君对曰："方今为将军计，莫如案甲休兵，镇赵抚其孤，百里之内，牛酒日至，以

众将献上首级和俘虏，向韩信道贺，借机问韩信说："兵法上说：'战斗中排列阵式应该右边和背后靠山，前边和左边临水'。这次将军反倒让我们背靠着水列阵，说'击败了赵军正式会餐'，我等并不相信，然而最终取得了胜利，这是什么战术啊？"韩信回答说："这也在兵法上，只是诸位没有留心而已。兵法上不是说'置之死地而后生，置之亡地而后存'吗？况且我平时没有机会可以训练各位将士，这就是所说的'带着街市上的百姓去打仗'，在这种形势下如果不把将士们置之死地，使人人为保全自己而战是不可以的；如果给他们留有生路，就都跑了，怎么还能通过他们取得胜利呢？"将领们都佩服地说："好。将军的谋略不是我们可以赶得上的呀。"

　　于是韩信问广武君说："我要向北面攻打燕国，向东面讨伐齐国，怎样才能取得成功呢？"广武君推辞说道："我听说'打了败仗的将领，没有资格谈论勇气，亡了国的大夫没有资格去谋划国家的生存之道'。而今我是打了败仗亡了国的俘虏，有什么资格谈论国家大事呢？"韩信说："我听说，百里奚在虞国但是虞国灭亡了，在秦国却能使秦国称霸，这并不是因为他在虞国的时候愚蠢，而到了秦国就变得聪明了，而在于国家的君主重不重用他、接不接受他的意见。如果成安君采用了你的计划，可能我韩信也早被活捉了。因为没采用您的计划，所以我才能够侍奉您啊。"韩信态度坚决地请教说："我专心听取您的意见，希望您不要推托。"广武君说："我听说，'智者千虑，必有一失；愚者千虑，必有一得'。所以俗话说：'狂妄的人说的话，圣人也可以选择地听。'只是恐怕我的计划不足以被采用，但我愿意贡献愚昧的忠诚，忠心效力。成安君本来有每战每胜的计划，然而一旦失掉它，部队在鄗城之下失败，自己在泜水之上死了。而今将军横渡西河，抓获魏王，在阏与抓获夏说，一举攻下井陉，不到一早晨的时间就击败了赵军二十万，杀了成安君。名声大噪，声威威震天下，农民们预感到战祸临头，没有不放下工具，停止耕种，穿好的，吃好的，打发日子，专心打听战争的信息，等待死亡的来临。像这些，都是将军在计策上的高明之处。然而，现在百姓劳作辛苦，士卒疲惫，很难用以战斗。如果将军发动疲惫的部队，驻留在燕国坚固的城池之下，要攻打恐怕时间太长，力量不能够攻克。实情暴露出来，威势就会减弱，时间持久，粮草耗尽，而弱小的燕国不肯投降，齐国一定会坚守边境，以求自强。燕、齐两国坚持不肯投降，这样的话，刘项双方的谁赢谁输就不能断定。像这样，就是将军策略上的不足之处。我的见识浅薄，但我个人认为攻打燕国讨伐齐国是失策啊。所以，善于带兵打仗的人不拿自己的短处去迎击敌人的长处，而是拿自己的长处去攻击敌人的短处。"韩信说："即便是这样，那么应该怎么做呢？"广武君回答说："现在为将军着想，不如按兵不动，稳定赵

飨士大夫释兵，北首燕路，而后遣辩士奉咫尺之书，暴其所长于燕，燕必不敢不听从。燕已从，使谊言者东告齐，齐必从风而服，虽有智者，亦不知为齐计矣。如是，则天下事皆可图也。兵固有先声而后实者，此之谓也。"韩信曰："善。"从其策，发使使燕，燕从风而靡。乃遣使报汉，因请立张耳为赵王，以镇抚其国。汉王许之，乃立张耳为赵王。

楚数使奇兵渡河击赵，赵王耳、韩信往来救赵，因行定赵城邑，发兵诣汉。楚方急围汉王于荥阳，汉王南出，之宛、叶间，得黥布，走入成皋，楚又复急围之。六月，汉王出成皋，东渡河，独与滕公俱，从张耳军修武。至，宿传舍。晨自称汉使，驰入赵壁。张耳、韩信未起，即其卧内上夺其印符，以麾召诸将，易置之。信、耳起，乃知汉王来，大惊。汉王夺两人军，即令张耳备守赵地。拜韩信为相国，收赵兵未发者击齐。

信引兵东，未渡平原，闻汉王使郦食其已说下齐，韩信欲止。范阳辩士蒯通说信曰："将军受诏击齐，而汉独发间使下齐，宁有诏止将军乎？何以得毋行也！且郦生一士，伏轼掉三寸之舌，下齐七十余城，将军将数万众，岁余乃下赵五十余城，为将数岁，反不如一竖儒之功乎？"于是信然之，从其计，遂渡河。齐已听郦生，即留纵酒，罢备汉守御。信因袭齐历下军，遂至临菑。齐王田广以郦生卖己，乃烹之，而走高密，使使之楚请救。韩信已定临菑，遂东追广至高密西。楚亦使龙且将，号称二十万，救齐。

齐王广、龙且并军与信战，未合。人或说龙且曰："汉兵远斗穷战，其锋不可当。齐、楚自居其地战，兵易败散。不如深壁，令齐王使其信臣招所亡城，亡城闻其王在，楚来救，必反汉。汉兵二千里客

国的社会秩序，安抚死亡将士的孩子。百里范围之内，每天送美味的食物，用以奖赏将士。摆出要向北进攻燕国的样子，之后派出说客，拿着书信，在燕国展示自己策略上的过人之处，燕国定然不敢不听从。燕国归顺之后，再派说客向东劝齐国投降。齐国知道燕国归降的消息后就会降服。即便是有聪明有才能的人，也不知该怎样替齐国计划了。假如这样，那么，争夺天下的大事都可以谋求了。用兵本来就有先假作声势，而后采取实际行动的，我说的就是这种状况。"韩信听后说："好。"听从了他的计划。派遣使者出使燕国，燕国知道消息果真立刻投降。于是派人告诉汉王，并请求立张耳为赵王，用以镇抚赵国。汉王答应了他的请求，就封张耳为赵王。

楚军很多次派出奇兵渡过黄河攻打赵国。赵王张耳和韩信往来救助，在行军中安定赵国的城池，派兵支援汉王。楚军那时正把汉王团团地围困在荥阳，汉王从南面突出重围，到宛县、叶县地区，接纳了黥布，奔入成皋，楚军又马上包围了成皋。六月间，汉王从成皋逃出，向东渡过黄河，只有滕公跟随，当时张耳部队在修武驻扎。一抵达，就住进客馆里。第二天清晨，他说自己是汉王的使臣，骑马进入赵军的军营之内。韩信、张耳两人还没有起床，汉王就在他们的卧室里拿走了他们的印信和兵符，用军旗集结众将，更替了他们的职务。韩信、张耳起床后，才得知汉王来了，大为惊讶。汉王夺取了他二人统率的部队，命令张耳守在赵地，任命韩信为国相，让他集结赵国还没有前往荥阳的部队，去进攻齐国。

韩信带兵向东挺进，还没有渡过平原津，听说汉王派郦食其已经说服齐王归降了。韩信想要停止进攻，范阳说客蒯通劝谏韩信说："将军是奉命进攻齐国，汉王只不过暗中派遣一个密使游说齐国归降，难道有命令让将军停止进军吗？为什么不继续进军呢？况且郦生只不过是个读书人，坐着车子，靠着三寸之舌，就收复齐国七十多座城池。将军带领数万大军，一年多的时间才攻下赵国五十多座城池。成为将领这么多年，比不上一个读书小子的功绩吗？"于是韩信认为他说得有道理，采纳他的计谋，就带领军队渡过黄河。齐王听从郦生的劝说以后，挽留郦生共同喝酒，撤销了对汉军的防务。韩信乘机突袭齐国历下的部队，很快就攻打到都城临淄。齐王田广认为自己被郦生出卖了，就把他煮死，而后逃向高密，派使者前往楚国请求救援。韩信收复临淄以后，就向东追赶田广，一直追到高密城西。楚国也派龙且带领兵马，号称二十万，前来救助齐国。

齐王田广和司马龙且两支军队合兵一起与韩信战斗，还没有开始战斗，有人劝谏龙且说："汉军远离自己国土，拼死战斗，其势不可抵挡。齐楚两军在自己的国土作战，士兵很容易逃跑。倒不如深沟高垒，坚守不出，让齐王派他信任的大臣，去安抚已经被攻下的城池，这些城池的官吏和百姓得知他们的国王还

居，齐城皆反之，其势无所得食，可无战而降也。"龙且曰："吾平生知韩信为人，易与耳。且夫救齐不战而降之，吾何功？今战而胜之，齐之半可得，何为止！"遂战，与信夹潍水陈。韩信乃夜令人为万余囊，满盛沙，壅水上流，引军半渡，击龙且，佯不胜，还走。龙且果喜曰："固知信怯也。"遂追信渡水。信使人决壅囊，水大至。龙且军大半不得渡，即急击，杀龙且。龙且水东军散走，齐王广亡去。信遂追北至城阳，皆虏楚卒。

汉四年，遂皆降平齐。使人言汉王曰："齐伪诈多变，反覆之国也，南边楚，不为假王以镇之，其势不定。愿为假王便。"当是时，楚方急围汉王于荥阳，韩信使者至，发书，汉王大怒，骂曰："吾困于此，旦暮望若来佐我，乃欲自立为王！"张良、陈平蹑汉王足，因附耳语曰："汉方不利，宁能禁信之王乎？不如因而立，善遇之，使自为守。不然，变生。"汉王亦悟，因复骂曰："大丈夫定诸侯，即为真王耳，何以假为！"乃遣张良往立信为齐王，征其兵击楚。

楚已亡龙且，项王恐，使盱眙人武涉往说齐王信曰："天下共苦秦久矣，相与戮力击秦。秦已破，计功割地，分土而王之，以休士卒。今汉王复兴兵而东，侵人之分，夺人之地，已破三秦，引兵出关，收诸侯之兵以东击楚，其意非尽吞天下者不休，其不知厌足如是甚也。且汉王不可必，身居项王掌握中数矣，项王怜而活之，然得脱，辄倍约，复击项王，其不可亲信如此。今足下虽自以与汉王为厚交，为之尽力用兵，终为之所禽矣。足下所以得须臾至今者，以项王尚存也。当今二王之事，权在足下。足下右投则汉王胜，左投则项王胜。项王今日亡，则次取足下。足下与项王有故，何不反汉与楚连和，叁分天下王之？今释此时，而自必于汉以击楚，且为智者固若此

在，楚军又来援助，一定会背叛汉军。汉军客居两千里之外，齐国城池的人都起来反叛他们，那必然会得不到粮草，这就可以逼迫他们不战而投降。"龙且说："我一向了解韩信是什么样的人，很容易对付他。而且救助齐国，不战斗就使韩信投降，我还有什么功绩呢？现在战胜他，齐国一半土地可以分封给我，为什么不打？"于是决定开始战斗，与韩信隔着潍水列开队伍。韩信命令手下连夜制作一万多条口袋，装满沙土，堵塞潍水上游，带领一半部队渡过河去，攻打龙且，佯装战败，往回逃跑。龙且果然高兴地说："原本我就知道韩信是个胆小的人。"于是就渡过潍水追赶韩信。韩信下令挖开挡住潍水的沙袋，河水凶猛地冲下来，龙且的部队一多半人没渡过河去，韩信立即回军猛烈攻击，杀死了龙且。龙且在潍水东岸还没有渡河的兵马，见到这种状况四散逃跑，齐王田广也逃跑了。韩信追赶败兵直到城阳，把楚军兵将全部抓获了。

汉四年，韩信降服并且平定了整个齐国。派人向汉王上书，说："齐国狡猾多变，反复无常，南面的边境与楚国接壤，如果不设立一个暂时代理的王来镇压安抚，局势一定不能稳定。为了有利于现在的局势，希望允许我暂时代理齐王。"正在这个时候，楚军在荥阳团团地围困住汉王，韩信的使者到了，汉王打开书信看了，非常生气，骂道："我在这儿被包围，日夜想让你来援助我，你却想自立为王！"张良、陈平暗中踩汉王的脚提醒，凑近汉王的耳朵说："目前汉军处境很不利，怎么能不让韩信称王呢？不如就趁这个机会册立他为王，很好地对待他，让他自己坚守齐国。不然可能发生变乱。"汉王明白过来，又假装骂道："大丈夫平定了诸侯，就做真的王，为什么做个暂时代理的王呢？"就派遣张良前往，册立韩信为齐王，征调他的部队攻打楚军。

楚军失去龙且后，项王感到恐惧了，派盱眙人武涉前往游说齐王韩信说："天下人对秦朝的统治已经痛恨不已，大家才合力进攻它。秦朝灭亡后，按照功劳分割土地，各自为王，以便停止战争。现在汉王又兴师东进，侵占别人的国土，抢夺他人的封地，已经攻克三秦，带领军队开出函谷关，集结各路诸侯的部队向东攻击楚国，他的意思是不夺取整个天下，不肯罢手的，他贪心不足到这个地步，太过分了。况且汉王不可信任，自身落到项王的掌控之中多次了，是项王可怜他他才活下来，然而一经脱身，就背叛盟约，再次攻打项王。他是这样地不可亲近，不可信任的人。现在您虽然自以为和汉王交情深厚，替他全心全力地作战，最后还是得被他擒获。您所以能够延续到现在，原因是项王还存在啊。现在刘、项争夺天下谁胜谁败，决定胜负的是您。您站在汉王一边，那么汉王胜；您站在项王一边，那么项王胜。如果项王今天被消灭，下一个被消灭的就是您了。您和项王有旧交情，为什么不背叛汉与楚联手，之后三分天下自立为王呢？现

乎！"韩信谢曰："臣事项王，官不过郎中，位不过执戟，言不听，画不用，故倍楚而归汉。汉王授我上将军印，予我数万众，解衣衣我，推食食我，言听计用，故吾得以至于此。夫人深亲信我，我倍之不祥，虽死不易。幸为信谢项王！"

武涉已去，齐人蒯通知天下权在韩信，欲为奇策而感动之，以相人说韩信曰："仆尝受相人之术。"韩信曰："先生相人何如？"对曰："贵贱在于骨法，忧喜在于容色，成败在于决断，以此参之，万不失一。"韩信曰："善。先生相寡人何如？"对曰："愿少间。"信曰："左右去矣。"通曰："相君之面，不过封侯，又危不安。相君之背，贵乃不可言。"韩信曰："何谓也？"蒯通曰："天下初发难也，俊雄豪桀建号壹呼，天下之士云合雾集，鱼鳞杂遝，熛至风起。当此之时，忧在亡秦而已。今楚汉分争，使天下无罪之人肝胆涂地，父子暴骸骨于中野，不可胜数。楚人起彭城，转斗逐北，至于荥阳，乘利席卷，威震天下。然兵困于京、索之间，迫西山而不能进者，三年于此矣。汉王将数十万之众，距巩、雒，阻山河之险，一日数战，无尺寸之功，折北不救，败荥阳，伤成皋，遂走宛、叶之间，此所谓智勇俱困者也。夫锐气挫于险塞，而粮食竭于内府，百姓罢极怨望，容容无所倚。以臣料之，其势非天下之贤圣固不能息天下之祸。当今两主之命悬于足下。足下为汉则汉胜，与楚则楚胜。臣愿披腹心，输肝胆，效愚计，恐足下不能用也。诚能听臣之计，莫若两利而俱存之，参分天下，鼎足而居，其势莫敢先动。夫以足下之贤圣，有甲兵之众，据强齐，从燕、赵，出空虚之地而制其后，因民之欲，西乡为百姓请命，则天下风走而响应矣，孰敢不听！割大弱强，以立诸侯，诸侯已立，天下服听而归德于齐。案齐之故，有胶、泗之地，

在，错过这个机会，一定要站到汉王一边进攻项王，一个聪明有才能的人，难道应该这样做吗？"韩信推辞说："我侍奉项王的时候，只不过做郎中，职位只不过是个持戟的卫士，说的话没人听，贡献的计谋没人采用，所以我才背叛楚归附汉。汉王赐予我上将军的印信，给予我几万人马，脱下他自己身上的衣服给我穿，把好食物让给我吃，我说的话和献的计策都被采用，所以我才能够到今天这个地步。人家对我亲近、信赖，我背叛他是不对的，即使到死也不会叛变。希望您替我感谢项王的盛情！"

武涉走后，齐国人蒯通得知天下胜负的关键在于韩信，想出奇计打动他，就用看相的名义劝说韩信，说："我曾经学过看相技术。"韩信说："先生给人看相用的什么方法？"蒯通回答说："人的富贵和品鉴在于骨骼，忧愁、喜悦在于面色，成功和失败在于决定。用这三项验证人相是准确无误的。"韩信说："好，先生看看我的相怎么样？"蒯通回答说："希望你的随从人员暂时回避一下。"韩信说："周围的人退下吧。"蒯通说："看您的面相，只不过封侯，而且还有危险的隐患。看您的背相，显示出富贵但是不能说。"韩信说："这话是什么意思呢？"蒯通说："当初，天下起兵的时候，英雄豪杰纷纷建立自己的名号，一声呼喊，天下有志之士蜂拥聚集，像鱼鳞那样杂沓，如同火焰迸飞，狂风突起。正当这时，关心的只是消灭秦朝罢了。现在，楚汉分争，使天下无辜的百姓枉死无数，父子的尸骨暴露在荒郊野外，数不胜数。楚国人从彭城发起攻势，转战四方，追逐败兵，直到荥阳，趁着胜利的势头，像卷席子一样向前挺进，声势威震天下。然后部队被困在京、索之间，被阻于成皋以西的山岳地带不能再向前，已经三年了。汉王率领几十万人马在巩县、洛阳一带阻挡楚军，凭借着山河的险要地势，虽然一天内交战数次，却没能向前一步，导致遭受挫折失败，差一点不能自救。在荥阳战败，在成皋受伤，于是逃到宛、叶两县之间，这就是所说的才能到了尽头。将士的士气因长期困于险要关塞而被消磨，仓库的粮草也消耗完了，百姓苦累，怨声载道，人心不安，无依无靠。我以为，这样的局势，不是天下的圣贤就不能平息这场天下的战乱。现在刘、项二王的命运都系在您的手中。您帮助汉王，汉王就胜利；帮助楚王，楚王就胜利。我愿意披肝沥胆，敬献计谋，只是害怕您不采纳啊。如果能听从我的计划，倒不如让楚、汉双方都不受损伤，一同存在下去，你和他们三分天下，鼎足而立，形成那种局势，就没有谁敢轻易起兵进犯。凭借您的才能和德行，拥有众多的兵马装备，占据强大的齐国，逼迫燕、赵降服，出兵到刘、项两军空虚的地方，牵制他们的后方，顺应民心，向西去阻止刘、项的争斗，为军民百姓请求保全性命，这样的话，天下就会很快地群起而响应你，有谁敢不顺从呢！之后，分割大国的土地，削弱强国的声

怀诸侯以德,深拱揖让,则天下之君王相率而朝于齐矣。盖闻天与弗取,反受其咎;时至不行,反受其殃。愿足下孰虑之。"

韩信曰:"汉王遇我甚厚,载我以其车,衣我以其衣,食我以其食。吾闻之,乘人之车者载人之患,衣人之衣者怀人之忧,食人之食者死人之事,吾岂可以乡利倍义乎!"蒯生曰:"足下自以为善汉王,欲建万世之业,臣窃以为误矣。始常山王、成安君为布衣时,相与为刎颈之交,后争张黡、陈泽之事,二人相怨。常山王背项王,奉项婴头而窜逃,归于汉王。汉王借兵而东下,杀成安君泜水之南,头足异处,卒为天下笑。此二人相与,天下至欢也。然而卒相禽者,何也?患生于多欲而人心难测也。今足下欲行忠信以交于汉王,必不能固于二君之相与也,而事多大于张黡、陈泽。故臣以为足下必汉王之不危己,亦误矣。大夫种、范蠡存亡越,霸句践,立功成名而身死亡。野兽已尽而猎狗亨。夫以交友言之,则不如张耳之与成安君者也;以忠信言之,则不过大夫种、范蠡之于句践也。此二人者,足以观矣。愿足下深虑之。且臣闻勇略震主者身危,而功盖天下者不赏。臣请言大王功略:足下涉西河,虏魏王,禽夏说,引兵下井陉,诛成安君,徇赵,胁燕,定齐,南摧楚人之兵二十万,东杀龙且,西乡以报,此所谓功无二于天下,而略不世出者也。今足下戴震主之威,挟不赏之功,归楚,楚人不信;归汉,汉人震恐:足下欲持是安归乎?夫势在人臣之位而有震主之威,名高天下,窃为足下危之。"韩信谢曰:"先生且休矣,吾将念之。"

后数日,蒯通复说曰:"夫听者事之候也,计者事之机也,听过计失而能久安者,鲜矣。听不失一二者,不可乱以言;计不失本末者,不可纷以辞。夫随厮养之役者,失万乘之权;守儋石之禄者,阙

势,用以分封诸侯。诸侯复位之后,天下就会对您感恩戴德,归顺听命于齐。稳守齐国故有的土地,占有胶河、泗水流域,用恩惠感召诸侯,恭谨谦让,这样天下的君王就会相继前来朝拜齐国。听说'上天赐予的好处不接受反而会受到惩罚;时机到了不采取行动,反而要遭到祸患'。希望您认真地思考这件事。"

韩信说:"汉王给我的待遇十分优厚,他的车子给我坐,他的衣服给我穿,他的食物给我吃。我听说过,坐别人车子的人,要分担别人的祸患;穿别人衣服的人,心里要想着人家的忧虑;吃别人食物的人,要为别人的事业誓死效忠,我怎么能够贪图私利而背弃信义呢!"蒯通说:"你自以为和汉王交好,想建立流传后世的功绩,我个人认为这种想法错了。原来常山王、成安君还是平民百姓时,结成刎颈之交,后来因为张黡、陈泽的事产生矛盾,使得二人彼此怨恨。常山王背叛项王,抱着项婴的人头逃跑,归顺汉王。汉王借给他部队向东进攻,在泜水以南杀死了成安君,身首异处,被天下人嘲笑。这两个人的交情,可以说是天下最牢固的。然而到头来,都想把对方杀死,这是为什么呢?祸患因贪得无厌生,人心又难以猜测。现在您想要用忠诚、信义与汉王结交,一定比不上张耳、陈余结交更牢固,而你们之间的关连事件又比张黡、陈泽的事件严重得多,所以我以为您断定汉王不会加害于您,也错了。大夫文种、范蠡使面临灭亡的越国留存下来,帮助勾践称霸诸侯,事业成就之后,文种被逼自杀,范蠡被迫逃亡。野兽已经捕获完了,猎犬被杀来吃了。以交情友谊的深厚来说,您和汉王就比不上张耳与成安君,以忠信来说也就赶不上大夫文种、范蠡与越王勾践。从这两个例子看,足够您判断对错了。希望您好好地考虑。何况我听说,勇敢、谋略使君王感觉到威胁的人有祸患,而功劳卓著冠盖天下的人得不到赏赐。请让我说一说大王的功劳和谋略吧:您横渡西河,抓获魏王,活着擒获夏说,带领部队夺取井陉,杀死成安君,攻克了赵国,以声势镇服燕国,平定安抚齐国,向南摧毁楚国部队二十万,向东杀死楚将龙且,西面向汉王报告胜利,这可以说是功劳天下第一、计谋出众世上少有的人才。现在您占有威胁君主的声势,持有不能封赏的功劳,归属楚国,楚国人不信任;归属汉国,汉国人惊慌恐惧:您带着这样大的功劳和声势,哪里是您可去的地方呢?身处臣子地位而有着使君主感到威胁的震动,声望高于天下所有的人,我个人为您感到危险。"韩信说:"先生暂时说到这里吧!让我考虑一下。"

过了几日,蒯通又对韩信说:"能够听从善用别人的善意,就能预见事情的发展变化,能反复考虑,就能把握成功的关键。听取建议不能作出正确的决定,决策失误而能够长久安定的人,实在很少。听取建议很少判断失误的人,就不能用花哨的言语去惑乱他;计谋筹划周全不本末倒置的人,就不能用花哨的

卿相之位。故知者决之断也，疑者事之害也，审豪牦之小计，遗天下之大数，智诚知之，决弗敢行者，百事之祸也。故曰'猛虎之犹豫，不若蜂虿之致螫；骐骥之跼躅，不如驽马之安步；孟贲之狐疑，不如庸夫之必至也；虽有舜禹之智，吟而不言，不如喑聋之指麾也'。此言贵能行之。夫功者难成而易败，时者难得而易失也。时乎时，不再来。愿足下详察之。"韩信犹豫不忍倍汉，又自以为功多，汉终不夺我齐，遂谢蒯通。蒯通说不听，已佯狂为巫。

汉王之困固陵，用张良计，召齐王信，遂将兵会垓下。项羽已破，高祖袭夺齐王军。汉五年正月，徙齐王信为楚王，都下邳。

信至国，召所从食漂母，赐千金。及下乡南昌亭长，赐百钱，曰："公，小人也，为德不卒。"召辱己之少年令出胯下者以为楚中尉。告诸将相曰："此壮士也。方辱我时，我宁不能杀之邪？杀之无名，故忍而就于此。"

项王亡将钟离眛家在伊庐，素与信善。项王死后，亡归信。汉王怨眛，闻其在楚，诏楚捕眛。信初之国，行县邑，陈兵出入。汉六年，人有上书告楚王信反。高帝以陈平计，天子巡狩会诸侯，南方有云梦，发使告诸侯会陈："吾将游云梦。"实欲袭信，信弗知。高祖且至楚，信欲发兵反，自度无罪，欲谒上，恐见禽。人或说信曰："斩眛谒上，上必喜，无患。"信见眛计事。眛曰："汉所以不击取楚，以眛在公所。若欲捕我以自媚于汉，吾今日死，公亦随手亡矣。"乃骂信曰："公非长者！"卒自刭。信持其首，谒高祖于陈。上令武士缚信，载后车。信曰："果若人言，'狡兔死，良狗亨；高鸟尽，良弓藏；敌国破，谋臣亡。'天下已定，我固当烹！"上曰：

言语去扰乱他。心甘情愿做劈柴喂马差事的人，就会失去争取万乘之国权力的机会；安守很少俸禄的人，就得不到公卿宰相这样高的官位。所以做事坚决是聪明人果断的表现，犹豫不决是办事情的祸患。专在小事情上费心思，就会忽略天下的大事，有判断是非的才能，决定后又不敢断然行动，这是所有事情的祸根。所以俗话说：'猛虎犹豫不能决定，比不上黄蜂、蝎子用毒刺去螫；好马来回走动不前进，比不上劣马慢慢地向前走；勇士孟贲困惑不定，比不上平凡的人，决心实干，以求达到目的；即便是有虞舜、夏禹的才能，闭上嘴巴不说话，比不上聋哑人借助打手势有用处'。这些俗语都证明实施行动是最可贵的。所有的事业都很难成功但容易失败，时机难以把握而容易丢失。时机啊时机，失去了就不会再来。希望您认真地考虑斟酌。"韩信犹豫不定，不忍心背叛汉王，又认为自己功绩卓著，汉王最终不会夺走自己的齐国，于是谢绝了蒯通。蒯通的劝说没有被采用，就装疯癫做了巫师。

　　汉王被楚军包围在固陵时，采用了张良的计谋，征召齐王韩信，于是韩信带领部队在垓下与汉王会师。项羽被击败后，高祖用突然袭击的方法夺取了齐王的军权。汉五年正月，改封齐王韩信为楚王，都城建在下邳。

　　韩信到了下邳，召见以前分给他饭吃的那位漂母，赏赐给她黄金千斤。轮到下乡南昌亭亭长，仅赏赐给百钱，说："你是小人，做好事坚持不到最后。"召见曾经羞辱过自己、让自己从他两腿中间爬过去的那个年轻人，任命他做了中尉，并和将相们说："这是位壮士。当初羞辱我的时候，我难道不可以杀死他吗？杀死他没有意义，所以我忍耐了一时的羞辱而成就了今天的功绩。"

　　项王部下逃亡的将领钟离眜，家住伊庐，一直与韩信关系很好。项王死后，他逃出来投奔韩信。汉王心中讨厌钟离眜，听说他藏在楚国，下令楚国抓捕钟离眜。韩信刚到楚国，巡视他的县邑，进进出出都带着装备齐全的卫队。汉六年，有人上书告发韩信密谋造反。高帝采用陈平的计谋，假托天子外出巡视会见诸侯，南方有个云梦泽，派使臣告知各诸侯到陈县聚会，说："我要去巡视云梦泽。"其实是要偷袭韩信，韩信自己却不知其用意。高祖就快要到楚国的时候，韩信曾经想起兵造反，又认为自己没有罪过，想朝见高祖，又怕被抓获。有人对韩信说："杀了钟离眜去朝见皇上，皇上定会很高兴，就没有灾祸了。"韩信去与钟离眜商量。钟离眜说："汉王所以不进攻楚国，是因为我在您这里，你想抓我取悦汉王，我今天死了，你也马上会死的。"于是骂韩信说："你不是个忠厚的人！"终于刎颈自杀。韩信拿着钟离眜的人头，到陈县朝拜皇上。皇上命令武士绑住了韩信，押在随行队伍的车上。韩信说："真的像人们说的'狡猾的兔子死了，出色的猎狗就遭到人们杀害吃掉；飞在天上的飞禽没了，优良的弓箭也就

"人告公反。"遂械系信。至雒阳，赦信罪，以为淮阴侯。

信知汉王畏恶其能，常称病不朝从。信由此日夜怨望，居常鞅鞅，羞与绛、灌等列。信尝过樊将军哙，哙跪拜送迎，言称臣，曰："大王乃肯临臣！"信出门，笑曰："生乃与哙等为伍！"上常从容与信言诸将能不，各有差。上问曰："如我能将几何？"信曰："陛下不过能将十万。"上曰："于君何如？"曰："臣多多而益善耳。"上笑曰："多多益善，何为为我禽？"信曰："陛下不能将兵，而善将将，此乃言之所以为陛下禽也。且陛下所谓天授，非人力也。"

陈豨拜为巨鹿守，辞于淮阴侯。淮阴侯挈其手，辟左右与之步于庭，仰天叹曰："子可与言乎？欲与子有言也。"豨曰："唯将军令之。"淮阴侯曰："公之所居，天下精兵处也；而公，陛下之信幸臣也。人言公之畔，陛下必不信；再至，陛下乃疑矣；三至，必怒而自将。吾为公从中起，天下可图也。"陈豨素知其能也，信之，曰："谨奉教！"汉十年，陈豨果反。上自将而往，信病不从。阴使人至豨所，曰："弟举兵，吾从此助公。"信乃谋与家臣夜诈诏赦诸官徒奴，欲发以袭吕后、太子。部署已定，待豨报。其舍人得罪于信，信囚，欲杀之。舍人弟上变，告信欲反状于吕后。吕后欲召，恐其党不就，乃与萧相国谋，诈令人从上所来，言豨已得死，列侯群臣皆贺。相国绐信曰："虽疾，强入贺。"信入，吕后使武士缚信，斩之长乐钟室。信方斩，曰："吾悔不用蒯通之计，乃为儿女子所诈，岂非天哉！"遂夷信三族。

高祖已从豨军来，至，见信死，且喜且怜之，问："信死亦何言？"吕后曰："信言恨不用蒯通计。"高祖曰："是齐辩士也。"

都收藏了起来；敌国灭亡，谋臣死亡'。现在天下已经安定，我应当遭杀害！"皇上说："有人告发你密谋造反。"就给韩信戴上了刑具。到了洛阳，免除了韩信的罪过，改封为淮阴侯。

韩信知道汉王畏惧且厌恶自己的才能，常常推托说自己染病不参加朝见和侍行。从此，韩信日夜怨恨，在家郁郁寡欢，和绛侯、灌婴处于同等地位让韩信感到羞耻。韩信曾经探访樊哙将军，樊哙跪着迎接相送，称自己为臣子。说："大王竟然会光临。"韩信出门笑着说："我这辈子竟然和樊哙这样人为伍了。"皇上经常坦然地和韩信讨论将军们的高下，认为各有长处，各有不足。皇上问韩信："像我这样的才能能率领多少军队？"韩信说："陛下只能率领十万军队。"皇上说："那你呢？"回答说："我是兵马越多越好。"皇上笑着说："您越多越好，那为什么还被我俘虏了？"韩信说："陛下不善于带兵，却善于任用将领，这就是我被陛下俘虏的原因。何况陛下是上天赐予的，不是普通人能做到的。"

陈豨被委任为巨鹿郡守，向淮阴侯告别。淮阴侯拉着他的手避开身边侍从在庭院里散步，抬头望着苍天叹息说："您能听听我的心里话吗？有些心里话想跟您说说。"陈豨说："一切听从将军吩咐！"淮阴侯说："您管理的区域，是天下精兵会聚的地方；而您，是皇上信任宠幸的臣子。假如有人告发说您造反，皇上一定不会相信；再一次告发，陛下就起疑心了；第三次告发，皇上定然大怒而亲自率兵前来攻打。我为您在京城做内应，天下就可以到手了。"陈豨一直知道韩信的才智无双。始终没有怀疑过，说："我一定听从您的指教！"汉十年，陈豨果然造反。皇上亲自带领兵马前往，韩信推说自己有病没有跟随前去。他暗中派人到陈豨处说："只管发兵，我在这里帮助您。"韩信和家臣商议，夜里假传诏书释放各个官府服役的罪犯和奴隶，想要发动他们去攻击吕后和太子。部署完毕，等待着陈豨的信息。他的一位家臣得罪了韩信，韩信把他关了起来，想要杀掉他。这位家臣的弟弟上书皇上告发韩信叛乱，向吕后告发了韩信准备谋反的状况。吕后想要把韩信召来，又害怕他不肯就范，就和萧相国谋划，令人谎称自己从皇上那儿来，说陈豨已被抓获杀死，所有臣子都来祝贺。萧相国欺骗韩信说："即便是你有病，也要强打精神进宫来庆祝吧。"韩信进宫，吕后命令武士把韩信绑了起来，在长乐宫的钟室把他杀掉了。韩信临被斩时说："我后悔没有采用蒯通的计谋，以导致被妇女小子所欺骗，这难道不就是天意吗？"于是朝廷诛杀了韩信三族。

高祖攻打陈豨回到京城，见到韩信已死，又高兴又可怜他，问："韩信临死时说过什么？"吕后说："韩信说后悔没有采用蒯通的计谋。"高祖说："那人

乃诏齐捕蒯通。蒯通至，上曰："若教淮阴侯反乎？"对曰："然，臣固教之。竖子不用臣之策，故令自夷于此。如彼竖子用臣之计，陛下安得而夷之乎！"上怒曰："烹之。"通曰："嗟乎，冤哉亨也！"上曰："若教韩信反，何冤？"对曰："秦之纲绝而维弛，山东大扰，异姓并起，英俊乌集。秦失其鹿，天下共逐之，于是高材疾足者先得焉。蹠之狗吠尧，尧非不仁，狗因吠非其主。当是时，臣唯独知韩信，非知陛下也。且天下锐精持锋欲为陛下所为者甚众，顾力不能耳。又可尽烹之邪？"高帝曰："置之。"乃释通之罪。

太史公曰：吾如淮阴，淮阴人为余言，韩信虽为布衣时，其志与众异。其母死，贫无以葬，然乃行营高敞地，令其旁可置万家。余视其母冢，良然。假令韩信学道谦让，不伐己功，不矜其能，则庶几哉，于汉家勋可以比周、召、太公之徒，后世血食矣。不务出此，而天下已集，乃谋畔逆，夷灭宗族，不亦宜乎！

是齐国的说客。"就命令齐国捕捉蒯通。蒯通被抓到皇上面前,皇上说:"你教唆淮阴侯谋反吗?"回答说:"是。我的确唆使过他,那小子不采用我的计谋,所以有自取灭亡的下场。假如那小子采用我的计谋,陛下怎能够消灭他呢?"皇上生气地说:"煮了他。"蒯通说:"哎呀,煮死我,我冤枉啊!"皇上说:"你教唆韩信谋反,有什么冤枉?"蒯通说:"秦朝法律制度败坏、政权灭亡的时候,崤山以东六国大乱,各路诸侯纷纷起事,一时间天下有才能的人像乌鸦一样聚集。秦朝失去了天下,天下英雄都来抢夺,于是才智超人、行动敏捷的人优先得到它。跖的狗对着尧狂吠,尧并不是不仁德,只因为他不是狗的主人。正当这时,我只知道有个韩信,并不知道有皇上。何况天下磨利武器、手拿利刃想干陛下所干的事业的人太多了,只不过是力不从心。您怎么能够把他们全部煮死呢?"高祖说:"放了他。"就赦免了蒯通的罪过。

　　太史公说:我到淮阴,淮阴的人和我说,韩信即便是平民百姓时,他的心志就和其他人不一样。他母亲死了,家中贫困无法埋葬,可他还是到处寻找又高又宽敞的坟地,让坟墓旁可以安置万户人家。我去看了韩信母亲的坟墓,确实是这样的。假如韩信能够谦恭退让,不炫耀自己的功绩,不自恃自己的才华,那就差不多了。他在汉朝的功绩可以和周朝的周公、召公、太公这些人相比拟了,后代的子孙就可以享祭不完。但是,他没能坚持这样做,而天下已经平定,反而密谋造反,以致被诛灭宗族,不应该是这样的吗?

韩信卢绾列传第三十三

韩王信者，故韩襄王孽孙也，长八尺五寸。及项梁之立楚后怀王也，燕、齐、赵、魏皆已前王，唯韩无有后，故立韩诸公子横阳君成为韩王，欲以抚定韩故地。项梁败死定陶，成奔怀王。沛公引兵击阳城，使张良以韩司徒降下韩故地，得信，以为韩将，将其兵从沛公入武关。

沛公立为汉王，韩信从入汉中，乃说汉王曰："项王王诸将近地，而王独远居此，此左迁也。士卒皆山东人，跂而望归，及其锋东乡，可以争天下。"汉王还定三秦，乃许信为韩王，先拜信为韩太尉，将兵略韩地。

项籍之封诸王皆就国，韩王成以不从无功，不遣就国，更以为列侯。及闻汉遣韩信略韩地，乃令故项籍游吴时吴令郑昌为韩王以距汉。汉二年，韩信略定韩十余城。汉王至河南，韩信急击韩王昌阳城。昌降，汉王乃立韩信为韩王，常将韩兵从。三年，汉王出荥阳，韩王信、周苛等守荥阳。及楚败荥阳，信降楚，已而得亡，复归汉，汉复立以为韩王，竟从击破项籍，天下定。五年春，遂与剖符为韩王，王颍川。

明年春，上以韩信材武，所王北近巩、洛，南迫宛、叶，东有淮阳，皆天下劲兵处，乃诏徙韩王信王太原以北，备御胡，都晋阳。信上书曰："国被边，匈奴数入，晋阳去塞远，请治马邑。"上许之，信乃徙治马邑。秋，匈奴冒顿大围信，信数使使胡求和解。汉发兵救之，疑信数间使，有二心，使人责让信。信恐诛，因与匈奴约共攻汉，反，以马邑降胡，击太原。

韩王韩信是原来韩襄王庶出的后代，身高八尺五寸。到了项梁拥立楚王的后代楚怀王的时候，燕国、齐国、赵国、魏国四国都早就自己立下了国王，只有韩没有立下后代，所以才立了韩国诸公子中的横阳君韩成为韩王，想借此来占据平定原韩国的土地。项梁在定陶失败被杀死，韩成投靠楚怀王。沛公带部队攻打阳城时，命张良以韩国司徒的身份收复了韩国原有的土地，得到韩信，任命他为韩国将军，带领他的部队随沛公进入武关。

沛公被项羽立为汉王，韩信便追随沛公进入汉中，劝汉王说："项羽把自己的手下都封在中原附近，只把您封到这偏远贫瘠的地方，这是一种贬职的意思啊！您手下将士都是崤山以东的人，他们都踮起脚尖，急切地希望回到故乡，趁着他们的气势强盛向东进攻，就可以夺取天下。"汉王回军平定三秦时，就答应将韩信封为韩王，先委任他为韩太尉，让他带兵去攻打韩国以前的土地。

项羽所封的诸侯王都到他们自己的封地去，韩王韩成因没随同项羽战斗，没有功绩，就没有派他到封地去，改封韩成为列侯。直到听说汉王派韩信攻打韩地，项羽才命令自己游历吴地时结识的吴县县令郑昌做韩王以抵抗汉军。汉高祖二年，韩信攻占了韩国的十几座城池。汉王抵达河南，韩信在阳城猛烈地攻击韩王郑昌。郑昌投降，汉王就封韩信为韩王，经常率领韩地部队跟随汉王。汉高祖三年，汉王退出荥阳，韩王韩信和周苛等人防守在荥阳。等到楚军攻下荥阳，韩信投降了楚军，不久得以逃出，又投奔到汉王身边，汉王再次封他为韩王，最终跟随汉王打败项羽，平定了天下。汉高祖五年春天，汉高祖和韩信剖符为信，正式封他为韩王，把国都设在颍川。

第二年春天，高祖认为韩信骁勇无比，封地颍川北靠近巩县、洛阳，南靠近宛县、叶县，东边则是重镇淮阳，这些都是用兵的重要地点，就下令命韩王韩信迁移到太原以北地区，以防备抵御匈奴，都城建立在晋阳。韩信上书说："我的封国十分靠近边界，匈奴很多次入侵，晋阳距离边境比较远，请允许我把都城设立在马邑。"皇帝答应了他，韩信就把都城移到了马邑。在这年秋天，匈奴冒顿单于重重包围了韩信，韩信多次派使者到匈奴请求和解。汉朝派人带兵前往救助，但怀疑韩信多次私自派使者前去匈奴的地方，有叛变汉朝之心，派人责备韩信。韩信害怕被杀死，于是就和匈奴约定好共同进攻汉朝，起兵造反，把国都马邑献给匈奴，并率军进攻太原。

七年冬，上自往击，破信军铜鞮，斩其将王喜。信亡走匈奴。其与白土人曼丘臣、王黄等立赵苗裔赵利为王，复收信败散兵，而与信及冒顿谋攻汉。匈奴仗左右贤王将万余骑与王黄等屯广武以南，至晋阳，与汉兵战，汉大破之，追至于离石，复破之。匈奴复聚兵楼烦西北，汉令车骑击破匈奴。匈奴常败走，汉乘胜追北，闻冒顿居代谷，高皇帝居晋阳，使人视冒顿，还报曰"可击"。上遂至平城。上出白登，匈奴骑围上，上乃使人厚遗阏氏。阏氏乃说冒顿曰："今得汉地，犹不能居；且两主不相厄。"居七日，胡骑稍引去。时天大雾，汉使人往来，胡不觉。护军中尉陈平言上曰："胡者全兵，请令强弩傅两矢外乡，徐行出围。"入平城，汉救兵亦到，胡骑遂解去。汉亦罢兵归。韩信为匈奴将兵往来击边。

汉十年，信令王黄等说误陈豨。十一年春，故韩王信复与胡骑入居参合，距汉。汉使柴将军击之，遗信书曰："陛下宽仁，诸侯虽有畔亡，而复归，辄复故位号，不诛也。大王所知。今王以败亡走胡，非有大罪，急自归！"韩王信报曰："陛下擢仆起闾巷，南面称孤，此仆之幸也。荥阳之事，仆不能死，囚于项籍，此一罪也。及寇攻马邑，仆不能坚守，以城降之，此二罪也。今反为寇将兵，与将军争一旦之命，此三罪也。夫种、蠡无一罪，身死亡；今仆有三罪于陛下，而欲求活于世，此伍子胥所以偾于吴也。今仆亡匿山谷间，且暮乞贷蛮夷，仆之思归，如痿人不忘起，盲者不忘视也，势不可耳。"遂战。柴将军屠参合，斩韩王信。

信之入匈奴，与太子俱；及至颓当城，生子，因名曰颓当。韩太子亦生子，命曰婴。至孝文十四年，颓当及婴率其众降汉。汉封颓当

高祖七年冬天，皇帝亲自率军前往平叛，在铜鞮打败了韩信的部队，并将其手下将领王喜杀死。韩信逃跑投奔匈奴，他的手下白土人曼丘臣、王黄等人拥立赵王的后代赵利为王，又收编起韩信被击败逃散的部队，并和韩信及匈奴冒顿单于商量一齐进攻汉朝。匈奴派遣左右贤王率领一万多骑兵和王黄等人安营在广武以南地区，到达晋阳时，和汉军战斗，汉军将他们打得大败，乘胜追赶到离石，又把他们击败。匈奴再次在楼烦西北地区聚集部队，汉高祖命令战车部队和骑兵把他们击败。匈奴经常战败逃跑，汉军乘胜追击败军，听说冒顿单于安营在代谷，汉高祖那个时候在晋阳，派人去查探冒顿，侦察人员回来报告说"可以前去攻打"。皇帝也就到达平城。皇帝出城登上白登山，被匈奴骑兵紧紧包围，皇帝就派人送给匈奴王后阏氏很多礼品。阏氏便劝冒顿单于说："如今已经攻下了汉朝的土地，但还是不能够居住下来；况且两国君主不互相围困。"过了七天，匈奴骑兵渐渐退去。当时天降大雾，汉军派人在白登山和平城之间往来，匈奴没有发现。护军中尉陈平对皇帝说："匈奴人都使用长枪弓箭，请命令士兵每张弩弓都向外搭两支利箭，慢慢地退出包围。"撤进平城之后，汉朝的援兵也赶到了，匈奴的骑兵这才解围退去。汉朝也收兵回去。韩信为匈奴人带兵往来在边境附近攻击汉军。

汉高祖十年，韩信命令王黄等人游说陈豨，使其相信并且造反。十一年春天，前韩王韩信再次和匈奴骑兵一起占据参合，抗击汉朝。汉朝派遣柴将军带兵前去迎战，柴将军战前写信给韩信说："皇帝陛下宅心仁厚，纵使有些诸侯叛变逃跑，但当他们再度归附的时候，总是恢复他们原有的爵位名号，并不加以杀害。这些都是大王您了解的。现在您是因为战斗失败才逃附匈奴的，并没有大罪，您应该尽快回来归顺！"韩王韩信回信道："皇帝把我从平民百姓中提拔上来，让我南面称王，这对我来说是荣幸之至的。在保卫荥阳的战斗中，我不能以死效忠，而被项羽囚禁。这是我的第一条罪状。待到匈奴进犯马邑，我不能坚守城池，贡献城池投降。这是我的第二条罪状。现在反而为敌人率兵，和将军战斗，争夺这旦夕之间活命的机会。这是我的第三条罪状。文种、范蠡没有其中一条罪状，但在成功之后，一个杀害一个逃亡；现如今我对皇帝犯下了三条罪状，还想在世上保全性命，这是伍子胥在吴国之所以被杀的原因。如今我逃命藏在山谷之中，每天都向蛮夷乞讨生活，我想回去的心，就如同瘫痪的人不忘记正常行走，盲人不忘记睁眼看一看一样，只不过状况不允许罢了。"于是两军展开战斗，柴将军踏平参合城，并将韩王韩信杀死。

韩信归顺匈奴的时候，和自己的太子一起，到了颓当城，生了一个儿子，因地名取名叫颓当。韩太子也生下一个儿子，取名为婴。到孝文帝十四年，韩颓当

为弓高侯,婴为襄城侯。吴楚军时,弓高侯功冠诸将。传子至孙,孙无子,失侯。婴孙以不敬失侯。颓当孽孙韩嫣,贵幸,名富显于当世。其弟说,再封,数称将军,卒为案道侯。子代,岁余坐法死。后岁余,说孙曾拜为龙额侯,续说后。

卢绾者,丰人也,与高祖同里。卢绾亲与高祖太上皇相爱,及生男,高祖、卢绾同日生,里中持羊酒贺两家。及高祖、卢绾壮,俱学书,又相爱也。里中嘉两家亲相爱,生子同日,壮又相爱,复贺两家羊酒。高祖为布衣时,有吏事辟匿,卢绾常随出入上下。及高祖初起沛,卢绾以客从,入汉中为将军,常侍中。从东击项籍,以太尉常从,出入卧内,衣被饮食赏赐,群臣莫敢望,虽萧曹等,特以事见礼,至其亲幸,莫及卢绾。绾封为长安侯。长安,故咸阳也。

汉五年冬,以破项籍,乃使卢绾别将,与刘贾击临江王共尉,破之。七月还,从击燕王臧荼,臧荼降。高祖已定天下,诸侯非刘氏而王者七人。欲王卢绾,为群臣觖望。及虏臧荼,乃下诏诸将相列侯,择群臣有功者以为燕王。群臣知上欲王卢绾,皆言曰:"太尉长安侯卢绾常从平定天下,功最多,可王燕。"诏许之。汉五年八月,乃立虏绾为燕王。诸侯王得幸莫如燕王。

汉十一年秋,陈豨反代地,高祖如邯郸击豨兵,燕王绾亦击其东北。当是时,陈豨使王黄求救匈奴。燕王绾亦使其臣张胜于匈奴,言豨等军破。张胜至胡,故燕王臧荼子衍出亡在胡,见张胜曰:"公所以重于燕者,以习胡事也。燕所以久存者,以诸侯数反,兵连不决也。今公为燕欲急灭豨等,豨等已尽,次亦至燕,公等亦且为虏矣。公何不令燕且缓陈豨而与胡和?事宽,得长王燕;即有汉急,可以安

和韩婴带领部下归顺汉朝。汉朝封韩颓当为弓高侯、韩婴为襄城侯。在平定吴楚七国之乱的时候，弓高侯的功绩超过别的将领。爵位从儿子传到了他的孙子，他的孙子没有儿子，侯爵被取消。韩婴的孙子因为犯有不敬之罪，侯爵被取消。韩颓当庶出的孙子韩嫣，地位高贵，很受皇帝喜爱，名声和富贵都在当世显赫。他的弟弟韩说，再次被封侯，并多次接受命令为将军，最后封为案道侯。儿子继承爵位，一年多之后因为犯法被判处死刑。又过了一年多，韩说的孙子韩曾被封为龙岩侯，继承了韩说的爵位。

卢绾是丰邑人，和汉高祖是老乡。卢绾的父亲和高祖的父亲关系非常好，等到生儿子时，汉高祖和卢绾又是同一天而生。乡亲们抬着羊酒去两家庆贺，等到高祖、卢绾长大了，在一起读书，关系又非常好。乡亲们见这两家父辈关系非常好，儿子又是同日出生，长大后关系又很好，再次抬着羊酒前去庆贺。高祖还是一般百姓的时候，被官吏追拿需要躲避，卢绾总是在他身边，东奔西走。到高祖从沛县起兵时，卢绾以宾客的身份跟随，到汉中后，担任将军，总是陪伴在高祖的身边。跟随高祖向东攻击项羽时，以太尉的身份在其左右，可以在高祖的卧室内自由出入，衣被饮食方面的赏赐十分丰厚，其他大臣没人能比拟，就是萧何、曹参等人，也只不过是因为事功而受到礼遇，至于说到信任宠幸，没人能比得上卢绾。卢绾被封为长安侯。长安，就是以前的咸阳。

汉高祖五年的冬天，打败了项羽，就派卢绾另带一支部队，和刘贾一起进攻临江王共尉，将他打败。七月凯旋归来，跟随皇帝进攻燕王臧荼，臧荼归降。高祖平定天下之后，在诸侯中不是刘姓而被封王的一共有七个人。高祖想封卢绾为王，但又害怕群臣怨恨不满意。等到俘虏臧荼之后，就下令封将相们为列侯，在大臣中挑选有功的人封为燕王。文武百官都知道皇帝想封卢绾为王，就一齐上言说："太尉长安侯卢绾经常伴随皇帝平定天下，功不可没，可以封为燕王。"皇帝批准了此项建议。汉高祖五年八月，封卢绾为燕王，所有诸侯王受到的皇帝宠幸都不如燕王。

汉高祖十一年秋天，陈豨在代地造反，高祖到邯郸去进攻陈豨的军队，燕王卢绾也率军进攻代地的东北部。这时，陈豨派王黄去向匈奴请求救援。燕王卢绾也派手下张胜出使匈奴，谎称陈豨等人的军队已被打败。张胜到匈奴以后，前燕王臧荼的儿子臧衍逃跑到匈奴，见到张胜说："您之所以在燕国受到重用，是因为您了解匈奴事务。燕国之所以能长时间存在，是因为诸侯多次叛变，战争接连不断。现在您想为燕国赶快消灭陈豨等人，但陈豨等人被打败之后，接着就要轮到燕国，您这伙人也要成为俘虏了。您为什么不让燕国延缓进攻陈豨而和匈奴修好呢？战争延缓了，能使卢绾长期做燕王，如果汉朝有紧急的变化，也可以凭借

国。"张胜以为然,乃私令匈奴助豨等击燕。燕王绾疑张胜与胡反,上书请族张胜。胜还,具道所以为者。燕王寤,乃诈论它人,脱胜家属,使得为匈奴间,而阴使范齐之陈豨所,欲令久亡,连兵勿决。

汉十二年,东击黥布,豨常将兵居代,汉使樊哙击斩豨。其裨将降,言燕王绾使范齐通计谋于豨所。高祖使使召卢绾,绾称病。上又使辟阳侯审食其、御史大夫赵尧往迎燕王,因验问左右。绾愈恐,闭匿,谓其幸臣曰:"非刘氏而王,独我与长沙耳。往年春,汉族淮阴,夏,诛彭越,皆吕后计。今上病,属任吕后。吕后妇人,专欲以事诛异姓王者及大功臣。"乃遂称病不行。其左右皆亡匿。语颇泄,辟阳侯闻之,归具报上,上益怒。又得匈奴降者,降者言张胜亡在匈奴,为燕使。于是上曰:"卢绾果反矣!"使樊哙击燕。燕王绾悉将其宫人家属骑数千居长城下,侯伺,幸上病愈,自入谢。四月,高祖崩,卢绾遂将其众亡入匈奴,匈奴以为东胡卢王。绾为蛮夷所侵夺,常思复归。居岁余,死胡中。

高后时,卢绾妻子亡降汉,会高后病,不能见,舍燕邸,为欲置酒见之。高后竟崩,不得见。卢绾妻亦病死。

孝景中六年,卢绾孙他之,以东胡王降,封为亚谷侯。

陈豨者,宛朐人也,不知始所以得从。及高祖七年冬,韩王信反,入匈奴,上至平城还,乃封豨为列侯,以赵相国将监赵、代边兵,边兵皆属焉。

豨常告归过赵,赵相周昌见豨宾客随之者千余乘,邯郸官舍皆满。豨所以待宾客布衣交,皆出客下。豨还之代,周昌乃求入见。见上,具言豨宾客盛甚,擅兵于外数岁,恐有变。上乃令人覆案豨客居

此地安定国家。"张胜认为他的话有道理,就暗中让匈奴帮助陈豨进攻燕国。燕王卢绾怀疑张胜和匈奴相互勾结,一起反叛,就上书皇帝请求把张胜满门抄斩。张胜回来后,把为什么这样干的原因全部告知了卢绾。卢绾醒悟了,就找了一些替身判处死刑,把张胜的家属释放出来,让张胜成为匈奴的内奸,又暗中派遣范齐到陈豨之处,想让他长期叛变逃亡在外,使战争接连不断。

汉高祖十二年,向东征讨黥布,陈豨经常带领军队在代地驻扎,汉朝派遣樊哙进攻陈豨并将其杀死。他的一名副将归降,说燕王卢绾派范齐到陈豨处相互交换情报,商议策划。高祖派使臣召卢绾进京,卢绾称自己有病推托不去。皇帝又派辟阳侯审食其、御史大夫赵尧前去迎接燕王,并顺便查问燕王手下臣子。卢绾更加恐惧,关门躲藏不出,对自己信赖的臣子说:"不是刘姓而被封为王的,就只有我卢绾和长沙王吴芮了。去年春天,汉朝把淮阴侯韩信满门抄斩,夏天,又杀掉了彭越,这都是吕后的计策。现在皇帝身患重病,把国家大事全部交给了吕后。而吕后是个女人,总是想找个借口杀掉异姓诸侯王和功绩高的大臣。"于是卢绾还是推辞说自己患病,拒绝进京。卢绾的部下都逃跑躲藏。但卢绾的话泄露了一些,辟阳侯听到了,便把这一切都告诉了皇帝,皇帝更加气愤。后来,汉朝又得到一些归降的匈奴人,说张胜逃跑到匈奴中,成为燕王的使者。于是皇帝说:"卢绾真的造反了!"就派樊哙进攻燕国。燕王卢绾把自己所有的宫人和家眷以及几千名骑兵安顿在长城下,等待时机,希望皇帝病康复后,亲自进京谢罪。四月,高祖去世,卢绾也就率领部下逃到匈奴之地,匈奴封他为东胡卢王。卢绾受到匈奴的蛮横掠夺,总是想着重返汉朝。过了一年多,卢绾在匈奴去世。

高后时,卢绾的妻子和儿女一起逃出匈奴重新投归汉朝,正好赶上高后病重,不能见面,于是住在了燕王在京的府邸,并准备在高后病好之后再设宴与高后相见。但一直到高后去世,也没有再见面。卢绾的妻子后来也因病去世了。

汉景帝中元六年,卢绾的孙子卢他之以东胡王的身份向汉朝投降,并被封为亚谷侯。

陈豨是宛朐人,不知当初是什么原因跟随高祖。直到高祖七年冬天,韩王韩信反叛,逃到匈奴,皇帝到平城而回,封陈豨为列侯,以赵国相国的身份带领督统赵国、代国的边防部队,这一地区戍卫边疆的部队统归他管理。

陈豨告假回乡曾路过赵国,赵相国周昌看到陈豨的随行宾客一共有一千多部车子,把邯郸所有的官员客舍全部住满。而陈豨对待宾客用的是平民百姓之间交往的礼节,并且总是谦卑恭敬,委屈自己厚待他人。陈豨回到代国,周昌就请求进京见皇帝。见到皇帝之后,他把陈豨宾客十分多、在外独自掌握兵权好几年、恐怕会有变故等事一一说出。皇帝就命人追查陈豨的宾客在财物等方面违法的

代者财物诸不法事，多连引豨。豨恐，阴令客通使王黄、曼丘臣所。及高祖十年七月，太上皇崩，使人召豨，豨称病甚。九月，遂与王黄等反，自立为代王，劫略赵、代。

上闻，乃赦赵、代吏人为豨所诖误劫略者，皆赦之。上自往，至邯郸，喜曰："豨不南据漳水，北守邯郸，知其无能为也。"赵相奏斩常山守、尉，曰："常山二十五城，豨反，亡其二十城。"上问曰："守、尉反乎？"对曰："不反。"上曰："是力不足也。"赦之，复以为常山守、尉。上问周昌曰："赵亦有壮士可令将者乎？"对曰："有四人。"四人谒，上谩骂曰："竖子能为将乎？"四人惭伏。上封之各千户，以为将。左右谏曰："从入蜀、汉，伐楚，功未遍行，今此何功而封？"上曰："非若所知！陈豨反，邯郸以北皆豨有，吾以羽檄征天下兵，未有至者，今唯独邯郸中兵耳。吾胡爱四千户封四人，不以慰赵子弟！"皆曰："善。"于是上曰："陈豨将谁？"曰："王黄、曼丘臣，皆故贾人。"上曰："吾知之矣。"乃各以千金购黄、臣等。

十一年冬，汉兵击斩陈豨将侯敞、王黄于曲逆下，破豨将张春于聊城，斩首万余。太尉勃入定太原、代地。十二月，上自击东垣，东垣不下，卒骂上；东垣降，卒骂者斩之，不骂者黥之。更命东垣为真定。王黄、曼丘臣其麾下受购赏之，皆生得，以故陈豨军遂败。

上还至洛阳。上曰："代居常山北，赵乃从山南有之，远。"乃立子恒为代王，都中都，代、雁门皆属代。

高祖十二年冬，樊哙军卒追斩豨于灵丘。

太史公曰：韩信、卢绾非素积德累善之世，徼一时权变，以诈力成功，遭汉初定，故得列地，南面称孤。内见疑强大，外倚蛮貊以为

事，其中不少事情涉及到陈豨。陈豨十分恐惧，暗中派宾客到王黄、曼丘臣处互通消息。到高祖十年七月，皇帝的父亲去世了，皇帝派人召陈豨进京，但陈豨称自己患了重病。九月，便与王黄等人一同造反，自立为代王，抢劫掠夺了赵、代两地。

皇帝知道之后，就一律赦免了被陈豨所连累而进行劫掠的赵、代官吏。皇帝亲自前去平叛，到达邯郸后高兴地说："陈豨他不在南面占领漳水，北面坚守邯郸，由此可知他不会有什么作为。"赵相国上奏请求把常山的郡守、郡尉杀死，说："常山一共有二十五座城池，陈豨造反，丢掉了其中二十座。"皇帝问："郡守、郡尉造反了吗？"赵相国回答说："没有。"皇帝说："这是兵力不够的原因。"赦免了他们，并且还恢复了他们的守尉职务。皇帝问周昌说："赵国还有能带兵打仗的勇士吗？"周昌回答说："有四个人。"然后让这四个人面见皇帝，皇帝一见便大骂道："你们这些小子们也能带兵打仗吗？"四个人惭愧地伏在地上。但皇帝还是各封给他们一千户的食邑，任命为将领。左右近臣劝谏道："有不少人跟着您进入蜀郡、汉中，其后又征讨西楚，有功劳但是没有得到普遍封赏，现在这几个人有什么功绩而予以封赏？"皇帝说："这就不是你们所能明白的了！陈豨造反，邯郸以北都被他所占据，我用紧急文告来征调各地部队，但到现在仍没有人到达，现在能用的就只有邯郸一处的部队而已。我没必要吝惜封给四个人的四千户，不用他们来安抚赵地的年轻人呢！"左右近臣都说："有道理。"于是皇帝又问："陈豨手下的将领都有谁？"左右回答说："有王黄、曼丘臣，都是商人出身。"皇帝说："我知道了。"于是各悬赏黄金千两来求购王黄、曼丘臣等的人头。

高祖十一年冬天，汉军在曲逆城下进攻并杀死了陈豨的大将侯敞、王黄，又在聊城把陈豨的大将张春打得一败涂地，斩首一万多人。太尉周勃进军平定了太原和代郡。十二月，皇帝亲自带领军队进攻东垣，但没能攻下，叛军士卒咒骂皇帝；不久东垣归降，凡是骂皇帝的士卒全部斩首，其他没骂的士卒则被处以黥刑，在额头上刺字。把东垣更名为真定。王黄、曼丘臣部下所有被悬赏抓捕的，全部被活捉，因此陈豨的部队也就彻底被消灭了。

皇帝抵达洛阳，说："代郡位于常山的北面，赵国却从山的南面来控制它，太遥远了。"于是就封儿子刘恒为代王，把中都设为国都，代郡、雁门都隶属代国。

高祖十二年冬天，樊哙的士卒追到灵丘把陈豨杀死。

太史公说：韩信、卢绾两人并不是一向行善积德的世家，而是幸运于一时随机应变，以欺骗和暴力的手法获得成功，正赶上汉朝刚刚成立，所以才能够分封

援，是以日疏自危，事穷智困，卒赴匈奴，岂不哀哉！陈豨，梁人，其少时数称慕魏公子；及将军守边，招致宾客而下士，名声过实。周昌疑之，疵瑕颇起，惧祸及身，邪人进说，遂陷无道。于戏悲夫！夫计之生孰成败于人也深矣！

土地，南面为王。在内由于势力过于强大而被怀疑，在外倚仗着外族作为援助。因此日渐被皇帝疏远，自陷危机，走投无路，无计可施，最终迫不得已投靠匈奴，难道不可悲吗！陈豨是梁地人，在他年轻的时候，每每称赞、倾慕魏公子信陵君；等到后来他带领部队守卫边疆，招募宾客，礼贤下士，名声超过了实际的情况。周昌怀疑他，很多的过失也就从这里产生了，由于害怕灾祸降临到头上，奸邪小人又乘机进说，于是终于使自己陷于不可挽回的境地。唉呀，太可悲了！由此可见，谋虑的成熟与否和成败怎样，对一个人的影响太深了！

田儋列传第三十四

田儋者，狄人也，故齐王田氏族也。儋从弟田荣，荣弟田横，皆豪，宗强，能得人。

陈涉之初起王楚也，使周市略定魏地，北至狄，狄城守。田儋佯为缚其奴，从少年之廷，欲谒杀奴。见狄令，因击杀令，而召豪吏子弟曰："诸侯皆反秦自立，齐，古之建国，儋，田氏，当王。"遂自立为齐王，发兵以击周市。周市军还去，田儋因率兵东略定齐地。

秦将章邯围魏王咎于临济，急。魏王请救于齐，齐王田儋将兵救魏。章邯夜衔枚击，大破齐、魏军，杀田儋于临济下。儋弟田荣收儋余兵东走东阿。

齐人闻王田儋死，乃立故齐王建之弟田假为齐王，田角为相，田间为将，以距诸侯。

田荣之走东阿，章邯追围之。项梁闻田荣之急，乃引兵击破章邯军东阿下。章邯走而西，项梁因追之。而田荣怒齐之立假，乃引兵归，击逐齐王假。假亡走楚。齐相角亡走赵；角弟田间前求救赵，因留不敢归。田荣乃立田儋子市为齐王。荣相之，田横为将，平齐地。

项梁既追章邯，章邯兵益盛，项梁使使告赵、齐，发兵共击章邯。田荣曰："使楚杀田假，赵杀田角、田间，乃肯出兵。"楚怀王曰："田假与国之王，穷而归我，杀之不义。"赵亦不杀田角、田间以市于齐。齐曰："蝮螫手则斩手，螫足则斩足。何者？为害于身也。今田假、田角、田间于楚、赵，非直手足戚也，何故不杀？且秦

田儋是狄县人，战国时期齐王田氏的同族。田儋的堂弟田荣、田荣的弟弟田横，是当地很有势力的人物，并且宗族强盛，很得人心。

　　在陈涉刚开始起兵自称楚王的时候，派遣周市攻打并平定了魏地，向东打到狄县，狄县令坚守县城。田儋佯装绑住自己的家奴，率领着手下的年轻人去县府，谎称在拜见县令之后杀死有罪的家奴。在田儋拜见县令的时候，他们借机杀死他，然后又募集有势力的官吏和年轻人说："各地诸侯都已经反叛秦朝自立为王，齐地是古代封建的诸侯国，而我田儋，是齐王田氏的同族，理当为王。"于是，田儋便自立为齐王，并且起兵进攻周市。周市的部队退走以后，田儋乘机带兵向东进军，占领并平定了齐国以前的土地。

　　秦朝将领章邯领兵在临济围攻魏王咎，情况危机，魏王派人到齐国来请求救援。齐王田儋带领部队援救魏国。章邯在夜晚让兵马口中衔枚，趁黑夜的掩护进行袭击，把齐魏联军打得大败，在临济城下杀死了田儋。田儋的堂弟田荣收编田儋的剩余部队向东逃跑到了东阿。

　　齐国人得知田儋死亡的消息之后，于是就拥立以前齐王田建的弟弟田假作为齐王、田角作为丞相、田间作为大将，以此来抵抗诸侯。

　　田荣在失败逃往东阿的时候，章邯进行追击堵截。项梁听说田荣状况紧急，于是就带兵来到东阿城下，并且一举打败章邯。章邯向西逃跑，项梁便乘胜追击。但是田荣对齐人立田假为齐王的事情非常气愤，于是便领兵回去，进攻追逐齐王田假，田假逃到楚国，丞相田角逃到赵国；田角的弟弟田间在此之前就已经到赵国求救，也就留在赵国不敢回去了。田荣于是拥立田儋的儿子田市为齐王，自任丞相，田横为大将，收复了齐地。

　　项梁追击章邯以后，章邯的部队反倒逐渐强大起来，于是项梁便派遣使者通知齐国和赵国，要两国一同发兵进攻章邯。田荣说："假如楚国杀死田假，赵国杀死田角、田间，那我们才会出兵。"楚怀王说："田假是我们同盟国的首领，在无处可去的时候来投奔我们，杀了他是不符合道义的。"赵国也不愿意用杀田角、田间来和齐国作交易。齐国人说："手被蝮蛇咬了就要把手砍掉，脚被蝮蛇咬了就要砍掉脚。为什么呢？因为如果不这样的话，就要祸及全身。而如今田假、田角、田间对于楚国、赵国来讲，并不是手足骨肉之亲，为什么不杀掉他们

复得志于天下，则龁齕用事者坟墓矣。"楚、赵不听，齐亦怒，终不肯出兵。章邯果败杀项梁，破楚兵，楚兵东走，而章邯渡河围赵于巨鹿。项羽往救赵，由此怨田荣。

项羽既存赵，降章邯等，西屠咸阳，火秦而立侯王也，乃徙齐王田市更王胶东，治即墨。齐将田都从共救赵，因入关，故立都为齐王，治临淄。故齐王建孙田安，项羽方渡河救赵，田安下济北数城，引兵降项羽，项羽立田安为济北王，治博阳。田荣以负项梁不肯出兵助楚、赵攻秦，故不得王；赵将陈余亦失职，不得王：二人俱怨项王。

项王既归，诸侯各就国，田荣使人将兵助陈余，令反赵地，而荣亦发兵以距击田都，田都亡走楚。田荣留齐王市，无令之胶东。市之左右曰："项王强暴，而王当之胶东，不就国，必危。"市惧，乃亡就国。田荣怒，追击杀齐王市于即墨，还攻杀济北王安。于是田荣乃自立为齐王，尽并三齐之地。

项王闻之，大怒，乃北伐齐。齐王田荣兵败，走平原，平原人杀荣。项王遂烧夷齐城郭，所过者尽屠之。齐人相聚畔之。荣弟横，收齐散兵，得数万人，反击项羽于城阳。而汉王率诸侯败楚，入彭城。项羽闻之，乃释齐而归，击汉于彭城，因连与汉战，相距荥阳。以故田横复得收齐城邑，立田荣子广为齐王，而横相之，专国政，政无巨细皆断于相。

横定齐三年，汉王使郦生往说下齐王广及其相国横。横以为然，解其历下军。汉将韩信引兵且东击齐。齐初使华无伤、田解军于历下以距汉，汉使至，乃罢守战备，纵酒，且遣使与汉平。汉将韩信已平

呢？何况如果是秦朝再得志于天下的话，那么不仅我们要自受其辱，并且连祖坟恐怕也要被人挖出呢。"楚国、赵国都不愿意顺从齐国，齐国也非常生气，最终也不肯出兵救助。章邯果然打败了楚军，并且杀了项梁，楚军往东逃跑，而章邯也就借机渡过黄河，攻击赵国的巨鹿。项羽前往救助赵国，因此也就非常怨恨田荣。

项羽保住了赵国，又降服了章邯等秦朝的将领，向西进入咸阳进行杀戮，消灭了秦朝，之后又分封诸侯王。于是他把齐王田市改封为胶东王，其建都的地方在即墨。齐国将领田都因为跟着项羽共同救援赵，接着又进军关中，因此项羽立田都为齐王，建都临淄。以前的齐王田建的孙子田安，他在项羽渡河救助赵国的时候，连续攻打下了济北很多城池，然后带兵归附了项羽，项羽因此立田安为济北王，建都博阳。田荣因为违背项梁不愿意出兵救助楚、赵两国进攻秦朝，因此不能被封为王；赵国将领陈余也因为没有完成本职的任务，没有被封为王，这两个人都非常怨恨项羽。

项羽回到楚国后，所封诸侯也就各自回到自己的封地。田荣派人领兵帮助陈余，让他在赵地反叛项羽，田荣自己也起兵抵御田都，田都逃到楚国。田荣软禁了齐王田市，不让他到胶东的封地。田市手下的人说："项羽强大而残暴，而您作为齐王，就应该到自己的封国胶东去，如果不去的话，一定会有危险。"田市非常恐惧，于是就逃跑到胶东。田荣知道后非常生气，连忙带人追赶齐王田市，在即墨把他杀死了。回来又进攻济北王田安，并且把他杀掉了。于是，田荣就自立为齐王，全部占据了三齐之地。

项羽知道这个消息之后，十分愤怒，于是就发兵向北征讨齐国。齐王田荣被打得大败，逃跑到平原，平原人把田荣杀死了。之后项羽就烧毁踏平了齐国都城的城郭，所经过的地方都大加屠戮，齐国人不能忍受，互相聚集起来反抗他。田荣的弟弟田横，收编起齐国的散兵，得到好几万兵马。反过来在城阳进攻项羽。就在这个时候，汉王刘邦带领诸侯的部队击败楚军，进入彭城。项羽得知这个消息之后，暂停攻击，放齐军回去，在彭城对汉兵发起攻势，接着与汉军多次战斗，在荥阳难分胜负。因此田横得以再次收复齐国大小城池，立田荣之子田广为齐王，田横为丞相辅助他，并专断国家政事，所有政事，无论大小，皆由田横一人决定。

田横平定齐国三年之后，汉王刘邦派遣郦食其到齐国，向齐王田广和丞相田横游说，要他们归降汉朝。田横认为这事可以行得通，就解除了齐国在历下对汉军的防御。汉将韩信本来领兵将要向东进攻齐国。齐国起初曾经派华无伤、田解率领军队在历下驻扎以抵抗汉军，等到汉使者到来，就解除了守城的战斗准

赵、燕，用蒯通计，度平原，袭破齐历下军，因入临淄。齐王广、相横怒，以郦生卖己，而烹郦生。齐王广东走高密，相横走博，守相田光走城阳，将军田既军于胶东。楚使龙且救齐，齐王与合军高密。汉将韩信与曹参破杀龙且，虏齐王广。汉将灌婴追得齐守相田光。至博，而横闻齐王死，自立为齐王，还击婴，婴败横之军于嬴下。田横亡走梁，归彭越。彭越是时居梁地，中立，且为汉，且为楚。韩信已杀龙且，因令曹参进兵破杀田既于胶东，使灌婴破杀齐将田吸于千乘。韩信遂平齐，乞自立为齐假王，汉因而立之。

后岁余，汉灭项籍，汉王立为皇帝，以彭越为梁王。田横惧诛，而与其徒属五百余人入海，居岛中。高帝闻之，以为田横兄弟本定齐，齐人贤者多附焉，今在海中不收，后恐为乱，乃使使赦田横罪而召之。田横因谢曰："臣烹陛下之使郦生，今闻其弟郦商为汉将而贤，臣恐惧，不敢奉诏，请为庶人，守海岛中。"使还报，高皇帝乃诏卫尉郦商曰："齐王田横即至，人马从者敢动摇者致族夷！"乃复使使持节具告以诏商状，曰："田横来，大者王，小者乃侯耳；不来，且举兵加诛焉。"田横乃与其客二人乘传诣雒阳。

未至三十里，至尸乡厩置，横谢使者曰："人臣见天子当洗沐。"止留。谓其客曰："横始与汉王俱南面称孤，今汉王为天子，而横乃为亡虏而北面事之，其耻固已甚矣。且吾烹人之兄，与其弟并肩而事其主，纵彼畏天子之诏，不敢动我，我独不愧于心乎？且陛下所以欲见我者，不过欲一见吾面貌耳。今陛下在洛阳，今斩吾头，驰

备，放任兵士饮酒，并派使者与汉朝和解。但汉将韩信在攻克赵国、燕国之后，用蒯通的计谋，越过平原，突然攻击，击败了齐国在历下驻扎的守城军队，接着又攻入临淄。齐王田广、丞相田横见汉军忽然出现，非常气愤，认为自己被郦生出卖了，马上烹杀郦生。齐王田广向东逃到高密，丞相田横逃到博阳，守相田光逃向城阳，将军田既率领兵马驻守胶东。这个时候，楚国派龙且带领军队来救援齐国，齐王田广与龙且在高密会和。汉将韩信与曹参在高密打败齐楚联军，杀死楚将龙且，抓获齐王田广。汉将灌婴继续追击，又抓获了齐国守相田光。灌婴继续进军，到达博阳。而田横得知齐王田广已经死了，就自立为齐王，率军回来与灌婴战斗。在嬴下，田横的军队被灌婴打得大败。田横逃到梁地，归附彭越。这时，彭越拥兵梁地，在楚国汉国之间保持中立，又想帮助汉王，又想帮助楚王。韩信在杀死了楚将龙且之后，便命令曹参继续向胶东进攻，在这里打败田既并在战斗中将他杀死；韩信又命灌婴追击齐国将领田吸，在千乘将他击败并杀死。这样，韩信便平定了齐国的土地，向刘邦上书，请刘邦立自己为齐国假王，刘邦也就借势立韩信为齐王。

  过了一年多，汉王刘邦打败了项羽，就自立为皇帝，封彭越为梁王。田横唯恐被杀，就带着他的手下五百多人逃到海上，住在一个小岛之上。汉高祖刘邦得知这个消息之后，认为田横兄弟原本就平定了齐国，齐国的才能之士大都投靠于他，现在要让他流落在海中而不加以招揽的话，以后恐怕难免有祸患。所以就派使者赦免田横的罪过并且召他入朝，田横却辞谢说："我曾经烹杀了皇上的使者郦生，如今我听说郦生的弟弟郦商是一个很有才能的汉朝将领，所以我非常恐惧，不敢奉旨进京，请求皇上允许我做一个普通百姓，住在这海岛上。"使者回来告知皇上，高祖立刻下令给卫尉郦商说："齐王田横就要到京，谁要敢动一下他的随从人员，马上满门抄斩！"接着又派使者拿着符节把皇帝下令命令郦商的状况原原本本地告知田横，并且说："田横如果来京，最大可以被封为王，最小也可以封为侯；如果不来的话，将会派军队加以剿灭。"田横于是和他的两个门客一起乘坐驿站的马车赶往洛阳。

  在距离洛阳三十里处，有一个名叫尸乡的地方，这一天田横一行人来到这个地方的驿站。田横对汉使说："作为臣子拜见天子应该衣冠整洁。"于是就住下来。田横对他的门客说："我田横原来和汉王都是南面称孤的王，而现在汉王成了天子，我田横反而却成了亡国奴，而要北面作为臣子侍奉他，这原本就是莫大的耻辱了。更何况我烹杀了人家的兄长，再与他的弟弟一起侍奉同一个主子，即使他害怕皇帝的命令，不敢动我，难道我于心就没有一点羞愧吗？再者，皇帝陛下召我来京的原因，不过是想看一下我的相貌罢了。现在皇帝就在洛阳，现在我

三十里间，形容尚未能败，犹可观也。"遂自刭，令客奉其头，从使者驰奏之高帝。高帝曰："嗟乎，有以也夫！起自布衣，兄弟三人更王，岂不贤乎哉！"为之流涕，而拜其二客为都尉，发卒二千人，以王者礼葬田横。

既葬，二客穿其冢旁孔，皆自刭，下从之。高帝闻之，乃大惊，以田横之客皆贤。"吾闻其余尚五百人在海中"，使使召之。至则闻田横死，亦皆自杀。于是乃知田横兄弟能得士也。

太史公曰：甚矣蒯通之谋，乱齐骄淮阴，其卒亡此两人！蒯通者，善为长短说，论战国之权变，为八十一首。通善齐人安期生，安期生尝干项羽，项羽不能用其筴。已而项羽欲封此两人，两人终不肯受，亡去。田横之高节，宾客慕义而从横死，岂非至贤！余因而列焉。不无善画者，莫能图，何哉？

割下我项上人头，快马飞奔三十里的时间，我的相貌还不会改变，还是能够看一下我究竟是什么样子的。"说完之后，就刎颈自杀了，两个门客手捧他的头，跟随使者快马入朝，告知汉高祖。汉高祖说道："哎呀！能有这样的言行，真是了不起呀！从普通百姓起家，兄弟三个人接连称王，难道不是有才能的人吗！"汉高祖忍不住为他流下了眼泪。然后高祖任命田横的两个门客为都尉，并且派两千名士卒，以诸侯王的丧礼安葬了田横。

安葬完田横之后，两个门客在田横的坟墓旁挖了个洞，然后自杀，倒在了洞里，追随田横死去。汉高祖得知此事之后，非常吃惊，认为田横的门客都是有才能的人。高祖听说田横部下还有五百人在海岛上，又派使者召他们进京。进京之后，这五百门客得知田横已死，他们也都自杀。由此更加可以得知田横兄弟的确是能够得到贤士爱戴的人。

太史公说：蒯通的计谋实在是厉害呀！它既搞乱了齐国又骄纵坏了韩信，最后又害死了田横、韩信这两个人！蒯通擅长纵横之说，曾经写书评论战国时期的权变方策，一共八十一篇。蒯通与齐国人安期生关系甚好，安期生曾请求项羽任用他，但项羽没有采用他的计谋。后来项羽又想封他二人爵位，但他们不肯受爵，就逃走了。田横节操高尚，宾客倾慕他的高义而心甘情愿随他去死，这难道还不是有才能的人吗？我根据事实把他的事迹记录在这里。但是十分可惜，当时没有善于绘画的人，没能把他的相貌和功绩描画下来，什么原因呢？

樊郦滕灌列传第三十五

舞阳侯樊哙者,沛人也。以屠狗为事,与高祖俱隐。

初从高祖起丰,攻下沛。高祖为沛公,以哙为舍人。从攻胡陵、方与,还守丰,击泗水监丰下,破之。复东定沛,破泗水守薛西。与司马仁战砀东,却敌,斩首十五级,赐爵国大夫。常从沛公击章邯军濮阳,攻城先登,斩首二十三级,赐爵列大夫。复常从,从攻城阳,先登。下户牖,破李由军,斩首十六级,赐上间爵。从攻围东郡守尉于成武,却敌,斩首十四级,捕虏十一人,赐爵五大夫。从击秦军,出亳南。河间守军于杠里,破之。击破赵贲军开封北,以却敌先登,斩候一人,首六十八级,捕虏二十七人,赐爵卿。从攻破杨熊军于曲遇。攻宛陵,先登,斩首八级,捕虏四十四人,赐爵封号贤成君。从攻长社、轘辕,绝河津,东攻秦军于尸,南攻秦军于犨。破南阳守齮于阳城。东攻宛城,先登。西至郦,以却敌,斩首二十四级,捕虏四十人,赐重封。攻武关,至霸上,斩都尉一人,首十级,捕虏百四十六人,降卒二千九百人。

项羽在戏下,欲攻沛公。沛公从百余骑因项伯面见项羽,谢无有闭关事。项羽既飨军士,中酒,亚父谋欲杀沛公,令项庄拔剑舞坐中,欲击沛公,项伯常蔽之。时独沛公与张良得入坐,樊哙在营外,闻事急,乃持铁盾入。到营,营卫止哙,哙直撞入,立帐下。项羽目之,问为谁。张良曰:"沛公参乘樊哙。"项羽曰:"壮士。"赐之卮酒彘肩。哙既饮酒,拔剑切肉食,尽之。项羽曰:"能复饮乎?"哙曰:"臣死且不辞,岂特卮酒乎!且沛公先入定咸阳,暴师霸上,

舞阳侯樊哙是沛县人，以杀狗卖狗肉维持生计，以前和汉高祖一起隐没在乡间。

当初跟随高祖在丰县起兵，攻取了沛县。高祖当了沛公，就以樊哙为舍人。接着，他随同沛公进攻胡陵、方与，回过头来又镇守丰县，在丰县城下，打败了泗水郡郡监所带领的兵马。再一次平定沛县，在薛县的西方，打败了泗水郡守所率领的兵马。在砀东，樊哙与章邯的手下司马仁交战，击退敌军，斩敌首十五级，被赐爵为国大夫。樊哙经常跟随在沛公的身边，沛公在濮阳进攻章邯的军队，攻打城池的时候他率先登城，斩杀二十三人，被封为列大夫。他跟从沛公进攻城阳，又是他率先登城，同时还攻占了户牖，击败了秦将李由的兵马，斩敌首十六人，被封上间爵。在成武，樊哙跟随沛公包围了东郡守尉，大破敌军，斩杀敌人首十四级，抓获十一人，被封为五大夫。跟从沛公攻打秦军，出兵亳南，在杠里打败了河间郡守的军队。在开封以北又击败了赵贲的军队，因为在战斗中英勇无比，率先登城，斩杀了一个侦察兵的头目，杀死秦兵六十八人，抓获二十七人，被封为卿爵。在曲遇，随沛公打败了杨熊的部队。攻宛陵的时候，率先登城，斩首八级，抓获四十四人，被封为爵，封号贤成君。跟随沛公进攻长社、辕辕，断绝了黄河渡口，向东进攻尸乡一带的秦军。又向南进攻犨邑的秦军。在阳城击败了南阳郡郡守吕齮的军队。再向东进攻宛城，率先登城。再向西攻打郦县，因为樊哙击败了秦军，斩杀二十四人，抓获四十人，沛公对他再次加以封赏。进攻武关，来到灞上，杀秦都尉一人，斩杀十人，抓获一百四十六人，收服兵马两千九百人。

项羽驻扎在戏下，准备攻打沛公。沛公率领一百多骑兵来到项营，通过项伯的关系会见项羽，向项羽谢罪，说明自己并没有封锁函谷关，不让诸侯军进入关中的事。项羽设宴席犒赏军中将士，正当大家喝酒的时候，亚父范增想杀掉沛公，命令项庄拔剑在席前舞剑，想借机击杀沛公，而项伯却一再挡在沛公的面前。这个时候只有沛公和张良在酒席宴中，樊哙在大营之外，得知事情紧急，就拿着铁盾牌来到大营前。守营卫士阻拦樊哙，樊哙直接闯了进去，站立在帐下。项羽看着他，问他是谁。张良说："他是沛公的参乘樊哙。"项羽称赞道："此人真是英雄！"说完，就赏给他一大碗酒和一条猪前腿。樊哙举杯一饮而尽，然后拔出宝剑切开猪腿，把肉全部吃了下去。项羽问他："还能再喝一碗酒吗？"樊哙说道："我连死都不怕，难道还会怕这一碗酒吗！何况我们沛公首先进入并

以待大王。大王今日至，听小人之言，与沛公有隙，臣恐天下解，心疑大王也。"项羽默然。沛公如厕，麾樊哙去。既出，沛公留车骑，独骑一马，与樊哙等四人步从，从间道山下归走霸上军，而使张良谢项羽。项羽亦因遂已，无诛沛公之心矣。是日微樊哙奔入营谯让项羽，沛公事几殆。明日，项羽入屠咸阳，立沛公为汉王。汉王赐哙爵为列侯，号临武侯。迁为郎中，从入汉中。

还定三秦，别击西丞白水北，雍轻车骑于雍南，破之。从攻雍、櫟城，先登。击章平军好畤，攻城，先登陷阵，斩县令丞各一人，首十一级，虏二十人，迁郎中骑将。从击秦车骑壤东，却敌，迁为将军。攻赵贲，下郿、槐里、柳中、咸阳；灌废丘，最。至栎阳，赐食邑杜之樊乡。从攻项籍，屠煮枣。击破王武、程处军于外黄。攻邹、鲁、瑕丘、薛。项羽败汉王于彭城，尽复取鲁、梁地。哙还至荥阳，益食平阴二千户，以将军守广武。一岁，项羽引而东。从高祖击项籍，下阳夏，虏楚周将军卒四千人。围项籍于陈，大破之。屠胡陵。

项籍既死，汉王为帝，以哙坚守战有功，益食八百户。从高帝攻反燕王臧荼，虏荼，定燕地。楚王韩信反，哙从至陈，取信，定楚。更赐爵列侯，与诸侯剖符，世世勿绝，食舞阳，号为舞阳侯，除前所食。以将军从高祖攻反韩王信于代。自霍人以往至云中，与绛侯等共定之，益食千五百户。因击陈豨与曼丘臣军，战襄国，破柏人，先登，降定清河、常山凡二十七县，残东垣，迁为左丞相。破得綦毋卬、尹潘军于无终、广昌。破豨别将胡人王黄军于代南，因击韩信军

平定了咸阳,露宿灞上,一直这样等待您的到来。大王您今天刚到这里,就听信了小人的谗言,跟沛公有了芥蒂,我害怕天下从此又要四分五裂,所有人都怀疑是您一手造成的啊!"项羽听罢,默不作声。沛公借口要去上厕所,暗示樊哙和他一同离去。出了营之后,沛公把随从车马留下,自己骑一匹马,让樊哙等四个人步行跟随,从山间的小路跑回灞上的军营,命令张良代替自己向项羽辞谢。项羽也作罢了,没有杀死沛公的念头了。这一天如果不是樊哙闯进大营责备项羽的话,沛公的事业几乎就毁于一旦。第二天,项羽率领兵马进入咸阳,大肆杀戮,封沛公为汉王。汉王也就封樊哙为列侯,号临武君。随后又升任郎中,跟随汉王进入汉中。

当汉王回军平定三秦的时候,樊哙独自带兵在白水以北进攻西城县丞的部队,又在雍县之南进攻雍王章邯的轻车骑兵,都击败了他们。跟从汉王进攻雍县、县县城,率先登城。在好畤进攻章平的军队,攻城时樊哙又率先登城。带头陷阵杀敌,杀死县令一人,县丞一人,斩首十一级,抓获二十人,升任郎中骑将。跟随汉王在壤东进攻章军的车骑部队,击退敌人的进攻,升任将军。在进攻赵贲的军队时,在攻取郿、槐里、柳中、咸阳的战役中,以及引水灌废丘的敌军,樊哙的功劳都最高。到了栎阳,汉王把杜陵的樊乡赏赐给樊哙当作食邑。跟随汉王攻打项羽,血洗了煮枣。在外黄,打败了王武、程处所率领的军队。接着又先后进攻邹县、鲁城、瑕丘和薛县。项羽在彭城把汉王打得一败涂地,全部收复了鲁、梁一带的土地。樊哙回军到荥阳,汉王又给他增加了平阴两千户作为他的食邑,以将军的职位防守广武。一年之后,项羽带兵东去。樊哙又跟从汉王进攻项羽,夺取了阳夏,抓获了楚国周将军的士兵四千人。把项羽包围在陈县,把他打得大败。樊哙血洗了胡陵。

项羽死后,汉王当了皇帝,樊哙因为坚守城池和出击战斗有功,又加封食邑八百户。他跟随高祖进攻反叛的燕王臧荼,并抓获了他,平定了燕国的土地。楚王韩信发动叛乱,樊哙跟随高祖到陈县,抓获了韩信,平定了楚国的土地。高祖改赐列侯的爵位,与诸侯把兵符剖开以示信任,让他们世代传承不绝。皇帝把樊哙以前的食邑除去,赐给他舞阳,号为舞阳侯。樊哙又以将军的职位跟随高祖前去代地,进攻反叛的韩王信。从霍人一直到云中,都是樊哙和绛侯周勃一行人一起平定的,于是又增加了他的食邑一千五百户。后来,樊哙又带领人马攻击反叛的臣子陈豨和曼丘臣的部队,襄国大战,在攻打柏人县的时候,率先登城,又降服收复了清河、常山两郡的二十七个县,攻取了东垣县城,以此功劳升任左丞相。在无终、广昌,打败了綦毋卬、尹潘的部队,并且生擒了他们两人。在代南,击破了陈豨部下的胡人将领王黄所率领的部队。接着,又进军参合,进攻韩

于参合。军所将卒斩韩信，破豨胡骑横谷，斩将军赵既，虏代丞相冯梁、守孙奋、大将王黄、将军、太仆解福等十人。与诸将共定代乡邑七十三。其后燕王卢绾反，哙以相国击卢绾，破其丞相抵蓟南，定燕地，凡县十八，乡邑五十一。益食邑千三百户，定食舞阳五千四百户。从斩首百七十六级，虏二百八十八人。别破军七，下城五，定郡六，县五十二，得丞相一人，将军十二人，二千石已下至三百石十一人。

哙以吕后女弟吕须为妇，生子伉，故其比诸将最亲。

先黥布反时，高祖尝病甚，恶见人，卧禁中，诏户者无得入群臣。群臣绛、灌等莫敢入。十余日，哙乃排闼直入，大臣随之。上独枕一宦者卧。哙等见上流涕曰："始陛下与臣等起丰沛，定天下，何其壮也！今天下已定，又何惫也！且陛下病甚，大臣震恐，不见臣等计事，顾独与一宦者绝乎？且陛下独不见赵高之事乎？"高帝笑而起。

其后卢绾反，高帝使哙以相国击燕。是时高帝病甚，人有恶哙党于吕氏，即上一日宫车晏驾，则哙欲以兵尽诛灭戚氏、赵王如意之属。高帝闻之大怒，乃使陈平载绛侯代将，而即军中斩哙。陈平畏吕后，执哙诣长安。至则高祖已崩，吕后释哙，使复爵邑。

孝惠六年，樊哙卒，谥为武侯。子伉代侯。而伉母吕须亦为临光侯，高后时用事专权，大臣尽畏之。伉代侯九岁，高后崩。大臣诛诸吕、吕须婘属，因诛伉。舞阳侯中绝数月。孝文帝既立，乃复封哙他庶子市人为舞阳侯，复故爵邑。市人立二十九岁卒，谥为荒侯。子他广代侯。六岁，侯家舍人得罪他广，怨之，乃上书曰："荒侯市人病不能为人，令其夫人与其弟乱而生他广，他广实非荒侯子，不当代

王信的军队，他所率领的将士杀死韩王信。在横谷，击败陈豨的胡人骑兵部队，杀死了将军赵既，抓获了代国丞相冯梁、郡守孙奋、大将军王黄、太仆解福及将军等十人。和将领们一同收复了代地的乡邑七十三个。此事之后，燕王卢绾起兵反叛，樊哙以相国的职位带兵进攻卢绾，在蓟县之南打败卢绾所率领的部队，收复了燕地共十八个县、五十一个乡邑。于是皇帝又给樊哙增加食邑一千三百户，把舞阳侯的食邑定为五千四百户。樊哙跟随高祖南征北讨途中，共斩杀敌人一百七十六个，抓获敌兵一百八十八人。他自己独自带兵打仗，击败过七支敌军，攻占过五座城池，平定了六个郡，五十二个县，并抓获过敌人丞相一人，将军十二人，二千石以下到三百石的官员十一人。

樊哙因为娶了吕后的妹妹吕媭作为妻子，生下儿子樊伉，因此和其他将领比起来，高祖对樊哙更加亲近。

先前在黥布反叛的时候，高祖一直病得很严重，不喜欢见人，他躺在宫禁之中，命令守门人不可以让群臣进去看他。群臣中像绛侯周勃、灌婴等人都不敢进宫。就这样过了十几天，有一次樊哙推开宫门，直接闯了进去，后面的臣子们紧紧跟随。看见高祖一人枕着一个宦官躺在床上。樊哙等人见到皇帝之后，哭着说："想当初陛下和我们一起从丰沛起兵，平定天下，那是怎样的壮举啊！而现在天下已经安定，您又是何等的劳累啊！何况您病得不轻，大臣们都不知所措，您又不愿意接见我们这些人来商议国家大事，难道您只想和一个宦官诀别吗？再说您难道不知道以前赵高作乱的事吗？"高祖听罢，于是笑着从床上起来。

后来卢绾密谋造反，高祖命令樊哙以相国的身份去进攻燕国。这时高祖又病得十分严重，有人诬陷樊哙和吕氏勾结，皇帝如果有一天去世的话，那么樊哙就要带兵把戚夫人和赵王如意这些人全部杀死。高祖听说之后，非常生气，马上命令陈平用车载着绛侯周勃去取代樊哙，并在军中马上把樊哙杀死。陈平因畏惧吕后，并没有按照高祖的命令执行，而是把樊哙解赴长安。到达长安的时候，高祖已经去世，吕后就赦免了樊哙，并恢复了他原有的爵位和封邑。

汉惠帝六年时，樊哙去世了，谥号为武侯。樊哙的儿子樊伉接替他的侯位。而樊伉的母亲吕媭也被封为临光侯。在高后时期，吕媭也执掌国家政事，十分独断，大臣们没有不惧怕她的。樊伉代侯九年之后，吕后去世了。大臣们诛杀吕氏宗族和吕媭的亲戚，接着，又杀死了樊伉。舞阳侯这个爵位中间断了好几个月。直到汉文帝即位的时候，这才封樊哙之妾所生的儿子樊市人为舞阳侯，并恢复了原来的爵位和食邑。樊市人在位二十九年后死去，谥号为荒侯。樊市人的儿子樊他广继承了他的侯位。六年之后，舞阳侯家中的人得罪了樊他广，十分怨恨他，于是就上书说："荒侯市人因为有病而失去了生育能力，就让他的妻子和弟弟淫

后。"诏下吏。孝景中六年,他广夺侯为庶人,国除。

曲周侯郦商者,高阳人。陈胜起时,商聚少年东西略人,得数千。沛公略地至陈留,六月余,商以将卒四千人属沛公于岐。从攻长社,先登,赐爵封信成君。从沛公攻缑氏,绝河津,破秦军洛阳东。从攻下宛、穰,定十七县。别将攻旬关,定汉中。

项羽灭秦,立沛公为汉王。汉王赐商爵信成君,以将军为陇西都尉。别将定北地、上郡。破雍将军乌氏,周类军枸邑,苏驵军于泥阳。赐食邑武成六千户。以陇西都尉从击项籍军五月,出巨野,与钟离眛战,疾斗,受梁相国印,益食邑四千户。以梁相国将从击项羽二岁三月,攻胡陵。

项羽既已死,汉王为帝。其秋,燕王臧荼反,商以将军从击荼,战龙脱,先登陷阵,破荼军易下,却敌,迁为右丞相,赐爵列侯,与诸侯剖符,世世勿绝,食邑涿五千户,号曰涿侯。以右丞相别定上谷,因攻代,受赵相国印。以右丞相赵相国别与绛侯等定代、雁门,得代丞相程纵、守相郭同、将军已下至六百石十九人。还,以将军为太上皇卫一岁七月。以右丞相击陈豨,残东垣。又以右丞相从高帝击黥布,攻其前拒,陷两陈,得以破布军,更食曲周五千一百户,除前所食,凡别破军三,降定郡六,县七十三,得丞相、守相、大将各一人,小将二人,二千石已下至六百石十九人。

商事孝惠、高后时,商病,不治。其子寄,字况,与吕禄善。及高后崩,大臣欲诛诸吕,吕禄为将军,军于北军,太尉勃不得入北军,于是乃使人劫郦商,令其子况绐吕禄,吕禄信之,故与出游,而太尉勃乃得入据北军,遂诛诸吕。是岁商卒,谥为景侯。子寄代侯。

乱而生下他广。他广在事实上不是荒侯的后代,因此更不应该继承侯位。"皇帝命令把此事交给官吏去处理。在汉景帝中元六年时,取消了樊他广的侯位,把他贬为平民百姓,封国食邑也一并取消了。

曲周侯郦商是高阳人。在陈胜起兵反抗秦朝的时候,他召集了一伙年轻人到处招兵买马,聚集了好几千人。沛公攻城夺地来到陈留,过了六个多月,郦商就率领将士四千多人到岐投奔沛公。跟随沛公进攻长社,率先登城,赐爵封为信成君。跟随沛公进攻缑氏,封锁了黄河的渡口,在洛阳东面打败秦军。跟从沛公夺取宛、穰两地,另外又平定了十七个县。自己单独率军进攻旬关,平定汉中。

项羽灭亡秦朝之后,立沛公为汉王。汉王赐给郦商信成君爵位,并让他以将军的职位担任陇西的都尉。郦商独自率军平定了北地和上郡。在乌氏击败了雍王章邯部下所带领的军队,在栒邑击败了周类所带领的军队,在泥阳击败了苏驵所带领的军队。于是汉王把武成县的六千户赏给了郦商,作为他的食邑。他以陇西都尉的身份跟随沛公进攻项羽的军队时间长达五个月之久,出兵巨野,和钟离眛战斗,因激战有功,沛公赐予他梁相国印,又增封食邑四千户。以梁国相国的身份跟随汉王与项羽作战时间长达两年又三个月,攻占胡陵。

项羽死了之后,汉王成为皇帝。这一年的秋天,燕王臧荼密谋造反,郦商以将军的身份随从高帝去进攻臧荼。在龙脱大战的时候,郦商勇猛无比,率先登城,在易下打败臧荼的部队。因杀敌有功,被升职为右丞相,赐给他列侯的爵位,和其他诸侯一样剖符为信,世世代代永不断绝,以涿邑五千户作为他的食邑,封号为涿侯。以右丞相的职位独自带兵平定上谷,接着又进攻代,高祖赐予他赵国的相国之印。以右丞相外加赵国相国的身份带兵和绛侯周勃等人一同平定了代和雁门,生擒了代国丞相程纵、守相郭同、将军以下到六百石的官员一共十九人。凯旋归来之后,他以将军的身份担任太上皇的护卫一年零七个月。然后又以右丞相之职进攻陈豨,攻破东垣城墙。又以右丞相的身份跟随高帝攻打反叛的黥布,郦商带兵向敌人前沿阵地猛烈攻击,攻陷了两个阵地,从而使汉军能够击败黥布的兵马。高帝把他的封邑改定在了曲周,增加到五千一百户,收回了以前所封的食邑。总计郦商一共击败了三支敌军,降服平定六个郡、七十三个县,抓获丞相、守相、大将各一人,小将二人,二千石以下到六百石的官员十九人。

郦商在侍奉孝惠帝、高后时期,因身体不好,不能处理国家政事。他的儿子郦寄,字况,与吕禄交情甚好。等到高后去世的时候,大臣们想诛杀吕氏家族,可是吕禄身为将军,统领北军,太尉周勃进不了北军的营寨。于是就派人威逼郦商,让他的儿子郦况去欺骗吕禄。吕禄相信了郦况说的话,就和他一同出去游玩,使得太尉周勃进入北军营寨,控制北军。这样,才诛杀掉了吕氏家族。也就

天下称郦况卖交也。

孝景前三年，吴、楚、齐、赵反，上以寄为将军，围赵城，十月不能下。得俞侯栾布自平齐来，乃下赵城，灭赵，王自杀，除国。孝景中二年，寄欲取平原君为夫人，景帝怒，下寄吏，有罪，夺侯。景帝乃以商他子坚封为缪侯，续郦氏后。缪靖侯卒，子康侯遂成立。遂成卒，子怀侯世宗立。世宗卒，子侯终根立，为太常，坐法，国除。

汝阴侯夏侯婴，沛人也。为沛厩司御。每送使客还，过沛泗上亭，与高祖语，未尝不移日也。婴已而试补县吏，与高祖相爱。高祖戏而伤婴，人有告高祖。高祖时为亭长，重坐伤人，告故不伤婴，婴证之。后狱覆，婴坐高祖系岁余，掠笞数百，终以是脱高祖。

高祖之初与徒属欲攻沛也，婴时以县令史为高祖使。上降沛一日，高祖为沛公，赐婴爵七大夫，以为太仆。从攻胡陵，婴与萧何降泗水监平，平以胡陵降，赐婴爵五大夫。从击秦军砀东，攻济阳，下户牖，破李由军雍丘下，以兵车趣攻战疾，赐爵执帛。常以太仆奉车从击章邯军东阿、濮阳下，以兵车趣攻战疾，破之，赐爵执圭。复常奉车从击赵贲军开封，杨熊军曲遇。婴从捕虏六十八人，降卒八百五十人，得印一匮。因复常奉车从击秦军雒阳东，以兵车趣攻战疾，赐爵封转为滕公。因复奉车从攻南阳，战于蓝田、芷阳，以兵车趣攻战疾，至霸上。项羽至，灭秦，立沛公为汉王。汉王赐婴爵列侯，号昭平侯，复为太仆，从入蜀、汉。

还定三秦，从击项籍。至彭城，项羽大破汉军。汉王败，不利，驰去。见孝惠、鲁元，载之。汉王急，马罢，虏在后，常蹶两儿欲弃

在这一年,郦商去世了,谥号为景侯。他的儿子郦寄接替了侯位,天下人都说他出卖朋友。

孝景帝前元三年,吴、楚、齐、赵等诸侯国联合起兵反叛,皇帝委任郦寄为将军,攻打赵城,但十个月都没有攻下。等到俞侯栾布平定了齐国前来援助,这才攻打下了赵城,消灭了赵国。赵王刘遂自杀,封国被废除。景帝中元二年,郦寄想要娶景帝王皇后的母亲平原君为妻。景帝非常生气,把郦寄交给司法官吏去处理,判定他有罪,免除了侯爵爵位。景帝把郦商的另一个儿子郦坚封为缪侯,以延续郦氏的后代。缪靖侯郦坚去世之后,他的儿子康侯郦遂成接替。郦遂成死去之后,其儿子怀侯郦世宗接替。郦世宗去世之后,其儿子郦终根继承侯位,任太常,后来因为触犯法律,封国被废除。

汝阴侯夏侯婴是沛县人。起初在沛县县府的马房里负责养马驾车。每当他驾车送完使者或客人回去的时候,路过沛县泗上亭,都要去找高祖聊天,而且一聊就是很长时间。后来,夏侯婴被任命为候补的县吏,与高祖关系更加密切。有一次,高祖因为开玩笑而失手伤到了夏侯婴,被别人告发到官府。当时高祖身为亭长,伤了人要从严处罚,所以高祖申诉本来没有伤害夏侯婴,夏侯婴也证明自己没有受到伤害。后来这个案子又被翻了过来,夏侯婴因受高祖的牵连被关押了一年之久,挨了几百板子,但最后因此使高祖没有受到刑罚。

当初高祖率领他的徒众准备进攻沛县的时候,夏侯婴以县令属官的身份与高祖联系。就在高祖降服沛县的那天,高祖立为沛公,赐给夏侯婴七大夫的爵位,并任命他为太仆。在跟随高祖进攻胡陵时,夏侯婴和萧何一起招降了泗水郡郡监平,平献出胡陵投降了,高祖赏赐给夏侯婴五大夫的爵位。他跟随高祖在砀县以东攻击秦军,进攻济阳,攻下户牖,在雍丘一带打败李由的军队,他在战斗中驾兵车快速进攻,骁勇善战,高祖赏赐给他执帛的爵位。夏侯婴又以太仆的职位指挥兵车跟随高祖在东阿、濮阳一带攻击章邯,在战斗中驾兵车快速进攻,骁勇善战,大败秦军,高祖赏赐给他执圭的爵位。他又指挥兵车跟从高祖在开封攻击赵贲的军队,在曲遇攻击杨熊的军队。在战斗中,夏侯婴抓获六十八人,收降士兵八百五十人,并缴获金印一匣。接着又曾经指挥兵车跟从高祖在洛阳的东面攻打秦军。他驾车冲锋陷阵,奋力拼杀,高祖赏赐他滕公的封爵。接着他又指挥兵车跟从高祖进攻南阳,在蓝田、芷阳的战斗中,他驾兵车全力冲杀,英勇作战,一直攻打到了灞上。项羽进关之后,灭亡了秦朝,封沛公为汉王。汉王赐与夏侯婴列侯的爵位,号为昭平侯。又以太仆的职位,随同汉王进军蜀、汉地区。

后来汉王回师平定了三秦,夏侯婴跟随汉王攻打项羽的军队。向彭城进军,汉军被项羽打败。汉王因为兵败不利,乘车马快速逃跑。在途中夏侯婴遇到了孝

之，婴常收，竟载之，徐行面雍树乃驰。汉王怒，行欲斩婴者十余，卒得脱，而致孝惠、鲁元于丰。

汉王既至荥阳，收散兵，复振，赐婴食祈阳。复常奉车从击项籍，追至陈，卒定楚，至鲁，益食兹氏。

汉王立为帝。其秋，燕王臧荼反，婴以太仆从击荼。明年，从至陈，取楚王信。更食汝阴，剖符世世勿绝。以太仆从击代，至武泉、云中，益食千户。因从击韩信军胡骑晋阳旁，大破之。追北至平城，为胡所围，七日不得通。高帝使使厚遗阏氏，冒顿开围一角。高帝出欲驰，婴固徐行，弩皆持满外向，卒得脱。益食婴细阳千户。复以太仆从击胡骑句注北，大破之。以太仆击胡骑平城南，三陷陈，功为多，赐所夺邑五百户。以太仆击陈豨、黥布军，陷陈却敌，益食千户，定食汝阴六千九百户，除前所食。

婴自上初起沛，常为太仆，竟高祖崩。以太仆事孝惠。孝惠帝及高后德婴之脱孝惠、鲁元于下邑之间也，乃赐婴县北第第一，曰"近我"，以尊异之。孝惠帝崩，以太仆事高后。高后崩，代王之来，婴以太仆与东牟侯入清宫，废少帝，以天子法驾迎代王代邸，与大臣共立为孝文皇帝，复为太仆。八岁卒，谥为文侯。子夷侯灶立，七年卒。子共侯赐立，三十一年卒。子侯颇尚平阳公主。立十九岁，元鼎

惠帝和鲁元公主，就把他们带上车来一起走。马已跑得十分疲惫，敌人又紧追在后，汉王十分着急，有好几次想用脚把两个孩子踢下车，想抛弃他们，但每次都是夏侯婴下车把他们抱上来，一直把他们载在车上。夏侯婴赶着车子，先是慢慢地前进，等两个吓坏了的孩子抱紧了自己的脖子之后，才驾车疾驰。汉王为此事非常生气，有十多次想要杀掉夏侯婴，但最终还是逃脱险境，把孝惠帝、鲁元公主安然无恙地送到了丰邑。

汉王到了荥阳之后，收集被击败的军队，重整军威，汉王把祈阳赏赐给夏侯婴作为食邑。在此之后，夏侯婴又指挥兵车跟从汉王进攻项羽，一直追击到陈县，最后终于平定了楚地。到达鲁地，汉王又给他增加了兹氏一县作为食邑。

汉王成为皇帝的这一年秋天，燕王臧荼起兵谋反，夏侯婴以太仆的职位跟随高帝进攻臧荼。第二年，又跟随高帝到陈县，抓获了楚王韩信。高帝把夏侯婴的食邑改封在汝阴，剖符为信，使爵位世世代代传承下去。夏侯婴又以太仆的职位跟随高帝进攻代地，一直攻打到武泉、云中，高帝又赏赐给他食邑一千户。接着夏侯婴又跟随汉王到晋阳附近地区，把隶属于韩信的匈奴骑兵打败。当追击败军到平城的时候，被匈奴骑兵包围，困了整整七天不能脱身。后来高帝派人送给匈奴王的王后阏氏很多礼物，匈奴王冒顿这才把包围圈打开一处。高帝脱困刚出平城就想驾车快跑，夏侯婴坚决地止住车马让其慢步行走，命令弓箭手都拉满弓向外，最后终于逃脱险境。以此功劳，高帝把细阳一千户作为食邑加封给夏侯婴。又以太仆的职位跟随高帝在句注山以北地区进攻匈奴骑兵，大获全胜。以太仆的职位在平城南边攻打匈奴骑兵，多次攻陷敌阵，功劳最大，高帝就把夺来的城池中的五百户赏赐给他作为食邑。又以太仆的职位进攻陈豨、黥布的反叛军队，冲锋陷阵，打败敌军，又加封食邑一千户。最后，皇帝把夏侯婴的食邑改定在汝阴，共六千九百户，撤消以前所封的其他食邑。

夏侯婴自从跟随高帝在沛县起兵，长期担任太仆的职位，一直到高帝去世。之后又作为太仆侍奉孝惠帝。孝惠帝和吕后十分感激夏侯婴在下邑的途中救了孝惠帝和鲁元公主，就把紧靠在皇宫北面的一等宅院赏赐给他，名为"近我"，意思就是"这样可以离我最近"，以此表示对夏侯婴的格外宠信。孝惠帝死去之后，他又以太仆之职侍奉高后。等到高后去世，代王来到京城的时候，夏侯婴又以太仆的职位和东牟侯刘兴居一起进入皇宫清理宫室，废除了少帝，用天子的法驾到代王府去迎接代王，和大臣们一起拥立代王为孝文皇帝，夏侯婴依旧担任太仆一职。八年之后去世，谥号为文侯。他的儿子夷侯夏侯灶接替侯位，七年之后去世。其儿子共侯夏侯赐继承侯位，三十一年之后去世。他的儿子夏侯颇娶的是平阳公主，在他继承侯位期间的第十九年时，也就是元鼎二年这一年，因为和他

二年，坐与父御婢奸罪，自杀，国除。

颍阴侯灌婴者，睢阳贩缯者也。高祖之为沛公，略地至雍丘下，章邯败杀项梁，而沛公还军于砀，婴初以中涓从击破东郡尉于成武及秦军于杠里，疾斗，赐爵七大夫。从攻秦军亳南、开封、曲遇，战疾力，赐爵执帛，号宣陵君。从攻阳武以西至雒阳，破秦军尸北，北绝河津，南破南阳守齮阳城东，遂定南阳郡。西入武关，战于蓝田，疾力，至霸上，赐爵执圭，号昌文君。

沛公立为汉王，拜婴为郎中，从入汉中，十月，拜为中谒者。从还定三秦，下栎阳，降塞王。还围章邯于废丘，未拔。从东出临晋关，击降殷王，定其地。击项羽将龙且、魏相项他军定陶南，疾战，破之。赐婴爵列侯，号昌文侯，食杜平乡。

复以中谒者从降下砀，以至彭城。项羽击，大破汉王。汉王遁而西，婴从还，军于雍丘。王武、魏公申徒反，从击破之。攻下黄，西收兵，军于荥阳。楚骑来众，汉王乃择军中可为骑将者，皆推故秦骑士重泉人李必、骆甲习骑兵，今为校尉，可为骑将。汉王欲拜之，必、甲曰："臣故秦民，恐军不信臣，臣愿得大王左右善骑者傅之。"灌婴虽少，然数力战，乃拜灌婴为中大夫，令李必、骆甲为左右校尉，将郎中骑兵击楚骑于荥阳东，大破之。受诏别击楚军后，绝其饷道，起阳武至襄邑。击项羽之将项冠于鲁下，破之，所将卒斩右司马、骑将各一人。击破柘公王武，军于燕西，所将卒斩楼烦将五人，连尹一人。击王武别将桓婴白马下，破之，所将卒斩都尉一人。以骑渡河南，送汉王到雒阳，使北迎相国韩信军于邯郸。还至敖仓，婴迁为御史大夫。

三年，以列侯食邑杜平乡。以御史大夫受诏将郎中骑兵东属相国

父亲的御婢通奸，畏罪自杀，封国也被废除。

颍阴侯灌婴原来是睢阳一个贩卖丝缯的小商人。高祖在刚刚起兵反抗秦朝，自立为沛公的时候，攻城略地来到雍丘城下，章邯打败了项梁并将他杀死。而沛公也撤退到砀县附近，灌婴以内侍中涓官的身份跟随沛公，在成武击败了东郡郡尉的军队，在杠里击败了驻守的秦军，因为勇猛无比，被赐与七大夫的爵位。后又随同沛公在亳县南面及开封、曲遇一带与秦军战斗，因全力拼杀，被赐与执帛的爵位，号为宣陵君。又跟随沛公在阳武以西至洛阳一带与秦军战斗，在尸乡以北地区打败秦军，再向北封锁了黄河渡口，然后又带兵南下，在南阳以东击败了南阳郡郡守吕齮的军队，这样就平定了南阳郡。再往西面进入武关，在蓝田与秦军战斗，因为勇猛无比，一直攻打到了灞上，被赐与执珪的爵位，号为昌文君。

沛公被封为汉王之后，汉王任命灌婴为郎中的职位。他跟随汉王进军汉中，十月间，又被任命为中谒者。跟随汉王还师平定了三秦，攻下了栎阳，降服了塞王司马欣。回军又把章邯包围在了废丘，但没能攻克。后又随同汉王向东进军临晋关，降服了殷王董翳，平定了他所统领的地区。在定陶以南地区与项羽的手下龙且、魏国丞相项他的军队战斗，经过激烈的搏杀，最后打败敌军。因功被赐与列侯的爵位，号为昌文侯，杜县的平乡被封作他的食邑。

以后又以中谒者的身份随同汉王攻下砀县，进军彭城。项羽率领军队进攻，把汉王打败。汉王向西面逃跑，灌婴随汉王撤退，在雍丘驻守。王武、魏公申徒反叛，灌婴跟随汉王出击，并打败了他们。攻下了外黄，再向西招兵买马，在荥阳驻扎。项羽的军队再次进攻，其中骑兵很多，汉王就在军中挑选能够担任骑兵将领的人，大家都推荐原来的秦朝骑士重泉人李必、骆甲，他们两人对骑兵作战很在行，同时现在又都被任命校尉之职，所以可以担任骑兵将领。汉王准备任命他们，他们二人却说："我们原来是秦朝的子民，恐怕军中的士兵觉得我们不可靠，所以请您委派一名常在您身边而又善于骑射的人做我们的首领。"当时灌婴年龄虽然不大，但在多次战役中都能全力拼杀，所以就委任他为中大夫，让李必、骆甲担任左右校尉，率领郎中骑兵在荥阳以东和楚国骑兵战斗，把楚军打败。又奉汉王命令独自一人带领军队袭击楚军的后方，切断了楚军从阳武到襄邑的粮草供应线。在鲁下一带，击败了项羽的将领项冠率领的军队，部下将士们斩杀楚军的右司马、骑将各一人。打败柘公王武，军队驻扎在燕国西部附近，部下将士们斩杀楼烦将领五人、连尹一人。在白马附近，大败王武的别将桓婴，所率领的士兵斩杀都尉一人。又带领骑兵从南面渡过黄河，护送汉王抵达洛阳，然后汉王又派遣灌婴到邯郸去迎接相国韩信的军队。返回途中到敖仓时，他被升为御史大夫。

汉王三年，灌婴以列侯的爵位得到了杜县的食邑平乡。其后，他以御史大夫

韩信，击破齐军于历下，所将卒虏车骑将军华毋伤及将吏四十六人。降下临菑，得齐守相田光。追齐相田横至嬴、博，破其骑，所将卒斩骑将一人，生得骑将四人。攻下嬴、博，破齐将军田吸于千乘，所将卒斩吸。东从韩信攻龙且、留公旋于高密，卒斩龙且，生得右司马、连尹各一人，楼烦将十人，身生得亚将周兰。

齐地已定，韩信自立为齐王，使婴别将击楚将公杲于鲁北，破之。转南，破薛郡长，身虏骑将一人。攻傅阳，前至下相以东南僮、取虑、徐。度淮，尽降其城邑，至广陵。项羽使项声、薛公、郯公复定淮北。婴度淮北，击破项声、郯公下邳，斩薛公，下下邳，击破楚骑于平阳，遂降彭城，虏柱国项佗，降留、薛、沛、酂、萧、相。攻苦、谯，复得亚将周兰。与汉王会颐乡。从击项籍军于陈下，破之，所将卒斩楼烦将二人，虏骑将八人。赐益食邑二千五百户。

项籍败垓下去也，婴以御史大夫受诏将车骑别追项籍至东城，破之。所将卒五人共斩项籍，皆赐爵列侯。降左右司马各一人，卒万二千人，尽得其军将吏。下东城、历阳。渡江，破吴郡长吴下，得吴守，遂定吴、豫章、会稽郡。还定淮北，凡五十二县。

汉王立为皇帝，赐益婴邑三千户。其秋，以车骑将军从击破燕王臧荼。明年，从至陈，取楚王信。还，剖符，世世勿绝，食颍阴二千五百户，号曰颍阴侯。

以车骑将军从击反韩王信于代，至马邑，受诏别降楼烦以北六县，斩代左相，破胡骑于武泉北。复从击韩信胡骑晋阳下，所将卒斩胡白题将一人。受诏并将燕、赵、齐、梁、楚车骑，击破胡骑于硰石。至平城，为胡所围，从还军东垣。

从击陈豨，受诏别攻豨丞相侯敞军曲逆下，破之，卒斩敞及特将

的身份带领郎中骑兵，隶属于相国韩信，在历下打败了齐国的军队，他所带领的士卒抓获了车骑将军华毋伤及将吏四十六人。使齐军被迫投降，攻下了临淄，生擒齐国守相田光。又追击齐国相国田横到嬴、博，打败齐国骑兵，所带领的士卒斩杀齐国骑将一人，生擒骑将四人。攻克嬴、博，在千乘把齐国将军田吸打得一败涂地，所率士兵将田吸斩首。然后随同韩信领兵向东，在高密进攻龙且和留公旋的兵马，所带领的士卒将龙且斩首，生擒了右司马、连尹各一人，楼烦将领十人，自己亲手捉拿亚将周兰。

齐地平定之后，韩信自立为齐王，派遣灌婴独自率军去鲁北进攻楚将公杲的军队，获得大胜。灌婴举兵南下，击败了薛郡郡守所带领的军队，亲自抓获骑将一人。接着又攻打傅阳，进军到达下相东南的僮城、取虑和徐城。渡过淮河，全部降服了淮南的城池，然后抵达广陵。其后项羽派项声、薛公和郯公又重新收复了淮北。因此灌婴又渡过淮河北上进军，在下邳打败了项声、郯公，并将薛公斩首，攻下下邳。在平阳打败了楚军骑兵，接着就降服了彭城，抓获了楚国的柱国项佗，降服了留、薛、沛、鄼、萧、相等县。进攻苦县、谯县，再次抓获亚将周兰。然后在颐乡和汉王会合。随同汉王在陈县一带打败了项羽的部队，所带领的士卒斩楼烦骑将二人，抓获骑将八人。汉王给灌婴增加食邑二千五百户。

项羽在垓下被打得大败，然后突出重围逃跑，这个时候，灌婴以御史大夫的职位受汉王命令带领车骑部队追杀项羽，在东城彻底击败了他。所带领的将士五人共同杀死了项羽，他们都被封为列侯。又降服了左右司马各一人，士兵一万二千人，抓获了项羽军中全部的将领和官吏。随后，又攻下了东城、历阳，渡过长江，在吴县一带打败了吴郡郡守所带领的军队，抓获了吴郡郡守。这样，也就平定了吴、豫章、会稽三郡。然后回师，又平定了淮北地区，一共五十二个县。

汉王成为皇帝之后，又给灌婴加封食邑三千户。这一年的秋天，他以车骑将军的职位随同高帝打败燕王臧荼的军队。第二年，随同高帝到达陈县，抓获了楚王韩信。回朝之后，高帝剖符为信，使其世世代代不绝，把颍阴的两千五百户封给灌婴作为食邑，号为颍阴侯。

此后，灌婴又作为车骑将军跟随高帝到代，去讨伐造反的韩王信，到达马邑的时候，奉皇帝命令带领军队降服了楼烦以北的六个县，斩杀了代国的左丞相，在武泉以北打败了匈奴骑兵。又跟随高帝在晋阳一带攻打隶属于韩王信的匈奴骑兵，所率领的士卒斩杀匈奴白题将一人。奉皇帝命令一并带领燕、赵、齐、梁、楚等国的车骑军队，在硰石击败了匈奴的骑兵。到平城的时候，被匈奴大军包围，跟随高帝回军到东垣。

在跟随高帝进攻陈豨的时候，灌婴接受皇帝的命令独自在曲逆一带攻击陈

五人。降曲逆、卢奴、上曲阳、安国、安平。攻下东垣。

黥布反，以车骑将军先出，攻布别将于相，破之，斩亚将楼烦将三人。又进击破布上柱国军及大司马军。又进破布别将肥诛。婴身生得左司马一人，所将卒斩其小将十人，追北至淮上。益食二千五百户。布已破，高帝归，定令婴食颍阴五千户，除前所食邑。凡从得二千石二人，别破军十六，降城四十六，定国一，郡二，县五十二，得将军二人，柱国、相国各一人，二千石十人。

婴自破布归，高帝崩，婴以列侯事孝惠帝及吕太后。太后崩，吕禄等以赵王自置为将军，军长安，为乱。齐哀王闻之，举兵西，且入诛不当为王者。上将军吕禄等闻之，乃遣婴为大将，将军往击之。婴行至荥阳，乃与绛侯等谋，因屯兵荥阳，风齐王以诛吕氏事，齐兵止不前。绛侯等既诛诸吕，齐王罢兵归，婴亦罢兵自荥阳归，与绛侯、陈平共立代王为孝文皇帝。孝文皇帝于是益封婴三千户，赐黄金千斤，拜为太尉。

三岁，绛侯勃免相就国，婴为丞相，罢太尉官。是岁，匈奴大入北地、上郡，令丞相婴将骑八万五千往击匈奴。匈奴去，济北王反，诏乃罢婴之兵。后岁余，婴以丞相卒，谥曰懿侯。子平侯阿代侯。二十八年卒，子强代侯。十三年，强有罪，绝二岁。元光三年，天子封灌婴孙贤为临汝侯，续灌氏后，八岁，坐行赇有罪，国除。

太史公曰：吾适丰沛，问其遗老，观故萧、曹、樊哙、滕公之家，及其素，异哉所闻！方其鼓刀屠狗卖缯之时，岂自知附骥之尾，垂名汉廷，德流子孙哉？余与他广通，为言高祖功臣之兴时若此云。

豨丞相侯敞的军队，击败敌军，所带领的士卒杀死了侯敞和特将五人。降服了曲逆、卢奴、上曲阳、安国、安平等地，攻下了东垣。

黥布反叛的时候，灌婴以车骑将军的职位率军先行出征，在相县，大败黥布别将的军队，杀死亚将、楼烦将共三人。又率军进攻黥布上柱国的部队和大司马的部队。又率军攻下黥布别将肥诛的部队，灌婴亲手捉拿左司马一人，所率士卒斩杀小将十人，追击敌人的残兵败将一直到淮河岸边。因此，皇帝又给他增加食邑二千五百户。平定黥布之后，高祖还朝，确定灌婴在颍阴的食邑共五千户，取消以前所封的食邑。在多次大战中，灌婴总计随高帝抓获二千石的官吏二人，另外自己带领部队击破敌军十六支，降服城池四十六座，平定了一个诸侯国、两个郡、五十二个县，抓获将军二人，柱国、相国各一人，二千石的官吏十人。

灌婴在击败了黥布回到京城时，高帝去世了。灌婴就以列侯的职位侍奉孝惠帝和吕太后。太后去世以后，吕禄等人以赵王的身份自立为将军，驻扎长安，意图发动叛乱。齐哀王刘襄知道这件事以后，带兵西进向京城而来，扬言诛杀不应该成为王的人。上将军吕禄等人得知后，就任灌婴为大将，率领军队前去阻击。灌婴来到荥阳，就和绛侯周勃等人商量，决定大军暂时在荥阳驻扎，向齐哀王暗中示意准备杀诛吕氏的计划，齐兵因此也就驻兵不前。绛侯周勃等人诛杀吕氏之后，齐王收兵回到封地。灌婴也收兵从荥阳回到京城，和周勃、陈平共同拥立代王为孝文皇帝。孝文皇帝于是就给灌婴加封食邑三千户，赏赐黄金一千斤，同时任命他为太尉。

三年以后，绛侯周勃被免除丞相职务回到自己封地去了，灌婴被任命为丞相，取消了太尉之职。这一年，匈奴大肆进攻北方、上郡，皇帝命丞相灌婴率领骑兵八万五千人，前去进攻匈奴。匈奴逃跑之后，济北王刘兴居反叛，皇帝下命令灌婴收兵回京。又过了一年多，灌婴死在丞相任上，谥号为懿侯。其儿子平侯灌阿接替了他的侯位。二十八年以后死去，其儿子灌强接替侯位。十三年之后，因为灌强有罪，侯位中断了两年。元光三年，天子封灌婴的孙子灌贤为临汝侯，让他作为灌婴的继承人。八年之后，灌贤因触犯行贿罪，封国被废除。

太史公说：我以前到过丰沛，询问当地的老人，参观原来萧何、曹参、樊哙、滕公居住的地方，打听当年和他们有关的事情，所听到的真是令人惊叹呀！当他们操刀杀狗或贩卖丝缯的时候，难道他们就能知道日后能附骥尾，名垂汉室，德惠传及后代吗？我和樊哙的孙子樊他广有过交情，他和我谈论高祖的功臣们开始起家时的事迹，就是以上我所记述的这些。

张丞相列传第三十六

张丞相苍者，阳武人也。好书律历。秦时为御史，主柱下方书。有罪，亡归。及沛公略地过阳武，苍以客从攻南阳。苍坐法当斩，解衣伏质，身长大，肥白如瓠，时王陵见而怪其美士，乃言沛公，赦勿斩。遂从西入武关，至咸阳。沛公立为汉王，入汉中，还定三秦。陈余击走常山王张耳，耳归汉，汉乃以张苍为常山守。从淮阴侯击赵，苍得陈余。赵地已平，汉王以苍为代相，备边寇。已而徙为赵相，相赵王耳。耳卒，相赵王敖。复徙相代王。燕王臧荼反，高祖往击之。苍以代相从攻臧荼有功，以六年中封为北平侯，食邑千二百户。

迁为计相，一月，更以列侯为主计四岁。是时萧何为相国，而张苍乃自秦时为柱下史，明习天下图书计籍。苍又善用算律历，故令苍以列侯居相府，领主郡国上计者。黥布反亡，汉立皇子长为淮南王，而张苍相之。十四年，迁为御史大夫。

周昌者，沛人也。其从兄曰周苛，秦时皆为泗水卒史。及高祖起沛，击破泗水守监，于是周昌、周苛自卒史从沛公，沛公以周昌为职志，周苛为客。从入关，破秦。沛公立为汉王，以周苛为御史大夫，周昌为中尉。

汉王四年，楚围汉王荥阳急，汉王遁出去，而使周苛守荥阳城。楚破荥阳城，欲令周苛将。苛骂曰："若趣降汉王！不然，今为虏矣！"项羽怒，烹周苛。于是乃拜周昌为御史大夫。常从击破项籍。以六年中与萧、曹等俱封：封周昌为汾阴侯；周苛子周成以父死事，

丞相张苍是阳武人,他非常喜好书、乐律及历法。在秦朝的时候,他曾担任过御史,掌管宫中的各种文献档案。后来因为触犯法律,便逃归家中。等到沛公攻城略地经过阳武的时候,张苍就以宾客的身份跟随沛公进攻南阳。后来张苍因为触犯法律应该斩首,脱下衣服,趴在刑具上的时候,身材高大,同时还有一身如同葫芦籽一样肥硕白皙的皮肤,正巧被王陵看见,赞叹张苍长得好。因此,王陵就向沛公说情,免除了他的死罪。这样,张苍便跟随沛公向西进入武关,抵达咸阳。沛公被立为汉王,进入汉中,不久又还师平定三秦。陈余击败常山王张耳,张耳归顺汉王,汉王就委任张苍为常山的郡守。又跟随韩信进攻赵国,张苍抓获陈余。赵地被平定之后,汉王委任张苍为代国相国,防备边境的敌人。不久,张苍又被调任赵国相国,辅助赵王张耳。张耳死后,他辅助赵王张敖。然后又调任代国相国,辅助代王。燕王臧荼造反的时候,高祖领兵前去进攻,张苍以代国相国的身份跟随高祖进攻臧荼有功,在高祖六年中被封为北平侯,食邑一千二百户。

后来,张苍被升为管理财政的计相。一个月之后,张苍以列侯的爵位改升主计,他担任这个职位时间长达四年之久。这时萧何担任相国,而张苍是从秦时就担任柱下史,非常熟悉天下的图书和各种文献,再加上他很精通数数、乐律和历法,因此就命令他以列侯的爵位在相府办公,负责掌管各郡交上来的会计账目。黥布造反未成而逃跑,汉高祖就立他的儿子刘长做淮南王,命令张苍为相国来辅助他。十四年(应为十六年)之后,张苍调任御史大夫。

周昌是沛县人,他和堂兄周苛在秦朝的时候都担任泗水卒史。等到汉高祖在沛县起兵的时候,击败了泗水郡的郡守、郡监,这样,周昌、周苛两兄弟也就以卒史的身份追随沛公,沛公命周昌担任管理旗帜的职志,周苛暂时在帐下作为宾客。后来他们都随同沛公入关,推翻秦朝的统治。沛公被封为汉王,汉王委任周苛为御史大夫,周昌为中尉。

汉王四年,楚军在荥阳把汉王包围,情况紧急,汉王悄悄逃出重围,命令周苛留守荥阳城。楚军攻克了荥阳,想任命周苛为将领,周苛痛斥说:"你们这些人应该赶快归降汉王,不这样的话,很快就要成为俘虏了!"项羽听后大怒,立即就烹杀了周苛。于是,汉王就拜周昌为御史大夫。周昌经常随同汉王,并且多次打败项羽军。所以,在高祖六年时,周昌和萧何、曹参一起接受封赏,周昌被

封为高景侯。

  昌为人强力，敢直言，自萧、曹等皆卑下之。昌尝燕时入奏事，高帝方拥戚姬，昌还走，高帝逐得，骑周昌项，问曰："我何如主也？"昌仰曰："陛下即桀纣之主也。"于是上笑之，然尤惮周昌。及帝欲废太子，而立戚姬子如意为太子，大臣固争之，莫能得；上以留侯策即止。而周昌廷争之强，上问其说，昌为人吃，又盛怒，曰："臣口不能言，然臣期期知其不可。陛下虽欲废太子，臣期期不奉诏。"上欣然而笑。既罢，吕后侧耳于东厢听，见周昌，为跪谢曰："微君，太子几废。"

  是后戚姬子如意为赵王，年十岁，高祖忧即万岁之后不全也。赵尧年少，为符玺御史。赵人方与公谓御史大夫周昌曰："君之史赵尧，年虽少，然奇才也，君必异之，是且代君之位。"周昌笑曰："尧年少，刀笔吏耳，何能至是乎！"居顷之，赵尧侍高祖。高祖独心不乐，悲歌，群臣不知上之所以然。赵尧进请问曰："陛下所为不乐，非为赵王年少而戚夫人与吕后有郤邪？备万岁之后而赵王不能自全乎？"高祖曰："然。吾私忧之，不知所出。"尧曰："陛下独宜为赵王置贵强相，及吕后、太子、群臣素所敬惮乃可。"高祖曰："然。吾念之欲如是，而群臣谁可者？"尧曰："御史大夫周昌，其人坚忍质直，且自吕后、太子及大臣皆素敬惮之。独昌可。"高祖曰："善。"于是乃召周昌，谓曰："吾欲固烦公，公强为我相赵王。"周昌泣曰："臣初起从陛下，陛下独奈何中道而弃之于诸侯乎？"高祖曰："吾极知其左迁，然吾私忧赵王，念非公无可者。公不得已强行！"于是徙御史大夫周昌为赵相。

封为汾阴侯,周苛的儿子周成因父亲为国事而死的原因,也被封为高景侯。

周昌为人坚忍刚强,敢于直言进谏。萧何、曹参等人对周昌都是非常敬佩的。周昌曾经有一次在高帝休息的时候进宫上奏事情,高帝正在和戚姬拥抱,周昌见到这样的情况,回头便跑,高帝连忙上前追赶,追上之后,骑在周昌的脖子上问他:"你看我是什么样的皇帝?"周昌挺直脖子,昂起头说:"陛下您就是像夏桀、商纣一样的皇帝。"高帝听了哈哈大笑,但是因此最敬畏周昌。等到高帝想要废黜太子,立戚姬之子如意为太子的时候,许多大臣都坚决反对,但是都没有效果。后来,幸好张良为吕后定下计策,使高帝暂且把此事放下。而周昌在朝廷上和皇帝极力争论,高帝问他有什么理由,因为周昌原本就有口吃的毛病,再加上是在非常生气的时候,也就口吃得更加严重了,他说:"我的口才虽然不好,但是我真切知道这样做是不对的。陛下您虽然想废掉太子,但是我绝不能接受您的命令。"高帝听罢,很高兴地笑了。事情过去之后,吕后因为在东厢侧耳听到了他们的对话,她见到周昌时,就跪谢说:"若不是您据理力争的话,太子几乎就被废黜了。"

之后,戚姬的儿子如意立为赵王,年纪才十岁,高祖担心如果自己过世后,赵王会被人杀掉。当时有一个名叫赵尧的人,年纪很小,他的官职是掌管符玺的御史。赵国人方与公对御史大夫周昌说:"您的御史赵尧,虽然年轻,但他是一个人才,您对他一定要刮目相看,他将来要接替您的职位。"周昌笑着说:"赵尧年轻,只不过是一个刀笔小吏罢了,哪里会到这种地步!"过了不长时间,赵尧去侍奉高祖。有一天,高祖独自闷闷不乐,慷慨悲歌,满朝官员都不知道皇帝为什么会这样。赵尧上前请问道:"皇帝您闷闷不乐的原因,莫非是为赵王年轻而戚夫人和吕后二人又不和睦吗?是在担心在您万岁之后而赵王不能保全自己吗?"高祖说:"对。我私下里十分担心这些,但是拿不出什么办法来。"赵尧说:"您最好为赵王派一个地位尊贵而又坚强有力的相国,这个人还必须是吕后、太子和群臣平素都尊敬的人才可以。"高祖说道:"对。我考虑此事是想这样,但是满朝官员谁能担当此重任呢?"赵尧说道:"御史大夫周昌,这个人坚强耿直,何况从吕后、太子到满朝百官,人人对他都一直尊敬,所以,只有他才能够担此重任。"高祖说:"好。"于是高祖就召见了周昌,对他说:"我有件事一定得麻烦您,您无论如何也要为我去辅助赵王,您去担任他的相国。"周昌哭着回答:"我很早就跟随陛下,您为什么单单要在途中上把我扔给了诸侯王呢?"高祖说:"我十分了解这是降职,但是我私下里又实在为赵王忧虑,再三考虑,除了您之外,其他谁都不合适。真是迫不得已呀!"于是御史大夫周昌就被调任赵国相国。

既行久之，高祖持御史大夫印弄之，曰："谁可以为御史大夫者？"孰视赵尧，曰："无以易尧。"遂拜赵尧为御史大夫。尧亦前有军功食邑，及以御史大夫从击陈豨有功，封为江邑侯。

高祖崩，吕太后使使召赵王，其相周昌令王称疾不行。使者三反，周昌固为不遣赵王。于是高后患之，乃使使召周昌。周昌至，谒高后，高后怒而骂周昌曰："尔不知我之怨戚氏乎？而不遣赵王，何？"昌既徵，高后使使召赵王，赵王果来。至长安月余，饮药而死。周昌因谢病不朝见，三岁而死。

后五岁，高后闻御史大夫江邑侯赵尧高祖时定赵王如意之画，乃抵尧罪，以广阿侯任敖为御史大夫。

任敖者，故沛狱吏。高祖尝辟吏，吏系吕后，遇之不谨。任敖素善高祖，怒，击伤主吕后吏。及高祖初起，敖以客从为御史，守丰二岁，高祖立为汉王，东击项籍，敖迁为上党守。陈豨反时，敖坚守，封为广阿侯，食千八百户。高后时为御史大夫。三岁免，以平阳侯曹窋为御史大夫。高后崩，与大臣共诛吕禄等。免，以淮南相张苍为御史大夫。

苍与绛侯等尊立代王为孝文皇帝。四年，丞相灌婴卒，张苍为丞相。

自汉兴至孝文二十余年，会天下初定，将相公卿皆军吏。张苍为计相时，绪正律历。以高祖十月始至霸上，因故秦时本以十月为岁首，弗革。推五德之运，以为汉当水德之时，尚黑如故。吹律调乐，入之音声，及以比定律令。若百工，天下作程品。至于为丞相，卒就

周昌走了以后，过了很长一段时间，高祖手里拿着御史大夫的官印，轻轻地抚弄着说："谁才是御史大夫最合适的人选呢？"然后认真地看了看赵尧，说道："没有人比赵尧更适合了。"这样，就任命赵尧为御史大夫。赵尧在以前也有功绩和食邑，等到他以御史大夫之职跟随高祖进攻陈豨立了功，被封为江邑侯。

高祖去世之后，吕太后派使臣召赵王入朝，相国周昌让赵王推托说身体不好，不能前往。使者反复去了三次，周昌都一直坚持不肯送赵王入京。于是吕后很是担忧，就派使者召周昌进京。周昌进京之后，拜见吕后，吕后十分生气地骂他："难道你还不知道我十分恨戚夫人吗？但你不让赵王进京，因为什么？"周昌被召进京城之后，吕后又派使者召赵王，不久，赵王真的来到了京城。他到长安一个多月，就被迫喝下毒药死了。周昌因此也就称病引退，不再上朝拜见太后。三年之后，他也去世了。

过了五年，吕后听说御史大夫江邑侯赵尧在高祖的时候定下了保全赵王如意的计策，于是就废除了他江邑侯爵位以抵其罪，并让广阿侯任敖担任了御史大夫一职。

任敖这个人，原本是沛县的一名狱吏。高祖还是普通百姓的时候，曾躲避官司，狱吏找不到高祖本人，便抓走了吕后，并且对吕后很不礼貌。而任敖一直和高祖关系要好，见到此事非常生气，就打伤了拘押吕后的那位狱吏。待到高祖开始起兵的时候，任敖就以宾客的身份随同，后来担任御史，驻守丰邑两年。高祖立为汉王，向东攻打项羽，任敖升为上党郡守。在陈豨反叛的时候，任敖坚守城池，没有被叛军攻陷，因功被封为广阿侯，食邑一千八百户。高后时，任敖担任御史大夫。三年后被免职，高后任命平阳侯曹窋为御史大夫。高后去世之后，曹窋和大臣们一同诛杀吕禄等人，后被除去官职，朝廷任命淮南王相国张苍为御史大夫。

张苍和绛侯周勃一行人共同尊立代王为孝文皇帝。文帝四年，丞相灌婴去世，张苍接替丞相一职。

自从汉朝建立到孝文帝期间已有二十多年时间，当时正处在天下刚刚平定的时期，朝廷中的文武百官都是军人出身，而唯独张苍从担任计相的时候起，就致力于探讨、订正音律和历法的工作。因为高祖是在十月里入关，灭亡秦朝到达灞上的，所以原来秦朝以十月为一年开端的旧历法依旧沿袭。他又推求金、木、水、火、土五德运转的情形，认为汉朝正值水德旺盛的时候，所以依然像秦朝一样崇尚黑色。张苍还吹奏律管，调整乐调，使其合于五声八音，以此推类来制定律令。并且由此制定出各种物品的度量标准，以作为天下百工的规范。在他担任

之，故汉家言律历者，本之张苍。苍本好书，无所不观，无所不通，而尤善律历。

张苍德王陵。王陵者，安国侯也。及苍贵，常父事王陵。陵死后，苍为丞相，洗沐，常先朝陵夫人上食，然后敢归家。

苍为丞相十余年，鲁人公孙臣上书言汉土德时，其符有黄龙当见。诏下其议张苍，张苍以为非是，罢之。其后黄龙见成纪，于是文帝召公孙臣以为博士，草土德之历制度，更元年。张丞相由此自绌，谢病称老。苍任人为中候，大为奸利，上以让苍，苍遂病免。苍为丞相十五岁而免。孝景前五年，苍卒，谥为文侯。子康侯代，八年卒。子类代为侯，八年，坐临诸侯丧后就位不敬，国除。

初，张苍父长不满五尺，及生苍，苍长八尺余，为侯、丞相。苍子复长。及孙类，长六尺余，坐法失侯。苍之免相后，老，口中无齿，食乳，女子为乳母。妻妾以百数，尝孕者不复幸。苍年百有余岁而卒。

申屠丞相嘉者，梁人，以材官蹶张从高帝击项籍，迁为队率。从击黥布军，为都尉。孝惠时，为淮阳守。孝文帝元年，举故吏士二千石从高皇帝者，悉以为关内侯，食邑二十四人，而申屠嘉食邑五百户。张苍已为丞相，嘉迁为御史大夫。张苍免相，孝文帝欲用皇后弟窦广国为丞相，曰："恐天下以吾私广国。"广国贤有行，故欲相之，念久之不可，而高帝时大臣又皆多死，余见无可者，乃以御史大夫嘉为丞相，因故邑封为故安侯。

嘉为人廉直，门不受私谒。是时太中大夫邓通方隆爱幸，赏赐累

丞相职位的时期，终于把所有的工作都完成了。所以整个汉代研究音律历法的学者，都是师承张苍。而张苍这个人本来就喜好书，再加上他什么书都读、什么学问都懂，而特别擅长音律和历法。

张苍对于曾经救过自己性命的王陵十分感激。王陵就是安国侯。等到张苍做了高官之后，经常把王陵当作父亲一般对待。王陵死后，张苍已经是丞相了，但是每次休假的时候，总是先去拜见王陵夫人，献上美食之后，才敢回家。

张苍任丞相十几年之后，鲁国有个人叫公孙臣，他上书给皇上，说汉朝属于土德旺盛的时候，不久就要有黄龙出现。皇帝下诏把此事交给张苍审鉴，张苍认为并不是这样，把这件事搁了在一边。但是后来黄龙真的出现在天水郡的成纪县，于是文帝就把公孙臣召到了宫中，并任命他为博士，让他负责拟定顺应土德的历法制度。同时，改定元年。丞相张苍也就因为此事自行引退，推说年老多病，不再上朝。张苍曾举荐某人做中候官，但这个人利用不正当手法谋求自己的私人利益，皇帝以此责备张苍，张苍就告病退职了。前后算起来，张苍一共做了十五年的丞相，在孝景帝前元五年时去世，谥号为文侯，其儿子康侯接替侯位，八年之后去世。康侯的儿子张类接替侯位，又过了八年，因为犯下了参加诸侯的丧礼后就位不敬的罪，爵位封邑都被废除。

以前，张苍的父亲身高不到五尺，生下张苍，张苍却身高八尺，被封为侯，又做了丞相。张苍的儿子身材也很高大，到了孙子张类却又身高六尺多一点，因为触犯法律而失去侯位。张苍在免去丞相职位之后，年龄已经很大了，嘴里没有了牙齿，只能依靠吃人奶度日，让一些女人当他的乳母。他的妻妾很多，达百人左右，但凡是曾经怀孕生育过的就不再亲近。张苍最后活到一百零几岁时才去世。

丞相申屠嘉是梁地人。他以一个能拉开强弓硬弩的武士的身份，跟随高帝，进攻项羽，因军功升为叫作队率的小官。跟随高帝进攻黥布叛军时，升职为都尉。在孝惠帝时期，升职为淮阳郡守。孝文帝元年，选拔那些以前跟随高帝征战南北，现年俸在二千石的官员，一律都封为关内侯的爵位，得封此爵的一共二十四人，而申屠嘉得到五百户的食邑。张苍担任丞相之后，申屠嘉升为御史大夫。张苍免去丞相之后，孝文皇帝想委任皇后的弟弟窦广国为丞相，但是又说："我很害怕这样做会让天下人认为我偏爱广国。"窦广国这个人很有才华，而且品德很好，所以皇上才想任命他为丞相。但是孝文帝经过很长时间考虑之后，还是认为他不是很合适。而高帝时候的大臣又多已去世，活着的人当中看来也没有适合的人选，所以就任命申屠嘉为丞相，就以以前的食邑封他为故安侯。

申屠嘉为人清正廉洁，在家里不接受私事拜访。当时太中大夫邓通十分受

巨万。文帝尝燕饮通家，其宠如是。是时丞相入朝，而通居上傍，有怠慢之礼。丞相奏事毕，因言曰："陛下爱幸臣，则富贵之；至于朝廷之礼，不可以不肃！"上曰："君勿言，吾私之。"罢朝坐府中，嘉为檄召邓通诣丞相府，不来，且斩通。通恐，入言文帝。文帝曰："汝第往，吾今使人召若。"通至丞相府，免冠，徒跣，顿首谢。嘉坐自如，故不为礼，责曰："夫朝廷者，高皇帝之朝廷也。通小臣，戏殿上，不敬，当斩。吏今行斩之！"通顿首，首尽出血，不解。文帝度丞相已困通，使使者持节召通，而谢丞相曰："此吾弄臣，君释之。"邓通既至，为文帝泣曰："丞相几杀臣。"

嘉为丞相五岁，孝文帝崩，孝景帝即位。二年，晁错为内史，贵幸用事，诸法令多所请变更，议以谪罚侵削诸侯。而丞相嘉自绌所言不用，疾错。错为内史，门东出，不便，更穿一门南出。南出者，太上皇庙壖垣。嘉闻之，欲因此以法错擅穿宗庙垣为门，奏请诛错。错客有语错，错恐，夜入宫上谒，自归景帝。至朝，丞相奏请诛内史错。景帝曰："错所穿非真庙垣，乃外壖垣，故他官居其中，且又我使为之，错无罪。"罢朝，嘉谓长史曰："吾悔不先斩错，乃先请之，为错所卖。"至舍，因欧血而死。谥为节侯。子共侯蔑代，三年卒。子侯去病代，三十一年卒。子侯臾代，六岁，坐为九江太守受故官送有罪，国除。

自申屠嘉死之后，景帝时开封侯陶青、桃侯刘舍为丞相。及今上时，柏至侯许昌、平棘侯薛泽、武强侯庄青翟、高陵侯赵周等为丞相。皆以列侯继嗣，娖娖廉谨，为丞相备员而已，无所能发明功名有

皇帝的宠爱，皇帝赏赐给他的钱财已达万万。汉文帝曾经到他家吃饭喝酒，由此可以看出皇帝对他宠爱的程度。当时丞相申屠嘉入朝拜见皇上，而邓通站在皇帝的身边，礼数上有些怠慢。申屠嘉奏事结束后，接着说道："皇上您喜爱您的臣子，可以让他显贵，至于朝廷上的礼节，却是不能不认真对待的。"皇帝说道："请您不要再说了，我对邓通就是偏爱。"申屠嘉下朝回来坐在相府中，下了一道手令，让邓通到相府来，假如不来，就要把邓通斩首。邓通十分害怕，进宫告知了文帝。文帝说："你尽管前去没关系，我马上就派人召你进宫。"邓通来到了丞相府，摘下帽子，脱下鞋子，给申屠嘉磕头请罪。申屠嘉很随意地坐在那里，故意不以相应的礼数对待他，同时还斥责他说："朝廷嘛，是高祖皇帝的朝廷。你邓通只不过是一个小小的臣子，却敢在大殿之上随随便便，犯有大不敬之罪，应该砍头。来人哪，现在就执行，把他斩了！"邓通磕头，磕得满头是血，但申屠嘉仍然没有说放过他。文帝估计丞相已经让邓通吃尽了苦头，就派使者拿着皇帝的节旄召邓通入宫，并且向丞相表示歉意说："这是我亲近的臣子，您就放过他吧！"邓通来到宫中之后，哭着对文帝说："丞相差点把我杀了！"

申屠嘉担任丞相五年之后，孝文帝去世了，孝景帝即位。景帝二年，晁错担任内史，因为得皇帝宠爱，位高权重，许多法令制度他都奏请皇上变更。同时还讨论如何用贬谪处罚的方法来削弱各个诸侯的权力。而丞相申屠嘉也感觉到自己所说的话不被采用，因此怨恨晁错。晁错担任内史，内史府的大门本来是由东边通达宫外的，使他进出很不方便，这样，他就自作主张打开一道墙门向南通出。而向南出的门所打开的墙，正是太上皇宗庙的外墙，申屠嘉得知后，就想借晁错私自凿开宗庙围墙为门这一事，把他治罪，奏请皇上杀掉他。但是晁错门客当中有人把这件事告诉了他。晁错十分害怕，连夜跑到宫中，拜见皇上，向景帝坦白，说明情况。到了第二天早朝的时候，丞相申屠嘉奏请杀死内史晁错。景帝说道："晁错所打开的墙并不是真正的宗庙墙，而是宗庙外围的短墙，所以才有其他官员住在里面，何况又是我让他这样做的，晁错并没有什么过错。"退朝之后，申屠嘉对长史说："我十分后悔没有先杀了晁错，却先报告了皇帝，结果反被晁错给欺骗了。"回到相府之后，因生气吐血而死，谥号为节侯。其儿子共侯申屠蔑接替侯位，三年之后去世。共侯之子申屠去病接替侯位，三十一年之后去世。申屠去病的儿子申屠臾接替侯位，六年之后，由于身为九江太守接受原任官员送礼而触犯法律，封国被废除。

自从申屠嘉去世之后，景帝时开封侯陶青、桃侯刘舍先后担任丞相一职。到了当今皇上的时候，柏至侯许昌、平棘侯薛泽、武强侯庄青翟、高陵侯赵周等人相继被任命为丞相，他们都是世袭的列侯，没有才能，谨小慎微，当丞相只不过

著于当世者。

太史公曰:"张苍文学律历,为汉名相,而绌贾生、公孙臣等言正朔服色事而不遵,明用秦之颛顼历,何哉?周昌,木强人也。任敖以旧德用。申屠嘉可谓刚毅守节矣,然无术学,殆与萧、曹、陈平异矣。

孝武时丞相多甚,不记,莫录其行起居状略,且纪征和以来。

有车丞相,长陵人也。卒而有韦丞相代。韦丞相贤者,鲁人也。以读书术为吏,至大鸿胪。有相工相之,当至丞相。有男四人,使相工相之,至第二子,其名玄成。相工曰:"此子贵,当封。"韦丞相言曰:"我即为丞相,有长子,是安从得之?"后竟为丞相,病死,而长子有罪论,不得嗣,而立玄成。玄成时佯狂,不肯立,竟立之,有让国之名。后坐骑至庙,不敬,有诏夺爵一级,为关内侯,失列侯,得食其故国邑。韦丞相卒,有魏丞相代。

魏丞相相者,济阴人也。以文吏至丞相。其人好武,皆令诸吏带剑,带剑前奏事。或有不带剑者,当入奏事,至乃借剑而敢入奏事。其时京兆尹赵君,丞相奏以免罪,使人执魏丞相,欲求脱罪而不听。复使人胁恐魏丞相,以夫人贼杀侍婢事而私独奏请验之,发吏卒至丞相舍,捕奴婢笞击问之,实不以兵刃杀也。而丞相司直繁君奏京兆尹赵君迫胁丞相,诬以夫人贼杀婢,发吏卒围捕丞相舍,不道;又得擅屏骑士事,赵京兆坐要斩。又有使掾陈平等劾中尚书,疑以独擅劫事而坐之,大不敬,长史以下皆坐死,或下蚕室。而魏丞相竟以丞相病

是滥竽充数罢了。没有一个人是以贡献出众、功名显赫而著称于后世的。

太史公说：张苍对文章学问、音乐历法都十分精通，是汉朝的一代名相。但是他把贾生、公孙臣等人提出的采用正朔、改变服色的主张搁在了一边，而不加以采用，却偏偏采用秦朝所实行的颛顼历，这是为什么呢？周昌这个人质朴、刚强、正直，是个像石头一般倔强的人。而任敖则是靠旧时他对吕后有恩惠才被重用。申屠嘉可以说是刚正坚毅、品德高尚的人，但是他既不懂得权术又没有学问，和萧何、曹参、陈平这些前辈丞相相比，恐怕就要逊色一些啦。

汉武帝时的丞相很多，在这里就不一一记名了，也不记录他们的出身、籍贯、生卒年以及品行、事迹等等，只是暂且记下武帝征和年间以来的丞相。

车千秋丞相是长陵人，他去世之后由韦丞相继任。韦丞相，名贤，是鲁国人。他因为喜欢读书而担任小吏，然后逐渐升迁到大鸿胪。曾经有位相面的人给他相面，说他可以官至丞相。他有四个儿子，也让相面的人给他们看，相到第二个，即名叫韦玄成的儿子时，相面的人说："您这个儿子大富大贵，日后可以封侯。"韦丞相说道："即使我当了丞相，被封为侯，继承侯位的是大儿子，这二儿子怎么会被封侯呢？"后来，韦贤果然当了丞相，因病逝世，而他的大儿子因为犯罪，按照当时的法律，是不能继承侯位的，因此就立了韦玄成。韦玄成当时假装精神失常，不肯为继承人，但是最终朝廷还是让他继承了侯位，还赢得了封侯将临而让给别人的好名声。后来因为他骑着马径直闯进宗庙，被判为不敬之罪，皇帝下诏，降爵一级，成为关内侯，失去了列侯的爵位，但以前的封邑依然享有。韦丞相去世之后，由魏丞相接替他的职位。

魏丞相名字叫魏相，是阴济人，由文职小吏升到丞相之职。但是他这人喜好武艺，要求自己的部下都要佩带宝剑，并且规定只有佩带着宝剑才能上前奏事。若是有的下属官吏没带宝剑，因事需要入内汇报，以至于要向他人借一把宝剑带上，才敢进府。当时的京兆尹是赵广汉，魏丞相上奏皇帝，说赵广汉犯了应该撤职的罪过，赵广汉派人挟制魏丞相，想借此免罪，但是魏丞相坚决不答应。然后赵广汉又派人威胁魏丞相，把丞相夫人涉嫌杀死侍从婢女一事抖了出来，私下里奏请重新追查，并且派遣下属官吏士卒到丞相住宅，逮捕丞相府的家奴婢女严刑拷打，追查此事。最后问出的结果是死去的婢女并非是魏夫人用利器所杀。这样，丞相的司直繁先生就上奏皇帝，说京兆尹赵广汉威胁丞相，诬告丞相夫人残杀婢女，派遣官吏士卒包围搜查丞相住宅，逮捕丞相家人，犯下了残害无辜的不道之罪。同时又查出赵广汉擅自逐遣骑士的事。因罪行重大，赵广汉被判处腰斩的死刑。其后又有使掾陈平等人揭发检举中尚书，涉嫌擅自劫持、威胁当事人，被判为不敬之罪，致使长史以下数名官员都被处死，还有一些人被处以宫刑，下

死。子嗣。后坐骑至庙，不敬，有诏夺爵一级，为关内侯，失列侯，得食其故国邑。魏丞相卒，以御史大夫邴吉代。

邴丞相吉者，鲁国人也。以读书好法令至御史大夫。孝宣帝时，以有旧故，封为列侯，而因为丞相。明于事，有大智，后世称之。以丞相病死。子显嗣。后坐骑至庙，不敬，有诏夺爵一级，失列侯，得食故国邑。显为吏至太仆，坐官耗乱，身及子男有奸赃，免为庶人。

邴丞相卒，黄丞相代。长安中有善相工田文者，与韦丞相、魏丞相、邴丞相微贱时会于客家，田文言曰："今此三君者，皆丞相也。"其后三人竟更相代为丞相，何见之明也。

黄丞相霸者，淮阳人也。以读书为吏，至颍川太守。治颍川，以礼义条教喻告化之。犯法者，风晓令自杀。化大行，名声闻。孝宣帝下制曰："颍川太守霸，以宣布诏令治民，道不拾遗，男女异路，狱中无重囚。赐爵关内侯，黄金百斤。"征为京兆尹而至丞相，复以礼义为治。以丞相病死。子嗣，后为列侯。黄丞相卒，以御史大夫于定国代。于丞相已有廷尉传，在张廷尉语中。于丞相去，御史大夫韦玄成代。

韦丞相玄成者，即前韦丞相子也。代父，后失列侯。其人少时好读书，明于诗、论语。为吏至卫尉，徙为太子太傅。御史大夫薛君免，为御史大夫。于丞相乞骸骨免，而为丞相，因封故邑为扶阳侯。数年，病死。孝元帝亲临丧，赐赏甚厚。子嗣后。其治容容随世俗浮沈，而见谓谄巧。而相工本谓之当为侯代父，而后失之；复自游宦而

蚕室。而魏丞相最后在丞相位上因病去世，他的儿子继承了爵位，后来也是因为骑马闯进宗庙，犯下了不敬之罪，皇帝下诏，降爵一级，成为关内侯，失去了列侯的爵位，但依然享有以前的故地封邑。魏丞相死去之后，御史大夫邴吉接替了他的职位。

丞相邴吉是鲁国人，因为喜欢读书和喜好法令而官至御史大夫。在孝宣帝时，因为和皇帝有旧交的缘故，被封为列侯，接着又做了丞相。他看事情非常明了，而且有超乎常人的聪明和智慧，被后世所称颂。他在担任丞相期间因病去世，其儿子邴显继承了爵位。后来邴显也是因为骑马闯进宗庙，犯下了不敬之罪，皇帝下诏，降爵一级，成为关内侯，失去列侯的爵位，但依然享有以前的故地封邑。邴显做官一直到太仆之职，因为为官昏乱不明，自己和儿子都有营私舞弊、贪赃不法的行为，被免官，降为平民。

邴吉丞相去世以后，由黄丞相接替他的职务。从前长安城中有个善相面的人，名字叫田文，他和当时都未做高官的韦丞相、魏丞相、邴丞相在一家作客时见过面，田文说道："现在这里的三位先生，将来都能做丞相。"后来，这三个人果然相继为丞相。这个人怎么看得这么清楚啊！

黄丞相名字叫黄霸，是淮阴人。他因为喜欢读书而担任官吏，官至颍川太守。治理颍川时，他用礼义条例和教令来教喻感化百姓。若是犯有重罪应当斩首的，暗示其情节使其自杀，使得教化大行于世，名声远近皆知。孝宣帝特意为此下了一道制书，称："颍川太守黄霸，用宣布国家的诏令来治理百姓，达到了道路之上不拾丢失的东西，男女分途而行，在监狱之中没有犯重罪的囚犯这种地步。特赐给关内侯的爵位，黄金一百斤。"这样，他就被皇帝征调到京城任京兆尹，后来官至丞相。在担任丞相期间，他又是以礼义治理国家，最后病死在丞相任上。死后，他的儿子继承了爵位，后来被封为列侯。黄丞相去世之后，皇帝任命御史大夫于定国接替了他的职位。于定国丞相已经有廷尉传，在《张廷尉》一传的叙述之中。于丞相离职以后，御史大夫韦玄成接替了他的职位。

韦玄成丞相就是前边所说的那个韦贤丞相的儿子。他继承了父亲的封爵，后来因犯法失去了列侯的爵位。韦玄成从小就喜欢读书，对于《诗经》和《论语》都很精熟。他做官到卫尉之职时，升任为太子太傅。御史大夫薛先生被免职之后，韦玄成担任了御史大夫。于丞相请求告老还乡，皇帝答应他离职之后，韦玄成又成为丞相。皇帝以他旧日的封邑扶阳为名，封他为扶阳侯。数年之后，他因病去世，孝元帝亲自参加他的丧礼，给予的赏赐特别丰厚。韦玄成治理国家和同不立异，能够随从世俗，灵活变化，但是有人称他是阿谀奉承、投机取巧。相面的人很早就说他应当代替其父，继承侯位，但是他得到侯位之后又失去了。接

起，至丞相。父子俱为丞相，世间美之，岂不命哉！相工其先知之。韦丞相卒，御史大夫匡衡代。

丞相匡衡者，东海人也。好读书，从博士受诗。家贫，衡佣作以给食饮。才下，数射策不中，至九，乃中丙科。其经以不中科故明习。补平原文学卒史。数年，郡不尊敬。御史征之，以补百石属荐为郎，而补博士，拜为太子少傅，而事孝元帝。孝元好诗，而迁为光禄勋，居殿中为师，授教左右，而县官坐其旁听，甚善之，日以尊贵。御史大夫郑弘坐事免，而匡君为御史大夫。岁余，韦丞相死，匡君代为丞相，封乐安侯。以十年之间，不出长安城门而至丞相，岂非遇时而命也哉！

太史公曰：深惟士之游宦所以至封侯者，微甚。然多至御史大夫即去者。诸为大夫而丞相次也，其心冀幸丞相物故也。或乃阴私相毁害，欲代之。然守之日久不得，或为之日少而得之，至于封侯，真命也夫！御史大夫郑君守之数年不得，匡君居之未满岁，而韦丞相死，即代之矣，岂可以智巧得哉！多有贤圣之才，困厄不得者众甚也。

着,他又再次游宦,东山再起,官至丞相。同时,他们父子两个人都做丞相。当时人们都传为美谈,这难道不是命运的安排吗?相面的人事先就知道会有这样的事情。韦丞相去世之后,御史大夫匡衡接替了他的职位。

丞相匡衡是东海人。他好读书,曾经跟随博士学习《诗经》。因家境贫寒,他要靠给人做工来糊口。他才质低下,多次参加朝廷选拔人才的考试,但是都没考中,等考到第九次时才勉强考中了丙科。对于经书,由于他多次应考不中的缘故,所以非常谙熟。后来,他做了候补平原郡文学卒史。又过了好几年,郡里的人都对他不尊敬。这时,御史征调他进京,以候补百石官属的身份被荐举做郎官,补做博士,拜为太子少傅,侍奉孝元帝。孝元帝喜欢《诗经》,就升任匡衡为光禄勋,让他居皇宫之中担任老师,教授皇帝的侍臣,而皇帝也坐在他的身边听讲,非常喜欢他,因此,他的地位也就一天比一天高贵起来。御史大夫郑弘因为犯法被免官,匡衡就继任为御史大夫。一年多之后,韦玄成丞相逝世,匡先生又继任为丞相,被封为乐安侯。在十年之间,他不出长安城门而官至丞相,这难道不是遇到好机会和命中注定吗?

太史公说:我曾经反复地思索,读书人四海游宦,以求取高官厚禄,但是能够得到封侯的人实在太少了!大多数人做到了御史大夫这个职位也就下台了事。这些人已经做了御史大夫,离丞相的位置还有一步之遥了,他们心里希望丞相立刻死去,自己好取而代之。还有些人大搞阴谋诡计,暗中诋毁中伤,想以此来登上相位。但有的人等了好久,却得不到它;而有的人没等多久就登上相位,被封为列侯,这也许真是命运的安排吧!御史大夫郑先生等了许多年没有登上相位,而匡先生担任御史大夫未满一年,韦丞相就去世了,他立刻就取而代之,难道这个位置是可以用智巧得到的吗?而那些有圣贤一般才能的人,穷困潦倒多年而不受用,这种情况实在是太多了!

郦生陆贾列传第三十七

郦生食其者，陈留高阳人也。好读书，家贫落魄，无以为衣食业，为里监门吏。然县中贤豪不敢役，县中皆谓之狂生。

及陈胜、项梁等起，诸将徇地过高阳者数十人，郦生闻其将皆握齱好苛礼自用，不能听大度之言，郦生乃深自藏匿。后闻沛公将兵略地陈留郊，沛公麾下骑士适郦生里中子也，沛公时时问邑中贤士豪俊。骑士归，郦生见谓之曰："吾闻沛公慢而易人，多大略，此真吾所愿从游，莫为我先。若见沛公，谓曰'臣里中有郦生，年六十余，长八尺，人皆谓之狂生，生自谓我非狂生'。"骑士曰："沛公不好儒，诸客冠儒冠来者，沛公辄解其冠，溲溺其中。与人言，常大骂。未可以儒生说也。"郦生曰："弟言之。"骑士从容言如郦生所诫者。

沛公至高阳传舍，使人召郦生。郦生至，入谒，沛公方倨床使两女子洗足，而见郦生。郦生入，则长揖不拜，曰："足下欲助秦攻诸侯乎？且欲率诸侯破秦也？"沛公骂曰："竖儒！夫天下同苦秦久矣，故诸侯相率而攻秦，何谓助秦攻诸侯乎？"郦生曰："必聚徒合义兵诛无道秦，不宜倨见长者。"于是沛公辍洗，起摄衣，延郦生上坐，谢之。郦生因言六国从横时。沛公喜，赐郦生食，问曰："计将安出？"郦生曰："足下起纠合之众，收散乱之兵，不满万人，欲以径入强秦，此所谓探虎口者也。夫陈留，天下之冲，四通五达之郊

郦食其是陈留高阳人，他十分喜爱读书，但家境清苦，穷困潦倒，连供自己穿衣吃饭的能力都没有，于是只当了一名看管里门的下贱小吏。虽然如此，县里的贤士和豪强却不敢随便使唤他，人们都称他为"狂生"。

等到陈胜、项梁等人反抗秦朝起义的时候，各路将领攻夺城池、抢掠土地，经过高阳的有几十人，但郦食其听说这些人都是一些爱斤斤计较、喜欢繁文缛节、刚愎自用、不能听人规劝的小人，他便深居简出，隐居起来，不去迎合这些人。后来，他听说沛公带兵攻城掠地来到陈留的郊外，沛公部下的一个骑士正好是郦食其邻居的儿子，沛公时常向他打听他家乡的贤能人士。一天，骑士回到家，郦食其看到他，便对他说道："我听说沛公傲慢并且看不起人，但他有远大的谋略，这才是我想要追随的人，只是苦于没人替我引荐。你见到沛公，这样对他说，'我的家乡有位郦先生，年纪有六十多岁，身高八尺，人们都称他为狂生，但是他自己说并不是狂生'。"骑士回答说："沛公并不喜欢儒生，许多人头戴儒生的帽子来跟随他，他就马上把他们的帽子摘下来，并且往里边撒尿。在和人谈话的时候，甚至动不动就破口大骂。所以您最好不要以儒生的身份去见他。"郦食其说："你只要照我教你的那样说就好。"骑士回去之后，就按郦生嘱咐的，将话不经意间告诉了沛公。

后来沛公来到高阳，便在旅舍住下，派人去召郦食其过来拜见。郦生来到旅舍后，先递进自己的名帖，沛公正坐在床边伸着两腿让两个女人给他洗脚，就叫郦生来晋见。郦生进去，只是作个长揖并没有俯身下拜，并且说："您是想帮着秦朝攻打诸侯呢，还是想带领诸侯消灭秦朝？"沛公骂道："你这个奴才相的书生！天下的人遭受秦朝的压迫已经很久了，所以诸侯们才陆续起兵抗击暴秦，你怎么能说帮助秦朝攻打诸侯呢？"郦生说："如果您下定决心聚合民众，召集义兵来消灭残暴的秦王朝，那就不应该用这种傲慢无礼的态度来接见长者。"于是沛公马上停止了洗脚，衣服穿戴整齐，把郦生请到了上宾的座位，并且向他表示歉意。郦生谈了六国合纵连横所用的计谋，沛公非常高兴，命人端上饭来，让郦生进餐，然后问道："那您看今天我们的计划该如何制订呢？"郦生说道："您把这些乌合之众、散乱之兵都聚集起来，总共也不足一万人，假如以此来直接和秦军对抗的话，那就是人们常说的送入虎口啊。陈留是天下的交通要道，交通发

也,今其城又多积粟。臣善其令,请得使之,令下足下。即不听,足下举兵攻之,臣为内应。"于是遣郦生行,沛公引兵随之,遂下陈留。号郦食其为广野君。

郦生言其弟郦商,使将数千人从沛公西南略地。郦生常为说客,驰使诸侯。

汉三年秋,项羽击汉,拔荥阳,汉兵遁保巩、洛。楚人闻淮阴侯破赵,彭越数反梁地,则分兵救之。淮阴方东击齐,汉王数困荥阳、成皋,计欲捐成皋以东,屯巩、洛以拒楚。郦生因曰:"臣闻知天之天者,王事可成;不知天之天者,王事不可成。王者以民人为天,而民人以食为天。夫敖仓,天下转输久矣,臣闻其下乃有藏粟甚多,楚人拔荥阳,不坚守敖仓,乃引而东,令适卒分守成皋,此乃天所以资汉也。方今楚易取而汉反却,自夺其便,臣窃以为过矣。且两雄不俱立,楚汉久相持不决,百姓骚动,海内摇荡,农夫释耒,工女下机,天下之心未有所定也。愿足下急复进兵,收取荥阳,据敖仓之粟,塞成皋之险,杜大行之道,距蜚狐之口,守白马之津,以示诸侯效实形制之势,则天下知所归矣。方今燕、赵已定,唯齐未下。今田广据千里之齐,田间将二十万之众,军于历城,诸田宗强,负海阻河济,南近楚,人多变诈,足下虽遣数十万师,未可以岁月破也。臣请得奉明诏说齐王,使为汉而称东藩。"上曰:"善。"

乃从其画,复守敖仓,而使郦生说齐王曰:"王知天下之所归乎?"王曰:"不知也。"曰:"王知天下之所归,则齐国可得而有也;若不知天下之所归,即齐国未可得保也。"齐王曰:"天下何所归?"曰:"归汉。"曰:"先生何以言之?"曰:"汉王与项王戮

达，现在城里又储存了很多的粮草。我和陈留的县令关系很好，请您派我到他那里去一次，让他向您来归降。他如果不听从的话，您再起兵攻城，我在城里又可以作为内应。"于是沛公就派郦生前往，自己带兵紧随其后，很快就夺取了陈留，沛公赐给郦食其广野君的称号。

郦生又举荐他的弟弟郦商，让他率领几千人跟随沛公到西南攻打城池。而郦生自己常常担任说客，以使臣的身份奔走于各个诸侯之间。

汉王三年的秋天，项羽攻打汉王，攻下了荥阳城，汉兵逃走去保卫巩、洛。过了不久，楚国人便听说淮阴侯韩信已经攻下了赵国，彭越又数次在梁地造反，就分出一部分兵前去营救。淮阴侯韩信正在东方攻打齐国，汉王又多次在荥阳、成皋被项羽围困，因此想放弃成皋以东的地盘；在巩、洛屯兵好与楚军对抗。郦生便为此事进言道："我听说能知道天为什么为天的人，就可以成就大业；而不知道天为什么为天的人，统一大业就不能成。作为统一大业的君主，他把平民百姓视为天，而平民百姓又把粮食视为天。敖仓这个地方，天下往此地运输粮食已经有好长的时间了。我听说现在这个地方储藏的粮食特别多。楚国人攻下了荥阳，但是不坚守敖仓，而是带兵向东进军，只让一些罪犯来守卫成皋，这是上天要把这些粮食送给汉军啊。现在楚军很容易被击败，而我们反而要退兵防守，把快要到手的利益给扔了出去，我私下里认为这样做是错的。更何况两个强有力的对手不能同时并存，楚汉两国的战争长久相持不分胜负，百姓骚动不安，全国混乱动荡，农夫放下农具停止耕地，织女走下织机不再编织，徘徊观望，天下百姓心里究竟投靠哪一方还没有决定下来。所以请您马上再次进军，收复荥阳，占据敖仓的粮食，占据成皋的险要地势，堵住太行交通要道，扼制蜚狐关口，把守住白马津渡，让诸侯们看看今天的实际情况，那么天下的人民也就知道心该归向哪一方了。如今燕国、赵国都已经攻打下来了，只有齐国还没有攻打下来，而田广占据着幅员辽阔的齐国，田间带领着二十万军队，屯兵在历城，田氏的各支宗族力量都很强大，他们背靠着大海，又凭借黄河、济水的隔断，南面靠近楚国，齐国人又多奸诈无常，您即使是派遣几十万部队，也不可能在一年或几个月的时间里把它攻打下来。我请求奉您的命令去游说齐王，让他归属汉并成为东方的附属国。"汉王回答说："可以，就这样吧！"

汉王采纳了郦生的计谋，再次出兵据守敖仓，同时派郦生前往齐国。郦生对齐王说道："您知道天下人心归向谁吗？"齐王回答："我不知道。"郦生说："若是您知道天下人心归向谁，那么齐国就能够保全；若是您不知道天下人心归向谁的话，那么齐国就不可能得到保全了。"齐王问道："那么天下人心究竟归向谁呢？"郦生说："归向汉王。"齐王又问："您老先生怎么会这样说

力西面击秦，约先入咸阳者王之。汉王先入咸阳，项王负约不与而王之汉中。项王迁杀义帝，汉王闻之，起蜀汉之兵击三秦，出关而责义帝之处，收天下之兵，立诸侯之后。降城即以侯其将，得赂即以分其士，与天下同其利，豪英贤才皆乐为之用。诸侯之兵四面而至，蜀汉之粟方船而下。项王有倍约之名，杀义帝之负；于人之功无所记，于人之罪无所忘；战胜而不得其赏，拔城而不得其封；非项氏莫得用事；为人刻印，刓而不能授；攻城得赂，积而不能赏：天下畔之，贤才怨之，而莫为之用。故天下之士归于汉王，可坐而策也。夫汉王发蜀汉，定三秦；涉西河之外，援上党之兵；下井陉，诛成安君；破北魏，举三十二城：此蚩尤之兵也，非人之力也，天之福也。今已据敖仓之粟，塞成皋之险，守白马之津，杜大行之阪，距蜚狐之口，天下后服者先亡矣。王疾先下汉王，齐国社稷可得而保也；不下汉王，危亡可立而待也。"田广以为然，乃听郦生，罢历下兵守战备，与郦生日纵酒。

　　淮阴侯闻郦生伏轼下齐七十余城，乃夜度兵平原袭齐。齐王田广闻汉兵至，以为郦生卖己，乃曰："汝能止汉军，我活汝；不然，我将烹汝！"郦生曰："举大事不细谨，盛德不辞让。而公不为若更言！"齐王遂烹郦生，引兵东走。

　　汉十二年，曲周侯郦商以丞相将兵击黥布有功。高祖举列侯功臣，思郦食其。郦食其子疥数将兵，功未当侯，上以其父故，封疥为高梁侯。后更食武遂，嗣三世。元狩元年中，武遂侯平坐诈诏衡山王

呢？"郦生回答道："汉王和项王一同向西出兵攻打秦朝，在义帝面前已经清楚地约定好了，谁先攻入咸阳大家就奉他为王。汉王先攻入咸阳，项王却背信弃义，不让他在关中称王，而让他在汉中为王。项王把义帝迁走，还派人暗杀了义帝。汉王听到之后，立刻发动蜀汉的军队来进军三秦，出函谷关去追问义帝迁徙的地方，收集天下的军队，拥立以前六国诸侯的后代。汉王攻下了城池后就立刻给有功的将领封侯，缴获了财宝马上就分给士兵，和天下人同得其利，所以那些英雄豪杰、才能超群的人都竭尽所能为他效劳。诸侯的军队则从四面八方前来归顺，蜀汉的粮食一船接着一船源源不断地被顺流送来。而项王既有背信弃义的坏名声，又有杀死义帝的不仁义行为；而且他对别人的功劳从来不牢记，但是对别人的罪过却又从来未曾忘记；将士们打了胜仗却得不到奖赏，攻下了城池也得不到封爵；不是他们项氏家族的不能得到重用；为有功人员刻下侯印，在手中反复把玩，却不愿意授给；攻城得到财物，宁可囤积起来，也不肯分给大家；所以天下人都背叛他，才能超群的人都怨恨他，没有人心甘情愿为他效力。因此天下有才能的人都投靠归顺汉王，汉王安稳地坐着就可以驱使他们。汉王带领蜀汉的军队，攻下三秦，占领西河外面的大片土地，率领投诚过来的上党精锐军队，攻下了井陉，杀死了成安君；打败了河北魏豹，占据了三十二座城池：这就同所向无敌的蚩尤部队一样，并不是靠人的力量，而是老天爷保佑的结果。现在汉王已经占据敖仓的粮食，把守成皋的险要，守住了白马渡口，堵住了太行要道，扼制住蜚狐关口，天下诸侯若是想最后再归顺的话那就先被灭掉。您若是赶快向汉王归顺，那么齐国的江山社稷还可以保全下来；倘若是不向汉王归顺的话，那么灭亡的时刻马上就会到来。"田广认为郦生的话是对的，就听从郦生的话，撤走了历下守城备战的士兵，天天和郦生一起饮酒作乐。

淮阴侯韩信听说郦生没费吹灰之力，坐在车上跑了一趟，凭借三寸不烂之舌就取得了齐国七十多座城池，心中十分不服气，就凭借夜幕的掩护，带领军队越过平原偷偷地来攻打齐国。齐王田广听说汉兵已经到达，认为是郦生出卖了自己，便对郦生说："如果你能阻止汉军进攻齐国的话，我让你活着；若不能阻止的话，我就把你烹杀了！"郦生说："做大事的人不拘小节，有大德行的人也不怕别人责备。你老子我是不会替你再去劝阻韩信的！"这样，齐王便烹杀了郦生，带兵向东逃跑了。

汉高祖十二年，曲周侯郦商以丞相的身份带兵攻打黥布有功。高祖在分封各位列侯功臣的时候，很想念郦食其。郦食其的儿子郦疥曾多次带兵出征，但立下的军功并没有多到封侯的程度，皇帝因为他父亲的缘故，封郦疥为高梁侯。后来把武遂封为他的食邑，侯位传了三代。在元狩元年时，武遂侯郦平因为假传皇帝

取百斤金，当弃市，病死，国除也。

陆贾者，楚人也。以客从高祖定天下，名为有口辩士，居左右，常使诸侯。

及高祖时，中国初定，尉他平南越，因王之。高祖使陆贾赐尉他印为南越王。陆生至，尉他魋结箕倨见陆生。陆生因进说他曰："足下中国人，亲戚昆弟坟在真定。今足下反天性，弃冠带，欲以区区之越与天子抗衡为敌国，祸且及身矣。且夫秦失其政，诸侯豪桀并起，唯汉王先入关，据咸阳。项羽倍约，自立为西楚霸王，诸侯皆属，可谓至强。然汉王起巴蜀，鞭笞天下，劫略诸侯，遂诛项羽灭之。五年之间，海内平定，此非人力，天之所建也。天子闻君王王南越，不助天下诛暴逆，将相欲移兵而诛王，天子怜百姓新劳苦，故且休之，遣臣授君王印，剖符通使。君王宜郊迎，北面称臣，乃欲以新造未集之越，屈强于此。汉诚闻之，掘烧王先人冢，夷灭宗族，使一偏将将十万众临越，则越杀王降汉，如反覆手耳。"

于是尉他乃蹶然起坐，谢陆生曰："居蛮夷中久，殊失礼义。"因问陆生曰："我孰与萧何、曹参、韩信贤？"陆生曰："王似贤。"复曰："我孰与皇帝贤？"陆生曰："皇帝起丰沛，讨暴秦，诛强楚，为天下兴利除害，继五帝三王之业，统理中国。中国之人以亿计，地方万里，居天下之膏腴，人众车舆，万物殷富，政由一家，自天地剖泮未始有也。今王众不过数十万，皆蛮夷，崎岖山海间，譬若汉一郡，王何乃比于汉！"尉他大笑曰："吾不起中国，故王此。使我居中国，何渠不若汉？"乃大说陆生，留与饮数月。曰："越中

的命令，骗取了衡山王一百斤黄金，犯下的罪过本应被当街处死，但正好在这个时候，他因病去世了，封邑也被撤消了。

陆贾是楚国人，以幕僚宾客的身份跟随汉高祖平定天下，当时人们都说他是个很有口才的说客，所以跟随在高祖的身边，经常出使各诸侯国。

在高祖刚平定中原的时候，尉他也平定了南越，于是便在南越自立为王。高祖想到天下才刚刚平定、百姓劳苦，就允许了尉他，还派陆贾带着赐给他的南越王印前去任命尉他。陆生到了南越，尉他梳着当地流行的一撮锥子一样的发髻，像簸箕一样地张开两腿坐着，接见陆生。陆生就向尉他说："您本来就是中原人，亲戚、兄弟和祖先的坟墓都在真定。而现在您却违反中原人的习俗，丢弃衣冠巾带，想凭借只有弹丸大小地方的小小南越来和天子抗衡，成为敌国，那你就要大祸临头了。况且秦朝残暴无道，各诸侯豪杰都纷纷起兵，只有汉王最先入关，占据了咸阳。项羽背信弃义，自立为西楚霸王，诸侯们都归属于他，可以说是无比强大了。但是汉王从巴蜀出兵之后，征服天下，平定诸侯，杀死项羽，灭掉楚国。五年之间，中原被平定。这不是人的能力所能办到的，而是有上天辅佐才有的结果。现在大汉天子听说您在南越称王，不愿意再帮助天下人讨伐凶暴忤逆之人，汉朝将相都想带兵来消灭您。但是汉王爱惜百姓，想到他们刚刚经历了战争的劳苦乱离，因此才暂且罢兵，派我授予你南越王的金印，剖符为信，互通使臣。您按理应该到郊外远迎，面向北方，拜倒称臣，但是您想凭借刚刚建立、还未曾把百姓完全收拢起来的小小南越，在此凶悍倔强，傲慢不顺从。倘若让朝廷知道了这件事，挖开并烧毁您祖先的坟墓，诛杀您的宗族，再派一名偏将带领十万军队来到南越，那么南越人杀死您后投降并归顺汉朝，就像翻手一样那么容易了。"

尉他听完后，马上站起来，向陆生道歉说："我在蛮夷之地居住的时间长了，所以太失礼了。"接着，他又问陆生："我和萧何、曹参、韩信相比较，谁比较有德有才呢？"陆生说道："您好像比他们强一点。"尉他又问："那么把我和皇帝相比较呢？"陆生回答说："皇帝从丰沛起义，讨伐残暴的秦朝，打败了强大的楚国，为整个天下的人兴利除害，继承了三皇五帝的雄伟业绩，统领整个中原。而中原的人口是以亿来计算的，土地方圆万里，处在天下最富饶的地域，人多车众，物产丰富，政令出于一家，这种盛世是从开天辟地以来从来没有过的。而现在您的百姓不过几十万，而且都是未开化的蛮夷，又居住在这局促狭小的山地海隅之间，只不过相当于汉朝的一个郡而已，您怎么能同汉王相提并论！"尉他听了，哈哈大笑，说道："我不能在中原发达起家，所以才在这个地方称王。假如我占据中原，我又哪里比不上汉王呢？"通过交谈，尉他非常喜欢

无足与语，至生来，令我日闻所不闻。"赐陆生橐中装直千金，他送亦千金。陆生卒拜尉他为南越王，令称臣奉汉约。归报，高祖大悦，拜贾为太中大夫。

陆生时时前说称诗书。高帝骂之曰："乃公居马上而得之，安事诗书！"陆生曰："居马上得之，宁可以马上治之乎？且汤武逆取而以顺守之，文武并用，长久之术也。昔者吴王夫差、智伯极武而亡；秦任刑法不变，卒灭赵氏。乡使秦已并天下，行仁义，法先圣，陛下安得而有之？"高帝不怿而有惭色，乃谓陆生曰："试为我著秦所以失天下，吾所以得之者何，及古成败之国。"陆生乃粗述存亡之征，凡著十二篇。每奏一篇，高帝未尝不称善，左右呼万岁，号其书曰"新语"。

孝惠帝时，吕太后用事，欲王诸吕，畏大臣有口者，陆生自度不能争之，乃病免家居。以好畤田地善，可以家焉。有五男，乃出所使越得橐中装卖千金，分其子，子二百金，令为生产。陆生常安车驷马，从歌舞鼓琴瑟侍者十人，宝剑直百金，谓其子曰："与汝约：过汝，汝给吾人马酒食，极欲，十日而更。所死家，得宝剑车骑侍从者。一岁中往来过他客，率不过再三过，数见不鲜，无久慁公为也。"

吕太后时，王诸吕，诸吕擅权，欲劫少主，危刘氏。右丞相陈平患之，力不能争，恐祸及己，常燕居深念。陆生往请，直入坐，而陈

陆生，留下陆生和自己饮酒作乐好几个月。尉他说："南越人当中没有一个人可以和我谈得来，您来到这里之后，才使我每天都能听到过去没有听到的事情。"尉他还送给陆生一个包裹，价值千金，除此之外还送给他不少礼品，同样也价值千金。陆生终于完成了拜尉他为南越王的任务，使尉他向汉称臣，服从汉朝的管理约束。陆贾回朝之后，把以上情况向高祖汇报，高祖非常高兴，任命陆贾为太中大夫。

陆生在皇帝面前经常谈论《诗经》《尚书》等儒家经典，听到这些，高帝很不高兴，就对陆生大骂道："你老子的天下是凭借骑着马南征北战打出来的，什么时候用得着《诗经》《尚书》！"陆生回答说："您在马上可以夺得天下，难道您也可以在马上治理天下吗？商汤和周武，都是凭借武力征服天下的，然后顺应形势以文治守成，文治武功并用，这才是使天下太平的最好的办法啊。从前吴王夫差、智伯都是因极力炫耀武力而导致国家灭亡；秦王朝也是一再使用严峻刑法并且不知道变更，最后导致了自己的灭亡。如果秦朝统一天下之后，实行仁义之道，效仿先圣，那么，陛下您又怎么能够取得天下呢？"高帝听完这些话之后，心情不悦，脸上露出惭愧的表情，于是就对陆生说："那就请您试着总结一下秦朝失去天下与我取得天下的原因到底在哪里，还有古代各王朝成功和失败的原因吧。"所以，陆生就奉旨大略地论述了国家兴盛、衰落及存亡的征兆和原因，一共写了十二篇。每写完一篇就马上上奏给皇帝看，高帝每次没有不赞许他的，所有的群臣也是齐呼万岁，后来把他这部书称为"新语"。

在孝惠帝时，吕太后掌握权势，想立吕氏诸人为王，又害怕大臣中那些能言善辩的人，而陆生也清楚地知道自己竭尽全力争辩也是无济于事的，因此就称病归隐，在家中闲居。因为好畤一带土地肥沃，于是他就在那里定居下来。陆生有五个儿子，他把出使南越时得到的包裹拿出来卖了千金，分给他的儿子们，每个人二百金，让他们从事农业。陆生自己则经常坐着四匹马拉的车子，带着十个会歌舞和弹琴鼓瑟的侍从，佩带着价值百金的宝剑到处游玩。他曾这样对儿子们说："我和你们做个约定，当我出游时如果经过你们家，要让我的人马吃饱喝足，并且尽量满足大家的需求。每十天换一家。我在谁家去世，这把宝剑、车骑以及侍从人员都归谁所有。我还要到其他的朋友那里去，所以一年之中我到你们各家去的次数可能不过两三次，总来见你们，就不新鲜了，你们用不着总厌烦你们老子这么做了。"

吕太后掌握权势的时候，封诸吕为王。诸吕独揽大权想胁持幼主，夺取刘氏的天下。右丞相陈平对此十分担忧，但是自己能力有限，不能强争，又害怕连累自己，常常安居家中反复思考。有一次，陆生前去向他请安，直接走到陈平身

丞相方深念，不时见陆生。陆生曰："何念之深也？"陈平曰："生揣我何念？"陆生曰："足下位为上相，食三万户侯，可谓极富贵无欲矣。然有忧念，不过患诸吕、少主耳。"陈平曰："然。为之奈何？"陆生曰："天下安，注意相；天下危，注意将。将相和调，则士务附；士务附，天下虽有变，即权不分。为社稷计，在两君掌握耳。臣常欲谓太尉绛侯，绛侯与我戏，易吾言。君何不交欢太尉，深相结？"为陈平画吕氏数事。陈平用其计，乃以五百金为绛侯寿，厚具乐饮；太尉亦报如之。此两人深相结，则吕氏谋益衰。陈平乃以奴婢百人，车马五十乘，钱五百万，遗陆生为饮食费。陆生以此游汉廷公卿间，名声藉甚。

及诛诸吕，立孝文帝，陆生颇有力焉。孝文帝即位，欲使人之南越。陈丞相等乃言陆生为太中大夫，往使尉他，令尉他去黄屋称制，令比诸侯，皆如意旨。语在南越语中。陆生竟以寿终。

平原君朱建者，楚人也。故尝为淮南王黥布相，有罪去，后复事黥布。布欲反时，问平原君，平原君止之，布不听而听梁父侯，遂反。汉已诛布，闻平原君谏不与谋，得不诛。语在黥布语中。

平原君为人辩有口，刻廉刚直，家于长安。行不苟合，义不取容。辟阳侯行不正，得幸吕太后。时辟阳侯欲知平原君，平原君不肯见。及平原君母死，陆生素与平原君善，过之。平原君家贫，未有以

边坐下，这时陈平正在深思，没有觉察到陆生已经到了。陆生问道："您的担忧为什么如此沉重呢？"陈平说："你猜猜看，我究竟在担忧什么。"陆生说："您老先生官职位居右丞相，是享有三万户食邑的列侯，可以说荣华富贵到了无人可比的地步，应该说是没有这方面的想法了。然而如果说您老人家有担忧的话，那只能是担忧诸吕和幼主了。"陈平说："你猜得很对，你看这件事该怎么办呢？"陆生说："天下安定无事的时候，要注意丞相；天下动乱不安的时候，要注意大将。如果大将和丞相相互配合，那么士人就会归顺；士人归顺，那么天下即使有意外的事情发生，国家的大权也不会分散。为国家大事考虑，这件事情就在您和周勃两个人的控制之中了。我经常想把这些话对太尉周勃讲清楚，但是他和我总开玩笑，对我的话也不是很重视。您为什么不和太尉交好，建立起坚固的联系？"接着，陆生又为陈平谋划出几种对付吕氏的方法。陈平就采用他的计谋，拿出五百金来给绛侯周勃祝寿，并且准备了盛大的歌舞宴会来款待他；而太尉周勃也用同样的方式来回报陈平。这样，陈平、周勃二人就建立起十分亲密的联系，而吕氏篡位的阴谋也就更加难以实现了。陈平又把一百个奴婢、五十辆车马、五百万钱送给陆生作为饮食费用。陆生就用这些费用在汉朝廷公卿大臣中游说，搞得名声很大。

等到诛灭了诸吕后，大臣们迎立孝文帝登上皇帝的宝座，陆生对此出了不少力。孝文帝登基之后，想派人出使南越。陈平丞相等人就推举陆生为太中大夫，派他出使南越，命令南越王尉他取消黄屋称制等越礼行为，让他采用和其他诸侯一样的礼节仪式。陆生出使南越之后，依此行事，皇帝的要求都达到了，所以文帝很满意。关于这件事的具体情节，都记录在《南越列传》中。陆生最后因为年老而去世。

平原君朱建是楚国人，他曾经担任过淮南王黥布的国相，但因犯罪而离去。后来他又重新在黥布手下做事，黥布想造反的时候，问朱建怎样看此事，朱建极力反对。但黥布没有听从他的意见，而是听取梁父侯所说的去造反，于是便起兵了。等到汉朝平定叛乱，杀死黥布以后，听说平原君朱建曾经劝阻过黥布不要造反，同时他又没有参加与造反有关的阴谋活动，就没有诛杀朱建。与此事相关的内容，在《黥布传》中有记载。

平原君朱建这个人能言善辩，口才非常好，同时他又刚正不阿、恪守节操、廉洁无私，他定居于长安。他说话做事坚决不随便附和，坚持道义而不愿意曲从讨好，取悦于人。辟阳侯审食其品行不端正，靠阿谀奉承深得吕太后的宠爱。当时辟阳侯十分想和平原君交好，但平原君就是不愿意见他。平原君母亲去世了，陆生和平原君一直很要好，所以就前去吊唁。平原君家境贫苦清寒，连给母亲出

发丧，方假贷服具，陆生令平原君发丧。陆生往见辟阳侯，贺曰："平原君母死。"辟阳侯曰："平原君母死，何乃贺我乎？"陆贾曰："前日君侯欲知平原君，平原君义不知君，以其母故。今其母死，君诚厚送丧，则彼为君死矣。"辟阳侯乃奉百金往税。列侯贵人以辟阳侯故，往税凡五百金。

辟阳侯幸吕太后，人或毁辟阳侯于孝惠帝，孝惠帝大怒，下吏，欲诛之。吕太后惭，不可以言。大臣多害辟阳侯行，欲遂诛之。辟阳侯急，因使人欲见平原君。平原君辞曰："狱急，不敢见君。"乃求见孝惠幸臣闳籍孺，说之曰："君所以得幸帝，天下莫不闻。今辟阳侯幸太后而下吏，道路皆言君谗，欲杀之。今日辟阳侯诛，旦日太后含怒，亦诛君。何不肉袒为辟阳侯言于帝？帝听君出辟阳侯，太后大欢。两主共幸君，君贵富益倍矣。"于是闳籍孺大恐，从其计，言帝，果出辟阳侯。辟阳侯之囚，欲见平原君，平原君不见辟阳侯，辟阳侯以为倍己，大怒。及其成功出之，乃大惊。

吕太后崩，大臣诛诸吕，辟阳侯于诸吕至深，而卒不诛。计画所以全者，皆陆生、平原君之力也。

孝文帝时，淮南厉王杀辟阳侯，以诸吕故。文帝闻其客平原君为计策，使吏捕欲治。闻吏至门，平原君欲自杀。诸子及吏皆曰："事未可知，何早自杀为？"平原君曰："我死祸绝，不及而身矣。"遂自刭。孝文帝闻而惜之，曰："吾无意杀之。"乃召其子，拜为中大夫。使匈奴，单于无礼，乃骂单于，遂死匈奴中。

初，沛公引兵过陈留，郦生踵军门上谒曰："高阳贱民郦食其，

殡送丧的钱都没有，正要去借钱来置办殡丧用品，陆生却让平原君只管发丧，不必去借钱。然后，陆生到辟阳侯家中，向他祝贺说："平原君的母亲去世了。"辟阳侯不明所以地说："平原君的母亲死了，你向我祝贺做什么？"陆生说道："以前您一直想和平原君交好，但是他讲究道义不和您往来，这是因为他母亲的原因。现在他母亲已经去世，您若是赠送厚礼为他母亲送丧，那么他一定愿意为您拼死效劳。"于是辟阳侯就给平原君送去价值一百金的厚礼。而当时的不少列侯贵人因为辟阳侯送重礼的缘故，也送去了总值五百金的钱物。

辟阳侯深受吕太后的宠爱，于是有人在孝惠帝面前说他的坏话，孝惠帝十分生气，就把他抓起来交给官吏审问，并想借这个机会杀掉他。吕太后感到愧疚，又不能替他求情。而大臣们大都十分痛恨辟阳侯的恶行，更想借这个机会杀掉他。辟阳侯十分着急，就派人给平原君传话，说自己想见他。平原君却推托说："您的案子现在正在风口浪尖上，我不敢会见您。"然后平原君请求会见孝惠帝的宠臣闳籍孺，对他说："皇帝宠爱您的事情，天下的人全都知道。现在辟阳侯被太后宠爱，却被逮捕入狱，满城的人都会说是您给说的坏话，想杀掉他。如果今天辟阳侯被皇帝杀了，那么明天早上太后生气了，也会杀掉您。您为什么不脱了上衣，光着膀子，替辟阳侯到皇帝那里去求情呢？如果皇帝听了您的意见，放出辟阳侯，太后一定会十分高兴。而太后、皇帝两人都宠爱您，那么您也就会加倍富贵了。"于是闳籍孺十分害怕，就听从了平原君的话，向皇帝给辟阳侯说情，皇帝果然放出了辟阳侯。辟阳侯在被囚禁的时候，很想会见平原君，但是平原君却不愿意见辟阳侯，辟阳侯认为这是背叛自己，所以对他很是恼怒、怨恨。等到他被平原君成功地救出之后，才感到十分吃惊。

吕太后去世之后，大臣们诛杀了诸吕。辟阳侯和诸吕关系极其深厚，但最终没有被杀死。保全辟阳侯生命的计划之所以得以实现，就是陆生和平原君的功劳。

在孝文帝时期，淮南厉王杀死了辟阳侯，这是因为他和诸吕关系至深的原因。文帝又听说辟阳侯的许多事情都是他的门客平原君出谋策划的，所以就派遣官吏去逮捕他，想治他的罪。听到官吏已到自己家门口，平原君于是想自杀。他的几个儿子和来逮捕他的官员都劝说："事情的结果到底如何，现在还不清楚，你为什么要这么早就先自杀呢？"平原君对儿子们说："我一个人死了以后，我们一家人的灾祸也就没有了，也就不会使你们受到连累。"这样，他就拔剑自杀而死。孝文帝听到此事非常可惜，说："我并没有杀他的想法。"为了表示对其家属的慰藉，文帝就把他的儿子召进朝廷，任命为太中大夫。后来他出使匈奴，由于单于蛮横无礼，就大骂单于，所以死在了匈奴。

当初，沛公带兵经过陈留的时候，郦生到军门递上自己的名帖说："高阳

窃闻沛公暴露，将兵助楚讨不义，敬劳从者，愿得望见，口画天下便事。"使者入通，沛公方洗，问使者曰："何如人也？"使者对曰："状貌类大儒，衣儒衣，冠侧注。"沛公曰："为我谢之，言我方以天下为事，未暇见儒人也。"使者出谢曰："沛公敬谢先生，方以天下为事，未暇见儒人也。"郦生瞋目案剑叱使者曰："走！复入言沛公，吾高阳酒徒也，非儒人也。"使者惧而失谒，跪拾谒，还走，复入报曰："客，天下壮士也，叱臣，臣恐，至失谒。曰'走！复入言，而公高阳酒徒也'。"沛公遽雪足杖矛曰："延客入！"

郦生入，揖沛公曰："足下甚苦，暴衣露冠，将兵助楚讨不义，足不何不自喜也？臣愿以事见，而曰'吾方以天下为事，未暇见儒人也'。夫足下欲兴天下之大事而成天下之大功，而以目皮相，恐失天下之能士。且吾度足下之智不如吾，勇又不如吾。若欲就天下而不相见，窃为足下失之。"沛公谢曰："乡者闻先生之容，今见先生之意矣。"乃延而坐之，问所以取天下者。郦生曰："夫足下欲成大功，不如止陈留。陈留者，天下之据冲也，兵之会地也，积粟数千万石，城守甚坚。臣素善其令，愿为足下说之。不听臣，臣请为足下杀之，而下陈留。足下将陈留之众，据陈留之城，而食其积粟，招天下之从兵；从兵已成，足下横行天下，莫能有害足下者矣。"沛公曰："敬闻命矣。"

于是郦生乃夜见陈留令，说之曰："夫秦为无道而天下畔之，今足下与天下从则可以成大功。今独为亡秦婴城而坚守，臣窃为足下危之。"陈留令曰："秦法至重也，不可以妄言，妄言者无类，吾不可以应。先生所以教臣者，非臣之意也，愿勿复道。"郦生留宿卧，夜

的卑贱百姓郦食其，私下里听说沛公奔波在外，露天而处，不辞劳苦，带领人马帮助楚军来征讨残暴无道的秦朝，敬请劳烦各位随从人员，进去通告一声，说我想见到沛公，和他讨论天下大事。"使者进去禀告，沛公一边洗脚一边问使者："来者是什么样的人？"使者回答说："看他长相好像一个有学问的大儒，身穿读书人的衣服，头戴巍峨的高山冠。"沛公说："替我谢绝他，说我正在忙平定天下的大事，没有时间见儒生。"使者出来道歉说："沛公敬谢先生，他正忙于平定天下的大事，没有时间见儒生。"郦生听完，瞪圆了眼睛，手持宝剑，责骂使者说："快点！再去告诉沛公一声，我是高阳酒徒，并不是一个儒生。"使者见此，惊慌失措，竟吓得把名帖掉在了地上，然后又跪下捡起，迅速地转身跑了进去，再次向沛公通报："外边那个客人，真正是天下英雄，他大声斥责我，我很是害怕，吓得我把名帖掉在了地上，他说：'你快滚回去，再次通报，你家老子是个高阳酒徒。'"沛公立刻擦干了脚，手拄着长矛说道："请客人进来！"

郦生进去之后，长揖为礼，并且说道："沛公您长年累月暴衣露冠地在外奔波劳碌，十分辛苦，带领人马和楚军一起征讨残暴无道的秦王，但是沛公您为什么一点儿也不自重自爱呢？我想以讨论天下大事为理由见到您，而您却说什么'我正忙于平定天下，没有时间见儒生'。您想平定天下，成就天下最大的功业，却从外貌来看人，这样恐怕就要失去天下那些有能力的人。况且我想您的聪明才智比不上我，勇敢坚强也比不上我，您如果想成就平定天下的大业而不想见到我的话，我认为您就失去了一个人才。"沛公连忙向郦生道歉说："刚才我只听说了您的长相和衣着，现在我才真正了解了您的想法。"于是请他到位子上就座，问他平定天下的计划。郦生说："沛公您若想成就统一天下的大业，不如先攻占陈留。陈留这个地方是一个可以据守的四通八达的交通要地，同时也是兵家必争之地。在城里储藏着几千万石粮食，城墙守卫工事非常牢固。而我和陈留的守令关系一向要好，我想为您前去说服他，让他向您投降。若是他不听我的，请准许我替您把他杀掉，然后拿下陈留。您率领陈留的兵将，占据坚固的陈留城，吃陈留的存粮，召集天下各地想投靠您的人马；等到兵力壮大以后，您就可以所向无敌，横行天下，那也就没有任何人能对您构成威胁了。"沛公说："我完全听从您的意见。"

于是郦生就连夜去见陈留守令，游说他道："秦朝残暴无道，天下的人都反对它，现在您如果和天下人一起起兵造反就可以成大功，而您却一个人为即将要灭亡的秦朝拥城固守，我私下里为您的危急处境深深担忧。"陈留守令说道："秦朝的法令残暴无情，不能够随便胡说，如果说这样的话，就要灭族。我不

半时斩陈留令首,逾城而下报沛公。沛公引兵攻城,悬令首于长竿以示城上人,曰:"趣下,而令头已断矣!今后下者必先斩之!"于是陈留人见令已死,遂相率而下沛公。沛公舍陈留南城门上,因其库兵,食积粟,留出入三月,从兵以万数,遂入破秦。

太史公曰:世之传郦生书,多曰汉王已拔三秦,东击项籍而引军于巩洛之间,郦生被儒衣往说汉王。乃非也。自沛公未入关,与项羽别而至高阳,得郦生兄弟。余读陆生新语书十二篇,固当世之辩士。至平原君子与余善,是以得具论之。

能按照你所说的去做。您老先生指教我的话，并不是我的志向，请您不要再说了。"这天夜里，郦生就在城中留宿，到了半夜，他悄悄地斩下陈留守令的头，越城墙而下，报与沛公得知。沛公带领人马，进攻城池，把县令的头挂在旗杆上给城上的人看说："尽快投降吧，你们守令的脑袋已经被我们砍下来了！谁后投降，就一定要先杀他！"这时陈留人见守令已死，便相继投降了沛公。沛公进城之后，就住在陈留的南城城门楼上，用的是陈留武库里的兵器，吃的是城里的存粮，在这里进进出出地逗留了三个月，招募的兵马已达几万人，然后就入关并灭了秦朝。

太史公说：现在世上流传的写郦生的传记，大多这样说：汉王在平定了三秦之后，回军向东进攻项羽，带领军队活动在巩、洛之间时，郦生才身穿儒衣前去向汉王游说。这种说法是不对的。真实情况是在沛公攻入函谷关之前，与项羽分手，来到高阳，在那时得到了郦生兄弟二人。我读陆贾的《新语》十二篇，可以看出他真正是当代少有的大辩士。而平原君的儿子和我关系很好，因此才能详细地把上述这一切都记录下来。

傅靳蒯成列传第三十八

阳陵侯傅宽，以魏五大夫骑将从，为舍人，起横阳。从攻安阳、杠里，击赵贲军于开封，及击杨熊曲遇、阳武，斩首十二级，赐爵卿。从至霸上。沛公立为汉王，汉王赐宽封号共德君。从入汉中，迁为右骑将。从定三秦，赐食邑雕阴。从击项籍，待怀，赐爵通德侯。从击项冠、周兰、龙且，所将卒斩骑将一人敖下，益食邑。

属淮阴，击破齐历下军，击田解。属相国参，残博，益食邑。因定齐地，剖符世世勿绝，封为阳陵侯，二千六百户，除前所食。为齐右丞相，备齐。五岁为齐相国。

四月，击陈豨，属太尉勃，以相国代丞相哙击豨。一月，徙为代相国，将屯。二岁，为代丞相，将屯。

孝惠五年卒，谥为景侯。子顷侯精立，二十四年卒。子共侯则立，十二年卒。子侯偃立，三十一年，坐与淮南王谋反，死，国除。

信武侯靳歙，以中涓从，起宛朐。攻济阳。破李由军。击秦军亳南、开封东北，斩骑千人将一人，首五十七级，捕虏七十三人，赐爵封号临平君。又战蓝田北，斩车司马二人，骑长一人，首二十八级，捕虏五十七人。至霸上。沛公立为汉王，赐歙爵建武侯，迁为骑都尉。

从定三秦。别西击章平军于陇西，破之，定陇西六县，所将卒斩车司马、候各四人，骑长十二人。从东击楚，至彭城。汉军败还，保雍丘，去击反者王武等。略梁地，别将击邢说军菑南，破之，身得说

阳陵侯傅宽，以魏国五大夫骑将军官的身份跟随沛公刘邦，曾经做过家臣，起兵于横阳。他跟随沛公进攻安阳、杠里，在开封进攻秦将赵贲的部队，以及在曲遇、阳武击败秦将杨熊的部队，曾斩获十二个秦军的首级，沛公赐给他卿的爵位，后来随从沛公进军到灞上。沛公被立为汉王后，封赐给傅宽共德君的封号。随即他跟着汉王进入汉中地区，升职为右骑将，不久又跟随汉王平定了三秦，汉王赐给他雕阴作为食邑。楚汉相争的时候，他随着汉王攻打西楚霸王项羽，奉命在怀县接应汉王，汉王赐给他通德侯的爵位。在跟随汉王攻击项羽部将项冠、周兰、龙且时，他带领的士兵在敖仓山下斩获敌骑将一人，因而增加了食邑。

傅宽曾经隶属于淮阴侯韩信，打败了齐国在历下的驻军，打败了齐国守将田解。后来归相国曹参指挥，攻克了博县，又增加了食邑。因为平定齐地有功，汉王把表示凭证的符分成两半，交给他一半，以示信用，让他的爵位世代相传，封他为阳陵侯，食邑二千六百户，免除他先前受封的食邑。后来他担任齐国右丞相，屯兵驻守防备田横作乱，在齐国任国相五年。

汉高祖十一年四月，他进攻叛汉自立为代王的陈豨，归太尉周勃指挥，以相国的身份代替汉丞相樊哙打败了陈豨。第二年一月，调任代国相国，带兵驻守边郡。两年后，担任代国丞相，继续带兵驻守边郡。

汉惠帝五年傅宽去世，谥号为景侯。其儿子顷侯傅精继承爵位，二十四年去世。傅精的儿子共侯傅则继承爵位，十二年后去世。傅则的儿子傅偃继承爵位，三十一年，因淮南王刘安谋反而连坐，被处死，封地同时被废除。

信武侯靳歙，以侍从官员的身份追随沛公刘邦，他是从宛朐起兵的，曾攻打过济阳，击败过秦国将军李由的军队。后来他又在亳县南和开封东北地区攻打秦军，一共斩杀了一名千人骑兵的长官，斩获了五十七人的首级，俘获了七十三人，获得沛公所赐爵位，封号为临平君。后来又在蓝田北进行战斗，斩获秦军车司马二人，骑兵长官一人，斩获了二十八人首级，俘获了五十七人，又率军到达灞上。当时沛公立为汉王，赐予靳歙建武侯爵位，并升他为骑都尉。

靳歙追随汉王平定了三秦。他带领部队向西进攻在陇西攻打秦将章平的军队，打败秦军，平定了陇西六县，他所带领的士兵杀死秦军车司马、军候各四人，骑兵长官十二人。随后，跟着汉王东进攻打楚军，抵达彭城。结果汉军战

都尉二人，司马、候十二人，降吏卒四千一百八十人。破楚军荥阳东。三年，赐食邑四千二百户。

别之河内，击赵将贲郝军朝歌，破之，所将卒得骑将二人，车马二百五十四。从攻安阳以东，至棘蒲，下七县。别攻破赵军，得其将司马二人，候四人，降吏卒二千四百人。从攻下邯郸。别下平阳，身斩守相，所将卒斩兵守、郡守各一人，降邺。从攻朝歌、邯郸，及别击破赵军，降邯郸郡六县。还军敖仓，破项籍军成皋南，击绝楚饷道，起荥阳至襄邑。破项冠军鲁下。略地东至缯、郯、下邳，南至蕲、竹邑。击项悍济阳下。还击项籍陈下，破之。别定江陵，降江陵柱国、大司马以下八人，身得江陵王，生致之雒阳，因定南郡。从至陈，取楚王信，剖符世世勿绝，定食四千六百户，号信武侯。

以骑都尉从击代，攻韩信平城下，还军东垣。有功，迁为车骑将军，并将梁、赵、齐、燕、楚车骑，别击陈豨丞相敞，破之，因降曲逆。从击黥布有功，益封定食五千三百户。凡斩首九十级，虏百三十二人；别破军十四，降城五十九，定郡、国各一，县二十三；得王、柱国各一人，二千石以下至五百石三十九人。

高后五年，歙卒，谥为肃侯。子亭代侯。二十一年，坐事国人过律，孝文后三年，夺侯，国除。

蒯成侯绁者，沛人也，姓周氏。常为高祖参乘，以舍人从起沛。至霸上，西入蜀、汉，还定三秦，食邑池阳。东绝甬道，从出度平阴，遇淮阴侯兵襄国，军乍利乍不利，终无离上心。以绁为信武侯，

败，靳歙力守雍丘，后离开雍丘去攻打反叛的王武等人。夺取了梁地后，又带领部队攻打驻守蕇南的楚将邢说军队，打败了邢说，并亲自生擒邢说的都尉二人，司马、军候十二人，招降了楚军官兵四千一百八十人。另外在荥阳东打败楚军。汉高祖三年，赐给靳歙食邑四千二百户。

靳歙还曾经带领部队抵达河内，攻打驻守在朝歌的赵将贲郝，大败贲郝，他带领的士兵生擒骑将二人，缴获战马二百五十四。他跟随汉王进攻安阳以东地区，直达棘蒲，攻下七个县。并另率兵击败赵军，生擒赵军的司马二人、军候四人，招降赵军官兵二千四百人。又跟随汉王攻克邯郸，独自带兵攻下平阳，亲自斩杀驻平阳的赵国代理相国，他所带领的士兵斩杀带兵郡守和郡守各一人，迫使邺归降。这次征战，随从汉王进攻朝歌、邯郸，又独自击败赵军，迫使邯郸郡的六个县投降，率军返回敖仓后，旋即在成皋南打败项羽的军队，击毁切断了从荥阳至襄邑运输粮饷的道路。在鲁城之下大败项冠的部队，夺取了东至缯、郯、下邳，南至蕲、竹邑的大片土地。又在济阳城下打败项悍的军队，然后挥军返回在陈县城下攻打项羽部队，大败项羽。此外，还平定了江陵，招降了在江陵的临江王的柱国、大司马及其部下八人，亲自生擒了临江王共尉，并把他押送到洛阳，于是平定了南郡。此后随从汉王到陈县，抓获了图谋不轨的楚王韩信，汉王把表示凭证的符分成两半，交给靳歙一半，以示信用，使他的爵位世代相传，规定食邑四千六百户，封号为信武侯。

后来，靳歙以骑都尉的身份跟随高帝攻打代王，在平城下打败代王韩信，跟着率军返回东垣。因为有功绩，被提升为车骑将军，接着率领梁、赵、齐、燕、楚几个诸侯王的军队，兵分几路进攻陈豨的丞相侯敞，把他打败了，于是曲逆被迫投降。后又跟随高祖攻打黥布，立下功劳，增加了封赐并规定食邑五千三百户。在几次重要的战役中，靳歙共斩敌九十个首级，俘获一百三十二人；另打败敌军十四次，攻下了五十九座城池，平定郡、国各一个，县城共二十三个；活捉诸侯王、柱国各一人，二千石以下至五百石的不同等级官员一共三十九人。

高后五年，靳歙去世，谥号为肃侯。他的儿子靳亭继承侯爵。二十一年后，因驱使奴役百姓超过了律令的规定，汉文帝后元三年，朝廷夺去了他的爵位，同时没收了封地。

蒯成侯名绁，是沛县人，姓周，曾担任陪同高祖乘车一职，是以家臣的身份跟随高祖起兵的。他曾经陪同高祖到灞上，又向西进入蜀、汉两地，后随高帝一同回军平定了三秦，并被赐池阳作为食邑。他奉命率军队向东进军阻断了楚军运输的通道，之后跟随高祖一起出征渡过平阴渡口后向东进军，在襄国与淮阴侯韩信的部队会合在一起。当时作战汉军有时获得胜利而有时则会战败，情势十分严

食邑三千三百户。高祖十二年，以緤为蒯成侯，除前所食邑。

上欲自击陈豨，蒯成侯泣曰："始秦攻破天下，未自行。今上常自行，是为无人可使者乎？"上以为"爱我"，赐入殿门不趋，杀人不死。

至孝文五年，緤以寿终，谥为贞侯。子昌代侯，有罪，国除。至孝景中二年，封緤子居代侯。至元鼎三年，居为太常，有罪，国除。

太史公曰：阳陵侯傅宽、信武侯靳歙皆高爵，从高祖起山东，攻项籍，诛杀名将，破军降城以十数，未尝困辱，此亦天授也。蒯成侯周緤操心坚正，身不见疑，上欲有所之，未尝不垂涕，此有伤心者然，可谓笃厚君子矣。

峻，但周䋅从始至终都没有背叛高祖的心思。高祖封他为信武侯，食邑三千三百户。高祖十二年，朝廷又赐封周䋅为蒯成侯，同时免掉了原先的食邑。

高祖曾经想亲自攻打陈豨，蒯成侯流着眼泪劝阻高祖说："以前秦王攻取天下，都未曾亲自出征，现在您经常亲自带兵出征，这难道是因为没有可派遣出征的人吗？"高帝认为周䋅是发自内心地爱护自己，破例恩准他进入殿门不用碎步快走，杀了人也不用定死罪。

到汉文帝五年，周䋅年老因病去世，谥号为贞侯。他的儿子周昌继承侯爵，后来因为犯罪，被没收了封地。到了汉景帝中元二年，汉文帝又封周緤的儿子周居继承侯爵。到了汉武帝元鼎三年，周居任太常官职，因为犯了罪，封地被没收。

太史公说：阳陵侯傅宽与信武侯靳歙都获得了十分高的爵位，跟随高祖从山东开始起兵，攻打项羽，斩杀名将，打败过敌军几十次，降服了城邑数十座，却从未遇到过挫折和困厄，这也是上天的赏赐啊。蒯成侯周䋅十分坚定并且忠诚，从未被人怀疑，高祖每次有出征的行动，他都没有不流泪不哭泣的，这是心里十分痛苦的人才能做到的，可以说是个忠厚诚实的君子啊。

刘敬叔孙通列传第三十九

刘敬者，齐人也。汉五年，戍陇西，过洛阳，高帝在焉。娄敬脱挽辂，衣其羊裘，见齐人虞将军曰："臣愿见上言便事。"虞将军欲与之鲜衣，娄敬曰："臣衣帛，衣帛见；衣褐，衣褐见：终不敢易衣。"于是虞将军入言上。上召入见，赐食。

已而问娄敬，娄敬说曰："陛下都洛阳，岂欲与周室比隆哉？"上曰："然。"娄敬曰："陛下取天下与周室异。周之先自后稷，尧封之邰，积德累善十有余世。公刘避桀居豳。太王以狄伐故，去豳，杖马棰居岐，国人争随之。及文王为西伯，断虞芮之讼，始受命，吕望、伯夷自海滨来归之。武王伐纣，不期而会孟津之上八百诸侯，皆曰纣可伐矣，遂灭殷。成王即位，周公之属傅相焉，乃营成周洛邑，以此为天下之中也，诸侯四方纳贡职，道里均矣，有德则易以王，无德则易以亡。凡居此者，欲令周务以德致人，不欲依阻险，令后世骄奢以虐民也。及周之盛时，天下和洽，四夷乡风，慕义怀德，附离而并事天子，不屯一卒，不战一士，八夷大国之民莫不宾服，效其贡职。及周之衰也，分而为两，天下莫朝，周不能制也。非其德薄也，而形势弱也。今陛下起丰沛，收卒三千人，以之径往而卷蜀汉，定三秦，与项羽战荥阳，争成皋之口，大战七十，小战四十，使天下之民肝脑涂地，父子暴骨中野，不可胜数，哭泣之声未绝，伤痍者未起，而欲比隆于成康之时，臣窃以为不侔也。且夫秦地被山带河，四塞以

刘敬是齐国人,汉高帝五年,他到陇西驻守边境,途中经过洛阳,当时汉高帝正住在那里。娄敬进城后便摘下拉车用的横木,穿着羊皮袄,去见齐人的虞将军说:"我希望可以见到皇帝并谈谈国家大事。"虞将军要给他一件干净清爽的好衣服换上,娄敬说:"我穿着丝绸衣服来,就穿着丝绸衣服去拜见皇上;穿着粗布短衣来,就穿着粗布短衣去拜见皇上:我是绝对不会换衣服的。"于是虞将军进宫把娄敬的请求转达皇帝。皇帝召娄敬进宫来晋见,并赐他用餐。

过了一会儿,皇帝就问娄敬要谈什么国家大事,娄敬便劝说皇帝道:"陛下建都洛阳,难道是想要跟周朝一比兴隆吗?"皇帝说:"是的。"娄敬说:"陛下获取天下的方式跟周朝是不一样的。周朝的先祖从后稷开始,尧封他于邰,累积善事、善政十几代。公刘为避开夏桀的暴政而迁居到豳居住,太王又因为狄族侵扰的缘故,搬离豳,挂着马鞭孤身一人迁居到岐山,国内的人便都争相跟随他去岐山。后来周文王做了西方诸侯的首领时,曾妥善地处理了虞国和芮国的争端,这才成了秉承天命统治天下的人,吕望、伯夷这些贤能的人从海边回来归顺于他。周武王征讨殷纣时,不约而同自动到孟津会盟的有八百诸侯,大家都说殷纣已经可以讨伐了,于是就灭掉了殷。周成王即位后,周公等人辅佐他,就在洛邑营建都城,把它作为天下的中心,天下的诸侯来交纳贡物赋税,道路都是一样的。这样君主有德行就容易靠德行称王统治天下,没德行就容易因此灭亡。凡是建都于此的,都要像周朝一样必须用德政来感召人民,而不可以依靠险要的自然形势,让后代君主骄奢淫逸肆意妄为虐待百姓。在周朝繁盛的时候,天下和睦,四方各族心向洛邑,归附周朝,仰慕周君的道义德行,感念他的恩德,依附他并且一起侍奉周天子,不用驻一兵防守,不用出一卒作战,各方大国的百姓没有不归顺的,都进献贡物和赋税。到了周朝衰败的时候,一分为二,天下没有人再来朝拜,周王室已经不能再掌控天下。不是它的恩德太少了,而是形势太弱了。如今陛下您从丰邑沛县起兵,招集三千士卒,带领他们直接投入战斗,席卷蜀、汉地区,平定三秦,与项羽在荥阳交战,并争夺成皋之险,大战七十次,小战四十次,使天下百姓血流成河,父子的枯骨暴露于荒野之中,横尸遍野数不胜数,悲惨的哭声一直萦绕在耳边,伤病残疾的人还都不能恢复,这种情形下您却要同周朝成王、康王的兴盛时期相比,我私下认为这是不能相提并论的。再说秦地有高山被覆、黄河环绕、四面边塞坚固的堡垒可做防御,即使突然有了危急情况,

为固,卒然有急,百万之众可具也。因秦之故,资甚美膏腴之地,此所谓天府者也。陛下入关而都之,山东虽乱,秦之故地可全而有也。夫与人斗,不搤其亢,拊其背,未能全其胜也。今陛下入关而都,案秦之故地,此亦搤天下之亢而拊其背也。"

高帝问群臣,群臣皆山东人,争言周王数百年,秦二世即亡,不如都周。上疑未能决。及留侯明言入关便,即日车驾西都关中。

于是上曰:"本言都秦地者娄敬,'娄'者乃'刘'也。"赐姓刘氏,拜为郎中,号为奉春君。

汉七年,韩王信反,高帝自往击之。至晋阳,闻信与匈奴欲共击汉,上大怒,使人使匈奴。匈奴匿其壮士肥牛马,但见老弱及羸畜。使者十辈来,皆言匈奴可击。上使刘敬复往使匈奴,还报曰:"两国相击,此宜夸矜见所长。今臣往,徒见羸瘠老弱,此必欲见短,伏奇兵以争利。愚以为匈奴不可击也。"是时汉兵已逾句注,二十余万兵已业行。上怒,骂刘敬曰:"齐虏!以口舌得官,今乃妄言沮吾军。"械系敬广武。遂往,至平城,匈奴果出奇兵围高帝白登,七日然后得解。高帝至广武,赦敬,曰:"吾不用公言,以困平城。吾皆已斩前使十辈言可击者矣。"乃封敬二千户,为关内侯,号为建信侯。

高帝罢平城归,韩王信亡入胡。当是时,冒顿为单于,兵强,控弦三十万,数苦北边。上患之,问刘敬。刘敬曰:"天下初定,士卒疲于兵,未可以武服也。冒顿杀父代立,妻群母,以力为威,未可以仁义说也。独可以计久远子孙为臣耳,然恐陛下不能为。"上曰:"诚可,何为不能!顾为奈何?"刘敬对曰:"陛下诚能以适长公主

百万之众的雄兵也可及时征集的。借着秦国原有的底子，又有肥沃的土地可以作为依托，这就是所说的地势险要、物产丰富的'天府'之地啊。陛下进入函谷关后把都城建在那里，即使崤山以东地区有祸乱，秦国原有的地方也是可以保全、占有的。与别人搏斗，如果不掐住他的咽喉，击打他的背部，是不能完全获得胜利的。如果陛下进入函谷关以内建都，控制着秦国原有的地区。这也就是掐住了天下的咽喉并且击打它的后背啊。"

汉高帝于是征求大臣们的意见，大臣们都是崤山以东地区的人，于是都争先恐后地申辩说周朝建都在洛阳后便可称王天下几百年，秦朝建都在关内便只到秦二世就灭亡了，不如建都在周朝都城。皇帝犹疑不决。等到留侯张良阐述了入关建都的有利条件后，皇帝于是当日就乘车向西行进入关中建造都城。

皇帝说："本来提议建都在秦地的是娄敬，'娄'就是'刘'啊。"于是赐娄敬改姓为刘，并授给他郎中官职，称号为奉春君。

汉高帝七年，韩王信背叛朝廷，汉高帝亲自率兵讨伐他。到达晋阳时，得知韩王信与匈奴勾结想要共同进攻汉朝的消息，皇帝震怒，于是就派使臣出使匈奴探听底细。匈奴把他们强壮能战的士兵和肥壮的牛马都藏了起来，只看见年老、弱小的士兵和瘦弱的牲畜。派去的十多批使臣回来都说匈奴是可以攻击的。高帝便派刘敬再次出使匈奴，刘敬回来报告说："两国交兵，此时该炫耀并显示自己的长处优点才对。现在我去那里，却只看到一些瘦弱的牲畜和老弱的士兵，这一定是匈奴故意暴露自己的短处，以便埋伏奇兵来争取胜利。我以为匈奴是不可以攻打的。"这时汉朝军队已经越过了句注山，二十万大军已经出征。高帝听了刘敬的话后十分生气，骂刘敬道："齐国的孬种！凭借两片嘴获得官职，现在竟敢胡说八道阻碍我的大军！"于是就用镣铐把刘敬锁起来并关押在广武县。高帝率军前往，到了平城，匈奴果然出动奇兵把高帝围困在白登山上，被围困了七天后才得以解围。高帝回到广武县，便赦免了刘敬，对刘敬说："我不听取您的意见，才在平城被围困。我已经把前面那十来批出使匈奴后说匈奴是可以攻打的人都斩首了。"于是赏赐刘敬食邑二千户，授给他关内侯，称为建信侯。

汉高帝撤出平城后返回朝廷，韩王信则逃到匈奴。这个时候，冒顿是匈奴的君王，军队强大，有三十万士兵，屡次骚扰北部边境。高帝对这种情况很是担忧，于是就问刘敬是否有对策。刘敬说："汉朝天下才刚刚平定，士兵们被战争搞得疲惫不堪，所以对匈奴是不可以用武力制服的。冒顿杀了他的父亲后自己做了君主，又把父亲的姬妾作为自己的妻子，他凭武力树立威信，是不能用仁义道德来说服的。所以只能从长计议，好让他的子孙后代臣服汉朝，然而又怕陛下办不到。"高帝说："如果真的可行的话，为什么不可以办到？只是应该怎么办

妻之，厚奉遗之，彼知汉适女送厚，蛮夷必慕以为阏氏，生子必为太子。代单于。何者？贪汉重币。陛下以岁时汉所余彼所鲜数问遗，因使辩士风谕以礼节。冒顿在，固为子婿；死，则外孙为单于。岂尝闻外孙敢与大父抗礼者哉？兵可无战以渐臣也。若陛下不能遣长公主，而令宗室及后宫诈称公主，彼亦知，不肯贵近，无益也。"高帝曰："善。"欲遣长公主。吕后日夜泣，曰："妾唯太子、一女，奈何弃之匈奴！"上竟不能遣长公主，而取家人子名为长公主，妻单于。使刘敬往结和亲约。

刘敬从匈奴来，因言"匈奴河南白羊、楼烦王，去长安近者七百里，轻骑一日一夜可以至秦中。秦中新破，少民，地肥饶，可益实。夫诸侯初起时，非齐诸田，楚昭、屈、景莫能兴。今陛下虽都关中，实少人。北近胡寇，东有六国之族，宗强，一日有变，陛下亦未得高枕而卧也。臣愿陛下徙齐诸田，楚昭、屈、景，燕、赵、韩、魏后，及豪桀名家居关中。无事，可以备胡；诸侯有变，亦足率以东伐。此强本弱末之术也"。上曰："善。"乃使刘敬徙所言关中十余万口。

叔孙通者，薛人也。秦时以文学征，待诏博士。数岁，陈胜起山东，使者以闻，二世召博士诸儒生问曰："楚戍卒攻蕲入陈，于公如何？"博士诸生三十余人前曰："人臣无将，将即反，罪死无赦。愿陛下急发兵击之。"二世怒，作色。叔孙通前曰："诸生言皆非也。夫天下合为一家，毁郡县城，铄其兵，示天下不复用。且明主在其上，法令具于下，使人人奉职，四方辐辏，安敢有反者！此特群盗鼠

呢？"刘敬回答说："陛下如果能把皇后生的大公主远嫁给冒顿做妻子，并给他送上丰厚的礼物，他如果知道是汉帝皇后生的女儿，又有丰厚的礼物，粗野的外族人一定会爱慕她并且把大公主册立正式的妻子，之后生下的儿子一定是太子，将来接替君主的位置。为什么要这样办？是因为匈奴贪图汉朝丰厚的财礼。陛下拿一年四季中汉朝多余而匈奴少有的东西多次抚问并赠送，顺便派能言善辩的人用礼节来开导、启发他。冒顿在位时，他当然也就是汉朝的女婿；他死了之后，那么汉朝的外孙就是君主。哪曾听说有外孙子敢同外祖父争夺天下的呢？军队可以不用出战便使匈奴逐渐臣服于我朝。如果陛下不派大公主去，而让皇族女子或者是嫔妃假冒公主，冒顿如果知道，就不会尊敬并且亲近她，那样就没有什么好处了。"汉高帝听后说："好的。"于是就要送大公主去匈奴。吕后得知后日夜啼哭，对皇帝说："我只有太子和这个女儿，我怎么能忍心抛弃她并把她远嫁到匈奴去！"高帝终究没有派出大公主，于是便找了个宫女以大公主的名义，嫁给冒顿做妻子。同时，派遣刘敬前往与匈奴订立联姻盟约。

　　刘敬从匈奴回来后，便说："匈奴在黄河以南的白羊、楼烦两个部落，离长安最近的只有七百里路，轻装骑兵只需要一天一夜便可到达关中地区。关中地区刚刚经过战争，还很萧条，人丁稀少，但是土地肥沃，还可以大大加以充实。当初各地诸侯起兵发难的时候，要不是有齐国的田氏各族连同楚国的昭、屈、景三大宗族参加是不可能兴盛起来的。如今陛下虽然已经把都城建立在关中，但实际人口稀少。北边靠近匈奴敌寇，东边还有六国的旧贵族，宗族势力很强大，一旦发生什么变故，陛下便不能高枕无忧了。我希望陛下能够把齐国的田氏各族，楚国的昭、屈、景三大宗族，燕、赵、韩、魏等国的后裔，以及各个豪门名家都迁到关中居住。国内安定无事，朝廷便可以防备匈奴；若所封的诸侯王有什么变故，也可以率领他们东进讨伐。这是可以加强中央权力并且削弱地方势力的策略啊。"高帝说："很好。"于是派刘敬按照他自己的意见把十万多的人口迁到了关中。

　　叔孙通是薛县人，秦朝时因为擅长文学、知识渊博被召入宫，任命为待诏博士。几年后，陈胜在山东起义，使者把这个情况报告给朝廷后，秦二世召集各位博士、儒生问道："楚地戍边的士卒占领蕲县进入陈县，对这件事各位有什么看法？"博士以及儒生们三十多人走向前去说："臣子不能聚众，聚众便是造反，这是死罪不能宽恕，希望陛下尽快发兵攻打他们。"秦二世一听就很生气，脸色顿时变了。这时，叔孙通走向前去说："各位儒生的话都不对。当今天下已合为一家，毁掉郡县城池，熔掉各种兵器，向世人昭示不再用它。何况有贤明的君主统治天下，并制定了完备的法令，使所有人都遵法守职，四方八面都归顺朝廷，

窃狗盗耳，何足置之齿牙间。郡守尉今捕论，何足忧。"二世喜曰："善。"尽问诸生，诸生或言反，或言盗。于是二世令御史案诸生言反者下吏，非所宜言。诸言盗者皆罢之。乃赐叔孙通帛二十匹，衣一袭，拜为博士。叔孙通已出宫，反舍，诸生曰："先生何言之谀也？"通曰："公不知也，我几不脱于虎口！"乃亡去，之薛，薛已降楚矣。及项梁之薛，叔孙通从之。败于定陶，从怀王。怀王为义帝，徙长沙，叔孙通留事项王。汉二年，汉王从五诸侯入彭城，叔孙通降汉王。汉王败而西，因竟从汉。

叔孙通儒服，汉王憎之；乃变其服，服短衣，楚制，汉王喜。

叔孙通之降汉，从儒生弟子百余人，然通无所言进，专言诸故群盗壮士进之。弟子皆窃骂曰："事先生数岁，幸得从降汉，今不能进臣等，专言大猾，何也？"叔孙通闻之，乃谓曰："汉王方蒙矢石争天下，诸生宁能斗乎？故先言斩将搴旗之士。诸生且待我，我不忘矣。"汉王拜叔孙通为博士，号稷嗣君。

汉五年，已并天下，诸侯共尊汉王为皇帝于定陶，叔孙通就其仪号。高帝悉去秦苛仪法，为简易。群臣饮酒争功，醉或妄呼，拔剑击柱，高帝患之。叔孙通知上益厌之也，说上曰："夫儒者难与进取，可与守成。臣愿征鲁诸生，与臣弟子共起朝仪。"高帝曰："得无难乎？"叔孙通曰："五帝异乐，三王不同礼。礼者，因时世人情为之节文者也。故夏、殷、周之礼所因损益可知者，谓不相复也。臣愿颇采古礼与秦仪杂就之。"上曰："可试为之，令易知，度吾所能行为之。"

于是叔孙通使征鲁诸生三十余人。鲁有两生不肯行，曰："公所

怎么会有敢造反的人？这只是一伙窃贼行窃罢了，何足挂齿！郡官们正在搜捕他们治罪论处，不值得为此担忧。"秦二世高兴地说："好啊。"又向每个儒生问了一遍，儒生们有的说是造反，有的说是盗贼。于是秦二世命令监察官审查每个儒生说的话，凡说是造反的都交给官吏治罪，秦二世认为他们不该说这样的话。那些说是盗贼的都被免掉职务，但是赐给叔孙通二十匹帛、一套服装，并授予他博士职位。叔孙通走出宫来，回到住处，一些儒生问道："先生为什么说那些讨好君主的话？"叔孙通说："各位不知道啊，我几乎就逃不出虎口了！"于是逃离了都城，到了薛县，当时薛县已经向楚军投降。等项梁到达薛县，叔孙通便投靠了他。后来项梁战死在定陶，叔孙通于是就跟随楚怀王熊心。楚怀王被项羽封为义帝，迁往长沙，叔孙通便留下跟随项羽。汉高帝二年，汉王刘邦带领五个诸侯王攻进彭城，叔孙通就投降了汉王。汉王战败西去后，叔孙通也跟随汉王一同去了，就跟随着汉王。

叔孙通总是穿着一身儒生的服装，汉王见了十分讨厌；于是他就换了服装，穿上短袄，并且是按楚地习俗裁制的，汉王见了十分高兴。

当初，叔孙通投降汉王时，跟随他的儒生弟子有一百多人，可是叔孙通从来不向君主说推荐他们的话，并且专门推荐那些曾经聚众偷盗的勇士。儒生弟子们都背地里骂他道："侍奉先生几年，幸好能跟从他投降汉王，如今不能推荐我们，还专门称赞特别奸狡的人，这是什么道理？"叔孙通听到骂他的话后，就对儒生们说："汉王正冒着利箭坚石争夺天下，各位儒生难道能去战斗吗？所以我先要推荐能冒死厮杀、骁勇善战的勇士。各位暂且等等我，我不会忘记你们的。"汉王任命叔孙通为博士，称为稷嗣君。

汉高帝五年，天下已经统一，诸侯们在定陶共同推举汉王为皇帝，叔孙通负责拟定仪式礼节。当时汉高帝把秦朝苛刻的仪礼法规全部取消了，只拟定了一些简单易行的规矩。可是群臣在朝廷上饮酒作乐并争论功劳，喝得大醉狂呼乱叫，甚至拔剑来砍削庭中的立柱，高帝为这件事感到头痛。叔孙通知道高帝非常讨厌这类事，就劝说道："那些儒生不能为您攻战夺取城池，可是能够帮您保住成就。我希望征召鲁地的一些儒生，跟我的弟子们一起制定朝廷仪礼。"高帝说："会像过去那样的烦琐难行吗？"叔孙通说："五帝有不同的乐礼，三王有不同礼节。礼，就是按照当时的人情世故给人们制定出节制或修饰的法则。所以从夏、殷、周三代的礼节延续、删减和增加的情况看就可以说明这一点，就是说不同王朝的礼节是不能相互重复的。我愿意将古代礼节与秦朝的礼仪糅合起来制定新的礼节。"高帝说："可以试着制定一下，但要让其容易理解，考虑我能够做得到的。"

于是，叔孙通奉命征召了鲁地儒生三十多人。鲁地有两个儒生不愿去，说：

事者且十主，皆面谀以得亲贵。今天下初定，死者未葬，伤者未起，又欲起礼乐。礼乐所由起，积德百年而后可兴也。吾不忍为公所为。公所为不合古，吾不行。公往矣，无污我！"叔孙通笑曰："若真鄙儒也，不知时变。"

遂与所征三十人西，及上左右为学者与其弟子百余人为绵蕞野外。习之月余，叔孙通曰："上可试观。"上既观，使行礼，曰："吾能为此。"乃令群臣习肄，会十月。

汉七年，长乐宫成，诸侯群臣皆朝十月。仪：先平明，谒者治礼，引以次入殿门，廷中陈车骑步卒卫宫，设兵张旗志。传言"趋"。殿下郎中挟陛，陛数百人。功臣列侯诸将军军吏以次陈西方，东乡；文官丞相以下陈东方，西乡。大行设九宾，胪传。于是皇帝辇出房，百官执职传警，引诸侯王以下至吏六百石以次奉贺。自诸侯王以下莫不振恐肃敬。至礼毕，复置法酒。诸侍坐殿上皆伏抑首，以尊卑次起上寿。觞九行，谒者言"罢酒"。御史执法举不如仪者辄引去。竟朝置酒，无敢欢哗失礼者。于是高帝曰："吾乃今日知为皇帝之贵也。"乃拜叔孙通为太常，赐金五百斤。

叔孙通因进曰："诸弟子儒生随臣久矣，与臣共为仪，愿陛下官之。"高帝悉以为郎。叔孙通出，皆以五百斤金赐诸生。诸生乃皆喜曰："叔孙生诚圣人也，知当世之要务。"

汉九年，高帝徙叔孙通为太子太傅。汉十二年，高祖欲以赵王如意易太子，叔孙通谏上曰："昔者晋献公以骊姬之故废太子，立奚齐，晋国乱者数十年，为天下笑。秦以不蚤定扶苏，令赵高得以诈立胡亥，自使灭祀，此陛下所亲见。今太子仁孝，天下皆闻之；吕后与

"您所跟随的将近十位君主，都是靠当面阿谀奉承取得信任、显贵的地位的。如今天下刚刚平定，死去的人们还来不及埋葬，伤残的想要动却动不了，又要制定礼乐法规。从礼乐兴办的原因看，只有积累功德百年以后，才能时兴起来。我们不能违背良心替您办这事。您办的事不合古法，我们不去。您还是走吧，不要玷污了我们！"叔孙通笑着说："你们真是卑贱的儒生啊，一点也不懂时世的变化。"

叔孙通就与征召的三十人一起向西来到都城，他们同皇帝身边有学问的侍从以及叔孙通的一百多位弟子，在郊外拉起绳子作为施礼的处所，立上茅草替代位次的尊卑进行演习。演习了一个多月，叔孙通说："高帝可以来视察一下。"高帝视察后，让他们向自己行礼，然后说："我可以做到这些。"于是命令群臣都来学习，这时正巧是十月。

汉高帝七年，长乐宫建成，各诸侯王及朝廷群臣都来朝拜皇帝参加岁首朝会。整套礼仪如下：首先在天刚亮时，谒者开始主持礼仪，引导诸侯王及朝廷群臣依次进入殿门，廷中排列着战车、骑兵、步兵和宫廷侍卫军士，摆放着各种兵器，竖立着各种旗帜。谒者传呼"小步快走"。于是所有官员各入其位，大殿下面郎中官员站在台阶两侧，台阶上有几百人之多。凡是功臣、列侯、各级将军军官，都按次序排列在西边，面向东；凡文职官员从丞相起，依次排列在东边，面向西。大行令安排的九个礼宾官，从上到下地传呼。于是皇帝乘坐"龙辇"从宫房里出来，百官举起旗帜传呼警备，然后礼官引导着诸侯王以下至六百石以上的各级官员依次恭敬地向皇帝施礼道贺。诸侯王以下的所有官员没有一个不因这威严仪式而惊讶敬畏的。待到仪式完毕，再摆设酒宴大礼。诸侯百官等坐在大殿上都敛声屏气地低着头，依照尊卑顺序站起来向皇帝祝颂敬酒。斟酒九巡，谒者宣布"宴会结束"。最后监察官员执行礼仪法规，找出那些不符合礼仪规定的人把他们带走。朝见到宴会的全部过程中，没有一个敢大声说话和行为失当的。大典过后，高帝十分得意地说："我今天才知道当皇帝的尊贵啊。"于是授给叔孙通太常的官职，赏赐黄金五百斤。

叔孙通顺便进言说："各位弟子儒生跟从我时间很长了，跟我一起制定朝廷仪礼，希望陛下赐予他们官职。"高帝让他们都做了郎官。叔孙通出宫后，把五百斤黄金都分赠给各个儒生。这些儒生都高兴地说："叔孙先生真是大圣人，通晓当代的事务。"

汉高帝九年，高帝任命叔孙通为太子太傅。汉高帝十二年，高帝打算让赵王刘如意代替太子之位，叔孙通向皇帝劝谏道："从前，晋献公因为宠幸骊姬的缘故废黜了太子，立了奚齐，使晋国大乱几十年，被天下人耻笑。秦始皇因为不早早确定扶苏当太子，让赵高用欺骗的伎俩立了胡亥，结果自取灭亡，这是陛下亲

陛下攻苦食啖，其可背哉！陛下必欲废适而立少，臣愿先伏诛，以颈血污地。"高帝曰："公罢矣，吾直戏耳。"叔孙通曰："太子天下本，本一摇天下振动，奈何以天下为戏！"高帝曰："吾听公言。"及上置酒，见留侯所招客从太子入见，上乃遂无易太子志矣。

　　高帝崩，孝惠即位，乃谓叔孙生曰："先帝园陵寝庙，群臣莫习。"徙为太常，定宗庙仪法。及稍定汉诸仪法，皆叔孙生为太常所论箸也。

　　孝惠帝为东朝长乐宫，及间往，数跸烦人，乃作複道，方筑武库南。叔孙生奏事，因请间曰："陛下何自筑複道，高寝衣冠月出游高庙？高庙，汉太祖，奈何令后世子孙乘宗庙道上行哉？"孝惠帝大惧，曰："急坏之。"叔孙生曰："人主无过举。今已作，百姓皆知之，今坏此，则示有过举。愿陛下为原庙渭北，衣冠月出游之，益广多宗庙，大孝之本也。"上乃诏有司立原庙。原庙起，以複道故。

　　孝惠帝曾春出游离宫，叔孙生曰："古者有春尝果，方今樱桃孰，可献，愿陛下出，因取樱桃献宗庙。"上乃许之。诸果献由此兴。

　　太史公曰：语曰"千金之裘，非一狐之腋也；台榭之榱，非一木之枝也；三代之际，非一士之智也"。信哉！夫高祖起微细，定海内，谋计用兵，可谓尽之矣。然而刘敬脱挽辂一说，建万世之安，智岂可专邪！叔孙通希世度务制礼，进退与时变化，卒为汉家儒宗。"大直若诎，道固委蛇"，盖谓是乎？

眼见到的事实。现在太子仁义忠孝，是天下人都知道的；吕后与皇上共同患难，同吃粗茶淡饭，是患难与共的夫妻，您怎么可以背弃她呢？陛下一定要废黜嫡长子而扶立小儿子，我宁愿先受一死，让我的一腔鲜血染红大地。"高帝说："您还是算了吧，我只是随便说说罢了。"叔孙通说："太子是天下的根基，根基一动摇，天下就会动荡起来，怎么可以拿天下的根基大事作为戏言来说呢？"高帝说："我听从您的意见。"等到高帝设酒款待各位宾客时，看到张良招来的四位年长高士都随从太子进宫拜见高帝，高帝就再也没有更换太子的想法了。

汉高帝去世，孝惠帝即位后对叔孙先生说："先帝陵园和宗庙的相关仪礼，臣子们都不熟悉。"于是叔孙通便被调任太常官职，并且制定了宗庙的仪礼法规，此后又陆续地制定了汉朝许多仪礼制度。这些都是叔孙通任太常时制定并记录下来的。

孝惠帝要到东边的长乐宫去朝拜吕太后，还时常有下属谒见，每次出行都要开路清道，禁止通行，很是打扰别人，所以就修了一座天桥，正好修建在未央宫武库的南面。叔孙通向孝惠帝报告请示工作，趁机向孝惠帝秘密进谏说："陛下怎么能擅自把天桥修建在每月从高寝送衣冠出游到高庙的道路上面呢？高庙是汉朝始祖所在的地方，怎么能让后代子孙登到宗庙通道的上面行走呢？"孝惠帝听了非常惊恐，说："立刻毁掉它。"叔孙先生说："做君主的不能有错误的决策。现在已经建成了，百姓全都知道这件事，如果又要毁掉这座天桥，那就是说明您有错误的举动。希望陛下在渭水北面另立一座同样的祠庙，每月奉高帝衣冠出游时送往那里，更要扩建宗庙，这是大孝的根本措施。"孝惠帝就下诏令有关官吏另建一座祠庙。这座另建的祠庙建造起来，就是因为天桥的缘故。

孝惠帝曾在春天的时候离宫出游，叔孙先生说："古时候有春天给宗庙进献鲜果的仪礼，现在正是樱桃成熟的时节，可以进献，希望陛下出游时，顺便采些樱桃来进献宗庙。"孝惠帝答应了此事。以后进献各种果品的仪礼就是从这里兴盛起来的。

太史公说：常言道，价值千金的皮裘衣，不只是一只狐狸的腋下皮；楼台亭榭的椽子，不只是一棵树上的枝干；夏、商、周三代王朝当时的业绩，也不只是一个贤士的才智。的确如此呀！高祖从低微的平民起义，平定天下，谋划大计，用兵作战，可以说竭尽所能了。然而刘敬摘下拉车的横木去见皇帝，一次进言，便建立了万代相颂相传的稳固大业，才能智慧怎么能会为少数人专有呀！叔孙通善于见风使舵，度量事务，制定礼仪法规或取或舍，能够随着时世而变化，最终成为了汉代儒家的宗师。"最直的好似弯曲，事理本来就是曲折向前的"，大概说的就是此类事情吧？